제3판

스토리 기업가정신

Story Entrepreneurship

유성은 저

publishing and culture
피앤씨미디어

스토리
기업가정신

Story Entrepreneurship

머리말

우리가 사는 세상은 살아있는 모든 생명체들에게 끊임없는 변화와 혁신을 요구하고 그렇지 못할 경우 소멸의 길을 걷도록 하는 자연의 원리가 적용되는 생태계(ecosystem)의 일부이다. 몇 년 전부터 부상한 4차 산업혁명과 코로나19 팬데믹(pandemic)의 여파로 더 급속해진 기업 환경변화와 저성장에 따른 일자리 감소의 영향으로 2021년 3월 국내 청년실업자가 41만 명을 넘으면서 청년실업률은 10%를 돌파했고, 청년층의 체감실업률은 26%를 넘어섰다. 일자리 찾기에 지친 젊은이들이 최근 창업에 눈을 돌리면서 스타트업 열풍이 살아나고 있지만 요즘 젊은 창업가들은 고된 시련이나 체험위주의 기업가정신을 습득할 기회가 없었고 창업에서 실패하면 더 나락으로 떨어질 수 있다는 두려움 때문에 과감하고, 역동적인 추진력을 갖기란 쉽지 않다. 더구나 급변하는 경영환경과 초(超)경쟁 시대의 창업기업이 꾸준히 고객을 창출하고 고객을 만족시키면서 성장하기가 쉽지 않고 만일 실패할 경우 실패했다는 낙인과 함께 경제난으로 허덕여야 한다는 두려움을 벗기 어렵다.

그러나 그런 위험에도 불구하고 세상을 풍요롭게 하고 불편을 개선하는 창업가(entrepreneurs)는 일자리를 만들고 세상의 변화를 이끄는 체인지 메이커(Change maker), 새로운 문화를 창조하는 빛나는 영웅들이다. 창업(Startup)은 그동안 경험하지 못한 흥미진진한 모험을 선택하고 실행하는 일이며, 청년들 자신이 하고 싶은 일을 하면서 삶의 주체로서 짜릿한 성취를 기대할 수 있는 참으로 매력적인 도전이다. 나날이 발전하는 삶 속에서 문제를 발견하고 그것을 해결하려는 위대한 체인지 메이커의 야망과 도전정신이 있다면 누구나 도전할 수 있는 창업의 바탕이 기업가정신이며, 기업가정신을 가장 잘 발휘할 수 있는 방법은「창업」이라고 할 수 있다.

특히 기업가정신(entrepreneurship)은 '끊임없이 창의적인 기회를 추구하고, 그 기회를 잡기 위한 혁신적인 사고와 행동으로 시장에 새로운 가치를 창조하고자 하는 의지와 생각'이라고 할 수 있다. 그런 기업가정신을 기반으로 도전하고 실패하는 것이 자연스러운 사회분위기가 밑바탕이 되면 경제의 활성화, 일자리창출, 대한민국 경제성장의 재도약은 어렵지 않게 성취할 수 있을 것이다.

따라서 이 책에서는 기업가정신을 이해하는 방법으로 앞부분을「창업의 이해」를 기반으로 기업가정신이 본질에 접근할 수 있도록 구성하였다. 이는 청년들이 자기 주도적(自己主導的)으로 비전을 실현하다 여러 난관을 만나더라도 기업가정신이 충만한 청년이라면 이 책 표지에서 표현한 바와 같이 위험의 공포를 극복하고 미래위기를 대처할 든든한 닥터헬기가 될 수 있을 것이라 믿는다. 특히 이미 짜진 판 안에서 사는 사람이 아니라 판을 짜는 선도자에게 필수역량인 기업가정신은 기업가가 아니라 우리 모두에게 필요한 라이프 스타일(life style)로 인식해야 할 '생존의 도구'가 되었다.

또 청년들에게 창업(Startup)과 기업가정신(entrepreneurship)의 본질이 가랑비에 옷 젖듯이 스토리형식으로 불씨가 이전되어 그 본질에 공감 및 체득할 수 있게 된다면 사명감이 투철한 체인지 메이커(Change maker)의 가능성을 품은 인재가 될 수 있을 것이다. 또 그런 청년들이 균형 있는 창업역량과 통찰력 및 도전의지를 갖추게 되면 창업성공에 한발 다가섬은 물론 더 값진 인재가 되고 싶은 갈망과 더 수준 높은 삶을 살고 싶다는 욕망을 토대로 거침없이 도전하고 재도전하는 삶의 주인공이 될 수 있을 것이다. 더불어 이 책의 출판을 허락해 주신 피앤씨미디어의 박노일 대표님, 그리고 독자들과 더 효과적이고 효율적인 커뮤니케이션을 위해 애쓰신 심성보 이사님께도 감사드린다.

– 충절공가 수공재(修空齋)에서 유 성 은

차례

Chapter 1

창업환경과 창업의 이해

1. 세상의 변화와 가치창출(creating value)

1) 사회변화와 창업 기회

자동차가 개발되기 전 19세기 중반까지 마차(馬車)는 시간당 4마일(약 6.4km)의 속도로 달렸으나 오늘날 일반자동차의 시속은 100km 이상이고, 테슬라의 신개념 고속철도(하이퍼루프)는 시속 1,300km(마하 1.06)로 서울과 부산 간(441km)을 20분 만에 주파할 수 있게 되면서 우리 삶의 변화속도마저 빛의 속도(speed of light)로 빨라지고 있다. 또 2016년 1월에 열린 세계경제포럼(WEF: World Economic Forum, Davos Forum)에서 소개된 제4차 산업혁명은 제3차 산업혁명을 기반으로 한 디지털 기술과 기존 제조업과의 융합혁명을 통한 새로운 4차 산업혁명의 특징은 인공지능(AI), 3D프린팅, 사물인터넷(IoT), 클라우드(Cloud), 빅데이터(BigData), 모바일(Mobile), BT(바이오테크놀로지) 등의 융합으로 도래할 새로운 세상이다.

특히 4차 산업혁명을 주도할 미래유망기술 가운데 '인공지능(AI, Artificial Intelligence)' 분야는 인간의 두뇌작용을 컴퓨터 혹은 기계가 스스로 추론·학습·판단하면서 행동하는 놀라운 시스템이다. 인공지능 선두주자인 구글의 바둑 SW '알파고(Alpha Go)'는 2016년 세계 최고수 바둑기사들을 대상으로 60전 전승을 기록하면서 인공지능 이슈를 선점했고, IBM 인공지능 컴7퓨터 시스템 왓슨(Watson)은 수천 개의 환자 유전자 특성과 2,000만 개 논문을 비교·분석하여 DNA에 맞춘 처방을 내리고, 임상경력 20년의 암 전문의사의 암 진단 확률이 50% 이하인데 왓슨은 90% 이상의 확률로 암의 종류와 가장 효과적인 치료법을 진단해 냄으로써 인간의사보다 더 정확히 암을 진단하고 수술성공률도 높은 것으로 나타났다. 또 자율주행으로 불리는 무인택시의 일반인 대상 상용화는 2020년 10월 미국 애리조나주 피닉스에서 '라이더 온리(rider only)' 서비스를 선보인 웨이모(Waymo)에 이어 2021년 5월 바이두(Baidu, 百度)가 베이징에서 '무인(無人) 로보택시' 서비스를 개시했다. 나아가 세계 최대 인터넷 기업 구글(Google)은 2021년 6월초 국제학술지 '네이처(Nature)'에 실린 논문에서 "인공지능(AI)을 이용해 사람이 수개월 걸려 해결하던 반도체 칩 설계 작업을 단 6시간에 끝냈다"고 밝혔다. 이는 AI가 자신에게 필요한 반도체를 직접 설계하는 데 성공했다는 의미로, 영화 매트릭스나 터미네이터에서처럼 기계가 기계를 만들던 장면이 현실로 다가온 것이며 자율주행차, 5G(5세대 이동통신)와 AI 등 반도체칩이 핵심인 첨단기술의 발전 속도가 더 빨라질 것으로 전망된다.

또 일본 2015년 소프트뱅크(SoftBank)가 개발한 로봇 「페퍼(pepper)」는 인간과 교감이 가능한 점을 내세운 휴머노이드 로봇으로 사람의 표정이나 목소리를 분석해 감정 상태를 추정하는 인공지능을 탑재하여 인간과의 커뮤니케이션할 수 있는 등 꿈같은 현실세계를 실현하였다. 과거 치킨로봇, 커피로봇, 헬스로봇, 방역로봇, 배달로봇, 공장에서나 볼 수 있었던 로봇들이 일상을 빠르게 파고들면서 • 가사, • 헬스케어, • 교육문화 등 개인서비스로봇과 • 의료, • 건설·농업·해양, • 물류, • 사회 안전·극한 작업, • 군 등 전문 서비스로봇을 포함한 국내 로봇시장규모는 2020년 기준 5조 8천억원, 세계 로봇시장은 2019년 기준 310억 달러(약 37조원)에서 2024년 1천 220억 달러(약 146조원)로 성장할 것이란 전망이다.

또 치열한 경쟁 속에서 기업이 생존하고 지속적으로 성장하기 위해서는 기술동향과 시장수요에 부응하면서 고객만족을 추구하고 그것을 뒷받침하기 위해서는 끊임없이 기술혁신을 해야 하는 초경쟁사회가 되었다. 선도기업인 유통공룡 아마존(Amazon)은 배송로봇 '스카우트'를 출시했고, 페덱스는 배송로봇 '세임데이봇'을 개발했으며, 알리바바(阿里巴巴), DHL 등 여러 기업들이 무인항공기 드론(Drone)으로 상품배달을 추진하고 있다. 또, 구글 드론 계열사 '윙

해외까지 입소문 난 빗자루…44억 쓸어 담았다

만능 빗자루 '쓰리잘비' - 빗자루 · 와이퍼 · 스크래퍼 결합

호주 · 프랑스 · 독일 등 10개국 판매, 해외까지 입소문 난 빗자루…44억 쓸어 담았다

인공지능(AI)과 자율주행 등 첨단 청소기 경쟁이 뜨거운 가운데 손에 들고 사용하는 전통적인 빗자루로 인기몰이에 나선 중소기업이 있다. '쓰리잘비'로 불리는 빗자루를 해외 10여 개 국가에 수출하고 있는 큐어라이프다. 2018년 이 회사를 창업한 양혜정 대표는 "쓰리잘비는 방과 거실뿐 아니라 화장실까지 함께 청소할 수 있는 혁신적인 빗자루"라며 "국내는 물론 해외에서도 유명하다"고 말했다.

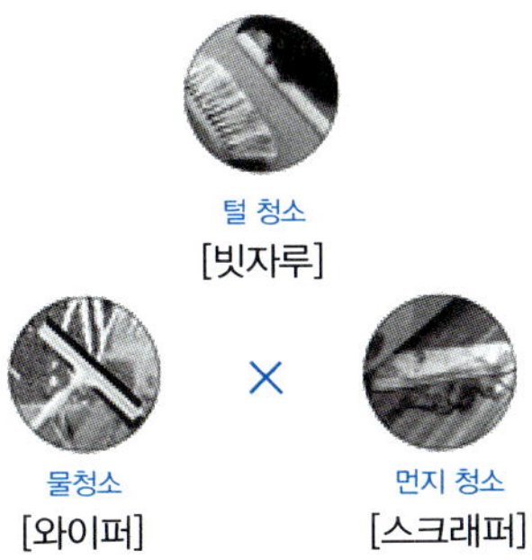

쓰리잘비는 빗자루, 와이퍼, 스크래퍼 등 서로 다른 쓰임새의 청소용구 세 가지(쓰리)를 하나에 담았다는 의미다. 당초 욕실청소를 겨냥해 만들었는데 방과 거실청소는 물론 반려동물 털 청소에도 유용하다는 게 입소문 나면서 인기가 높아졌다는 설명이다. 양 대표는 그 비결로 '특허 받은 4중날 구조'를 들었다. 그는 "바닥과 닿는 부분이 네 개의 빗날로 구성된 고무로 돼 있다"며 "첫째 빗날은 바닥과 마찰력을 통해 먼지가 뭉치게 해주고, 둘째 미세모 빗날은 반려동물 털을 쓸어내는 데 적합하다"고 소개했다. "셋째는 돌돌 말린 먼지를 다시 긁어 모아주는 등 빗날마다 고유한 역할이 있고 물을 약간 묻혀 주면 청소가 한층 더 쉬워진다"고 했다. 이 빗자루는 국내에서는 오픈마켓을 비롯한 90여 개 채널을 통해 판매되고 해외에서는 일본 · 호주 · 프랑스 · 독일 등에서 현지 홈쇼핑을 통해 유통되고 있다. 성능이 입소문을 탄 덕분에 2018년 970만원이었던 매출이 이듬해 33억원으로 불어났고, 작년에는 44억원으로 늘어났다. 대학에서 문헌정보학과를 공부한 양 대표는 창업 1년여 전 사서공무원 시험에도 합격했음에도 안정적인 생활을 포기하고 창업을 택한 건 30년 가까이 사업을 한 부친으로부터 직간접적으로 배운 기업가정신 영향이 컸다고 한다.

– 한국경제. 2021.4.4.

(Wing)'도 2019년 4월 업계 최초로 FAA로부터 무인 드론을 이용한 항공배송에 대한 인증을 획득하였고, 배송용 드론은 한 번에 최대 1.5kg 이내의 화물을 최대 120km/h의 속도로 10km의 범위에서 10분 안에 상품을 배송하는 상업용 드론 배송서비스를 시작했다. 또 2021년 4월 개막한 중국 상하이 모터쇼에서 중국 자동차 기업 지리자동차(吉利·Geely)와 중국 전기차 스타트업 샤오펑(小鹏汽車·XPeng)은 전기 에어택시 '볼로콥터 2X'를 선보이며 항공 모빌리티 시대의 미래를 보여줬다.

한편, 시애틀에 있는 계산대가 없는 무인매장「아마존 고(amazon go)」매장에는 아마존 앱(app)이 깔린 스마트폰을 스캔한 다음 원하는 물품을 담아 매장을 나오면 구매가 완료되는 시스템을 운영하고 있고, 한국에서도 롯데마트가 비대면 스마트 결제 시스템 '롯데마트 GO(고)'를 출시했으며, 신세계그룹도 SSG 페이에 '바로 결제'를 도입하고 이마트24 무인편의점 매장을 열었다. 이와 같은 급속한 변화를 선도해야 할 창업자가 위험과 기회를 품은 세상변화에 큰 관심을 가져야 하는 이유는 다양한 변화 속에 새로운 기회와 위협요소가 함께 혼합되어 있고 그 기회가 사업의 씨앗이 되기 때문이다. 오늘날 제4차 산업혁명과 코로나19 위기에 따른 시장·사회·문화의 변화는 서로 연쇄·상승작용을 하면서 새로운 사업기회의 출현과 기술혁신의 가속화를 가져오고 있다.

2) 안정추구 사회분위기와 두려운 청년 창업

우리 사회는 언제나 독창성보다 정답 찾기, 과정보다 결과를 우선시했으며 성공을 전부로 취급했기 때문에 일자리를 찾는 취업준비생들은 전공학점과 봉사실적을 관리하며 어학인증과 각종 자격증을 따고 어렵게 취업문을 두드려 보지만 다양한 경험과 도전적인 인재상의 요구로 실제 취업이 녹록치 않아 청년들은 미래의 꿈을 잃고 방황하고 있다. 그 해결책으로 정부의 각 기관이나 대학들이 창업의 중요성을 강조하면서 다양한 지원을 제공하고 있으나 실질적인 성과는 미미한 실정이다. 그 이유를 설명할 수 있는 교육부와 한국직업능력개발원이 실시한 2019년 초·중·고 1,200곳의 학생 2만 4,783명을 대상으로 조사한 '2019년 초·중등 진로교육 현황조사(2019.12.10)'에 따르면, 초등학생의 1~3위 희망직업은 운동선수(11.6%)·교사(6.9%)·크리에이터(5.7%)였고, 중학생의 희망직업 1~3위는 교사(10.9%)·의사(4.9%)·경찰관(4.9%)이었으며, 고등학생들의 희망직업 1~3위는 교사(7.4%)·경찰관(3.8%)·간호사(3.7%)로 나타났다. 이처럼 우리 청년들이 안정적이고 전문성 있는 직업의 선호도가 높고 창업생태계 구축이 미흡한 점도 이 같은 현상을 부추기는 요인이라는 지적이 많다. 반면 창업을 회피하는 이유는 학생들이 유치원부터 고등학교 때까지 좋은 대학에 진학하는 것을 인생 최고의 목표로 강요받으며 수동적 프레임에 갇혀 지냈기 때문일 것이다. 주요 창업 장애요인으로 실패에 대한 두려움(38%)을 꼽으며, 특히 실패와 도전을 용인하지 않고 회피하는 분위기에서 창업이 활성화될 수 없다. 따라서 창조적 파괴를 선도하는 창의적 혁신과 새로운 것에 과감히 뛰어드는 도전정신 등 기업가정신이 경제적 활력의 원천이므로 기업가정신을 살려야 우리 경제의 밝은 미래를 기대할 수 있다.

초·중·고 학생 희망직업은?

2019년 6~7월 초·중·고 1,200개교 학생 2만 4,783명 대상 조사(초6: 7,501명, 중3: 8,917명, 고2: 8,365명)

	초등학생	중학생	고등학생
1위	운동선수	교사	교사
2위	교사	의사	경찰관
3위	크리에이터*	경찰관	간호사
4위	의사	운동선수	컴퓨터공학사/소프트웨어 개발자
5위	조리사(요리사)	뷰티디자이너	군인

* 유튜버·스트리머 등
자료: 교육부, 한국직업능력개발원

2. 창업의 본질(essence)과 매력

1) 창업(startup)의 본질

한국에서는 새 정부가 들어설 때마다 핵심주제로 늘 혁신(innovation)을 강조하면서 2019년 기준 '글로벌 혁신지수'에서 세계 11위를 기록했지만, 국내에서는 혁신의 원동력인 창업(startup)이 대체로 관심과 열정보다 생계형으로 이뤄지고 있다는 점이 문제다. 경제협력개발기구(OECD) 통계(2018년 기준)에서도 '관심과 열정에 의해 창업을 선택한 비율'이 가장 높은 나라는 이스라엘이었고 한국은 OECD 회원국 중 가장 낮은 것으로 나타났다. 오직 생계를 위해 창업에 뛰어든 사람은 자신의 흥미나 열정에 따라 그에 맞는 사업을 시작할 가능성이 낮아 기업가정신을 발휘하기가 어렵기 때문에 창업의 질과 성공을 높이려면 관심과 열정에 따라 창업을 선택하도록 하는 제도적 뒷받침이 시급하다. 더구나 창업은 국가적으로 매우 중요한 핵심 분야이지만, 2018년 조사결과 10곳의 벤처기업 중 창업기업의 5년 생존율이 27.5%로, OECD 주요국 평균 생존율(40.9%)보다 현저하게 떨어지는 상황이다. 신규 창업기업의 탄생과 창업의 성공확률과 기회를 높여야 새로운 일자리창출 효과로 나타나고, 신규고용 창출효과 등 산업 전반에 선순환 구조로 이어질 수 있으며, 창업 활성화를 통해 다양한 긍정적인 시너지 파급효과가 창출될 수 있다. 이러한 과정으로 새로운 신기술, 창의적인 아이디어, 혁신적 비즈니스 모델 등 진보적인 변화와 혁신사례를 통해 사회 전반에 긍정의 영향을 많이 미치게 된다.

오늘날 "새로운 사업기회를 제공하는 비즈니스 모델을 검증하여 혁신적인 제품·서비스를 통해 빠른 성장을 추구하는 창업기업 또는 신생기업, 임시조직"을

창업을 위하여 검토해 보아야 할 핵심사항들

① 사업기회는 적기에 포착되었는가?
② 최적 아이템(best item)을 선정하였는가?
③ 분수에 맞는 사업규모의 결정과 사업자금의 조달은 어떠한가?
④ 철저한 사업타당성 분석을 하였는가?
⑤ 체계적인 사업계획서(business plan)를 작성하였는가?
⑥ 기업가로서의 자질개발은 충분한가?
⑦ 블루슈머(bluesumer)의 전략은 수립되었는가?

의미하는 스타트업(startup)이 국민적 관심을 받고 있다. 창업이란 창업가가 새로운 사업을 시작하거나 타인의 사업을 인수(Buyout)하여 영리를 목적으로 사업(business)을 시작하는 일, 즉 목표로 하는 사업의 제품이나 서비스를 생산·판매하는 시스템을 새로 만드는 과정이다. 창업의 본질은 사업기회를 포착한 후 사업목표를 정하고 자본, 노동력, 설비 그리고 자원과 시간을 투여하여 유용한 가치를 만들어 내는 의미 있는 행위, 즉 업(業)을 만드는 과정이다. 창업이란 세상에 없던 가치를 창출하여 꿈을 실현하는 기회이고, 수익을 얻게 될 기대감이며, 독립적으로 일하는 기쁨과 만족을 느낄 수 있는 일이다. 창업의 주체인 기업가의 길은 남들이 발견하지 못한 새로운 기회를 발견하고, 위험에 맞서 새로운 가치창출과 고객행복을 추구함으로써 수익을 창출하고 그 수익을 사회와 나누는 역할이다.

뱁슨 칼리지(Babson college)의 윌리암 바이그레이브(William Bygrave) 교수는 "창업이란 창업가가 가장 효과적으로 기회를 발견하는 것이고, 사업을 시작하면서 위험을 감수하는 것은 두려운 일이지만 스릴 넘치는 일이기도 하다. 창업을 한다는 것은 투자와 경쟁이 수반되므로 늘 불안이나 위험과 마주하게 되는데 자신에게 부딪치는 위기상황은 위험이 되기도 하고, 때로 기회로 작용하기도 한다"라고 설명하였다. 창업을 하는 과정에서 환경의 변화를 예측하고 이에 적절히 대처한다면 기회가 되겠지만 예상하지 못한 채 변화를 맞게 되면 위험이 되는데 이때 실패를 두려워하여 포기한다면 아무것도 할 수 없다. 이때 예비창업자가 검토해야 할 사항은 ① 비즈니스의 새로운 목표를 추구하기 위하여 우리의 어떤 사업을 할 것인가? ② 우리의 고객은 누구인가? ③ 우리의 소비자는 무엇을 가치 있다고 여기는가? ④ 우리의 소비자는 왜 이것을 원하는가? ⑤ 경쟁사와 비교하여 우리의 장점은 무엇인가? 등이다.

또 MIT 슬로언 경영대학원 빌 올렛(Bill Aulet) 교수는 〈MIT 스타트업 바이블〉에서 창업의 24단계를 제안하면서 상업화와 비즈니스 모델 만들기를 강조했다. 빌 올렛 교수가 이야기하는 창업 준비에 필요한 여섯 가지 주제와 그에 따른 창업의 24단계 모델은 크게 6가지 주제(theme)로 나눌 수 있다. ① 우리의 고객은 누구인가? ② 우리는 그 고객을 위해 무엇을 할 수 있는가? ③ 그 고객이 우리 제품과 서비스를 획득하는 과정을 어떻게 만들어 줄 것인가? ④ 수익은 어떻게 낼 것인가? ⑤ 제품기획과 설계는 어떻게 할 것인가? ⑥ 이후 비즈니스를 어떻게 확장할 수 있을까?를 알아야 한다. 특히 고객과 시장에 모든 초점이 맞춰져야 하므로 '시장조사를 어떻게 해야 하는지?' '목표고객을 어떻게 설정해야 하는가?' 구체적인 방법이 중요하다. 특히 빌 올렛 교수는 창업자들에게 부족한 건 아이디어가 아니라, 창업을 완성하는 과정이라며 이는 발명(Invention)은 있지만, 상업화(Commercialization)가 제대로 이뤄지지 않는다는 것이라고 강조했다.

> "정확한 미래 전망보다 변화의 흐름을 가장 빨리 읽는 경영자가 되라. 변화에 대응할 수 있는 적응력이 경쟁력의 핵심이다."
>
> – 잭 웰치(Jack Welch), 전 GE 회장

스타트업(startup)은 현재의 시장·사회에서 해결되지 못한 고객문제를 찾아 이를 혁신적으로 해결하여 새로운 사업기회를 창출하는 기업이다. 스타트업이 태동 때부터 가진 궁극적 목표는 고객과 사회를 위한 가치창조와 성장이다. 스

혁신적 스타트업(start-up)의 특성

스타트업(start-up)은 궁극적으로 사람들의 삶을 더 나은 방향, 더 효과적이고 효율적인 방향으로 만들어 주기 위해 지금까지 누구도 생각해보지 못한 접근법을 사용하여 기존의 문제를 해결하려는 선교사(Missionary)들이다. 스타트업은 차별화된 접근법을 통해 기존시스템을 다시 설계함으로 사회·산업 구조의 변화를 가져오는 역할을 한다. 스타트업은 주로 새로 개발된 기술을 활용하여 수십 년 혹은 백여 년 전부터 구축되어 온 전통적인 사회구조를 혁신하여 새로운 사회 구조를 만들어내는 역할을 하는 것으로 그 본질은 '혁신(Innovation)'에 있다. 페이스북, 트위터, 위워크, 애플의 아이폰, 에어비앤비, 테슬라, 페이팔 등 스타트업들은 과거에 존재하지 않았던 새로운 형태의 서비스를 만들어냄으로 고객에게 새로운 경험을 제공하는 것과 더불어 언론, 광고, 부동산, 커뮤니케이션, 자동차 및 운송, 숙박, 결제 산업 등에 커다란 변화와 영향을 미치게 되었다. 그러므로 스타트업은 단지 돈을 벌려는 행위가 아닌 문제를 해결하여 사회의 구조를 혁신적으로 변화시키는 역할을 하는 도전자들이라 할 수 있다. 스타트업은 이러한 도전을 해야 하기에 필연적으로 기존에 사용하던 제품에서 몇 가지 기능을 업그레이드하거나 성능개선과 같은 수준이 아닌 완전히 다른 접근법을 사용하는 차별화된 접근(Differentiated Approach)을 시도할 수밖에 없다. 또 혁신적 스타트업들은 기존의 구조를 바꾸기 위해 애를 쓰기 때문에 기존질서에 순응하지 않고 산업자체를 재정의(Redefine)하려고 하며, 더 나아가 새롭게 등장한 기술을 활용하여 현재 존재하는 구조를 다시 만든다면 어떻게 만들어야 할까에 대해 고민하곤 한다. 이것을 우리는 현재의 시스템을 새롭게 디자인한다(Redesign the existing system)고 말한다. 이것이 가능한 이유는 이들 혁신적 창업가들은 시스템 자체와 본질 사이의 차이를 구분하는 시야를 가지고 있기 때문이다.

– 무역경제신문. 혁신적 스타트업이 사회를 바꾼다. 2020.11.22.

타트업은 기존기업보다 더 불확실한 사업 환경 속에서, 사업경험과 경영능력이 부족한 소수의 사람들이 모여, 부족한 자원으로 새로운 시장에서 큰 기회를 추구하는 조직이다. 스타트업의 1단계 목표는 이러한 사업기회를 만들어 주는 반복 가능하고 확장시킬 수 있는 비즈니스 모델을 찾고 검증하는 것이다. 스타트업은 기존에 없던 시장을 새로 만들거나 기존시장의 특성을 변화시켜 새로운 기회를 만든다. 그러려면 끊임없이 고객을 개발하고, 검증하고, 사업방향을 전환하여(pivoting) 성공적인 비즈니스 모델을 찾아야 한다. 스타트업은 신생기업이므로 체계적인 경영시스템 없이 일하면서, 작게 시작하여 시장에서 실험·학습하고, 점차 실력을 쌓아가게 되는데 스타트업 경영자들은 사업을 수행해 가면서 제대로 사업과 경영을 배운다. 사업은 결국 새로운 고객을 창출해야 하고, 고객에게 가치를 주는 경쟁력 있는 제품·서비스를 만들어야 하며, 경쟁자들을 압도해서 경쟁에서 이겨야 하는 게임을 터득하게 된다. 끊임없이 실수와 실패를 통해 시장과 경영을 학습하고, 빠르게 피봇팅(pivoting, 축을 옮김)하면서 새로운 시도나 실험을 통하여 압도적 경쟁우위를 추구하며, 온 마음을 다해 간절히 바라는 것을 추구하는 진정성 경영이 스타트업 창업과정이다. 스타트업 경영자들은 처음에 사업에 대해 가졌던 가설을 입증하기 위해 프로토타입(prototype)을 만들어서 검증하는 과정을 반복한다.

사업기회 확정 및 비즈니스 모델검증 단계를 마친 스타트업의 2단계 목표는 빠른 성장과 확장이며, 스타트업들은 새롭게 태동하는 사업영역에서 급속한 성장을 추구한다. 하지만 창업을 꿈꾸는 청년들이 학교에서 배운 경영학 이론대로 스타트업(신생회사)을 경영한다면 현실적으로 엄청난 괴리를 발견할 수 있다. 안정기에 접어든 대기업의 비즈니스(business)가 이미 검증된 비즈니스 모델(business model)로 '어떻게 잘 실행하느냐'에 초점을 맞추는 것이라면, 스타트업은 비즈니스 모델 자체가 불확실하므로 가능성을 검증하는 과정이 사업의 본질이기 때문이다. 그래서 벤처창업 전문가인 앨리스테어 크롤(Alistair Croll)은 "스타트업은 제품을 만드는 것이 아니라 뭘 만들지 알아내기 위해 일하는 과정"이라고 정의했고, 스탠퍼드대 스티브 블랭크(Steve Blank) 교수도 "스타트업은 비즈니스 모델을 검증하는 과정의 탐색을 위한 임시조직"이라고 정의했다. 일부 창업자들 중에는 제품개발, 창업경진대회 입상, 언론의 조명을 받는 것을 비즈니스 모델 검증으로 오해하는 이들이 종종 있으나 진짜사업은 고객이 모이고

창업교육 핵심은 인문학적 상상력 키우기

일자리는 기존 기업보다 창업기업이 대부분 만들어내기 때문에 현 정부 들어 대학을 중심으로 창업교육이 활성화되면서 청년들의 창업도전이 늘어나는 바람직한 변화다. 최근 10년 동안 조사된 경제협력개발기구(OECD) 자료(2013년)에 따르면 창업 후 5년 이내 기업은 매년 2.87%의 새로운 일자리를 만들어 낸 반면, 5년 이상 된 기업의 고용창출은 매년 2.07% 감소하는 것으로 나타났다. 미국을 비롯한 주요 선진국들이 창업을 국가성장 전략의 핵심 어젠다로 제시하고 있는 이유이다.

상장 이전 몸값 10억 달러(약 1조원) 이상 되는 기업을 '유니콘'이라고 하는데, 2016년 <포춘>지에 따르면 이 클럽에 이름을 올린 174개사 중 중국 기업은 샤오미, 디디추싱 등 35개나 되지만 한국 기업은 쿠팡, 옐로우모바일 등 2개 기업에 불과하다. 창업가의 아이콘으로 대표되는 스티브 잡스가 "소크라테스와 함께 점심 한 끼 할 수 있다면 애플이 가진 모든 기술을 그것과 바꾸겠다"고 한 것은 유명하다. 그는 젊은 시절 철학을 전공했고, 선불교와 명상에 심취하는 등 인문학적 소양을 쌓아 인문학적 상상력을 정보통신 기술과 접목해 지금의 애플을 창조해 냈다.

페이스북 창시자인 마크 저커버그를 보고 많은 사람이 정보통신(IT) 관련 전공을 했을 것으로 추측하지만 그는 심리학을 전공했다. 어려서부터 따돌림을 받았기에 어떻게 하면 주위 사람들과 친해질 수 있을까 고민하다 심리학을 선택했고, 그 결과 사람의 마음을 움직이는 새로운 혁신을 만들어냈다. 그는 "독서는 경영자의 의무"라며 성공한 지금도 2주에 책 한 권을 읽고 페이스북을 통해 팔로어들과 독서토론을 벌인다. 법학을 전공한 빌 게이츠는 "인문학이 없었다면 나도, 컴퓨터도 있을 수 없었다"며 매년 책 50권을 읽고 블로그에 책을 추천해 전 세계적 인문학열풍을 불러왔다. 우리나라 대학의 창업교육도 지식과 기술을 전달하는 것에서 인문학적인 상상력을 키울 수 있는 쪽으로 변해야 한다. 유니콘 클럽에 가입한 기업들의 사업 아이템은 대부분 고도의 기술을 요하기보다 상상력에 그 근간을 두고 있다. 우버와 에어비앤비도 "공동으로 사용하자"라는 상상력을 가지고 창업한 지 불과 5~6년 만에 시가총액 50조원 이상의 기업으로 성장했다. 독서를 통해 발현된 인문학적인 상상력이 구체화되기 위해서는 다양한 분야의 사람들과 토론하는 것이 필요하다. 토론을 통해 구체화된 상상력 중 창업에 대한 의지가 높은 학생에게는 글로벌 시장에서 검증받을 수 있는 기회를 마련하면 더욱 좋을 것이다.

– 중앙선데이. 제468호(2016.2.28) 이재훈 총장(한국산업기술대)

초기매출이 일어나면서 시작하는 것인데 이를 잘못 이해하여 이미 창업에 성공한 것으로 착각하는 창업자들도 많지만 그런 인식의 전환이 필요하다.

취업으로 방향을 선택한 수많은 청년들이 졸업장을 쥐고도 변변한 일자리를 구하지 못해 발을 동동 구르는 것이 오늘날 우리 사회의 현실이다. 많은 젊은이들이 공무원과 대기업 같은 안정된 직장을 찾는 분위기에 최근 청년 일자리 관련 지표가 일부 개선되는 모습을 보이고 있으나 청년층이 실제 체감실업률은 2021년 들어 27%로 더 심각해지고 있다. 2020년 2월 23일 국회예산정책처의 '청년고용 현황의 국제비교 및 시사점'자료에 따르면 최근 5년간 15~29세 청년 고용률은 2015년 41.2%에서 2019년 43.5%로 상승했고, 청년실업률은 같은 기간 9.1%에서 8.9%로 하락했다. 취업하기 너무 어려운 환경에서 떠밀린 청년창업으로는 '혁신'과 '일자리 창출' 모두를 기대하기 힘겨울 뿐 아니라 청년들이 의욕만 갖고 뛰어들기에는 감당하기 힘들만큼 해결해야 할 장벽도 너무 높다. 어렵게 도전한 청년창업 과정에서 얻을 수 있는 것으로 금전(money)도 중요하지만 큰 성공은 아니더라도 생존하기 위하여 온갖 시련을 극복하는 도전정신과 아이디어가 열매를 맺는 과정에서 얻는 경험이 더 중요하다는 것이 전문가들의 공통된 의견이다.

창업을 통해 청년들이 우리 경제 일원이 되고 사회를 배우며 인생지혜를 얻는 과정에 좀 더 무게를 두어야 장기적인 성과를 얻을 수 있다. 그런 경험을 축적하는 과정에서 전 세계 젊은이들의 롤모델(role model)로 알려진 마크 저크버그(Mark Elliot Zuckerberg)는 19살에 페이스북(Facebook)을 창업해 서른도 되기 전 회사를 시가총액 1,000억 달러 규모로 키운 사례와 함께 형성된 창업열풍에 대하여 뉴욕타임스(NYT)는 최근 "미국 대학들이 제2의 마크 저커버그를 배출하기 위해 치열한 경쟁을 벌이고 있다"면서, 최고 인재들이 스타트업에 몰리는 것은 전 세계 공통적인 현상이라고 보도했다. 또 마이크로소프트(MS), 구글(google), 애플(Apple), 트위터(twitter), 아마존(Amazon), 이베이(ebay) 같은 정보기술(IT) 업계의 주요 기업들이 미국에서 탄생한 데에는 미국사회, 특히 대학에 깊이 뿌리내린 창의와 혁신의 학풍이 그 원동력이라고 할 수 있다.

> "인간이 가장 희열을 느끼는 순간은 심각하게 많은 일들을 기어코 해냈을 때이다"
> – 마거릿 대처(Margaret Thatcher), 전 영국 수상

2) 창업의 매력과 창업에 도전하는 명쾌한 이유

많은 사람이 창업을 꿈꾸지만, 창업자들에게 무엇보다 중요한 것은 내가 왜 창업을 해야 하는가를 정확히 설정하는 것이다. 예비창업자에게 "왜 창업을 하려고 하는가?"라고 질문했을 때 "다른 사람들의 성공이 부러워서", "돈을 많이 벌기 위해서"라는 이유보다 '창업을 하려는 명쾌한 이유'에 대하여 스스로 분명하게 대답할 수 있어야 한다. 그 이유가 명쾌해야 하는 까닭은 조만간 사업을 중단해야 할 수많은 이유가 생길 것이기 때문이다. 당장 죽을 수도 있다는 절박함으로 도전하는 창업가들은 지금까지 없었던 새로운 것을 창조하며 세상을 바꿔나갈 수 있기 때문에 창업에 대한 갈증이나 가슴속에 끓어 오르는 동인(動因)이 필요하다. 아마존의 창업자 제프 베조스(Jeff Bezos)는 "내가 80살이 되었을 때 아마존을 만들려고 시도했던 것을 후회하지 않을 것이다"라며 "후회 최소화"라는 기준으로 판단했다고 했고, 한게임과 카카오를 만든 김범수 의장은 "성공이란, 행복이란 도전하는 과정이다"라고 설명했다. 이처럼 위대한 창업자들의 창업이야기에 '돈', '성공', 그리고 '명성' 얘기는 없었고, 하나같이 '후회 없는 인생', '사람들의 편리함, '도전하는 과정' 등이나 '인류의 삶의 질 향상', '사회적 약자들의 생활의 편리함' 또는 '상품을 사용할 고객들을 즐겁게 하는 일'등 기업의 이익추구보다 사회가 공감하는 명확한 그 무엇이 정립되어 있었다는 의미다. 따라서 창업가들이 창업을 하는 명확한 이유로 돈보다 자신의 운명을 개척하고 있다는 개인적인 성취감을 느낄 수 있도록 장기적인 비전과 꿈의 실현 등을 중심주제로 삼아야 할 것이다.

또 〈크리에이터 코드(*The Creator's Code*)〉의 저자 에이미 윌킨스(Amy Wilkinson)는 미국의 성공한 스타트업 200개를 조사한 후 "꿈을 품은 기업들이 성공한다"는 결론을 내렸다. 그저 돈벌이가 아니라 꿈을 좇을 때 기존에 없던 새로운 가치(Value)를 시장에 만들어 내는 혁신자가 될 가능성이 높다. 꿈을 좇으려면 우선 자신이 바라는 미래의 모습을 그릴 수 있어야 한다. "이런 것이 있으면 좋겠는데" 같은 소망을 그리는 것에서부터 사람의 상상력과 창의적 사고력은 움직이기 시작한다. 꿈을 실현하기 위해서는 자신의 꿈에 대하여 "이 길이 내가 가야 하는 길이다"와 같이, 자신의 마음 깊은 곳에서부터 느껴지는 사명감과 만족감이라는 '내적 확신'이 있어야 한다. 고객을 위하는 것도 좋고 회사를 위하는 것도 좋고 나라를 위하는 것도 좋지만, 무엇보다 중요한 것은 "난 진심으로 이 길을 원한다"라는 자신의 내적 확신이고, 그러한 확신이 있어야 내적 동기부여가 가능해진다.

또 창업자들이 의욕적으로 창업에 도전하여 돈을 벌려고 한다면 "왜 돈(money)을 벌려고 하는지"에 대한 분명한 기준을 가져야 한다. 돈을 벌려는 최종목적이 창고에 쌓아 둘 지폐뭉치 또는 예금인지? 후대를 위한 상속목적인지? 그것이 아니면 그 돈에 생명력을 부여하여 더 가치 있게 승화시킬 무엇인지를 고민해야 한다. 그 목적이 명쾌해지면 더 큰 돈을 벌 명분과 에너지가 증폭되면서 실현가능성도 훨씬 높아질 것이기 때문이다.

> "돈으로 행복을 살 수 없다는 말을 자주 들었다. 그래도 나는 돈을 엄청나게 벌면 행복을 조금이라도 살 수 있을 것으로 생각했다. 그러나 내 생각이 잘못되었다는 것을 알게 되었다."
>
> – 구글의 공동창업자 세르게이 브린(Sergey Brin)

> "스스로 사업을 하기에 스킬(Skill)과 지식과 욕망이 부족하다면, 그리고 사업을 좋아하는지 그렇지 않은지 모른다면, 회사의 보호막 안에 있으면서 돈을 버는 게 낫다."
>
> – 다니엘 핑크(Daniel Pink) 〈프리에이전트의 시대〉에서

창업을 하기 전에 스스로에게 물어야 할 10가지 질문

소기업(small business)은 경제성장과 혁신, 그리고 고용의 엔진이다. 좋은 아이디어가 있다면 사업을 시작하기 전에 다음의 질문을 스스로에게 던져보기 바란다.

① **이 일에 맞는 사람인가?** 이 사업을 성공시키는 데 도움이 될 만한 재능과 경험을 가지고 있는지 자신의 강점과 약점을 정리해보고 이 사업에 자신의 강점을 활용할 수 있는지, 어떻게 자신의 약점을 보완할 것인지 자문(自問)하라.

② **사람들이 정말로 필요로 하는 일인가?** 누가 이 상품이나 서비스를 구입할 것이며 왜 필요로 하는지 자문하라. 고객의 니즈가 없으면 실패할 수밖에 없다.

③ **이 일로 돈을 벌 수 있는가?** 이 사업이 런칭되고 굴러가는 동안 충분한 이익을 얻을 수 있는지, 그렇지 않다면 왜 이 사업을 해야 하는지 자문하라.

④ **사업 계획을 가지고 있는가?** 물론 모든 일이 계획대로 이루어지는 것은 아니지만 계획을 세우는 것은 도움이 되는 일이다. 대출을 받거나 투자를 유치하려면 제대로 된 계획서가 있어야 한다.

⑤ **사업을 이끌어나갈 자금이 있는가?** 일반적으로 새로운 사업에는 당초 예상한 것보다 많은 자금이 소요된다. 현금 흐름이 플러스가 될 때까지 사업을 이끌고 생활을 유지할 수 있는지 자문하라.

⑥ **가족이 이 일을 지원하는가?** 직계 가족과 사업 계획에 대해 토의하고 그들의 지원을 얻어내는 것은 매우 중요한 일이다.

⑦ **이 사업의 차별점은 무엇인가?** 경쟁사와 비슷하지는 않은지, 자신만의 차별화 포인트를 가지고 있는지, 왜 고객들이 경쟁사가 아닌 자신을 선택할 것인지 자문하라. 경쟁사에 비해 더 나은 것보다 차별화가 더 중요하다.

⑧ **세일즈 및 마케팅 전략은 무엇인가?** 표적 시장은 어디이며 어떻게 거기에 접근할 것인지, 사전에 목표 고객을 대상으로 테스트를 해볼 수 있는지 자문하라.

⑨ **자신의 약점과 경험 부족을 보완하고 도와줄 동료나 친구의 지원 네트워크를 가지고 있는가?** 성공적인 창업을 위해서는 무엇보다 파트너십이 중요하다. 만약 비즈니스 파트너가 없다면, 조언하고 후원해 줄 사람들과의 네트워크를 가지고 있는지 자문하라.

⑩ **플랜-B를 가지고 있는가?** 사업이 계획대로 되지 않을 때 자신과 사업을 위한 대체 전략이 있는지 자문하라. 사업의 부침에 적응하고 대처할 수 있는 충분한 유연성을 가져야 한다.

– B2C. 폴 슬로안(Paul Sloane). 10 Questions To Ask Yourself Before You Start Your Own Business 번역 요약.

창업이 희망이다

대학졸업 후 대기업에 들어가 직장생활을 안정적으로 잘하는 것도 매력적이지만 직장인으로서 별로 행복하지가 않아서 창업의 길을 선택을 하는 사람들에게는 자신이 정말 원하는 일은 무엇인가를 찾아가면서 직장생활을 할 때와 비할 수 없이 큰 성취감을 얻을 수 있으리라는 기대감이 있다. 그 청년들의 경우처럼 없던 길을 가는 불안보다 새로운 길을 만드는 매력에 푹 빠져 과감한 도전을 시도해 보는 것이 역동적인 젊음의 특권이자 큰 매력이다. “창업하면 나의 삶을 살고, 취업하면 남의 삶을 산다”는 말처럼 나의 삶을 살기 위해서는 고난을 감수할 남다른 의지가 필요하고 성공적인 창업을 위해서는 사업계획과 시장조사 등 철저히 준비한 다음 창업을 추진하여야 한다.

창업의 장점은 나를 위해 일할 수 있다는 것이고, 취업의 단점은 남을 위해 일해야 한다는 것이다. 청년들이 창업과정에서 힘겨운 선택과 혹독한 고통을 감수하면서도 창업을 하는 가장 큰 이유는 자신이 좋아하는 일을 하면서 열정을 쏟아부을 수 있고 설령 많은 돈을 벌지 못하더라도 짜릿한 쾌감을 느낄 수 있으며, 창업을 통해서 많은 돈을 벌지 못하더라도 나의 힘과 나의 결정으로 거둬들인 단돈 10,000원의 가치는 너무 감격스럽고 소중하며 그 자체가 행복이라는 점이다. 새로운 시도와 변화에 대한 욕구에서 시작하는 창업을 선택하면 스스로를 위해 모든 시간과 열정을 쏟을 수 있기 때문에 자신의 운명을 스스로 관리하면서 자신만의 꿈을 찾아 갈 수 있다. 그러나 일단 사업을 시작하면서 위험을 감수하는 것은 두렵고 스릴 넘치는 일이지만, 더 큰 매력은 권력 이상의 성취감을 찾는 일이다. 요즘 젊은이들의 창업에 대한 열정은 넘치지만 일반적으로 성공창업의 기본인 지속가능한 사업 아이디어 발굴 능력과 좋은 아이디어와 혁신적 기술을 수익으로 연결시키는 사업화 역량의 한계도 분명하다.

청년창업과정에서 여러 어려움을 감수하며 창업을 꿈꾸는 대학생들이 자신의 아이디어를 기반으로 시제품을 만들거나 서비스를 개발해 경진대회 등에 참가했다가 한 번 떨어지면 낙심해 더 이상의 도전을 꺼리는 경우가 많다. 하지만

창업의 가장 큰 장점

주변을 돌아보면 자신은 물론 친구와 지인의 대부분이 '남의 회사'에 취직해 일하고 있다. 이들의 삶을 들여다보면 왜 취업을 두고 '다른 사람을 위해 일하는 것'이라고 하는지 금세 알 수 있다. 가장 큰 고통은 자율성이 훼손된다는 것과 매일 같은 시간에 출근해 다람쥐 쳇바퀴 돌 듯 같은 업무를 하는 것이 문제다. 원하지 않는 부서에 배정을 받거나 신념에 어긋나는 업무를 지시받았을 때 과감하게 자신의 의견을 말하거나 업무시간이 끝난 후에도 자리를 뜨지 않는 상사에게 망설임 없이 먼저 퇴근하겠다고 말하기 어렵다. 무엇보다 가장 큰 문제점은 사람은 누구나 어딘가에 구속되기를 꺼려하지만 취업하는 그 순간부터 다른 이가 정해 놓은 규칙에 자신의 몸과 정신을 모두 맞추며 살아야 한다. 그러나 창업을 하면 다른 사람이 아닌 스스로를 위해 모든 시간과 열정을 쏟을 수 있기 때문에 창업은 즐겁게 일하고, 행복하다고 느끼며 살 수 있는 유일한 방법이라고 할 수 있다. 창업의 또 다른 장점은 자신의 운명을 스스로 관리할 수 있다는 데서 찾을 수 있다. 미국 비즈니스 역사상 최고로 존경받는 CEO 잭 웰치(Jack Welch)는 "자신의 운명은 스스로 관리하라, 그렇지 않으면 남이 나의 운명을 지배할 것이다"라고 종종 말했다고 한다. 정규직으로 근무하고 있는 사람이라면 누구나 하루 최소 8시간, 일주일에 적어도 40시간을 회사에서 보낸다. 하루 이틀도 아니고 수십 년을 이렇게 지내는데 그 시간은 자신의 운명과 미래를 결정짓는 데 절대적인 영향력을 행사할 수 있는 길고 긴 시간이므로 그 긴 시간을 '남의 회사'가 아닌 '내 회사'를 위해 쓴다면, 자신의 운명을 스스로 개척하고 관리하는 기회를 가질 수 있게 된다. 창업의 장점은 정신적인 측면뿐 아니고 손에 잡히는 금전적인 보상도 즐거움 중 하나라고 할 수 있으며, 경우에 따라서는 막대한 부를 얻을 가능성도 있다.

스티브 잡스(Apple), 마크 주커버그(facebook), 스티브 첸(YouTube), 래리 페이지와 세르게이 브린(Google) 등 많은 성공적인 창업가들은 끊임없는 호기심을 바탕으로 아이디어를 내고, 그 아이디어를 사업 모델로 만드는 데 누구보다 열심이었으며, 수많은 시행착오를 극복했다는 공통점이 있다. 창업은 아이디어도 중요하지만 자금조달 같은 현실적인 문제도 마주하게 되고 마케팅에 성공하여야 수익을 거둘 수 있는 복잡한 과정이므로 도전정신만으로 달성할 수 없는 복합적인 준비도 필요하다. 예를 들면 산속을 자기 집처럼 누비고 다니는 자연인(약초꾼)들은 수십 년 동안 수많은 약초를 채취하고 활용하는 과정에서 습득한 깊이 있는 안목(眼目)을 가진 상태로 산에 오르기 때문에 온갖 보물(약초)을 채취할 수 있어 큰 수익도 얻을 수 있지만, 식견(識見)을 갖지 못한 일반인들이 같은 코스로 산행하더라도 풀들과 약초를 구별하지 못해 '비슷비슷한 다양한 풀(약초)들이 많더라!' 정도로 인지하게 될 것이다. 마찬가지로 창업에서도 준비 안 된 초보창업자에게는 매 상황마다 처음 접하는 난감한 사태들뿐이니 문제의 본질을 파악하지 못하면 매번 혼란 속에서 헤맬 수밖에 없게 될 것이다.

또 전반적 식견을 갖춘 준비된 창업을 위해서는 ① 구상하고 있는 아이템의 시장상황과 트렌드, 경쟁 환경, 고객환경 등을 분석해서 사업의 기회요소와 위험요소를 파악해야 하고, ② 기회요소와 위험요소를 감안해 사업 아이템의 명확한 사업콘셉트를 정해야 하며, ③ 명확한 콘셉트를 세부적으로 연구, 분석해 차별화 전략을 세워 경쟁우위를 만들어야 한다. ④ 대상지역의 특성과 핵심 고객층을 중심으로 단계별 운영전략 계획을 세우는 것이 필요하다. 이러한 절차적 지원과 함께 정부 여러 기관의 다양한 자금지원과 교육지원 및 컨설팅 지원에도 불구하고 많은 청년들이 창업을 시도하지 못하는 이유는 창업에 대한 전반적인 이해의 부족으로 마주하게 될 막연한 두려움 때문이고, 혹 어렵게 오랜 기간 고심 끝에 치밀한 준비를 거쳐 꿈꿔왔던 창업을 해도 선점하고 있는 기업들과 경쟁하며 수익을 창출하는 것은 더욱 힘겨운 일이기 때문이다. OECD가 발간한 기업가정신보고서(2014)에 따르면 창업을 가로막는 걸림돌로 실패의 두려움(35.7%)이 가장 많았고, 창업 공간 등 인프라 부족(24.3%), 사업운영 과정의 어려움(21.3%), 창업관련 체계적인 교육 부재(17.7%) 등의 순으로 나타났다.

무엇이 창업가를 만드는가?

마크 수스터의 <성공하는 창업가의 12가지 특징> 목록을 통해, 미래에 창업가를 꿈꾸고 사람이라면 자신이 창업가로서 자질이 있는지 검증할 수 있고, 이미 창업가라면 자신의 강점과 약점을 발견하는 기회가 될 것이다.

① 끈기(Tenacity) 기업가에게 가장 중요한 자질은 어떤 경우에도 포기하지 않는 불굴의 의지다.

② 세상 물정에 밝은 사람(Street Smarts) 현실 세계에 뛰어들어 고객을 이해하는 것이 책으로 배우는 지식이나 컴퓨터로 연구하는 것보다 훨씬 중요하다.

③ 피벗(방향 전환) 능력(Ability to Pivot) 성공적인 창업자는 제품이 시장의 요구와 잘 맞는지, 시장규모는 돈을 벌기에 충분한지 확인하고 확신이 들 때까지 시장변화에 맞춰 자신의 상품과 비즈니스 모델을 미세 조정해야 한다.

④ 회복력(Resiliency) 창업자의 길은 매우 매력적이지만 실제로는 회의를 느낄 정도로 힘들기 때문에 그럴 때 수렁을 탈출할 저력을 비축해야 한다.

⑤ 영감(Inspiration) / 리더십(Leadership) 끈기 있고 뛰어난 안목과 영감이 있어야 하며, 모두가 불가능하다고 하더라도 사람들을 설득해야 한다.

⑥ 땀(Perspiration) 훌륭한 말솜씨로 고객을 호감을 사는 사람들도 많지만 성공적인 창업가는 때로 인내심을 가지고 뜨거운 땀방울을 흘려야 한다.

⑦ 용기(Cojones) / 위험 감수 의지(Willingness to Accept Risk) 무턱대고 위험을 감수해서는 안 되지만 성공적인 비즈니스를 추진하는 창업가는 창업 준비가 충분히 될 때까지 머뭇거리기보다는 과감히 결심하고 전력을 다하여 행동한다.

⑧ 세부 지향성(Detail Orientation) / 직접 체험(Hands On) 창업가는 재무모델 제품설계에도 참여하며, 판매경로도 파악하는 등 모든 사항을 장악해야 한다.

⑨ 승부욕(Competitiveness) 성공하는 창업가는 항상 모든 거래를 성사시키고 모든 인재를 고용하며 모든 경쟁자를 이겨 승리하려는 승부욕에 불타오른다.

⑩ **결단력(Decisiveness)** 성공하는 창업가는 매일 수많은 결정을 내려야 하지만 오래 고민하지 않고 단호하게 결정하며 과감하게 실천한다.

⑪ **업계 경험(Domain Experience)** 업계경험이나 인맥을 활용하면 분명한 경쟁우위를 가져다주기 때문에 새로 시작하는 경우보다 현저하게 유리하다.

⑫ **진실성(Integrity)** 진실성과 정직함은 성공 비즈니스의 튼튼한 기반이다.

– 마크 수스터(Mark Suster). 감수: 임정욱. 리디북스 출판. 2018.

경영자가 버려야 할 가장 중요한 5가지

① **지나친 욕심** 이제 기업의 목적을 이익 극대화가 아닌 이해관계자의 성공을 돕고 기업이 이해관계자들과 함께 지속성장하는 것으로 인식해야 한다. 경영이 추구하는 것도 최적화(optimization)가 아니라 만족(satisfaction)이다. 이해관계자를 함께 생각하는 적정한 욕심이 지속성장의 비결이다.

② **과거 성공에의 안주와 새로운 시도에 대한 두려움** 새로운 시도가 없이는 새로운 변화나 더 가치 있는 결실은 없지만 새로운 시도나 혁신은 늘 저항과 두려움을 동반한다. 최고경영층의 기업가정신과 역량만이 이를 극복할 수 있다.

③ **생산성을 저하하고 미래 가치를 낮추는 활동** 비록 어떤 사업 영역이 현재 기업의 존속에는 기여한다 하더라도 생산성이 낮고 경쟁력이 없는 활동들은 결국 버려야 하고, 새로운 대안을 모색해야 한다.

④ **타인에 대한 불평과 비판** 사업 활동은 많은 타인과의 연계를 바탕으로 하고 있고, 어떤 잘못된 일의 원인을 따져보면 여러 요인들이 함께 작용한 경우도 많다. 다른 사람들을 비난하고 책임을 돌리기보다 우선 경영자 자신이 더 노력할 수 있는 부분을 찾고, 주도적으로 '내 탓이오'라는 마음으로 대처하는 것이 좋다.

⑤ **나태** 경영자들은 여러 직업 영역 중에서도 특히 변화가 크고 아주 힘든 영역에서 활동하는 사람들이다. 소명의식을 가진 경영자들은 결코 작은 성공에 만족하지 않고 도전을 거치지 않는다. 나태는 경영자들의 역할과 역량을 낭비한다.

– 대구신문. 경영자가 버려야 할 것과 지켜야 할 것. 2020.7.16. 배종태 교수

3. 창업 준비와 창업 지원(support)

1) 성공적인 창업 준비와 생존율

창업의 과정은 기회를 포착하고 새로운 비즈니스 모델(business model)과 매력적인 가치가 담긴 상품을 개발하기 위하여 열정과 불굴의 의지로 도전하여 수많은 시행착오를 극복하고, 끝까지 포기하지 않아야만 풍성한 열매를 얻을 수 있다. 대부분의 창업가들은 창업과정이 자신들이 상상했던 것보다 훨씬 힘들고 어려운 과정이었다고 말한다. 창업가는 시행착오를 반복하며 때로는 심각한 좌절에 빠지거나 실망을 느끼더라고 실패의 경험을 학습의 방법으로 활용하는 능력을 얻게 된다. 또 복잡함 속에 무사히 사업을 시작했다고 해도 그 후에 닥쳐오는 갖가지 부동산 및 세금, 매출신장 등의 현실적인 문제들을 해결하고 새로운 상황에 신속하게 대응하기 위하여 해당 분야에 대한 지속적인 학습이 필요하고, 시장에 대한 경험 및 정보수집에도 힘써 해당분야에서 최고의 전문가가 되어야 생존과 지속 성장이 가능하다.

파이낸셜타임스(FT)가 2015년 1월 전문경영인을 양성하기 위한 경영전문대학원(MBA) 졸업생들의 실제 창업성공률을 알기 위하여 전 세계 상위 100대 MBA 졸업생 7,800명을 대상으로 설문조사한 결과 '창업 후 3년 생존율'은 84%를 기록했다고 한다. 이는 일반적인 스타트업(신생 벤처기업)의 3년 생존률보다 매우 높은 수치이므로 MBA가 실질적 경영에 유용한 교육을 하고 있다는 방증이다. 또 실제 사업교육에 집중하는 뱁슨 칼리지(Babson College)의 2011년 졸업생 중 39%가 창업했고, 그중 93%는 3년 후에도 사업을 성공적으로 운영하고 있었다. 같은 기간 메사추세츠 공과대학(MIT) 슬로언 경영대학원은 졸업생의 36%가 창

창업을 하려면 무엇을 어떻게 준비해야 하는가

창업이란 기업을 새로 만드는 것인데 인적·물적 자원을 적절히 결합하여 미리 설정된 사업목적을 달성하기 위하여 상품이나 서비스를 조달 생산 판매하거나 그와 부수된 활동을 수행하는 것을 말한다. 개인이나 집단이 자신의 책임하에 돈과 사람을 동원하여 새로 사업을 개시하는 것으로 창업을 생각하면 쉬울 것 같은데 막상 창업하려고 하면 무엇부터 준비하고 시작해야 할지 답답함을 느끼게 된다. 업종은 뭐가 좋은지, 경쟁력은 어떻게 갖추어야 하는지, 창업절차는 어떻게 되는지 궁금하고 알아야 할 것이 한두 가지가 아니다. 이럴 때 창업의 방향설정과 마음가짐에 대한 준비가 되어 구체적으로 어떻게 사업을 추진해야 하는지 방법이나 절차를 알고 진행한다면 훨씬 체계적으로 사업목표를 예상보다 더 빠르고 쉽게 성취할 수 있게 된다. 준비하는 과정과 절차에서 알고 실천해야 할 내용을 살펴본다.

- 첫째, 창업 환경과 시대흐름을 정확하게 읽고 자기분석을 통해 강점은 극대화시키고 약점을 극복하는 능력을 가져야 한다.
- 둘째, 창업 목적을 분명히 해야 한다. 사업을 하는 이유가 대부분 이윤을 남기기 위하여 시작하지만 부자가 되고 싶은 바람만으로는 사업을 시작하는 충분한 이유가 될 수 없다. 이윤을 남겨서 보다 나은 삶과 노후를 준비하기 위해서, 많은 돈을 벌어서 불우한 이웃을 돕기 위해서 할 것인지, 또 빌 게이츠처럼 모든 책상과 모든 가정에 개인용 컴퓨터를 보급하기 위해서 등 사업의 목적이 뚜렷하고 무엇을 하려는가 등의 대의명분이 뚜렷해야만 사업을 시작하려는 자신에게는 물론 남들에게도 떳떳하고 당당하게 내세울 수 있다.
- 셋째, 철저한 준비가 필요하다. 성공적인 창업을 위한 왕도는 따로 없다. 우선 창업 환경을 폭넓게 이해하고 관련 지식과 정보를 축적하며 성실하게 실행하는 것이 필요하다. 또한 창업의 시기, 가족의 동의, 충분한 기술습득, 창업관련 물품조달, 충분한 자금 등 인적 물적 자원을 조달하고 배치하는 일이다.
- 넷째, 경쟁업체보다 한발 앞선 전략이 필요하다. 소자본 창업에서 사업전략의 핵심은 경쟁전략이다. 자기만 잘한다고 되는 것이 아니라 제품, 서비스, 홍보 등 모든 면에서 경쟁점포를 압도할 수 있는 경쟁력을 갖추는 일이다. 업종별로 경쟁력의 핵심을 보면 제조업은 고품질과 차별화이며, 외식업의 경우 메뉴 전문화, 맛, 분위기, 서비스이며, 도소매 서비스업은 상품과 기술, 서비스의 차별화이다.

• 다섯째, 기본에 충실해야 한다. 먼저 창업을 위한 조건이 구비되어 있는가? 아이템, 장소, 경영방침, 사업계획의 기본틀은 잡혀 있는가? 사업계획서는 작성하였는가? 자금의 조달과 용도에 대하여 구체적으로 계획을 세웠는가? 개업 준비와 사업 개시일에 대한 세부계획은 세웠는가? 등에 대하여 철저하게 준비하여 현장경험을 쌓고 이러한 조건을 구비한 후에 창업한다면 시간과 예산의 낭비를 줄이고 효과적으로 창업을 할 수 있다.

– 서울신용보증 재단 제공

업했으며 3년 생존률은 86%를 기록했다. 한편 한국창업전략연구소가 창업 후 1년 이내 실패자 300명을 대상으로 조사한 결과 창업자가 느끼는 실패요인으로는 1위 경기불황, 2위 과열경쟁, 3위 자금부족, 4위 전문성 부족, 5위 주먹구구식 창업 등으로 나타났지만 동일한 조건에 놓인 업소를 분석하면 가장 큰 실패요인은 주먹구구식 창업과 경영역량 부족이었다. 즉 똑같이 어려운 상황에서도 살아남는 사업자가 있다는 점에서 외부요인보다는 창업자가 스스로 통제할 수 있는 내부요인을 분석하고 미리 대처하면 실패를 피할 수 있다는 것이다.

스스로 두 차례 회사를 창업한 경력이 있고, 그중 하나는 경제전문지 INC가 선정하는 「가장 빠르게 성장하는 500대 기업」에 두 번 이름을 올렸던 빌 올렛(Bill Aulet) MIT 슬론 경영대학원 교수는 "가장 많이 저지르는 실수는 '나는 이 제품을 팔 때 생길 수 있는 여러 가지 문제에 대한 모든 해결책을 갖고 있어'라고 자신만만해하는 반면, 정작 고객이 누구인지, 고객이 왜 자기가 만든 제품을 원할지에 대해선 깊이 고민하지 않습니다. '어떻게'에 대해서만 너무 골몰한 나머지, '무엇을'이나 '왜'를 소홀히 한다는 거지요. 그들은 '나는 이러한 제품을 만들 수 있어'라고 실력을 과신하는데, 누가 그것을 원할지를 종종 간과합니다"라며 창업자들이 간과하는 핵심을 일깨운다. 사실 창업자 스스로가 느끼는 불편이나 결핍에서 창업의 시작점을 찾는 것은 아주 좋은 방법이지만, 정작 창업을 성공적으로 이끄는 것은 고객과 시장의 고통을 얼마나 잘 해결해주는지에 달려

성공한 기업가들은 생각이 어떻게 다른가?

① **자신의 역량에 대해 생각한다.** 성공한 기업가들은 자신의 약점에 대해 알고 그것을 간과하려 하지 않는다. 대신 자신이 이룰 수 있는 것들에 대해 정밀하게 조사를 하며 너무 큰 위험을 무릅쓰지 않는다. 비주얼 키위의 창업자인 아라빈스는 "비즈니스 전략을 향상시키기 위해 새로운 시도를 하기로 생각한다면 이로 인해 어떤 손해도 있어서는 안 된다는 것을 명심해야 한다"고 말한다.

② **고객에 대해 생각한다.** 충성된 고객을 얻는 첫 번째 단계는 누구를 대상으로 할 것인지 최상의 통계학적 결론을 도출해내는 것이다. 필요가 없는 사람들에게 마케팅을 하려고 하는 것은 시간만 낭비하는 것이 된다. 성공한 기업가들은 사업 시작 때부터 상품을 어떻게 이를 적당한 사람들에게 판매할 수 있을지 생각함으로써 시간과 자원을 절약한다. 아라빈스는 "훌륭한 사업가는 고객의 입장에서 늘 자신의 상품을 본다"고 말한다.

③ **경쟁자를 늘 의식한다.** 스마트한 기업가들은 자신의 사업상의 위험 요소에 대해 집중할 뿐만 아니라 외부의 위험에 대해서도 깨어있다. 경쟁자들을 분석하는 것은 그들과 어떻게 경쟁할 것인지를 아는 데 도움이 되고 자신의 상품에 들어있는 약점을 알게 한다.

④ **실패에 대해 생각한다.** 과거의 실패를 곱씹는 것은 중요하지 않지만 뛰어난 기업가들은 실수로부터 교훈을 얻는다. 아라빈스는 "진짜 기업가는 실패할까봐 염려하지 않지만 대신 손실을 바로잡을 수 있는 대안을 늘 추구한다"고 말한다.

– 미국의 경제매체 <비즈니스 인사이더(*Business Insider*)>

있다. 창업을 하는 스타트업들이 반짝이는 아이디어를 갖고 시작해 초반에 잘 나가다가 무너지기도 하는 실제 상업화 과정은, 내가 아닌 고객을 이해하고 이들이 자기 스스로도 잘 파악하지 못한 욕구를 꺼내게 해야 하며 이들의 불편과 결핍을 해결해야 하기 때문에 지루하고 복잡하며 어렵다. 그는 "창업에서 아이디어에 대한 부분이 지나치게 과대평가돼 있지만, 실제로 중요한 것은 아주 정교한 비즈니스 모델을 만들어 '상업화(Commercialization)'에 성공하는 것이다. 핵심고객이 누구인지를 딱 한 명으로 자세하게 표현할 수 있을 정도로 정확히 파악하고, 우리 회사가 이들을 위해 무엇을 할 수 있는지, 이들이 우리 제품을 어떻게 획득하게 할 것인지, 이를 통해 어떻게 수익을 확보할 것이고, 이후 비즈니스 확장은 어떻게 할 것인지를 하나하나 다 살펴야 한다"고 말했다.

먼저 상대방의 이익을 챙겨주라

> "훌륭한 비즈니스를 하는 사람은 상대방에게 이익이 돌아가게 하는 사람이다. 상대에게 먼저 이익을 주면 결국 그 이익이 한 바퀴 돌아 나에게 기회라는 모습을 하고 찾아온다. 더 나아가서는 나 자신의 이익이 창출된다."
>
> – 이나모리 가즈오(Inamori Kazuo) 교세라 회장

2) 다양한 창업지원

우리나라에서 2018년에만 10만 개의 신설법인이 설립되었고, 정부의 창업지원금만 8조 5,000억원, 지자체나 대학 등을 포함하면 9조원 넘는 돈이 스타트업에 지원되었다. 또 2021년 중소벤처기업부에 따르면 중기부 소관 창업지원 예산이 1998년 82억원에서 2016년 3,766억원, 2020년은 8,492억원까지 대폭 증가했다. 이 같은 각종 지원과 혜택을 기반으로 누구나 쉽게 링에 오르지만 우리나라 스타트업의 5년차 폐업률이 72.5%라니 이는 10곳 중 7곳 이상이 5년 이내에 사라진다는 것이다(중소벤처기업부). 또 우리 정부는 중소기업청(창업진흥원)을 포함, 53개 기관이 약 218개에 달하는 지원 사업을 시행하고 있고, 그 외 각 지자체에서도 창업 진흥원, 기술보증기금 등과 협력한 사업뿐만 아니라 독자적인 형태로도 청년창업을 지원하고 있어서 수백 개에 달하는 창업관련 지원

제도가 시행기관에 따라, 지원시기 및 대상, 신청절차와 방법 등이 상이한 형태로 진행되고 있다. 특히 국내 여러 대학에는 교육부, 산업부, 중기청 등을 통해 산학협력단, 기술이전센터, 창업보육센터, 실험실 창업, 창업 선도대학, 산학협력대학사업, 기술지주회사 등 다양한 방식으로 지원되고 있다. 특히 2011년부터 중소기업청이 주관하는 창업선도대학 육성사업은 우수한 창업지원 인프라를 갖춘 대학을 창업선도대학으로 지정해 창업교육부터 창업 아이템 발굴 및 사업화, 마케팅 등 후속지원까지 패키지화시켜 대학을 창업의 요람으로 육성하고 있다. 당초 창업선도대학 사업은 지역기반의 청년창업기업의 육성과 창업문화 확산을 위하여 지역별로 창업인프라가 우수한 대학을 선정하여 종합적인 지원을 목적으로 하고 있다. 또 최근 교육부, 미래창조과학부, 중소기업청이 내놓은 '대학창업교육 5개년 계획'은 대학을 벤처창업의 요람으로 육성하기 위해 창업에 뜻이 있는 학생들과 교수들에게 각종지원을 제공하고 있다.

2018년 기준 우리나라에서 대학생(청년)창업교육 분야에서 창업 강좌를 운영중인 대학은 313개교(74.9%)이고, 강좌 수는 1만 1,828개이며, 수강 인원은 한해 41만 여명이었다. 또 요즘 창업열풍으로 대학교마다 창업동아리에 대한 지원이 대폭 늘면서 283개교에서 5,596개의 창업동아리에서 4만 1,440명이 활동하고 있으며, 실제로 창업을 준비하는 학생들을 위한 교육과 창업캠프도 증가하면서 창업에 관심 있는 대학생들도 증가하는 추세를 보이고 있다. 또한 창업학과 및 창업연계 전공을 개설한 대학은 71개교이고. 대체 학점을 시행하는 대학은 전체대학의 약 30% 수준이며, 창업대체학점 제도를 시행하는 대학은 124개이고, 그 제도로 인하여 2,533명이 혜택을 보고 있다. 또 학사단절을 막으려 대학생이 창업을 위해 최장 '2년간 연속 휴학'할 수 있도록 허용하는 창업 휴학제 운영학교는 2016년 217개에서 2017년 232개로 증가했다. 그 결과 '2018년 대학 창업통계 조사(2019.2.11. 발표)'에 따르면 2017년 대학생 창업기업 수는 전년보다 312곳이 늘어난 1,503개로 나타났다. 학생 창업기업 수는 전년(1,191개) 대비 26.2% 증가하면서 매출과 고용도 각각 40.5%, 12.0% 증가했다.

창업을 꿈꾸는가? 'K-스타트업'에 물어보라!

미래부, 창업 지원 효율화 방안…수요자 중심 지원체계 구축

'K-스타트업' 성장 단계별 맞춤형 지원

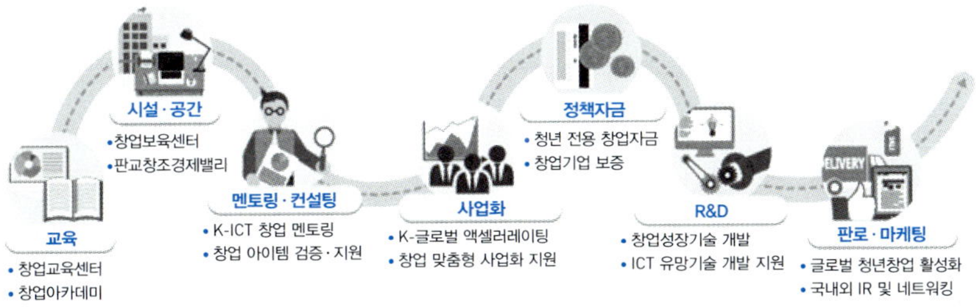

그동안 창업 지원 사업은 무수히 많았지만 정작 창업가들이 자신에게 맞는 프로그램을 찾기가 쉽지 않았으나 2015년 4분기부터 100여 개의 정부 창업지원 프로그램이 'K-스타트업(Startup: 신생 벤처기업)'이라는 브랜드로 통합되고, 청년 창업가 등의 수요자가 손쉽게 지원받을 수 있도록 대폭 개편된다. 미래창조과학부(이하 미래부)가 기획재정부, 중소기업청 등 관계부처와 함께 제19차 경제관계장관회의에서 발표한 '정부 창업지원사업 효율화 방안'은 창업분야 현장에서 꾸준히 제기돼온 문제점을 분석해 공급자 위주가 아닌 수요자 중심의 창업 지원체계를 만들었다. 현재 9개 부처에서 사업화, 판로, 창업교육, 사업공간 제공 등 정부 창업지원 사업을 운영하고 있지만, 일부 대형사업 외에는 인지도가 낮고 사업을 종합적으로 안내하고 연결해주는 창구가 없어 수요자가 자신에게 맞는 지원사업을 찾기가 어려웠다. 이에 정부는 유사한 사업을 통합하고, 수요자가 자신의 관심분야 지원 사업을 쉽게 찾을 수 있도록 창업교육, 시설·공간, 멘토링·컨설팅, 사업화, 정책자금, R&D, 판로·마케팅·해외 진출, 행사·네트워크 등 8개로 분류한 프로그램을 제공한다. 또한 창업자들이 K-스타트업 프로그램 정보를 쉽게 이해할 수 있고, 지원사업 신청과 접수를 원스톱으로 처리할 수 있도록 온·오프라인에 통합 지원창구인 '싱글 윈도(Single Window)'를 구축한다. 필수 제출서류는 사업계획서, 법인등기부등본 위주로 간소화하고, 제출서류 양식을 한글 프로그램뿐 아니라 PPT, MS 워드, PDF 형식의 문서도 인정하며, 평가의 전문성을 높이기 위해 기업가, 벤처캐피털, 엔젤투자자 등 전문 평가위원의 비중을 30%에서 40% 이상으로 높이고, 평가방식도 기술성 위주에서 창의성, 사업성 위주의 방식으로 개선한다.

– 위클리공감. 2015.10.22.

스타트업, '청년창업사관학교'에서 시작하자!

중소벤처기업부(이하 중기부)의 '창업성공패키지 청년창업사관학교'는 2011년 도전의식과 창의정신을 갖춘 인재를 양성하기 위해 설립됐다. 이익 창출을 최우선으로 하는 다른 정부지원사업과 달리, 청년창업사관학교는 정부지원 사업 중 유일하게 '기업가정신'을 강조한다. 중기부는 창업 실패율이 높은 이유에 대해 스타트업들이 '기업가정신', 창업 지식, 경영능력 등의 역량이 부족했기 때문이고, 이 같은 역량을 높일 수 있는 기회 또한 부족하다고 판단했다. 이를 개선하기 위해 청년창업을 체계적으로 육성할 수 있는 '창업성공패키지'를 고안해 지금의 청년창업사관학교가 설립되었다. 단순히 기업의 매출증대 목적이 아닌, 탄탄한 기본기와 '기업가정신'을 갖춘 제대로 된 사업가를 배출해 내겠다는 것이 청년창업사관학교의 취지다. 또 정부가 2020년 중소기업의 기술개발을 위해 편성한 지원 예산은 1조 4,885억원으로 역대 최대 규모다. 스타트업에게 정부지원사업은 성장 동력이자 기회의 발판이다. 청년창업사관학교의 성공패키지는 국내 가장 성공적인 창업지원사업 중 하나라는 평가를 받고 있다. 개교 이래로 10년간 3,815명의 청년 창업가가 거쳐 갔으며, 이들은 누적 2조 6,588억원의 매출액을 기록하고, 1만여 명을 고용하는 등 이례적인 성과를 달성했다. 또한, 청년창업사관학교가 배출한 스타트업의 3년차 생존율은 86%, 5년차 생존율은 64%에 달한다. 이 같은 수치는 다른 창업지원사업에 참여한 스타트업과 비교했을 때, 12% 이상 높으며 경제협력개발기구(OECD) 주요국의 지원 사업들과 비교했을 때도 높은 수치다. 청년창업사관학교가 배출한 스타트업들을 보면, 간편 송금 애플리케이션인 '토스'를 운영하고 있는 '비바리퍼블리카', 모바일 의료기기 업체 '힐세리온(Healcerion)'과 부동산 직거래 플랫폼 '직방'도 청년창업사관학교를 거쳐 갔다. 이러한 성과 덕분에 안산 본교에서 시작한 청년창업사관학교는 서울, 경기 북부, 인천, 강원, 대전·세종, 충북, 전북, 전남, 부산, 대구, 울산, 제주 등을 비롯해 17곳으로 확대됐고, 지난해 투입된 예산은 1,145억원으로 초창기 180억원과 비교해 6배 이상 증가했다.

– 스타트업투데이. 2020.8.25. 강성진 에피치오 대표

[표 1-1] 청년창업사관학교 현황(2020년 기준)

10기 졸업자	매출액	일자리 창출	벤처투자액	누적 졸업자 (1~10기)
983명	2,839억원	3,297명	4조 3,000억원	4,798명

청년창업을 지원하는 청년창업사관학교는 우수한 청년창업기업을 발굴, 육성해 창업 전반을 일체형으로 지원해 초기창업기업의 창업성공률을 높이고 지역 대표 유니콘(unicorn)기업을 양성하는 정부 창업지원 프로그램이다. 2011년 3월 경기도 안산과 충남 천안, 경북 경산, 광주, 경남 창원 등 전국 5곳에 문을 연 청년창업사관학교는 2018년 전국 17곳으로 확대됐다. 중소벤처기업진흥공단이 운영하는 청년창업사관학교는 입교생들에게 창업의 모든 과정을 일괄하여 지원한다. 창업청년창업사관학교는 창업자금 등 여러 창업 인프라에 대한 지원을 받고, 기업가정신을 함양하여 외롭고 힘든 창업의 길을 같은 고민을 안고 있는 청년창업가 동료들과 함께 하면서 경영자(CEO)로서의 기반을 다질 수 있다는 점에서 매우 좋은 기회다. 청년창업사관학교는 교육생 선발과정의 1단계인 서류심사에서는 사업계획 적정성과 기술, 개발능력, 성장성 등을 평가하고, 2단계는 심층심사로 사업수행 능력과 사업화 가능성, 시장경쟁력을 평가하며, 3단계는 사업운영위원회를 열어 최종 합격자를 결정한다. 청년창업사관학교에 입교하면 창업지식과 실무교육 및 코칭지원을 받을 수 있고, 총 120학점의 교육프로그램을 이수해야 하며, 1인당 1억 이내의 사업화 자금, 창업인프라, 시제품제작지원 등의 지원혜택도 받을 수 있다. 특히 경험과 이론을 겸비한 청년창업사관학교의 교수진은 교육생에게 기업가정신 함양은 물론 창업 아이템 선정, 제품기획, 디자인, 사업개발 및 시제품 제작, 마케팅 등 사업화 단계별로 차별화된 창업교육과 코칭을 제공한다. 또 코칭은 전담교수 1명이 1대1 밀착코칭을 하는데 전담교수가 분야별로 산업기술, 융합기술, 생활기술, 정보통신 등의 분과로 나눠 교육생 10명 담당한다. 특히 특화코칭은 최고의 외부전문가를 발굴하여 재무와 회계, 노무, 영업 등 CEO로서 기업 운영능력을 강화할 수 있도록 지원하고, 미국, 중국, 동남아시아 등에 우수인력 파견연수도 진행하며 국내외 전시회 참가, 크라우드펀딩 등 창업과 관련한 다양한 경험을 쌓을 수 있는 기회가 주어진다.

청년창업사관학교를 거쳐 간 스타트업은 중기부의 체계적인 시스템, 민간운

영사의 효율적 운영, 총 동문회와 입교생들 간의 네트워킹 등 여러 노력이 어우러져 시너지를 발휘하면서 성공적인 성과를 낼 수 있었다. 특히 교육생과 교수는 물론 교육생들끼리의 인적네트워크를 쌓기도 좋아 청년창업사관학교 졸업 후에도 졸업 기업에 대해 향후 5년 동안 청년창업사관학교 직원과 교수진들이 상시 모니터링을 통해 애로사항들을 해결해주며 다양한 창업 지원제도를 연계해준다. 2011년 개교 당시 1기 졸업생 212명 이후 10년간 전체 4,798명의 청년 사업가를 탄생시켰고, 1만 3,759명의 고용을 창출했으며, 특히 2020년 코로나 펜데믹(Corona Pendemic) 상황 속에서도 창업이 크게 활성화되었다.

[표 1-2] 청년 창업 지원제도

창업지원제도	지원내용	담당기관
창업아카데미	창업 강좌, 실전 창업 교육	창업진흥원
창업 맞춤형 사업화 지원 사업 창업	아이템 사업화지원	
창업 선도 대학	유망 창업자 발굴	
글로벌 청년 창업활성화 지원 사업	국내외 창업연수 및 보육지원	
실전 창업 리그-슈퍼스타V	사업화 지원	
1인 창조기업 비즈니스 센터	비즈니스 공간 지원 전문가 경영지원	
1인 창조기업 사업화 지원	디자인 홈페이지 구축	
연구원 특화형 예비 창업자 육성	창업 초기 자금지원	
스마트 앱 개발 교육	스마트 앱 개발 전문교육	
청년창업 사관학교	기술개발비 및 시제품 제작비 지원 창업교육	청년창업 사관학교
게임벤처 2.0 육성사업	사무 공간, 집기류, 퍼블리싱 지원	
선도벤처 연계 창업지원	사업계획 및 기술지원	벤처기업협회
청년전용 창업자금	자금융자 및 교육	중소기업진흥공단
청년기업 자금지원	시설 및 운전 자금	
창조경제타운	아이디어 구현 플랫폼	창조경제타운
미래글로벌 창업	해외창업 컨설팅	미래글로벌 창업 지원협회
벤처 1세대 멘토링	예비창업자 입학지원	벤처 1세대 멘토링센터

Chapter 2

창업자에게 필요한 자질과 마인드

1. 보이지 않는 것을 볼 수 있는 통찰력(insight)

1) 통찰력(insight)의 중요성

통찰력이란 핵심을 간파하여 상황의 본질을 보는 능력으로, 새로운 사태에 직면했을 때 그 상황이 가져오게 될 결과를 명확하고 폭넓게 파악하여 이해하고 대처하는데 필요한 사태를 꿰뚫어 보는 능력을 말한다. 통찰력은 치열한 무한경쟁시대를 살아가기 위하여 문제의 본질을 파악하고 그 해결역량을 모색하는데 필수적이며, 우리의 미래를 결정짓는 의사결정의 바탕이기 때문에 더욱 중요하다. 또 혁신기술들이 등장하고 이러한 기술들이 기존산업과 융합돼 새로운 시장을 창출하기 때문에 기업의 통찰력 또한 중요한 핵심역량이라고 할 수 있다. 특히 시장에 대한 통찰력을 갖춘 기업만이 지속 성장을 보장받을 수 있음을 기억해야 한다. 미래 분석가 말콤 글래드웰(Malcolm Gladwell)도 "지금 시대에 정확한 의사결정을 내리기 위해서는 경험과 통찰로 해답을 찾아야 한다"고 주장했다.

창업을 주도하는 리더(leader)는 시시각각으로 일어나고 있는 상황을 이해해야 할 뿐만 아니라 그 상황 속을 들여다보고 본질을 간파해야 하는 상황에 직면하게 된다. 이때 비즈니스의 성공을 이끈 비범한 통찰은 천재적 능력이나 우연한 행운의 결과가 아니라 지식과 경험을 바탕으로 문제의 본질을 재해석하고 재구성하려는 위대한 열정과 끈질긴 노력 덕분이다. 위대한 통찰(insight)은 세계최초의 금속활자를 발명한 것으로 알려진 구텐베르크(Gutenberg)와 조각·건축·수학·과학·음악·철학에 이르기까지 박학다식했던 레오나르도 다빈치(Leonardo da Vinci)에게 위대한 발명가라는 타이틀을 선사했고, 애플의 창업자 스티

'통찰'하고 '융합'하고 '상상'하고 '창조'하라!

탁월한 리더는 빠르고 즉흥적으로 결정을 내리는 것 같으면서도, 왜 언제나 최고의 선택을 하는 것일까? 그 비밀은 바로 '핵심을 꿰뚫어보는 통찰력'에 있다. 감각과 통찰의 시대, 한 치 앞을 내다보기 힘든 경영환경에서 리더는 매 순간 기업의 승패를 좌우하는 경계에 서 있다. 전 세계를 상대해야 하는 글로벌 선진기업일수록 '상상'과 '창의'를 핵심가치로 조직구성원들의 '생각하는 힘' 키우기에 전력을 쏟고 있다. '생각하는 힘'을 가진 인재만이 과거와 현재 그리고 앞으로 나타날 변화에 대해 폭넓고 깊이 있게 파악할 수 있으며, 그에 부합하는 앞선 기술과 놀라운 상품을 만들어 낼 수 있기 때문이다. 특히 신제품 개발, 새로운 시장의 창조, 마케팅 전략을 수립함에 있어서 통찰의 중요성이 더욱 커지고 있다. 리더의 잘못된 결정은 곧바로 기업의 명운을 위태롭게 만들기도 한다. 미래 비즈니스의 핵심은 인간, 즉 고객의 보다 나은 것을 바라는 문제를 해결하거나 욕구, 결핍을 간파해 내는데 있다. 트렌드를 읽고 미래를 내다보는 능력이 바로 모두가 갖고 싶어 하고 열망하는 통찰력의 힘이다. 통찰력은 현재 존재하고 있는 현상이나 사물을 예리하고, 자세하게 판단하는 능력으로 오랜 경험과 수많은 사고의 훈련으로 단련된 무의적이면서도 의식적인 판단을 말하며 주로 이성의 영역에서 발휘된다.

오늘날 혼돈의 시대를 사는 리더의 결정은 곧 조직의 미래를 결정하는 바로미터가 된다. 조직의 리더는 현재 경쟁력을 가지고 있는 사업군의 관리 못지않게 미래의 먹거리를 만들어 내기 위한 경쟁력 있는 사업영역을 발견하고 새로운 상품을 만들어내야 한다. 이를 위해서는 현상을 파악하고 장기적 전망능력을 가진 리더의 통찰력이 과거보다 훨씬 더 중요한 경쟁력이 됐다. 통찰력은 모호함과 두려움 그리고 상상력과 판단력의 총합으로 결정되는 역량이다. 통찰력은 하루아침에 길러지지 않으며 오랜 경험을 통해 조금씩 쌓인다. 대부분의 사람은 성공과 실패의 경험, 지속적인 사색과 성찰 그리고 낯설음과의 만남을 통해 통찰력을 높여간다. 통찰력을 높이는데 유효한 방법은 세상의 보편성과 일상성에 대한 낯선 질문을 던지는 것으로 시작되고 디테일한 통계 속에서도 변화의 추세를 찾아내고, 거리의 작은 변화를 통해서도 다가올 미래를 예상할 수 있는 능력이므로 통찰력이 뛰어난 사람은 작은 변화에 대해서도 민감하다.

– 인사이트코리아, 2014.8.1.

브 잡스와 GE의 전설적인 CEO 잭 웰치(John F. Welch, Jr.)를 가장 위대한 CEO로 만들었다. 고객이 원하는 건 드릴이 아니라 그 크기로 뚫린 구멍이라는 본질을 아는 것이 중요하다. 레블론 창업자 찰스 레브슨(Revson)은 "공장에서 우리는 화장품을 만들지만, 매장에서는 '아름다워질 수 있다는' 희망을 판다"고 말했듯이 명목적인 상품 카테고리에 초점을 두면서 무엇을 팔지(what to sell)에만 매몰되지 말고, 고객들이 근본적으로 왜 사는지(why to buy)를 고민해 보아야 한다.

어느 순간 갑자기 섬광처럼 찾아오는 통찰의 순간, '번쩍' 하고 핵심 아이디어가 떠오르는 순간이 바로 통찰의 순간이다. 어떤 사람들은 단번에 결정을 내리는 것 같은데 왜 매번 옳은 선택만 하고, 왜 어떤 사람들은 머뭇거리다가 마지못해 선택을 하면서 끊임없이 악수(惡手)를 두었다고 후회를 하는가? 결단력은 어떻게 키울 수 있으며, 단번에 핵심을 꿰뚫어 보는 통찰력은 어디에서 비롯되는 것일까? 인문학은 인간의 역사와 인간의 생각을 연구함으로써 시대를 읽고 미래를 내다볼 수 있는 통찰력과 상상력을 제공한다. 그러면 '통찰력'과 '직관력'은 어떤 차이가 있을까? 통찰력(洞察力, insight)은 현재 존재하고 있는 현상이나 사물을 예리하고, 자세하게 판단하는 능력으로 오랜 경험과 수많은 사고의 훈련으로 단련된 무의적이면서도 의식적인 판단을 말하며, 주로 이성의 영역에서 발휘된다. 이에 반해 직관력(直觀力, intuition)은 경험하지도 존재하지도 않은 현상이나 사물을 감각, 경험, 분석, 추리 등을 거치지 않고 직접적으로 판단하는 능력으로, 이성과 감정의 조화에서 발현된다. 이 두 가지는 상호보완적인 것이지만 통찰력이 의식적인 영역에서 발휘되는 종합적인 능력이라면 직관력은 무의식의 영역에서 발휘되는 생각 또는 그 결과물이라고 할 수 있다.

오늘날 전 세계를 상대하는 글로벌 선진기업일수록 '상상'과 '창의'를 핵심가치로 삼고 조직구성원들의 '생각하는 힘(思考力量)' 키우기에 전력을 쏟고 있다. 그 이유는 '생각하는 힘'을 가진 인재만이 과거와 현재 그리고 앞으로 나타날 변화에 대해 폭넓고 깊이 있게 파악할 수 있으며, 그에 부합하는 앞선 기술과 놀라운 상품을 만들어 낼 수 있기 때문이다. 특히 신제품 개발, 새로운 시장의 창조, 마케팅 전략을 수립함에 있어서 통찰의 중요성이 더욱 커지고 있으며 리더의 잘못된 결정은 곧바로 기업의 명운을 위태롭게 만들기도 한다. 최근 통찰의 주류는 인문학적 통찰로서, 학문적 소양이 아니라 통섭적인 능력으로서의 인문학적 활용성이 핵심이 되고 있다. 우리 선현들이 전하는 명문이나 주장, 이론을 그저 텍스트에 머물지 않고, 그 속에서 깊이 있는 사색과 성찰을 통해 새로운 통찰을 이끌어 내는 것이 핵심이다. 따라서 미래 비즈니스의 핵심은 보다 나은 것을 바라는 고객의 문제를 해결하거나 욕구, 결핍을 간파해 내는데 있고, 그러기 위해서는 한 걸음 뒤로 물러나 보통 사람과는 다른 관심과 관찰이 필요하다. 특히 생존과 성장의 기로에 선 초기 스타트업에게는 시장의 트렌드를 읽고 미래를 내다보는 능력이야말로 가지고 싶어 하고 열망하는 통찰력의 힘이다. 특히 기술적 차별화가 어려워지고 어디서나 지식을 얻을 수 있는 오늘날의 환경에서는 지식을 서로 연결하여 부가가치를 창출하는 인문학적 상상력이 무엇보다 필요하다. 스티브 잡스는 “애플은 인문학과 기술의 교차점에 있다”며 “소크라테스와 한나절만 있을 수 있으면 애플이 가진 모든 기술을 다 주겠다”고 했다. 미래는 인문학을 아는 사람이 승자가 되는 시대다.

그러나 통찰력은 하루아침에 길러지지 않고 모호함과 두려움 그리고 상상력과 판단력의 총합으로 결정되는 역량으로, 대부분의 사람은 성공과 실패의 경험, 낯설음과의 만남 그리고 지속적인 사색과 성찰을 통해 조금씩 쌓이게 된다. 통찰력을 높이는데 유효한 방법은 세상의 보편성과 일상성에 대한 낯선 질문을 던지는 것으로 시작된다. 너무도 당연시 해오던 것들, 왠지 어색하고 불편한 것들, 꼭 그래야만 한다고 관념화된 것들에 대해 불편한 질문을 던져 봄으로써 모호함과 두려움에 좀 더 가까이 다가갈 수 있다. 모호함과 두려움은 긴장으로 인해 보통사람들이 싫어하는 영역이지만, 역설적이게도 대부분의 통찰은 모호함과 두려움 그리고 낯설음에서 발견되는 경우가 많다. 따라서 통찰력이 뛰어난 사람은 작은 변화에 대해서도 민감하다. 통찰력은 디테일한 통계 속에서도 변

통찰력(洞察力, insight)의 의미

본다는 의미를 가진 여러 한자(漢字) 가운데 몇 가지 살펴보면, 그냥 본다는 의미의 견(見)과, 자세히 관찰한다는 관(觀), 그리고, 물리적인 눈으로 볼 수 없는 것을 본다는 진(診)도 있다. 마찬가지로 바다에 떠있는 엄청난 크기의 빙산 가운데 물 밖으로 나온 부분인 빙산의 9.17%를 보는 것은 쉬운 일이지만 눈으로 볼 수 없는 나머지 90.83%를 보는 것이 통찰력이다.

화의 추세를 찾아내고, 거리의 작은 변화를 통해서도 다가올 미래를 예상할 수 있는 능력이기 때문이다.

세상 사물을 바라보는 좋은 눈 세 가지는 첫째, 남보다 자세히 선명하게 볼 수 있는 눈인 '좋은 시력(視力)', 둘째, 사물을 폭넓게 멀리 볼 수 있는 눈인 '넓은 시야(視野)', 셋째, '사물을 남과 다르게 올바로 보는 눈인 다른 시각(視角)'이다. 시력·시야·시각을 통해 남들이 보지 못하는 것, 보이지 않는 것을 보는 것은 기업가의 중요한 역량이다. 탁월한 기업가는 좋은 시력, 넓은 시야, 다른 시각을 가져야 하고 기존의 불합리한 관행과 질서를 찾고 불편과 불합리를 새로운 사고와 혁신적인 방법으로 해결하여, 새로운 사업을 일으키고, 그 결과로 돈을 벌고 또 사회 발전에 기여한다. 기업가의 역할은 새로운 시력·시야·시각을 통해 이러한 불편과 고통, 문제를 찾아내고 새로운 지식과 기술, 사업을 통해 이를 해결하는 것이며, 이들 통해 사업은 지속적으로 발전할 수 있다. 특히 기업가들은 남들은 그냥 넘기고 마는 여러 불합리, 불공정, 불편, 고통, 기득권의 기존질서에 반항하고, 이러한 문제들을 해결해서, 특정 분야에서 자신이 원하는 방향으로 세상을 바꾸려 한다. 세상을 바꾸는 힘, 기업의 지속가능한 발전을 이끄는 힘은 기업가들로부터 나온다. 기업가형 경영자는 끊임없이 새로운 기회를 찾고, 생각을 현실로 바꾸는 해결과정에 있다. 세상을 바꾸려는 기업가의 미래 비즈니스의 핵심은 인간, 즉 고객의 보다 나은 것을 바라는 문제를 해결하거나 욕구, 결핍을 간파해 내는데 있다.

최근 정보통신기술의 발달로 경영자의 과학적 의사결정을 돕는 다양한 시스템들이 등장했지만, 분초를 다투는 경쟁 세계에서 경영자의 본능적 감각과 사물의 핵심을 꿰뚫어 보는 통찰력은 여전히 리더에게 의존할 수밖에 없는 결정적 능력이며, 특히 위기 때의 통찰력은 더욱 빛을 발한다. 특히 앞으로 어떻게 행동해야 할 것인가 전체를 포괄적으로 아는 게 바로 통찰력이고, 이는 리더가 조직성장을 위해서 반드시 갖춰야 할 중요한 부분이다. 통찰력을 갖기 위해서는 낡은 사고습관을 떨쳐내는 것이 중요하다. 이와 같이 리더가 습득해야 하는 통찰력은 4차원의 단계가 있다. 첫째, 간파하기 단계이다. 리더는 상황을 액면 그대로 받아들여서는 안 된다. 대신 "핵심이 뭐야?"를 물을 줄 알아야 한다. 둘째, '그 이상을 보는' 단계이다. 리더는 우왕좌왕하며 단기간의 유행이나 흐름에 반응하지 말아야 한다. 대신 선로의 레일이 하나로 합쳐지는 지점 정도의 먼 앞쪽에 초점을 맞추고 "이 모든 것이 어디로 가고 있지?"라고 물어야 한다. 셋째 단계는 '내면 보기'이다. 이것은 예를 들어 고객이 뭔가 요구했을 때, 단순히 요구사항 자체뿐 아니라 요구사항 내면에 숨겨져 있는 것이 무엇인지를 파악하기 위해 애쓰는 것이다. 마지막 단계는 두 가지 측면을 모두 보는 것이다.

2) 통찰력(insight) 키우기

(1) 인문학(人文學, humanities)과 통찰력(insight)

최근 경영분야에서 인문학에 관심이 집중되는 이유는 기업의 경영환경이 복잡할 뿐 아니라 변화가 급속하며 글로벌화도 빠르기 때문이다. 월스트리트저널(WSJ)은 기업이 이런 변화에 적응하기 위하여 갈수록 단편적인 지식보다는 인문학이 가진 종합적인 사고력과 문제해결능력, 국제적 감각을 가진 인재를 요구하게 될 것이라고 될 것이라고 전망했다. 특히 세상의 모든 것은 끊임없이 빠르게 변하므로 개인과 기업도 끊임없는 세상 변화에 적절히 대처하여야 하지만, 그 변화의 속도가 빛의 속도(speed of light)라서 우리가 알아차리기도 전에 지나가 버리는 경우가 허다하다. 그런 변화의 소용돌이 속에서 정체성 혼란을 겪고, 변화의 속도에 멀미를 느낄 경우, 먼저 그 변화를 투명하게 보고 인지할 수 있는 통찰력이 필요하지만 안타깝게도 평범한 우리가 그런 통찰력을 습득한다는 것은 어렵기만 한 먼 이야기다. 특히 4차 산업혁명이 화두가 된 오늘날 사람이나 기업·국가 등 삶의 모든 경영에서 가장 시급하고도 긴요한 것이 바로 통찰(洞察)의 힘이고, 통찰의 힘을 기르는 데 최고의 자양분이 바로 인문학이다. 인문학(humanities)은 생존의 필요조건인 공통의 가치관이고, 품격 있는 삶을 위한 최소한의 조건이다.

멋진 삶을 개척하고 초기 비즈니스를 성공적으로 펼치기 위하여 불확실성의 벽을 넘어 새로운 비전과 돌파구를 찾고자 할 때, 우리에게 진정으로 필요한 것은 세상을 꿰뚫어 보는 혜안과 통찰력, 창조와 상상력의 지혜, 사람에 대한 이해와 인간적인 향기다. 이러한 자질의 자양분이 바로 인문학이고, 이것이 지금 우리가 문(文)·사(史)·철(哲)에 주목해야 하는 이유다. 인문학은 인간에 관해 탐구를 통칭하는 것으로 사람에 대한 이해와 통찰력을 제공해준다. 특히 수백, 수천 년의 인류역사를 통해 살아남은 지혜의 보고(寶庫)인 인문고전은 상상력과 무한한 창의력을 샘솟게 하는 샘물이다. 인문적 상상력과 과학의 힘은 현대문명을 창조한 두 축이라고 볼 수 있다. 만약 인문적 상상력이 없다면 문명이 나아갈 목표와 방향을 잃게 될 것이고, 과학의 힘이 없으면 우리의 모든 꿈과 상상력은 백일몽으로 끝날 것이다. 또 앞으로 아무리 과학만능의 시대가 오더라도 그 과학을 이끌어가는 핵심은 인문적 상상력임을 깨달아야 한다. 그 핵심을 일찍 깨달아 통찰력을 강조한 교육명문 시카고대학교(Chicago University)는 고전 위주의 독서목록을 만들어 교육하면서 100여 년 동안 노벨상 수상자 84명을 배출해 노벨상 명문 학교로도 유명하다. 시카고대 학생들은 2년 동안 인류의 고전 100권을 필독서로 선정해 학생들에게 가르치는 것을 핵심으로 하는 폭넓은 교양과목을 공부하는 '리버럴 아츠 프로그램(Liberal Arts program)'을 택하였고 고전교육을 받은 후 시카고대에서 노벨상 수상자가 쏟아지기 시작했다.

통찰력(洞察力)을 가져라

> "각 기업의 경영자들은 이제 경영학을 넘어 인문학에서 새로운 통찰을 구하고 있다. 즉 文(문)·史(사)·哲(철)로 표현되는 인문학적 깊이가 '건널 수 없는 차이와 통찰'을 가져다 준 것이다. 특히 역사를 바르게 인식하고 그 속에서 현재, 그리고 나를 돌아보는 힘을 갖는 것은 인문학적 사고의 출발이다."
>
> – 유종안의 〈대한민국 브랜드 파워〉에서

우리가 살아가면서 어느 순간 문득 멍해지는 순간이 있다. 갑자기 막막함을 느낄 때, 사는 일이 너무나도 공허해 맥이 빠질 때, 삶의 허기를 느낄 때 인문학이 필요하고, 우리 사회가 복잡하고 초고속으로 변화하면서 미래를 예측할 수 없는 혼돈의 시대에도 인문학적 사고와 성찰이 중요하다. 생존의 의미, 새로운 눈으로 길을 찾는 것, 가난함과 부유함, 사람됨을 뒤집어보고 깊이 바라보는 안목이 인문학의 주제다. 인문학은 구체적 삶 속에서 우러나오는 공부로 구체적으로는 '어떻게 사는 것이 나답게 사는 것인가?', '가치 있게 살려면 어떻게 해야 할까?', '어떤 삶이 행복한 삶인가?' 등의 질문으로 이어진다. 어떻게 살 것인가? 등에 대한 공부는 자신을 돌아보게 하고 새로운 삶의 방식에 눈뜨게 한다. 고대 그리스 철학인 소크라테스(Socrates)가 위대한 이유도 '너 자신을 알라!'처럼 위대한 질문을 던졌기 때문이다. 위대한 질문은 가장 근본적인 것에 대해 가장 구체적으로 묻는다. "나는 누구인가? 우리 조직은 무엇을 하는 조직인가?" 등 어리석어 보이는 게 위대한 질문들의 특징이다. 소크라테스는 "성찰하지 않는 삶은 살 가치가 없다"고 했다. 내 삶의 의미는 내가 얼마나 많이 소유하고 있는 데서가 아니라 얼마나 자신의 삶을 진실되게 반추하며 살아가느냐에 달려 있다는 것이다. 한국의 대표기업 삼성그룹을 창업한 호암 이병철 회장 또한 "내 모든 경영비법은 논어(論語)에서 나왔다"고 했고, 독서광 MS의 빌 게이츠도 "인문학 없이는 나도, 컴퓨터도 있을 수 없다"며 인문학을 통해 창조와 상상의 세계가 가능했음을 강조한다.

또 인문학적 케이스스터디(case study)는 경영학과는 달리 곧장 해결 방법을 제시해주지 않는다. 경영학 서적이 기업의 공통적 고민에 대한 모범 답안을 즉각 제시해 준다면, 인문학 서적은 내가 가진 목표에 대한 답을 찾아가는 과정과 방법을 알려주므로 인문학을 공부하면 현실 적응력이 높아지고 포괄적인 문제 해결 역량도 커진다. 이런 능력이 쌓이는 경영자는 점차 통찰력을 바탕으로 기업의 생사를 좌우하는 높은 수준의 의사결정을 할 수 있게 되면서 미래를 창조할 수 있는 통찰력이 쌓이게 된다.

(2) 책과 신문을 통한 통찰력(insight) 키우기

통찰력(insight)이란 보이지 않는 것이 보이는 것을 지배한다는 특성을 갖는다. 지식사회에서 제대로 살아가기 위해서는 많은 지식을 확보하는 것이 대단히 중요하고 방법도 다양하다. 우선 직접 경험을 통하여 체득하는 방법과 강의 및 전문가와의 토론을 통한 지식습득, 책이나 신문기사를 통한 지식습득, 논문을 쓰고 학문을 연구하면서 지식을 습득하는 방법이 있고, 인터넷 서핑을 통한 지식습득 등 다양하다. 그 가운데 책을 통한 지식습득은 새로운 세계에 눈을 뜨게 하고 우리에게 문제의식을 갖게 해주며 사람을 변화시킬 수 있는 가장 중요한 도구로서 통찰력을 키우는 자양분이다. 특히 CEO들은 항상 올바른 의사결정을 해야 하기 때문에 단순히 책을 읽기보다는 책을 읽으면서 사색을 많이 하고 거기에서 아이디어를 많이 도출해 내는 순환과정에서 통찰력을 배양하는 것이 필요하다.

초등학교도 졸업하지 못한 에디슨(Thomas A. Edison)은 영감을 얻기 위해 항상 책을 읽고, 일기를 쓰고, 습관적으로 메모했다고 한다. 신문과 책, 자료를 통해 얻는 정보는 메모를 남기는 과정에서 창조적으로 바뀔 수 있기 때문이다. 또 세계적 투자자 워렌 버핏(Warren Buffett)의 하루는 읽는 것으로 시작해서 읽는 것으로 끝날 정도로 일반 사람들에 비해 5배 이상 되는 독서력을 자랑한다. 또 구글의 에릭 슈미트(Eric Emerson Schmidt) 회장 역시 매주 책 1권은 독파하는 공부벌레다. 하루가 다르게 변화하는 세계시장을 명철한 시각으로 보기 위해선 "책(book)의 위력에 의존하지 않을 수 없다"는 게 그의 설명이다. 지식습득의 올바른 방법은 책을 읽어서 이해하고 다시 자신의 것으로 만드는 것이다. 역사를 돌아보면 성공한 사람들 뒤에는 늘 책이 있었고 대부분의 글로벌 리더들은 책 읽기를 무척 즐기는 사람들이었다. 리더는 책과 신문을 통해서 아이디어를 얻고, 인생과 경영, 정치를 읽어낸다. 미국의 33대 대통령 해리 트루먼(Harry S. Truman)은 "모든 리더(Leader)는 리더(Reader)이다"라고 말했다. 역사적으로 거의 모든 위대한 지도자들이 지닌 공통적인 특징은 엄청난 독서가들이었다. 국가와 조직을 이끄는 리더가 되려면 그만큼 많은 사람을 이끌고, 이해하고, 설득시킬 수 있는 혜안과 철학, 관용이 필요하며 이를 위해서는 독서만한 것이 없다는 의미다. 책을 많이 읽은 사람들이 다 리더(Leader)가 되는 것은 아니지만 대부분의 성공한 리더는 책을 많이 읽은 사람이라는 말에 공감된다.

실제 지도자가 되려면 보다 많이 읽고, 보다 많이 듣고 그 조각들을 폭넓게 이해하고 실천하면서 머리로 배우는 학(學)의 단계를 넘어 본질을 익히는 습득(習)의 수준에 도달해야 포괄적인 지혜를 얻을 수 있다. 나폴레옹은 전쟁터에서도 말 위에 앉아 책을 읽었다고 한다. 나폴레옹이 사람들에게 전쟁광이 아닌 영웅으로 남을 수 있었던 까닭은 대(大)문호 괴테(Johann Wolfgang von Goethe)와 음악가 베토벤(Ludwig van Beethoven)까지 감동시킬 정도로 뛰어난 학식과 교양, 예술적 감각이 있었기 때문이었다. 또 미국의 대표적인 미래학자 앨빈 토플러(Alvin Toffler)는 "내 통찰력의 뿌리는 바로 끊임없는 독서와 사색이다. 그리고 책과 신문을 읽고, 다양한 경험을 하는 것이다"고 밝히고 있다. 그는 매일 아침 6~7종의 신문을 읽는 것으로 하루를 시작하느라 손끝이 까매진다고 했

신문읽기의 효과

한림대 최영재 교수팀의 연구에 따르면, 평소에 신문을 열심히 읽는 대학생은 사회지식도 많고 공부도 잘한다고 분석했다. 신문읽기는 매일의 정보뿐만 아니라 세상에 대한 안목을 넓혀준다. 특히 세상을 보는 자신만의 관점을 갖고 주관 있는 글쓰기나 발표력을 향상시키기 위하여 반드시 필요하다. 어릴 때부터 신문을 읽고 스크랩을 한다면 그 아이가 자라 청소년과 대학생, 나아가 사회인이 될 때 세상의 일에 대해 자신의 생각을 갖게 하고 나아가 비판적인 관점을 심어주는 데 최고의 무기로 작용할 수 있기 때문에 신문은 세상을 보는 창문 역할도 한다.

다. 통찰력을 갖추려면 정보를 수집하기 위한 독서, 획득한 정보를 체계화하고 분석·평가하기 위한 사색, 그리고 현실에 적용해보는 경험이 필요하다. 우리가 생활하면서 때때로 얻게 되는 조각 지식들은 살아가면서 순간순간 도움은 되지만 전반적인 상황이나 앞날을 예측하고 대처하기에는 부족하다. 그 조각들을 전체적으로 꿸 수 있는 내공이 축적된 후에야 전체 흐름과 본질을 읽게 되는 것이다.

위대한 인물들의 공통점 가운데 하나는 바로 신문 읽기다. 마이크로소프트 창업자 빌 게이츠(Bill Gates)나 미래학자 앨빈 토플러(Alvin Toffler) 등의 세계적인 인물들이 미래의 핵심인재가 되기 위한 비결로 하나같이 신문 읽기를 권한 이유는 신문읽기 속에 우리가 살아가는 데 필요한 지혜나 지식, 정보들이 모두 들어 있기 때문이다. 오늘날 혼돈 속에서도 비전을 찾아 미래를 준비하는 청년들은 더욱 종이책과 종이신문, 메모와 마인드맵 등을 통해 사색의 힘을 길러야 한다. 전통적인 정보전달 매체인 책과 신문, 그리고 깊이 있는 생각의 힘이 통찰력의 바탕이므로 청년기에는 검색보다 사색이 절실하고 세상 보는 눈을 깨쳐야 뛰어난 통찰력을 얻을 수 있게 된다.

신문기사에도 다양한 콘텐츠가 담겨 있기 때문에 책 못지않게 깊은 성찰이 담겨 있다. 신문을 읽는 것은 논리적인 사고력뿐 아니라 생각을 조리 있게 표현하는 능력까지 길러주며, 보다 성숙한 인간으로 이끄는 선생님이 된다. 신문은 폭넓은 교양 및 토론 잘하는 방법의 기반이 될 뿐만 아니라, 세상을 보는 안목, 환경, 예술적 감수성, 인격 네 가지를 공부할 수 있기 때문에 우리의 삶을 결정하는 가장 큰 공부 자료가 되므로 신문을 통해 정치와 경제, 사회, 교육이 어떠한 방향으로 정책을 수립하고 실천해야 할지 배울 수 있다. 김태환 코오롱생명과학 사장은 최근 "신입사원들을 선발할 때 한 주제를 던져놓고 물어보면 단답식으로만 답하고 아는 게 없다"며 "심지어 프레젠테이션을 시켜보면 인터넷 내용을 짜깁기해 발표하는 경우가 있는데 이건 말이 안 된다"고 말했다. 또 황창규 전 삼성전자 사장은 매일 아침 신문을 꼼꼼히 읽고, 영감과 에너지를 주는 원천으로 여기고, 미국 대통령 버락 오바마도 "TV를 끄고 책과 신문을 많이 읽어야 한다"고 강조했다.

2. 성공창업의 기반, 소통과 인간관계(relationship)

사람은 혼자서 살 수 없는 사회적 동물이기 때문에 주변의 도움 없이 오직 자신의 힘만으로 살아가는 사람은 없다. 인간관계에 대한 고민을 하지 않으면서 살 수 없고 어떤 분야에서건 인간관계가 원만치 않은 사람은 성공할 수 없으므로 성공을 하려면 사회를 구성하는 핵심인 인간에게 충실해야 한다. 물론 창업 및 취업 그리고 비즈니스와 인생성공의 열쇠 또한 인간관계(relationship)이고, 인간관계에서는 특히 빼어난 언변보다 상대를 존중하는 마음과 진정성 및 신의(信義)가 중요하다. 식사 후 한발 앞서 적극적으로 밥값을 계산하는 이는 돈이 많아서 그런 것이 아니라, 돈보다 관계를 더 중히 생각하기 때문이고, 일할 때 주도적으로 하는 이는 바보라서 그런 게 아니라 책임을 알기 때문이며, 다툰 후 먼저 사과하는 이는 잘못해서 그러는 게 아니라 당신을 아끼기 때문이다.

우리는 태어나면서부터 수많은 사람들을 만나게 되고, 사회생활을 하면서 지속적이고 필연적으로 인간관계를 맺으며 살아가게 되며 모든 성공은 사람과의 관계에서 시작된다. 사람들은 삶의 궁극적인 목표를 행복이라고 정하고, 또 성공이라는 중간 목표를 설정하면서, 성공을 실현하는 과정에서 가장 중요한 요인은 좋은 인간관계로 밝혀졌으니 더 풍요로운 생활, 더 많은 친구, 더 큰 성공 그리고 행복에 이르는 중요한 열쇠가 바로 인간관계 기술이다. 특히 좋은 인간관계는 인격적인 관계, 즉 어떤 형태로든 주고받는 상호작용으로 상호 존중의 관계, 어떤 형태로든 상호 간의 도움이 되어야 하지만 그렇지 못할 상태가 지속되면 결국 관계가 깨질 수밖에 없다. 우리는 스스로 자신을 있는 그대로 인정하고 자신이 세상에서 가장 중요한 사람이라 느낄 때에 내 주변 사람들에게도 그렇게 대할 수 있고 그런 바탕이 좋은 인간관계의 기초가 될 수 있다.

또 우리는 사회생활 과정에서 때로는 한마디 말로 상처를 받기도 하고, 말 한마디로 힘과 용기를 얻기 때문에 말(소통)과 인간관계는 상당한 어려움이 있더라도 소홀히 할 수 없다. 우리는 일상생활 속에서 수많은 사람들을 만나게 되고 그 사람들을 좋은 사람 또는 나쁜 사람으로 평가하는데 '좋은'의 뿌리는 '주는'

신뢰와 소통이 창업의 시작이다

사람의 첫 이미지는 앞으로의 관계에 있어서 굉장히 중요한 역할을 한다. 어떤 분야에 종사하는 사람이건 신뢰의 문제는 다 중요하지만 특히 창업을 하고, 사업을 꿈꾸는 예비 창업인들에게는 더욱 중요한 인성과 자질이라고 할 수 있다. 벤처1세대 멘토링센터 최대양 CEO멘토의 많은 경험은 "사업은 혼자 하는 것이 아니다. 직원 · 고객들과 항상 호흡을 하면서 소통하는 마음의 자세가 필요하다"라는 '신뢰와 소통'으로 압축된다. 사업하는 사람들 모두 인식하고 있는 부분이지만 실상 그렇지 못한 경우가 많다. 특히 창업으로 사업을 시작하는 상황일수록 소통의 중요성을 더욱 인식할 필요가 있다. 같은 맥락으로 최 멘토는 '예의'를 예비 창업자들이 갖추어야 할 덕목으로 강조했다. 사업은 인간관계를 통해 이루어지는 것이기 때문에 많은 사람들과 좋은 네트워크 관계를 유지하는 것이 신뢰를 줄 수 있는 방법이라는 것이다. 그는 지난 2000년에 미래기술인 IPv6 기술분야의 제품을 개발하면서 본격적인 사업을 시작했다. 그 이후 2003년, 세계 최초로 IPv6 레디로고를 획득하고 이를 기반으로 창업투자회사로부터 투자를 받았을 때 성공 가능성에 어느 정도의 확신이 들었다고 한다. 하지만 IPv6 시장이 급변하면서 관련 기술을 대체할 수 있는 신기술이 등장하게 됐고, 결국 이는 회사경영의 큰 어려움을 초래했다. 다행히 M&A를 통해 회사의 기술과 개발인력을 승계할 수 있었지만 중소기업으로서 미래기술과 관련한 사업을 진행할 때, 관련된 시장의 흐름을 읽을 수 있는 능력이 중요하다는 것을 뼈저리게 느꼈다. 최 멘토는 "창업을 하려고 하는 대부분의 사람들은 성공만을 생각하는 경향이 있지만 예상치 못한 변수와 사업환경이 언제, 어떻게 찾아올지 모른다. 따라서 성공적인 창업과 회사경영을 위해선 먼저 본인 스스로 창업자의 자질이 있는가를 스스로 깊이 생각해보고, 이에 걸맞는 자질과 능력을 구비해야 한다"고 강조했다.

– 머니투데이. 2014.1.23.

이고 '나쁜'의 뿌리는 '나뿐'이라는 말에 공감하게 된다. 나뿐이라는 말은 나 중심의 집착이고 겸손하지 못한 아상(我相, 자신에 대한 오만함)이다. 좋은 인간관계의 기본은 자신이 원하는 것을 상대로부터 얻고, 상대가 바라는 것을 주는 것이다. 상대에게 아무것도 주지 않고 자신이 원하는 것만 취하고자 한다면 그 관계는 오래 지속될 수 없다.

> "대화를 잘하는 사람이 되기 원한다면 다른 사람의 이야기를 열심히 듣는 사람이 되어야 한다.
>
> – 데일 카네기(Dale Carnegie), 컨설턴트

성공의 원인에 관한 미국 카네기 연구소(Carnegie Institution)의 연구결과, 경제적으로 성공한 사람들 가운데 15%는 자신의 기술적 지식(능력)에 의한 성공이고, 나머지 85%는 인간관계, 즉 사람들과 좋은 관계능력 때문에 성공을 거두었다고 한다. 이 연구결과는 15%의 사람들은 남들보다 뛰어난 능력(뛰어난 법률 지식, 뛰어난 회계지식)으로 성공할 수 있었으나 85%의 사람들은 자신의 생각을 잘 표현하고 다른 사람의 생각을 잘 받아들여서 사람들과 함께 원만하게 잘 지내는 능력 때문에 인생에서 성공한다는 것이다. 또 일을 잘하는 사람들이 대체로 좋은 인간관계를 갖는 것을 보아도 성공적이고 행복한 직장생활을 위해 필요한 것은 뛰어난 업무수행 능력뿐 아니라 원만한 대인관계라는 것을 알 수 있다.

또 창업기업의 성공과정에도 구성원 간 소통과 좋은 인간관계를 기반으로 한 협력이 매우 중요하며, 미국 인터넷 매체 허핑턴포스트(The Huffington Post) 자료를 토대로 마음을 터놓는 관계를 형성할 수 있는 방법을 살펴보면 다음과 같다. ① 마음의 소리를 들어주는 사람이 되라. 우정이 연애나 결혼보다 더 오래 지속될 수 있는 이유는 서로 진솔하게 함께하고 상대의 의견을 들어주기 때문이다. 마음의 소리를 들으려고 하는 의지가 있으면 다른 사람의 생각을 충분히 듣고 이해할 수 있다. 조용히 마음의 소리를 듣는 것이 실제로는 그 어떤 조언보다 더 많은 문제를 해결할 수 있다. ② 작은 친절을 베풀면 큰 보답이 돌아온

다. 매일 작은 친절을 실천할 계획을 세워보라. 꽃을 보낸다거나 특별한 커피를 사 간다거나 전화로 감사의 인사를 하는 것 등이다. 이는 당신의 마음이 열려있게 하고 당신이 친절한 사람이라는 것을 보여주기 때문이다. 많은 사람들은 누군가의 말과 행동이 일치하는 것을 매우 중요하게 여긴다. 당신의 관심사에 대해 말하고, 그것을 표현하는 것도 포함된다. 사소한 것에 관심을 가지고 베풀게 되면 시간이 흐른 뒤 많은 것을 얻을 수 있는 관계를 형성할 수 있다. ③ 약속을 잘 지켜라. 마음과 마음을 터놓는 관계에서 가장 중요한 것은 신뢰이다. 오랫동안 지속된 관계가 신뢰가 무너지는 사소한 한 가지 때문에 깨지는 일은 많다. 어떤 사람이 무엇을 하겠다고 말을 해놓고 자신이 말한 대로 행동을 하면 신뢰가 쌓이겠지만, 그러리라고 믿었는데 그 약속을 지키지 않았다면 결국 신뢰는 무너지게 되고 그 사람의 말을 계속 신뢰하지는 않을 것이다.

> "제가 가진 최고의 자산은 부하직원들에게 열의를 불러일으키는 능력이라고 생각합니다. 사람이 가지고 있는 최고의 능력을 끌어내는 방법은 인정과 격려입니다. 저는 그 누구도 비판하지 않습니다. 저는 일하고 싶은 동기를 부여해야 한다고 믿습니다. 그래서 저는 칭찬하고 싶어 하고, 흠잡으려 들지 않습니다. 제가 정말 좋아하는 것이 있다면 진심으로 칭찬하며 그 칭찬을 아끼지 않는 것입니다."
>
> – 데일 카네기(Dale Carnegie)의 인간관계론, 인간관계의 중요한 비결 중에서

미국 CNBC방송과 하버드대학교 연구팀은 장기간의 연구를 통해 삶을 가장 윤택하게 만드는 것은 좋은 인간관계고, 사람을 죽음에 내모는 것은 외로움이라는 결론을 도출했다. 연구 책임자 월딩거 박사는 "가족과 친구, 공동체와의 관계를 중시하는 사람들이 좀 더 행복하고 성공적인 삶을 영위하게 된다는 것을 알 수 있었다"며 "인간관계가 좋은 사람들은 건강했고, 더 장수했다"고 말했다. 사람은 태어나서 죽는 순간까지 관계 속에 살아가게 되며 그 과정에서 부딪히는 가장 큰 문제 역시 인간관계다. 그래서 우리는 좋은 인간관계의 첫걸음으로 '누구를 만나든 항상 먼저 미소를 지으며 인사하라', '내 욕심보다는 상대를 먼저 이해하고 배려하라'는 기본 원칙들을 배워왔다. 인간은 자기를 좋아해 주

노자에게서 배우는 인간관계 5계명

첫째, 진실함이 없는 아름다운 말을 늘어놓지 말라. 남의 비위를 맞추거나 사람을 추켜세우거나 머지않아 밝혀질 사실을 감언이설로 회유하려는 사람이 너무나 많다. 그러나 언젠가는 신뢰받지 못하여 사람위에 설 수 없게 된다.

둘째, 말 많음을 삼가라. 말이 없는 편이 좋다. 말없이 성의를 보이는 것이 오히려 신뢰를 갖게 한다. 말보다 태도로서 나타내 보여야 한다.

셋째, 아는 체 하지 말라. 아무리 많이 알고 있더라도 너무 아는 체 하지 않는 편이 낫다. 지혜 있는 자는 지식이 있더라도 이를 남에게 나타내려 하지 않는다.

넷째, 돈에 너무 집착하지 말라. 돈은 인생의 윤활유로서는 필요한 것임에 틀림이 없다. 그러나 돈에 집착한 채 돈의 노예가 되는 것은 안타까운 노릇이다.

다섯째, 다투지 말라. 남과 다툰다는 것은 손해다. 어떠한 일에나 유연하게 대처해야 한다. 자기의 주장을 밀고 나가려는 사람은 이익보다 손해를 많이 본다. 다투어서 적을 만들기 때문이다. 아무리 머리가 좋고 재능이 있어도 인간관계가 좋지 않아서 실패한 사람도 많다

는 사람을 좋아하고 자기를 싫어하는 사람을 싫어하는 속성을 가진 사람들 사이에서 나의 존재가치를 확인한다. 따라서 성공적인 사회생활을 위해서는 인간관계를 잘할 수 있는 기술이 필요하다. 인간관계를 잘 맺는 기술은 장황하고 어려운 것이 아니다. 사람을 만나면 먼저 인사하고 미소 지어 주는 것, 대화할 때는 상대방 처지에서 배려하고 단점을 찾기보다는 장점을 찾아 칭찬하는 것, 상대방을 비판하거나 비난하지 않는 것, 그리고 매사에 불평하지 않고 긍정적으로 생각하는 것이 인간관계를 잘하는 비결이다.

CEO의 입장에서는 고객과 협력업체, 직원들과의 관계를 모두 성공적으로 이끌어야 한다. 고객과 거래처, 직원들과 지역주민들의 관계에서 어느 한 가지라도 없으면 관계가 성공적으로 지속할 수 없기 때문이다. 또 리더에게는 리더십

이 요구된다. 인간관계론 저자 데일 카네기(Dale Carnegie)가 말하는 리더십의 핵심은 '존중(respect)'이다. 아무리 실수한 직원에게라도 직접 비판하지 않고 칭찬과 감사의 말로 대화를 시작함으로써 체면을 세워주고 본인의 잘못을 깨닫게 해주어야 한다. 또 사람들은 사회생활을 하는 데 성공적인 인간관계를 필수덕목으로 여긴다. 우리는 흔히 '일보다 인간관계가 더 어렵고 힘들다'고 한다. 주변에서 회사를 그만두는 사람들에게 물으면 표면적인 사직의 이유로 연봉, 근무여건 등을 말하지만 정작 속내를 들어보면 이직의 가장 큰 이유는 인간관계의 실패 때문이라고 하니, 인간관계는 직장이나 비즈니스 세계 등 모든 분야에

직장인을 위한 인간관계

① **경청하자.** 인간관계는 경청에서부터 시작된다고 해도 무방할 정도로 상대방의 말을 경청하는 것은 매우 중요하다. 경청은 곧 상대방에게 관심이 있다는 것이고, 기본적인 공감의 방법이기 때문에 인간관계 유지에 도움이 된다.

② **긍정적으로 말하자.** 부정적인 표현은 자신뿐만 아니라 상대방에게도 불쾌한 기분을 줄 수 있다. 긍정적인 말을 듣는 것만으로도 기분을 좋게 만든다.

③ **예의 지키자.** 친한 관계일수록 서로 예의는 더욱 지켜져야 하는 것은 당연하다. 친한 관계라고 소홀히 대하거나 진지한 이야기도 가볍게 넘기고 뒤에서 친한 상대를 깎아내리는 행동은 좋은 인간관계를 만들어 나갈 수 없다. 더 배려하고, 양보하면서 좋은 관계를 계속 이어나가야 한다.

④ **자신을 진심으로 사랑하자.** 자신을 사랑하며 행복하게 하지 못하게 하면 다른 사람도 행복하게 할 수 없다. 자존감이 뒷받침이 되어야 건강한 인간관계를 만들 수 있고, 진심으로 자신을 사랑할 때 자존감이 생기게 된다. 자신을 먼저 사랑하자.

⑤ **상대의 의견 존중하자.** 사람은 보는 것, 말하는 것, 생각하는 것이 모두 다르기 때문에 친한 사이라고 할지라도 의견이 다를 수 있다. 자신의 생각과 맞지 않다고 강요하거나, 상대를 자신에게 맞추려고 힘들이지 말고 상대를 인정하고, 존중하는 마음을 가져야 한다.

서 성패를 좌우하는 결정적인 요소임에 틀림없다. 특히 '좋은 인간관계를 맺는 7가지 습관'을 살펴보면 자신을 잘 관리하라 비난·비판·불평 등 '3비'를 절대 금하라. 정중한 예의를 갖춰라. 상대방을 존중하고 체면을 세워줘라. 상대방의 말을 잘 들어줘라. 인색하지 마라. 상대방의 필요를 채워주고 배려하라 등을 제시한다. 이 중 '인색하지 마라'는 것은 돈을 잘 써야 한다는 말이다. 돈을 잘 쓰면 그 돈이 사람을 빛나게 하지만, 인색하면 사람들과의 관계가 더 좋게 발전할 수 없다.

주변 사람들의 성공을 도와라

"주변 사람들을 부자로 만들지 않고서 부자가 되는 사람은 없다." 그러므로 진정 성공하고자 한다면 먼저 당신의 주변 사람들이 성공하도록 도와라. 당신이 가진 능력, 열정, 희망, 비전을 주변 사람들과 나누면 사람들은 자기가 가진 에너지를 당신에게 나눠줄 것이다. 내가 누군가의 성공을 위해 열심히 도와주는 것은 곧 나의 성공을 위해 도와줄 사람들의 숫자를 늘리는 것과 같다. 나를 위해 최선을 다해줄 사람들을 원한다면, 내가 먼저 남을 위해 최선을 다해야 한다. 이렇게 서로가 서로에게 최고의 조력자가 될 때, 한 사람 한 사람의 긍정적인 에너지가 모여서 커다란 힘을 발휘하게 된다.

– 강철왕 앤드류 카네기(Andrew Carnegie)

3. 창업가의 올바른 마인드

1) 주인의식(ownership)과 창업 에너지

(1) 주인의식(ownership)의 본질

주인(主人)은 어떤 대상이나 물건을 소유한 사람, 또는 조직이나 단체를 책임감으로 이끌어가는 사람이고, 주인의식은 책임감을 인식하는 작용으로 자신이 하는 일을 좋아하고, 책임을 다하는 것이다. 주인의식을 가진 사람은 자신이 삶과 역사의 주인이라는 것을 알기 때문에 주체적으로 생각하고 결정·진행하며, 그 결과에 대하여 자신이 책임지려 하므로 스스로 즐겁게 일하고 일에 최선을 다한다. 옛말에 "앉은뱅이 주인이 건장한 머슴 10명 몫을 한다"는 말은 수동적인 마인드를 가진 머슴에게는 주인만큼의 창의력이나 결단력 그리고 끈기를 갖기 어렵다는 의미일 것이다.

또 편의점의 아르바이트생 점원은 6개월 넘게 일해도 상품가격을 혼동하기 쉬운데, 초등학교만 다닌 편의점주인은 일주일 만에 점포 내 물건의 원가, 판매가격, 재고량까지 모두 기억하는 것을 보더라도 그 차이는 주인의식을 빼고 설명할 수 없다. 주인의식을 가진 사람은 남의 일을 하면서도 백 명 중 한둘은 주인처럼 생각하고 받는 시급보다 많은 일을 즐겁게 하다 훗날 진짜 오너(owner)가 되지만 자신이 하고 있는 일이 남의 일이라는 인식을 가진 직원은 끝까지 점원의 자리에 머무는 경우가 일반적이다.

사례를 보면, 대한민국 최고의 기업 현대그룹을 창업한 고(故) 정주영 회장은 사회생활 초창기에 인천부두 하역 일꾼, 공사판 막노동꾼, 엿 공장 심부름꾼을 거쳐 신당동의 쌀가게 '복흥상회'의 배달원으로 취직하여 배달 일을 하던 때에

주인의식과 머슴근성

① 주인은 자기 일이니까 열심히 하지만, 머슴은 새경(급여)을 받기 위해 일한다.
② 주인은 힘든 일도 즐겁게 하지만, 머슴은 쉬운 일도 억지로 한다.
③ 주인은 일이 힘들어도 보람을 위해 참고 도전하지만, 머슴은 힘든 일은 피한다.
④ 주인은 미래를 생각하지만, 머슴은 오늘만 생각한다.
⑤ 주인은 사소한 일도 꼼꼼히 챙기지만, 머슴은 나의 일이 아니면 관심이 없다.
⑥ 주인은 남의 눈치보다 소신껏 일하지만, 머슴은 남의 눈치를 보면서 일한다.
⑦ 주인은 손해를 보더라도 필요한 일을 하지만, 머슴은 자신에게 불리하거나 손해 볼 일은 눈곱만큼도 하지 않는다.

– 조관일, <비서처럼 하라> 중에서

도 적당히 일하지 않고 배달하는 사이에도 정리정돈, 청소, 외상값관리 등 주인처럼 책임감 있게 일했고, 주인으로부터 큰 신임을 얻어 1937년 근무하던 쌀가게를 인수하면서 처음으로 사업의 오너(owner)가 되었다. 주인의식을 갖고 일한다는 게 사실 더 많은 노력이 필요한 것은 아니지만 그렇게 생각을 바꾸고 나면 업무가 전혀 다르게 보이므로 주인의식을 가진 종업원은 하루하루 자신의 일과 자신의 능력이 쌓여간다는 보람을 느끼게 되므로 어떤 일을 하던 힘들지 않고 즐거운 놀이가 된다.

주인 주(主)자는 무거운 책임을 지닌 사람이지만, 좇을 종(從)은 사람이 사람의 뒤를 따르는 형상으로, “복종하거나 남의 말을 듣고 남을 좇아간다”는 의미가 담겨있다. 주인의식이 결여된 사람은 눈에 보일 만큼만 적당히 일하고, 자신의 삶에 대한 자율성과 자존감을 잃고 수동적으로 살아가는 특성이 있다. 집안의 경사로 잔치를 준비하는 주인은 손님들 모두가 즐거운 시간을 갖도록 배려하고, 혹시 모자라는 음식이 없는지 확인하며, 잔치의 전 과정에 문제가 없는지 살피느라 분주하지만, 손님은 차려놓은 음식을 먹고 맛 평가만 하다가 잔치와 관련하여 불만족한 일이 보이면 불평하고 비난하기 바쁘다. 따라서 편하기로 말하면 주인보다 손님이 훨씬 더 편하겠지만 오직 주인만이 보람을 느끼고, 기쁨과 뿌듯함을 얻을 수 있다.

마찬가지로 창업을 신중히 고민하고 치밀하게 준비하는 예비창업자로써, 당신은 삶을 주도하고 있는가? 그저 관망하고 있는가? 나는 삶의 주인공인가? 아니면 그저 관찰자인가? 이런 질문에 신중히 고민해 보아야 한다. 오늘날 우리 사회에는 책임감이나 자존감을 생각하지 않고, 피동적으로 자신의 삶을 살아가는 태도를 가지고 머슴의지로 사는 것을 습관화한 사람도 있다. 그렇게 머슴의지로 사는 사람은 무슨 일에서나 책임지지 않고, 자신의 의지와 상관없이 주변인의 관점으로 생각하거나 판단하고, 유체이탈 화법으로 말하며, 자신의 고유한 권리와 인간성을 포기한 채, 삶의 무거운 짐들을 억지로 감당하며 힘겹게 살아간다. 머슴은 주인의 허락 내에서 늘 종(從)의 의식으로 살다 보니, 자신의 능력을 발휘할 수도 없고, 자유인으로 자신의 삶을 즐길 수도 없다. 따라서 주인의식이 없는 사람들이 창업기업의 성장이나 시스템개선을 위해 할 수 있는 일이란 '불평(不平)'하는 일뿐이다.

> "위대한 사람은 평론가가 아니다. 관중석에 앉아서 선수가 뭘 어찌했고 어떻게 하면 더 잘할 수 있는지 지적하는 그들이 아니다. 영광은 먼지와 피와 땀으로 범벅이 된 채 경기장에서 띠고 있는 자의 몫이다. 앞서면 이길 것이요, 뒤지면 패할 것이다. 그러나 실패하고 패배했다 해도 그는 담대하고 위대하게 진 것이다. 경기장 안에서 담대하게 뛰는 것 그것이 인생이다."
>
> – 시어도어 루스벨트(Theodore Roosevelt), 미국 26대 대통령

(2) 기업 CEO와 구성원들의 주인의식

회사의 구성원으로 근무한다는 것은 해당 기업의 가치창출 활동에 이바지하겠다는 의지를 바탕으로 근로계약을 하는 것이며, 회사에서 주인의식으로 일한다는 것은 바로 자신의 일에 대한 권리와 책임을 바탕으로 자신과 자신의 일에 대한 운영권을 찾음을 뜻한다. 직무를 수행함에 있어서 책임과 권한을 가지고

헌신적으로 일하느냐 마지못해 시키는 일에 반응하느냐에 따라 주인의식은 달라지며, 또 주인의식을 가지면 친절·봉사를 넘어 창의력과 솔선수범, 목표의식과 책임감 등까지 갖출 수 있게 된다. 조직원 전체가 주인이라는 의식을 가지고 적극적으로 업무에 임하는 조직이 생존하고 성장할 수 있으므로 기업CEO는 외부의 환경이 어려워질수록 구성원 모두가 주인의식을 갖고 한 배를 탄 운명공동체라는 마인드로 이끄는 역할이 중요하다.

반면 주인의식이 없는 직장인은 수동적으로 시간을 보내거나, 불평불만하며, 창의력이나 적극성도 없이 일하는 경우가 많다. 이런 사람이 직장생활을 그만두고 창업을 한다면 창업에 대한 마음의 준비가 안 되고 자신감을 가질 수도 없어 성공하기 어려울 수밖에 없다. 직업의 귀천이 없는 오늘날 진짜 머슴은 없지만 아직도 머슴의식을 가진 사람은 많으며, 수동적으로 주인이 시키는 일만 하는 직원들이 많은 조직은 지금과 같은 정보시대에서는 살아남기 힘들다. 또 구성원들의 주인의식과 책임감을 전제로 하는 임파워링 리더십(empowering leadership)은 목표, 권한, 책임, 코치 등 맡은 일에 주인의식을 심어주는 리더십으로 조직에 생명력을 불어넣어 추구하는 목표를 달성토록 하는 리더십이다. 훌륭한 조직문화를 바탕으로 구성원들이 주인의식을 갖고 일하는 기업은 생산성과 수익성 향상, 고객만족도 제고 등 모든 면에서 다른 기업을 앞설 수 있는 탁월한 경쟁력을 가질 수 있다.

주인처럼 살면 주인이 된다.

"주인으로서의 책임감을 갖고 최선을 다해야 성공할 수 있다. 단순히 대리인이라는 생각으로 적당히 행동해서는 결코 치열한 경쟁에서 이길 수 없다. 오너(owner)처럼 행동해야 실력도 쌓이고 궁극적으로 CEO도 되고 오너도 될 수 있다."

– 전설적인 투자자 워렌 버핏(Warren Buffett), 버크셔해서웨이 CEO

백종원이 말하는 직원이 주인의식 갖는 방법

일할 때 주인의식을 가져야 한다고 흔히 말한다. 그에 대해 백종원의 대답은 많은 이의 공감을 샀다. 직원은 절대로 주인의식을 가질 수 없다는 말에 공감하기 전에 우리가 기억해두어야 할 3가지에 관해 이야기해보려고 한다.

첫째, 진짜 의미를 이해해야 한다. 백종원이 말한 의미는 직원에게 주인의식을 강요하거나 사장이 말로 직원에게 설득할 방법은 없다는 얘기다. 그러니 사장이 직원이 했으면 하는 행동을 몸소 실천해야 그 30% 정도를 직원이 할까 말까 한다고 말이다. 사장은 아무것도 안 하면서 말로만 지시하는데 주인의식을 가진 직원이 있을 수 없다는 얘기다.

둘째, 남에게 기대하기는 어려워도 시뮬레이션을 해볼 수는 있다. 결국 누군가가 시켜서 주인의식을 가질 수 있는 건 아니고 직원 스스로가 그렇게 생각하고 움직여야 가능하다. 내가 아닌 타인이 그렇게 해주길 바랄 수는 없는 일이다. 바꿀 수 있는 건 자기 의지뿐이다. 일에 적극적인 직원과 그렇지 않은 직원이 있을 때 사장인 당신은 어떤 사람과 일을 계속해서 하고 싶은지 말이다. 너무 당연해 보이는 일도 입장을 바꿔서 생각해보면 달리 보이는 법이다.

셋째, 주인의식을 갖는 직원이 소수이기에 더욱 기회가 있다. 대부분의 사람은 손해를 보고 싶어 하지 않기에 주인의식을 가지려고도 하지 않지만 기회는 어떤 상황에서 올지 아무도 모른다. 미래에 자신이 사업을 해볼 기회를 미리 경험한다고 생각한다면 굳이 스톡옵션 없이도 주인의식이 생길 수 있지 않을까? 남들이 잘 안 한다는 건 그만큼 돋보일 기회라는 것을 기억하자.
한 번 직원이 되었다고 평생 직원으로 살라는 법은 없다. 지금은 비록 급여를 받고 있지만, 훗날에는 다른 사람에게 급여를 주는 사람이 될 수 있을지는 자신의 행동력에 따라 갈린다. 현재 상황에서 불만만 말하는 사람은 새로운 기회를 보지 못하는 법이다. 그 어떤 상황도 좋은 경험이 될 수 있도록 생각을 바꿀 수 있는 것도 나 자신이라는 걸 기억하자.

– Factvirus, 2021.4.7.

미국 해군대학원 케네스 토머스(Kenneth Thomas) 교수의 저서 〈열정과 몰입의 방법〉에 따르면, • 자신이 가치 있는 일을 하고 있다고 느낄 때, • 일에 선택권이 있다고 느낄 때, • 그 일을 할 만한 기술과 지식이 있다고 느낄 때, • 진보하고 있다고 느낄 때 등 4가지 조건이 충족될 때 비로소 재미와 열정을 느끼고 주인의식을 가지고 몰입할 수 있다고 한다. 특히, 가장 주목할 한 가지는 '가치 있는 일을 하고 있다'라고 한다. 또 세계적인 미래학자 대니얼 핑크(Daniel Pink)의 책 〈드라이브(*Drive*)〉에서는 사람에게 내재적 동기부여를 하는 세 가지 요소로서 자율성(autonomy), 숙련(mastery), 목적(purpose)의 세 박자의 조화를 꼽으면서, 이것들이 어우러질 때, 금전적 보상이나 패널티 등의 당근과 채찍보다 훨씬 장기적이고 만족도가 높은 동기부여를 받게 된다고 한다. 즉, 내가 얼마나 스스로 일을 했다는 느낌을 받았는지(자율성)가 동기부여의 핵심영역 중 하나이며, 이러한 행위가 해당 프로젝트에 대한 주인의식을 고양시켜 준다고 강조한다. 또 조직을 연구하는 학자들도 "주인의식은 구성원들이 조직에 몰입하고 충성하게 하며 이타적인 행동을 유발하는 기제로 작동한다"면서 기업이 직면한 위기를 타개하는 방책으로 주인의식 고취를 주창하고 있다.

어느 기업이건 조직원들이 주인의식을 갖기를 바란다. 분명 주인의식을 갖고 업무를 대하는 직원과 그렇지 않은 직원은 업무성과에서 큰 차이가 나기 때문에 회사는 주인의식을 고취하기 위해 강연, 합숙 훈련, 사외교육 등에 많은 투자를 한다. 흔히 산업현장에서 기업의 관리자들은 직원들에게 주인의식을 가지라고 주문하지만 회사들은 주인 대접을 해주지 않는 것이 현실이다. 조직 내에 주인의식을 정착시키기 위해서는 무엇보다 회사와 조직원 간 감성적 연대의식과 회사 실적과 자신에 대한 보상이 공정하다는 믿음이 있어야 한다. 아무리 사소하더라도 자기가 회의시간에 한 발언, 자기가 주최한 회의, 자기가 쓴 미팅노트, 이 모든 게 자신의 주인의식을 점진적으로 높여준다. 그리고 그것을 통하여 자신이 성장하며, 동료들에게 피드백과 인정을 받고, 보상까지 받게 되면서 자기 긍정 메커니즘이 작동하게 되고, 자신감과 자부심의 향상으로 이어지게 된다.

2) 수익에 대한 올바른 인식

기업의 이익(利益)이란 기업가가 훌륭한 사업기회를 포착하고 기회를 사업으로 전환한 것에 대한 보상이다. 요즘 그 어느 때보다 창업에 관심이 많은 청년 창업자들에게 창업을 하려는 이유를 물으면 "돈을 많이 벌고 싶어서요"라고 대답하는 경우가 많다. 물론 사업을 시작하려는 예비창업자들이야 당연히 돈을 많이 벌고 싶은 마음이겠지만 돈을 많이 버는 원리나 마인드를 갖지 못한 채 많은 돈을 벌고 싶다는 욕망에 빠지면 설계도 없이 건물을 지으려는 것처럼 실현 가능성이 떨어지게 된다. 〈권력과 탐욕의 역사〉의 저자 필립 지강테스(Phillippe Gigantes)가 "탐욕과 이기심은 인간생존과 번영에 필요한 요소"라고 했듯이 돈에 대한 인간의 욕망은 자연스러운 것으로, 우리 삶을 역동적으로 만들며 자본주의를 발전시키는 경제적 토대이기도 하다. 이처럼 기업이 경영성과를 추구하고 목표에 도달하는 데 있어서 적절한 욕망은 목표달성의 에너지가 되지만 그 욕망이 절제를 벗어나면 건강한 욕망을 병들게 하는 탐욕이 되기도 한다.

또 미국 대형 투자은행(IB) 골드만삭스(The Goldman Sachs Group) 회장을 역임한 짐 오닐((Jim O'neil)도 "지금까지 수없이 많은 억만장자를 만나보았지만, 오로지 부자가 되고 싶은 욕망으로 시작한 사람은 한 명도 없었다"고 말한다. 돈 벌겠다는 욕심이 아닌 사람들을 돕기 위한 이타적 마음으로 시작할 때 성공가능성이 더 커진다는 것이다. 따라서 나누고 베풀며 도덕지수를 높이는 선택은 돈의 노예가 아니라 돈의 주인이 되는 길이다. 또 우리나라 모 종편채널 프로그램 〈착한 식당〉의 CEO는 누가 보던 안 보던 고달프더라도 자신의 길을 묵묵히 가는 철학을 실천하는 수익 자체에 얽매이지 않는 존경받아야 할 훌륭한 분들이다. 그들에게는 돈보다 더 소중한 그들만의 살아가는 이유, 원칙 또는 철학이 있는 듯하다. 결국 '기업의 이윤창출은 기업의 지속가능성을 위해 필수요건이므로 경영목표가 될 수는 있겠지만, 이윤 극대화(profit maximization)가 기업의 존재이유가 될 수는 없다.

"거래를 할 때 돈만 바라보는 것은 절대 금물이다. 나의 모든 관심이 돈 버는 것에 집중되어 있다는 것을 눈치 채는 순간, 상대는 거래의 진정성을 의심한다. 일단 의심이 생기면 서로 간에 적대적인 분위기가 생긴다. 상대가 고객이든 직원이든 적대적인 분위기에서는 그 어떤 거래도 성사되기 어렵다."

– 메리 케이 애쉬(Mary Kay Ash), 메리케이 애쉬 화장품 창업회장

일을 즐기면 돈은 따라온다

1960년부터 1980년까지 MBA 졸업생 1,500명을 추적한 연구보고서가 있다. 처음부터 졸업생들을 두 범주로 나뉘었다. 범주 A에 속한 사람들은 먼저 돈을 벌고, 즉, 돈 걱정을 해결한 후에 그들이 정말로 하고 싶은 일을 하겠다고 대답했다. 범주 B에 속한 사람들은 처음부터 관심 있는 일을 하다 보면 돈은 자연스레 따라올 거라고 대답했다. 1,500명 중에 범주 A에 속한 사람이 83% 1,245명이었다. 범주 B에 속한 사람은 17% 255명이었다. 20년 후, 그들 중에 101명이 백만장자가 되었는데 범주 A에 속한 사람은 1명에 불과했고, 나머지 100명은 범주 B에 속한 사람들이었다. 하고 싶은 일을 찾아 즐기면서 일하면 부자가 되는 행운도 따라온다. 미래 유망직업이나 직종이 무엇인지를 놓고 고민하는 사람들에게 마크 알비온은 "이것저것 고민할 것 없이 자신이 하고 싶고 좋아하는 일을 선택하라"고 분명한 메시지를 던진다.

– Making a Life, Making a Living(Mark Albion)

"부(富, Wealth)에 이르는 비밀은 간단하다. 타인에게 그 누구보다도 더 많이 도움을 줄 방법을 찾고, 더 가치 있는 사람이 되면 된다. 더 많이 행동하고 더 많이 베풀고 더 큰 존재가 되고 더 많이 봉사하면 더 많이 벌 기회가 생긴다."

– 토니 로빈스, 〈*Money*(부의 거인들이 밝히는 7단계 비밀)〉에서

사업을 시작하는 창업자에게 "먼저 상대방의 이익을 챙겨주라. 더 많이 줄수록 더 많이 얻게 된다"라는 말을 한다면 선뜻 이해하기 어려울 것이다. 하지만 일본에서 가장 존경받는 3명의 경영자 가운데 유일한 생존자인 교세라 그룹의 창업자 이나모리 가즈오(Inamori Kazuo) 회장의 이야기를 얼핏 들으면 이해하기 어렵겠지만 창업과 경영을 성공적으로 이끄는 훌륭한 경영자는 먼저 주는 사

람이고, 가장 위대한 경영자는 가장 많이 주는 사람이어야 한다. 주는 것이 습관이 된 사람, 늘 더 많이 주는 것을 고민하는 창업자라면 훌륭한 경영자의 자격이 있다. 또 미라이 공업(未來工業) 창업자, 야마다 아키오(山田昭男, やまだあきお)의 책 〈생각 좀 하고 살아라〉에도 상대에게 줄 것부터 생각하라는 메시지가 담겨 있다. 그는 책에서 "일할 때의 마음가짐에서 기본으로 '상대방을 기쁘게 할 것', '상대방에게 도움이 될 것'을 강조했다. 일할 때는 항상 내가 받을 것보다 상대에게 줄 것부터 생각하라. 먼저 상대방을 기쁘게 하면 내 성과는 덩달아 올라간다"라고 설파했다. 또 사업하는 창업자라면 '얻고자 한다면 먼저 내놓아야 한다'는 도덕경 구절을 반드시 새겨야 한다. 이는 시골에서 펌프를 이용해 많은 물을 얻기 위해서는 한 바가지의 마중물을 부어야 하지만 마중물을 붓지 않고 펌프질을 하면 물을 조금도 품어 올릴 수 없었던 시골에서의 경험을 기억하게 한다. 그래서 역사적으로 존경받는 장수기업의 경영자(CEO)들이 지향해온 우선적 가치는 이윤극대화가 아니라 관련된 사람들의 행복추구였다. 그들은 '남을 이롭게 함으로써 내가 이롭게 된다'는 자리이타(自利利他) 정신에 투철한 기업들이었다. 그들은 눈앞에 놓인 이익을 목표삼아 기업 활동을 전개하는 것이 아니라 고객이 필요한 것을 먼저 찾아 그들의 불편을 해소하거나 즐겁게 또는 행복하게 해주고, 세상을 살기 좋은 곳으로 만들겠다는 대의(大義)를 추구한 기업인들이었다. 자신 혹은 일부 이해관계자의 이익에 중점을 두고 경영하는 것이 무모한 것이라는 것은 수많은 기업들의 몰락을 통해 입증되었다. 그런 경영자들과는 다르게 헨리 포드(Henry Ford), 샘 월튼(Sam M. Walton), 데이비드 패커드(David Packard), 마쓰시타 고노스케(まつしたこうのすけ)처럼 역사상 가장 존경받아온 경영인들도 하나같이 고객과 직원과 기업 모두가 행복한 경영에 초점을 맞추어 성공할 수 있었다. 마찬가지로 개인이나 조직이나 남을 이롭게 함으로써 내가 이롭게 된다는 자세를 터득하고 실천하면 누구나 성공창업을 실현할 수 있다.

좋은 이익(Good Profit)과 나쁜 이익(Bad Profit)

기업의 이익(Profit) 중에는 회사의 성장에 도움이 되는 질 좋은 이익도 있고, 반대로 장기적으로 독(毒)이 되는 나쁜 이익도 있다. 컨설팅사 베인앤컴퍼니(Bain & Company)의 <1등 기업의 법칙>이라는 책에서는 고객가치에 반하는 나쁜 이익(Bad Profit)을 지양해야 한다고 주장했다. 나쁜 이익은 기업의 가치(또는 이미지)를 훼손하거나 고객과의 관계를 해치면서 창출된 이익이다. 즉, 부진한 판매를 살리기 위한 세일(sale) 판매, 단골고객보다 신규고객만을 우대하는 이동통신요금제도, 높은 은행수수료 등이 고객을 화나게 하는 나쁜 이익의 전형적인 사례다. 일시적으로 고객의 신뢰나 가치를 훼손해서 얻은 이익은 오래갈 수 없으며, 이러한 나쁜 이익 비중이 높은 기업은 결국 고객들의 외면을 받게 된다.

"훌륭한 비즈니스를 하는 사람은 상대방에게 이익이 돌아가게 하는 사람이다. 상대에게 먼저 이익을 주면 결국 그 이익이 한 바퀴 돌아 나에게 기회라는 모습을 하고 찾아온다. 더 나아가서는 나 자신의 이익이 창출된다."

– 이나모리 가즈오(Inamori Kazuo), 교세라 그룹 창업회장

3) 성공창업의 기반 신뢰자산

오늘날 고객과 기업, 그리고 외부환경의 빠른 변화로 미래에 대한 불확실성이 더욱 커지고, 기술발달로 전 세계가 촘촘하게 연결된 사회에서 신뢰의 중요성과 역할이 더욱 강조되고 있다. 신뢰(trust)란 본래 믿고 의지한다는 뜻으로 타인이 나에게 도움이 되는 의도와 행동을 나타낼 것이라는 '긍정적 기대'와 더불어 그를 돕기 위해 나의 '위험을 감수'하려는 심리적 상태이다. 즉, 위험을 무릅쓰고라도 기꺼이 서로 도움을 나눌 수 있을 때, 신뢰할 수 있는 관계라 할 수 있다. 신뢰란 조직이 작동될 수 있게 하는 윤활유로써 투명성과 높은 도덕성에 기초한 자신의 노력을 통하여 획득할 수 있는 가치다. 비즈니스 세상에서 사람들

의 신뢰를 얻으려면 무엇보다 믿음을 가져야 하고, 모든 직원이 위대한 비즈니스를 구축하는 흥미로운 과정에 자발적으로 참여할 수 있도록 동기를 부여해야 한다. 특히 창업 CEO에게 최고의 덕목은 '신뢰'이고 무슨 일이든 사업이 성공하려면 신뢰에 바탕을 두어야 한다. 지도자의 신뢰는 얼마나 언행이 일치하는가, 얼마나 정직하며 도덕적인가, 대중을 얼마나 알뜰하게 사랑하고 있는가, 인내와 절제로 자신의 인격을 얼마나 갈고 닦았는가에 따라 점진적으로 형성된다. 특히, 기업이 장기적으로 신뢰받고 사랑받는 기업이 되기 위한 우선조건은 '그대로의 나 자신을 보이고 지극한 정성을 느끼도록 하는 진정성(眞情性, true heart)'이다. 신뢰가 부족한 사회는 사회적 비용이 높을 수밖에 없고 신뢰가 국가의 부와 사회적 안정을 동시에 증진시키는 역할을 한다. 스티븐 코비(Stephen M. R. Covey)는 "신뢰야말로 기업의 성과에 직접적으로 영향을 미치는 요소"라고 말했고, 또 〈영혼이 있는 기업(*Saving the Corporate Soul*)〉의 저자인 데이비드 뱃스톤(David Batstone)은 기업들이 단기적인 이익만을 추구해 주변의 이해관계자들로부터 신뢰를 얻지 못한다면 지속적인 성장은 기대할 수 없다고 단언한다.

> "사업의 세계에서도 신의(信義)는 상품 이상의 가치가 있다. 그 가치를 워낙 신뢰하기 때문에 그 밖의 다른 일에 대해서는 아주 관대하게 넘어가는 경우가 많다."
>
> – 발타자르 그라시안(Balthasar Gracian), 스페인의 철학자

조엘 피터슨(Joel Peterson)은 그의 저서 〈신뢰의 힘(*power of trust*)〉에서 신뢰문화가 조직 구성원을 결속하고 목표를 향해 전진하게 하며, 혁신의 잠재력을 일깨우는 최고의 촉매제라고 강조했다. 비즈니스에서 신뢰는 무엇보다 조직에 경제적 이득을 보장하는 실용적 가치로써 조직을 하나로 이어주는 접착제와 같다. 신뢰를 쌓는 과정에 많은 투자가 필요하지만, 일단 신뢰가 든든하게 쌓인 조직은 지속적으로 성장할 가능성이 커지므로 이윤을 추구하는 기업에서 신뢰는 신중하게 가꾸어야 할 문화적 토양이다. 반면 거짓을 내포한 불신(不信)은 업

무의 수행을 더디게 하고 혁신을 방해하며 관계를 악화시켜 미래를 어둡게 한다. 실제로 우리를 놀라게 한 뉴스 중에는 전 세계 유제품 산업을 강타한 멜라민 파동, 유명 완구사 마텔의 중금속 장남감 리콜 사태, 서브프라임에서 촉발된 금융위기 등 신뢰를 깨는 수많은 사건들이 있었고 모두 사회전반에 엄청난 비용을 초래하고 고객의 외면을 초래하였다.

특히 전 세계가 네트워크로 빠르게 연결되는 최근 정보사회의 특징상 전 세계에서 발생하는 크고 작은 충격적인 사태들이 실시간으로 PC나 TV 또는 SNS를 통해 전달됨으로써 고객신뢰의 영향력은 더욱 커졌고, 신뢰의 문제는 기업 비즈니스의 안정성에서 결정적 타격을 가지게 될 것이다. 따라서 진정성(眞情

손해 봐도 신용이 자본

해외에서 현대 신화의 바탕이 된 건설공사는 정 전 명예회장의 '신용이 곧 자본'이라는 경영철학이 토대가 됐다. 1954년 4월 시작한 고령교(대구-거창) 복구공사는 건설 장비가 거의 없어 인력에 의존했다. 이런 상황에서 물가가 치솟으며 인건비와 자재 값이 폭등했다. 공사를 시작할 때 40환이던 쌀 한 가마 값이 4,000환으로 100배나 뛰었다. 정 전 명예회장은 엄청난 물가고에 친척들 집까지 팔아 공사를 마쳤지만 적자를 보고 말았다. 비록 경제적으로 손해를 봤지만 대신 현대에 맡기면 믿을 수 있다는 신용이라는 큰 자산을 확보해 정부공사를 대거 맡으면서 다시 일어설 수 있게 됐다. 해외에서도 마찬가지였다. 1965년 국내 기업의 첫 해외진출인 태국 파타니 나라티왓 고속도로 공사를 수주했지만 기술과 경험부족으로 난관에 부딪쳤다. 폭우와 나쁜 토질 탓에 공사가 계속 중단되며 비용이 치솟아 그만두자는 건의가 빗발쳤지만 정 전 명예회장은 "이완용이 될 수 없다"며 "계약대로 마쳐야 한다"고 독려했다. 결국 재정상 막대한 손실을 입었지만 이때 쌓은 신용으로 베트남 캄란만 준설, 알래스카 협곡 교량, 파푸아뉴기니의 지하수력발전소, 호주 항만공사 등을 줄줄이 수주해 국제 건설업체로 급성장했다. 1974년 6월 현대조선소 준공과 동시에 유조선 2척을 건조한 세계 조선사에 유일무이한 기록도 정 전 명예회장의 신용에 대한 고집이 낳은 신화였다. 현대는 2년 3개월간 방파제를 쌓아 조선소를 지으며 조선소 밖에서 쇠를 깎고 붙여 배를 만들었다.

性)이 고객의 지속적 신뢰를 확보할 수 있는 최고의 방안임을 분명하게 인식하고 고객의 관점에서 적극적으로 신뢰를 구축함으로써 장기적으로는 믿을 수 있는 기업이 되는 것만이 최고의 전략이 될 수 있을 것이다. 기업이 고객들로부터 견고한 신뢰를 얻고 '지속적으로 성장'할 수 있는 방법은 고객에게 약속한 가치를 제공하고, 고객을 기쁘게 하며, 고객이 적극적으로 추천하게 만드는 것, 즉 좋은 이익을 추구하는 것이다.

"신용을 잃은 사람은 더 이상 잃을 것이 없다."

– 퍼브릴리어스 시루스(Publilius Syrus)

사업(business)과 신용(credit)

몇 년 전 대한상공회의소에서 성공한 상공인들을 대상으로 '성공의 요인이 무엇인가'에 대한 설문결과 가장 많은 대답은 '신용'이었다. 사업적 신용이란 대금 결제의 약속을 지키는 상업 신용애서 출발했지만, 소비자에 대한 상품품질과 서비스에 대한 소비신용이라든지 은행신용 등 기업과 고객, 고객과 상품, 기업과 은행 관계 등의 거래뿐만 아니라 모든 네트워크 간 관계의 신뢰도를 뜻한다. 고객 가운데는 상품을 구매하는 외부고객은 물론 사업체가 속해 있는 지자체, 국세청, 자사 홈페이지에 글을 남기는 네티즌, 기업 내부고객(구성원)들에 대한 신용은 사업의 성공과 직결된다. 점포형 사업을 한다면 영업시간을 철저히 지키는 것, 상품의 품질을 꾸준히 유지하는 것, 고객에 대한 철저한 서비스 정신 등이 신용이 될 수 있다.

그러면 창업자에게 있어서 신용은 무엇일까? 창업자의 90%는 창업자금 지원에 관심이 있고, 5명 중 1명은 '은행신용'에 문제가 있는 것이 현실이다. 은행신용의 문제가 있으면 창업자금이든 경영자금을 구할 수 없어 창업초기 자금조달에 큰 어려움을 겪게 된다. 잠재고객이나 지인들과의 관계, 또는 거래처와도 신용을 쌓아야 그 신용을 바탕으로 초기 고객유치가 가능하므로 사업 성공의 기반이 될 수 있다.

중국사업 신뢰가 문제다

홍콩재벌 리카싱도 강조한 '신의'…중국서 사업은 '신용이 필수

"사업에서 성공하려면 가장 중요한 것은 신의를 지키는 것이다.(一生之中 ,做重要的是守信)" - 홍콩 최고재벌 리카싱(李嘉誠) 회장의 대표적인 어록 중 하나다. 이처럼 대개의 중국 기업인들은 사업을 하는데 가장 중요한 덕목으로 '신용'(信用)을 꼽는다. 동서양을 막론하고 기업경영에서 신뢰는 아무리 강조해도 지나치지 않다. 중국 사업에서 신뢰나 신의가 없다는 낙인이 찍히면 자기들의 관계망에서 추방되고 사업에서 성공을 기대할 수 없으며, 돈이 아무리 많더라도 존경을 받지 못한다.

중국과 사업을 해온 일부 기업인들은 중국기업가들을 믿지 못하겠다고 말한다. 계약을 해도 지키지 않으며, 약속은 하루아침에 번복된다고 말한다. 지적재산권은 보호받지 못하고, 짝퉁 상품은 정상적인 거래를 마비시키기도 한다. 중국기업인들은 한국기업을 단기적인 이익에 너무 집착하며 신뢰하기 어렵다고 평가하곤 한다.

현대 사회에는 눈앞의 이익에만 눈이 먼 사람들이 판을 친다. 일견 능력 있는 것처럼 보일지 모르나 얼마 지나지 않아 몇 배의 손실을 가져오고 만다. 사람들이 돈을 좋아하는 것은 군자나 소인이나 마찬가지다. 다만, 군자는 정당한 방법과 정당한 이익만을 추구한다. "군자는 의리에 밝고 소인은 이해에 밝다(君子喻於義, 小人喻於利)"는 것은 고대나 현대나 마찬가지다. 도둑도 도둑을 좋아하지 않는 것이 인지상정이다. 신의와 신용을 지키는 것은 인간 보편의 가치 기준이다. 남을 속이거나 신뢰를 저버리는 행위는 일시적이고 오래가지 못하는 속성을 가지고 있다.

세상에는 좋지 못한 마음으로 사업을 하는 사람도 있지만, 사업을 하다 보면 약속을 지키고 싶어도 주변 환경에 의해 일시적으로 신의를 지키지 못하는 상황에 빠질 수도 있다. 고의적으로 속이는 경우를 제외하고는 상대를 이해하려는 노력을 해야 한다. 어려움에 처한 거래처나 상대기업을 이해하고 기회를 주는 것도 오래가는 파트너를 만드는 좋은 방법이 될 수도 있다. 정상적인 경우라면 한번 도움을 받았던 기업은 상대가 어려움에 빠지면 도움을 주는 것이 동양사상의 신의와 맞닿아 있다. 개인이나 기업도 평상시에는 상대의 진면목을 파악하기가 쉽지 않다. 일단 어려움이나 모순된 상황에 직면하게 되면 상대의 진면목이 드러난다. 평소에 파트너와 좋은 신뢰관계를 유지하고 있는 기업은 정치적 리스크가 닥쳐도 걱정할 필요가 없다. 오히려 어려움을 당할 때 도움을 주고받으면 신뢰의 강도는 더욱 깊어진다. 한·중 기업 간의 신뢰가 이 같은 경지에 이르는 것도 어려운 일이 아니다. 중국 사업에서 가장 중요한 것은 기업가의 인격과 신뢰의 문제다.

– 아주경제. 2017.2.27.

또 신용(信用, credit)이란 '현재로 미뤄볼 때 앞으로도 약속이나 의무를 잘 지킬 것으로 믿는 것'으로, 사회 속에서 사람들이 규칙을 지키고, 정직하며, 협동할 것이라는 기대감이기도 하다. 중후장대의 싱징 현대그룹을 창업한 아산 정주영 회장은 신용을 목숨보다 소중하게 여긴 것으로 유명하다. 한국경제 급성장을 뜻하는 〈한강의 기적〉의 주인공이자 '한국경제의 거인' 또는 '불도저'로 불리던 현대그룹 정주영 창업회장은 생전에 숱한 시련과 도전의 세월을 보냈다. 그런 정 회장은 "신용은 나무처럼 자라는 것이다. 또한 신용이란 명예로운 것이다. 흔히 사람들은 자본이 없어서 사업을 시작하지 못한다고 말하는데 자본보다는 신용이 훨씬 중요하다. 사업계획과 내 과거가 주위로부터 신뢰받을 수 있다면 그 규모의 대소는 크게 문제되지 않는다. 신뢰가 전부다"라고 강조했다.

가난에서 벗어나려 가출하여 쌀집에서 배달 일을 하던 소년은 더 빨리 배달하기 위해 밤에 자전거타기 연습과 회계장부를 정리하고 곡물들을 분류해서 잘 쌓아놓는 등 쌀가게 주인의 신임을 얻게 된 덕분에 쌀가게 주인은 자신의 아들이 아니라 청년 정주영에게 쌀가게를 넘겼다. 신용이 쌓이자 그가 동원할 수 있는 자본도 자신의 저축을 훨씬 더 넘었고, 심지어 돈이 없는데도 공사를 맡을 수 있었다. 정 회장은 1954년 시작한 고령교 보수공사로 전 재산을 잃게 되었을 때 주위의 포기권유에도 아랑곳하지 않고 꿋꿋이 신용을 지켰다. 현대건설은 이전까지 대형건설 사업을 해본 적이 없었고, 당시 살인적인 인플레까지 더해져 결국 막대한 적자를 냈다. 이에 정주영 회장은 현대건설 본사 건물과 자택을 팔고 고리사채까지 조달하였다고 한다. 신용을 쌓는 것은 하루아침에 되지 않으며 오랜 시간 공들여 쌓은 신용은 무형의 자산과 같은 역할을 하여 은행에서 담보 없이도 돈을 빌릴 수 있다.

Chapter 3

창업 아이디어 발굴과 아이템 선정

Chapter 3

1. 가치창출의 기회발견과 창업 아이디어(idea)

1) 사업 아이디어의 씨앗

창업은 가치창출과 고객만족을 추구할 새로운 사업 아이디어로 어떤 상품이나 서비스를 생산·판매할 것인가를 결정하는 과정으로부터 시작된다. 세상에 필요하지만 아직 없는 것이 무엇인지 찾으려 호기심과 상상력을 가질 때 자신의 삶을 바꾸고, 세상에 편익(benefit)을 줄 수 있는 문제점을 해결할 아이디어를 찾는다면 성공할 사업 아이디어가 될 수 있다. 그러나 창업구상 초기 아이디어는 아름다운 보석으로 가공되기 전 원석(原石)과 같은 단계이기 때문에 사업성공을 위한 씨앗일 뿐 그 아이디어가 시장의 요구에 따라 개발되고 다듬어지거나 관찰과 경험을 거치면서 다듬어 구체적인 아이템으로 다듬어져야 실제 창업으로 진행할 수 있게 된다.

창업 아이디어를 고민할 때 대부분의 창업자는 기업입장에서 어떤 상품을 제공할 것인가에 집중하지만, 더 중요한 것은 소비자가 상품을 사야하는 이유, 즉 진정한 마케팅의 출발점인 고객의 필요(needs)와 욕구(wants)를 파악하는 것이라고 할 수 있으므로, 시장을 발견하려면 고객의 관점에 초점을 맞추고 고객의견을 물어 혁신적인 아이디어에 기초하여 상품화하여야 한다. 흔히 사업초기 아이디어가 처음부터 완벽해야 한다고 생각하는 사람이 많지만 괜찮다 싶은 단순한 아이디어를 일단 실행에 옮기고 검증단계를 거치면서 시장의 요구에 따라 수없이 개선하는 것이 더 좋은 방법이 될 수 있다. 〈리틀 벳(*Little Bets*)〉의 저자 피터 심스(Peter Sims)도 저서에서 성공한 사업의 대부분은 작은 아이디어로 시작하여, 수많은 테스트를 거쳐 이뤄졌음을 강조했다. 즉 세상을 획기적으로 바꿀 만큼의 아이디어가 단번에 나오기보다는 작은 아이디어들이 누적적으로 쌓이면서 큰 효과를 발휘한다는 것이다.

훌륭한 아이디어를 찾아 큰 성공을 이룬 기업들은, 흔히 예상하는 상식을 깨고, 아이디어를 현실화한 발상의 전환을 통해 다른 사람이 보지 못한 가치를 발견하는 것에서 출발하였다. 그처럼 문제의 해결책(solution)을 찾을 때 필요한 창의성(Creativity)이란 기존에 존재하지 않던 새롭고 독창적인 방법으로 가치를 창출하는 행위로 호기심과 탐구하는 자세, 질문하는 자세를 바탕으로, 다양한 생각들을 시장경쟁력이 있는 아이디어로 재조합하고 혁신상품을 만들어내는 능력을 뜻한다. 또 우리는 위대한 창업가들의 창업이 새로운 발명이나 꾸준한 연구개발을 통해 엄청난 혁신을 이룬 것이라고 생각하기 쉽지만 실제로 대부분 창조적 아이디어는 전혀 새롭고 놀라운 것을 발명함으로써 무(無)에서 유(有)를 창조하기보다 기존기술과 기술의 협력, 기술과 산업의 협력, 산업과 산업의 협력(collaboration) 등 재발명(reinvention)과정을 통하여 기존의 상품(서비스)에서 충족하지 못했던 사소한 불편이나 불만의 개선점을 찾아 가치를 담은 상품으로 개발하는 경우가 대부분이다.

> "우리는 더 많이 사고할 필요는 없지만 새롭게 사고할 필요가 있다.
> (We don't need to think More; We need to think Differently)"
>
> – 알버트 아인슈타인(Albert Einstein)

예비창업가가 창업에 뛰어들려고 고민하면서 구체화된 창업 아이템 전단계인 창업 아이디어를 발견하려면 목표를 정해놓고 발견하려고 하기보다는, 주변에 존재하는 문제에서 발견하는 것이 훨씬 쉽기 때문에 "고객이 원하는 것" "자신이 즐겁게 할 수 있는 분야"를 선택하여 창업성공가능성을 높이는 것이 보다 실현가능성이 높은 선택일 수 있다. 보통의 사업 아이디어는 일상의 문제점에 대한 가벼운 호기심에서 시작되기 때문이다. 어떤 아이디어보다 중요한 점은 아이디어 실행과 검증에 앞선 사전검증과정의 실험정신이다. 그 아이디어를 검

곧 일어날 미래의 사건을 예견하라

인류의 식습관을 변화시킨 레이 크록(Raymond Albert Kroc: 1902~84)은 종이컵 판매영업을 하다가 후에 쉐이크 믹스기계를 팔아 큰돈을 벌었다. 그는 52세 때(1954년) 밀크쉐이크 믹스기계를 팔기 위해 캘리포니아 출장 중에 한 햄버거 스낵코너에 들렀고 여기서 크록이 제작한 믹스기계를 여러 대 들여놓고 대량으로 믹스음료를 팔고 있던 운명의 리처드 제임스 맥도날드(Richard James McDonald)와 모리스 제임스 맥도날드(Maurice James McDonald) 형제와 만났는데, 그들은 모든 음식을 60초 안에 내놓고 있었다. 그는 마치 "포드자동차의 컨베이어 벨트를 보는 느낌이었다." "아! 바로 이거다." 크록은 53세가 되던 1955년, 자신의 연고지인 시카고의 디플레인스에서 맥도날드(McDonald's) 1호점을 열었다. 그의 성공은 곧 일어날 미래의 사건을 예견한 것에 있었다.

– 프랑크 아르놀트(Frank Arnold), <경영>, 2011.

증하는 제품을 만들고, 고객에게 묻고, 양산에 들어가고, 판매하는 과정을 거치면서 해당 아이디어의 가치가 점차 형성된다. 아이디어와 잠재고객에 대한 분석이 어느 정도 진행되면, 해당 아이디어 관련분야의 최신 주요이슈는 무엇인지, 필요한 재원은 얼마나 되고 내게 가용한 재원이 있는지, 경쟁자는 누구이며, 그들은 어떻게 이 문제를 풀고 있는지, 무엇보다 나의 목적의식에 얼마나 부합하고 이의 달성에 얼마나 도움이 되는지, 그리고 과연 이 사업 아이디어가 얼마나 시장성(市場性, marketability)이 있는지 등을 평가해야 한다.

뱁슨 칼리지(Babson College)의 다니엘 아이젠버그(Daniel Isenberg) 교수는 기존의 창업에 대한 선입견을 깨고 완전히 새로운 것만이 창업을 성공하게 하는 것이 아니며, 기존시장에서의 새로운 발견을 통해 '더 나은 가치'로 성공한 사례가 더 많다면서 "일반적인 기업가들에게는 '혁신없는 가치창출'이 오히려 답이 될 수 있다"고 강조했다. 따라서 그는 "성공적인 창업을 위해 우리 모두가 아이폰(iPhone)을 만든 스티브 잡스나 모델 T(Ford Model T)를 개발한 헨리 포드(Henry Ford)처럼 창조적 파괴를 추구하는 혁신가일 필요는 없다"며 "그것이 매우 사소한 것이거나 이미 잘 알려져 있는 사업인 경우에도 꾸준히 실천한다면 성공할 수 있다"고 말한다.

기존 시장에서 새로운 '가치'를 창출하라

창업을 통해 기업가 되려면 젊은 전문가여야 한다거나 혁신을 일으켜야 한다는 편견을 과감히 버리고 기존시장에서 발견을 통해 새로운 가치를 만들어야 한다. 기업가정신의 핵심요소로 꼽히는 혁신(Innovation)은 완전히 새로운 것을 의미하지만 기존시장에서 발견을 통해 사람들에게 기존에 없던 '가치'를 창출하는 경우도 많다. 아이젠버그 교수는 혁신 없는 가치창출이 기업가들에게서 더 많이 발견된다고 했다. 1990년대 초 멀티플렉스 영화관이 드물었던 시절, 금융위기로 허덕이던 멕시코에 '씨네맥스(Cinemax)'라는 멀티플렉스 영화관이 들어섰다. 동시에 다른 영화를 여러 가지 상영한다는 것과 티켓 값은 2배 이상 비싸다는 점 외엔 기존 영화관과 차이도 없었다. 사람들은 금융위기에 처한 멕시코 시민들이 이를 받아들이겠냐며 비웃었지만 씨네맥스는 대박을 터뜨렸다. 씨네맥스의 창업자들은 다른 영화관들이 하던 방식을 그대로 모방하였고, 단지 영화관 숫자를 늘리고 조금 더 고급스럽게 꾸민 것뿐이지만 이들은 당시 없던 '다양한 영화를 한꺼번에, 한 곳에서 볼 수 있다'는 가치를 제공했다. 지금은 흔한 멀티플렉스가 1990년대 초엔 '새로운 가치'를 지역사회에 준 셈이다.

또 혁신 없는 가치창출의 대표적 사례인 복제약(Generics)이라는 단어는 특허가 만료돼 혁신성을 잃어버리는 지점에서 탄생하기 때문에 어쩌면 혁신적이라는 말의 반대말이다. 세계에서 세 번째로 큰 복제약 업체 아이슬란드의 액타비스(Actavis)는 임직원을 7년 동안 99명에서 1만 1,000명으로 늘리면서도 그 어떤 새로운 혁신도 하지 않았으나 그들은 사람들에겐 저렴한 가격에 복제약을 공급함으로써 '새로운(New)' 가치는 아니지만 '더 나은(Better)' 가치를 창출했다. 저렴한 가격에 비싼 원래 약과 비슷한 효능을 내는 약품을 공급해 수많은 사람들에게 도움을 주고, 가치를 만들어냈으니 이것이야말로 기업가정신의 핵심이다. 무조건 완전히 새로운 것만이 능사라는 편견에서 벗어날 필요가 있다.

– Bizion. 2013.9.9. 축약(縮約)

"새로운 발견은 새로운 땅을 찾는 데 있지 않고, 새로운 시각으로 바라보는 데 있다."
– 마르셀 프루스트(Marcel Proust), 프랑스 소설가

세계 최고로 인정 받는 IT 기업을 창업한 애플의 스티브 잡스(Steve Jobs)와 마이크로소프트(MS)의 빌 게이츠(Bill Gates)도 결코 새로운 뭔가를 발명한 것이 없다. 그들은 밖으로 나가 끊임없이 뭔가를 찾고(search) 최선의 것이 발견되면 가져와서 조합(combine)했을 뿐이다. 스티브 잡스는 기존에 서로 상관없어 보이던 것들을 새롭게 연결하는 작업을 통하여 돈이 될 만한 아이디어를 두루 활용했다. 인류의 위대한 창조들은 모두 이처럼 새로운 연결을 상상하고 실천한 사람들에 의해서 이어져 왔다. 이들의 생각들을 정리하면, 창의성은 "이미 존재하고 있는 지식, 경험, 기술, 개념들을 전혀 다른 시각에서 이들의 의미를 재(再)규명하고, 그들 상호간의 결합방법을 종전과 다르게 처방해내는 능력"이므로, 창조를 과거와 단절된 채 무(無)에서 유(有)를 만드는 일로 생각하는 것은 착각이고, 전혀 새로운 것을 발명하려는 시도도 어리석은 짓이며, 창조는 창조적 조합으로 이해하는 것이 바람직하다고 볼 수 있다. 그러므로 창업자들은 애플의 창업자 스티브 잡스(Steve Jobs)가 강조한 "다르게 생각하라(Think different)"라는 슬로건이나 마케팅전문가 해리 벡위드(Harry Beckwith)가 강조한 "더 잘하려고만 생각하지 말라. 다르게 생각하라"라는 핵심을 기억해야 하고, 남과 다르게 생각하다 보면 오히려 더 많은 가치창출의 기회와 놀라운 결과를 얻을 수 있을 것이다.

"젊은이들을 타락시키는 가장 확실한 방법은 다르게 생각하는 사람보다는 똑같이 생각하는 사람을 존경하라고 가르치는 것이다."
– 프리디리히 빌헬름 니체(Friedrich Wilhelm Nietzsche), 독일철학자

2) 사업 아이디어 선정의 노하우

창업 비즈니스(business)의 출발은 남들이 보지 못한 기회(아이디어)를 발견하고 이를 구체화하여 아이템(item)으로 발전시키고 이를 새로운 가치를 가진 상품과 서비스로 전환할 수 있어야 한다. 비즈니스 현장에서 고객 불편(Customers inconvenience)은 비즈니스의 성립요건이지만 제 아무리 톡톡 튀는 아이디어와 창업 아이템일지라도 이를 사업화로 발전시킬 수 있는 전문지식과 전반적인 식견 및 사업 감각이라는 마중물을 갖지 못하면 가치를 담아내기 어렵다. 시장을 선도한 혁신적인 상품들 중 많은 경우가 작고 사소한 것에서부터 남들과 다른 관점에서 의문을 제기하며 기존의 생각과 방식에 도전한 것에서 나왔다. 〈사업의 감각〉의 저자 루디 마조키(Rudy A. Mazzocchi)는 먼저 '왜 당신의 사업에 사람들이 관심을 가져야 하는가?' 깊이 생각해보라고 강조한다. 또 그는 "사람들이 생각은 많지만 돈은 벌지 못하는 결정적인 이유는 세상의 기능적 '필요(Needs)'와 심리적 '욕망(Want)'에 맞추어 자신의 아이디어를 다듬지 못하는데다, 정교하고 일관되게 자신의 아이디어를 표현하지 못해 결국 사람들의 관심을 끄는데 실패하기 때문"이라고 강조한다.

중요한 점은 창업을 준비할 때 빛나는 아이디어는 자체의 독창성보다 아이디어가 시장에 숨겨진 니즈(needs)와 연계될 때 빛나는 것이므로 아이디어의 성패는 연구팀이나 기업가가 아니라 시장(Market)이 결정한다는 것이다. 예를 들어, 이제는 일상화된 포장 김치 사업의 경우, 시장이 형성되던 초창기 맞벌이 부부가 늘고 주거방식이 아파트 위주로 바뀌면서 김장 및 김치 담그는 환경도 불편하고 번거로운 일로 인식되면서 자연스레 김치사업의 시장 환경이 조성되었기 때문에 누구나 김치사업가가 될 수 있었지만 이를 실행한 사람은 일부에 불과했던 것이다. 또 1849년에 미국에서 설립된 제약회사 파이저(Pfizer)사가 처음에 고혈압 치료목적으로 개발하였다가 후에 협심증 치료용으로 진행된 임상실험에서 실망스런 결과와 함께 일부 임상실험 대상자가 성기능개선에 효과가 있는 것 같다는 의외의 부작용을 제기하였고, 거기에 관심을 가진 제약사의 고민에서 출발한 비아그라(Viagra)는 전 세계적인 발기부전 치료제가 되었다. 「비아그라(viagra)」의 어원은 남성의 정력(Vigor)과 멈추지 않는 폭포(Niagara)를 합친 이름으로 미국 식품의약국(FDA)에서 1998년 3월 27일 승인·출시된 후 2년 만에 전 세계 100여 국에서 1억 5,000만 알이 판매되었고, 연간 20억 달러의 매출을 올렸으며, 전 세계 1억에 가까운 남성에게 처방되는 엄청난 히트상품이 되었다. 이처럼 창업성공도 혁신적 아이템의 개발이 아니라 혁신적인 관점의 변화에서 시작하는 경우가 많고, 새로운 아이디어는 평소에 세상 모든 일에 대한 꾸준한 관심에 남다른 관점에서 보는 안목에서 비롯된 경우가 대부분이다.

마찬가지로 일상의 패러다임을 바꿔놓은 위대한 발명이 개인의 작은 아이디어에서 시작된 사례는 주변에서 흔히 찾아볼 수 있다. 곧은 빨대로 밀크셰이크를 먹기 힘들어하는 딸을 위해 미국의 평범한 중년남성 프리드먼이 발명한 주름빨대는 1937년 특허출원을 시작으로 지금까지 매년 50억 개 이상 생산되고 있다. 이런 주름빨대가 발명되면서 어린이뿐 아니라 병원에서 환자가 마실 수 있다는 이유로 큰 인기를 끌었다. 또 페이스북(Facebook)의 탄생 비화는 '캠퍼스에서 가장 멋진 여학생과 남학생'이 궁금했던 한 심리학과 컴퓨터공학도였던 재학생 마크 저커버거(Mark E. Zuckerberg)가 실제 얼굴사진을 온라인에 게재하는 프로그램을 개발하는 사소한 호기심에서 시작하여 2020년 연말 기준 월간 이용자 수가 약 28억 명 수준의 히트작이 되었다. 또 CNBC에 따르면 페이스북은 워크플레이스의 유료 이용자가 2020년 5월 500만 명에서 40% 증가한 700만 명이라고 발표했다(2021.5.4).

창조적인 아이디어 도출을 위한 노하우

법칙을 의심하라 모두가 옳다고 알고 있는 것이 사실은 전혀 그렇지 않을 수도 있다. 의문을 던져라. 중요한 건 새롭고 혁신적인 아이디어를 어떻게 내 머릿속에 들어오게 하느냐가 아니라 어떻게 낡은 생각을 밀어 내느냐이다.

질문으로 문제를 뒤집어보라 엘리베이터의 속도가 아무리 빠르다 하더라도 사람들의 기다림을 충족시키진 못한다. 속도의 문제를 뒤집어 엘리베이터 옆에 거울을 설치하면 기다림의 고통은 사라진다. 거울 보며 옷매무새를 고칠 테니까.

정반대로 생각하라 역발상의 원조 톰 소여에게 담장에 페인트칠을 하는 일은 일이 아니라 놀이였다. "이 일을 어떻게 해결하지?"라고 생각하지 않고, "이 즐거운 놀이를 어떻게 혼자 다 해?"라고 정반대로 생각하자, 친구들이 도왔다.

부정적인 의견에 맞서라 아무리 브레인스토밍을 한다 해도 말하는 사람만 말하고, 상사들만 말한다. 눈치 보는 브레인스토밍이란 의미가 없다.

남의 입장이 되어보라. 감정이입, 즉 남의 신발을 신고 걸어봐라. 자동차는 잘 달려야 하지만, 대부분의 시간을 서 있기에 외형이 멋져야 한다.

최악의 해법을 최상으로 바꿔라 제일 좋거나 훌륭한 해법을 찾지 말고, 가능한 한 가장 형편없는 해결책을 찾아 그것을 역전시켜라.

부정을 긍정으로 전환하라 부정을 발견되기를 기다리는 긍정이라고 생각하라. 에이비스(Avis) 렌터카는 '우리는 2등입니다'라고 말해 정직하다고 사랑받는 동시에 업계 상위권이라는 이미지를 심어주었다.

'네'라는 대답은 독이 된다 CD를 사지 않고 온라인에서 냅스터를 위해 불법복제하자 "어떻게 하면 사람들이 곡을 훔쳐가지 못할까?"라고 생각한 대신 "어떻게 하면 사람들이 음반을 사도록 만들 수 있을까?" 고민했다. 그 결과 애플의 아이튠즈 뮤직 스토어(iTunes Music Store)가 탄생했고, 소비자들은 2년 미만의 기간 동안 3억 개의 곡을 사서 들었다. 문제가 손해가 아니라 도움이 되게 만들어라.

때로는 모방이 성공을 부른다 집락(Ziploc)은 지퍼(Zipper)에서 떠올랐고, 스타벅스는 이탈리아 에스프레소 바에서 카페풍경을 빌렸다. 창조할 수 없다면 유심히 관찰하고, 귀 기울이여서 자연이나 이미 있는 것들에게서 빌려라.

그 사람이라면 과연 어떻게 했을까? 때론 낯선 사람이 열쇠를 쥐고 있다. "손님의 말을 들으면 부자가 된다." 최종 수요자가 누구건, 직접 다가가서 물어보라. "당신은 어떻게 생각하세요?"

우아한 해법을 찾아라 솔로몬 왕은 아이를 반쪽으로 가르라는 판결로 진짜 엄마를 찾아냈고, 케익은 누가 자르던 나중에 먹게 하면 공평하게 먹을 수 있다. 전혀 의외인데도, 매우 경제적이고, 필연적인 해법이자 우아한 해법이다.

메모하라 영국 버진그룹의 리처드 브랜슨은 이렇게 말했다. "나는 항상 주머니에 메모장을 가지고 다니며 사람들의 말을 정말 유심히 듣는다. 좋은 아이디어는 누구에게서라도 얻을 수 있다. 회의실에서만 나오는 것이 아니다." 적어라. 그 다음엔 적어둔 대로 행동으로 옮겨라.

– HRI(현대경제연구원)

2. 사업 아이디어(idea) 검토와 아이템(item)의 선정

1) 사업 아이디어(idea) 검토

창업은 스스로의 삶에서 꿈을 실현하는 과정이다. 창업기업이 혁신을 통하여 새로운 시장을 펼치는 아이디어 선정방식 가운데 새로운 제품이나 기술을 만든 애플·구글·페이스북 같은 혁신기업들과 같이 미래의 시장을 새롭게 개척하는 파괴적 혁신방식의 아이디어도 있지만, 바늘 하나 꽂을 곳 없다는 레드오션으로 알려진 패션산업의 기존 비즈니스 모델에서 역발상의 혁신을 통해 기회를 발견하여 리디자인(Redesign)함으로써 SPA 브랜드로 시장을 선도한 스페인의 자라(ZARA)나 일본의 유니클로(UNIQLO) 방식도 엄청난 가치를 창출할 수 있다. 사업 분야의 선정은 예비창업자들에게 가장 어렵고 중요한 문제이며 사업의 성패를 결정짓는 핵심이므로 꼼꼼하게 충분히 검토한 다음 결정하여야 한다. 이때 최근의 창업동향과 유망업종의 흐름을 파악하고, 자신에게 어울리는 어떤 업종들이 있는지를 살펴보고 이들의 사업성을 분석하되 자신의 여건에 맞는 업종을 선정해야 한다. 특히 성공적인 업종선정을 위해서는 충분한 시간을 가지고 꼼꼼하게 점검해야 하며 아래 원칙을 참고하는 것이 바람직하다.

① 자신의 성격에 맞는 업종을 선택해야 한다.

② 창업자의 경험이나 지식을 살릴 수 있는 업종을 선택하는 것이 좋다.

③ 시대의 흐름에 맞는 업종을 선택해야 한다.

④ 가능하면 성장성과 수익성 및 안정성이 높은 업종을 선택해야 한다.

⑤ 가족의 찬성과 협력을 얻을 수 있는 업종인가?

⑥ 경험이나 전문기술이 없는 사람이 개업하기에 위험한 업종은 아닌가? 만일 그렇다면 배울 방법은 있는가?
⑦ 면허·허가·등록·신고 등을 필요로 하는 업종은 아닌가? 법적 규제는 없는가? 만일 그렇다면 조건을 충족시킬 수 있는가?
⑧ 개업할 업종은 어느 정도의 자금을 필요로 하는가? 그 조달은 가능한가?

사업 아이디어가 갖추어야 할 4요소

1. 명확한 고객가치(Clear Customer Value)

① 누가 당신의 제품 · 서비스를 사는가?
② 왜 고객은 당신의 제품을 사는가?
③ 당신의 사업 아이디어에서 가장 유니크(독특)한 것은 무엇인가?

2. 적절한 규모의 시장(Market of adequate size)

① 전체 시장의 규모는 어느 정도인가?
② 이 시장은 성장하고 있는가?
③ 당신이 목표로 하는 시장 및 점유율은?
④ 누가 당신의 경쟁자인가?
⑤ 경쟁자에 비해 당신의 강약점은 무엇인가?

3. 충분한 혁신(Sufficient of innovation)

① 당신은 제품 · 서비스 면에서 혁신한 것이 있는가?
② 당신은 비즈니스 시스템에서 혁신한 것이 있는가?

4. 실행 가능성 및 수익성(Feasibility and Profitability)

① 당신이 갖고 있는 아이디어를 사업화하는 데 어떤 제약이 있는가?
② 왜 다른 사람들은 이런 아이디어를 실행하지 않고 있나?
③ 당신이 계획하고 있는 사업의 Gross Margin율은 어느 정도인가?
④ 당신이 계획하고 있는 투자는? 변동비 비율은 어느 정도인가?
⑤ 개략적인 현금흐름(Cash Flow)은 어떠한가?

창업 아이디어를 테스트하는 10가지 방법

수많은 창업가들 대부분은 실패한다. 사업실패에는 여러 요인이 있겠지만, 그들 대부분이 시작 전에 사업 아이디어를 테스트하지 않기 때문이다. 사업에 있어서, 시장성공의 가능성을 확인하는 것은 매우 중요하다.

1. **피드백 반복** 최소한의 시간으로 사업 아이디어를 테스트하기 위해서는, 한정된 시간 안에 핵심사양을 집중해서 고객피드백을 받는 것이 관건이다.

2. **전문가** 시장과 고객을 이해하기 위해, 회사가 타깃하는 시장의 전문가로부터 피드백을 받는 것은 항상 중요하다.

3. **인터뷰** 처음 사업 아이디어는 검증 안 된 가설일 뿐이나 타깃고객에게 아이디어가 흥미로운지 알기 위한 좋은 방법은 직접 인터뷰를 하는 것이다.

4. **사무실에서 벗어나세요!** 사무실에 앉아서 비지니스를 하는 모습은 일부이고 그들도 회사를 성장시키기 위해 발품팔면서 피드백도 받고 여러 사람들도 만난다.

5. **온라인커뮤니티** 회사가 타깃으로 하는 고객층이나 그들이 가진 문제점을 공유하는 커뮤니티나 블로그에서 고객들과 자연스런 대화를 할 수 있다.

6. **설문** 회사가 좀 더 명확한 사업 아이디어를 갖고 있다면, 온라인 · 오프라인의 잠재고객에게 설문을 시도해보아야 한다.

7. **티저페이지(예고 페이지)** 만일 피드백을 통해 고객층이 해결하고 싶은 문제점을 확인했다면, 이제 그에 대한 해결책(사업서비스)을 테스트해야 한다.

8. **데모** 위의 상황을 통해 자신이 가진 서비스 · 상품이 정말 좋은 아이디어라고 확신이 든다면, 이제 데모버전(써보고 결정할 수 있도록 프로그램 회사가 공짜로 나눠주는 프로그램)을 개발해야 한다.

9. **MVP(Minimal Valuable/Viable Product 최소한 노력과 개발로 완성할 수 있는 핵심가치의 제품)** 처음부터 모든 기능이 들어간 복잡한 서비스를 개발하지 말고, 가장 핵심이 되는 기능으로 이루어진 서비스를 개발하여 그것에 대한 사용자들의 피드백을 받아야 한다.

10. **수익화** 고객들이 회사에 돈을 지불한다면 이것은 사람들이 회사의 서비스를 좋아한다는 가장 명확한 증거다. 이제 회사가 할 일은 사업을 확장하고, 기존의 고객을 단골고객으로 유지하면서 새로운 고객을 늘리는 것이다.

2) 창업 아이템(item)의 선정

창업에 성공하려면 상권분석과 입지선정도 중요하지만 더 중요한 것은 사용자에게 의미 있는 아이템을 발굴하는 것이다. 창업 아이템 선정은 무엇을 생산·판매할 것인가를 선택하는 것이자 사업자가 고객에게 제공하는 상품 및 서비스의 속성을 의미한다. 또 실질적인 사업내용을 결정하는 것은 예비창업자의 전공과 적성, 취미, 자금능력, 성격, 주변 여건 등을 충분히 고려한 후, 업종 및 아이템을 선택해야 한다. 이 과정에서 어떤 업종이 유망하다거나 언론에 나온 유행하는 창업 아이템보다는 내가 가장 잘할 수 있는 아이템에 초점을 맞추고 아이템을 조사하는 과정에서 관계자들이나 경쟁업체를 찾아가고 전반적인 상황을 관찰하여야 한다.

좋은 아이템과 나쁜 아이템은 해당분야의 시장성뿐 아니라 창업자의 성향, 가치판단 기준, 스타일에 따라서 좋고 나쁨의 기준이 달라지는데 일반적인 창업시장의 기준으로 유망아이템이란 유망업종 판단의 중요한 기준이 되는 성장성과 수익률이 높은 업종이고, 시장수요를 의미하는 안정적인 매출실현 가능성과 지속적인 판매가 가능한 성장성이 높은 아이템, 오랫동안 살아남을 수 있는 장수 아이템이 될 수 있다면 더욱 바람직하다. 또 창업자 입장에서는 가급적 피해야 할 나쁜 아이템은 수익이 적은 아이템, 반짝하고 사라지는 단명 아이템, 그리고 사행성이나 유흥 아이템이다.

특히 창업 아이템을 선택할 때 충분히 고려해야 하는 트렌드란 변화와 혁신의 과정에서 많은 사람들이 공감할 수 있는 메가트렌드(Mega trends)의 좋은 예로는 모바일 혁명, 디지털 시대의 도래, 노령화의 가속, 1인가구의 증가, 펫벰족의 증가, 구독경제의 확산, 친환경의 중요성 등이다. 특히 메가트렌드를 토대로 창업 아이템을 선정할 때에는 다음 사항들을 고려하는 것이 바람직하다. ① 자신이 경험이 있는 분야, ② 자신이 관심과 흥미가 있는 사업, ③ 가까운 사람이 추천하는 사업, ④ 전망이 매우 좋다고 판단되는 분야, ⑤ 전문가의 지원을 받을 수 있는 분야, ⑥ 창업 강좌에 참석하여 창업지식 습득, ⑦ 신문과 잡지를 읽으면서 사업 및 소비자 동향을 파악, ⑧ 위험이 적은 사업을 선택, ⑨ 해외 동향을 파악, ⑩ 프랜차이즈 사업을 고려, ⑪ 새로운 서비스, 가격인하, 품질 개선, 신속한 서비스 등을 통하여 고도의 창의력을 활용. 이러한 사항을 고려하여 소비자들의 니즈를 충족시키면서 기존시장에는 없었던 창업 아이템을 선택하는 것이 바람직하다.

창업 아이디어 → 아이템화 위한 3가지 조건

4차 산업혁명은 '인간과 기계의 융합' 정도로 정의할 수 있다. 18세기 증기기관의 발명으로 시작된 1차 산업혁명과 19세기 전기와 대량생산이 본격화되는 2차 산업혁명시대에는 고전적으로 제조업 기반의 경제활동을 하던 시기이다. 1969년 인터넷과 컴퓨터를 통해 3차 산업혁명 시대를 맞이하면서 지식산업 기반의 새로운 패러다임이 생겨나기 시작했고, 앞날을 더 이상 예측하는 것이 어려운 4차 산업혁명 시대에는 창의적인 아이디어만으로도 글로벌한 기업으로 성장이 가능하다. 좋은 창업 아이디어라도 이를 사업화하기까지는 대단히 많은 준비와 점검의 과정이 필요하기 때문에 아이디어 자체만으로 당장 사업화할 수 있는 단계는 아니다.

- **아이디어**: 개선, 조합, 융합 - 추상적
- **아이템**: 조사, 검증, 실제 - 구체적
- **사업화**: 홍보, 마케팅, 매출 - 현실적

대부분의 아이디어들은 일반적으로 생활 속에서 겪은 불편함을 해소하는 차원의 아이디어, 기존의 제품들을 개선하는 아이디어, 여러 제품들을 조합하고 융합하는 아이디어, 전문가들 본인의 전문 지식과 경험을 기반으로 하는 아이디어들이다. 그 아이디어를 사업으로 '실행'하는 것은 매우 힘들고 어려운 과정이며 한 번도 창업을 경험해 보지 못한 창업자라면 아이디어를 어디서 어떻게 사업화해야 하는지 알기가 매우 어렵다. 아이디어 자체만으로는 매우 추상적이고 그 실체가 존재하지 않으므로 이를 검증하고 실체화시키는 과정, 즉 아이디어를 사업으로 실행하기 위해서는 아이템화 과정이 필요하다.

아이템화는 조사하고 검증하여 실체를 만들어 구체화하는 과정이다. 첫째로, 시장, 경쟁사, 고객이 필요로 하는지를 조사해야 한다. 초기 창업기업들이 실패하는 가장 큰 이유 중의 하나는 시장이 원하지 않는 제품을 만들기 때문이다. 둘째로, 아이디어를 실제 구현 할 수 있는지, 법과 제도적으로 문제가 없는지 검증하여야 한다. 셋째로, 시제품이나 베타버전을 만들 때 유용할 수 있는 자금 내에서 가능한지, 실체를 만드는 과정에서 발생하는 핵심가치를 기업 내에 보유할 수 있는지, 지적재산권 확보가 가능한지를 염두에 두어야 한다. 이러한 과정들을 바탕으로 사업계획서를 작성해야 한다.
아이디어를 아이템화하는 과정 중에서 자본금을 마련하고 더 나아가 좋은 팀빌딩을 하였다면 냉엄한 현실로 발을 내딛는 사업의 시작이다. 창업을 통하여 창업자가 얻고자 하는 바 가운데 '매출을 통한 이익 실현'이 우선되어야 한다. 순간순간 냉철한 판단과, 위기를 대처하고 극복해 나가는 과정은 필연적이다. 아이템화를 충실히 준비하는 과정에서 사업을 잘 영위할 수 있는 체력이 길러진다.

– ZDNetKorea. 2018.4.5.

애플의 창업자 스티브 잡스(Steve Jobs)는 생전에 "제품개발은 보유한 기술로 무엇을 만들 것인가로부터 시작하면 안 되고, 고객경험에서 시작하고 난 후 거꾸로 기술을 활용해야 한다"고 말했다. 이는 창업 팀이 보유한 기술 또는 최초 사업 아이디어로 어떤 사업을 할 것인가에 지나치게 집중하면, 고객과 시장이 원하지 않는 제품을 만들게 될 것이라는 뜻이다. 고객경험에서 제품개발이 시작한다는 것은 고객의 필요로부터 제품개발이 시작하는 것을 의미한다. 때로는 고객 스스로가 필요를 자각하고 있지 못한 경우도 있지만, 고객경험을 면밀히 관찰하면 고객이 인지하지 못하는 필요를 알아낼 수 있는 반면, 고객경험을 무시한 채 제품을 개발하는 것은 마치 질문 없는 답을 찾아다니는 셈이라고 할 수 있다. 따라서 고객경험에 집중하는 기업이 경쟁에서 앞서갈 수 있기 때문에 창업가의 최초 아이디어에 맞추어 고객필요를 묘사해 보고, 이를 고객경험조사 후의 결과와 비교해 보면서 아이디어를 검토하는 것은 매우 중요하다.

창업 아이템 선정 시 자가 질문

- 내가 그 일을 정말 좋아하는가? (열정)
- 내가 그 일을 정말 잘할 수 있는가? (능력)
- 내가 그 일을 성공할 가능성이 있는가? (성공)
- 내가 그 일을 자신있게 선택할 수 있는가? (변화)

[표 3-1] 사업 아이템 평가 체크 리스트(list)

구분	내 용
아이템	① 고객에게 특별한 가치를 제공할 수 있는가?
	② 경쟁상품보다 우수하거나 차별화가 가능한가?
성장성	③ 사업 분야의 성장 가능성이 높은가?
	④ 충분한 고객을 확보할 수 있는가?
	⑤ 탁월한 경쟁력확보나 치열한 경쟁을 피할 수 있는가?
수익성	⑥ 제품과 서비스의 가격이 매력적인가?
	⑦ 사업으로 충분한 수익을 얻을 수 있는가?
리스크	⑧ 대기업에 의한 위험(시장침투)요소는 없는가?
	⑨ 계절의 영향을 받지 않는 아이템인가?
	⑩ 만약 실패할 경우 투자금 회수가 가능한가?
창업자	⑪ 나의 흥미나 적성과 맞는 아이템인가?
	⑫. 관련분야 경험이나 지식을 충분히 가지고 있는가?
	⑬ 전반적으로 경쟁자보다 나은 역량을 가지고 있는가?
	⑭ 준비 중인 사업을 추진할 자금조달이 가능한가?

자료: 소상공인 창업 이런 아이템에 주목하라(2017 소상공인진흥공단)

[표 3-2] 아이템 구상 방법(1단계 ~ 8단계)

NO	단계별 순서	구체적 조사 방법
①	창업 정보수집	신문, TV, 잡지, 창업서적, 박람회, 전문가상담, 창업동아리 브레인스토밍, 창업일지 작성
②	창업자 경력 및 적성검사	근무경력, 자격증, 취미에 관한 리스트를 만들어 분석, 적성검사 정보(노동부, 소상공인시장진흥공단)
③	창업지원 정보 및 관련 정보조사	창업 유관기관(소상공인시장진흥공단, 여성경제인협회, 여성인력개발센터, 창업진흥원, 기술보증기금, 중소기업진흥공단, 정보산업진흥원, 디자인센터, 테크노파크, 인적자원개발원)
④	수집정보 분석	성장성, 수익성, 유통과정
⑤	최종아이템 선정	아이템 선정 후 관련사항 수집 및 조사
⑥	창업 시뮬레이션	관련 업체탐방 및 전문기술 습득
⑦	사업계획서 작성	자금, 상권입지조사, 인적자원구성도, 시장상황, 사업성분석, 사업장확보, 인허가관계조사
⑧	창업 준비 및 실행	오픈 3개월 영업전략 수립 및 마케팅프로그램 전략적 실행

사업(business)의 본질은 고객에게 제대로 된 가치가 담긴 좋은 상품을 제공할 수 있는 비즈니스 모델(business model)을 만드는 것이므로 고객에게 귀를 기울여 그들의 요구사항을 반영하는 것이 관건이다. 그 핵심은 「무엇을 팔 것인가?(concept)」, 「어떻게 팔 것인가?」, 「우리의 비즈니스가 고객에게 주는 가치를 어떻게 정의하느냐」에 따라 사업 아이템은 달라진다. 창업 아이템이 구체화되면 우리의 고객은 누구인가? 우리는 그 고객을 위해 무엇을 할 수 있는가? 그 고객이 우리 제품과 서비스를 획득하는 과정을 어떻게 설계할 것인가? 수익은 어떻게 낼 것인가? 제품기획과 설계는 어떻게 할 것인가? 등 그 초점을 고객과 시장에 맞춰야 한다. 우리는 고객이 '무엇'을 사는지 분석하여 그것을 제공하면 매출이 발생하리라 생각하지만 더 중요한 것은 '고객이 '왜(why)' 사느냐'이다.

사실 마케팅(Marketing)은 제품 자체가 아니라 인식의 싸움이므로 사업의 아이템 선정의 초점을 기업이 잘하는 것이 아니라, 고객들(customers)이 원하는 것으로 바꾸는 것이 성공을 위한 첫 단계이므로 '고객들이 원하는 것'이 무엇인지 살피는 것이 중요하다. 패션 안경숍 브랜드 「룩옵티컬(Look Optical)」의 마케팅 문구는 '안경은 얼굴이다'이고, 「현대백화점」은 '상품'이 아니라 '라이프스타일(life style)'을 팔며, 「아모레퍼시픽」은 '화장품'이 아니라 '아름다움(beauty)'을 판다. 또 전 세계에서 월 1억 5,000만 개가 소비되는 「오리온 초코파이」는 '맛'을 파는 것이 아니라 한국의 정서를 대표하는 '정(情)'을 팔고 있다. 그들은 좋은 식품으로서의 이성적 측면이 아니라 정(情)이라는 감성적 측면에 초점을 맞춰 고객과 소통함으로써 엄청난 성과를 거두었다. 또한 「애플 아이팟」 광고도 '기능적 특징'보다는 아이팟(iPod)으로 고객이 누릴 수 있는 '음악의 즐거움(fun)'을 보여줌으로써 고객들로부터 사랑을 받을 수 있었다.

실제 성공하는 비즈니스 아이템을 찾으려면 다음 중 하나를 선택해서 그들에게 필요한 가치를 만들고 전하는 구상을 하는 것이 바람직하다. ① 기분을 좋게 해 줄 수 있는 아이템, ② 문제를 해결해 줄 수 있는 아이템, ③ 교육해 줄 수 있는 아이템, ④ 외모를 발전시킬 수 있는 아이템, ⑤ 안전을 제공할 수 있는 아이템, ⑥ 긍정적인 정서를 유발할 수 있는 아이템(사랑, 행복, 웃음, 자신감…), ⑦ 기본적인 욕구부터 외설적인 욕구까지 욕구를 충족시키는 아이템, ⑧ 삶을 편하게 해 줄 수 있는 아이템, ⑨ 꿈과 희망을 고취시킬 수 있는 아이템 등이다. 따라서 고객과 커뮤니케이션 방법도 우리의 제품과 서비스의 물리적 속성에 초점을 맞추던 기존방식에서 우리 상품(서비스)이 고객에게 제공할 수 있는 정서적 편익과 가치를 고려해야 한다.

3. 창업 아이템(item)선정 시 고려 사항

1) 소비자 불편해소와 창업기회

비즈니스에서 첫 번째 창업 아이디어의 원천은 생활 속에서 느끼는 불편이며 불편을 해소할 아이디어를 떠올리면 창업 아이템은 자연스럽게 발굴할 수 있다. 슬로언 경영대학원 빌 올렛(Bill Aulet) MIT 교수도 "창업자 스스로가 느끼는 불편이나 결핍에서 창업의 시작점을 찾는 것은 좋은 방법이지만, 창업을 성공적으로 이끄는 것은 고객과 시장의 고통을 얼마나 잘 해결해주는지에 달렸다"고 강조했다. 자신의 생활 속 불편을 해결하면서 손쉽게 창업 아이디어를 얻기 위해서는 우리 주변생활에 불편한 일에서 아이디어를 생각해 볼 수 있다.

클라우드 기반 인터넷 클라우드 서비스업체「드롭박스(Dropbox)」는 사용자에게 문서나 동영상 사진 등을 인터넷에 저장할 수 있는 공간을 제공하고, 사용자는 스마트폰이나 PC 등으로 언제 어디서나 저장한 자료를 쉽게 꺼내 쓸 수 있어 편리하다. 2007년 1월 당시 MIT학생이던 드루 휴스턴(Drew Houston)은 보스턴에서 뉴욕으로 가는 버스정류장에서 버스 출발시간까지 시간이 남아 기다리는 시간 동안 작업을 할 생각으로 컴퓨터를 꺼냈으나 필요한 파일이 들어 있는 USB메모리를 집에 두고 온 것을 알고는 당황했다. 그 불편해결 방법으로 언제 어디서든 파일을 꺼내 쓸 수 있다면 얼마나 좋을까? 하는 생각을 하면서 인터넷 공간에 파일을 올려놓고 필요할 때 꺼내 쓸 수 있는 드롭박스 창업을 생각하게 되었다고 한다. 휴스턴의 창업 아이디어는 인터넷과 서버에 대한 지식만 있으면 누구나 쉽게 생각할 수 있는 것이었으나 USB메모리 분실로 불편을 느끼고 자책했던 수많은 이들과 달리 휴스턴은 자신의 불편을 해결할 방법을 찾고 그 해법으로 창업을 실행에 옮겼다. 드롭박스는 2017년 말 기준 가입자 수 5억 명을 넘겼고, 2018년 3월말 미국나스닥에 상장했는데 가업가치가 무료 13조원으로 평가되었다.

또 〈한경희생활과학〉의 경우 공무원이자 주부였던 한경희 대표가 물걸레로 집안청소를 하다 "무릎을 구부리지 않고 걸레질을 할 수는 없을까"라는 생각이 「스팀청소기」 개발로 이어졌고, 2001년 제품을 출시해 2003년부터 본격적으로 판매하면서 2005년 연매출 1,000억원대에 이르는 중견기업으로 성장했으며, 1,000만 대 이상 판매되었다. 보통 사람은 문제가 무엇인지 모르지만 실제로 돈이 되는 사업 아이디어는 늘 일상의 불편함을 해결하려는 데서 나오는 경우가 많다. "도대체 왜 이럴까?"라는 수많은 의문을 통해 얻은 문제의식을 가지고 일상에서 반복적으로 겪는 불편함의 원인을 찾아내는 노력을 기울여야 멋진 사업 아이디어와 큰 수익의 주인공이 될 수 있다. 최근 새로운 아이디어를 상품화하여 인기를 얻고 있는 상품으로는 셀카봉, 음식물 처리기, 에디슨 젓가락, 스마트폰 방수케이스, 퀵서비스, 즉석식품, 테이크아웃, TV 홈쇼핑, 24시간 점포, 새벽배송 등 셀 수 없이 많은 아이템들이 생활 속 불편을 해소하면서 큰 인기를 끌고 있다.

또 마켓컬리(marketkurly)가 2014년 12월 혜성처럼 등장해 고객이 전날 밤 주문한 신선식품과 생활용품 등을 다음날 오전 7시 이전에 배달해주는 '신선식품 샛별배송'이라는 이름으로 처음 문을 열었다. 장보기 시간을 아껴 자기계발이나 운동에 활용하려는 30~40대가 늘면서 틈새시장에 불과하던 새벽배송이 '유통 격전지'로 부상하고 있다. 당시 택배는 2~3일, 빠른 배송도 최소 하루가 걸릴 때였다. 공산품도 아닌 신선식품을 전날 밤 주문받아 몇 시간 만에 배송하는 서비스를 내놓자 업계 사람들은 미친 짓이라 했지만 소비자들은 열광했다. 갓 만든 반찬, 산지에서 직송된 제철 식재료, 아이들 학용품 등 새벽배송 쇼핑품목도 다양해지고 있다. 대한민국의 아침을 바꾸고 있는 새벽배송은 글로벌 유통 혁명을 주도하는 미국 아마존(Amazon)도 성공하지 못한 신선식품 배송 혁신을 한국 기업들이 정착시키는 것이다. 사업 첫해(2015년) 29억원이던 마켓컬리의 매출은 2020년 9,530억원으로 증가하면서 불과 5년 만에 328배 성장했고, 누적 회원 수도 2021년 5월말 기준 800만 명에 달했다. 하루 평균 주문 건수는 12만 건이다.

2) 실버(Silver, 고령친화)산업과 창업기회

과거 산업화시대의 실버세대들은 힘겨운 가정경제와 자녀교육에 집중하다보니 노후에는 소비여력이 미약하고 소극적이었으나, 1970~80년대 고도 성장기를 거치며 부동산과 금융으로 경제력을 축적한 베이비부머들이 높은 경제수준과 소비욕구로 슈퍼소비층으로 급부상하면서 고령친화시장이 주목받고 있다. 한국의 경우 인구의 약 15%를 차지하는 1955~63년에 태어난 베이비붐 세대가 중심인 「액티브 시니어(active senior)」는 경제적 여유와 건강을 바탕으로 적극적으로 소비생활과 여가생활을 즐기며 사회활동에 적극적으로 참여하면서 소비시장의 프리미엄 고객층으로 급부상하였고, 외모나 건강관리 등 자신에 대한 투자에도 적극적이어서 식품·유통업계의 신 소비층으로 떠오르고 있다. 또 최근 한국방송광고진흥공사(Kobaco)에 따르면 지난 1년간 액티브 시니어는 4명 중 1명꼴로 해외여행을 다녀왔고, 외모를 꾸미기 위해 돈 쓰는 것을 당연하다고 느끼는 사람들이 67%이며, 1년 이내 스마트기기 구입·교체 의향이 전 연령대에서 가장 높은 21%로 나타났다. 최근 우리 사회는 2020년 기준으로 65세 이상 인구가 전체인구의 15.7%를 넘어 고령사회에 진입하였으며, 2025년에는 20%에 육박할 것으로 예상된다. 최근 인터넷 서핑의 '서퍼'와 '실버'가 결합된 신조어 '실버서퍼(silver surfer)'는 지금의 실버세대들이 인터넷을 자유롭게 이용하고 스마트 기기의 사용에 능숙함을 의미한다. 또 한국농수산식품유통공사(aT)에 따르면 2011년 5천억원 수준이었던 실버 푸드(silver food) 시장은 2017년에 1조원으로 성장했고, 2020년은 2조원으로 성장한 것으로 추산하고 있다. 또

서울경제. 액티브 시니어 시대가 온다. 2018.3.8.

시니어 비즈니스의 5대 키워드는 식품·보건의료·여가·패션·반려동식물로 꼽혔다. 한국보건산업진흥원의 2017년 고령친화산업 시장동향에 따르면 산업별 시장 규모를 모두 합한 고령친화산업(의약품·의료기기·식품·화장품·고령친화용품·요양·주거·여가)시장규모는 2020년 72조 8,305억원 규모까지 성장할 것으로 전망하였고, 삼성경제연구소는 2020년 액티브 시니어를 중심으로 한 소비시장의 규모가 약 125조원에 달할 것으로 예측했으며, 통계청은 액티브 시니어 관련 시장 규모가 2020년 149조원으로 예상했다.

영국 주간지 〈이코노미스트(*The Economist*)〉는 '2020년 세계경제 대전망'이라는 이름의 커버스토리를 통해 '만 65~75세의 Young과 Old을 결합된 용어 '욜드(Yold·Young Old)'의 전성시대가 도래했다'고 진단했다. 일본에서 특수를 노리고 있는 게임센터 및 성인용 기저귀 시장, 그리고 노인전용 서비스와 상품을 개발해 다양한 노년세대들의 욕구와 필요를 충족시키며 실버시장을 개척하고 있다. 또 성공적인 사례로 요양원 내 거주자의 외로움, 무력감, 지루함을 해결하기 위해 '의료 모델(Medical Model)' 중심의 요양원 환경을 노후 삶의 질 증대를 위한 '주거모델(Habitat)'로 전환한 집과 같은 요양원, 미국의 Eden Alternative 사례가 있다. 치매고령층이 지역사회와 공유할 수 있는 개방공간을 통해 지역사회 거주민들과 소통하고 자신의 잠재력을 활용해 지역 내 일원으로서 살아갈 수 있도록 돕는 치매고령자용 요양원인 고립에서 개방으로, 일본의 아오이케어 사례가 있으며, 스마트폰을 활용한 인공지능이 혼자 사는 고령층의 일상생활을 모니터링하고 위험을 사전에 예측하여 필요한 돌봄 서비스를 제공하는 세계 최초의 AI 기반 돌봄 서비스, Care Angel 사례도 있다. 또한 전 세계 65세 이상 고령인구는 지속적으로 증가하고 있고, 특히 전 세계 고령층의 30%가 한국·중국· 일본 3국에 거주하고 있으므로 국내기업들은 실버산업을 성장기회로 활용할 필요가 있다. 미국 고령세대의 연평균 소비지출액은 전체평균의 88.8%, 일본은 100.7%, 이탈리아는 84.4%, 스웨덴은 85.9% 수준으로 대부분의 국가에서

고령화 시대 '실버 케어' 스타트업이 뜬다

노인인구가 증가하면서 고령화 시대로 접어들고 있다. 2015년 발표된 유엔 인구통계 자료에 따르면 2015년 전 세계인구 중 65세 이상 비중은 8.2%이며 2060년에는 17.6%로 2배 넘게 늘어날 것으로 예상되지만 늘어나는 노인인구를 감당할 의료서비스 기관이 절대 부족할 전망이다. 시장조사업체 가트너는 2050년에는 선진국에서 65세 이상 노인이 인구의 3분의 1에 달하지만 의료기관이 이들을 모두 수용하기 어려울 것이라는 전망에 따라 부족한 노인 의료서비스 '실버 케어' 스타트업이 각광받을 것으로 예상된다. • 노인을 상대로 한 범죄나 고독사로 외로이 삶을 마감하는 노인이 늘어남에 따라 노인 돌봄서비스도 새로운 시장으로 떠오르고 있다. • 노인돌보미 매칭서비스 스타트업 아너(Honor)는 돌보미의 서비스 경력과 전문기술, 언어 등을 분석해 적합한 노인에게 연결시켜줌으로써 노인 맞춤형서비스를 제공한다. • 위급용 앰뷸런스 호출시계 '라이블리(Lively)'를 개발한 스타트업 라이블리는 노인이 시계의 버튼을 누르면 자동으로 앰뷸런스가 호출되고 가족에게도 알림이 간다. 실버케어 시장에는 사람 뿐 아니라 인공지능(AI) 로봇도 뛰어들었다. • 휴머노이드 로봇분야 선두업체인 프랑스의 알데바란 로보틱스 업체가 개발한 '로미오(Romeo)'는 걷기, 계단 오르기, 문 열고 테이블 위 물건 놓기는 물론 간단한 대화나 인터넷 정보수집도 가능하다. • 로미오는 거동이 불편한 노인들을 부축하거나 간단한 의사소통으로 활용될 예정이다. • 일본 전자업체 NEC도 2013년에 가정용 로봇인 파페로(Papero)를 내놓았다. 파페로는 기억력이 퇴화하는 노인에게 매일 약복용시간을 큰 소리로 알려주거나 혈압을 체크하는 등 간호서비스를 제공한다. 또 독거노인의 움직임이나 목소리를 인식해 SNS에 자동으로 업로드하고 이를 통해 노인과 멀리 떨어져 있는 가족들은 노인의 안전과 안부를 확인할 수 있다. 통계청에 따르면 2060년에는 노인인구 비율이 40.1%로 급증할 것으로 전망함에 따라 한국은 노인을 위한 복지시스템이 다른 선진국에 비해 미흡하고 사각지대가 많기 때문에 실버케어 산업은 국내에서 더 매력적이며 고령화될수록 노인을 위한 헬스케어와 취미활동을 기반으로 한 창업이 활성화될 것이라고 전망했다.

전체 평균에 비해 크게 낮지 않은 수준이다. 실버산업을 레드오션이 아닌 블루오션으로 활용하기 위해서는 노화에 대한 충분한 이해와 인식, 그리고 고령층에 대한 이해가 필수적이다.

3) 펫코노미(Pet+Economy)와 창업기회

최근 고령화, 1인 가구 증가로 반려동물을 기르는 인구가 늘어나면서 반려동물 시장이 매우 빠른 속도로 성장하고 있다. 한국농촌경제연구원에 따르면 국내 반려동물 시장규모는 2020년 3조를 돌파하고 2027년에는 6조 규모로 성장할 전망이다. 또 농림축산식품부에 따르면 개, 고양이 등 반려동물과 함께 사는 가구비율은 2012년 17.9%에서 2017년 28.1%로 10.2% 증가했고, 반려인구가 1,481만 명 수준으로 증가했다(한경머니 제172호, 2019년 9월). 이처럼 반려동물의 수가 늘어나면서 반려동물 관련 시장도 매년 30%씩 빠르게 성장하는 이유는 1인 가구와 고령인구의 증가, 아이들이 감소하는 반면 반려동물을 자식처럼 여기며 반려동물을 키우는 인구가 급증하기 때문이다. 특히 반려동물을 평생 함께하는 가족으로 대하는 반려인의 증가로 '펫팸족(Pet+Family)'이라는 용어도 생겨났고, 이제 개가 건강에 좋은 친환경 수제음식을 먹고, 유치원을 다니고, 미용실에서 관리를 받는 게 더는 유별나지 않은 시대가 되면서 세계미래학회는 반려동물 관련 시장 「펫코노미(Petconomy)」를 미래 10대 전망 중 하나로 선정하였다. KB금융지주 경영연구소가 발표한 '2017 반려동물 양육실태조사'에서도 반려동물에 월평균 20~50만원을 사용한다는 반려인구가 20.1%에 달했다. 2017년 기준 3조원으로 추정되는 국내 반려동물 관련시장은 3년 안에 6조원 규모로 성장할 것이란 전망에 백화점을 비롯한 유통업체는 물론 식품, 화장품, 전자, 통신 회사까지 시장에 뛰어들고 있다. 펫코노미(petconomy)로 불리는 반려동물 관련 산업은 애견 샵, 펫 분양, 펫 사료, 펫 용품, 펫 의료 및 보험, 펫 미용, 펫 훈련, 펫 의류, 애견유치원, 펫 금융, 펫 헬스케어, 펫 여행, 펫 숙박,

펫 워커(반려동물 산책 담당), 펫 장례 등에서 한 단계 발전하여 로봇을 원격조종해 반려동물과 놀아주고 케어하는 사물인터넷(IoT) 서비스, 반려동물 전용카페와 놀이터, 펫푸드 정기배달서비스, 홈파티 방문 케이터링(출장) 서비스, 반려동물 전문 스타일리스트, 애견전문호텔과 고급요양원, 동물전문 한의원과 헬스장, 반려견과 주인이 함께하는 요가, 반려견 전원주택까지 등장하는 등 급성장하고 있다.

반려동물 시장 성장 전망

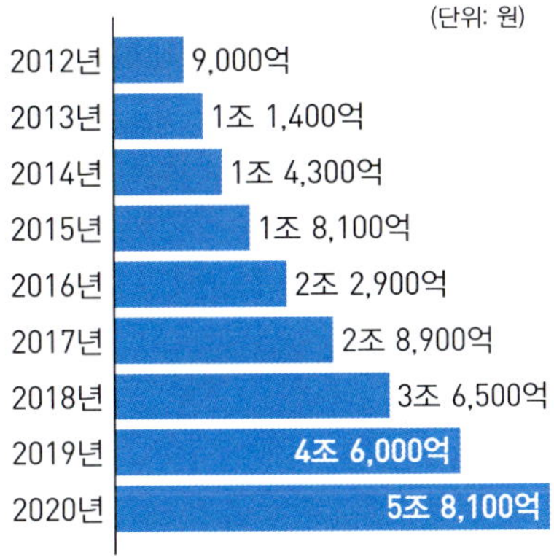

※ 2020년 반려동물 사육률 30%, 연평균성장률 18% 가정
자료: 농협경제연구소

오늘날 펫이 가족과 동등한 대우를 받는 존재로 인식되면서 실제로 미국에서는 앞으로 아이들을 가르치는 교사보다 반려인 대신 개를 산책시켜 주는 '도그워커'가 더 유망한 직업이 될 가능성이 크다고 한다. 미국 소비자 수요변화를 분석하는 '컨퍼런스 보드' 보고서에 따르면 "2025년이 되면 미국 가정 내 반려동물을 위한 소비가 자녀교육을 위한 지출보다 세 배 이상 성장할 것"이라고 한다. 출산율이 저하되면서 자녀 대신 개나 고양이를 키우는 경우가 많아졌고, 은퇴한 베이비붐 세대가 반려동물 케어에 더 많은 관심을 기울이며 막대한 돈을 지출할 것이라는 전망 덕분이다. 반대로 5~24세의 학령인구는 점점 감소해 관련 지출이 크게 줄어들 것이라고 한다. 급속도로 노령화되는 국내 사정 또한 별반 다르지 않다. 이처럼 펫코노미(Petconomy)가 매력적인 창업시장으로 주목받아 일자리창출의 블루오션으로 떠오르면서 반려동물 관련 직업을 희망하는 이들이 늘고 있고, 펫 산업에 대한 전문지식을 획득하기 위하여 대학의 애완동물학과, 동물자원학과, 애견미용학과, 애완동물관리학과, 동물복지학과 등 관련 학과들도 늘고 있다.

특히 자격증도 반려동물 종합관리사, 동물간호사, 애견유치원 운영자(펫 유치원 교사), 애견미용사, 반려동물 훈련사, 애완동물 시어터(theatre), 반려동물 전문 사진사, 도그쇼 기획자, 반려동물 요가(Yoga) 강사, 반려동물 마사지사, 반려동물 아로마테라피스트, 애견 행동교정전문가, 펫 호텔 매니저, 펫푸드 매니저, 아질리티(Agility: 애견 장애물 게임) 트레이너, 펫 전문 컨설턴트, 반려동물 장례지도사 등 셀 수 없을 정도다. 이처럼 반려동물 시장의 인기가 폭등하는 이유는 한국직업능력개발원 조사 수의사의 직업 만족도는 75%로 직업평가 순위 5위인데다, 1인가구의 외로움을 해소할 수 있으며, 개와 10분만 함께 놀아 줘도 스트레스 호르몬인 코르티솔 수치가 떨어지는 과학적 연구도 있기 때문이다. 이처럼 반려동물시장이 매력적인 성장산업이지만 아직까지 반려동물 관련 자격증 발급은 협회나 민간 사설단체 위주로 발급될 뿐 국가공인 자격증이 없는 상태이지만 정부는 2021년 중 국가자격증을 시행한다고 밝힌 바 있다.

4) 1코노미(1인+economy)와 창업기회

요즘 우리 사회는 미래에 대한 불안으로 결혼을 미루거나 포기하는 젊은 층의 증가로 혼자 생활하면서 다른 사람들의 눈치에서 자유로워질 수 있는 독립적인 생활문화가 형성되고 그 중심에 나름의 방식으로 혼자 살면서 여행하고 자기가 좋아하는 취미활동을 하면서 멋지게 살아보겠다는 욜로(YOLO, You Only Live Once)현상이 일반화되고 있다. 1990년 전체가구의 9%에 불과했던 1인 가구(singleton) 비중이 2015년엔 500만 가구를 넘기며 27.2%로 급속히 증가하였고, 2019년에는 614만 7,516가구로 30.2%에 나타났다(통계청 인구주택총조사). 오늘날 세계적으로 저성장이 지속되면서 국내경제는 둔화되고 있지만 「나홀로족(族)」의 급증으로 소비패턴이 개인중심으로 바뀌고 1인 가구를 대상으로 한 소규모 소비재시장은 고성장을 이어가면서 1인용 주택·1인 가전·1인 가구에 맞춘 상품의 인기가 높아지고, 식당·카페 등에서 1인 식사가 자연스러운 현상으로 자리 잡으면서 혼자 패밀리레스토랑, 회전 초밥집, 코스요리 집, 노래

방, 고기 뷔페에서 고기를 구워 먹는 사람까지 생기면서 혼밥족, 혼술족, 혼행족, 혼노족, 혼영족 등 싱글족 전성시대가 도래하였다.

또한 솔로이코노미의 히트작들로 코웨이(Coway)가 출시한 초소형 한뼘 정수기, 키친아트의 휴대용 도시락 통처럼 쓸 수 있는 1인용 미니밥솥 미니미니, 전자레인지보다 활용성이 높은 광파오븐, 알아서 청소를 해주는 로봇청소기 등의

1인 가구를 겨냥한 소량판매

1인 가구의 증가와 시장성은 기업과 창업자들에게 있어 곧 기회가 될 수 있다. 우선, 후카호리 사장이 2000년도에 창업한 '99플러스', '는 일본 내에서 소량판매 전문점으로 크게 성공을 거두었다. 실제 '99 플러스'는 창업년도에 51개의 점포에서 61억 엔의 매출을 올렸으며, 4년 뒤인 2004년도에는 537개 점포에서 720억 엔의 매출을 올렸고, 2006년도에는 820개의 점포에서 1,200억 엔의 매출을 올릴 정도로 큰 성공을 이루었다. "세상은 급속도로 저출산과 고령화가 진행되고 있으며, 소가족, 단신 부임, 싱글족, 노부부 등이 급증하고 있다. 그런 소비자의 니즈는 안전하고 저렴하며 신선한 식품재료를 '소량'만 사고 싶다는 것이다. 기존 슈퍼마켓에서 파는 것들은 1인분 치고는 양이 너무 많이 결국 버리게 되는 경우가 빈번하며 매우 아까울 뿐만 아니라, 환경적인 측면에서도 좋지 않고 쓰레기처리도 번거롭기 때문에 불만을 품었을 것"이라고 후카호리 사장은 말했다. 결국 그는 고기, 채소, 잡화 등 약 1만 2,000여 개의 물품을 거의 모두 99엔에 팔기로 결단을 내리고 그것을 바탕으로 성공할 수 있었다.

또 일본의 식품기업 중에서도 고급반찬으로 인기가 있는 '로크 필드'는 다양한 채소를 먹고 싶어도 다양한 채소들을 모두 구매하기 부담스러운 소비자들을 위해 30여 종류의 채소를 섞은 샐러드를 판매함으로써 성공했다. 로크 필드의 이와타 사장은 "우리 회사가 신뢰를 얻는 이유는 안전하고 신선한 상품을 갖춰 판매하기 때문입니다. 그러니 가격이 비싸도 살 수 밖에요. 30여 종류의 채소를 섭취하는 것이 건강에 좋다고는 말하지만, 오늘날처럼 식구가 적거나 독신생활을 하는 집에서는 도저히 그 많은 종류를 살 수 없습니다. 그래서 우리 회사에서는 '샐러드의 혁명'이라는 구호를 내걸고 30여 종류의 채소를 섞은 샐러드를 팔고 있습니다"라고 말한다.

– Nobuhiko SHIMA 지음, 이왕돈 · 송진명 옮김, <돈 버는 감성>, 2008.

최대고객도 싱글족들이다. 또 가구, 인테리어 업계의 한샘은 최근 '플레인'이란 브랜드의 침실가구를 내놓았고, 에넥스는 '인디플러스'라는 공간효율을 극대화한 1인용 서재형 인테리어가구를 출시하는 등「나홀로 문화」의 확산은 젊은 층을 중심으로 소비지출 구조의 대변동을 이끌면서 매력저인 시장으로 성장하고 있다.

창업시장 측면애서 보면 화장품·편의점·간편가정식 제조업·식자재·외식·온라인쇼핑·싱글전문여행사 등 관련분야의 성장이 기대된다. 특히 1인 가구로 자신들만의 생활패턴에 따라 소비하는「싱글슈머(singlesumer)」들은 실용성과 접근성을 중요시해 대형마트보다는 편의점을 주로 이용하며 소량으로 포장된 제품을 선호한다. 편의점은 편리성과 함께 도시락, 가정식 대체식품(Home Meal Replacement) 등 식품분야에도 강한 모습을 보이면서 급성장 중이고, 배달서비스와 금융서비스까지 이용할 수 있게 되면서 매출은 지속적으로 고성장하고 있으며, 2020년 편의점 전국 매장 수는 총 5만 여개가 넘는 수준이라니 가히 편의점 전성시대라 할 수 있다.

5) 업사이클링(Up cycling)과 사업기회

2016 세계 산업트렌드로 꼽힌 업사이클링(Up cycling)은 이제 폐기물의 재활용이란 개념에 그치지 않고 미래 먹거리산업으로 성장하고 있다. 업사이클링은 기존에 버려지는 제품을 단순히 재활용하는 차원을 넘어 새로운 가치를 창출해 새로운 제품으로 재탄생시키는 것을 뜻한다. 그동안 자원으로 인정받지 못하던 트럭방수포, 현수막, 입지 않는 옷, 커피 찌꺼기 등 다양한 재료들이 가방, 드레스, 점토 등 다양한 제품으로 변신하고 있다. 2000년 초반

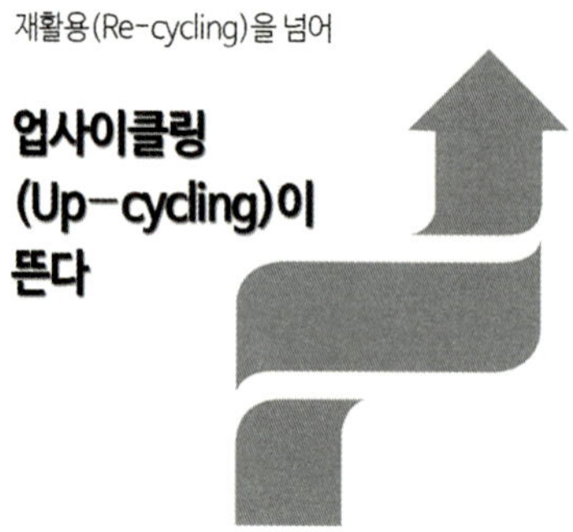

부터 불어온 업사이클링 바람은 특히 환경을 지킬 수 있는 사회공헌적 마인드와 독특한 디자인에 세련미까지 갖춰 하나의 시장으로 성장 중이다. 국제무역연구원에 따르면 2013년 업사이클링 시장규모는 25억원을 기록했고, 2015년에는 100억원에 달하고 있다. 해외는 이미 업사이클링이 안정적으로 시장을 형성하고 있다. 트럭 방수포를 재활용해 가방을 만드는 '프라이탁(Frietag)'은 전 세계 10개 직영점과 460여 매장에서 유통되고 있고, 빈병과 음료수 파우치를 재활용하는 '테라사이클(Terracycle)'도 글로벌브랜드로 입지를 구축했다. 국내에서 쌈지는 '슬로우바이쌈지(SLOW by ssamzie)'라는 이름의 업사이클링 브랜드로 폐신문지, 폐소방호수, 폐타이어, 버려지는 가죽, 폐현수막 등을 활용해 다양한 액세서리 제품을 선보이고 있다. 업사이클링을 기반으로 한 스타트업 창업 성공사례로 '커피큐브(Coffee Cube)'는 3년에 걸친 연구개발 끝에 2011년 '커피점토'를 특허 출원했다. 이 업체는 제휴를 맺은 커피전문점에서 커피찌꺼기를 얻어

폐방화복으로 만든 '착한 가방'

'레오백(reo bag)'은 화재 현장에서 수많은 생명을 구하는 데 쓰고 폐기하는 소방관 방화복을 업사이클링해서 만든 '착한 가방'이다. 레오(reo)는 '서로를 구한다(rescue each other)'는 뜻을 담고 있다. 목숨을 건 화재 현장에서 일하다 암이나 희귀질환에 걸렸지만 공상(公傷) 판정을 받지 못한 소방관을 위해 레오백 수익금의 50%를 기부하고 있다. 초내열성 수퍼섬유 아라미드(aramid)가 소재인 방화복 특성상 방염과 방수 등의 기능은 타의 추종을 불허한다. 건국대 동아리 '인액터스' 회장 이승우 씨가 소방관 처우개선을 고민하다 버려지는 폐방화복을 보고 아이디어를 얻어 2018년 '119REO'라는 이름으로 창업한 후 초기 제작비용 마련을 위한 크라우드 펀딩에서 목표액 200만원의 20배가 넘는 펀딩을 받아 화제가 됐었다. 이승우 대표는 "사회문제를 외면하고 비즈니스만 쫓고 싶지는 않다"며 "전 세계에서 나오는 폐방화복을 업사이클링해 수익금으로 개발도상국 등에 새 방화복을 공급할 수 있는 글로벌 소셜벤처로 성장하는 게 목표"라고 말했다.

– 이코노미스트, 1496호(2019.8.12.)

다 건조한 뒤 특수공정을 거쳐 점토를 만든다. 점토는 인체에 무해할 뿐 아니라 모양이 잘 만들어지고 커피특유의 방향, 탈취, 제습 등 효과도 탁월해 어린이 교구부터 각종 소품재료까지 다양하게 활용된다. 한국업사이클디자인협회에 따르면 국내 업사이클링 업체는 100여 곳으로 추산되는데 이 창업자들은 환경보호의 필요성에 대한 인식이 강하고, 외국 트렌드에 관한 이해도가 높은 것이 특징이다. 더구나 아이디어와 감각이 있으면 누구나 소자본으로 창업할 수 있다는 점도 업사이클링 스타트업 붐을 일으키는 요인이다. 업사이클링 제품은 공정이 복잡해 가격이 비싸지만 환경적인 측면에서 순기능을 내고 있을 뿐만 아니라 사회적 참여를 위해 자발적으로 구매하는 고객이 늘어나고 있어 신산업 시장으로서도 성장하고 있다.

폐페트병 14개로 만든 친환경 유니폼 입는다

CJ대한통운은 폐플라스틱 업사이클링을 통해 제작한 친환경 'ECO+ 유니폼' 2,000벌을 현장 직원들에게 배포한다고 밝혔다. 'ECO+ 유니폼'은 생수 및 음료 등의 용기로 쓰이는 500ml 폐페트병을 재활용한 원사로 제작된 업사이클링 의류다. 민간기업에서 업사이클링 의류를 현장 유니폼으로 상용화한 것은 이번이 처음이다. 'ECO+ 유니폼' 1벌에 들어가는 폐페트병은 약 14개로, 이번에 보급하는 유니폼 2,000벌에는 폐페트병 총 2만 8,000개가 재활용됐다. 페트병 1개를 처분할 때 발생하는 탄소배출량은 약 60g이다. 2만 8,000개의 폐페트병이 CJ대한통운 'ECO+ 유니폼' 2,000벌로 재탄생되며 이산화탄소 1,680kg을 감축하는 효과를 거둔 셈이다. 이산화탄소 1,680kg은 소나무 560그루가 1년간 흡수하는 양이다.

– CJ Logistics. 폐페트병 14개로 만든 친환경 유니폼 입는다. 2021.4.21.

6) 구독경제(subscription economy)와 사업기회

과거 책이나 신문을 사서 읽는다는 의미로 쓰이던 구독(購讀)이 최근에는 월정액을 내고 정기적으로 특정 상품(혹은 서비스)을 사용하는 행위를 뜻하는 단어로 확장되면서 구독경제(Subscription Economy)라는 용어가 확산되고 있다. 구독경제란 구독이라는 전통적인 형태가 정보통신기술(ICT)과 결합하여 개인 맞춤 서비스로 발전한 소비 트렌드로, 소유가 중심이었던 '상품경제'와 빌려주고 빌려 쓰는 공유경제(sharing economy)를 넘는 새로운 유통모델로 생활용품부터 전 산업으로 확산되고 있다. 구독경제는 일정금액을 지불하고 회원 가입한 멤버십소비자가 상품이나 서비스를 공급자로부터 주기적으로 받는 개념이다. 미국

[표 3-3] 전통·공유·구독경제 비교

구 분	전통경제 →	공유경제 →	구독경제
소유 및 이용권	소비자가 소유권을 가짐	소비자가 일정 기간 점유 소유권 가짐	소비자는 일정기간 회원권만 가짐
대금 지불방식	소비자가 생산자에게 한꺼번에 지불	점유·소유 기간에 따라 비용 지불	일정 이용기간 만큼 비용 지불
소비자의 선택	한번 구입하면 바꿀 수 없음	선택권이 있으나 수시로 원하는 대로 바꾸기 힘듬	회원권 범위 내에게 수시로 바꿀 수 있음

자료: KB금융지주 경영연구소

[표 3-4] 구독경제의 장단점

구분	사업자 측면	소비자 측면
장점	• 주·월단위로 고정적인 수입확보 • 고객의 기호와 성향 등 보다 구체적인 정보 파악을 통해 서비스 품질향상 가능 • 비즈니스확장 및 장기 고객유치 가능성	• 저렴한 가격에 다양한 형태의 서비스 경험 • 고정 지출액이 확정돼 있어 생활비 관리용이 • 언제든 구독서비스 해지 가능
단점	• 유사 업체 출현 시 구독자 이탈률이 단기간에 높아질 수 있음 • 구독 서비스의 적정가격 설정 어려움	• 이용기간이 길어질수록 비용부담 증가 • 불필요한 지출 우려 • 서비스해지를 망각할 우려

자료: 한경비즈니스, 제1285호(2020.7.11)

의 경제지 〈포브스(*Forbes*)〉는 "구독경제는 물건을 소비하는 방식을 소유(ownership)에서 가입(membership)으로 바꾸고 있다"면서 "Z 세대는 소유보다 경험을 추구하며, 비싼 제품으로 과시하기보다 합리적인 가격에 빌리는 것을 선호한다"고 했고, 영국 BBC는 "사람들은 이제 소비재를 소유하는 대신 '인생의 구독자'로 변화하고 있다"고 했다.

구독경제(Subscription Economy)의 시초인 미국의 결재 소프트웨어 회사 주오라(Zuora)의 창업자 티엔 추오(Tien Tzuo)는 "구독서비스는 사업 모델을 제품중심에서 고객중심으로 전환한 것"이라고 했다. 구독경제를 활용하는 소비자는 편의성과 폭넓은 선택권, 비용절감이라는 혜택이 있어 만족감을 높일 수 있으며, 기업은 시간과 비용을 줄이면서 재(再)구매율을 높여 소비자의 충성도를 높일 수 있고, 예측가능하고 안정적이면서 반복적으로 수익을 창출할 수 있으므로 소비자와 기업 모두 윈윈(win-win)할 수 있는 비즈니스 모델이다. 넷플릭스, 우버 등 미국에서 촉발한 구독경제 모델이 이제 전 산업에 빠르게 확산되고 있으며, 속옷, 생리대, 면도기, 식재료, 영양제, 콘택트렌즈, 전자책, 자동차, 화장품, 애견용품, 생필품 등 주기적으로 대체가 필요한 상품뿐 아니라, 병원과 헬스케어, 술, 커피, 영화관람, 공간 서비스 등 구독서비스가 폭발적으로 확산되고 있다. 세계 190개국 1억 6,000만 명의 유료 가입자를 확보한 글로벌 온라인 동영상 서비스(OTT) 넷플릭스(Netflix)는 시간과 장소에 구애받지 않고 월 구독료 10달러만 내면 원하는 콘텐츠를 무제한으로 이용할 수 있는 새로운 경험을 제공하면서 구독사업의 패러다임을 바꾸면서 국독경

구독경제 비즈니스 유형

	무제한형	정기배송형	렌털형
특징	언제, 어디서나 무제한 소비	정해진 날 상품 배송	품목 변경 가능, 사용 후 반납
품목	동영상, 게임, 소프트웨어 등 콘텐츠	셔츠, 면도기, 생리대, 휴지 등 생필품	자동차, 명품, 예술품 등 고가 제품
주요 서비스 사례	• 넷플릭스 • MS오피스 • 애플 아케이드 • 오리진 • 밀리의 서재 • 멜론	• 와이즐리 • 만나박스 • 꾸까 • CJ오쇼핑	• 현대 셀렉션 • 에피카 • 리본즈 • 오픈갤러리 • 핀즐

자료: 유진투자증권

제 확산을 선도했다.

또 미국 샌프란시스코에 위치한 병원「포워드(Forward)」는 월 149달러에 24시간 건강검진을 제공하고 있고, 신생 면도기 판매업체인「쉐이브 클럽(Dollar Shave Club)」은 월 1달러에 면도날 5개를 정기 배송함으로써 크게 성장해 2016년 유니레버(Unilever)사에 10억 달러($1bn)에 매각되었다. 구독경제 세계 2위인 일본에서는 최근 먹는 것과 관련된 구독서비스가 인기다. 도쿄의 술집 체인인「유유」는 월 3,000엔만 내면 술을 무제한 마실 수 있고, 도쿄의 커피체인「커피 마피아」도 월 3,000엔에 무제한으로 커피를 마시는 서비스를 제공하면서 월평균 고객방문 율이 20배나 높아졌으며, 주거구독의 경우 월 8만 2,000엔을 내면 나가사키에 있는 하프 숙소 등 카페와 사무공간도 있어 주거뿐 아니라 업무공간으로도 사용할 수 있는 거주지를 여기저기 자주 옮겨 다니는 일본의 '도레스호퍼족'을 겨냥한 '하프라'가 대표적이다.

우리나라에서 매주 셔츠를 수거세탁·배송해주는 서비스인 위클리셔츠(Weekly Shirts)는 젊은 직장인들 사이에서 인기를 끌고 있고, 전자책 전문기업인「리디북스(ridibooks)」는 월정액을 지불하면 원하는 책을 마음껏 읽는 시스템을 운영 중이며, 배송의 돌풍을 일으킨 식자재 전문유통 기업「마켓컬리(marketkurly)」는 새벽배송 등 맞춤형 배송서비스 등을 통해 연 200%가 넘는 성장세를 보이고 있다. 또 위메프가 운영하는「W카페」는 월 4만 9,900원의 구독료를 받고 한 달간 여러 지점에서 3시간마다 1잔씩 무료로 아메리카노를 마실 수 있다. 지금 유통시장에서 돌풍을 일으키면서 새로운 경제 트렌드로 자리를 잡아가는 구독경제는 반복적인 매출과 안정적인 현금 흐름을 발생할 수 있는 사업 모델로 부상하고 있다. 미국의 시장조사업체인 가트너(Gartner)는 2020년까지 소프트웨어 공급업체 중 80% 이상이 구독 기반 비즈니스 모델로 전환할 것으로 추정했고, 2023년에 전 세계 기업의 75%가 구독서비스를 제공할 것이라고 예상하고 있다.

Chapter 4

창업가의 리더십과 창업성공 및 실패요인

Chapter 4

1. 창업가 리더십(Leadership)

1) 리더(Leader)의 특성과 자질

기업가(entrepreneur, 起業家)란 ① 불확실성을 수용하고, ② 기회를 포착하여, ③ 혁신적인 가치를 창출하고, ④ 이해관계자들에게 가치를 분배하는 활동을 통하여, ⑤ 사회의 성장과 고용을 확대하는 주체이다. 기업가란 '남들이 발견하지 못한 기회를 찾아내 새로운 비즈니스, 나만의 제품·기술·서비스로 창출한 독점적 가치를 통해 시장의 법칙을 만들고 확고한 지배력을 확보하는 것이고, 자신의 책임 아래 돈이나 사람 등의 필요한 자원을 조달해 사업을 시작하는 사람'이다. 그러므로 기업가들에게는 혁신적이고, 도전적이며, 실패를 두려워하지 않고, 많은 실패를 겪더라도 멈추지 않으며, 모험(冒險, Adventure)을 한다는 공통점이 있다. 사업을 벌이고 그 성과를 향유하며 수반되는 위험을 감수하는 것 모두 기업가의 몫이다. 만약 사업이 실패할 경우 자신이 투자한 자본을 잃는 것은 물론이고, 자신을 믿고 투자해준 출자자와 돈을 꾸어준 채권자들에게도 손해를 입히게 된다.

기업가들이 그런 위험(危險, risk)을 무릅쓰면서 사업을 시작하는 첫째 이유는 사업이 성공하면 큰돈을 벌 수 있다는 기대 때문이다. 부(富, Wealth) 자체가 반드시 목표가 되지 않는다 해도 위험을 떠안는 대가로 주어지는 어떤 보상, 인센티브는 사업을 일으키는 최대의 동기이므로 기업가정신의 핵심은 개척과 도전이요, 위험감수(risk taking)정신이다. 개척자는 남들이 가는 길로 가는 것이 아니라 없던 길을 만들어가는 사람이다. 시행착오에 따른 위험감수가 없었다면 오늘날 세계 시장을 지배하는 선박이나 반도체·휴대폰·TV, 글로벌 플레이어로

투자자의 지갑을 열기 위해 피치덱(Pitch deck)에 들어 있어야 할 7가지

① **문제 인식 "우리는 어떤 문제를 해결하려는 사람들인가?"** 다른 사람의 문제를 해결하려고 노력하는 과정에 기회가 있다. 이 세상 누군가의 불편함 또는 문제를 찾아 해결하고 싶다는 마음은 언제나 좋은 비즈니스를 만든다. 해결하는 문제가 나 아닌 다른 사람들에게도 'big problem'이며 '꼭 해결해야 하는' 사안이라면 가능성은 더 높아진다.

② **해결책 "MVP(최소가능제품)를 통해 시장을 검증하라"** "엄청난 아이디어야! 이렇게 하면 문제를 해결할 수 있어"라고 만족할 만한 아이디어가 떠오른 적이 있을 것이다. 그러나 그 솔루션은 검증되기 전까지는 하나의 가설에 불과하다. 아이디어를 가지고 무작정 투자자를 찾아 나서기보다 베타 버전의 웹사이트나 모바일 앱 또는 시제품 제작을 통해 목표시장의 고객 반응을 테스트한 후, 더 좋은 해결책을 마련하고 오류를 수정해나가야 한다.

③ **시장잠재력 "시장의 흐름을 읽어 가치 혁신이 일어나는 시점 잡기"** 기존 시장인 레드오션에서 경쟁사들과 함께 치열하게 싸우기보다는 새로운 시장을 창출할 수 있는 때, 고객들에게는 문제점인데 시장에는 이를 위한 서비스가 없는 바로 그 때가 유니콘이 탄생하는 타이밍이다. 즉 주변의 반대에 부딪히는 그 시점이 스타트업들에게 '골든 타임(Golden Time)'이 될 수도 있다. 좋은 타이밍이라는 확신이 들었다면 '해결하려는 문제에 대하여 시장의 크기가 어느 정도인가?', '이 비즈니스는 성장하는 시장에 있는가?', '시장 트렌드에 부합하는 서비스인가?' 등의 질문을 스스로 던지며 성장 가능성을 평가해봐야 한다.

④ **비즈니스 모델 "어떻게 수익을 창출할 것인가?"** 비즈니스 모델을 구축하기 위해 '비즈니스 모델 캔버스'를 작성해보자. 9가지 핵심 요소인 '고객 세그먼트, 가치 제안, 채널, 고객 관계, 수익원, 핵심 자원, 핵심 활동, 핵심 파트너십, 비용 구조'를 떠올리며 스토리를 만들다 보면 비즈니스의 타당성을 검증할 수 있다.

⑤ **경쟁 우위 "나의 핵심역량은 무엇인가?"** 경쟁사와 비교하여 독특하고 차별적인 고객가치를 발견함으로써 탁월한 전략을 세울 수 있다. 셀 수 없을 만큼 다양한 상

품과 서비스가 나타나는 시대에 '완전히 새로운 것'을 창조하기란 거의 불가능하다. 그래서 창업가들은 늘 '우리가 선택한 시장에서 우리 회사는 경쟁사에 비해 어떤 우월한 자원을 가지고 있는가?'를 질문해야 한다.

⑥ **성장 전략 "스타트업이 영향력을 확장하는 법"** 처음에는 틈새시장, 즉 거점시장에서 시작하지만 이후에 어떻게 확장할 것인지에 대한 비전과 계획이 있어야 한다. 스타트업 투자자들은 당장의 현금 흐름보다는 미래의 성장 가능성을 보고 투자하므로 사업 확장전략은 투자자를 설득하기 위해서도 중요하다. 사업 확장목표와 비전은 직원들에게도 열정의 원동력이 된다.

⑦ **팀 역량과 미션 "꾸준히 해나가는 힘"** 많은 투자자들이 스타트업 초기 투자 시 고려하는 요소 1순위를 '창업가와 팀'이라고 말한다. '우리 비즈니스가 이 세상에 존재해야 하는 이유'를 가슴에 품고, 꾸준히 해나갈 수 있는 끈기와 도전정신을 가진 팀은 투자자와 고객을 감동시킨다.

– 박지영, <창업가의 생각노트>, 2020.

서 선전하고 있는 자동차와 철강 등 한국 대표 산업의 존재 자체를 생각하기 힘들었을 것이다. 그런 기업가들이 중심이 된 역동적인 한국은 1인당 국민소득 3만 달러와 인구 5,000만 명을 동시에 갖춘 국가를 의미하는 '30-50 클럽'에 가입한 7개국 중 하나로 성장할 수 있게 되었다. 국제통화기금(IMF)은 최근 발간한 세계경제전망보고서에서 한국이 브라질을 제치고 '세계 10위 경제대국'에 등극했다고 발표했다.

창업자 100만 시대, 누구는 꾸준히 투자를 받아 기업 가치가 10억 달러(=1조원) 이상, 창업한 지 10년 이하인 비상장 스타트업 '유니콘(unicorn)'으로 성장하고, 누구는 영원히 생존에 매달리는 단계를 벗어나지 못해 어려움을 겪고 있다. 창업과정에서 심한 어려움에 빠졌던 한 창업가는 "갑판에서 뛰어내렸더니 상어가 우글거리더라"라고 회상하였다. "왜 누구도 창업의 바다에 돌아다니는 상어의 위험에 대비할 수 있는 방법을 가르쳐주지 않았을까?" 상어뿐만이 아닌 폭풍, 암초, 태양열과 목마름 등 수많은 위험이 도사리고 있는 것이 사업의 세계이다. 생존을 담보할 만한 장비 등을 갖추고 뛰어들어도 위험을 피해가기란 쉽지 않은데 준비 없이 바다에 뛰어 내린다는 것은 자살행위에 가깝다고 할 수 있다. 창업과정에서 창업자 나름의 혼신을 다했음에도 창업이 실패하는 원인은 다양한 종류의 위험에 노출되기 때문이다. 특히 창업초기 단계에서는 위험에 대처할 만한 역량이 충분하지 못하기 때문에 실패할 가능성이 높다. 사업의 위험은 시장의 급속한 쇠퇴, 기술의 진부화, 자본조달의 어려움 등 다양한 원인에 의해 발생하므로 사업타당성 검토 시 창업자는 창업기업이 당면하게 될 위험이 어느 정도이며, 이를 어떻게 극복할 것인가에 대한 대응전략을 수립해두어야 한다.

창업의 아픔을 겪었던 실패라도 어떤 경영자는 실패를 실패로 마감하지만, 어떤 경영자는 실패에서 성공의 발판을 만들어 전화위복의 기회로 삼기도 한다. 특히 위대한 실패를 극복하고 성공의 발판을 만든 기업가들은 “위험과 고난 없이는 얻는 것도 없다”는 비즈니스 세계의 진리를 터득하고 가치를 실현한 우리시대의 개척자들이라 할 수 있다. 그들의 스토리를 듣다보면 창업의 성공이 단순히 어느 날 갑자기 찾아오는 행운(幸運)이 아니라, 철저한 준비와 노력의 결과라는 사실을 인정하지 않을 수 없게 된다. 그러나 우리 주변의 많은 사람들이 창업을 생각하면서도 쉽게 도전하지 못하는 이유는 망망대해 같은 곳을 항해할 엄두가 나지 않을 뿐 아니라 그 많은 일을 해 나가기 두렵기 때문일 것이다. 하지만 철저한 준비로 역경과 두려움을 극복하고 거침없이 도전하여 사업을 성공적으로 이끈 창업영웅들을 만나면 “정말 시련 없는 성공이 없구나!” 하고 느끼게 된다. 그들처럼 기업이라는 생명체를 통하여 사업(business)을 성공시키려면 경영지식도 배우고 부지런히 발로 뛰면서 현장지식도 쌓아야 하며, 관련 분야에 대해서도 공부해야 한다. 또 성공에 이르는 과정에는 수많은 난관을 만날 수밖에 없고, 그 과정에서 실패는 또 다른 기회가 될 수 있으므로 새로운 사업에 도전하여 성공하려면 기회추구에 대한 적극성, 결단력과 끈기, 위험대응 능력, 혁신 및 도전의식 등 우리가 키워야 할 기업가정신은 필수적이다. 특히 폭넓은

성공하는 스타트업 창업가의 특징

① **성공하는 창업가는 사용자를 관찰한다.** 세계적인 디자인 기업 아이디오(IDEO)의 공동창업자 톰 켈리(Tom Kelly)는 창업가에게 '다른 사람을 관찰하고 공감하는 능력'이 가장 중요하다고 말한다.

② **성공하는 창업가는 고객들에게 제품을 검증받는다.** 아이디어를 검증받는 가장 빠르고 좋은 길은 직접 고객들에게 물어보고 관찰하는 것이다. 실제로 내 제품을 사용할 고객, 내 제품을 평가할 사람, 돈을 내줄 사람에게 직접 보여주고 피드백을 받도록 하자.

③ **성공하는 창업자는 아이디어보다 사람을 찾는다.** 능력이 있는 팀이라면 중요한 문제를 발견해내고, 그 해결책으로 시장에 통할 만한 기술이나 제품, 서비스를 만들 수 있다. 잘 구성된 팀과 프로세스가 결국 모든 문제를 해결해준다.

④ **성공하는 창업자는 아이디어를 실행한다.** 좋은 아이디어가 되려면 머릿속에서 끄집어내 실행단계로 옮겨야 한다. 아이디어의 핵심을 입증하거나 구현할 만한 싸고, 빠르고, 효과적인 방법을 생각해내서 실험해보아야 한다.

⑤ **성공하는 창업가는 실패에도 불구하고 계속 시도한다.** 세계적으로 인기를 끌었던 새 날리기 게임(?) '앵그리 버드(Angry Birds)'는 로비오(Rovio)가 52번째 만든 게임이다. 스티브 잡스와 스티브 워즈니악이 처음 만든 애플 1은 겨우 200대 정도 팔렸을 뿐, 뼈아픈 실패로 돌아갔다.

⑥ **성공하는 창업가는 게임의 규칙을 바꾼다.** 우버는 전 세계 많은 대도시에서 차량공유 서비스를 제공하고 있지만 회사는 차량을 단 한 대도 갖고 있지 않다. 에어비앤비는 단 한 개의 방도 소유하고 있지 않지만 전 세계에서 가장 큰 숙박업을 하는 회사가 되었다.

⑦ **성공하는 창업가는 빠르게 핵심 경쟁력을 검증한다.** 스타트업이 가진 가장 효과적인 무기는 스피드다. 창업가가 해야 할 일은 MVP를 만들어 핵심 경쟁력을 검증하는 일이었다.

- https://better-together.tistory.com/238 변계사 Sam의 테크 스타트업!

지식과 개척정신으로 부장한 용기 있는 창업자들이 우여곡절 끝에 창업하더라도 창업 1년 후에 40%가 실패하고, 5년 후 생존율이 20%라고 하니 실패를 겪더라도 실패에 굴하지 않고 오뚝이처럼 다시 일어나 재도전할 수 있는 회복탄력성(resilience)이 꼭 필요하다.

2) 창업 CEO의 역량과 역할

리더십(leadership)은 조직의 목적을 달성하기 위해 구성원들을 일정한 방향으로 이끌어 보다 큰 성과를 창출하는 능력이며, 오늘날 시시각각 변하는 시장 환경에서 생존하고 성장하려면 미래상황을 꿰뚫어 보는 통찰력 있는 리더십이 필수덕목으로 강조되고 있다. 리더십이란 목표달성을 위해 어떤 개인이나 집단의 행위에 영향력을 행사하여 일정한 목표를 향해 움직이도록 하는 과정이며, 훌륭한 리더십을 가진 리더는 혁신적·창조적이며 신뢰 속에서 장기적이고 미래 지향적인 관심과 포괄적인 사고력을 바탕으로 올바르게 행동해야 조직의 생존과 성장을 이끌 수 있다.

오늘날 경영환경이 복잡해지면서 경영과정에서 창업CEO에게 필요한 특성으로는 첫째, 기업이 당면하고 있는 문제에 대해서 정확한 판단을 내릴 수 있는 지적 능력과 통찰력(insight), 의사결정 능력(意思決定能力)이 있어야 한다. 둘째, 회사가 나아갈 방향을 정하고 장기적인 전략과 계획을 세우고 그것을 추진할 수 있어야 한다. 셋째, 새로운 발전을 위해 신규 사업을 구상하거나 새로운 아이디어를 내는 창의성(Creative)과 새로운 아이디어나 색다른 관점을 포용할 수 있는 개방적 마인드(open mind)가 필요하다. 넷째, 목표설정 능력과 위험을 감수하는 적절한 모험심(Risk taking)이 있어야 한다. 다섯째, 적절하게 사람을 다룰 수 있는 조직 경영 및 시간관리 능력이 필요하다. 여섯째, 기업경영과 관련된 전문지식과 문제해결을 위한 대안구상 능력을 갖추어야 한다. 일곱째, 비전을 제시하고 체계적으로 추진하는 일까지 모든 결정을 혼자서 내리고 스스로 책임져야 하는 모든 과정에서 그때마다 의사결정(선택)은 기업의 생존과 성장에 결정적으로 원인이 된다.

그 외에도 창업기업가(Entrepreneur)의 자질은 초기기업의 생사를 가르는 결정적인 요인이므로 성공하는 창업자가 되기 위한 공통적인 특성은 도덕성, 인내력, 신뢰감, 결단력, 혁신성, 진취성, 도전정신, 열정, 헌신 등 다양한 자질이 필요하다. 하지만 모든 역량을 갖춘 창업자는 세상에 존재하지 않을 뿐 아니라 대부분의 창업자는 부족함이 더 많지만 상황별 경험을 토대로 하나하나 보완하되 반복된 실패를 하지 않도록 지속적으로 배우고 연구하며 전문가의 조언을 기반으로 위기를 극복하면서 역량을 축적해나가야 한다. 그래서 미국의 벤처투자자(Angel)들은 투자 의사결정을 할 때 창업가의 자질과 역량을 중요하게 고려하므로 창업가 자체가 투자 가능성을 판단하는 척도(기준)가 되는 셈이다. 특히 기업가를 평가할 때 가장 우선시하는 요소가 '위기 상황에서 끈질긴 노력을 할 수 있는가?' 여부다. 기업을 하다보면 위기는 오게 마련이고 이때 어떻게 대응하는가가 사업의 성패를 결정하게 된다. 그러나 기업가 리더십에 대한 체계적 계발과정을 거치지 않고 창업을 하는 경우, '기회의 판단', '위기상황의 도래' 등 여러 예상치 못한 상황에서 그릇된 판단과 행동을 할 가능성이 매우 높고, 이는 곧 창업실패로 이어질 가능성이 높기 때문에 기업가 리더십이 강조되는 것이다.

리더(leader)의 덕목 7가지

첫째, 리더는 자신의 미션(mission)을 정확히 알아야 한다. 리더는 자신이 하고 싶은 일을 하는 사람은 아니다. 먼저 그는 자신에게 주어진 시대적 소명을 정확히 이해하고 있어야 한다. 그래서 누구든지 새로운 직책에서 리더의 위치를 부여 받게 되면, 스스로 '지금 이 자리는 나에게 어떤 일을 하도록 요구하는가?'라는 질문을 던질 수 있어야 한다.

둘째, 리더는 비전과 목표를 설정할 수 있어야 한다. 미션을 이해하게 되면, 자연스럽게 조직이 무엇을 해야 하는가에 대한 답을 찾을 수 있다. 리더는 조직이 가진 모든 역량을 총동원해서 목표를 가장 효과적으로 달성해 가는 사람이다. 한 방향을 향해서 나아가기 위해 조직은 비전, 핵심가치 그리고 목표를 공유할 수 있어야 한다.

셋째, 리더는 적재적소(適材適所)할 수 있어야 한다. 리더는 경영을 진두지휘하는 사람이다. 경영은 조직이 갖고 있는 최고의 자원인 인재를 가장 효과적으로 배분함으로써 최고의 성과를 만들어 내는 일이다. 인재의 적재적소를 통한 최고의 성과 올리기가 리더의 의무이다. 이를 위해선 핵심 인재를 정확하게 파악하고 있어야 하고, 이들의 특성에 대한 정확한 진단을 통해서 그들을 움직일 수 있어야 한다.

넷째, 리더는 솔선수범할 수 있어야 한다. 부하들의 마음을 잡을 수 있는 것은 달변이 아니다. 몸소 자신이 수고를 아끼지 않을 때 사람들의 마음을 살 수 있다. 리더가 화려한 미사여구로 한두 번 전체를 속일 수 있지만 오래 오래 그들 모두를 말만으로 속일 수는 없는 일이다. 결국 스스로 모범을 보이는 것이 몸에 완전히 붙어있어야 한다.

다섯째, 리더는 언행의 일치를 보여야 한다. 리더의 신뢰가 실추되는 많은 경우는 말과 행동이 다를 때 일어난다. 리더는 자리에 맞는 언행을 보여야 한다. '내가 이런 이야기를 한다면, 어떤 파급효과가 있을까?'라는 질문을 스스로에게 던지는 것이 거의 몸에 배어 있어야 한다. 생각나는 대로 말하고, 그것을 번복하는 일이 반복되다 보면 권위의 실추를 피할 수가 없다.

여섯째, 리더는 불편부당해야 한다. 공(公)과 사(私)를 구분할 수 있어야 한다. 자리가 올라가면 자신의 일거수일투족이 거의 부하 직원들에게 알려진다고 보아야 한다. 특히 사적인 목적을 위한 사소한 금전 문제가 이미지와 권위를 실추시키는 경우가 자주 일어남을 명심해야 한다.

일곱째, 리더는 스스로 책임질 수 있어야 한다. 리더가 남의 탓으로 돌리는 언행은 아래 사람들의 신망을 얻는 데 치명적이다.

– CEO Party

실제로 필요한 창업역량에서 부족함이 많은 청년들이 창업을 도전하는 경우 어떤 아이템을 선택할 것인가? 누구와 함께 창업을 할 것인가? 어디에서 창업을 할 것인가? 등의 고민에 앞서 창업자의 기본기를 다지고, 창업가의 역량을 키우는 일에서 창업은 시작된다고 할 수 있다. 미국 하버드 대학의 로버트 하그로브(Robert Hargrove) 교수는 창업가의 7가지 역량강화 키워드를 다음과 같이 제시하고 있다. ① 왜 창업을 해야 하는가에 대한 '꿈(Dream)'을 생각해야 한다. 현 시점에서 나의 꿈이 무엇인가에 대해서 진지하게 고민하는 과정이 필요하다는 얘기다. ② 그 꿈을 이루기 위한 절차로써 1단계, 2단계, 3단계 등 단계별 목표(Goal)를 설정해야 한다. ③ 꿈과 목표를 실현하기 위한 시간 계획(Time)과 전략(Strategy)을 수립하는 절차가 뒤따라야 한다. ④ 스스로의 인생전략(Life strategy)을 점검해 보아야 한다. 사업성공을 위한 경영전략을 가다듬는 것도 중요하지만 사업전략보다 중요한 것은 인생전략이라고 강조한다. ⑤ 창업가로서의 중요한 역량을 갖추기 위해서는 지금까지의 패러다임을 획기적으로 바꿀 수 있는 자기 변혁(Self-Transformation), 자기 발견(self-discovery), 스스로의 결정력(self-decision)을 높이는 프로그램을 만들 것도 주문하고 있다. 변화하는 기대에 발맞추기 위해서는 창업자 스스로 변화하지 않고서는 성과를 창출하기 어렵다는 이야기다. ⑥ 숨겨진 잠재력을 발견할 수 있는 자기 발견(Self-Discovery)에 집중해야 한다. ⑦ 스스로 결정할 수 있는 능력(Self-Direction)을 키워야 한다. 창업은 스스로 결정하고 판단하는 일의 연속이다. 순간의 판단이 엄청난 사업성과로 이어질 수도 있지만 사업의 존폐를 걱정해야 할 정도의 실패로 이어지는 일도 허다하다.

특히 새로운 일을 시작해서 성공시키기까지는 거쳐야 할 수많은 관문이 있고, 거침없는 도전 앞에서 주저앉느냐 앞으로 나아가느냐는 기업가정신의 발휘 여부에 달려 있다. 하지만 청년 창업가들은 사업(事業, businesses)을 해 보거나 기업(企業, enterprises)을 경영해 본 경험도 모두 절대적으로 부족하다. '그럼에도 불구하고' 이들은 새로운 업(業)을 일으키고 이를 생존토록 해야 하며, 성장토록 해야 하고, 또 이익을 창출해야만 한다. 이러한 창업가들에게 ① Perspective(Why): 나는 왜 창업을 하는가? ② Principle(How): 나의 창업목적을 추구하기 위해 나는 어떤 경영원칙을 지녀야 하는가? ③ Practice(What): 나는 설정한 경영원칙을 일관되게 유지하기 위해 어떤 실행을 해야 하는가?에 대해 묻고 답하게 하는 과정을 통해 리더십을 내재화하고 자신만의 고유한 리더십을 발현할 수 있어야 한다.

또한 많은 사람들이 창업자에게 가장 필요한 역량과 창업의 성공 요인으로 번뜩이는 기발한 '아이디어'를 꼽지만 사업하며 풍파를 온몸으로 겪은 창업자들은 가장 필요한 자질로 '바퀴벌레 같은 생명력'을 꼽았고, 직접 창업한 뒤 사업을 운영하고 있는 또 다른 창업자 그룹은 추진력과 인내력, 전문성을 꼽았다. 창업CEO에게는 매일 현실을 파악하고, 조직이 올바로 가고 있는지 확인하면서 의사결정을 내려야 하며, 미래를 예측하고 적소에 최고의 팀을 만들어 업무를 추진하도록 자원을 제공하여야 할 책임이 있다. 특히 리더에게 중요한 것은 상황 인지이며 상황 통찰(洞察)이다. 상황(狀況)은 생물처럼 살아서 변화해가는 정세(情勢)다. 사태가 어떻게 시작해서 어떤 경로를 밟으며 마침내 어떻게 되는가? 그 동태를 남다르게 느끼고 파악하는 것이 상황인지이고, 그것이 나아가는 진로와 야기하는 결과를 남 먼저 알아내는 것이 상황통찰이다. 리더는 그 상황을 인지하는 상황인지력과 상황을 통찰하는 상황통찰력(insight)을 갖고 있어야 한다.

선장(captain)과 경영자(CEO)

히토쓰바시대학 경영학과 이타미 히로유키 명예교수는 "경영자가 된다는 것은 망망대해를 항해하는 배의 선장이 되는 것이다"라고 말했다. 선장은 별을 읽어야 하고, 화물주와 승객의 요구 사항, 선원들의 분위기, 배의 특성을 파악하고 있어야 한다. 선장의 임무는 모든 것을 감안한 뒤 종합적 판단을 내리는 것이다. 날씨에 순응하는 차원을 넘어 날씨를 이용하는 방법도 생각해야 한다. 그저 조류의 흐름을 타기만 할 것이 아니라, 적극적으로 바닷물의 흐름을 이용할 줄도 알아야 하고, 자연의 역학을 이용하여 역풍 속에서도 거친 바람을 이용해 앞으로 나아가는 방법을 찾아내야 한다. 태풍이 불 때 화물주의 희망, 선원의 안전 등을 종합적으로 판단해 결정을 내려야 한다. 특히 태풍이 부는 상황에서도 선장은 다양한 인간적 역학의 한가운데에서 선박을 주관하는 중심에 선 존재다. 자연의 역학, 선박의 역학, 인간의 역학 등 다양한 역학 속에서 선장은 결단을 내리게 되는 것이다. 항해 중 때로는 화물을 바다에 버려야 하는 것 역시 선장의 필수임무 중 하나이고, 선원들을 종종 가혹한 상황에 밀어붙여야 할 때도 생기게 된다. 마찬가지로 경영자가 해야 하는 가장 중요한 일은 고독한 최종결단을 자신의 책임 아래 내려야 한다는 것이다. 경영자에게까지 넘어 온 문제들이란 하나같이 복잡하고 어려운 문제들뿐이다. 그래서 때로 경영자는 결단을 뒤로 미루고 싶은 유혹에 빠지지만 결단을 미루는 것이야말로 경영자에게 가장 큰 죄악이다. 결국 경영자는 망망대해를 항해하며 자신의 책임 아래 조직에 필요한 수많은 결단을 내려야 하는 존재이다. 세상에는 명쾌하고 결점이 없는 '최고의 판단'이란 존재하지 않으며 그중 좀 더 나아 보이는 결단이 있을 뿐이다. 경영이 잘 되어서 직원들에 행복지수를 높여야 할 때의 결단이나 허리띠를 졸라 매자며 살을 깎는 아픔의 결단도 결국은 피할 수 없는 경영자의 몫이다.

2. 창업 성공과 실패의 갈림길(forked road)

신규 창업기업의 탄생과 창업의 성공확률이 높아지면 새로운 일자리창출로 이어져 산업 전반에 선순환 구조로 이어지고 새로운 신기술, 창의적인 아이디어, 혁신적 비즈니스 모델 등 진보적인 변화와 혁신사례를 통해 사회전반에 긍정의 영향을 많이 미치게 된다. 창업의 성공을 결정짓는 것은 창업자가 어떤 생각을 하고 있느냐에 달려 있으며, 창업자는 남을 따라하기보다 꼭 하고 싶은 일을 찾아야 하고 가장 잘할 수 있는 일을 골라 열정을 바쳐야 한다. 그러나 의욕만 충만해 기업을 운영해선 안 되며, 위험(risk) 대비는 얼마나 돼 있는지, 기업의 시스템은 잘 구성됐는지, 자신의 사업 아이템이 과연 승산이 있는지 냉정하게 점검하여야 한다. 통계청에 따르면, 저성장과 코로나19로 고난을 이어가고 있는 자영업자가 2021년 1월 전국에는 533만 5,000명이 비즈니스를 하고 있지만 성공한 사장이 되는 것은 참으로 어려운 일이다. 대기업에 비해 자원이 부족한 초기 창업기업에게 필수적인 성과 창출을 위한 핵심요인은 자원의 효율적 관리이다. 대기업 및 중견기업과 비교할 때 창업기업은 빠르게 변화할 수 있는 유연한 조직구조와 새로운 기술습득, 변화하는 시장 환경 속에서 빠르게 변화할 수 있다는 장점을 극대화할 역량을 가져야만 생존할 수 있다. 많은 사람들이 창업을 하여 어떤 경영자는 사업체를 번창시키고, 또 어떤 경영자는 실패의 쓴 맛을 안고 다음을 기약한다. 문제는 처음 시도로 창업에 성공하는 경우는 거의 없고 약 3번 이상의 실패를 극복해야만 어렵게 성공하는 것으로 알려져 있으니 창업의 활성화를 위해서는 우리 사회가 사회분위기상 실패에 관대해지고 젊은 세대들이 '실패'를 '경험'으로 말할 수 있는 사회가 되어야 한다는 점이다. 대부분의 창업가들이 꿈꾸는 유니콘(Unicorn) 기업은 수백억원의 정부지원금에서 나오는 게 아니라 실패를 자산으로 삼는 문화에서 탄생함을 활용해야 함을 분명히 인식해야 한다.

성공한 기업가와 실패한 기업가의 차이 가운데 분명한 것은 성공과 실패의 갈림길에서 창업주들은 많은 시간을 성공하기 위하여 생각하고 고민하고 전문가의 조언을 받는 등 여러 가지 형태로 노력했다는 것이다. 그럼에도 불구하고 결과는 성공과 실패로 나누어져서 희비가 엇갈리게 된다. 비록 성공하지 못하더라도 나름 애를 태우며 최선을 다하여 창업을 준비하는 예비창업자들도 창업에 대한 전문성, 자금부족 등으로 많은 어려움을 겪기 마련이다. 경험이 부족한 예비창업자들의 경우 창업에 활용할 수 있는 상생(win-win)의 경영철학을 습득함으로써 창업 후 고객중심과 사회공헌의 기반 아래 견고한 경영성과를 향상·유지시키면서 지속가능 경영을 유지·발전할 수 있는 역량을 함양해야 한다. 특히 창업에 대한 전문적 준비가 철저하지 못한 상태에서 모방창업, 어쩔 수 없는 창업 등 무모하게 열정만으로 창업을 할 경우 빠른 시간에 경쟁력을 상실한 채 낭패를 보고 창업시장 속에서 조기 퇴출될 수밖에 없다. 창업은 초보창업자가 의욕을 앞세워 무조건 창업을 시행하기보다는 모든 일에 대하여 준비과정을 거쳐야 하는데, 그때 우선해야 할 일이 바로 정보의 취득이다. 창업정보는 의외로 우리 주위에서 얼마든지 얻어 낼 수 있으며, 그 정보 속에서 시장의 흐름이나 소비자의 소비패턴, 아이템의 활동, 업계의 동향, 기타 다양한 정보를 얻어 자기의 창업 자료로 활용할 수 있다. 그러기 위해서는 인터넷이나, 주변인맥, 정부공공기관, 사설기관, 전시박람회, 사업설명회 등 창업정보를 적극적으로 취득하려는 노력이 꼭 필요로 한다. 특히 몸으로 부딪히고 발로 뛰어다니며 얻어내는 창업정보는 진정한 승자가 될 영양소로써 그것은 자신이 바라는 돈으로 변화할 수 있다. 고생 없이 성공한 스타트업은 없지만 그렇다고 모든 고생이 성공을 담보하지도 않는다. 스타트업도 다양한 경험과 개성을 가진 사람들이 모여 기업의 목표를 향해 전체가 협력해야 하는 유기적인 조직이다.

창업자가 스스로에게 물어야 하는 질문들

창업자들은 자신이 사업을 시작하면 모든 것이 잘 될 것이 라는 막연한 기대와 자신감을 갖는 경우가 많다. 이에 대해 미국의 경제지인 <포춘(*Fortune*)>은 "창업자가 스스로 물어보는 10가지 마음가짐"이란 기사를 통해 10가지의 질문에 모두 Yes라고 답할 수 있어야만 창업에서 성공할 가능성이 높다고 조언한다.

① 필요하다면 당분간 생활수준을 기꺼이 낮출 용의가 있습니까? 사업을 추진하면서 휴가일수를 줄이거나 아예 가지 않고, 외식처럼 생활에 필요하지 않은 가계 예산을 줄일 용의가 있습니까? Yes / No ?

② 직원을 채용하기 전에 전화응대부터 사무실 전구를 갈아 끼우는 것까지 모든 잡무를 스스로 처리할 준비가 되어 있습니까? Yes / No ?

③ 자기 사업을 하려는 주된 이유가 좋아하면서도 잘할 수 있는 일을 통해 인생의 비전을 구체화시키기 위해서입니까? Yes / No ?

④ 수익이 나지 않더라도 적어도 3년 동안 가정과 사업을 위한 비용을 지불할 수 있는 충분한 자금을 가지고 있습니까? Yes / No ?

⑤ 사업을 성공시키기 위해 훌륭한 인재들을 영입했거나 확보하려는 의사가 있습니까? Yes / No ?

⑥ 사업상황이 예상 밖으로 순조롭게 굴러가지 않는다면 신속하게 대응책을 마련할 수 있는 능력이 있습니까? Yes / No ?

⑦ 사업가로서 다양한 인맥 및 고객관계 관리와 사회관계를 통한 부가가치를 충분히 활용할 수 있는 자세가 되어 있습니까? Yes / No ?

⑧ 창업은 본인의 최종의사결정에 달렸지만 배우자, 자녀, 가족, 애인 등과 함께 세부적이고 구체적인 내용까지 상의할 의사가 있습니까? Yes / No ?

⑨ 개인사업자나 중소기업이 부딪힐 수 있는 세금문제를 능숙하게 다룰 수 있는 경험 많은 전문가로부터 조언을 얻거나 재무회계 담당을 고용할 생각이 있습니까?

Yes / No ?

⑩ 창업은 근본적으로 위험하지만 자신의 사업계획은 훌륭하고 치밀하기 때문에 몇 년 내로 큰돈을 벌 수 있다는 착각은 하지 않을 수 있습니까? Yes / No ?

성공창업을 위하여 검토해 보아야 할 핵심사항들

① 사업기회는 적기에 포착되었는가?
② 최적 아이템을 선정하였는가?
③ 분수에 맞는 사업규모의 결정과 사업자금의 조달은?
④ 철저한 사업타당성 분석을 하였는가?
⑤ 체계적인 사업계획서를 작성하였는가?
⑥ 기업가로서의 자질개발은 충분한가?
⑦ 블루슈머(bluesumer)의 전략은 수립되었는가?

무역협회가 한·중·일 대학(원)생 534명을 대상으로 조사한 보고서에 따르면 우리 청년들이 창업에 나서지 못하는 이유로는 실패에 대한 부담(38.0%)이 첫 번째로 꼽혔다. 중국은 각종 제도정비와 적극적인 창업지원으로 탄탄한 창업생태계를 구축함으로써 2020년 1~9월중 신설기업이 590만 개로 하루 평균 21,500개의 기업이 새로 탄생한 것으로 나타났다. 그러나 우리나라 청년들의 창업열기가 중국에 비해 턱없이 낮고 창업희망 분야도 생계형·저부가가치형에 편중돼 있으며, 창업실패를 두려워하며 도전정신도 부족한 것으로 드러났다. 다행히 최근 창업열기가 살아나고 있지만 성공하는 스타트업은 여전히 극소수에 불과하다. 스타트업 창업가들이 가장 많이 저지르는 실수는 바로 아이디어만 가지고 창업에 뛰어드는 것이다. 하지만 더 중요한 것은 소비자가 누구인지, 소비자가 원하는 것은 무엇인지를 정확히 알아야 한다는 점이다. 처음부터 완벽한 아이디어란 존재하지 않는다. 소비자가 누구고, 소비자의 니즈가 무엇인지를 생각하다 보면 아이디어는 조금씩 달라지거나 다듬어지기 마련이다. 어떻게 상품을 만들지 고민하기보다 왜 이 상품을 만드는지 생각해야 한다. 소비자의 니즈(needs)를 찾아내는 가장 좋은 방법은 전형적인 소비자를 대표하는 단 한 명의 가상의 인물, 즉 성별, 나이, 거주 지역, 직업 등 인구통계학적 요소뿐만 아니라 구체적인 소비정보를 얻을 수 있는 '페르소나(persona)'를 만들어보아야 한다. 또 많은 스타트업들이 페르소나를 통해 비슷한 아이디어를 찾아낸 후에도 어떤 스타트업은 큰 성공을 거두지만, 어떤 스타트업은 실패한다.

창업을 준비할 때는 보통 아이템, 상권입지, 마케팅 등 운영에 대해 공부하지만, 거시적인 관점에서 보면 성공과 실패를 가늠하는 중요한 키워드는 바로 사람이다. 특히 성공하는 스타트업과 실패하는 스타트업의 차이를 만드는 요소

같은 아이디어가 성공과 실패로 갈리는 이유

아이디어가 실천으로 넘어가 경쟁자보다 우위를 점하려면 스피드, 팀, 절약에 관심을 가져야 한다. 이 세 가지는 내가 사업초기에 성공을 거둔 주요 요인이다. 첫째, 지금처럼 기술이 견인하는 세상, 빠르게 변하는 세상, 특히 적시성이 중요해진 세상에서는 조직의 스피드가 매우 중요하다. 따라서 시장진입에 소요되는 시간을 줄이는 데 집중해야 한다. 그래야 시장을 선점하여 다른 사람보다 먼저 고객에게 다가갈 수 있다. 둘째, 당신의 팀은 능률적으로 움직이는 기계처럼 되어서 다른 어떤 팀보다 더 열심히 일해야 한다. 이런 충고는 진부하게 들리지만, 아무리 강조해도 지나침이 없다. 하버드 대학의 노암 와서먼 교수는 <창업자의 딜레마>에서 창업자가 겪는 공통적인 문제를 설명한 적이 있다. 그는 팀이 활력과 팀원들의 주식분할에 관한 학문적인 연구 결과를 폭넓게 제시했는데, 결론은 팀에 활력을 제대로 불어넣지 못하면 기업이 성공할 확률은 현저하게 떨어진다는 것이다. 셋째, 스타트업은 자원을 절약해야 한다. 대부분 스타트업은 비용문제 때문에 아이디어를 실천에 옮기지 못하는 경우가 많다. 학교나 정부에서 지원하는 프로그램 등을 활용하여 소요비용을 제로에 가깝게 줄인다. 스타트업은 아이디어를 가지고 꿈을 추구하는 이상주의자라고 사람들은 생각한다. 이러한 편견은 스타트업이 불굴의 실천가라는 중요한 측면을 간과하게 만든다. 페이스북의 마크 저커버그는 인터넷을 통해 커뮤니케이션을 지배하려는 원대한 꿈이 있었고 자신의 생각을 누구보다도 더 잘 전달할 수 있었다. 또한 그는 꿈을 실현하는 방법도 알고 있었다. 무엇보다 그는 그 꿈을 이루었다. 자신의 기막힌 아이디어의 장점에 도취하기만 하고 효과적으로 실천하지 않는다면, 결국 어려움과 맞닥뜨렸을 것이다.

– 케빈 존슨, <스타트업 멘토링>, 2016.

가운데 하나는 바로 '팀(team)'이다. 일단 창업이라는 문턱을 넘어서면 혼자서는 일을 이룰 수 없고, 누군가의 지원을 받아야 성장할 수 있으므로 사람관리는 사업흥망의 열쇠라 할 수 있다. 이를 스포츠로 비유하면 스타트업은 개인전이 아니라 단체전이고 주먹을 활용하는 권투보다는 온 몸을 활용하는 종합격투기(ultimate fighting)에 가깝기 때문에 창업가는 같은 비전과 가치를 공유하면서, 서로 보완할 수 있는 기술을 가진 사람을 모을 수 있는 팀워크(teamwork)유지 능력을 갖추어야 한다. 고객을 알고, 무엇을 원하는지 이해한 후에 이들이 원하는 것을 찾기 위해 일사불란하게 움직일 팀의 역할이 중요하기 때문이다. 그리고 창업은 단거리경주보다는 마라톤(marathon)과 같이 오랫동안 준비해야 성공할 확률이 높아지므로 성급하게 판단하지 말고, 장거리마라톤처럼 시간을 갖고 철저히 준비하여야 한다. 더불어 창업자로 성공하고 싶다면 꿈을 위해 목표를 세우고, 구체적이고 종합적인 전략을 통해 자신 스스로를 창업형 인간으로 바꾸는 노력이 필요하다.

규모와 관계없이 성공하는 사업자의 공통점은 아이템이나 상권입지 못지않게 인재를 발굴하고 키우는 데 더 많은 노력을 기울인다. 한국창업전략연구소 이경희 소장은 조직관리 성공비결 10계명을 다음과 같이 정리했다.

① 조직 관리를 위한 체계적인 시스템과 매뉴얼을 만들어라.
② 유능한 인재의 조건을 명확히 정의하라.
③ 경영철학과 방침을 공유하라.
④ 입사 초기 직무숙달을 위한 교육이 중요하다.
⑤ 직무 목표와 직무 내용을 명확히 하라.
⑥ 근무 규칙을 알려주고 회사부터 먼저 준수해야 한다.
⑦ 가급적 화를 내지 말고 먼저 해명할 기회를 준 다음 타이른다.
⑧ 직무에서 준수해야 할 내용에 대해 서약서를 받아 둔다.
⑨ 경영자의 시간 중 20~30% 이상 조직 관리에 할애한다.
⑩ 역량을 높이는 한편 자율성도 높여줘야 즐겁게 일한다.

3. 창업 성공 요인과 실패 요인

1) 창업 성공의 길

고객 만족(행복)의 대가로 실현되는 성공하는 창업이 되기 위해선 창업 준비 및 초기단계에 집중적으로 에너지를 쏟아야 한다. 특히 창업 준비단계에서는 분명한 사업 아이템을 가지고 있어야 한다. 수요가 시장현장에서 확인되고, 시장규모가 충분히 크며, 비교우위를 확실히 가지고 있을 뿐 아니라 구현가능성이 있는 아이템이어야 하고, 창업 초기단계에서는 처음에 수립한 사업계획을 끊임없이 업데이트(Update)해야 한다. 대부분의 창업자들이 그런 판단 아래 나름의 준비를 기반으로 성공을 꿈꾸며 창업에 도전하지만 창업시장에서 대박을 이뤄낸 극소수의 성공창업은 창업자의 마인드(mind)에서 결정된다. 또 성공하는 창업가의 기본요건을 갖추는 것은 꾸준한 자기계발과 단호하게 결정할 수 있는 과감한 판단력을 기르는 것이지만 매뉴얼을 읽는 것으로 자전거를 익히기 어려운 것처럼 창업도 넘어지고 깨지면서 몸으로 익혀야 비로소 성공의 내공을 쌓을 수 있게 된다. 성공하는 사람들의 공통된 습관은 뚜렷한 목적을 갖고 창업을 준비했고 오랜 시간을 투자했다는 점, 고객 동향파악과 경쟁업체들의 시장조사를 지속적으로 펼쳤다는 점, 사람을 잘 관리하여 자신의 점포에 기여하게 만든다는 점, 보이지 않는 곳에서 남다르게 노력하는 노력가의 기질을 가지고 있다는 점 등이다.

또 구슬이 서 말이라도 꿰어야 보배란 말처럼 제 아무리 톡톡 튀는 아이디어와 창업 아이템일지라도 이를 사업화로 발전시킬 수 있는 전문지식과 전반적인 식견, 그리고 감각을 갖추지 못하면 생명력을 얻지 못한다. 아이디어를 발견하고 이를 구체화하여 아이템으로 진전시키고 또 이를 새로운 가치를 가진 상품과 서비스로 전환하여야 한다. 또 스타트업계의 특징인 예측할 수 없는 불확실한 환경에서 새로운 비즈니스 모델을 개발하여 성공을 실현하기 위하여 필요한 회복탄력성(resilience)과 침착성(composure), 끈기(tenacity) 등이 중요하다. 따라서 스타트업(새싹기업)은 열정과 불굴의 의지를 가지고 도전하되 수많은 시행착오와 어려운 난관을 극복하고 급변하는 환경에서 포기하지 않고 끝까지 생존하는 창업가만이 성공이라는 열매를 얻을 수 있다.

스타트업이 성공하려면 우선 기존제품이나 서비스, 플랫폼이 가지고 있는 불편함이나 한계점에 대한 철저한 고민과 파괴적 혁신을 통해 탄생한 창업 아이

창업 준비 시 반드시 점검해야 하는 것들

① **창업성(내가 잘할 수 있는 일)** 경험, 지식, 적성에 잘 맞는 일인지, 좋아하는 일인지를 확인하라.

② **경쟁성(competitive position, 竞争性)** 경쟁자의 현황, 가격 경쟁력, 품질 경쟁력, 유사제품(서비스)의 등장 가능성 등을 점검하라.

③ **시장성(marketability, 市場性)** 성장, 정체, 쇠퇴하는 시장인지, 시장점유율은 어떻게 예상되는지, 소비 트렌드는 어떻게 변하고 있는지를 확인하라.

④ **생산성(productivity, 生産性)** 제품의 생산에 문제가 없는지, 원재료 조달, 인력 확보가 원활한지를 고려하라.

⑤ **경제성(economic efficiency, 經濟性)** 소요 자금, 보유 자금, 부족 자금은 구체적으로 어떻게 조달할지, 매출이 발생하기까지, 손익분기점에 도달하기까지 시간이 얼마나 걸릴지 등을 고려하라.

⑥ **안전성(safetiness, 安全性)** 불황이 찾아와도 견딜 수 있는 기초 체력이 있는지, 시장의 여건이 바뀔 경우 대응할 수 있는지, 예상치 못한 외부적 환경 변화에 대응할 수 있는지를 점검하라.

– 김종화의 마케팅콘서트 중에서

디어에 대한 냉철한 검증을 통하여 고객이 사고 싶고 지불한 가격 이상의 가치를 느낄 수 있어야 한다. 이를 위해선 목표고객을 설정하고, 목표고객에 대한 설문과 피드백에 기초한 최소기능제품을 만들어 테스트하고 다시 피드백을 반영한 업그레이드 제품을 만드는 일련의 과정이 필요하다. 결국 성공적인 창업은 고객의 욕구를 파악하여 업종과 아이템을 선택하고 경쟁자보다 우수한 상품(goods) 및 서비스(service)를 저렴한 가격으로 제공함으로써 고객만족(CS: customer satisfaction)을 추구하는 노력으로 실현된다. 특히 성공창업의 3가지 조건을 살펴보면 첫째, 반드시 성공할 수 있다는 자신감, 둘째, 철저한 창업 준비, 셋째, 차별화된 나만의 경쟁력 확보다. 이는 성공창업을 위해 준비해야 하는 여러 자산 중 남과 다른데서 출발하는 나만의 차별화된 경쟁력이라고 할 수 있다.

탁월한 기업가 빌 그로스(Bill Gross)는 자신이 만든 아이디어랩의 125개 창업기업과 그의 주변에 창업한 125개 기업의 포트폴리오를 조사해 발표한 5가지 핵심 성공요인은 다음과 같다. ① 아이디어: 제품 아이디어는 얼마나 새로운가? 기존 제품보다 10배 이상 좋아졌는가? 이미 주변에 비슷한 제품이 나와 있지 않은가? 누구와 경쟁해야 하지 않는가? 경쟁을 피해야 한다면 창업을 안 하는 것이 낫다. ② 팀 및 실행단: 창업 팀이 얼마나 효율적인가? 얼마나 효과적이며 얼마나 유연하게 적응할 수 있는가? ③ 비즈니스 모델: 수익을 만들 비즈니스 모델은 독특한가? 모델이 명확한가? ④ 자금조달: 많은 사람들이 실패하는 이유가 자금조달이 충분치 않아서다. 독창적인 아이디어와 비즈니스 모델이 있어 다른 사람들로부터 자금조달이 가능한가? 펀딩에 성공할 수 있는가? ⑤ 타이밍: 제품 출시가 너무 빠르지 않은가? 너무 늦은 것은 아닌가? 출시에 문제점은 없는가?

빌 그로스가 뽑은 250개 회사들 중 각 카테고리에 10개 기업을 뽑았고 이들 중 5개 회사는 수십억 달러의 기업으로 성공했다. 성공에 가장 중요한 요인을 조사·분석한 자료 가운데 가장 중요한 것이 바로 타이밍(Timing)이었다. 타이밍은 제품출시의 타이밍이 가장 중요했다고 답한 250개 기업 CEO가 42%로 가장

창업성공의 11가지 법칙

① **결단의 법칙** 모든 시작은 어렵다. 모든 사람에게 똑같은 기회가 오지만 기회를 활용할 줄 아는 사람은 소수에 불과하다는 것을 명심해야 한다.

② **역설의 법칙** 창업은 모순으로 가득 차 있다. 창업가는 위대한 몽상가이며 불도저와 같은 실행가이다.

③ **열정의 법칙** 열정 없이 이룰 수 있는 일은 아무것도 없다. 열정은 주위의 사람들에게 전파되어 전체분위기를 일신하는 위력을 지닌다.

④ **도전의 법칙** 누군가 할 수 있다면 나도 할 수 있다. 최후의 승자가 되기 위해서는 많은 준비와 실행 그리고 백전불굴의 의지가 필요하다.

⑤ **혁신의 법칙** 머리로 돈을 번다. 변화의 속도와 불연속성, 그리고 혼란이 크면 클수록 사업기회는 많아지는 것이다.

⑥ **돈의 법칙** 이익을 내지 못하면 파멸이다. 돈을 벌기 위해서는 고객의 수를 늘리고, 고객 1인당 매출액을 높이고, 구매횟수를 많게 해야 한다.

⑦ **공유의 법칙** 종업원과 비전을 공유하라. 명확한 비전은 성공으로 이끄는 견인차의 역할을 하며, 어려운 시기에는 흐트러지지 않고 중심을 잡고 목표를 향해 나아가게 할 것이다.

⑧ **변화의 법칙** 빠르지 않으면 파멸이다(속자생존의 법칙). 변화의 내용과 방향을 알아차리기 위하여 촉각을 곤두세우고 그 변화에 발맞추기 위해 기민하게 움직여야 한다.

⑨ **학습의 법칙** 창업가는 태어나지 않고 만들어진다. 창업가로서의 능력은 마치 근육과 같아서 단련하면 발달하고, 사용하지 않으면 퇴화한다.

⑩ **일인자의 법칙** 압도적인 경쟁우위를 확보하라. 사업의 세계는 어떤 분야의 제1인자 혹은 최고의 전문가에게 성공이라는 '보수'를 주는 곳이라는 것을 잊어서는 안 된다.

⑪ **놀라움(Wow!)의 법칙** 사업은 고객을 놀라게 하는 것이다(고객감동). 톰 피터스는 "아, 대단하다"는 감탄사를 연발하게 할 제품이나 서비스가 없다면 성공을 기대하기는 어려운 일이라고 말했다

많았다. 그 다음으로 창업팀의 능력 32%, 아이디어의 참신성과 진실성 28%, 비즈니스 모델 24%, 자금조달 14%라고 답했다. 비즈니스 모델은 세 번째였다. 에어비엔비(Airbnb)와 똑같은 비즈니스 모델을 가지고 시작한 사람들이 실패한 경우가 많았지만 에어비앤비가 엄청난 성공을 거둔 것이 바로 타이밍이었다는 것이다. 그 시기가 바로 전 세계가 경기침체로 휘청대던 때이고, 사람들이 돈이 필요해 자신이 가지고 있던 여분의 주택이나 방을 세를 내고 싶어 했으며, 또 돈이 부족한 사람들이 방이나 주택을 임차하고자 했다. 또 비슷한 시기의 경기침체가 우버(Uber)를 도왔다. 타이밍은 우선 자신의 비즈니스를 보고 자신의 제품을 생산해서 판매를 한다는 상황을 심각하게 고려한다. 그때 시장이 나의 제품을 받아들일 준비가 과연 되어 있는가를 모든 역학관계를 통해 자세히 분석해 보고, 타이밍이 맞지 않다고 판단되면 약간 질 낮은 제품을 출시하고 적기까지 기다려야 한다.

성공한 기업가들에게 창업에 성공하기 위해 가장 필요한 요소를 꼽으라면 열에 여덟아홉은 '실패 경험'을 든다. 기업가에게 크고 작은 실패는 성공의 과정이며, 누구도 가르쳐 주지 않는 것들을 깨우치게 하는 최고의 수단이기 때문이다. 기업가에게 실패 경험은 부끄러운 과거가 아니라 소중한 자산이다. 실리콘밸리의 성공한 창업가들의 평균 창업 횟수는 2.8회다. 성공하기 전 두 번의 실패는 실력을 쌓아가는 과정이자 경험이 된 것이다. 그래서 실리콘밸리의 투자자들도 실패를 딛고 재도전하는 기업가를 높게 평가한다. 실패를 성공으로 가는 디딤돌로 인정하는 문화가 있을 뿐만 아니라 실패한 창업가는 새 직장도 손쉽게 얻을 수 있다. 실패를 통해 시장이 원하는 것이 무엇인지 파악하고 불확실한 상황들에 대처하는 긍정적인 배움을 얻는다고 보기 때문이다.

탁월한 창업가는 실패를 두려워하기보다는 사업하는데 실패를 당연시 생각하고 사업으로 뛰어들어야 필수역량을 배울 수 있으며 그러기 전에 사업가가 갖추어야 할 다음과 같은 몇 가지 능력들 갖추고 행동해야 한다. ① 문제를 찾는 능력. 보통 돈을 벌기 위하여 사업에 뛰어들면 돈을 벌겠다는 생각에 몰입되어 사람들의 문제를 보지를 못하여 문제를 풀기 어렵다. ② 해결책을 찾는 능력. 나의 문제는 무엇이고 나는 어떻게 그 문제를 해결했는지를 생각하야 한다. ③ 영업 능력. 사업가에게는 무언가를 설득하여 팔 수 있는 영업능력이 필요하다. 영업의 가장 중요한 부분은 불확실함을 확신으로 바꾸며 믿음을 얻는 과정이다. ④ 인간관계. 고객도 직원도 사람이고 문제를 찾는 것도 문제의 해결책을 주는 것도 그 해결책을 제공하는 것도 사람들이므로 사람을 많이 만날 수 있도록 폭넓은 네트워킹을 구축해야 한다. ⑤ 구조화 능력. 효과적으로 제품을 제공하고, 서비스를 해주며, 고객을 늘리는 등 조직을 관리하고 극대화 할 수 있는 능력이 필요하다.

또 모든 성공한 사람들은 꿈만 꾸는 몽상가가 아닌 자신의 아이디어를 행동으로 옮겼던 사람이었다. 그들의 열정과 용기, 잘 될 거라는 믿음은 그들로 하여금 현실 세계로 한 발짝 내디딜 수 있는 원동력이었다. 창업에서 성공한 사업가들을 살펴보면, 현재 어느 정도 성공을 이루었지만 그들은 스스로를 너무나 잘 알고 자기 자신이 가야만 하는 길 또한 명확하기 때문에 자만하지 않으며, 고객을 대하는 것을 가장 큰 보람으로 여긴다. 종업원보다 더 종업원처럼 고객의 곁에서 고객을 돌보고 솔선수범으로 종업원을 리드한다. 프로는 실패에서도 좌절하지 않고 경영에 있어서 자신만의 철학이 있어야 한다. 경영노하우를 위해서도 항시 고민하는 자세가 필요하고, 새로운 트렌드를 벤치마킹(benchmarking)하는 노력을 해야 하지만 무작정 베끼는 것보다는 항상 업그레이드 및 버전업(up)해야 한다. 창업CEO는 어려울 때일수록 냉철한 판단을 해야 하며 변화를 준비하고 상황에 즉각 대응하되 창업 초기부터 매출부진에 빠지지 않도록 노력해야 하고, 점포운영 중 어려움과 부딪치더라도 침착하게 대처하면서 자신의 역량으로 습득되도록 교훈삼아야 한다. 또 무작정 돈을 벌려는 생각보다는 천사의 부(富, wealth)를 이루려는 마인드를 굳게 지키고, 인간미로 고객과 종업원을 대해야 한다.

2) 창업 실패의 길

창업에 도전하는 용기 있는 창업자 가운데 성공하는 비율은 극소수에 불과하다. 일반적으로 성공창업이 어려운 이유 첫 번째는 창업자의 사회경험을 살릴 수 있는 아이템(item)이 부족하기 때문이다. 직장생활 등 사회경험과 인맥 같은 네트워크를 가지고 있다면 그런 자본이야말로 창업분야를 선택할 때 나침반이 되고 창업 후에는 보이지 않는 든든한 자산이 된다. 두 번째는 창업 아이템에 대한 실전(實戰) 경험부족을 들 수 있다. 프랜차이즈 기업을 아이템으로 정한다고 해도 프랜차이즈 업체가 제공하는 매뉴얼에 의존하는 것에서 벗어나야 한다. 세 번째는 기업가정신(entrepreneurship)의 부족이다. 아무리 규모가 작더라도 창업자라면 자신의 기업철학과 기업문화와 미래상에 대한 고민이 반드시 필요하다. 기업가정신이 부족하면 어려운 상황이 닥칠 때 이를 극복하는 심적인 동력을 만들어내기가 어렵기 때문이다. 또한, 결정적으로 대단히 멋지고 훌륭한 상품이나 서비스, 플랫폼이라도 고객이 사주지 않으면 결국 망할 수밖에 없다. 통계에 따르면 국내 창업기업이 3년 뒤에 살아남을 확률은 10%도 채 되지 않는다고 한다. 살아남은 10%의 기업 중에서도 소수만이 투자유치에 성공해서 지속적인 경영이 가능하다.

> "실패는 성공의 반대가 아니라 성공의 디딤돌입니다."
>
> – 아리아나 허핑턴(Arianna Huffington), The Huffington Post의 공동 설립자

미국의 유명한 시장조사 기관(market research firm)인 'CB인사이트(CB insight)'에서 최근 실패한 135개의 스타트업을 분석했다. 실패 원인 첫 번째는 수요가 없는 시장(No market needs)이 42%였고, 두 번째로 운전자금부족(Running Out of Cash)이 29%로 그 뒤를 이었다. 그 외에도 팀워크가 나쁜 팀, 집중력 감소, 열정 감소 등이 실패원인으로 조사되었다. 이 요인들을 극복하기 위해서 스타트업은 초기 시장조사가 매우 중요하며 타깃 고객을 세밀하게 정하고 시장의 반

창업 1년 안에 실패하는 사람들의 10가지 특징

자영업의 폐업비율은 창업 1년 이내가 약 36%, 3년 이내 약 60%, 5년 이내 약 82%인 것으로 알려져 있고 폐업의 원인 대부분이 사업자 자신에게 있다고 한다.

① 일을 취미로 여기는 사람

② 감정을 제어하지 못하는 사람

③ 소비자를 무시하는 사람

④ 남의 도움을 받기 싫어하는 사람

⑤ 직원을 우습게 보는 사람

⑥ 기록하지 않는 사람

⑦ 여유 자금이 없는 사람

⑧ 해당 분야에서 일해 본 경력이 직원보다 짧은 사람

⑨ 트렌드 분석을 하지 않아 소비자들의 성향을 이해하지 못하는 사람

⑩ 열정이 없으면서 열정이 있다고, 열심히 하지도 않으면서 열심히 한다고 믿는 사람

응을 반영하여 아이템이나 비즈니스 모델을 개선하는 피봇(Pivot) 능력도 뒷받침돼야 한다. 또한 이 조사에서 흥미로운 점은 실패한 많은 스타트업이 다양한 원인을 중복적으로 가지고 있다는 점이고 이는 다음과 같이 7가지로 정리할 수 있다. ① 오만(80%): 대부분의 사업자는 자신감 없이 사업을 시작하지 않는다. 성공한 사업가를 보면 항상 자신감이 넘쳐있으나 너무 과한 자신감은 경쟁업체가 진입을 해도, 시장이 새롭게 바뀌어도 신경을 쓰지 않는 오만으로 바뀌게 된다. 이는 기업 경영에 치명적인 실패 원인이 될 수 있다. 경영자는 비판을 받아들이고 시장을 냉철하게 판단하되 과한 자신감을 조절할 필요가 있다. ② 근시안적 사고(55%): 실패한 스타트업은 시장 분석을 무시한다. 불확실성에 대한 대비 없이 바로 눈앞의 상황에서만 판단을 하게 된다. 근시안적인 사고는 실패의 원인이 된다. 불확실한 위험에 대비하기 위해 기업의 자원(자금, 물적, 인적)

을 유지해야 한다. ③ 마케팅의 무지(47%): 대부분의 경영자들은 자신의 제품이 최고이며 시장에 출시하면 날개 돋친 듯이 팔릴 것이라면서 마케팅과 판매 전략은 그다지 중요하지 않다고 생각한다. 그러나 기술적으로 우수한 제품을 만들어도 부진한 마케팅 전략이나 잘못된 판매 전략으로 인한 실패한 사례가 너무 많다. ④ 이기주의(36%): 스타트업은 재능있고, 경험이 풍부하고 에너지가 넘치는 직원이 필요하다. 사업에서 자기중심적 직원이나 이기주의가 발생하면 제대로 된 기업을 운영하기가 힘들다. 이기주의적 사고는 스타트업의 실패 원인이 된다. ⑤ 꼼꼼하지 못한 일처리(34%): 스타트업은 여건상 다양한 종류의 제품을 생산하기 어렵기 때문에 초기 제품에서 생존이 결정된다. 납기를 질질 끌거나 꼼꼼하지 못한 일처리는 결국 제품의 완성도가 떨어진다. 꼼꼼하지 못한 일처리는 스타트업의 실패 원인이 된다. ⑥ 생활의 불균형(30%): 스타트업은 일반 직장처럼 퇴근 시간이 정해져 있지 않다. 하루에 12시간 이상 근무하는 것은 물론이고, 주말까지 일에 매진하는 경우도 허다했다. 바쁜 일정이라도 운동이나 취미생활을 가져 정신적, 감성적 여유를 갖는 것이 중요하다. ⑦ 비유연성(7%): 스타트업은 고객에 따라 제품의 기능이 달라지거나 마케팅 전략에 변화를 줄 수 있기 때문에 특히 유연한 사고가 필수다. 스타트업을 경영하다 보면 초기에 세운 목표와 충돌되는 상황이 많이 발생하며 이때 고객의 피드백과 시장의 변화를 무시하고 유연하지 못한 사고로 스타트업을 운영하면 실패로 이어질 수 있다.

스타트업이 실패하는 7대 이유

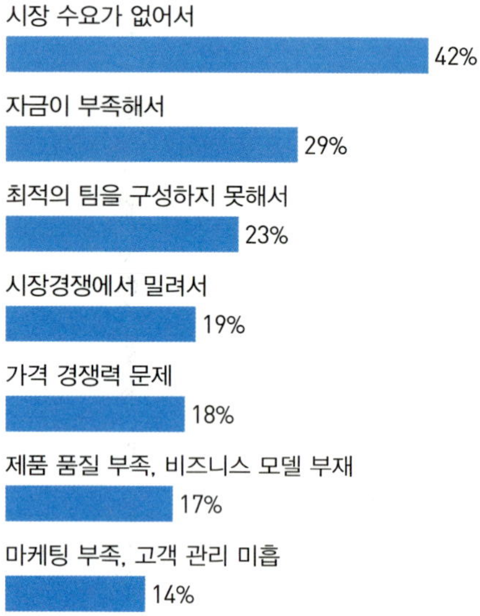

※ 복수 선택　　자료: CB인사이트

사업 실패의 원인 7가지

① **장밋빛 환상** 창업을 결심하는 사람들 중에는 장밋빛 환상을 가지는 사람들이 많지만 창업을 하면 업체가 정상궤도에 진입할 때까지 휴일도 없을 정도로 열심히 일을 해야 한다. 독립해 창업에 성공하면 경제적으로도 샐러리맨 때보다 여유가 생기고 자신이 원하는 일을 성취했다는 보람도 느낄 수 있으나 성공은 남모르는 피와 땀의 보상이라는 사실을 명심해야 한다. 세상에 쉽게 즐기면서 돈을 벌 수 있는 길은 없다

② **퇴로의 위험** 장밋빛 환상만으로 창업을 결심하는 것도 문제지만 실패를 전제로 미리 퇴로를 만들어 놓는 것도 실패를 초래하는 원인이다. 일단 창업해놓고 잘 되면 계속하고 그렇지 않으면 샐러리맨으로 되돌아가겠다는 생각은 버려야 한다. 사업은 인생의 큰 부분을 걸고 도전하는 데 묘미가 있다. 위험이 전혀 없이 안전한 상태에서 할 수 있는 사업은 이 세상 어디에도 없다.

③ **금전감각의 마비** 일반 샐러리맨들이 한 달에 손에 쥘 수 있는 돈의 단위는 기껏해야 몇 백만원 수준이다. 그러나 창업을 하게 되면 우선 창업 자금만 해도 수천만원 또는 수억원 단위가 되어 샐러리맨 때와는 금전감각이 달라져 무뎌지기 쉽다. 이를 극복하지 않으면 어느 시점에 자금 압박을 갖게 된다.

④ **자멸로 이끄는 고집** 창업의 백미는 내가 하고 싶은 일을 내가 선택하여 해보는 성취감이다. 독립을 하면 모든 것을 내가 선택하고 결정하기 때문에 객관적으로 사물을 판단하지 못해 실패를 초래하는 일이 왕왕 있다. 특히 좋아하는 취미를 창업까지 이어가는 것은 바람직하지만 고객의 니즈와 동떨어진 자기만족식 창업은 곤란하다. 사업을 시작하기 전에는 반드시 내가 취급하는 상품이나 서비스가 고객들에게 만족을 줄 수 있을 것인가를 최우선 고려해야 한다.

⑤ **친구와의 동업** 마음 맞는 친구와 함께 사업을 하는 것은 즐거운 일이다. 미래의 장밋빛 꿈을 함께 나누어 지혜를 모아봄직도 하지만 동업에는 많은 어려움이 뒤따른다는 현실을 직시해야 한다. 그중 가장 일어나기 쉬운 문제점은 공적인 일에 있어서도 냉정한 선택을 하기 힘들어진다는 것이다.

⑥ **과거의 명함** 일단 조직을 벗어나면 과거의 명함은 아무 쓸모가 없어진다. 과거의 명함을 던져버리는 순간 자신의 허리를 낮추는 연습을 해야 한다. 세상의 무관심과 냉대를 하나하나 극복해나가는 과정에서 쾌감을 느껴야만 성공 창업의 길로 달려갈 수 있다.

⑦ **검은 그림자** 어수룩한 초보 창업자에게는 늘 검은 그림자가 따라다닌다. 창업 초기에 회사설립을 도와주겠다고 나서는 사기꾼, 문제가 있는 건물을 버젓이 임대하는 악덕 건물주 등 검은 그림자는 창업자의 약한 곳을 너무나 잘 파악하고 접근한다. 창업자는 이런 검은 그림자에 현혹 당해서는 안 된다.

실패한 창업자는 창업에서 실패할 경우 실패를 환경 탓이나 남의 탓으로 돌리기 바쁘나 환경으로 인해 실패하는 경우는 있더라도 그것이 주된 이유가 될 수는 없으며, 결국 전반적인 원인은 창업자의 책임이다. 실패한 창업자의 특성을 살펴보면 ① 무계획적이고 즉흥적인 사고, ② 자기 우월적이고 남을 무시하는 경향, ③ 단독으로 일을 처리하는 경향, ④ 운명론적 철학관 등이다. 또한 머니투데이의 조사에 따른 우리 주변의 창업의 실패 주요원인을 유형별로 분석해보면, 창업 준비부족(35%), 경영관리미숙(23%), 동업자와 종업원의 관리 소홀(13%), 아이템선정실패(12%) 등의 순으로 나타났다. 특히 창업 준비부족에 대한 비율이 가장 높아 철저한 사전준비가 창업성공의 가장 중요한 열쇠인 것으로 나타났다. 준비부족은 창업분야에 대한 사전지식이나 경험 없이 뛰어든 경우로, 입지선정, 상권분석 등이 미흡하였고, 경영관리 미숙은 충분한 자금준비 없이 시작하여 임차자금에 대한 과중한 이자부담으로 경영악화를 가져오거나, 무리한 확장으로 인한 자금난 등이 주요원인으로 나타났다. 그 다음 원인으로 가치관 차이 등으로 인한 불화, 직원관리의 소홀 및 책임의식 부족 등이 원인이다. 아이템 선정의 실패는 과당경쟁 업종에 뒤늦게 무리하게 진입했거나, 값싼 유사제품의 진입, 사전준비나 분석 없이 주변의 권유로 업종을 선택한 경우 등이 실패원인으로 작용했다. 또 이 밖에도 판매망 확보부진 등 판매 전략의 부

사람들이 말 안 하는 스타트업이 망하는 진짜 이유 5가지

스타트업과 소기업을 위한 온라인 뉴스 매체인 YFS 매거진의 창업자 에리카 니콜(Erica Nicole)이 스타트업이 망하는 진짜 이유 5가지를 소개했다.

① **고된 노력보단 대박 환상에 빠져 있다.** 창업은 취직과는 완전히 다른 삶의 방식(lifestyle)을 요구한다. 우리는 창업이 가져다주는 대박 성공만 추켜세울 뿐 실패는 감추고 쉬쉬한다. 많은 스타트업이 망하는 진짜 이유는 이들이 대박만을 원할 뿐 창업에 대한 본질을 이해하지 못하고 그걸 이룰 만한 노력과 용기도 없다는 것이다.

② **잘못된 아이디어에 집착, 방향 전환을 못한다.** 수익성이 없더라도 창업가는 자신의 아이디어를 너무나 사랑하는 경향이 있다. 자신의 아이디어가 잘못된 결과를 초래하면 얼른 방향전환을 해야 하지만 그렇지 못한 경우가 많다. 종종 창업가들은 자신의 아이디어가 시장의 요구에 부합하지 않을 때 서둘러 방향전환을 하지 못하고 잘못된 아이디어를 붙들고 질질 끈다.

③ **모든 이들을 다 만족시키려 욕심낸다.** 모든 이들을 다 만족시키려는 것은 회사를 파산으로 몰고 가는 가장 확실한 길이다. 시장은 가장 뛰어난 제품과 서비스에 가장 비싼 가격을 지불한다. 그저 그런 제품이나 서비스에 대해선 그저 그런 가격만을 지불할 뿐이다. 회사의 자원과 인력을 여러 제품이나 서비스에 분산하게 되면 결국 각각은 최고가 아닌 그저 그런 수준의 제품과 서비스가 될 뿐이다.

④ **실패를 통해 배우려 하지 않는다.** 혹시 성공한 창업가 중에 과거에 한 번도 실패하지 않았다고 말하는 사람이 있다면 이는 거짓말이다. 스타트업이 성공을 얻기 위해선 크든 작든 어느 단계에선 실패를 맛보는 게 필수다. 성공한 창업가와 실패한 이들 사이의 분명한 차이는 실패를 어떻게 보고 대처하느냐로 구분된다. 실패 자체가 창업가들을 다시 도전하지 못하게 막는 것이 아니라 실패에 따른 재정적 피해, 사회적 편견, 심리적 위축감 등이 창업가의 재도전을 막는 것이다.

⑤ **너무 서두른다. (걷기도 전에 뛰려 한다)** 2011년 3,200개 스타트업을 대상으로 한 스타트업 게놈 프로젝트를 보면 실패한 스타트업 가운데 70%가 너무 빨리 너무 많은 돈을 쓰거나, 혹은 너무 많은 직원들을 성급하게 고용하는 등 시기상조(premature scaling)로 나타났다.

– 머니투데이, 2015.1.25.

재, 유통구조의 낙후, 매출의 불확실함에도 불구하고 무리한 재투자 및 자금조달로 인한 이자부담 등이 실패의 원인으로 분석되었다.

한편 중소기업중앙회의 소상공인 실태조사에서는, 대충대충, 얼렁뚱땅이 창업 실패의 유전인자(DNA)라고 분석했다. 창업자의 실패요인 첫 번째는 철저한 준비기간 부족(29.5%)이고 다음에는 경영자의 경영의식 부족(24.4%), 사업 종목 선정 실패(12.7%), 입지선정 실패(11.2%) 등의 순으로 나타났다. 구체적인 창업 필패(必敗) 7계명은 ① 조급한 마음을 가진다. ② 무리하게 시작한다. ③ 트렌드를 무시한다. ④ 경영자는 경영만 해야 한다. ⑤ 항간의 소문을 그대로 믿는다. ⑥ 사업계획 없이 잘할 수 있다. ⑦ 자신의 경험과 적성을 무시한다.

한정화 전 중기청장이 스타트업 창업자들 대상으로 한 강연에서 창업실패의 함정 7가지에 대하여 다음과 같이 설명했다. 우선 창업자들 앞에 도사리고 있는 대표적인 함정으로 ① '경험부족으로 잘못된 선택에 빠지는 선택의 함정'을 꼽았다. 치밀하지 못한 사업계획이나 근거 없는 낙관으로 출발부터 잘못되는 경우가 많다는 것이다. 또 실험실 단계의 기술을 갖고 낙관적인 전망으로 자금을 쏟아붓는 ② '개발의 함정', 정작 가장 중요한 고객의 수요를 제대로 파악하지 못하는 ③ '시장의 함정' 역시 조심해야 한다고 강조했다. 또 조직이 성장하면서 필연적으로 직면하는 ④ '관리의 함정', 갑작스런 성공으로 인한 창업자의 오만한 태도와 과도한 통제욕구가 불러일으키는 ⑤ '태도의 함정'도 경계해야 한다고 말했다. 아울러 ⑥ '관계의 함정', ⑦ '불운의 함정'도 극복해야 한다고 덧붙였다. 관계는 사업의 가장 중요한 자본이지만 양날의 칼과 같기 때문에 늘 성실한 자세를 유지해야 하고, 예상치 못한 변수로 인한 위기를 만나면 강인한 의지로 정면 돌파하거나 아니면 과감하게 포기하는 결단이 필요하다고 설명했다. 또 균형감각을 잃었을 때 실패의 함정을 만날 수 있다. 그럴 때 좋은 멘토가 필요하다며, 경영자는 진실성과 성실성, 사람에 대한 진지함이 반드시 필요하다는 미국의 경영학자 피터 드러커(Peter F. Drucker)의 말을 인용했다.

또 창업 실패요인 중 운영자의 능력부분에서 볼 때 제일 큰 실패요인 첫째는 '종업원 마인드'라는 대답이 가장 많았다. 둘째, '부정적인 사고'와 '남 탓만 하는 태도'다. 무조건 남 탓, 여건 탓만 하고 스스로 문제점을 개선하려는 의지가 없는 것이 심각한 문제다. 셋째, '안일한 생각으로 일관하는 행동'과 '경쟁업체 대응전략 미비' 역시 실패하는 지름길이다. 넷째, '창업 준비미흡'과 '서비스 마인드 부족'도 실패요인이다. 다섯째, '적성에 맞지 않는 창업' 역시 성공을 저해하는 요인이다. 여섯째, 사장이란 수많은 선택의 환경임에도 불구하고 '결정장애' 때문에 일의 진행이 늦어지고 손해가 발생하게 된다. 일곱째, 창업시장은 소비 흐름을 모르고는 성공할 수 없음에도 '트렌드 변화에 둔감'한 것은 실패에 이르는 요인이다(아시아투데이. 2015.11.26).

또 창업에서 실패의 과정은 누구나 피하고 싶은 경험이지만 그 실패를 극복할 수 있다면 실패는 보다 넓은 2보 전진을 위한 자양분이 되기도 한다. 과거 사업실패는 신용불량자의 지름길이었지만, 오늘날에는 실패가 과오보다는 경험으로 인식되는 상황이 되면서 린스타트업(lean startup)이 각광 받는 것이다. 린스타트업은 적은 비용으로 창업하고, 과정에 도전하고, 실패 여부도 빠르게 결정하여 '저지르라는 것'이다. 이는 백번 생각하는 것보다 여러 번의 실행(實行)을 통해 배우는 것이 더 많다는 의미다. 물론 그 과정에서 시장이 원하는 것을 찾아야 도전의 의미가 있음은 당연하다.

'창업 실패가 두렵다'는 청년들 "'페일콘' 필요해요"

청년들이 창업을 기피하는 가장 큰 이유 중 하나로 사업 실패에 대한 두려움이 꼽히면서, 국내에도 창업실패 경험을 공유하며 극복법을 찾는 '페일콘(Failcon)' 도입이 필요하다는 의견이 나오고 있다. 페일콘은 실패를 뜻하는 'Fail'과 회의를 뜻하는 'Conference'의 합성어로, 창업가와 스타트업 관계자들이 각자의 실패 경험을 공유하는 자리를 말한다. 지난 2009년 미국 샌프란시스코에서 처음 시작됐으며 실리콘밸리에서 크게 활성화됐다. 정부가 청년창업가 지원을 강화하는 등 청년 창업 활성화에 힘을 쏟고 있지만 대다수 청년들은 여전히 창업을 기피하고 있다. 한국직업능력개발원이 지난해 발표한 '한국교육고용패널조사'에 따르면 4년제 대학생 중 5%만이 졸업 후 진로로 '창업'을 꼽았다. 전문대 재학생 중 창업을 계획하고 있는 학생의 비율은 0%였다. '사업실패에 대한 불안감'은 창업기피 이유 중 상당 비율을 차지한다. 중소벤처기업부(중기부)가 발표한 '2017 창업인식실태조사'에 따르면, '창업을 준비하지 않고 있다'고 답한 20대 청년의 31.6%가 그 원인으로 '창업에 실패하면 재기가 어려울 것 같아서'를 꼽았다. 창업을 계획하고 있는 청년들 역시 실패에 대한 두려움을 느끼고 있다. 이에 국내에도 페일콘 도입이 시급하다는 주장이 제기된다. 창업가들이 각자의 실패경험을 공유하고 재창업 기반이 될 전략을 세우는 자리가 필요하다는 것이다. 향수브랜드 '백지' 론칭을 앞두고 있는 청년창업가는 "창업을 시작하고 보니 생각지도 못한 부분에서 문제들이 생겼다. 그럴 때마다 한번 실패해본 사람들의 이야기를 듣는 게 큰 도움이 됐다"며 "페일콘이 도입된다면 큰 참고가 될 것이다"라고 말했다. 창업공모전을 준비하고 있는 대학생 김세원(21) 씨도 "창업공모전을 준비하면서, 창업 후 문제를 겪었던 사람들의 이야기를 듣고 싶어졌다"며 "대학생 창업성공 사례를 들을 수 있는 자리는 많다. 당장 학교에서도 창업에 성공한 선배들의 강연을 들을 수 있다. 하지만 실패경험을 듣는 게 더 필요할 때가 있는데 그런 자리가 없어서 아쉽다. 페일콘이 도입됐으면 좋겠다"고 말했다. 전문가들도 페일콘 도입을 긍정적으로 보고 있다.

Chapter 5

업의 개념과 비즈니스 모델(Business Model)

1. 사업(Business)과 시장(Market)의 이해

1) 사업의 본질(Essence)

사업(business)이란 인력과 각종 자원 및 자금을 투입하여 가치가 담긴 상품 및 서비스를 생산·제공하고, 고객을 창출함으로써 수익을 창출하는 활동이다. 사업의 핵심은 교환되는 금액보다 적은 원가를 투입하여 원가보다 큰 가치를 생산하고, 소비자의 지불가보다 더 큰 가치를 고객에게 제공함으로써 지속적인 구매가 이루어지도록 하는 것으로, **비용(Cost) < 지불한 가격(Money) < 상품 or 서비스의 가치(Value)** 등식으로 표현할 수 있다.

고객이 원하는 구매원칙은 지불한 돈보다 높은 가치의 상품이나 서비스를 얻는 것이고, 경영자가 갖추어야 할 비즈니스의 개념은 고객에게 제공되는 상품과 서비스를 통해 고객을 창출하고 매출증가와 함께 수익(profit)을 창출하는 것이다. 이 과정에서 기업 환경도 변하고 고객의 취향도 변하며 시장의 경쟁수준도 수시로 변화하므로 위험을 감수하면서 수익을 추구하는 것이 비즈니스의 운명이다. 이때 기업이 우선 추구할 목표가 수익창출이거나 기업수익의 수단이 고객이어서는 안 되며, 수익은 고객만족(고객행복)의 대가(代價)임을 명심하여야 한다. 사업은 기업에게는 부(wealth)를 창출하게 하고, 소비자는 삶을 편리하고 풍족하게 하는 상품(서비스)을 제공받게 한다. 그 과정에서 고객은 물건을 사는 것이 아니라 그 상품의 기능, 의미, 상징 등 문제를 해결하는 기능을 구입한다는 사실을 인식하여야 한다.

벤처기업 투자가 폴 그레이엄(Paul Graham)은 사업을 위하여 다음과 같이 조언한다. ① 사람들이 원하는 것을 만들어라. ② 해결 가능한데 아직 충족되지 않은 사람들의 욕구보다 더 가치 있는 사업은 없다. ③ 많은 사람들을 위해 해결할 수 있는 문제점을 발견하라. ④ 사업가의 임무는 사람들에게 부족한 것이 무엇인지를 빨리 알아내고 이를 제공하는 방법을 찾아내는 것이다. ⑤ 우리가 만들어 내는 가치의 목적은 항상 다른 사람의 삶을 좀 더 좋게 해주는 것이다. ⑥ 가치창조 없이 사업을 유지할 수 없고 가치 있는 것을 제공해야 다른 사람들과 거래할 수 있다.

사업(business)의 목적에 대한 정의

> 우리가 하는 사업이 무엇인지를 알기 원한다면 우선 사업의 목적부터 다루어야 한다. 그리고 사업의 목적은 사업 그 자체와는 별도로 존재해야 한다. 사업의 목적이 무엇인가에 대한 단 하나의 타당한 정의는, 고객을 창조하는 것이다.
>
> – 피터 드러커(Peter F. Drucker), 〈경영의 실제〉

피터 드러커(Peter F. Drucker)는 "경영자가 사업을 잘하기 위해서는 가장 먼저 사업의 본질과 특성을 제대로 알고, 핵심성공요인을 찾아 관리역량을 집중하는 것이 경영의 근본이고, 기업의 목적은 고객에게 가치를 제공하여 고객을 창조하는 것이며, 그 결과로서 이익이 발생되는 것이므로 사업이란 이익의 관점으로만 규정되거나 설명될 수 없다"면서 '이익은 기업이 목적을 제대로 수행했는가에 대한 결과'라고 강조했다. 그는 〈경영의 실제〉에서 대부분의 사업가들은 '사업이 무엇인가?'라는 질문에 "'이익을 창출하기 위한 조직'이라고 대답하지만 이 대답은 질문과 전혀 관련이 없는 대답이다. 이익동기 및 이익 최대화는 어떤 사업의 기능, 그 사업의 목적, 그 사업을 경영하는 과제 등과 아무 관련이 없다"라고 강조했다. 여기서 흥미로운 부분은 "아무런 상관이 없는 대답"이라는 사실이다. 이윤이 기업 활동에 중요다고 해도 기업의 본질적 역할은 고객에게 가치를 창출하는 조직이고, 이윤은 그 활동의 결과일 뿐이라는 사실이다. 마찬가지로 학생에게 성적이 중요하더라도 학생의 본분은 "공부하는 사람"인 것과 마찬가지로 많은 사람들이 돈을 벌기 위해 사업을 하지만 그가 이윤을 추구한다는 사실이 그의 사업을 정의하는 것은 아니다. 따라서 우리는 우리가 하는 사업의 본질적 특성은 무엇인가? 어떤 생산요소가 필요한가? 우리의 사업에는 특히 어떤 환경요인이 중요한가? 왜 그런가? 이 질문에 대답할 수 있어야 한다.

사업을 망치는 6가지 방법

① **벼락부자가 되라** 한방에 벼락부자가 되는 아이디어는 없으며, 절대로 지속 가능하지 않다.

② **사업이 잘 안될 때는 더 열심히 일하라** 일이 엉킬수록 사람들은 그 일에 더 많은 시간을 쏟게 되는데, 일을 스마트하게 하지 않고 열심히 하면 지치게 된다. 성공하려면 때로 과감하게 포기해야 한다.

③ **문제 고객에게 집중하라** 문제 고객과의 관계 개선에만 힘쓰다 우수 고객을 놓칠 수 있다.

④ **매출 중심으로 사고하라** 매출 실적이 높으면 사업이 잘 되고 있다고 오판할 수 있다. 100만 달러짜리 프로젝트로 손실을 입기도, 1만 달러짜리 프로젝트로 이익을 올리는 기업도 있다.

⑤ **돈만 생각하라** 고객을 생각하지 않고 돈만 생각하면 망한다. 스티브 잡스는 돈을 버는 게 아니라 세상을 바꾸는 게 목표였다.

⑥ **사업을 취미로 하라** 취미 정도의 열정으로는 안 된다. 날이 밝기를 기다릴 수 없어 매일 새벽 침대를 박차고 나올 정도의 열정이 있어야 성공할 수 있다.

– <월스트리트저널(*The Wall Street Journal*)> '사업에 성공하기 위한 방법'이 아니라 '실패하기 위한 6가지 방법(원제: Avoid These 6 Recipes for Business Disaster)'. 마이크 미칼로위츠(Mike Michalowicz), 2012.7.25.

한편 창업기업이 시장에 성공적으로 진입하려면 기존 룰(rule)에 물음표를 붙이는 도전과정 속에서 혁신적 마케팅 아이디어가 창출되려면 기존의 틀(frame)을 깨야 한다. 룰을 깨기 위해서는 사회적 통념과 기존의 틀에 반대함으로써 스타트업에게 새로운 시장창출 기회를 얻게 된다. 창업자들 중에는 왜 사업을 하는지보다는 무슨 사업을 하는지를 더 강조하는 경우가 많지만 '무슨 사업(What)'보다는 '왜 하느냐(Why)'가 정말 중요하다. 따라서 예비 창업자들은 창업하기 전에 자신이 왜(Why) 창업을 하는지 고민한 다음에 어떻게(What) 만들어서 무엇을 할지 단계적으로 추진하는 것이 바람직하다.

2) 시장(Market)의 기능과 시장의 분석

Market(시장)의 어원은 고대 유럽에서 전리품이나 도둑질한 장물이 시장에서 거래되던 merce(약탈한 물건, 라틴어)에서 유래했다고 한다. 본래 시장(Market, 市場)의 본질은 인간들의 필요와 욕망과 편의성이 만나 자유경쟁의 원칙에 의해 자원(가치)을 효율적으로 교환하는 거래의 장(field)이고, 생산과 소비를 연결함으로써 부가가치(이익)를 창출하는 사회적·제도적 공간으로, 시장(market)의 기능인 자원을 효율적으로 배분하는 역할을 통하여 생산자와 소비자는 보다 낮은 비용으로 원하는 소비자와 생산자를 만날 수 있다. 시장경제는 각 경제주체들이 자기 책임 하에 자유로운 영리활동을 통하여 기본적인 경제문제를 해결하는 시장중심으로 운영되며 개인의 자유와 사유재산에 대한 권리를 중요 요소로 하여 시장의 공급과 수요를 통해 결정되는 가격중심으로 거래가 이루어지며 자유경쟁과 가격시스템을 통해 거래를 형성된다. 시장은 새로운 가치를 생산한 자에게 승리의 월계관을 씌워주고 고객의 선택과 평가에 따라 운명이 결정되는 생명체이다.

또 시장경제(market economy)는 인류의 경제활동이 시작된 이래 지금까지 지속되어 왔고 소비시장은 매순간 변화하기 때문에 이전보다 훨씬 똑똑한 소비자들을 끊임없이 만족시켜야 하는 기업의 입장에서는 창조적 혁신을 통해 저가에 고품질의 제품과 서비스를 공급하고자 노력할 수밖에 없는 것이다. 그러나 특정 시장이나 고객에게 안주해 혁신을 미루거나 거부한 기업들은 결국 시장에서 사라지게 되고 시장에 대한 통찰력을 갖추고 적절히 대처한 기업만이 생존을 보장받을 수 있게 된다. 또 자유로운 시장이 형성되면 최적의 가격이 형성되며, 사회적 잉여(공급자 잉여+소비자 잉여)가 극대화되며 자유로운 영리활동이 가능하기 때문에 생산의 효율성, 대체재의 발명, 자본시장 형성, 교육시장 발달, 상품의 질 보장, 직업 선택의 자유, 평화체제 형성 등이 잘 나타난다. 또 네덜란드 철학자 버나드 맨더빌(Bernard Mandeville)의 저서 〈꿀벌의 우화(1714년)〉에서는 "경제가 굴러가는 것은 인간의 도덕심이나 자비, 선에 의해서가 아니라 인간의 이기심 때문이며 온갖 부도덕과 이기심을 번영의 원동력"이라고 주장했다. 또 아담 스미스(A. Smith)는 1776년에 쓴 〈국부론(*The Wealth of Nations*, 國富論)〉을 통하여 "개인이 오직 자신만의 이익을 위해 경쟁하는 과정에서 누가 의도하거나 계획하지 않아도 사회구성원 모두에게 유익한 결과를 가져오게 된다며, 개인의 이기심이 궁극적이고 자연적으로 조화를 이루어 사회 전체적으로 도움이 된다"는 「보이지 않는 손(invisible hand)」의 역할을 주장하였다.

따라서 기업이 명심해야 할 점은 시장의 소비자들은 "누가 자신의 이익에 가장 잘 맞추어 봉사하느냐"만을 생각한다는 것과 "시장에서 좋은 제품이란 기업이 만들고 싶은 제품이 아니라 사용자(시장)가 원하는 제품"이라는 사실이다. 시장에서 영원한 강자도 영원한 약자도 없지만 시장에서 꾸준하게 성과를 내는 기업들을 분석해 보면 고객의 눈으로 시장을 정의하고 이해하며 고객의 행복에 초점을 맞추고 있다는 공통점을 찾을 수 있다. 기업들이 시장에서 큰 어려움을 겪는 이유 가운데는 고객의 시각에서 시장을 바라보지 못하고, 현재의 사업영역에만 초점을 맞추는 경우기 많다. 하지만 고객이야말로 서비스의 가장 큰 동력이고 비즈니스의 본질은 고객에게 제대로 가치를 주는 좋은 비즈니스 모델을 만드는 것이므로 고객에게 귀를 기울여 그들의 필요(needs)와 욕구(wants)를 충족시켜주는 것이 중요하다.

창업자가 응답해야 할 시장에 대한 질문

스타트업은 창업자의 비전으로 시작된다. 처음 시작할 때 세상을 바꿀 열정과 자신감, 혁신, 믿음, 창조, 사랑, 희생 등 수많은 아름다운 꿈들로 가득하지만 흔히 창업초기에는 상품과 서비스에 대해서 올바른 인지하지 못하는 경우가 많다. 창업자는 시장유형에 대해 구체적으로 고민해야 하고 시장에 대해서 다음과 같은 질문에 답을 할 수 있어야 한다.

① 뛰어들 시장의 특성에 대하여 충분히 인지하고 있으며, 또 고객에 대하여 깊고 세밀하게 전체적으로 이해하고 있는가?
② 당신의 바라보는 비즈니스 유형은 소매업? 광고업? B2C 등 어떤 것인가?
③ 당신의 비즈니스는 레드오션? 블루오션? 틈새시장? 복제시장? 등 어떤 시장을 목표로 하는가?
④ 목표 시장의 경쟁자들은 누구인가? 또 직접적인 경쟁자와 잠재적 경쟁자들은 누구인가?
⑤ 인접 시장은 어떤가? 인접된 시장에 대기업이 존재하는가?
⑥ 1년~3년 후 목표시장에서 시장 포지션을 확보한 후에 확장전략은 존재하는가?
⑦ 경쟁사의 상품과 비교, 제품의 특성과 속성, 가격 등 경쟁력이 있는가?
⑧ 고객의 욕구 변화를 이해하고 즉각적으로 대응할 준비가 되어 있는가?
⑨ 창업의 이유 중 수익추구 외의 보다 근본적인 이유를 설명할 수 있는가?
⑩ 시장과 기술, 경쟁자에 대한 정보를 신속하게 획득하고, 의사결정과 그 집행을 최대한 빠르게 할 수 있는가?
⑪ 고객과 시장의 관점에서 보기 위해서는 '무엇'을 파는가가 아닌 '왜' 사는가에 집중해야 함을 명확히 인식하고 있는가?
⑫ 시장에서의 경쟁이 치열해질수록 기업 입장에서 무엇보다 더 필요한 것은 '새롭고 차별화된 아이디어'를 준비하고 있는가?

세상의 변화가 점점 더 빨라지면서 생각하는 방식, 사업방식도 빠르게 바뀌어 매일 새로운 방식의 비즈니스가 탄생하기 때문에 새로운 사업방식에 적응하기도 힘겨운 정도다. 창업 비즈니스의 본질과 그 활동무대인 시장의 핵심기능이 연계되어 있으므로 새로운 사업(business)을 주도하는 창업가에게 창업의 활동무대 시장을 이해하고 흐름을 파악하며 시장을 선도하는 일은 대단히 중요하다.

고객의 눈으로 시장을 보기 위해서 필요한 전략적 핵심을 살펴보면 다음과 같다. ① 소비자의 본질을 이해해야 한다. 본질을 이해한다는 것은 다분히 현상을 파악하는 것과는 다르다. 고객을 이해하기 위해서는 보다 핵심적 본질을 파악해 낼 수 있는 안목이 필요하다. ② 고객지향적인 문화를 제고해 나가야 한다. 많은 기업들의 비전과 슬로건을 분석해 보면 고객중심경영, 고객 가치창조, 고객우선 등 고객을 내세우고 있음을 알 수 있다. ③ 전략은 고객을 고려하여 수립되어야 한다. 고객들의 요구가 자사의 중장기 전략이나 비즈니스 모델에서 벗어나면 그 요구는 무시하거나 고객의 요구가 정당하다는 것을 이해하지

100조 시장 e커머스의 성장과 경쟁

e커머스(전자상거래, electronic commerce)는 인터넷 웹사이트 상에 구축된 가상의 상점을 통해 제품과 서비스를 사고 파는 모든 행위를 말한다. 통계청에 따르면 불과 4년 전인 2014년 시장의 규모는 45조 3,000억원이었는데 2017년 국내 전자상거래시장 총 거래액은 91조원이었고, 2018년 국내 전자상거래시장은 사상 처음 100조원 규모를 돌파할 전망이다. 공산품부터 식품 등 다양한 업종이 앞다퉈 온라인·모바일 이커머스 시장에 뛰어들고 있다. 최근 스마트폰 확산에 따라 PC를 기반으로 하는 전자상거래 시장의 무게중심이 모바일 쇼핑으로 빠르게 옮겨가고 있다. 2017년 모바일쇼핑 거래액은 47조 8,360억원으로 집계됐다. 전년보다 34.6% 늘면서 전체시장 성장세를 이끌었다. 온라인쇼핑 거래액 중 모바일쇼핑 거래액 비중은 61.1%다. 온라인 채널을 통한 해외시장진출과 모바일시장의 확대로 온라인시장의 성장은 더욱 빠르게 진행될 것으로 예상된다. 또 대한상공회의소가 발표한 '2017 유통산업백서'에 따르면 최근 스마트폰 사용에 익숙해진 40대 이상 중장년층들의 모바일쇼핑족 가세도 요인이다. 소셜커머스 등장 초기에 핵심 쇼핑연령대는 20대였으나 최근 3년간 40대 이상 고객이 크게 증가하여 모바일 쇼핑의 주 이용자는 30대와 40대로 각각 전체 쇼핑사용자의 27%, 21%를 차지하였으며, 50대도 18%로 높은 비중을 보였다.

만 자사의 역량이 이에 따라가지 못할 경우에도 이를 고객들의 일상적인 불만으로 치부한다. ④ 고객에 대한 매너리즘을 버리고 마케팅 인사이트(Marketing Insight, 고객과 시장에 대한 창조적이고 논리적인 시각)를 길러야 한다. ⑤ 고객을 이해할 수 있는 새로운 마케팅 기법을 도입해야 한다. 마케팅은 시장활성화의 도구지만 판매자의 이익을 앞세우면서 유혹의 언어로 변질되었다.

> "세상에는 두 종류의 기업이 있다. 하나는 고객에게서 어떻게든 더 많이 받으려 하는 기업이고, 다른 하나는 고객에게 어떻게든 적게 받으려는 기업이다. 아마존은 후자다."
>
> – 제프 베조스(Jeff Bezos), 아마존(Amazon)의 창업자

사업성패를 결정짓는 고객니즈(needs)의 이해와 트렌드 변화 및 선택요소를 이해하려면 그 바탕이 되는 고객을 이해하기 위한 고객분석과 시장 분석이 절대적으로 필요하다. 시장조사 방식으로 전화 면접, ARS 자동응답, 스마트폰 애플리케이션, 인터넷조사 등 일반적인 네 가지 방식 가운데 기업의 마케터들은 소비자에게 설문지를 제시하고 설문조사의 내용을 분석하여 태도나 반응을 알아보거나 소비자의 심리를 파악해 왔으나 최근 시장조사의 한계를 극복하기 위하여 소비자의 마음을 알 수 있는 심리학의 잠재의식에 뇌 과학과 신경과학을 결합한 마케팅을 도입하고 있다. 기업이 시장조사를 하는 이유는 고객에 대한 이해를 바탕으로 고객 중심 경영을 실천하기 위해서다. 그런데 사람들은 자신들이 경험하지 않은 것은 잘 모르기 때문에 결국 시장조사의 목적은 사람의 행동을 예측하는 것이다. 기존조사 방식이 언어를 통한 소비자의 논리적 사고만 파악한다는 점에서 실제 결과와 다르게 나타날 수 있기 때문이다.

특히 최근 디지털 경제의 확산으로 우리 주변에는 규모를 가늠할 수 없을 정도로 많은 정보와 데이터가 생산되는 빅데이터(Big Data) 환경이 조성되었다. 빅데이터란 과거 아날로그 환경에서 생성되던 데이터에 비하면 그 규모가 방대하고 생성주기도 짧으며 수치데이터뿐 아니라 문자와 영상데이터를 포함하는 대규모 데이터를 말한다. PC와 인터넷, 모바일 기기 이용이 생활화되면서 사람들

이 도처에 남긴 발자국(데이터)은 기하급수적으로 증가하고 있다. 빅데이터 기술이란 기업이 일반적으로 계량화할 수 없는 영역의 동적 변화양상을 실시간으로 데이터화하면서, 수집된 데이터를 필요로 하는 분야(마케팅 등)에 바로바로 활용하는 신흥 데이터관리 기술을 뜻한다.

예를 들어, 빅데이터 기술을 활용한 사례로는 소비자가 심리상태, 행동 등

소비자의 진짜 의중 찾는 법

각 기업의 시장조사에서 소비자들은 자신이 무엇을 원하는지, 무엇에 영향을 받는지, 어떤 선택을 하는지 모를 때가 많다. 이 때문에 고객을 대상으로 한 사전 시장조사는 효과가 없는 것이 많다. 사전 조사에서 팔리지 않을 것으로 예측된 물건이 대박 나는 것도 많고 대박 날 것으로 예측된 물건이 전혀 팔리지 않는 것도 허다하다. 신제품에 대한 구매의사를 물으면 꼭 사겠다고 응답했다가도 막상 구매 시점에서는 사던 물건을 습관적으로 구매하는 행동을 보이는 언행 불일치가 일어나기 때문이다. 남에게 어떻게 보일지 먼저 생각하다 보니 조사 때는 찬성했다가도 실제로는 반대 행동을 보이는 것이다. 이런 현상은 SNS가 발달하면서 더욱 심화하고 있다. SNS에 노출된 자신의 모습과 현실 세계에서의 행동이 전혀 다른 양상을 보이는 것이다.

애플의 창업자 고 스티브 잡스는 생전에 "무언가를 보지도 않고 어떻게 그것을 원하는지 아닌지 알 수 있지?"라며 시장조사를 잘 믿지 않았다고 한다. 습관은 각 개인의 과거 경험으로부터 생겨난 행동경향이다. 따라서 어떤 행동이 습관화되면 의사결정이 매우 편해지기 때문에 사람들은 한 번 형성된 습관을 잘 바꾸려고 하지 않는다. 시장조사를 하던 하지 않던 중요한 요소는 고객을 이해하는 것이다. 파산 위기에 처한 레고가 '아이들이 어떤 장난감을 좋아하는가'에서 '아이들이 왜 노는가'로 질문의 관점을 바꿨더니 아이뿐만 아니라 성인까지도 적극적인 소비자로 끌어들인 사례가 있다. 아이들이 오랜 시간에 걸쳐 복잡한 형태의 건물이나 기계장치를 만들고 이를 자랑하는 것에 큰 만족감을 느낀다는 것을 찾아낸 것이다. 이후 레고는 단순하면서도 화려한 장난감으로 잡았던 제품 콘셉트의 방향을 수정해 복잡하지만 성취감을 느낄 수 있는 수준의 제품을 만들어 내 재기에 성공했다.

– 한경비즈니스, 제1136호(2017.9.6)

계량화하기 어려운 영역의 데이터를 수집하고, 어떤 심리상태일 때 주로 어떤 물건을 주로 구매하는지를 분석하여 이를 마케팅에 활용하는 것이다. 빅데이터는 시선추적(eye tracking), 기능성 자기공명영상(fMRI)장치, 뇌파 검사(EEG: Electro Encephalography) 같은 뇌과학 기술이 자주 활용된다. 빅데이터 활용의 선도자 구글(Google)은 접근할 수 있는 모든 웹 페이지를 탐색해서 제목과 내용이 검색어와 얼마나 밀접한 관계를 가지는지를 측정해 지수로 환산하고, 아마존(Amazon)은 고객이 읽을 것으로 예상되는 책을 추천하면서 할인쿠폰을 지급하는 전형적인 데이터 분석에 따라 고객의 도서구매 데이터를 분석해 특정 책을 구매한 사람이 추가로 구매할 것으로 예상되는 도서 추천시스템 '북매치'를 개발하여 대성공을 거두었다.

2. 업(業)의 개념(concept) 이해

1) 업(業)의 개념(concept)

「업(業)의 개념」은 기업이 존재하는 이유이고, 효율적으로 돈을 버는 키워드이며 우리의 사업(business)은 무엇인가?라는 질문에 대한 고객차원의 답이다. 회사가 궁극적으로 추구하는 철학을 멋있게 표현한 것이 경영이념이라면, 업의 개념은 철학을 실현하려는 구체적인 핵심 성공요인을 찾아 집중하는 것이다. 창업자들에게 '당신 회사가 하는 업의 본질은 무엇입니까?'라고 질문하면 '값싸고 좋은 물건을 만들어 소비자에게 팔고 최대한 많은 이익을 내는 것 아닌가요' 또는 '제조업입니다'라는 식으로 대답하는 경우가 대부분인데 이는 '업의 본질'을 제대로 이해하지 못한 것이다. 「업의 본질」은 단순히 물건을 많이 팔아 이윤을 얼마나 남기는가, 기업이 내놓은 제품이 어떤 종류인지에 관한 것이 아니라 고객가치와 관련된 한 차원 높은 개념이다. 따라서 업의 개념에 대한 명확한 이해는 분명한 목적의식을 가지게 하고 중요한 가치창조의 이정표가 된다.

현대경영의 아버지 피터 드러커(Peter F. Drucker)는 "업의 개념을 규정하기 위해서는 일반적 시장상황과 경쟁사의 전략, 자사의 핵심역량을 동시에 고려해야 한다"며, 이때 유의할 점은 모든 관점을 고객의 관점에서 보는 것이므로 창업자가 우선해야 할 일은 산업 차원의 핵심성공요소(key success factor·KSF)인 '업(業)의 개념'을 파악하는 것이다. 그는 "내가 하려는 사업의 개념(업의 본질)을 정확히 파악한 후에 사업을 시작해야 비로소 성공의 문턱에 다가설 수 있다"고 했다.

아마존은 왜 최고가에 자포스(Zappos)를 인수했나?

<아마존은 왜 최고가에 자포스를 인수했나>의 비밀은 결국 기업의 경쟁력은 '기업문화'라는 것이다. 조직 구성원들과 고객행복이라는 조직의 핵심가치에 대해 확실히 공유하고 구성원들의 개성과 창의력을 존중하며 그걸 함께 구현해 나가는 것이다. 자포스 고객의 한 구매후기가 피부에 와닿는다. "세상에서 가장 좋은 온라인 쇼핑몰은 자포스예요. 왜 다른 회사들은 이렇게 못하는지 이해할 수가 없어요. 생활에 필요한 모든 물건을 자포스에서 팔면 안 되나요?"
자포스 CEO 토니 셰이가 일궈낸 기업 성공 스토리. 『아마존은 왜 최고가에 자포스를 인수했나?』는 아마존이 12억 달러라는 거금을 주고 자포스를 인수한 까닭을 묻는 물음에 미국 비즈니스계를 깜짝 놀라게 한 자포스의 성공 비결과 독특한 CEO 토이 셰이에 대한 이야기. 자포스는 인터넷으로 신발을 사고판다는 것이 거의 불가능하다고 여겨졌던 1999년, 창업자금 단돈 15만 달러로 시작한 온라인 신발 쇼핑몰이다. 또한 설립 10년 만에 일하기 좋은 기업 순위에서 15위를 차지하고, 매출 10억 달러를 돌파한 작지만 강한 기업이다. 아마존이 상상을 초월하는 최고 인수가로 자포스를 인수한 것은 '세계 유일의 기업문화', 고객과의 강한 유대관계, 탁월한 비즈니스 모델, 전설적인 서비스, 리더십 등 자포스만이 갖고 있는 무형의 자산을 취득하기 위해서이다. 자포스의 10가지 핵심가치는 세밀한 채용 프로세스, 매뉴얼도 없는 자율적 업무 추진, 리더십 양성 코스, 트위터와 블로그 등 소셜 미디어를 통한 열린 의사소통이 자포스의 성공적인 기업 혁신 내용이다. 또한 우리 기업들이 변화와 혁신, 지속적 내부 역량 강화, 열린 경영의 실천 등 쉽지 않은 도전을 극복하는 데 벤치마크 대상이 될 것이다.

「업의 본질」은 시공을 초월하여 언제나 변함이 없는 업의 기본이고, 「업의 특성」은 시대나 환경의 변화에 따라 달라지는 업의 속성이다. 업의 본질과 특성이 다르기 때문에 사업의 핵심 성공요인도 달라진다. 자사의 업이 과거로부터 현재까지 어떻게 변화해왔으며 앞으로 어떻게 변해갈 것인지를 제대로 알고 있어야 사업에서 성공할 수 있다. 피터 드러커(Peter F. Drucker)의 5가지 경영원칙에 대해 명쾌한 답이 가능한지 자가진단해 보면 사업의 방향을 찾을 수 있게 된다. • 질문 ① 우리의 사명은 무엇인가? • 질문 ② 우리의 고객은 누구인가? • 질문 ③

고객이 가치 있게 여기는 것은 무엇인가? • 질문 ④ 우리의 결과는 무엇인가? • 질문 ⑤ 우리의 계획은 무엇인가? 기업이 살아남기 위해서는 이런 질문에 명쾌하게 답하고 환경에 맞게 자사의 업의 개념을 변화시켜야 한다. 경영진은 자사의 업의 개념을 바로 정립하고 이에 맞게 사업의 방향과 전략을 세워야 하며 조직 구성원 개개인도 맡은 직책과 업무에 따라 업의 개념을 이해하고 이에 알맞게 일의 완급과 대소를 가리고 관리 포인트를 정해 일을 해야 한다.

또 보험 가입자들은 불안한 미래에 대비하기 위해 어딘가 의지할 곳을 찾느라 보험에 가입하는 것이므로 보험업의 근본적인 개념은 「불안제거 업」으로 판단한 삼성화재는 업의 개념을 고객에게 안심을 주는 '리스크 솔루션 사업'으로 새롭게 정의했다. 또 화장품 회사의 업의 본질인 「아름다움」이라는 단어에 통찰력과 창의성을 더하면 아름다움의 희망을 만들기 위해 새로운 생각을 하게 되고, 오직 화장품만 생각하던 사고에서 '아름다움'이라는 업의 본질을 재인식하여 블루오션을 만들 수 있었다. 또 복사기 제조회사 제록스(Xerox)는 '사무실의

업(業)의 개념과 본질

교육장에서 가정주부였던 한 강사가 "여러분~! 제가 어떤 일을 하는지 아세요?"라고 질문하자 교육생들이 일제히 "가정주부요~"라고 대답을 하였다. 강사는 예전에는 가정주부였는데, 지금은 가정주부가 아니다, 물론 청소하고 빨래하고 아이들 도시락 싸주는 것은 예나 지금이나 같지만, 자신은 스스로 가정주부가 아니라 집안의 '해피 메이커' 라고 한다. 그 강사는 '자신의 업(業)'을 가정주부로 한정해버리면 현재 하고 있는 가사노동이 지겨울 수밖에 없는데, 자신이 청소하고 빨래하면 가족 모두의 건강을 챙길 수 있고 아이들에게 영양이 높은 도시락을 챙겨줄 수 있어서 아이들이 올바르게 성장할 수 있으며, 남편을 뒷바라지해주니 남편도 열심히 일하여 돈도 많이 벌어 가계를 운영하게 되므로 '자신의 업의 본질'은 '집안의 해피 메이커'라는 것이다. 하는 일은 달라지지 않았지만 '해피 메이커'로 업을 포지셔닝(positioning)하니 지겨운 가사노동도 즐거울 수 있고 나날이 행복해지는 선순환을 경험한다는 것이다.

생산성 향상'이라는 도메인의 확장 개념으로 복사기 이외의 사무용품과 사무용 기기를, 영화제작사는 엔터테인먼트 회사로, 석유회사는 에너지회사로 거듭날 수 있었다. 철도회사는 철도수송에서 '사람과 물자의 수송'으로 업의 개념을 발전시켜 육상·해상·항공운송까지로 사업영역을 확장할 수 있었던 것이 바로 업의 본질과 업의 개념에 대한 통찰을 통한 신사업 발상의 핵심이다.

2) 업(業)의 개념과 블루오션(blue ocean) 전략

레드오션은 세계적인 경영석학 김위찬, 르네 마보안 교수(프랑스 인시아드 경영대학원)가 화제의 저서 〈블루오션 전략(*Blue Ocean Strategy*)〉에서 제시한 개념이다. 레드오션(red ocean)은 산업경계가 이미 정의되어 잘 알려져 있고 '피 튀기는 치열한 경쟁'으로 성장이 둔화되었으며 수익률이 하락하는 대부분의 산업을 뜻한다. 레드오션의 회사들은 기존 시장수요의 점유율을 높이기 위해 경쟁사보다 우위에 서기 위해 노력하게 되므로 시장에 경쟁사들이 많아질수록, 수익과 성장에 대한 전망은 어두워진다.

반면 블루오션(blue ocean)은 레드오션과 대비되는 개념으로, 현재 존재하지 않아서 경쟁에 의해 영향을 받는 매력적인 모든 산업을 말한다. 블루오션의 시장수요는 경쟁에 의해 얻어지는 것이 아니라 창조에 의해서 창조되거나 기존산업을 확장하여 만들어지는데, 아직 산업 내 게임의 규칙이 없기 때문에 경쟁도 없는 황금어장이다. 아직 시도된 적이 없는 광범위하고 깊은 잠재력을 가진 시장을 뜻하는 블루오션에는 높은 수익과 빠른 성장을 가능케 하는 엄청난 기회가 존재한다. 시장(Market)을 크게 레드오션과 블루오션의 두 가지로 구분할 경우, 그 차이점은 다음의 [표 5-1]과 같다.

변화하는 산업 환경 속에서 기업의 존속과 지속적인 고성장·고수익 달성을 위해서는 미래 성장 동력에 대한 선택 및 준비과정에서 강력한 추진력이 필요하고 그때 등장한 개념이 블루오션(blue ocean)이다. 또 블루오션 전략(blue

[5-1] 레드오션과 블루오션의 비교

구 분	레드오션(red ocean)	블루오션(blue ocean)
시 장	• 기존의 시장영역	• 경쟁이 없는 신규시장 창출
게임의 법칙	• 치열한 경쟁	• 경쟁에서의 자유로움
특 징	• 기존의 수요시장 공략 • 가치창출이나 비용절감 중 택일 • 기업의 활동체계가 차별화나 저비용 중 하나를 통하여 이루어짐	• 새로운 수요시장 창출 • 가치창출과 비용절감 동시추구 • 기업의 활동체계가 차별화와 저비용을 동시추구

자료: kim & Mauborgne, 2004.

ocean strategy)은 경쟁의 틀에서 벗어나 새로운 시장과 고객을 창출해야 한다는 시각을 제시한다는 전략으로, 경쟁사들이 비슷한 방식으로 승부를 걸 때, 발상의 전환과 차별화 전략으로 고객들에게 새로운 가치를 제공하여 경쟁이 없는 새로운 시장을 창출하는 데 목적을 둔다. 블루오션 전략은 틈새시장 개척이 아니라 경쟁자가 없는 무(無)경쟁시장에서 싸우지 않고 이기려는 전략이다. 요즘처럼 치열한 경쟁상황에서 산업의 특성과 본질에 대한 기존의 개념에서 벗어나 업의 개념을 새롭게 정의하는 것은 사업을 효과적으로 확장할 수 있는 경쟁 없는 엄청난 황금어장을 발견하는 것이다.

또 블루오션 전략의 주창자들은 기업경쟁력의 두 원천인 비용절감과 차별화를 동시에 추구할 것을 강조한다. 기업들이 각자 처한 위치에서 블루오션을 창출하고 지속적으로 유지하기 위해서는 어떤 상황 하에서도 다음과 같은 기본토대를 지켜야만 한다. ① 철저하게 고객관점에서 사업이나 제품을 바라보아야 한다. ② 블루오션 창출 가능성을 높이기 위해서는 리더를 포함한 전 구성원들의 창의성을 촉진하는 관점에서 인력 및 조직이 운영되어야 한다. ③ 절대가치를 추구하여야 한다. 대부분의 기업은 시장에서의 경쟁에서 이기기 위해 경쟁사보다는 조금 나은 '상대가치'를 추구하는 것이 보통이지만 성공한 기업들은 "우리 기업은, 우리 사업부는, 왜 존재하는가?"라는 본질적인 질문에 대한 해답을 고민하는 '절대가치'를 추구하여야 한다. ④ 블루오션으로 들어가는 길목을 좁혀야 한다. 진정한 '블루오션'을 만들기 위해서는 블루오션으로 들어가는 길목에 기술적인 장벽이든, 특허와 같은 제도적인 장벽이든 경쟁자가 쉽게 들어올 수 없는 장애물을 세워야 한다. ⑤ 움직이는 블루오션을 만들어야 한다. 누군가 블루오션에서 이미 성공을 거두었다면, 경쟁자들은 장애물을 뚫고 블루오션에 진입하려 할 것이므로 영원한 블루오션은 있을 수 없다.

업의 개념과 블루오션전략

업(業)의 개념을 재정의 하는 첫 번째 원칙은 시장의 경계를 재구축하라(Reconstruct market boundaries)이다. 삼성 이건희 회장이 1990년대 초 신(新)경영을 주창할 때 밝힌 '업(業)의 개념'도 '시장의 경계를 재구축하라'는 원칙과 맥이 통한다. 업의 개념을 다르게 정의한다는 것은 업계에서 수용되고 있는 산업의 정의를 받아들이지 않겠다는 뜻이다. 기업들은 이처럼 업의 개념을 새로 정의함으로써 레드오션에서 벗어날 수 있었다. 블루오션전략에서 말하는 위기에 빠졌던 기업이 업의 개념을 제대로 규정하면서 되살아나는 경우가 많은데 그 배경에는 비(非)고객이 있다. 사업의 초점이 바뀌면서 그동안 고객이 아니었던 사람(비고객)들이 대거 몰려와 경쟁 없는 새로운 시장(황금어장)이 열린 것이니 업의 개념이 달라지면서 고객 기반에 소용돌이가 생긴다. 비고객은 우리 상품을 쓰지 않고 다른 회사 상품을 쓰는 사람이거나 우리 업종에는 관심 없고 다른 업종에서 자신의 욕구를 채우고 있는 사람들이다. 비고객 연구를 통하여 고객이 원하는 가치를 찾는 방법은 우리가 제공할 수 없는 그 무엇 때문인데, 그 무엇이 그들이 원하는 가치이다. 오늘날 업의 개념을 제대로 알고 그것을 토대로 이루어진 발상의 전환은 산업 자체의 경계마저 무너뜨리고 있다. 21세기에 우리 기업들이 세계적인 경쟁력을 갖추기 위해서는 많은 기업 구성원들이 이와 같은 환경요인에 의해 변화하는 업의 개념을 잘 이해하고 서로 다른 업의 특성을 조화롭게 결합시킬 수 있어야 한다. 새로운 변화를 주도하는 기업은 살아남겠지만, 기존의 업에 안주한 기업들은 대부분 시장에서 사라지는 것이 현실이니 업의 변화를 미리 예측하는 것이 곧 새로운 사업기회를 얻는 셈이다.

3) 업의 개념 재(再)정의와 사업기회

업의 특성은 시대 상황과 환경에 따라 변하므로 업에 종사하는 사람들이 과거부터 현재까지 자신이 속해있는 업이 어떻게 변화해 왔으며 앞으로 어떻게 변해갈 것인지를 제대로 알아야 실패를 되풀이하지 않을 수 있다. 업(業)이란 본래 언제나 변함없는 업의 본질을 뜻하지만 진정한 '업(業)'의 개념은 기업이나 시대와 환경변화에 따라서 바뀌어야 한다. 업의 개념이 변하는 이유는 업(業)을 둘러싸고 있는 다양한 환경요인들의 변화 때문이다. 따라서 사업에서 성공하려면 업(業)의 변화를 미리 예견하는 것이 중요하다. 업의 개념을 변화시키는 일반적인 요인은 기술·소비 니즈·산업구조·정부정책 등이지만 오늘날은 이러한 환경요인들이 복합적으로 영향을 미쳐 변화되는 경향이 있다. 따라서 누가 먼저 변화하는 업의 특성을 정확하게 인지하고 서로 다른 업의 특성들을 조화롭게 결합시킬 수 있느냐가 신사업 기회 선점의 관건이다. 그러기 위해서는 무엇이 핵심 기술이며, 그 기술이 어디로 가고 있는가? 또 우리의 고객은 누구이고, 고객의 기호가 어떻게 바뀌고 있는가? 그리고 내가 속해 있는 업의 경쟁의 룰(rule)이 어떻게 변화하고 있는가? 등을 명확히 읽어낼 줄 알아야 하며 자사의 제품과 서비스를 구매하는 고객이 진정으로 원하는 것이 무엇인가를 파악해야 한다.

특히 하버드대학의 테오도로 레빗(Theodore Levitt) 교수는 업의 개념을 기업의 관점에서만 규정하면, 제품에 대한 고정관념에서 벗어나지 못한다며 마케팅에서 근시안적 관점을 버리라고 경고하였다. 즉, 기업이 '무엇을 파느냐(what)'에만 초점을 둘 것이 아니라, 고객들이 '왜 사느냐(why)'의 관점에서 보라는 것이다. 또 사업기회를 잘 포착하려면 가장 먼저 자사의 제품과 서비스를 구매하는 고객이 진정으로 원하는 것이 무엇인가를 파악해야 하고 그러려면 기술과 소비 니즈(needs)가 어떻게 변화하여 산업 내 경쟁의 룰(rule)을 바꿀 것인가를 정확하게 예측하며 업의 개념을 재창조(새로운 황금어장 발견)하는 능력이 필요하다.

레빗 교수는 업의 개념을 활용한 신사업 발굴은 다음과 같은 세 가지 관점에서 이루어진다고 강조하였다. 첫째는 기술 진화의 추이를 파악하여 보유하고 있는 핵심 기술의 새로운 용도를 개발하거나 타 기술과 융합하여 새로운 사업영역을 개척하는 것이다. 둘째는 미개척 소비 니즈를 발견하거나 새로운 소비 니즈를 촉발할 수 있도록 업의 특성을 선제적으로 변화하는 것이다. 셋째는 현재의 비즈니스 모델을 정확하게 진단하고 분석하여 사업 도메인 확장을 통해 기존 업의 개념을 재창조하는 것이다. 사실 대부분 기업들은 자기가 속한 산업이나 전략집단 등을 기존 관행과 유사하게 규정짓고 그 안에서 최고가 되기 위해 최선을 다하는 레드오션 전쟁터를 벗어나지 못하고, 경쟁사를 서로 벤치마킹하며 시장점유율 경쟁을 벌인다. 기업들이 이 같은 관행들을 공유할수록 레

신규 사업 수행 선결과제 '업의 개념'

속옷사업은 속옷을 파는 사업인가?

1991년 직원 3명으로 "속옷도 패션이다"라는 캐치프레이즈로 속옷 시장에 뛰어들어 크게 성공한 속옷업체 '좋은사람들' 이야기이다. '좋은사람들'의 최대주주인 개그맨 출신 주병진 대표가 속옷사업에서 성공을 거둔 비결은 레드오션에서 승리하는 방법을 터득한 것이었다. 기존 속옷업체로는 쌍방울, 백양, 태창 등 빅3 업체가 시장을 장악한 상태였고, 기존 속옷시장은 레드오션이었다. 가장 늦게 시장에 진입한 중소 영세업체가 1,200억원 매출의 회사로 성장할 수 있었던 것은 속옷이란 남에게 보이고 싶지 않은 치부상품이 아니라 남에게 보이고 싶을 정도의 패션상품으로 위치를 이동한 것이다. 더불어 '선물용품' 시장 진입까지 시장을 추가하였다. 이는, 기존의 피 튀기는 레드오션(속옷시장)에서 '패션사업 + 선물용품 사업'의 블루오션 시장으로 싸움의 장을 위치를 이동시킨 것이 결정적인 원인이었다. 여기에 경영자만이 가지고 있는 재치 넘치는 아이디어를 초기 시장의 광고 카피와 홍보방법에 집중 투입했다, 흰색 일색이던 속옷시장에 컬러와 패션 개념을 도입했다는 점이 기존 속옷 시장과 싸우지도 않고 창업과 수성에 성공할 수 있었던 포인트이다.

드오션(red ocean)에 빠지면서 피 튀기는 경쟁은 더욱 심화되는데 새로운 해법을 찾기 위하여 발상의 전환이 필요하다.

다른 기업과 관행을 공유할수록 경쟁은 더 심화되지만 자기 사업을 남과 다르게 정의하고, 업의 개념을 제대로 정의해 보면 기존 시장에서 기존의 룰(rule) 대로 싸우는 다른 기업엔 보이지 않는 시장이 열리고, 남과 다르게 경쟁할 수 있는 토대가 만들어진다. 이 같은 과열경쟁을 탈피하고 고성장으로 진입하기 위해서는 업의 개념을 다음과 같이 정의하는 것이 바람직하다.

① 시장을 넓게 재정의해 보자. 코카콜라의 전 회장인 로베르토 고이쥬에타는 "코카콜라의 경쟁상대는 다른 탄산음료들이 아니라 모든 음료수이다. 모든 음료수와 경쟁했을 때, 우리의 시장점유율은 40퍼센트가 아니라 3퍼센트밖에 되지 않는다"라고 말했다. 코카콜라는 자신들의 가장 큰 경쟁자는 펩시콜라가 아니라 물이라고 이야기한다. 코카콜라 섭취량은 사람의 총 수분 섭취량의 3%에 불과하니 경쟁자는 물이란 이야기다. 코카콜라는 이렇게 시장의 경계를 키운 덕에 오늘날 세계 최고의 종합음료기업이 되었다.

② 사업의 기존 정의에 도전하자. 인문학적 상상력, 입체적 사고, 발상의 전환을 통해 기존과 전혀 다른 업의 개념을 설정, 고객에게 새로운 가치를 줄 수 있다. 모 제약회사는 '질병 치료'에서 '건강 증진'으로 업을 재정의함으로써 연구 방향까지 바뀌었다고 말한다. 질병치료의 대상은 환자들이지만, 건강증진은 전 국민을 대상으로 하기 때문이다.

③ 고객을 재정의하자. 중국 송나라에는 엄동설한에도 손이 얼지 않게 하는 약을 비방으로 전해오던 집이 있었다. 사람들은 이 약을 사서 겨울에 비단을 찬물에 헹굴 때 사용했고 이 집은 대대로 내려오는 이 동상방지 약 덕분에 동네 부자가 됐다. 소문을 들은 한 나그네가 은전 백냥을 주고 그 약의 비방을 샀고 그 약의 용도를 전쟁에 나선 군사들의 동상방지제로 확장했다. 당시에 월(越)왕이 군사를 일으켜 오(吳)나라를 공격하였는데 오나라 군사들은 손이 시려 싸움

을 잘할 수 없었을 때 그 나그네는 동상방지 약을 오왕에게 바쳤고 덕분에 오나라 군사는 겨울 전투에서 월나라에 대승을 거둔다. 똑같은 '동상방지약'이었지만 그 나그네는 '고객'을 바꿔 동네 부자에 그치지 않고 한 나라의 제후가 될 수 있었다.

④ 경쟁자를 재정의해 보자. 경영학의 대가 피터 드러커는 일찍이 고급 자동차의 경쟁자는 동종의 자동차가 아니라 보석과 밍크코트라고 말한 바 있다. 고급 자동차 고객은 같은 돈으로 '운송수단'을 사려는 것이 아니라 '위신과 품위'를 사고자 하기 때문이다.

⑤ 비(非)고객의 입장에서도 생각하자. 비고객은 왜 제품을 이용하지 않는지를 생각해 보면 새로운 아이디어를 얻을 수 있다. 크루즈는 과거 해양 운송 수단이었지만, 지금은 추억을 만들기 위한 여행으로 변화했다. '왜 크루즈를 타느냐?'와 동시에 비고객 입장에서 '왜 크루즈를 타지 않는가?'를 질문해 보면 크루즈가 지향해야 할 새로운 가치를 찾아낼 수 있다.

4) 업(業)의 개념 재(再)정의 사례

대부분 기업들은 자기가 속한 산업이나 전략집단 등을 기존관행과 유사하게 규정짓고 동일한 목표를 가지고 같은 테두리 안에서 최고가 되기 위해 최선을 다한다. 그 과정에서 경쟁사를 서로 벤치마킹하며 시장점유율 경쟁을 벌인다. 사업을 하는 대부분의 산업에서 치열한 경쟁(Red ocean)에 빠져 피 튀기는 경쟁을 하는 것은 피할 수 없기 때문에 누구나 경쟁 없는 새로운 시장을 뜻하는 블루오션(blue ocean)을 원한다. 하지만 누구나 1등을 원한다면 1등을 제외한 모든 사람들은 실패자가 되는 것이니 새로운 목표를 찾아 차별화하는 지혜가 필요할 것이다. 그 해법으로 레드오션(Red ocean) 시장에서 생존경쟁을 다투는 틀을 깨기 위해서는 업의 개념을 조정하여야 비고객의 마음을 열 수 있고 그래야만 경쟁 없는 새로운 시장인 블루오션을 개척할 수 있다. 그런 생각은 정확한 목적의식을 기반으로 핵심역량을 개발하고 미래의 성장을 위한 가치를 창출하는 데 매우 중요하다.

① 스와치(Swatch)와 시계(watch)산업

과거 시계 산업은 '시간이 정확히 맞는 시계를 만드는 것'이 업의 개념이었기 때문에 시간의 정확성이 업계에서 수용되는 경쟁기준이었다. 시계산업의 업의 개념은 본래 '정밀기계 업'이었지만 생산라인이 자동화, 기계화되면서 '조립금속산업'으로 변화하였고, 다시 옷과의 조화를 이루기 위해 패션산업(fashion industry)으로 바뀌었다. 이제 시계산업의 경쟁력은 얼마나 정밀하게 잘 만드느냐 하는 하드역량보다 얼마나 품격 있게 잘 디자인하고 좋은 브랜드를 개발할 수 있느냐 하는 소프트 역량에 달려 있다.

지난 1970년대 후반 시계왕국 스위스 시계 산업이 붕괴위기에 몰렸을 때에도 경쟁기준은 정확성이었다. 당시 일본과 홍콩 업체들이 정교하면서도 값싼 전자식 시계 쿼츠(quartz)로 시장을 빠르게 잠식했기 때문에 많은 시계업체들은 기능을 추가하는 방식으로 다양한 생존방안을 고민하였으나 스위스 시계업체들은 새로운 경쟁력을 찾지 못하였다. 메이저기업이 아닌 '스와치(Swatch)'는 당시 시장을 장악하고 있던 선두기업 세이코(Seiko), 시티즌(Citizen) 등이 서로 차별화하기 위해 각종 기능을 추가하는 경쟁을 벌일 때 전혀 다른 길을 선택하여 스위스 시계 산업의 부흥을 이끌며 위기를 극복하였다. 발상을 전환한 스와치(Swatch)는 손목시계를 단순히 시간을 알려주는 기능적인 제품에서 강력한 감성적 메시지를 전달하는 패션 액세서리로 재창조하여 업의 개념을 새롭게 정의하고 디자인에 역량을 쏟았고, CEO가 패션산업이라는 업의 개념을 가진 후부터 감각이 있는 디자이너를 뽑아 트렌드에 맞는 시계 만들기에 집중한 결과는 대히트였다. 오늘날 대형마트에서 구입한 몇 만원짜리 시계나 백화점에서 고른 천만원대의 명품시계나 시간을 알려주는 정확성이라는 기능에는 차이가 없으나, 시계 산업의 경쟁력은 본질적 품질(정밀함)이 아니라 품격 있는 디자인과 브랜드개발이라는 변화된 특성에 초점을 맞추고 있다.

② 멀티플렉스(multiplex)와 영화관(cinema)산업

고객이 진정으로 원하는 바를 파악하기 위해서는 현재 고객의 불만(미충족 욕구)에 관심을 갖거나 아직 실현되지 않은 고객의 욕구를 찾는 것이 중요하다. 과거 영화산업은 목 좋은 곳에 영화관을 지어 놓고 최신영화를 상영해 주는 것을 업의 개념으로 삼았기 때문에 영화관의 위치와 최신영화의 확보 여부가 경쟁기준이었다. 그러나 그런 영화관은 더 이상 많은 관객들을 이끌지 못했고 관객들의 다양한 요구를 수렴한 새로운 형태의 복합영화관이 탄생하게 되었다. 멀티플렉스는 시내 중심가에 위치한 피카디리, 단성사 등이 최신영화 확보경쟁을 벌일 때 전혀 다른 길을 택했다. 영화관(cinema)산업의 신개념 멀티플렉스(multiplex) 이전을 기준으로 보면 영화관에 가지 않는 사람들이 비(非)고객이다. 그 비고객들이 주말 저녁에 어디에 가는지 봤더니 안락한 의자와 무료주차장을 갖춘 레스토랑이나 커피숍을 찾는 것으로 나타났다면 이제 영화만 틀어주는 단순한 영화관을 만드는 게 아니라 비고객들이 원하는 '안락한 의자', '무료 주차장', '레스토랑이나 커피숍'을 가미한 새로운 영화관 설립을 고민해 볼 필요가 있고 그렇게 만들어진 영화관이 바로 CGV나 메가박스(Megabox) 같은 멀티플렉스다. 비고객에 집중해 현재 고객들도 잘 모르는 가치를 찾은 결과 새로운 영화관이 설립되면서 영화관을 단순히 영화를 보는 장소에서 식당, 오락실 등을 갖춘 엔터테인먼트 공간으로 탈바꿈시켜 그동안 영화관에 가지 않던 비고객들이 대거 몰려 '대박'이 터진 것이다. 기존 영화업계에서 수용되던 산업의 정의를 받아들이지 않고 업의 개념을 엔터테인먼트 산업으로 재(再)정의하면서 관람객 수가 폭발적으로 늘었고, 과거 상상도 못했던 국내 관람객 1천만 관객을 돌파한 영화는 2003년 실미도 이후 2021년 5월 기준 27편이다.

③ 스타벅스(Starbucks)와 커피(coffee)산업

스타벅스(Starbucks)의 커피시장 진입 당시, 커피(coffee)의 맛은 대부분 소수 기업에 의해 만들어진 표준화된 밋밋한 맛이었으나 스타벅스는 고급커피를 즐기고 싶은 고객의 잠재욕구를 발견하고 강렬한 향의 고급커피를 시장에 내놓았다. 스타벅스는 고급커피와 함께 '문화를 즐길 수 있는 공간'을 고객에게 제공하면서 과거 단순한 상품(commodity)이었던 커피를 새로운 가치를 담은 신상품으로 재탄생시켰다. 은은한 조명이 주는 부드러움, 원목의 테이블과 탁자가 주는 따뜻함, 경쾌한 음악과 적당한 소음이 주는 편안함 속에서 최고급 원두커피를 즐기며 사람들은 대화를 즐기기도 하고 책을 읽기도 한다. 스타벅스가 고객에게 제공하는 특별한 경험은 단순히 '커피(coffee)'나 '커피를 마시는 공간'이 아니라 '고객의 일상을 풍요롭게 만드는 공간'이자 '새로운 커피문화'였고 스타벅스는 늘 고객경험을 향상시키려 노력해왔다. 창업자 하워드 슐츠(Howard Schultz)는 이탈리아 커피문화를 미국에 소개하는 데 그치지 않았고, 스타벅스의 성공 비결은 이탈리아 커피 맛의 모방이 아닌 미국적 변형이었다. 스타벅스는 최근 그들이 추구하는 비전을 다음과 같이 소개한다. "우리는 커피와 차 제품군을 이끄는 유통(retail) 브랜드가 되고자 합니다. 우리는 이를 위해 고객 한 명 한 명에게 특별한(unique) '스타벅스 경험'을 제공하고자 합니다. 스타벅스 경험은 질 높은 고객서비스와 디지털 경험, 깨끗하고 쾌적한 매장, 그리고 각 지역 커뮤니티의 특성을 투영할 수 있는 역량을 제공합니다."

④ 코웨이(Coway)와 정수기(Water purifier)산업

정수기산업(Water purifier industry)의 경우 웅진 코웨이(Coway)는 IMF 이후 불황기에 가족 건강과 수질오염으로 고민하면서도 가격부담 때문에 선뜻 정수기를 구입하지 못하는 소비자가 많음을 파악하고 '정수기는 상품이 아니라 서비스(service)'라는 발상의 전환을 통해 스스로 업의 개념을 재(再)정의하여 업계 최초로 새로이 렌탈 서비스(Rental services)라는 시장을 창출했다. 이로써 98년

4만 명, 99년 19만 명의 렌탈회원을 유치함으로써 97년 초반 30% 초반에 머물던 시장점유율(M/S)이 2000년에는 50%까지 증가하였고 현재까지 50~60%의 점유율을 유지하며 업계 1위를 확고히 유지하고 있다. 코웨이는 2015년 매출액 2조 3,152억원, 영업이익 4,633억원을 기록했다고 공시했다. 코웨이(Coway) 렌탈 마케팅의 성공비결은 고가의 제품을 부담 없는 가격으로 빌려주는 발상의 전환에서 시작되었고, 1만 2,000여 명 코디(Coway Lady)의 활약으로 정착시켰다.

비즈니스 모델 혁신으로 성공한 코웨이

우리나라에서는 1989년과 2000년에 중소기업으로 출발해 중견기업으로 성장한 코웨이는 바로 사업을 비즈니스 모델의 관점에서 접근한 대표적인 기업이다. 코웨이의 초기 비즈니스 모델은 방문판매였다. 1997년 IMF(국제통화기금) 외환위기를 맞아 매출이 급감하자 코웨이는 '판매에서 렌털로' 비즈니스 모델을 전환시켰다. 대당 100만원이 넘는 정수기를 파는 것보다 10만원의 보증금과 월 26,000원의 렌털 요금을 부담토록 하는 것이 소비자에게 환영받을 것이라는 판단에 따른 것이었다. 새로운 비즈니스 모델로 10만 대의 정수기가 소비자에게 제공됐고, 1997년 11억원의 적자는 1998년 30억원의 흑자로 반전됐다. 또 보통 신용카드를 사용하면 포인트가 쌓이는데, 사용처를 찾기가 쉽지 않다. 코웨이(Coway)는 2009년 외환카드와 공동으로 코웨이 제품의 렌털비용을 대신 납부해 주는 페이프리(pay free) 카드를 신규로 만들었고, 카드를 사용해 적립된 포인트로 웅진제품 구입 및 렌탈료 등을 결재할 수 있는 페이프리 제휴사업을 전개했다. 페이프리는 출시 9개월 만에 회원 100만 명을 돌파했고 이 카드는 발급한 지 4개월 만에 6만 장 이상이 발매됐다. 코웨이 입장에서는 '렌털에서 무료로' 비즈니스 모델이 전환된 셈이다. 신규카드를 발급할 경우에 통상 모집인에게 5만원 정도의 수수료가 지급된다고 하니, 외환카드 입장에서는 약 30억원의 비용을 절감한 셈이고 코웨이도 그만큼 신규수요를 창출한 것이다. 이처럼 코웨이는 판매에서 렌털로, 렌털에서 무료로 계속해서 비즈니스 모델을 업그레이드(upgrade)시켰다.

– 이코노미조선, 2015.6.2.

3. 비즈니스 모델(Business Model)의 이해

1) 비즈니스 모델(Business Model)

글로벌 시장에서의 경쟁패러다임이 1960~70년대에는 더 싸게(cheaper)였고, 1980~90년대에는 더 좋게(better)에서 2000년대 이후에는 남과 다르게(different)로 바뀌면서, 경쟁패러다임도 원가에서 품질로, 품질에서 비즈니스 모델로 변화했다. 비즈니스 모델(business model)은 기업이 어떻게 가치를 창출하고, 전달하고, (수익으로) 회수할지에 대한 것으로 고객의 욕구(needs)에 대한 깊은 통찰을 바탕으로 경쟁사와 차별적인 새로운 가치를 창조, 제공하고 이를 통해 발생하는 이윤을 획득하는 구조다.

비즈니스 모델은 기업이 지속적으로 이윤을 창출하기 위해 특정사업의 가치창출 방법, 제품 및 서비스의 전달방법, 대상 고객, 핵심역량, 유통방식, 고객관리, 활동 및 자원계획, 협력업체, 기업업무, 이윤을 창출하는 방법을 나타낸 사업 아이디어 모형이다. 책 〈비즈니스 모델 창출(*Business Model Generation*)〉에서도 비즈니스 모델을 '조직이 고객에게 제공할 가치를 창출·가치를 전달·수익을 획득하는 원리'라고 정의하였다.

하버드 경영대학원의 클레이 크리스텐슨(Clay Christensen) 교수는 비즈니스 모델이 고객가치 제안, 이윤공식, 핵심자원, 핵심프로세스의 4개 요소로 구성되어야 한다고 강조하였고, 체소보로와 로젠블룸(Chesborough & Rosenbloom)은 "조직이 고객을 위한 가치를 어떻게 창조해 전달하고 어떤 방법으로 수익을 획득하는가를 설명하는 스토리를 상품과 서비스, 그리고 기업이 그 모델을 활용하여 벌어들이는 경제적 이윤 간의 관계"라고 말했다.

새로운 비즈니스 모델 캔버스(9가지 블록, Nine blocks)

① **CS:** Customer Segment - 고객은 누구인가?
② **VP:** Value Proposition - 핵심 가치는 무엇인가?
③ **CH:** Channels - 어떻게 이 가치를 제안하고 전달할 것인가?
④ **CR:** Customer Relation - 각각의 고객들과 어떤 관계를 맺을 것인가?
⑤ **R$:** Revenue Streams - 수익원은 무엇인가? 어떻게 이윤을 창출할 것인가?
⑥ **KR:** Key Resource - 가지고 있는 핵심 자원은 무엇인가?
⑦ **KA:** Key Activity - 기업은 어떤 핵심활동을 수행해야 하는가?
⑧ **KP:** Key Partnership - 아웃소싱 포함, 기업은 어떤 파트너십을 가져야 하는가?
⑨ **C$:** Cost Structure - 이 모든 활동을 유지하기 위한 비용구조는 어떠한가?

– 예스 피그누어., 비즈니스 모델의 탄생(Business Model Generation)

피터 드러커(Peter Drucker)는 비즈니스 모델이 "고객이 누구인가, 고객은 무엇에 가치를 두는가, 적절한 가격에 가치를 전달하려면 어떻게 해야 하는가? 라는 질문에 대한 답"이라고 설명하였다. 예를 들어, 생수회사는 생수를 팔아서 수익을 얻기 때문에 고객에게 가치를 제공하는 서비스모델과 돈을 버는 수익 모델이 일치한다. 이 경우 생수회사 입장에서는 어떻게 소비자들이 원하는(가치 있는) 생수를 만들 것인가? 즉 어떻게 가치를 창출할 것인지가 가장 중요한 문제다. 하지만 생수를 무료로 제공하고 병에 광고를 붙여서 수익을 창출한다면 문제가 달라진다. 마찬가지로 구글의 서비스 모델은 검색이지만 수익 모델은 광고이고, 카카오톡의 서비스 모델은 모바일 메신저이지만 수익 모델은 중개(예, 게임과 게이머)다. 구글, 페이스북, 스포티파이, 김기사 등 수많은 서비스와 앱들의 서비스 무료화가 가속화되고 있기 때문에 수익 모델에 대한 고민은 더욱 가중될 수밖에 없다.

비즈니스 모델은 • 고객을 위한 가치 창조(customer value creation), • 이를 통해 발생한 이익을 획득하게 해 주는 수익 모델(profit model), • 앞의 두 가지를

사업 모델 틀－새 버전

<table>
<tr><th colspan="2">가치제언(Value proposition)</th></tr>
<tr><td colspan="2">"사용자에게 어떤 가치를 주는가?"</td></tr>
<tr><th>상품, 서비스(Offering)</th><th>수익 모델(Return)</th></tr>
<tr><td>"고객에게 무엇을 제공하는가?"</td><td>"제공한 가치의 대가를 어떻게 받는가?"</td></tr>
<tr><th colspan="2">사업 하부구조(Business Infrastructure)</th></tr>
<tr><td colspan="2">"사업이 굴러가기 위해 필요한 시스템, 기능, 협력업체 등 어떤 구성 요소가 있나?"</td></tr>
</table>

자료: 밴처스퀘어, 사업 모델의 틀 V2.www.venturesquare.net/536627

실천하기 위한 조직구조(organizational arrangement) 등 세 요소로 구성된다. 새로운 비즈니스 모델은 이들 세 요소 간 상호작용을 통해 형성되고 완성된다. 비즈니스 모델을 간단하게 표현하면 **〈비즈니스 모델=서비스 모델+수익 모델〉**과 같이 정의할 수 있다. 「서비스 모델」은 고객에게 어떤 가치를 창출하고 어떻게 전달할 것인지에 대한 것인 반면, 「수익 모델」은 돈을 누구에게서, 서비스의 어떤 부분을, 얼마에, 어떤 방법으로 받을 것인가에 대한 것이다. 비즈니스 모델은 수익창출을 포함해 시장과 경영의 더 폭넓은 관점에서 비즈니스를 보아야 한다.

비즈니스 모델(business model)은 제품 및 서비스가 왜 필요한지에 대한 배경과 이유가 논리적으로 명확해야 한다. 비즈니스 모델을 구체화하기 위해 고려해야 할 요인들은 고객과 고객가치를 중심으로 비용과 수익원천, 핵심자원, 핵심 프로세스 등 다양한 요인들이 결합하여 경쟁사와는 차별적인 제품 및 서비스로 탄생되는 것이다. 비즈니스 모델이라고 하면 많은 사람들이 수익 모델, 즉 어떻게 수익을 창출하는가에 관한 것이라고 생각하지만 비즈니스에 대한 모든 생각이 수익의 창출에만 국한되어 버리면, 혁신과 창조를 위한 폭넓은 사고가 제약을 받게 된다.

서비스 모델과 수익 모델은 왜 분리될 수밖에 없는가?

비즈니스 모델 개념의 진화

비즈니스 모델은 기업이 어떻게 가치를 창출, 전달하여 이익을 회수할지에 대한 이야기다. 일반 상품을 제공하는 회사는 고객에게 가치를 제공하는 서비스 모델과 비용을 버는 수익 모델이 일치하지만 향후에는 '비즈니스 모델 = 서비스 모델 + 수익 모델' 로 정의될 수밖에 없을 것이다. 수익 모델을 만들기 위해서는 구체적으로 다음과 같은 고민이 필요하다.

① 누구에게서 비용을 받을 것인가? Payer

첫 번째 질문은 누가 비용을 낼 가능성이 제일 높은지, 누구에게서 비용을 받는 것이 가장 비즈니스를 잘 성장시킬 것인가에 관한 것이다. 구글의 경우 기존의 대형 광고주가 아닌 중소규모의 광고주로부터 비용을 받는다.

② 서비스의 어떤 부분을 팔 것인가? Packaging

가치가 있는 모든 것은 판매대상이 될 수 있지만 가치가 있다고 모든 고객이 비용을 지불하지 않는다. 구글 검색이 가치는 있지만 고객으로부터 비용을 받는 것은 불가능하다고 봐야 한다. 그렇다면 어떤 부분이 고객 또는 제3자가 비용을 기꺼이 낼 의향이 있는 부분인지 파악해야 한다. 최소한 비용을 낼 사람들에게 중요하고 희소한 부분을 찾아야 한다.

③ 얼마만큼 어떠한 방법으로 받을 것인가? Pricing

과거에는 가격을 정하는 것이 간단했지만 이제는 다양한 패키징이 가능하고, 비용을 받는 방법도 다양하다. 인터넷 서비스에서는 비용을 내는 사람이 언제든지 떠날 수 있기 때문에 단기적인 수익의 극대화보다는 장기적인 수익의 극대화를 목적으로 가격을 정해야 한다. 또한 '구글' 하면 대부분의 사람은 검색 서비스를 제공하는 회사로 생각하지만 구글을 이용하여 검색할 때 비용을 내지 않는다. 즉 구글은 검색 서비스를 팔지 않는다. 실제로 구글이 파는 것은 검색광고다.

– 월간 인사관리, 2015.9호.

비즈니스 모델 혁신은 언제 필요한가?

① 잠재고객의 욕구를 충족시킬 수 있는 기회가 존재
② 신기술을 활용한 신규 비즈니스 모델 구축 기회가 존재
③ 문제 해결 방법에 대한 니즈는 있으나 제공하는 기업이 없는 경우
④ 파괴적 혁신으로 시장에 진입한 경쟁자에 대응
⑤ (낮은 가격, 디자인, 브랜드 등) 경쟁기반 변화에 대응

– 비즈니스 모델 혁신이 필요한 5가지(하버드대학 크리스텐센 교수)

비즈니스 모델(business model) 혁신은 과연 '우리의 고객은 누구인가'라는 근본적인 질문에서부터 출발해야 한다. 대부분의 기업은 고객의 범주를 우리가 제공하는 제품, 서비스를 구매했거나 구매하려는 고객으로 한정하기 때문에 경쟁사보다 제품, 서비스의 속성을 다소 향상시켜 경쟁사 고객을 빼앗아 오는 제로섬 게임에 몰두하기 쉽지만 닌텐도 위(Wii)는 비(非)고객을 재발견했다. 기존 게임기업체의 고객은 10대 초반부터 20대 후반까지의 남성이었다. 대부분의 게임회사가 소니나 마이크로소프트를 염두에 두고 이 회사들보다 성능이 뛰어난 제품개발 경쟁을 했지만 닌텐도는 발상의 전환을 통해 '전체인구 대다수는 왜 게임을 하지 않을까'라는 질문을 던졌다.

비즈니스 모델을 혁신하려면 고객이 진정으로 원하는 게 무엇인지도 파악해야 한다. 구매의사 결정의 잣대인 성능(performance)은 기술발전 등에 따라 다양한 속성으로 진화한다. PC산업의 경우 초반에는 연산을 빠르게 제대로 수행하는지와 관련한 기능성(functionality)이 중요했지만 기술발전으로 대부분의 PC가 일정 수준의 기능상 안정성을 갖추면서 PC가 다운되지 않고 얼마나 안정적으로 운용되는지를 보여주는 신뢰성(reliability)에 대한 관심이 커졌다. 이후 고객이 제품의 기능이나 성능을 쉽게 변경할 수 있는지, 제품이 시장에 얼마나 빨리 나오는지, 제품을 얼마나 편리하게 사용할 수 있는지 등의 편의성(convenience)이 중요한 요소로 부각됐다. 이처럼 경쟁의 근간이 되는 성능의 속성을 파악하고 진화과정을 정확히 잡아내야만 고객이 원하는 가치를 창조할 수 있다.

2) 비즈니스 수익 모델(revenue model)

(1) 수익 모델(revenue model)의 본질

수익 모델(revenue model)이란 기업이 비즈니스를 통해 수입을 발생시키고, 이윤을 내며, 또 투자 자본에 대해 높은 수익을 낼 수 있는 방법을 뜻한다. 수익 모델은 기본적으로 스타트업이 가진 비즈니스를 수행할 수 있어야 하고, 재정적인 목표를 달성할 수 있는 핵심이므로 수익 모델은 반드시 스타트업이 속해있는 시장과 고객들, 경쟁업체, 미래에 만들어 낼 제품과 기업방향 등과 함께 갈 수 있는 운영전략 등을 바탕으로 만들어져야 한다. 수익 모델이 정확하지 않다는 것은 수익의 대상이 될 고객이 정확하지 않다는 뜻이므로 마케팅전략도 제대로 수립될 수 없다. 수익 모델을 만들기 위해서는 구체적으로 누가(Payer), 무엇에 대해(Packaging), 얼마나/어떻게(Pricing) 지불할 것인가 등에 대한 부분으로 핵심 구성요소는 아래와 같다.

① 누가 대가를 지불하는가? (WHO Pays?) 돈을 지불하는 주체를 가장 먼저 정의한다. 제품·서비스를 이용하거나 직접 구매자가 돈을 지불하지만, 이외에도 광고주, 스폰서, 보험사 등 제3자가 돈을 지불할 수 있다.

② 무엇을 대가로 지불하는가? (WHAT is paid?) 돈(Money)을 지불하는 주체인 구매자가 가치의 대가로써 지불하는 수단을 정의한다. 현금지불 이외에 데이터, 특정 활동, 지분 등을 가치의 대가로 지불할 수 있다.

③ 무엇을 위해 대가를 지불하는가? (FOR WHAT is paid?) 구매자가 대가를 지불하는 목적·이유를 정의한다. 제공하는 제품·서비스의 대가로 지불 외에도 이용량, 결과, 부가서비스 등을 목적으로 대가를 지불할 수 있다.

④ 대가를 어떻게 지불하는가? (HOW is paid?) 구매자가 대가를 지불하는 방식을 정의한다. 일반적으로 전체 금액을 즉각 지불해서 소유권을 획득하지만, 그 외에도 임대, 신용거래, 구독 등의 지불방식이 있다.

⑤ 가격을 어떻게 책정할 것인가? (HOW MUCH is paid?) 제공하는 가치를 가격으로 책정하는 방식을 정의한다. 정찰제(Fixed Price) 또는 기준가격을 시작점으로 협상하는 방법 외에도 경매, 대량할인, 변동가격제 등이 있다.

[표 5-1] 배달의민족 주요 수익원 비교(2020년 8월 기준)

	오픈리스트	울트라콜
WHO Pays? 누가 대가를 지불하는가?	배달 음식점 주인	배달 음식점 주인
WHAT is paid? 무엇을 대가로 지불하는가?	현금	현금
FOR WHAT is paid? 무엇을 위해 대가를 지불하는가?	상위 3개 오픈리스트 목록 노출을 통한 배달음식 주문 거래	지역 – 카테고리 페이지 내 음식점 노출
HOW is paid? 대가를 어떻게 지불하는가?	매월 후불 정산 방식(결제대금에서 수수료 제외 후 입금)	매월 선결제
HOW MUCH is paid? 가격을 어떻게 책정할 것인가?	결제금액의 6.8%	80,000원(VAT 별도)

실리콘밸리 혁신기업들의 수익 모델

① **구글(Google)** 대부분의 사람들이 예상하듯이 광고로 95% 이상의 수익을 창출하고 있다 (구글 검색이나 유튜브를 볼 때 나오는 광고 등). 안드로이드와 같은 플랫폼이나 Gmail, 구글맵과 같은 다양한 서비스의 개발도 결국은 정보 검색에 활용하기 위함이고, 이 검색 경쟁력이 구글의 광고수익을 높이는 역할을 하고 있다.

② **애플(Apple)** 92~95% 정도의 매출이 아이폰, 아이패드와 같은 하드웨어 판매에서 발생하고 있으며, 앱스토어/아이튠즈에서 발생하는 수익은 5~8%에 불과하다. 애플이 앱스토어 생태계를 조성하고 OS 등을 개발하는 것은 하드웨어 경쟁력을 강화하기 위함이다.

③ **마이크로소프트(MS)** OS, MS 오피스 소프트웨어 판매로 55%, 서버솔루션/소프트웨어 개발 툴 판매로 25%, X-box과 같은 엔터테인먼트로 15%의 정도의 매출이 발생하고 있다. MS로서는 Windows라는 OS 판매를 포기할 수 없지만, 최근 "오피스365"라는 클라우드 서비스(온라인상으로 프로그램을 이용)을 새로운 수익원으로 육성하고 있다.

④ **페이스북(Facebook)** 사용자들의 개인정보 및 취향을 파악하고 이에 맞는 맞춤형 광고 서비스를 통해 85%의 수익을 얻고 있다. 최근 모바일 메신저 서비스 시작하는 것도 사용자들의 페이스북 접속시간을 늘려 광고수익을 더 얻기 위함이다.

⑤ **우버(uber)** 차량 중계 플랫폼 서비스를 제공하고 있는 기업으로 차량 기사와 승객을 연결시켜주고 얻는 수수료가 수익원이다. 플랫폼을 보유해 사용자가 늘수록 수익이 느는 구조로 최근 기업가치가 510억 달러(약 60조원)로 GM, Ford를 제쳤다.

⑥ **에어비엔비(Airbnb)** 세계 최대의 숙박 공유 서비스로, 방이나 집, 별장 등의 공간을 임대할 수 있는 플랫폼을 제공하고, 임대인-여행객 사이에 거래가 성사되면 양측으로부터 수수료를 받아 수익을 얻는다. 현재 기업가치는 250억 달러(약 30조원)에 달하며, 2015년 가장 일하기 좋은 직장 1위에 선정된 대표적 유니콘 기업이다.

⑦ **아마존(Amazon)** 세계 최대 전자상거래업체로 판매자로부터 중계수수료를 받아 수익을 창출하지만 낮은 중계수수료율 때문에 매출액이 커져도 수익은 크지 않기 때문에, 최근에는 클라우드서비스인 "아마존 웹 서비스(AWS)"를 시작해 신규 수익원으로 키우고 있다(AWS는 클라우드서비스 선두주자로 '15년 아마존 예상 매출액 중 약 7% 전망).

– http://www.gtonline.or.kr/data/download.do?data_sid=217342&attach_seq=31336

(2) 수익 모델의 종류

수익 모델(revenue model)은 일반적으로는 비즈니스가 상품(서비스)을 화폐화 하는 방식으로 수익 모델은 기업이 어떻게 수익을 내고 이익을 발생시키고 투자에 대한 최고의 수익률을 내는지 설명하는 것이다. 수익 모델의 종류를 살펴보면 다음과 같다.

① 판매형 수익 모델(Sales Revenue Model) 고객에게 상품, 서비스, 정보를 팔아서 수익을 얻는 모델이다.

② 거래 수수료형 수익 모델(Transaction Fee Revenue Model) 거래를 할 때마다 수수료를 받아 수익을 얻는 모델이다.

③ 광고형 수익 모델(Advertising Revenue Model) 소비자(방문자)를 대상으로 광고하고, 광고주로부터 광고비를 받아 수익을 얻는 모델로 방문자 유인을 위한 상품, 서비스, 정보가 무료(사실상 광고주가 지불)로 제공되는 경우가 많다.

④ 구독형 수익 모델(Subscription Revenue Model) 콘텐츠(신문, 잡지, 고객의 리뷰, 리포트 등)를 정기적으로 판매해 수익을 얻는 모델. 콘텐츠뿐만 아니라 상품을 정기적으로 판매하는 방식도 포함

⑤ 제휴형 수익 모델(Affiliate Revenue Model) 제휴를 통해 다른 기업이나 기관의 수익창출에 도움을 주고 수수료를 얻는 모델로서 방문자에게 제휴상품 또는 서비스를 소개하거나 방문자를 제휴 웹사이트에 보내주고, 회원가입이나 구매 등의 활동을 일으키는 경우가 대표적이다. 블로거들이 판매채널로 링크 또는 제품을 높이 평가하는 글을 올림으로써, 수수료를 받거나 무료로 제품을 제공 받는 경우도 해당된다. 사례로는 기업과 잠재고객을 연결시켜줌으로써 수익을 얻는 방식(Mypoints), 잠재고객을 웹사이트로 이끌면서 수익을 얻는 방식(Epinions Yelp), 블로그에서 아마존 로고를 놓고 아마존으로 오게 이끄는 방식(Amazon) 등이 있다.

⑥ 기타 수익 모델 위에서 정의되지 않은 방법으로 수익을 얻는 수익 모델이다.

Chapter 6

사업성 분석과 사업계획서(Business Plan)

1. 사업타당성 분석(project feasibility analysis)

1) 사업타당성 분석의 개념

사업타당성(project feasibility) 분석이란 계획하고 있는 신규사업(New Project)에 대한 시장성을 분석하고 비용 등 소요자금을 추정하며 제조원가와 일반관리비 등을 예측하여 대차대조표와 현금흐름표를 추정하여 작성해 봄으로써 계획하고 있는 사업의 경제성, 수익성, 차입원리금 상환 가능성 등을 종합적으로 검토함으로써 고려하는 사업을 추진할 경우 어느 수준의 수익을 실현할 수 있겠는가를 파악하려는 활동이다. 사업성 분석은 제품의 마케팅 및 판매와 관련된 시장 분석(market analysis), 제품의 생산과 관련된 기술 분석(technical analysis), 그리고 이 2가지를 토대로 수익성을 평가하는 재무 분석(financial analysis) 등 3가지로 구분한다.

창업자는 주먹구구 방식으로 수익을 계산해서는 안 되고 내가 하는 사업에 대한 목표를 정확히 정하고, 손익계산 등 사업의 타당성을 검토한 후 사업계획을 점검해 보아야 한다. 사업성 분석의 결과가 사업의 성패를 정확히 예측하는데 한계가 있더라도 가능하면 가장 과학적인 사업성 분석을 통하여 사업의 성공 가능성과 성공에 필요한 요소들을 검토함으로써 사업 아이템을 꼼꼼히 점검하여야 한다. 또 신규 사업에 진출하려는 창업자는 사업의 실현가능성을 검토할 때 구상 중인 사업이 지속 가능한가? 확장 가능한가? 투자유치는 가능한가? 경영 팀의 역량은 충분한가? 재무적 수익을 창출할 수 있는가? 과연 소비자들은 나의 제품을 구매할 것인가? 사회적 가치를 창출할 수 있는가? 구체적으로 어떤 사회적 계층의 어떤 문제를 해결할 수 있는가? 등에 명쾌한 대답을 할 수 있어야 한다.

사업 기회(opportunity)와 사업화 적정성 분석

기회(opportunity)란 기술적 실행가능성(technical feasibility)과 시장수용가능성(market acceptance)이 포함된 개념이며 다음 질문에 답할 수 있어야 한다.

① 평가기준(시장규모, 성장성, 수익기간)은 어떠한가?
② 잠재이익이 적절한 투자수익을 보장하는가?
③ 확장, 다각화, 통합·발전 가능성이 있는가?
④ 위험요인이 있더라도 이익이 지속적인가?
⑤ 새로운 제품·서비스가 진정한 욕구를 반영하는가?
⑥ 창업 후 진입장벽은 없는가?
⑦ 고객은 파악 가능하고, 접근이 쉽고, 변화의 의지가 있는가?
⑧ 공급자의 핵심자원의 통제로 인한 종속 및 손실 가능성은 있는가?

사업을 시작하려고 할 때 사업에 대한 아이템이 모두 다르고, 환경 또한 다 다르기 때문에 사업타당성 분석 방법도 다양하지만 객관적·실질적인 사업타당성 분석을 위해 아래의 사항을 기준으로 점검해 보는 것이 바람직하다. ① 사업의 기본분석을 해 본다. 나의 사업이 해당 되는 업종에 대한 전망과 발전 가능성을 객관적으로 판단해 본다. 나의 사업은 어느 시기(태동기 – 발전기 – 성숙기 – 쇠퇴기)에 해당되는가? ② 시장에 대하여 분석한다. 나의 제품 또는 서비스에 대한 전체 수요는 과연 어느 정도인가? 해당 부분에 대해 국가별, 지역별, 성별, 연령별, 금액별로 반드시 세분화해 본다. ③ 나의 제품이나 서비스는 어느 정도의 경쟁력을 갖고 있으며, 예상되는 수익 모델은 무엇인지 아주 구체적으로 기록한다. 즉, 나의 제품 또는 서비스가 정말 살아남을 수 있는 경쟁력이 있는지 그리고 제품 또는 서비스의 생산원가, 유통비용, 실제 판매가 등을 고려한 명확하고 객관적인 분석이 필요하다. ④ 운영에 대한 실질적인 비용 산출과정이 필요하다. 인적·물적 자원 조달과 구성, 마케팅 비용 등을 비롯한 전체적인 운영에 필요한 비용을 반드시 계산해 보아야 한다. 이 네 가지 항목이 사업타당성 분석을 위한 아주 기본적이면서도 필수적인 요소들이다.

2) 사업타당성 분석의 필요성

사업타당성 분석을 진행하면 치열한 경쟁과 급격한 트렌드변화에 대응할 수 있는 철저한 준비가 가능하고, 성공가능성이 높은 사업을 선택할 수 있는 기회를 제공되며, 미래의 위험을 태처할 수 있는 사선성보수십이 가능하다.

또 사업타당성 분석을 진행하면 사업에 대한 객관성확보와 사업추진의 효율성을 높여준다. 사업타당성 검토는 창업성공의 첫 번째 단계로 창업의 성공 여부는 창업자 및 직접 관련된 사람은 물론 경제적·사회적 측면에서도 매우 중요하므로 창업에 앞서 진행하는 체계적인 사업타당성 분석은 아래 이유에서 꼭 필요하다. 첫째, 창업자 자신의 주관적인 막연한 사업구상이 아닌, 객관적이고 체계적인 사업타당성 분석을 통해 시장에서 살아남을 수 있을지 여부를 파악할 수 있게 되고 창업회사의 성공률을 높일 수 있다는 장점이 있다. 둘째, 창업자들이 사업타당성 검토를 통하여 구상하고 있는 기업의 여러 요소를 정확하게 파악하여 창업기간을 단축할 수 있고, 효율적인 창업업무를 수행할 수 있다. 셋째, 기업의 구성요소를 정확하게 파악함으로써 사장의 경영능력향상에 도움을 줄 뿐만 아니라 계획사업의 균형 있는 지식습득과 보완해야 할 사항을 미리 확인하여 조치를 취할 수 있게 된다.

또 조금 더 세부적으로 살펴보면 사업타당성 분석은 창업을 실패로부터 지켜주고 성공확률을 높일 수 있기 때문에 아무리 작은 규모의 창업일지라도 필수적으로 작성해야 하며 사업타당성 분석의 필요성은 다음과 같다.

① 사업의 타당성 분석은 기업의 장래를 정확하게 파악하고 그를 통해 기업의 체계적 설계를 구성하고 적용할 수 있다.

② 사업타당성 분석을 통해 사업의 위험요소를 사전에 점검하여 그에 상응하는 대비책을 마련함으로써 사업의 성공가능성을 증대시키고 또한 타당성이 없는 사업에의 투자를 회피함으로써 자원의 효율성을 높일 수 있다.

③ 사업의 주체로 하여금 능력과 환경에 알맞은 사업의 적정한 목표를 설정하고 나아가 범위와 규모 등을 제시할 수 있다.

④ 기업의 각종 투입변수를 조정하고 정확한 분석을 통하여 위험을 감안한 최적의 사업대안을 통하여 전략적 목표를 더욱 명확히 한다.

⑤ 사업의 기술성, 시장성, 수익성, 자금의 수지계획 등 각 항목을 사전에 분석하고 사업상의 중요도를 분석하여 경영의 효율성을 높일 수 있다.

⑥ 사업상의 균형요소, 즉 환경의 기회와 위협, 자사의 강점 및 약점 등을 사전에 정확하게 파악하고 거시적 관점에서 전략적 경영능력을 제고시킨다.

⑦ 정확한 사업타당성 분석을 통한 생산 및 판매의 가능성을 파악하고 계수에 근거한 협상 능력을 향상할 수 있다.

⑧ 창업자 자신의 주관적인 사업구상이 아닌, 객관적이고 체계적인 사업타당성 분석은 계획사업 자체의 성공률을 높일 수 있다.

⑨ 기업의 구성요소를 정확하게 파악함으로써 보완해야 할 사항을 미리 확인하여 조치할 수 있게 된다.

사업성 분석의 구성

3) 사업타당성 평가요소

사업타당성 검토는 수치화된 매출과 원가구성요소뿐만 아니라 구체적인 목표수익에 대한 조사 분석이 필요하므로 사업을 시행하기 전에 특정 사업의 성공 가능성에 대한 정보를 파악하기 위해 사업추진능력, 기술성, 시장성, 경제성, 위험 정도 등을 평가하는 종합적인 분석과정이다. 이는 사업주체의 사업추진능력, 제품의 생산과 판매에 따르는 제반의 기술적인 문제, 시장조사와 판매가능 수요의 예측, 손익추정 및 경제성 등에 관한 정보를 입수하기 위해서 행하는 일련의 활동으로 사업타당성 검토는 창업을 실패로부터 지켜줄 수 있는 가장 효과적인 보조 장치이다. 사업타당성을 객관적으로 검토할 때 체크하여야 할 요건들은 [표 6-1]과 같다.

[표 6-1] 사업타당성 분석의 평가 항목

평가 요소	세부 평가 항목
창업자의 사업수행 능력	• 기업가로서의 적성과 자질 그리고 해당업종 경험·지식 • 업종 선택의 적합성 • 창업자의 해당업종 업무수행 능력과 전반적인 경영 능력
상품 우수성	• 고객입장에서 가격대비 우수한 상품인가? • 고객에게 인기와 상품경쟁력은 있는가? • 영업 조건 또는 A/S 가능 여부 • 상품 조달 및 공급의 용이성
시장성 및 판매 전망	• 해당지역이 해당업종과 잘 어울리는가? • PLC(제품수명주기)상 도입기 또는 성장기 산업인가? • 상품의 경쟁상황과 전망은 긍정적인가? • 시장 특성과 구조 및 동향분석 • 목표시장 선정과 판매전략 및 유사 제품과의 경쟁 상태 • 해당 상품의 경쟁력 및 경쟁 제품의 출현 가능성 • 가격 구조 및 가격 동향과 수요예측 및 중장기 수급 전망 • 판매처, 판매 조직 및 유통 경로
기술적 타당성	• 제품의 기술수준과 품질 성능 분석 • 기존제품에 대한 비교 우위성 • 생산시설 및 설비계획 및 원재료 조달 계획 • 생산능력과 조업도 및 기술·기능인력 확보 • 예상 불량률 및 개선 가능성
수익성 분석	• 계획 사업의 경제성 평가 • 2~3년 내 흑자수익 전망 가능성 • 투자수익률(ROI)과 손익분기점(BEP) 분석 및 추정손익 검토
자금 수지 및 성장성 분석	• 소요자금의 규모 및 조달 가능성 • 현금수지 분석 및 자금운용 계획 • 자금조달 및 운영 계획표 작성 • 차입금 상환능력 및 업종의 성장가능성 검토
위험요소 분석	• 경쟁업체나 거래업체와의 분쟁 가능성 • 소요자금의 조기조달 실패 가능성 • 전략제품 변경 및 판매단가 조정 • 원자재 파동 및 금리변동 가능성 • 시장경쟁 격화 및 법률상 제약 가능성

2. 사업계획서(business plan)의 이해

1) 사업계획서(Business Plan)의 개념과 구성내용

사업계획서는 경영자가 기업을 설립하여 자신의 사업을 지속적으로 성장시키기 위하여 사업을 어떻게 펼쳐나갈 것인지에 대해 아이디어와 계획을 구체적으로 디자인한 창업 설계도이며 기업경영과 관련된 모든 외적 요소(산업, 경쟁자, 시장전망, 소비자욕구, 관련정책 및 법규, 문화 등)와 기업 내적 요소(제품, 마케팅, R&D, 생산, 인적자원 등)의 현황과 전망 및 활용계획을 체계적으로 정리하여 실행 가능한 구체적인 계획(detailed plan)으로 발전시킨 것이다. 사업계획서 없이 사업을 진행하는 것은 설계도 없이 집을 짓는 것처럼 사업진행 중에서 수많은 시행착오를 범하게 될 것이며, 사업실패의 씨앗이 될 수 있으므로 사업계획서(Business Plan)는 계획한 사업시행 시 발생 가능한 시행착오를 줄이는 역할과 사업추진 세부계획 작성의 기본 프레임워크 역할을 한다. 특히 예비창업자에게 사업계획서는 그 작성과정을 통해 사업의 전반적인 사항들에 대한 구체적인 점검과 검토가 가능해지고, 작성된 사업계획서는 이해관계자들(동업자, 투자자, 사업제휴사의 경영자, 정부기관 담당자 등)에게 자신이 하려는 사업을 이해시키기 위한 자료로 쓰이기 때문에 충실한 사업계획서 작성은 필수적인 과정이다.

사업계획서는 회사의 성공적인 미래를 보여주는 포괄적인 한 도면으로 시장성 있는 제품을 만들어 소비자에게 어떻게 어필함으로써, 어느 시점에 얼마만큼의 수익을 올릴 수 있는지 등 현실적인 목표와 비전이 포함되어야 한다. 예컨대 공유자전거 업체라면 온라인 플랫폼 사용자 확대 전략과 지역 선정, 자전거 설치 및 관리, 대당 운영비와 요금제, 당국 및 기타 이해관계자들과의 갈등해결

방안, 공유킥보드 등 유사 서비스와의 차별화전략 등을 나타내야 한다. 이를 바탕으로 현재 자본력과 본격적인 수익창출 시점, 지역당 올릴 수 있는 최고·최저 매출규모, 사업 확대 전략 등을 함께 담아야 한다. 또 투자자들은 어떤 악재가 닥쳐도 그 고난을 이겨내고 극복하는 의지와 확신이 있는 창업자를 선호하기 때문에 아이디어 수준의 제품·서비스를 언제 출시할 수 있으며, 수익을 올릴 수 있는 적절한 시점인가를 가늠하는 능력과 의지가 중요하다. 맨땅에서 시작해야 하는 스타트업 창업자는 밤샘 근무 등 불안정·불규칙적인 생활은 기본이고, 경쟁사의 출현과 경영환경의 변화, 재무적 위험, 사기 등 수많은 위험에 노출될 수 있으며, 그 역경을 극복할 수 있는 창업자라는 점을 사업계획서에 포함해야 한다.

스타트업은 시작부터 많은 위험에 노출되게 되는데 그중 가장 치명적인 것은 재무적 위기다. 초기 투자를 받아 제품·서비스 개발에서 본격적으로 매출이 일어나는 사이 많은 경우 자금의 공백이 발생한다. 대개 스타트업 1~2년 차는 초

사업계획서 작성 시 창업자가 고려해야 할 사항

당신의 상품 및 서비스가 누구를 목표시장(Target)으로 삼아 어떻게 나아갈 것인가를 명확히 규명해야 한다. 사업기회를 명확히 하고 간결하면서도 효과적인 사업계획서로 작성하기 위해서는 다음의 7가지 질문에 각 한 문장으로 답할 수 있어야 한다.

① 당신의 상품은 무엇인가?
② 누가 당신의 고객인가?
③ 누가 이 상품을 팔 것인가? (유통채널)
④ 얼마나 많은 사람들이 이 상품을 살 것인가?
⑤ 상품을 설계·생산하는데 필요한 자본 규모와 확보 방안은?
⑥ 이 상품의 가격은 얼마로 정할 것인가?
⑦ 언제 손익분기점(BEP)에 도달할 수 있을 것인가?

– The Silicon Valley Way. Sherwin Jr, Elton B. Energy House Publishing. 2010.

기 투자금으로 운영하게 되며, 매출이 발생하는 3년차부터 사업의 성패가 서서히 드러나기 시작한다. 특히 데스밸리(Death Valley, 창업 3~7년차 기업의 고난기)라 불리는 재무적 위험의 극복 방안이 있어야 한다.

사업계획서의 핵심은 우수한 경영진, 매력적인 시장, 자사의 경쟁력, 합리적인 재무계획 등 자세한 내용이 포함되어야 하며, 특히 창업과정에서 자금조달 해법으로 엔젤(투자자) 또는 금융기관 등 다양한 이해관계자들의 설득을 위하여 구체적이고 실행 가능한 사업계획이 필요하다. 사업계획서의 구성 가운데, 우선 사업개요서(요약 사업계획서, Summary Plan)는 기업의 핵심내용만을 담아 3~5P 내외로 요약하는 것으로 주로 금융기관에 대출 신청 시 또는 투자자

[표 6-2] 사업계획서에 포함해야 할 내용

목 차	내 용
사업계획서 요약	사업기회 및 강점, 상품 및 기술, 자금조달계획, 약식 수익추정
회사 현황	일반개요, 주요연혁, 사업장 입지조건, 자본금 변동 및 주요 주주 현황, 관계회사 현황, 주요외부기관 수상 및 인증현황, 경영진 및 주요기술진, 제품연구 개발현황, 주요기술 및 특허상황, 조직 구성도
사업개요	제품, 시장 분석, 경쟁업체분석, 마케팅계획, 매출추정, 계획사업 추진일정 및 소요자금 조달계획, 인재영입 등 인력 계획
제품·서비스	추진하고자 하는 아이템, 즉 제품 또는 서비스에 대한 업종, 생산품목, 제조공정, 제조설비, 그리고 소비자 효용과 장점 등
산업 분석 및 시장 분석	산업 및 시장현황과 전망, 경쟁업체 현황 및 동향, 경쟁우위, SWOT분석, 시장특성 분석, 수요공급 분석, 시장점유율 분석, 미래수요 추정, 매출액 추정
기업의 철학	사명과 비전 그리고 핵심가치, 마케팅 전략, 운영전략
생산기술 및 시설운영계획	제품의 특성, 공정과 기술, 인력계획수립, 생산계획수립, 원가추정, 주요공정도, 원부자재 소요 및 조달, 생산 및 시설투자계획
마케팅 및 사업전략	마케팅 및 판매계획, 예상 시장점유율, 총 자본이익률, 상품, 가격, 유통, 촉진, 등 4P's(Product, Price, Promotion, Place)전략
재무계획	경제성평가, 수익 모델, 추정 손익계산서, 추정 대차대조표, 현금흐름표, 향후 2~3년간 매출 및 재무계획
기타 내용	사업 운영 시스템, 조직 및 인력, 회사조직도와 연차별 채용계획, 기회와 위험요소, 추진 일정계획, 차입금 현황 및 계획, 담보제공현황, 주요 경영활동과 관련된 계약 내용, 우발채무 등
제출자료	경영/기술진 이력서, 정관, 법인등기부등본, 사업자등록증 사본, 최근 2년간 결산서류, 주주명부, 특허관련서류, 인증서, 계약서 등

들에게 초기 설명 자료로 사용되는 사업계획이다. 그리고 본 사업계획서(Full Business Plan)는 보통 30~40P 정도로 작성하고, 주로 사업설명회나 IR자료 등으로 사용되며, 사업계획서 주요 내용에 대한 증빙자료를 첨부하는 것이 일반적이다. 또 운영사업계획서(Operational Business Plan)는 보통 40~100P 내외로 작성되며, 회사 운영과 관련하여 목표설정과 평가, 효율적 자원배분 등의 목적으로 작성된다. 사업계획서의 핵심사항은 우수한 경영진, 매력적인 시장, 자사의 경쟁력, 합리적인 재무계획 등이 자세하게 포함이 되어야 한다.

2) 사업계획서 작성원칙과 유의점

(1) 사업계획서 작성 필요성

① 창업의 구체적인 윤곽을 보여준다. 머릿속에 흩어져 있던 생각들을 한곳에 모아서 구체적으로 사업의 형태와 모양을 결정할 수 있게 해준다. 또 강점과 약점을 분석하고 미흡하거나 약한 부분을 분석하는 중요한 자료가 된다.

② 신규 사업의 타당성을 다양한 각도에서 체계적으로 점검해 볼 수 있다.

③ 건축의 설계도처럼 운영의 지침서가 된다. 창업 후에 운영하다 보면 사업방향이 자신도 모르는 사이에 자주 바뀌거나 자신의 처음에 생각했던 방향을 잊어버릴 수 있는데 이런 때마다 사업계획서는 중요한 참고자료 및 지침서가 된다. 또 실제 project 진행 시 project 추진 상황을 관리하고 평가할 수 있는 핵심 자료로 활용할 수 있다.

④ 자본투자를 받기 위한 제출 서류가 된다. 자본이 부족하여 투자를 받으려고 할 때 자본투자가에게 제출하는 가장 기본적인 서류가 된다.

⑤ 현상을 명확히 분석함으로써, 장애 요인을 제거할 수 있는 도구를 제공하고 신규 사업의 효율성을 높일 수 있게 한다.

⑥ 사업계획서는 사업 구상을 체계화한 것이고 성공을 위한 수단이다.

⑦ 사업계획서는 명함과 같아서 자기의 외부적인 신용을 부여한다.

(2) 사업계획서 작성원칙

사업계획서 작성원칙은 충분성과 자신감, 명확성, 단순성, 일관성, 객관성과 신뢰성, 독창성, 실현 가능성 등을 고려하여야 한다.

① 사업계획서는 충분성과 자신감을 바탕으로 작성되어야 한다. 창업자 자신이 가지고 있는 목표 아이템을 제3자를 설득력 있게 납득시키는 것이 사업계획서의 제1 목표이다.

② 사업계획서는 명확성(Clarity)이 중요하다. Business Plan의 핵심(장점)을 명확히 제시하여야 한다.

③ 사업계획서는 단순성(Simplicity)이 중요하다. 전문가가 아닌 일반인도 알 수 있도록 서술하여야 한다.

④ 사업계획서는 일관성(Consistency)이 중요하다. 지각적 통일성, 문체의 일관성을 유지하면서 작성하여야 한다.

⑤ 사업계획서는 객관성(Objectivity)이 중요하다. 자신감이 넘쳐 제3자가 느끼기에 허황되고 실현가능성이 없다고 판단될 때는 신뢰성에 큰 타격을 입을 수 있으므로 객관적인 Data를 근거로 하여 작성하여야 한다.

⑥ 계획사업의 핵심내용을 강조하여 부각해야 한다. 창업계획이 평범하면 제3자의 호감을 사지 못한다.

⑦ 자금조달 운용계획은 정확하고 실현 가능성이 있어야 한다. 창업자 자신이 조달 가능한 자기 자본, 부동산 담보 등에 의한 조달액, 그리고 동업자 및 금융기관 등으로부터의 조달계획을 구체적으로 표시함으로써 제3자로부터 창업자의 자금조달 능력을 신뢰받을 수 있다.

(3) 사업계획서 작성 시 주의할 점

① 창업의 목적이 개인적인 이익추구보다 공공의 이익추구이어야 한다.

② 독특해야 성공할 수 있으므로 사업 내용이 차별화되도록 노력한다.

③ 틈새시장을 집중적으로 공격할 전략을 제시한다.

④ 구체적인 숫자예측, 사업 성공가능성의 객관적인 자료를 나타낸다.

⑤ 제품의 가격, 이윤, 판매량, 시장점유율 등을 예측할 때는 지나치게 낙관적인 자세로 임하지 않는다.

⑥ 유능하고 균형 잡힌 경영진이 되도록 인력을 구성한다.

⑦ 회사의 소요자본이나 운영비를 너무 적게 예측하지 않는다.

⑧ 예상되는 경쟁 관계를 과소평가하지 않는다.

⑨ 일회용 히트기술로는 회사를 지속시킬 수 없으므로 지속적인 기술진보와 제품 향상이 될 수 있어야 한다.

⑩ 투자자를 찾을 때는 어떤 형태(경영에 관여할 파트너 또는 전문투자자)의 투자자를 원하는지 명확히 정의하여야 한다.

사업계획서 작성 핵심 원칙 7가지

① **사업계획서는 상황과 목적에 따라 다르다.** 신사업 사업계획서의 초점이 "시장이 있느냐"라면, 기존사업의 사업계획은 "얼마나 시장점유율을 높이느냐" 또는 "얼마나 이익을 더 내느냐"가 초점이다.

② **비즈니스 모델과 사업전략을 정립해야 한다.** 사업계획에는 우리의 비즈니스 모델 그리고 사업전략이 담겨 있어야 한다.

③ **사업계획서 본질은 마케팅 자료다.** 대부분의 사업계획서는 자금유치 등 누군가를 설득하기 위하여 쓰인 마케팅 자료이다. 구청의 행정 양식처럼 수동적으로 내용을 채우는 방식은 매력이 없다.

④ **최대한 짧게 만든다.** 사업계획이 길고 복잡하다면 집중해서 읽지 않는다. 프레젠테이션 기준으로 10장 이내, 간결하고 눈에 쏙쏙 들어오는 내용이어야 한다.

⑤ **핵심으로 바로 들어간다.** 문서를 열면 일단 핵심적인 내용부터 얘기하는 것이 좋다. 무슨 사업을 하려는 것인가? 그 사업이 잘 될 것으로 생각하는 근거가 궁금하다. 문제(고객의 니즈, 또는 시장의 비효율) / 우리의 해결책 (제품, 서비스) / 비즈니스 모델 / 시장 규모 / 경쟁 / 팀 / 경과 및 계획 / 성과 목표

⑥ **재무 예측에 너무 공 들이지 않는다.** 재무성과 예측은 당신의 일방적인 주장에 불과하다. 중요하지 않은 부분에 상세한 설명은 작성자나 보는 사람 모두에게 시간 낭비다.

⑦ **할머니도 알아볼 수 있게 작성한다.** 사업계획서는 좋은 마케팅 콘텐츠로서 보는 사람이 쉽게 이해할 수 있도록 중학생이나 할머니도 이해할 수 있게 써야 한다.

– Toggle Navigation

3. 상품과 시장(Market) 및 경쟁자 분석(competitor analysis)

1) 상품·서비스의 준비와 상품가치(whole value)

창업 후 성장하는 기업으로 발전하려면 지속적으로 고객들의 선택을 받아야 하며 그러려면 진실성과 정성으로 고객에게 충성함으로써 우선 고객의 마음을 얻어야 한다. 기업들은 기업의 경쟁력을 이루는 내부 혁신역량뿐 아니라 모든 시장경쟁적 요소(상품력 가격경쟁력, 브랜드이미지, 고객관계 관리 등)를 전사적 차원에서 고객지향적으로 혁신해야 한다. 차별화를 위한 마케팅은 제조업자가 무엇을 생산할 것인가를 결정하고 난 뒤에 소비자들의 구매 욕구를 자극하지만 아이디어를 파는 비즈니스는 생산자가 주도하는 시장에서 이뤄진다. 소니(Sony)의 창업자 모리타 아키오(盛田昭夫) 회장은 "고객은 기술적인 이해가 부족하기 때문에 고객의 욕구를 선도해야 한다"고 강조하였다. 그는 시장을 맹목적으로 추종하는 것이 아니라 제품의 가치를 고객들의 욕망과 일치시키는 것, 이른바 '가치혁신'을 펼친 것이다. 고객만족 경영이란 기업의 경영활동을 고객지향적으로 계획하고 시행하는 것이며, 고객이 원하는 최고의 서비스를 제공하면서 고객의 소리를 수집하고 파악한 니즈(needs)를 바탕으로 고객 불만을 해소함으로써 궁극적으로 고객을 만족시키는데 그 목적이 있다. 또 바람직한 기업은 단순히 상품을 팔아서 고객의 필요를 충족시키는 단계에서 더 나아가 고객의 가치를 향상시키고 생활의 질을 높여 행복한 고객, 행복한 나라를 만들어야 한다. 고객에게 행복감을 주는 기업은 반드시 고객들로부터 사랑의 보답을 받게 되며 시장에서 오랫동안 존속할 수 있게 될 것이다.

"남이 하지 않는 일, 남보다 더 잘할 수 있는 일로써 소비자에게 더 좋은 제품, 더 좋은 서비스를 제공한다면 어떤 일에나 성공을 거둘 수 있다. 남이 안하는 것을 하라, 뒤따라가지 말고 앞서가라, 새로운 것을 만들라."

– 구인회(1907~1969), LG 창업자 회장

고객만족경영을 실천하기 위하여 검토하여야 할 사항

(1) 고객들은 왜 이 상품을 살까?

① 우리 상품 또는 서비스가 고객에게 어떤 이익을 주고 있는가?

② 우리 상품 또는 서비스는 어떤 가치를 제공하는가?

③ 우리 상품 또는 서비스에 어떤 품격을 담을 수 있는가?

(2) 디자인과 형태는 어떠한가?

① 간단한 그림이 고객에게 오히려 호감을 준다.

② 실제로 어떻게 생겼는지 그려본다.

③ 호감을 담은 심벌(로고)을 통하여 구별이 쉽도록 한다.

(3) 언제 출시하는 것이 바람직한가?

① 철저한 시장조사, 최종디자인 완성, 제품완성, 시장테스트 검토

② 시장테스트에서 발견한 문제점 개선, 제품출시, 소매점 진열평가

③ 역발상 타이밍을 검토할 수 있는가?

(4) 우리의 상품은 경쟁사 상품과 무엇이 다른가?

① 다른 경쟁사가 이미 그 일을 하고 있다고 가정한다.

② 상품의 성공에 영향을 미칠 수 있는 주요 특징을 작성한다.

③ 경쟁사의 제품과 비교해서 자사의 제품을 평가한다.

(5) 상품명(브랜드)은 무엇인가?

① 제품 명을 검토하되 3개월 전에 제품의 이름을 짓는다.

② 브랜드 이미지를 나타내도록 한다.

③ 상품에 스토리를 담아 전달하도록 한다.

2) 고객과 시장의 이해

현대경영의 아버지 피터 드러커(Peter Drucker)가 "비즈니스(business)의 시작과 끝은 고객과 함께한다"고 했듯이 고객(customers, 顧客)은 기업이 창출한 재화와 용역을 구매하는 주체이고 기업의 생존과 성장을 결정하는 존재다. 특히 기업이 창조한 제품과 서비스에 대해 가치를 인정하고 대가를 치를 의향이 있는 고객만이 기업을 존재하게 하는 기반이다. 따라서 과거 강조되던 기업중심적인 마케팅 믹스(marketing mix), 즉 product(상품), price(가격), place(유통), promotion(판매촉진)을 뜻하는 4P's가 1993년 로버트 로터본(Robert Lauterbon)이 만든 고객관점의 사고방식인 Customer Value(고객가치), Cost(비용), convenience(편리성), communication(의사소통) 등으로 구성된 4C's 개념으로 변경되었다.

Customer Value(고객가치)란 기업이 소비자에게 편익을 제공한다는 마인드로, 고객 분석은 물론 트렌드도 고려해서 상품을 만들어야 한다는 의미다. 고객관점의 창의적이고 혁신적인 고객중심 기업이 추구해야 할 가장 중요한 목표는 기업이 제공하는 창의적 제품·서비스를 고객으로부터 인정(Buy-in)받는 것이다. 따라서 기업은 고객중심경영의 기반인 고객이 원하는 바를 알기 위하여 기업은 전화조사, 심층인터뷰, 관심그룹 운영 등을 통하여 조사·분석하거나 고객행동을 관찰하거나 빅데이터(big data)를 통해 분석한다. 시장조사는 고객의 생각을 파악하고자 할 때 가장 많이 사용되는 방법이지만 고객의 진짜 속마음을 파악하기 위한 심층적 노력이 필요하다. 고객이 무얼 원하는지 알려면 돈도 시간도 많이 소요될 뿐 아니라 고객은 속마음을 있는 그대로 나타내지 않기 때문에 고객이 정말 원하는 핵심을 이해하기란 매우 어렵다. 고객은 자신이 정말 원하는 게 뭔지 잘 알지 못할 수도 있고, 기업은 고객이 원하는 내용을 안다고 해도 고객마다 원하는 내용이 다르므로 기업이 고객의 요구에 맞추는 일은 대단히 어려운 일이다.

또 시장조사가 고객이 진정으로 원하는 바를 제대로 반영하기 어려운 이유는 첫째, 고객은 가장 익숙하고 편한 것에 더욱 긍정적으로 반응하는 경향이 있다. 둘째, 사람들은 시장에 이미 존재하는 것에 대해서만 시장조사를 할 수 있기 때문에 혁신적인 제품일수록 시장조사가 어렵고, 때로는 고객 자신도 미처 깨닫지 못한 니즈(needs)도 존재한다. 셋째, 현실적으로 소비는 독자적인 필요에 의한 판단보다 동료그룹의 영향으로 발생하는 경우가 빈번한데, 대부분의 시장조사는 개인단위, 고립된 상황에서 진행된 응답의 합으로 전체시장 수요를 예측한다. 넷째 조사의 한계로 고객이 100% 솔직하기 어려운 이유도 있다. 소비자 시장 전체에 한 큰 그림과 변화양상을 파악할 수 있을 만큼 포괄적이지 못하고 고객의 진짜 속마음을 파악하기 위한 심층적 조사와 데이터 해석 노력도 필요하다. 또 어렵게 소비자를 분석하고 고객 만족을 추구하더라도 고객들은 칭찬보다 불만을 표출하는 클레임(claim, 고객불만)을 제기하기 쉽다.

> "보스는 단 한 사람, 고객뿐이다. 고객은 회장에서부터 하부의 구성원들까지 모두 해고할 수 있는 능력이 있다. 고객이 다른 곳에 돈을 쓰면 결국 우리는 일자리를 모두 잃을 수밖에 없다."
>
> – 샘 월튼(Sam M. Walton), 유통 왕국 월마트(Walmart) 창업자

고객(customer)의 의미

① 고객은 기업이 궁극적으로 존재하는 이유이다.
② 고객은 항상 옳은 존재이고, 기업의 생사를 결정하는 심판관이다.
③ 고객은 총명하며 자신의 이익을 양보하지 않는 사람이다.
④ 고객님 당신은 우리의 상관입니다(You are the boss)(유나이티드 항공).
⑤ 고객은 우리에게 월급을 주는 가장 중요한 나의 주인이다(서두칠 사장).
⑥ 고객은 왕(王)이고, 고객은 신(神)이다(일본).
⑦ 고객은 신(神)보다 위대하다(우리의 삶을 영위하도록 이익을 준다).
⑧ 고객은 이기적인 상인에게 동조하지 않는 존재다.

현대경영의 아버지 피터 드러커(Peter F. Drucker)는 "고객 없이는 사업도 없다(No business without a customer)"라고 한 것처럼 그에게 고객은 기업의 본질과 직결된 핵심개념이다. 그는 "고객은 기업이 창조한 새로운 제품과 서비스를 구입해서 자신의 욕구를 충족시키므로 기업의 존재이유는 바로 고객 만족에 있다"고 강조했다. 고객만족(CS)은 구매한 제품이나 서비스의 성능에 대하여 그것

고객을 제대로 알기 위한 질문

1) 고객의 의견을 듣고 있는가?

① 상품개발의 시작단계에서 고객과 이야기를 나누어 본다.
② 이 상품을 구매할 의향이 있는가? 있다면 얼마를 지불하겠는가?
③ 고객에 대하여 얼마나 알고 있는가를 점수로 매겨본다.

2) 누가 진짜 고객인가를 정확히 파악한다.

① 목표 고객을 명확히 정의하라.
② 고객의 구매습관을 분석하라.
③ 누가 고객이고 누가 고객이 아닌지 정의되었는가?

3) 소비자모임을 활용하는가?

① 신제품 구상안, 경쟁사의 제품 · 포장 · 광고 등에 대하여 평가한다.
② 소비자의 제품사용패턴, 특정상품에 대한 소비자들의 반응을 살펴본다.
③ 고객에게 제품 · 서비스가 수용 가능한지 조사해 보았는가?

4) 고객가치(Customer Value) 분석

① 고객에게 제공하려는 제품 · 서비스가 명확히 정의되었는가?
② 고객에게 전달한 가치에 대한 대가를 어떻게 받을지 정의되었는가?
③ 고객이 왜 제품 · 서비스를 사는지 정의되었는가?
④ 고객입장에서 새로운 제품 · 서비스가 갖는 장점 및 단점이 분석되었는가?
⑤ 고객에게 전달한 가치를 어떤 형태로 회수할 것인지 명확히 정의되었는가?
⑥ 명확한 고객가치(Clear Customer Value)가 명료하게 정의되었는가?

을 이용한 고객이 기대(Expect) 이상의 경험했을 때 고객이 느끼는 상태로, 상품과 서비스의 구입이 지속되고 아울러 고객의 신뢰감이 연속적으로 이어지는 상태를 의미한다.

만족한 고객은 기업에게 반복구매 가능성이 증가, 충성 고객이 될 가능성(단골고객 확보) 증가, 긍정적인 구전효과 기대, 경쟁사의 유인에 흔들리지 않음, 좋은 이미지로 인한 신규고객 창출, 판매 및 이용증대로 매출증가, 정보 및 아이디어 제공 등의 효과를 제공한다. 반면, 불만족한 고객은 기업에게 재(再)구매 거부(판매 및 이용감소, 단골고객 상실), 보상 요구, 부정적 구전과 나쁜 이미지의 확산으로 잠재적 고객 상실, 매출감소 등의 결과를 초래한다. 고객 만족 수준을 높이는 가장 좋은 방법은 구매 전 고객의 기대를 높이되 동시에 구매 후 인식하는 가치를 높이는 총체적 고객만족(Total Customer Satisfaction: TCS)을 추구하는 것이다. 고객의 관점에서 기업의 모든 가치창출 활동이 수행되고 전사적으로 통합 조정되어 고객에게 높은 가치를 제공할 때 진정한 고객 만족이 이루어질 수 있다. 따라서 고객만족 경영을 실현하기 위해서는 고객 및 고객의 기대와 욕구가 무엇인지를 명확히 파악해야 한다.

고객을 안다고 생각하는 회사는 실패한다.

미국 뉴욕 애플 매장엔 파란 옷을 입은 전문 조사요원 14명이 근무한다. 이들이 하는 일은 고객 불만을 조용히 듣고 메모하는 것이다. 애플은 여기에서 접수한 고객 불만들을 모아 이듬해 신제품에 반영한다. 히트상품은 연구실에서 나오는 것이 아니다. 고객이 만들어 주는 거다. '고객을 안다고 하는' 회사는 실패한다. '고객을 알려고 하는' 회사가 결국 이기게 돼 있다.

– 이해선, CJ 홈쇼핑 CEO

3) 시장조사(market research)의 절차와 주의 사항

시장성 분석이란 판매하고자 하는 상품을 어느 정도 팔 수 있겠는가를 조사·분석하는 것으로 시장 분석의 목표는 미래에 발생할 마케팅 문제해결에 필요한 정보를 제공하는 것이므로 철저한 시장조사는 성공적인 기업경영의 필수사항이다. 판매량을 추정하기 위한 활동은 ① 시장의 특성, ② 수요 및 공급분석, ③ 미래 수요분석, ④ 매출액 추정 등으로 이루어진다. 시장 분석을 통하여 고객의 특성, 경쟁자, 시장의 변화 동향 등에 대한 정보를 수집·분석하여 변화에 대응할 능력을 갖추게 되며, 이러한 정보는 창업자에게는 사업타당성 분석의 기초자료가 되고, 기존의 사업자에게는 시장변화를 감지 또는 예측하여 지속적인 성장능력을 준비하는 정조가 된다. 따라서 적절한 시장정보 없이 기업의 창업을 준비하거나 경영하는 것은 어둠속에서 운전하는 것처럼 무모한 일이다.

고객만족을 추구하기 위하여 시장의 요구를 정확히 파악하려면 시장조사 시 다음 사항을 고려할 필요가 있다.

(1) 시장조사(market research)의 절차

① 해결하고자 하는 문제를 정의한다.

② 문제해결을 위하여 조사가 필요한지 검토한다.

③ 시장조사를 통하여 달성하고자 하는 목표와 목적을 파악한다.

④ 목표를 달성하기 위하여 필요한 자료를 파악한다.

⑤ 필요한 정보를 수집할 계획을 수립한다.

⑥ 필요한 정보를 제공할 수 있는 사람을 파악한다.

⑦ 시장조사를 실시하고 필요한 정보를 수집한다.

⑧ 시장정보는 상황에 따라 세부적으로 분석한다.

⑨ 얻어진 정보에 의거하여 결론을 도출하고, 행동계획을 세운다.

(2) 시장규모와 시장 분석 시 검토사항

① 전체시장의 규모는 어느 정도인가?

② 이 시장은 성장하고 있는가?

③ 당신이 목표로 하는 시장 및 점유율은 어느 수준인가?

④ 누가 당신의 경쟁자인가?

⑤ 경쟁자에 비해 당신의 강·약점은 무엇인가?

⑥ 목표시장의 전반적인 트렌드를 서술하고 있는가?

⑦ 목표시장에서 성공하기 위한 결정적 요소를 설명하고 있는가?

⑧ 현재 시장규모에 대한 객관적인 근거를 제시하고 있는가?

⑨ 미래시장의 성장률에 대한 객관적인 근거를 제시하고 있는가?

(3) 시장규모 예측 시 주의 사항

① 확실한 근거를 가지고 작성하라: 가능한 한 입증 가능한 숫자에 근거하여 작성해야 한다.

② 논리적으로 생각하라: 추정치는 논리적 결론이어야 하며, 논리적 비약이나 명시되지 않은 가정(assumption)에 의존해서는 안 된다.

③ 자료를 비교하라: 여러 가지 다양한 자료들(인터뷰, 통계, 전문가 의견 등)을 비교하여 객관성을 확보하여야 한다.

④ 창조적이 되라: 알 수 없는 변수가 있을 경우에는 대체적인 변수가 있는지를 찾아보아야 한다.

⑤ 그럴듯한지를 점검하라: 각 추정치가 적절한 규모인지 객관화 시각으로 점검하여야 한다.

4) 경쟁자(Competitor) 분석

경쟁자와의 경쟁에서 우위를 선점하려면 먼저 경쟁자에 대한 분석이 이루어져야 하고 경쟁자 분석을 통하여 경쟁자와 대비되는 자사의 강·약점을 파악할 수 있고, 자사의 전략에 대한 경쟁자의 반응을 살필 수 있다. 손자병법의 명언 중 하나인 지피지기면 백전불태(知彼知己 百戰不殆)라는 말처럼 먼저 자사에 대해 자세히 파악한 후 경쟁자를 선정하고 경쟁자 분석을 통하여 자사와 비교한 분석결과에 따라 경쟁자의 행동을 예측하고 이를 기반으로 시사점을 도출해야 한다. 당사와 경쟁사의 핵심 고객가치, 목표 고객, 매출액, 가격, 시장점유율, 비용(cost), 제품 수, 유통채널 등에서 비교해야 한다. 경쟁사의 강점과 약점을 비교·분석하고 경쟁사와 당사의 시장에서 포지셔닝을 점검하여 경쟁우위 요소의 유지 방안을 검토해야 한다.

(1) 누가 당신의 경쟁 상대(Competitor)인가?

① 현재 시장에서 당신의 경쟁 상대는 누구인가?(5곳을 적어보라)

② 가장 강력한 잠재적 경쟁 상대는 누구인가?(1~2곳을 적어보라)

③ 경쟁기업을 어떻게 볼 것인가?

④ 어떤 기업을 자사의 경쟁기업으로 여기지 않을 것인가?

(2) 경쟁자(Competitor)의 역량은 어떠한가?

① 경쟁자의 미래 목표는 무엇인가?

② 경쟁자의 강·약점은 무엇인가?

③ 다른 경쟁자보다 뛰어난 경쟁우위 요소는 무엇인가?

④ 경쟁자가 알고 있는 산업 및 자사에 대한 기본 가정은 무엇인가?

(3) 경쟁자(Competitor)는 무엇을 하고 있는가?

① 경쟁자는 무엇을 하고 있으며 향후 전략적 계획은 있는가?

② 경쟁자는 어떻게 경쟁하고 있는가? (과거·현재·미래)

③ 경쟁자는 현재의 위치에 만족하고 있는가?

④ 참고자료를 활용하여 경쟁사 정보를 도표로 체계화한다.

⑤ 경쟁자 분석 3요소: 가격(Price), 규모(Volume), 비용(Cost)

(4) 고객이 경쟁사(Competitor) 상품을 선호하는 이유는 무엇인가?

① 소비자는 왜 일반제품보다 경쟁사 브랜드 제품을 선호하는가?

② 왜 특정상품은 다른 회사 제품보다 인기가 많은가?

③ 소비자 구매심리를 파악(시간, 비용, 품격 유지 측면)한다.

(5) 경쟁사(Competitor)의 비밀은 무엇인가?

① 경쟁사의 마케팅자료, 언론홍보 자료, 구인광고를 참고하라.

② 경쟁업체가 가진 경영상의 장점은 무엇인가?

③ 경쟁업체가 목표로 삼고 있는 시장은 어디인가?

④ 경쟁업체 브랜드의 강점은 무엇인가?

⑤ 경쟁업체의 성장사와 현재 위치는 어떠한가?

⑥ 자사가 전략을 전개할 경우 경쟁기업의 예상 반응은 무엇인가?

(6) 산업 및 경쟁의 정도는 어떠한가?

① 유사한 제품/서비스를 제공하고 있는 경쟁자가 누구인가?

② 경쟁사의 전략과 당사의 전략이 비교하였는가?

③ 잠재적인 경쟁자에 대한 분석이 되었는가?

④ 경쟁자와 당사 간의 경쟁 분야별 강·약점이 충분히 비교되었는가?

⑤ 경쟁사 대비 당사의 우위요소는 무엇이고 계속 유지될 수 있는가?

⑥ 산업구조와 시장규모 및 트렌드, 시장 성장성, 산업집중도(CR)

(7) 기존 경쟁자(Competitor)들의 경쟁 강도 파악

기존 경쟁자들의 경쟁관계와 경쟁수준 및 자사와의 상대적 관계를 검토하고 그 변화에 대처할 수 있어야 하며, 잠재 경쟁자들과의 관계도 살펴야 한다.

[표 6-3] 기존 경쟁자들의 경쟁 강도

구분	내용
경쟁기업의 수	해당 산업에 참여하고 있는 경쟁기업의 수가 많을수록 경쟁강도가 심하다고 볼 수 있다.
경쟁기업의 상대적인 크기	해당 산업에 참여하고 있는 기업의 수가 동일해도, 경쟁사가 대기업이라면 경쟁강도가 훨씬 강하다고 할 수 있다.
제품 및 전략의 유사성 정도	산업 내 기업의 제품 및 전략의 유사성 정도도 경쟁의 강도에 영향을 미친다.
시장의 성장률	해당 시장의 성장률이 높다면 상대적으로 경쟁의 강도는 낮을 것이고, 해당 기업이 성장할 기회가 많을 것이다.
높은 고정비용	총원가 중 고정비용이 차지하는 비중이 크다면 고정비용의 커버를 위하여 치열한 경쟁을 하게 될 가능성이 크다.
철수 용이성 정도	기업이 시장에서 철수하고자 할 때 철수를 어렵게 만드는 요인이 있는 경우, 수익성이 악화되더라도 시장에 잔류하여 경쟁하는 선택함으로써 산업 전체의 경쟁강도가 높아지게 된다.

5) STP(segmentation, targeting, positioning)전략

오늘날 대부분의 산업은 성숙기에 접어들었고, 급속한 환경변화에 따라 제품, 서비스 수명주기가 매우 짧아졌다. 점차 가속화되는 경쟁 속에서 많은 비용을 들여 개발한 신제품·서비스가 시장에서 성공할 확률은 낮아지고, 성공을 했더라도 이내 다른 경쟁제품 때문에 시장점유율(M/S)을 높이는 것이 더욱 어려워지고 있다. 따라서 마케팅 기본전략으로 시장세분화(Segmentation)·표적시장선정(Targeting)·포지셔닝(Positioning)으로 구분되는 STP 분석의 의미가 더욱 중요해졌다. 고객 중심 마케팅 전략수립에서 기본적인 틀을 제공하는 STP 마케팅이란 마케팅 전략과 계획수립 시 소비자 행동에 대한 이해에 근거하여 시장을 세분화하고, 이에 따른 표적시장의 선정하고 표적시장에 적절하게 제품을 포지셔닝하는 일련의 활동이다. 기업의 마케터들은 고객의 여러 가지 특성을 기준으로 시장을 세분화(segmentation)한 뒤 어느 집단(segment)에 마케팅 자원을 집중할 것인지를 결정하는 것을 타기팅(targeting)이라고 하고, 여기서 도출된 목표

고객(target customer)의 마음속에서 특정한 위치(포지션)를 차지하려는 기업의 마케팅 노력과 프로세스를 포지셔닝(positioning)이라고 한다.

STP 마케팅은 단계별로 보면, 우선 1단계 세분화 단계에서는 세분화 변수의 규명과 시장세분화, 세분시장의 프로필 개발. 2단계 시장 타기팅(targeting) 단계에서 각 세분시장의 매력 평가, 표적 세분시장의 선정. 3단계 시장 포지셔닝(Positioning) 단계에서는 표적세분 시장에 대한 가능한 포지셔닝 개념의 규명, 선정된 포지셔닝 개념에 대한 의사소통, 개발, 선택 등으로 진행된다.

(1) 시장세분화(Market Segmentation)

모든 사람에게 잘 맞는 한 가지 사이즈는 없다(One size does not fit all)는 말처럼 시장세분화는 산업 전체시장(다수 수용자)의 공통분모를 찾아서, 인구 집단,

[표 6-4] 시장세분화 변수(Four generic dimensions)

세분화 변수	항 목
① 지리적 세분화	국가, 지역, 도시크기, 군, 인구밀도, 기후, 입지조건 등
② 인구통계학적 세분화	연령, 성별, 직업, 소득, 가족형태, 교육, 종교, 인종 등
③ 심리 분석적 세분화	동기, 취미, 가치, 라이프스타일, 개성, 태도 등
④ 행동·분석적 세분화	추구하는 편익, 구매상황, 구매빈도, 사용량, 충성도 등

세분화를 어떻게 할 것인가?

① 시장세분화의 명확한 기준과 그 근거를 제시하고 있는가?
② 세부시장별 특성 및 향후 전망의 객관적 근거를 제시하고 있는가?
③ 목표고객이 분명하게 설정되었고, 대표적인 고객을 예시하였는가?
④ 각 개별시장에서의 목표 점유율을 제시하고 있는가?
⑤ 고객시장 전체의 구조를 명확하게 이해, 파악하고 있는가?
⑥ 고객시장을 상품에 맞게 적절히 구분하였는가?
⑦ 시장을 세분화하여 어떤 시장을 대상으로 하고 있는지를 분명히 하고, 각 세분화된 시장의 고객 수 및 구매력을 측정(Measurability)할 수 있어야 하며, 각 세분시장은 동일 마케팅 전략으로 공략할 수 있어야 한다.

성공적 차별화를 위한 고려 요소

① **중요성** 확실히 가치 있는 편익을 제공해야 함
② **차별성** 경쟁자들이 똑같은 차별점을 제공할 수 없거나 다른 방법으로 제공
③ **우수성** 같은 편익을 얻을 수 있는 방법보다 뛰어나야 함
④ **전달성** 차별점이 소비자들에게 전달할 수 있고 보여 줄 수 있어야 함
⑤ **선점성** 경쟁자들이 쉽게 모방할 수 없어야 함
⑥ **가격 적절성** 구입을 꺼릴 정도의 가격인상을 초래하지 말아야 함
⑦ **수익성** 기업에게 이익을 제공할 수 있어야 함

시장, 수용자 등 다른 집단과 차별화하되 동질적인 하부집단으로 나눈다. 이때 하부집단은 분명히 구분될 수 있고, 다른 집단과 배제되며 측정 및 접근이 쉬워야 한다. 그리고 조직 미션과 연관되고, 세분화에 드는 비용이 부담스럽지 않을 만큼 큰 집단이어야 한다. 시장세분화의 목적은 효과적이고 효율적인 커뮤니케이션이다. 기업이 마케팅전략 수립 시 시장세분화를 하는 목적은 • 시장기회를 탐색, • 소비자의 욕구를 정확하게 충족, • 변화하는 시장수요에 능동적으로 대처, • 자사와 경쟁사의 강·약점을 효과적으로 평가하기 위함이다.

(2) 타기팅(Targeting)

타기팅(Targeting)이란 회사가 공략해야 할 전체 시장 가운데 특성별 세분된 시장을 평가하고 선택하면서 회사가 마케팅을 펼쳤을 때 가장 효과적·효율적으로 반응할 시장을 찾는 활동이다. 창업기업은 타깃(Target)으로 정한 고객니즈의 현재와 잠재성을 포함한 고객의 니즈를 정확히 파악하되 고객이 원하는 상품·서비스가 사업(Business) 측면에서도 매력적인가를 검토하여야 한다. 또 자사의 목표시장과 목표고객은 누구이며, 목표시장의 크기와 성장성 그리고 시장 포지셔닝과 미래 전망에 대하여 정확히 파악해야 한다. 이때 일반기업은 경쟁

자들 간의 심한 경쟁과 함께 소비자들이 기존 경쟁자들의 제품과 브랜드 충성도가 높은 수익성이 가장 큰 시장을 노리는데, 실제 기술과 자원이 부족한 창업기업에게는 경쟁자들이 무시하고 있는 새로운 세분 시장(틈새 시장/니치 마켓)이 오히려 좋은 선택이 될 수 있다. 표적시장 선정(Targeting) 시 세분시장의 크기, 세분시장의 성장률, 경쟁의 정도, 시장의 반응성, 세분시장 수익성, 기술의 변화, 가격 민감도, 진입 장벽, 구매자나 공급업자의 구매력, 사회 정치적 고려, 계절성, 수명주기의 위치 등을 고려하여 표적시장을 결정하게 된다. 이때 각 세분시장에 대한 현재 판매량, 예상 성장률, 예상 수익률 등에 대한 자료를 수집·분석해야 하는데 혹 세분시장의 규모가 크고 성장률이 빠르고 매력적인 시장이더라도 세분시장에서 경쟁적 우위를 얻을 수 있는 시장을 선택해야 한다.

표적시장 선정(Targeting)은 자사의 경쟁우위가 어느 세분시장에서 확보될 수 있는가를 평가하여 상대적으로 경쟁우위가 있는 세분시장을 선택하는 것으로 일반적으로 표적시장을 선택할 때 아래 함수식이 성립된다.

표적시장의 선택 $= f$(시장의 매력도, 경쟁우위 정도, 적합성의 정도)

(3) 포지셔닝(positioning)

① 포지셔닝(positioning)의 이해

치열한 경쟁 속에서 고객에게 선택받기 위해서는 자기 브랜드가 고객의 마음속에서 특별한 위치, 즉 포지션(position)을 차지하고 있어야 한다. 예컨대 피곤할 때는 '박카스', 머리 아플 때는 '아스피린', 마음의 안정이 필요할 때는 '우황청심원' 식으로 어떤 브랜드가 특정한 소비상황에서 생기는 고객의 니즈를 해결할 수 있는 솔루션으로 확실히 자리매김하고 있다면 해당 브랜드는 비즈니스 전쟁터에서 유리한 고지를 차지하는 것이다. 우리는 링컨이 노예를 해방시킨 대통령이란 건 알지만 그가 몇 대 대통령인지는 관심이 없다(그는 16대 대통령이다). 물론 다른 대통령 중에도 노예해방을 위해 애쓴 사람이 있겠지만 '노예해방=링컨'이라는 등식 때문에 링컨 외에는 누구도 기억하지 않는다. 이처럼 사람의 머릿속이나 가슴속에 첫 번째로 기억되도록 의도적인 선입관(preconception)을 만드는 작업을 포지셔닝(positioning)이라고 한다.

포지셔닝은 소비자의 마음 또는 인식에서 경쟁브랜드에 비해 특정 브랜드가 차지하고 있는 위치(위상)를 강화하거나 변화시켜 타사 제품과의 제품차별화를 꾀함으로써 경쟁의 우위를 확보하려는 전략이다. 성공적인 포지셔닝을 위해서는 경쟁브랜드와 비교했을 때 우리 브랜드만의 독특한 포지션을 위한 차별화(differentiation)와 그것을 지속적으로 유지하는 일관성(consistency)도 필요하다. 이렇게 형성된 메시지가 광고, PR, 입소문(word-of-mouth), 소비자의 사용경험 등을 통해 오랜 시간에 걸쳐 지속적으로 전달되어야 소비자 마음에 특정 브랜드의 차별화된 포지션이 형성된다.

1970년대 초반 포지셔닝 콘셉트를 대중화한 미국의 마케팅 전문가 잭 트라우트(Jack Trout)와 앨 리스(Al Ries)는 포지셔닝(positioning)을 "잠재고객의 마인드에 특정 제품 또는 브랜드의 위치를 잡아주는 것"으로 정의하면서, "당신은 자신의 제품을 소비자의 마음속 어디에 자리 잡을지 생각해야 한다"고 강조했다. 그들은 포지셔닝의 핵심을 다음과 같이 설명한다. ① 고객의 마음속에 파고들어간다. ② 한 가지 간단한 메시지를 심어라. ③ 그 메시지는 당신과 당신의 경쟁자들을 뚜렷하게 구분할 수 있어야 한다. ④ 그러기 위해서는 희생이 필요하므로 한 가지에 초점을 맞추고 나머지는 과감하게 포기하라. 또 그들은 "진실은 별로 중요하지 않다. 문제는 마음속에 존재하는 인식이다"라고 말했다. 결국, 포지셔닝은 마케터가 소비자의 마음속 원하는 위치에 자리 잡도록 하는 것이 핵심이다.

우리 기업은 다른 기업과 다르고 또한 더 낫다는 점을 품질, 가치, 속도, 안전, 저가격, 편리함, 내구성, 친절함 등 여러 가지 방식으로 내세울 수 있으나 고객의 마음속에 깊숙이 파고 들려면 그중 단순화한 단 하나를 선택하는 것이

신속한 배달 포지셔닝, 도마노피자 사례

대부분 피자 체인점 또는 동네 레스토랑들은 '신선한 재료', '최고의 맛' 등을 내세우지만 소비자 입장에서는 모든 피자가게가 똑같은 주장을 하니 어떤 가게를 선택해야 할지 고민이다. 도미노피자는 고객이 보통 어떤 상황에서 피자배달을 주문하는지에 주목했고 자신을 확실하게 차별화해서 뚜렷하게 포지셔닝하였다.

예컨대 맞벌이 주부가 퇴근 후 배고파하는 아이들을 빨리 먹여야 할 때, 시험공부나 과제를 하느라 시간에 쫓기는 학생들이 간단히 저녁을 해결하고 싶을 때, 또 맥주 한잔 하면서 운동경기를 보던 사람이 출출해서 피자를 주문한다는 것에 주목했고, 도미노는 광고마다 "30분 이내에 배달하지 못하면 피자를 공짜로 드립니다"라는 카피로 빠른 배달 속도를 핵심콘셉트로 강조했다.

그래서 도미노피자는 피자배달 사업에서 경쟁자와 뚜렷하게 차별화되었고 '빠르고 믿을 만한 배달'이라고 하면 도미노피자가 떠오르도록 만들었다. 대부분의 사람은 식어버린 피자보다는 방금 구워서 따뜻한 피자를 선호하기 때문에 '신속한 배달'이라는 가치제안(value proposition)은 도미노피자만의 핵심메시지로 독특한 위치를 구축하고, 목표고객들에게 시장의 여러가지 옵션 중 굳이 도미노 브랜드를 선택해야 하는지를 간단명료하게 설득하기에 충분했기 때문에 도미노피자를 경쟁에서 우위에 서게 한 분명한 메시지였다. 도미노피자처럼 하나의 핵심메시지를 얼마나 잘 선택해서 집중적으로 공략하느냐가 포지셔닝의 관건이다. 결국 고객인식 속에 담긴 뼈대가 되는 단순한 핵심이 복잡한 디테일(detail)을 이길 수 있다.

효과적이다. 포지셔닝(positioning)에서 가장 중요한 점은 자기 브랜드가 목표고객에게 어떠한 특별하고 유니크한 가치(value)를 제공하는지를 쉽고 단순한 메시지(가치제안)로 전달해 그들의 마음속에 각인시키는 것이다. 가치제안을 작성할 때 특히 유의해야 할 점은 공급자 시각이 아니라 소비자 입장에서 어떤 점을 소비자가 매력적으로 느낄 것인지를 차별화 포인트로 파악해 강조하는 것이다. 해당 제품이나 브랜드가 목표고객의 마음속에서 차별화된 포지션을 차지하면 이는 장기적인 기업 경쟁력의 원천이 된다. 그러한 성공 사례로 삼성(Samsung)은 "2등은 아무도 기억하지 않는다"며 1등의 자리를 굳건하게 지키고 있고, 에

이비스(AVIS)는 렌터카 1위 브랜드인 허츠(Hertz)에 도전해 “우리는 2등입니다. 그래서 더 노력합니다”라며 성실한 일꾼의 이미지로 소비자에게 기억되도록 하였다. 또 애플(Apple)은 멋없고 투박한 컴퓨터에 도전해 소비자의 마음속에 멋스럽고 창의적인 컴퓨터로 자리 잡았으며, 콜라시장의 후발주자인 펩시콜라(Pepsi Cola)는 절대적 1위인 코카콜라를 경쟁상대로 삼고 펩시콜라와 코카콜라 블라인드 테스트를 실시해 펩시콜라가 더 맛있다는 결과를 도출한 ‘펩시 챌린지(Pepsi Challenge)’ 전략을 적극 활용하여 ‘젊고 참신한 도전자’ 이미지를 굳힘으로써 음료시장에서 강력한 경쟁자로 떠올랐다.

② 포지셔닝의 유형

한 브랜드의 포지셔닝이란 소비자가 브랜드에 대해서 갖고 있는 일련의 연상들이다. 이러한 연상에는 제품의 물리적 특징, 소비자 편익, 가격과 품질, 사용자, 제품 범주 등이 포함될 수 있다.

㉮ 제품 특징 포지셔닝은 기업이 제품의 어떤 속성 또는 특징을 포지셔닝하는 것이다. 어떤 호텔은 그 도시에서 가장 높은 호텔이라고 말하며, 어떤 맥주회사는 자신이 가장 오래된 맥주 업체라고 내세운다.

㉯ 소비자 편익(benefit) 포지셔닝은 제품이 소비자에게 주는 혜택을 약속하는 것이다. 예를 들어 락앤락은 식료품을 사용하고 난 후에도 처음과 같이 싱싱하게 보관해 준다는 편익을 약속한다.

㉰ 가격과 품질 포지셔닝은 제품을 일정한 가격 수준과 품질로 위상을 정립하는 것이다. 샤넬(Chanel) No.5 향수는 매우 높은 품질과 높은 가격으로 포지셔닝한다. 프랑스 제품 에르메스(Hermes)와 루이뷔통(Louis Vuitton)은 할인도 하지 않는 명품으로 포지셔닝하고 있다. 반면 최근에 많이 생긴 저가 항공사들은 최저가(lowest price)라는 가격 포지셔닝을 하고 있다.

㉱ 사용자 포지셔닝은 제품을 특정계층의 사용자 집단에 연결시키는 것이다. 이를 통해 동일 부류의 사용자들에게 제품의 이용을 권장한다. 예컨대 초기에 애플(Apple) 컴퓨터는 그래픽 디자이너 같은 전문가들의 컴퓨터라고 포지셔닝

을 해 그래픽 작업을 전문적으로 이용하는 사람들에게 그래픽 전문 컴퓨터라는 인식을 심어 주었다.

㉰ 제품범주 포지셔닝은 기업이 자사나 자사브랜드를 해당제품 범주의 선도자(leader)라고 주장함으로써 소비자에게 어필하는 것이다. 코크(Coke)는 하나의 브랜드라기보다 콜라를 의미하며, 제록스(Xerox)는 복사기를, IBM은 컴퓨터를 의미한다. 습관적으로 최초(first)를 최고(best)라고 인식하는 경향이 있으므로 제품범주 포지셔닝은 최초 브랜드가 주로 사용한다.

제품 포지셔닝(positioning)의 유형

- 속성에 의한 포지셔닝
  예) 하이트: 천연암반수(깨끗함)
- 이미지 포지셔닝
  예) 체어맨, 다이너스티, 엔터프라이즈 등 고급품
- 사용상황(목적)에 의한 포지셔닝
  예) 게토레이(운동 후 갈증해소)
- 제품사용자에 의한 포지셔닝
  예) Johnson & Johnson의 베이비오일과 베이비샴푸
- 모델에 의한 포지셔닝
  예) 박찬호와 나이키, 고두심과 청정원
- 상징대상에 의한 포지셔닝
  예) 펩시 맨, 말보로 카우보이, 세진컴퓨터의 진돗개
- 재(再) 포지셔닝
  예) 말보로 담배의 1950년대 중반까지의 포지셔닝
- 경쟁제품과의 비교로 포지셔닝
  예) 하이트 맥주: 맥주의 90%는 물, 어느 맥주를 드시겠습니까?

6) 매출액 추정과 추정 손익계산서

(1) 매출액의 추정

기존매출이 발생하고 있는 경우에는 전년대비 증가율 등을 감안하여 산출하면 쉽게 매출을 산출할 수 있지만 사업을 시작하기도 전에 사업에 대한 매출 및 수지 예측을 하는 것은 쉽지 않다. 특히 예비창업자의 경우 실전경험 부족으로 모든 내용을 수치화하여 산출근거를 작성하기 어렵겠지만 투자대비 이익률을 계산하거나 점포권리금의 적정 여부 등을 판단하는 데 활용할 수 있는 데이터이기 때문에 사업을 시작하기 전에 반드시 작성해야 한다. 매출액 추정방법은 일반적으로 도소매업, 음식업 및 서비스업으로 구분해 아래와 같은 간단한 계산방식으로 개략적으로 추정해 볼 수 있다.

(2) 추정 손익계산서 작성항목과 관련 개념 정리

① 매출액: 제품이나 상품을 판매함으로써 나타나는 재화나 용역의 가치

② 매출원가: 영업활동에서 영업수익을 올리는 데 필요한 비용 또는 판매하기 위하여 사들인 상품의 구입가격. 직접비(재료비, 노무비)와 제조간접비를 분석하여 추정

③ 매출총이익(생산이익) = 매출액 – 매출원가(생산 비용)

④ 영업이익 = 매출총이익 – 판매비 및 일반관리비: 매출총이익에서 판매활동에 소요된 판매 및 일반관리비를 차감한 것으로, 회사가 목적하는 영업활동의 결과로서 산출된 이익

⑤ 판매비: 상품과 용역의 판매 활동 결과로 발생하는 비용(변동비)

⑥ 일반관리비: 기업의 관리와 유지 등 회사의 일반관리 활동 결과로 발생된 비용(고정비). 업계 평균치 자료를 통해 비율을 산출하고 추정하고 인건비는 각 연도별 인력 운용 계획에 의해 작성(평균 상승률 적용)하며 경비는 기준연도 예상액을 추정할 수 있음

예상 매출액 추정 방법

판매량에 의한 매출액 산출(제조업/도매업)

- 판매 가격×판매량

  예) 의류 유통의 월 추정 매출액

  매출액 = 10,000원×500벌 = 5,000,000원

회전율에 의한 매출액 산출(음식점)

- 테이블 수×회전율×객단가×영업일수

  예) 음식점 30평 규모의 월 추정 매출액은?

  매출액 = 30평/1.5평×2.5회전×2만원×25일 = 2,500만원

내점률에 의한 매출액 산출(소매점)

- 통행인구수×내점률×구매 비율×객단가×영업일수

  예) 제과점의 월 추정 매출액은?

  매출액 = 5,000명×3(%)×80(%)×6,000원×25일 = 1,800만원

사업장 면적에 의한 매출액 산출

- 사업장 면적×평당 일 매출액×매출일 수

  ※ 상권 및 입지에 따라 소매업 3만원, 음식업 2만원, 서비스업 5천 원~ 1만원

  예) 음식점 40평 규모의 월 추정 매출액은?

  매출액 = 40평×2만원×25일 = 2,000만원

인건비 배수에 의한 매출액 산출

- 월 인건비×인건비 배수(인건비 배수: 외식업 6~7배, 서비스 3~4배)

  예) 월 400만원을 인건비로 지출하는 네일숍의 월 추정 매출액은?

  매출액 = 400만원×3~4배 = 1.200~1.600만원

⑦ 영업외 손익: 영업활동 외에서 발생한 것으로 주로 회사의 재무활동과 관련하여 발생한 금액(이자수익 또는 이자비용 등)

⑧ 경상이익=영업이익+영업외 수익−영업외 비용

⑨ 특별 손익: 회사를 운영하며 비일상적으로 발생하는 수익과 비용

⑩ 세전 순이익: 경상이익+특별 수익−특별손실

⑪ 법인세 등: 법인세와 법인세에 대한 주민세

⑫ 당기순이익: 세전 순이익에서 법인세 등을 차감(▲)

[표 6-5] 추정 손익계산서 작성

2020. 1. 1. ~ 2020. 12. 31. 단위: 천원

구 분	금 액	비 고
1. 매출액		항목별 계획수립
2. 매출원가		경비집행계획수립
3. 매출이익		Ⅰ−Ⅱ
4. 일반관리 및 판매비		
① 급료		고정급료 아르바이트생포함
② 복리후생비		〃
③ 임차료		발생액 기준
④ 수도광열비		〃
⑤ 감가상각비		〃
5. 영업이익		Ⅲ−Ⅳ
6. 영업외수익		수입이자 등
7. 영업외비용		발생이자 등
8. 경상이익		Ⅴ+Ⅵ−Ⅶ
9. 법인세 등		
10. 당기순이익		Ⅷ−Ⅻ

Chapter 7

기업과 기업가정신(Entrepreneurship)의 이해

1. 기업(企業, Enterprises)의 역할과 목적

1) 기업의 본질과 역할

회사의 영어표기 컴퍼니(company)는 com(함께)과 pany(빵을 나누다)의 조합으로 컴퍼니(company)는 '함께 빵을 먹는 동료들'이라는 라틴어 콤파니오(companion)에서 유래했고, 함께 먹고살기 위해 만든 조직을 의미한다. 현대사회에서 자본주의 경제를 움직이는 중심역할을 하는 기업(corporate)은 노동, 자본, 물자, 기술, 에너지 등의 투입물(input)을 물리적, 화학적으로 가공하여 투입물과는 모습이나 성질, 가치가 전혀 다른 상품 및 서비스로 변환(output)하는 생산활동을 하는 살아있는 조직이다. 또 기업은 이윤추구를 목적으로 상품이나 서비스를 생산하고 판매하는 과정에서 일자리를 창출하고 소득을 높이며 성장동력을 마련하는 주체이다. 중요한 점은 기업이 아무리 투입물(input)보다 큰 가치를 지닌 산출물(output)을 생산하는데 이 산출물(상품 및 서비스)을 이용하려는 고객(소비자)이 상품 및 서비스를 구매·소비하지 않을 경우 기업은 생존을 인정받지 못하게 된다. 과거 소비자들은 기업이 선별적으로 제공하는 정보를 바탕으로 제품이나 서비스를 선택했지만 오늘날 소비자들은 정보수집능력뿐 아니라, 정보를 공유·가공·재생산할 수 있게 되면서 소비자가 시장권력을 가짐으로써 기업의 목적은 소비자를 위해 더 좋은 세상을 만드는 것이다. 특히 모든 소비자는 자신이 지불한 가격보다 상품가치가 크다고 느낄 때만 상품(서비스)을 구입하고 기업은 소비자의 선택을 전제로 생존·성장할 수 있다. 하지만 현대사회에 기업이 없다면 상상하기 힘들 정도로 세상의 모든 활동은 멈추게 될 것이다.

다른 경제주체들이 소비하는 온갖 상품들을 생산하는 「기업」은 국가번영을 촉진하고 일자리를 만드는 역할을 하며, 인류의 운명을 바꾼 것도 기업의 역할이었다. 기업은 상품을 구입하는 소비자가 있어 존재하지만 「소비자」는 기업 덕분에 싼 가격에 좋은 제품과 서비스를 누릴 수 있는 상생의 파트너라고 할 수 있다. 현대경영의 아버지로 불리는 피터 드러커(Peter F. Drucker)는 기업은 고객과 소비자에게 만족과 가치를 제공하는 조직이며, "기업의 역할은 고객을 창출하는 것"이고 "기업은 유일하게 혁신을 실행할 수 있는 집단"이라고 주장했다. 또 서울대 이경묵 교수는 "기업은 사업을 통해 사회적 문제를 해결하는 주체"라

인생의 목적과 기업의 목적

① 피터 드러커는 "기업이 좌절과 실패를 맛보는 가장 중요한 원인은 사업목적과 임무에 대해 제대로 고민해보는 경우가 정말로 드문 데 있다"라고 말했다.

② 원하건 원하지 않건 상관없이 모든 기업에는 존립 목적이 있다. 그 목적은 기업의 우선순위에 해당하며, 경영진과 직원들이 각자 처한 상황 속에서 가장 중요한 것을 결정할 때 따라야 할 규칙을 효과적으로 만들어준다.

③ 기업이 명확하고 확실한 목적을 갖고 있다면 그 영향력과 유산은 특별할 수 있다. 기업의 목적은 직원들이 정말로 중요한 것이라고 생각하고 관심을 집중하는 횃불 같은 역할을 할 것이다.

④ 목적이 없다면 기업 임원들에게 어떠한 경영이론의 가치도 제한적이다. 목적은 올바른 행동을 이끌어준다.

⑤ 목적은 세 가지 부분으로 구성된다. 첫째, 원하는 모습(likeness)이다. 경영진과 직원들이 그들의 여행 중에 중요한 단계에 도달할 때마다 만들 수 있기를 희망하는 것이어야 한다. 둘째, 유용한 목적이 되기 위해 직원과 임원들은 창조하려고 애쓰길 원하는 모습에 전력(commitment)을 기울여야 한다. 셋째, 경영진과 직원들이 그동안 이룬 성과가 어느 정도인지를 알아볼 수 있는 한 가지 이상의 평가기준(metrics)이다. 이런 기준들은 기업과 관련된 모든 사람들이 계속해서 일관된 방식으로 함께 움직이면서 일의 성취수준을 가능하게 한다.

– 클레이튼 M. 크리스텐슨, <당신의 인생을 어떻게 평가할 것인가>

며 "혁신적인 사업을 통해 더 많은 이해관계자에게 혜택을 주는 것이 올바른 방향이 될 것"이라고 말했다.

기업의 역할은 무엇인가?

> "기업의 역할이 수익을 내는 것이라고 말하는 것은 음식을 먹거나 숨 쉬는 일이 사람의 역할이라고 하는 것과 같다. 사람이 먹지 못하면 죽는 것과 마찬가지로 회사는 손실이 나면 망한다. 하지만 숨 쉬는 것이나 먹는 것이 곧 삶의 목표가 될 수는 없다. 이윤은 생존의 필요조건이지만 기업이 이윤을 추구하는 것은 사회전체의 행복에 기여하기 위해서다."
>
> – 달라이 라마(Dalai Lama), 티베트의 정신적 지도자

기업은 사회 안에 존재하는 제한된 자원의 가치를 효과적으로 극대화하여 우리에게 필요한 상품(서비스)을 생산하는 조직으로써의 중요성 및 역할은 다음과 같다. ① 선진국은 기업의 경쟁력을 키우는 나라다. 노벨경제학상 수상자인 시카고대 로버트 포겔(Robert W. Fogel) 교수는 국력을 키우는 길은 군조직과, 기업조직을 통해 국가 경쟁력을 키운다고 강조했다. 그런데 오늘날의 무력전쟁은 첨단 고성능무기가 결정적이고 국방력은 경제력(기업)에 따라서 결정된다. ② 기업이 있어야 발명이 빛을 본다. 또 피터 드러커(Peter F. Drucker)는 서양이 동양을 크게 앞설 수 있었던 중요한 이유 중의 하나가 바로 기업이라는 조직과 경영개념을 먼저 발견했다는 점이라고 강조하였다. ③ 사람, 기술, 자원, 자본, 시설 등의 힘을 뭉치는 것이 기업이다. 기업은 혼자 또는 소수의 사람들이 할 수 없는 큰 규모의 일을 가능하게 한다. ④ 기업은 산업사회의 농토다. 농경사회에서 인간을 먹여 살린 것은 농토였으나 산업사회나 지식사회의 농토는 기업이다. 인간에게 필요한 각종 제품을 만들고, 일자리를 창출하는 것도 기업이다.

기업의 역할과 본질

통상적으로 경제활동 주체로 소비자·기업·정부 그리고 외국을 꼽는다. 소비자는 경제활동에서 상품과 서비스를 구입하여 사용하는 동시에 노동·자금·원료 등 생산요소를 제공한다. 기업은 가계나 여타 경제주체들이 제공한 생산요소를 이용해서 상품이나 서비스를 만들어 시장에 물건을 공급하는 주체이다. 만일 기업이 물건을 만들어 시장에 내놓지 않는다면 소비자는 그 물건을 살 수가 없고, 그럴 경우 소비자는 시장에서 기업이 생산하는 물건을 살 때에 비교해서 살 수 있는 것이 제한될 것이다. 기업은 분업이나 협업을 통해서 물건이나 서비스를 보다 많이 생산하여 공급함으로써 보다 많은 사람들이 이익을 누릴 수 있게 하는 인류의 탁월한 발명품이다. 사람들이 기업을 만든 이유는 기업이 없는 경우에 비해서 이익이 되기 때문이다. 기업이 추구하는 목표는 이윤창출과 이를 극대화하는 것이며 기업의 이윤추구 동기는 궁극적으로 모든 사람들을 이롭게 하는 것이다. 또 기업이 창립되어 성장하다가 언젠가 사라지는 이유는 그 기업이 더 이상 그 본연의 기능을 제대로 하지 못하기 때문이다. 기업은 소비자에게는 높은 품질의 다양한 상품과 서비스를 제공하고, 투자자에게는 투자에 상응하는 이익을 돌려주며, 채권자에게는 이자를 지불한다. 또 노동자에게는 일자리를 주고, 정부에는 세금을 내며 원료나 중간재 공급자들에게는 안정적인 판매처를 제공한다.

⑤ 기업이 발전해야 문화도 발전한다. 일본의 기업들은 세계인상파 그림의 1/3 정도를 수집하였으며, 스포츠분야도 기업들의 후원으로 발전하고 있다.

또 1931년 노벨평화상을 수상한 미국의 철학자 니콜라스 버틀러(Nicolas Murray Butler)는 인류의 삶을 바꿔놓은 조직이자 제도이며 하나의 문화이기도 한 "기업(company)은 인류 역사상 가장 위대한 발명품이다"라고 말했다. 이 주식회사(corporation)제도는 여러 사람(출자자)이 모임으로써 한 개인이 해낼 수 없는 커다란 경제력을 발휘할 수 있게 해줌으로써 사람들이 더 적극적으로 활약할 수 있는 무대가 되었다. 기업의 탄생 필요성과 배경은 개인의 힘으로는 할 수 없는 일을 하고 자원의 한계를 극복하며, 리스크를 분산시키기 위해서는 조직이 필요했기 때문에 기업이 생성된 것이다. 기업에게 명확한 목표의 수립은

기업이 가지고 있는 힘

최고의 시청률을 기록한 화제의 중국 다큐 『대국굴기(기업의 힘, 2006)』를 만든 다큐멘터리 감독 런쉐안(任學安)은 "국가의 발전과 번영의 뒷면에는 항상 기업이 있었으며, 기업은 시대를 이끄는 힘"이라고 말했다. 개인은 새로운 아이디어를 낼 수 있지만, 그 아이디어를 상품화하고 시장성을 갖춰 사회에서 인정받으려면 기업의 힘이 절대적이라고 강조했다.

① 우리가 사용하는 제품들은 기업이 위험을 무릅쓰고 도전해서 얻은 결과물이다
② 2009년 기준. 기업(enterprise, 企業)은 세계 인구의 81%에 일자리를 제공하고, 글로벌 경제력의 90%를 차지하며, 전 세계 GDP의 94%를 창출하는 절대적인 역할을 한다.
③ 기업은 세계 역사상 가장 혁신적 조직 주식회사는 17세기 초 네덜란드와 영국에서 현대적 의미의 주식회사 동인도회사를 설립했다.
④ 개인은 새로운 아이디어를 만들 수 있었지만 그 아이디어를 상업화하고 사회에서 인정받으려면 기술과 자본이 결합한 생산활동을 하는 기업의 힘이 절대적이다
⑤ 기업의 3대 특징: 유한책임제, 주식의 자유로운 양도, 법인(法人)의 지위
⑥ 기업이 미국을 창조했다. 550만 개가 넘는 기업의 힘으로 미국은 세계 파워 대국이 됐다. 200년 넘게 모험, 혁신을 주도한 프런티어 정신이 바탕. 유럽 이민자들의 정신이 미국 건설
⑦ 미국 경제학자 브래드포드 드롱은 구석기부터 서기 2000년까지 인류의 GDP를 분석했다.
  - 인류의 시작부터 기원전 15,000년까지(전체 역사의 99.4%): <세계인 평균 GDP 90달러>
  - 기원전 15,000년부터 1750년까지(전체의 0.59%): <세계인 평균 GDP 180달러>
  - 1750~2000년까지(전체 0.01%): <세계인 평균 GDP 6,600달러(37배 증가)>

  인류역사의 0.01%인 이 기간(250년) 동안 급속성장 인류의 재화 97%를 토대로 시장경제(핵심: 기업) 탄생

– 출처: EBS 다큐10 + 기업의 힘(The Power of Corporations), 2012.5.24.

전략의 수립과 실천에 선행되어야 할 중요한 과제다. 기업은 종종 자신이 매출, 이익, 소비자 만족, 사회에 대한 기여 등을 목표로 한다고 말하지만 경제학 관점에서 볼 때 기업의 목표는 기업의 가치창조(value creation) 극대화를 뜻하는 '이윤극대화(profit maximization)'라는 단어 하나로 집약될 수 있다.

2) 기업의 존재 목적(purpose)

기업이 존재하는 본연의 존재이유는 먼저 상품과 서비스 경쟁력을 높여 소비자에게 최고의 만족을 주고, 동시에 일자리를 만들고 나라살림에 근간이 되는 세금을 납부하는 것이다. 또 기업은 그 사회에서 탄생·운영되기 때문에 이윤을 추구하면서 사회적 책임(CSR)도 인식하고 사회문제를 직접 해결하는 등 이해관계자 및 지역사회와 공생하는 사회적 조직이어야 한다. 현대 경영학의 아버지로 불리는 피터 드러커(Peter F. Drucker)는 "기업은 국가사회의 기둥으로, 고객에게 가치(Value)를 창출하고 분배하는 조직"이라며, 기업의 존재이유는 고객(stomers)이고, 기업의 목적은 시장(market)이라고 주장했다. 피터 드러커는 경영학분야 고전 〈경영의 실제(*The Practice of Management*)〉에서 "기업의 유일한 존재 목적은 고객 가치를 창출하는 것이다"라고 주장했다. 그의 핵심사상은 바로 「경영의 목적(purpose)」이었고, 기업 목적에 관한 타당한 정의는 오직 단 하나, 「시장을 창조하는 것(Creating market)」이라고 주장했다. 그는 새로운 가치를 가진 제품이나 서비스를 내놓음으로써 새로운 시장을 만들어내는 데 기업의 목적이 있다고 강조했다. 삼성전자는 고객에게 '전자제품'이라는 가치를 제공하는 조직이고, 파리바게트는 '빵'이라는 가치를 제공하는 조직이다. 이들이 이윤을 창출하는 조직이라기보다 이윤은 이러한 가치창출에 대한 결과(Outcome)일 뿐이다. 그렇다고 기업에게 이윤이 중요하지 않다는 뜻은 아니다. 기업에게 1차적으로 지속가능한 이윤이 전제되어 있지 않는 상태에서는 어떤 일도 할 수 없기 때문에 기업의 1차적인 목표는 생존하고 성장이 가능한 수준의 이윤이다.

고객은 기업이 창조한 새로운 제품과 서비스를 구입해서 자신의 욕구를 충족시키기 때문에 기업의 존재 이유는 바로 고객만족에 있다.

> "기업의 목적은 '이익 극대화(profit maximization)'아니라 고객창조(creation of a customer)다"
>
> – 피터 드러커, 경영의 실제(The Practice of Management)

기업의 목적

피터 드러커가 기업 경영자들에게 던진 화두는 기업의 목적에 관한 것이다. 일반적으로 기업의 가장 중요한 목적은 이익극대화로 알려져 있지만 드러커는 이 대답은 틀렸을 뿐만 아니라 기업이라는 조직을 설명하는 데 적합하지도 않다고 주장했다. 물론 이익은 기업 경영에서 매우 중요한 문제지만 이익은 기업 경영에 있어 목적이 아니라 제약 조건일 뿐이라는 것이다. 또 이익은 기업 활동과 의사결정의 근거가 아니라 기업 활동과 의사결정의 타당성을 판정하는 기준이다.

그렇다면 기업의 존재 목적은 무엇인가? 드러커는 「기업」은 사회의 한 기관으로 한정된 지구자원을 사용하고 한정된 사람들이 모여서 시간과 에너지를 사용하는 기업의 목적은 반드시 그 외부에 두어야 하며 기업의 목적은 '사회'에 있어야 한다고 강조한다. 그 목적은 자신들이 스스로 정한 고객에게 가치 있는 무엇인가를 제공하는 것이고, 기업의 이윤은 그 결과로 고객이 돌려주는 것이라고 볼 수 있다. 따라서 그의 주장에 따르면, 기업 목적에 관한 타당한 정의는 오직 하나, 시장을 창조하는 것이다. 즉 새로운 가치를 가진 제품이나 서비스를 내놓음으로써 새로운 시장을 만들어내는 데 기업의 목적이 있다. 고객은 기업이 창조한 새로운 제품과 서비스를 구입해서 자신의 욕구를 충족시킨다. 따라서 기업의 존재이유는 바로 고객만족에 있다. 이익(profit)은 이러한 목적을 달성하는 과정에서 발생하는 부산물일 뿐이다. 결국 기업이 무엇인지를 결정하는 것은 경영학자도, 기업의 오너도 아닌 바로 고객이다. 기업이 창조한 제품과 서비스에 대해 대가를 치를 의향이 있는 고객만이 기업을 존재하게 만든다. 따라서 드러커에게 고객은 기업의 본질과 직결하는 핵심개념이다. "고객 없이는 사업도 없다(No business without a customer)"라는 드러커의 명제는 이런 그의 기업관을 잘 집약하고 있다.

1970년 9월 13일, 세계적 경제학자 밀턴 프리드먼(Milton Friedman)은 "기업의 사회적 책임은 이윤을 높이는 것이다"라는 제목의 기고문을 뉴욕타임스(NYT)에 실었다. 이는 향후 50년 동안 '기업의 목적은 무엇인가?'에 대한 정답, 「주주(shareholder)의 이익을 극대화하는 것」으로 통했다. 프리드먼은 이윤의 극대화가 기업이 사회적 책임을 다하는 유일한 길이라며, 기업은 이윤을 극대화하는 과정 속에서 생산과 고용을 창출하여, 사회와 국가의 번영을 가져올 수 있다고 주장했다. 50년 뒤인 2020년 9월 13일, 뉴욕타임스 매거진은 기고문 50주년을 맞아 흥미로운 기획을 했다. 저명한 경영자, 경제학자 등에게 '프리드먼의 생각에 동의하는지'를 물었다. 응답자 가운데 세일스포스 창업자 마크 베니오프(Marc Benioff)는 "나는 프리드먼이 한 세대의 최고경영자(CEO)들을 세뇌했다고 생각한다. 주주가치에 대한 집착이 가져온 결과를 봐라. 끔찍한 경제, 인종, 건강의 불평등이다"라고 답했고, NYT에는 대체로 프리드먼에 대한 비판이 돌아왔다.

오늘날 기업이 성공하기 위해서는 기업의 목적·수단·방법이 직원, 고객, 주주, 사회 등 모든 이해관계자의 행복극대화를 통한 장기적인 성장과 발전을 목적으로 해야 한다. 기업의 본질적 목적은 기업이 계속적으로 생존하고 성장함으로써 '영속하는 것(going concern)'이고, 생산측면에서 기업의 목적(purpose of a corporation)은 '이윤을 극대화'하는 것이며, 마케팅의 관점에서 기업의 역할은 '고객창조'라고 할 수 있다. 기업은 이윤을 남겨야 하지만 이윤은 목적의 결과이지 목적 자체가 아니다. 기업의 존재 목적은 고객 가치를 만들어 내는 것이고, 이윤은 그 결과로 따라오는 것이다. 목적이 아니라 결과이자 목적 달성에 대한 증거인 셈이다.

2. 기업가(起業家, Entrepreneur)의 이해

1) 기업가(Entrepreneur)의 본질

17~18세기 유럽에서는 위험한 해외무역에 종사하는 모험적 상인에 대해 '기업가'라는 용어가 사용되었으며, 프랑스 경제학자들이 처음으로 쓰기 시작한 기업가(Entrepreneur)의 어원은 프랑스어 entreprendre(시도하다, 모험하다)에서 유래되었다. 18세기 초 프랑스 경제학자는 리샤르 캉티용(Richard de Cantillon)은 기업가를 '생산수단(토지·노동·자본)을 통합하여 상품을 생산·판매하고 경제의 발전을 도모하는 자', 즉 '위험부담을 지고 자신의 사업을 하는 사람'이라고 정의하였다. 또 프랑스 경제학자 장바티스트 세이(Jean-Baptiste Say)는 경제적 자원을 생산성과 수익성이 낮은 곳에서 높은 곳으로 이동시키는 사람이라고 정의했으며, 19세기 후반 새로운 기술의 발명을 실용화하여 기업적으로 성공한 사람들에 대해 enterpriser 라는 용어가 사용되었다. 본래 기업가(Entrepreneur)는 위험과 불확실성을 감수하고 혁신을 통해 새로운 기회에 도전하는 사람이며, 넓은 시야를 갖고 새로운 사업기회를 감지하는 아이디어 발견자이기 때문에 기업가에게는 무엇보다 시장에서 새로운 기회를 발견하는 가치(Value) 통찰력이 중요하다.

기업가(Entrepreneur)는 새로 회사를 창업하고 그에 따르는 위험(risk)을 감수하려는 사람이며, 불확실한 시장을 합리적으로 예측하고, 기술과 조직을 혁신하여 새로운 제품, 새로운 생산방법, 새로운 마케팅 전략을 고안하여 이윤 창출의 기회를 만들어내는 사람이다. 기업가는 위험을 감수하고 기회를 추구하여 무언가 새로운 가치를 창출하는 사람이고, 그 기회는 사회·시장의 문제(problem)를 정확히 파악하고, 그 문제를 해결하기 위한 혁신적인 해결책(solution)을 모색하여 제시할 때 실현된다. 기업가의 사명은 위험을 무릅쓰고 문제를 찾아 해결하고, 사업을 일으키고 성장시켜서, 사람들이 먹고 사는데 도움을 주는 역할이다.

> "시장을 창조하는 것은 신(神)도 아니고 경제력도 아니고 기업가다."
>
> – 피더 드러커(Peter F. Drucker), 현대 경영의 아버지

누가 기업가(起業家, entrepreneur)인가?

경제학의 다른 용어와 달리 기업가와 기업가정신은 개념이 불명확한데다 다차원적인 성격으로 인해 오·남용되는 문제가 빈번하게 발생하고 있다. 기업가를 경제학 이론에 처음 도입한 사람은 Cantillion(1730)이며, 그는 기업가란 불확실한 상황에서 사업 활동(business engagement)에 종사하는 사람으로 설명했다. 그 이후 학자마다 기업가를 저마다 다르게 정의하고 있다.

① 불확실성이 연루된 위험을 감당하는 자(risk taker)
② 금융자본의 공급자(the supplier of financial capital)
③ 혁신가(an innovator)
④ 의사결정자(decision maker)
⑤ 산업 지도자(an industrial leader)
⑥ 경영자 또는 감독자(a manager or a superintendent)
⑦ 경제자원을 조직 또는 조정하는 자(an organizer and coordinator)
⑧ 사업체 소유자(the owner of an enterprise)
⑨ 계약자(a contractor)
⑩ (차익을 추구하는) 중개거래자(an arbitrageur)
⑪ 대체적 용도 간에 자원을 배분하는 자(resource distributor)
⑫ 신사업 창업자(the person who realizes a start up of a new business)

미국의 경제학자 조셉 슘페터(Joseph A. Schumpeter)는 1912년 발표한 〈경제발전론〉에서 낡은 것을 파괴하고 새로운 것을 창조하는 '창조적 파괴(creative destruction)'를 통해 자본주의는 원동력을 얻는다며, 창조적 파괴는 기술혁신을 통하여 이뤄지는데, 기술혁신을 일으키는 사람들을 기업가로, 기업가의 혁신대가로 발생한 결과를 이윤(profit)이라고 했다. 슘페터(Shumpeter)는 창업가(Entrepreneur)를 경제발전의 원동력으로써 혁신을 위하여 균형을 깨뜨리는 사람으로 규정하고, 혁신을 통해 새로운 가치를 창조하는 역할을 하는 기업가가 갖추어야 할 요소로 ① 신제품 개발, ② 새로운 생산방법의 도입, ③ 신시장 개척, ④ 새로운 원료나 부품의 공급, ⑤ 새로운 조직의 형성, ⑥ 노동생산성 향상 등을 꼽았다. 또 그는 새로운 제품과 프로세스를 개발하는 도전형 기업이 자본주의 경제를 움직이는 근본적인 엔진이라면서 기업가의 창조적 파괴를 통한 혁신이 투자를 활성화하고 고용창출을 늘려 성장을 이끌 수 있다고 주장했다. 슘페터는 기업가를 움직이는 동기로 ① '사적 제국', 또는 '자신의 왕조를 건설하고자 하는 몽상과 의지', ② '승리하고자 하는 의지' 또는 '성공하고자 하는 의욕', ③ '창조의 기쁨' 3가지를 든다. 또 피터 드러커는 〈혁신과 기업가정신(*Innovation*

[표 7-1] 기업가의 정의

학 자	정 의
조셉 슘페터 (Joseph A. Schumpeter)	기업가는 창조적 파괴(creative destructor)를 유발하는 혁신 활동을 하는 자(Innovator)
피터 드러커 (Peter F. Drucker)	기업가는 변화를 탐구하고 변화에 대응하며, 또한 변화를 기회로 이용하는 자
하워드 스티븐슨 (HowardH. Stevenson)	기업가는 현재 자신이 가지고 있거나 주어진 자원과 상관없이 기회를 추구하는 자
칼 베스퍼 (Karl Vesper)	기업가는 다른 사람이 발견하지 못한 기회를 찾아내는 사람, 사회의 상식이나 권위에 사로잡히지 않고 새로운 사업을 추진할 수 있는 사람, 행복을 추구하는 사람
이스라엘 커즈너 (Israel M. Kirzner)	기업가는 긴급한 수요자의 욕구를 찾아내고 이를 효과적으로 충족시킬 새로운 방법을 발견해 시장의 불균형을 균형으로 만드는 '창조적 건설'을 행하는 사람

and Entrepreneurship)〉에서 기업가는 새롭고 이질적인 것에서 '유용한 가치를 창출해내고, 변화를 기회로 삼은 사람들'이라면서, 기업가의 임무는 '변화를 탐구하고, 변화에 대응하며, 변화를 기회로 이용하는 것'이라고 정의했다. 또 의사결정의 진수를 '결코 피할 수 없는 불확실성에도 불구하고 결정을 내릴 수 있는 과감함'으로 설명하면서 '확실한 것만 선호하는 사람들은 훌륭한 기업가가 될 확률이 낮다'고 강조했다.

"신념을 가지고 새로운 고용과 부의 기회를 창출하는 기업가는 영웅들이다."

– 미국의 레이건 대통령(40대)의 취임사에서

성공하는 기업가를 위한 7가지 지침

기업가(Entrepreneur)는 타고나는가 아니면 만들어지는가에 대하여 미국의 저명한 창업교육 전문가인 로이드 세프스키는 저서 <사업가는 타고나지 않고 만들어진다(*Entrpreneurs are made, not born*)>에서 마이클 델(델 컴퓨터), 벤 코헨(벤&제리즈 아이스크림), 프레드릭 스미스(페더럴 익스프레스), 데비 필즈(미세스 필즈 쿠키) 등 200여 명의 기업가들이 겪은 창업에서 성공까지의 과정을 추적하고 성공한 기업가들이 가지고 있는 공통점으로 원대한 꿈, 독특한 사고방식, 난관을 이겨내는 지혜 등을 제시하면서, 이들 기업가들의 성공사례와 창업이론을 결합해서 창업에 나서는 창업자들이 명심해야 할 사항들을 다음과 같이 소개했다. 첫째, 꿈을 키워라. 꿈의 설계자가 되라. 사업가란 꿈을 현실로 바꾸는 사람이다. 둘째, 리스크를 감수하라. 모든 기업가가 감수하는 사업에서는 리스크에 대한 보상이 리스크를 능가하는 것이 일반적이다. 셋째, 성공의 열정으로 실패에 대한 공포를 극복하라. 성공한 기업가들은 어제의 실패를 성공을 위한 밑거름으로 활용한 사람들이다. 넷째, 좋아하는 일을 하라. 기업가에게 사업은 자신의 꿈을 실현하는 수단이다. 기업가로 성공하기 위해서는 일을 하는 것이 휴식을 취하는 것보다 더 재미가 있어야 한다. 다섯째, 원칙을 깨는 이단자가 되라. 그 원칙이 유일한 것이라고 하더라고 원칙 파괴자가 되는 것을 두려워해서는 안 된다. 여섯째, 항상 기회를 대비해야 한다. 많은 사람들에게 많은 기회가 오지만, 실제로 기회란 준비하고 있는 사람이 차지한다. 일곱째, 당신의 행동을 멈추게 하는 고루한 사고방식에서 벗어나라.

– http://blog.naver.com/jaeilseo/150000106873

18세기 말 산업혁명 때부터 250년 역사상 부의 증대의 94%가 기업가의 역할이라고 한다. 기업가는 꿈을 현실로 바꾸는 사람으로 미래의 흐름을 읽고 기회를 포착한 모험가(Venturer)이므로 미래의 불확실성 속에서도 장래를 정확하게 예측하고 변화를 모색하는 것이 기업가의 주요 임무이다. 1999년 노벨경제학상을 받은 컬럼비아대 로버트 먼델(Robert A. Mundell) 교수도 "기업가에게 가장 중요한 능력은 기회를 개척하고 포착하는 능력"이라고 말했다. 기업가란 불확실한 세계에서 위험을 감수하고 의사결정을 하는 사람이므로 모험적이고, 경쟁적·창의적이며 사업의 성공확률을 크게 보는 낙관적인 사람으로 역동적인 시장의 움직임을 주도하는 존재라고 주장했다.

또 기업가는 성장과 발전을 지향하는 기업경영을 위해 기존의 관념이나 관습, 사고의 틀을 벗어나는 파격적인 사고와 행동으로, 끊임없이 새로운 것을 추구하는 존재다. 변화를 추구하는 창의와 혁신을 꾸준히 실천하는 기업가들은 일의 결과보다는 일의 과정과 보람을 중요시해 금전적 보상보다는 성취에 따르는 기쁨을 더욱 가치 있게 여긴다. 기업가들은 혁신을 통한 생산성 향상과 규모의 경제구현을 통해 새로운 시장을 열면서 노동자들의 소득을 올리고 상품가격을 낮춘다. 컨베이어 생산혁신으로 전 세계에 자동차의 대중화를 이끈 자동차왕 헨리 포드(Henry Ford)가 기업가의 특성을 대변하는 대표적인 기업가라고 할 수 있다.

창업가들의 남다른 성공 DNA

"안정보다는 모험, 꿈에 전념한다"
"사람들이 무엇을 원하는지 안다"
"행동한다"
"끊임없이 배우고 도전한다"
"절대로 포기하지 않는다"
"실패를 사랑한다"

"기업가가 된다는 건 사업을 시작하는 데 있지 않다. 세상을 보는 방식에 있다. 남들이 장애로 보는 것을 기회로 보고, 남들이 피난처를 찾을 때 위험을 감수하는 게 그것이다."

– 미국 미디어그룹 블룸버그(Bloomberg) 창업자, 전 뉴욕시장인 마이클 블룸버그

기업가에 대한 존경

요즘 영화나 TV 드라마는 기업과 기업주들을 권력과 야합하여 불법과 비윤리적 행위를 서슴지 않고, 탐욕을 위해 못하는 짓이 없는 악의 축으로 그려낸다. 이것을 보면 누구라도 분노를 느끼게 된다. 그런 부류가 있는 것은 사실이고, 그들을 옹호할 생각은 추호도 없다. 문제는 이런 작품들이 은연중에 반(反)기업정서를 부추긴다는 데 있다. "모두 허구적으로 창작된 것이며 만일 실제와 같은 경우가 있더라도 이는 우연에 의한 것임을 밝힌다"라는 친절한(?) 자막에도 불구하고 말이다.
중국 CCTV 다큐 제작팀에 따르면 2009년에 기업은 세계 인구의 81%에게 일자리를 제공했고, 세계 경제력의 90%를 형성했으며, GDP의 94%를 창출했다. 전 세계 부의 97%가 인류역사의 0.01%에 불과한 지난 250년 동안 창조되었다. 이렇게 막대한 부를 창조해낸 가장 큰 주역이 바로 기업이다. 국가경쟁력은 기업의 힘에 기초한다. 애플의 스티브 잡스, 구글 창업자 래리 페이지가 세계경제와 인류사회에 미친 영향력을 떠올리면 쉽게 수긍할 수 있을 것이다. 기업의 가치를 창조하는 것은 바로 기업가다. 기업주의 그릇된 행태는 마땅히 비난받아야겠지만, 대다수의 올바른 기업과 기업가는 존경받아야 한다. 우리에겐 현대의 정주영, 삼성의 이병철 등 국가 발전에 크게 기여한 훌륭한 기업가들이 셀 수 없이 많다. 제약분야도 '전 재산을 사회에 환원한 기업가', '백신 개발로 B형 간염, 신종독감 퇴치 등 보건안보에 기여한 기업가', '신약 개발 R&D의 혜안을 지닌 기업가'들이 많이 있다. 훌륭한 기업가들의 역할은 고용창출과 국부증대에 그치지 않는다. 시대를 꿰뚫어 보는 눈으로 우리 사회가 나아갈 방향을 제시하고, 노블레스 오블리주(noblesse oblige)를 통해 인류의 보편적 가치를 실현한다. 그러기에 이들은 존경받을 가치가 충분히 있다. 몇몇 기업주의 슈퍼 갑질과 영화나 매스컴의 영향에 의한 반기업적 정서는 국가 발전의 걸림돌이 될 뿐이라는 사실을 기억할 필요가 있다.

– 매일경제, 2016.4.14.

2) 기업가(Entrepreneur)들의 특성

기업가에 대하여 세계적인 경제학자 조셉 슘페터(Joseph A. Schumpeter)는 '창조적 파괴자(creative destructor)', 경제학자 프랭크 나이트(Frank Knight)는 '불확실성을 짊어진 자(uncertainity bearer)', 이스라엘 커즈너(Israel Kirzner)는 이윤추구 기회의 '발견자(discoverer)', 하워드 스티븐슨(Howard Stevenson)은 불확실성을 경영·관리하는 자 등 각기 표현은 다르지만 공통의 키워드는 불확실성에 대한 대응방식을 기업가의 본질로 보고 있다. 따라서 기업가의 핵심역할은 "제품혁신, 생산 공정혁신, 시장혁신, 생산요소혁신, 조직혁신 등 다양한 혁신을 담당하여야 하는 것"이다. 위대한 기업가는 결코 자신이 이루어 놓은 결과물이나 달콤한 열매에 취해 있지 않고 계속해서 창조행위를 추진하는 사람이므로 기업가는 목표를 정하는 것을 좋아한다. 기업가에게 주어진 사명은 새로운 사업에서 야기될 수 있는 위험을 부담하고 어려운 환경을 헤쳐 나가면서 기업을 키우려는 뚜렷한 의지를 가지고 미래의 불확실성 속에서도 장래를 정확하게 예측하고 변화를 모색하는 것이다.

또 프랑스 경제학자 장바티스트 세이(Jean B. Say)는 기업가는 자본가와 달리 생산의 기능을 담당함으로써 이윤을 창출한다고 하였다. 제품의 혁신, 생산공정 혁신, 시장혁신, 생산요소 혁신, 조직 혁신 등 다양한 혁신을 통해 기업을 경영하는 것이 기업가의 핵심역할이라고 하였다. 또 그는 "기업가란 존재로 살아남기 위해서 반드시 갖춰야 하는 것은 확실하게 시장을 바라보는 본능적인 감각"이라고 강조했다.

또 하버드대학의 심리학 교수였던 데이비드 맥클랜드(David C. McClelland)가 쓴 〈성취하는 사회(*The Achieving Society*)〉는 기업가의 특성과 그것을 구성하는 요소 중에서 가장 중요한 업적의 하나로 남아 있다. 그는 기업가와 일반인을 구분하는 핵심적인 특성의 하나로 성취욕을 들고, 성취욕과 창업활동의 상관관계를 분석한 결과, 성공적인 기업가는 평균적으로 일반인보다 높은 성취욕을 가

성공한 기업가의 특징

- 새로운 아이디어에 대한 열정
- 외부 자원획득을 위한 설득력
- 상황변화에 대한 융통성과 유연성
- 포기하지 않는 근성과 낙관적인 태도
- 위기관리 능력과 근면성
- 기술적 · 재무적 · 인적자원을 축적하려는 성향
- 변화하는 고객 요구를 포착하는 능력

– K. 라마찬드란, <기업가정신의 발전>

지고 있다는 결론에 도달했다고 밝혔다. 또한 세계적인 스타트업 칼럼리스트 제프리 제임스(Geoffrey James)는 위대한 기업가들을 직간접적으로 만나 본 후에 모든 위대한 스타트업 기업가는 용감하다는 것을 발견했다면서, 용감해야 조직의 안정된 일을 포기할 수 있고, 실패위험을 감수할 수 있으며, 용감해야 꿈을 현실로 만들 수 있다고 말한다. 또 아툴 네르카(Atul Nerkar) 교수는 "진정한 기업가는 위험을 떠안는(risk taking) 사람이 아니라 위험을 관리(risk managing)하는 사람입니다. 전자는 〈도박자〉지만 후자는 자기가 하는 어떤 일도 실패할 수 있다는 것을 알고 그에 대한 대비책(back-up plan)을 세우는 기업가입니다. 위험관리의 본질은 불확실성에 대한 대비입니다"라고 설명한다.

기업가란 남들이 하지 않는 새로운 것을 창조하려는 위대한 몽상가이고, 불가능 속에서 가능성을 보고 그것을 위해 투자한 혁명가이며, 실패의 위험을 무릅쓰고 남다른 비전과 전략을 가진 도전자로, 계획을 세우면 꼭 실천했던 불도저와 같은 실행가이다. 따라서 성공적인 기업가들은 실패를 두려워하지 않고, 시행착오를 반복하며 때로는 심각한 좌절에 빠지고 실망을 느끼기도 하지만 실패의 경험을 학습과정으로 받아들인다. 그러므로 기업가에게는 위험과 역경을 견디는 인내력, 회복 탄력성, 관계관리 능력 등 비즈니스를 만들고 이끌어 갈 기본적 역량이 필요하다. 세부적으로 ① 도전과 혁신 ② 책임의식 ③ 기회 포착과 추구 ④ 열정과 신념 ⑤ 위험 관리 ⑥ 추진력 ⑦ 경영자원의 확보와 운영 ⑧ 정보습득과 판단 ⑨ 리더십 ⑩ 네트워크 등의 역량도 필요하다.

3) 기업가(Entrepreneur)와 경영자(CEO)

기업의 최고경영자인 CEO(Chief Executive Officer)는 기업의 모든 요소를 새롭게 결합하고 운영하는 경영관리의 기능을 담당하는 전문 경영인으로 보유자원을 효율적으로 배분해, 장기적 전략을 수립 및 실행하고 기업이 안정적으로 성장할 수 있도록 효과적·효율적으로 운영 관리한다. 경영자의 관리자정신은 경영목표를 세우고 이 목표를 달성하기 위해 조직을 효율적으로 관리하는 능력(Capability)을 뜻한다. 반면 기업가의 사전적 정의는 '새로운 아이디어로 무장한, 위험을 두려워하지 않는 비즈니스 리더(Business Leader)이자 혁신자(Innovator)'이다. 기업가는 새로운 가치를 창출해내고, 이를 장기적인 성장으로 이끌어 나가고, 리스크(risk)를 감내하려고 한다는 점에서 경영자(관리자)와 구분된다. 관리자(administrator)는 이미 가진 것을 활용해 무언가 해보려 하지만, 기업가(entrepreneur)는 내가 가진 것 이상의 기회를 추구한다. 미국 경제학자 조셉 슘페터(Joseph Alois Schumpeter)는 기업가와 사업가를 구분하여, 기업가는 혁신을 선도하는 사람이고, 사업가는 혁신을 모방하는 사람이라고 설명하였다. 슘페터는 기업가(Entrepreneur)를 시장의 환경변화에 대응하고 부족한 자원으로 새로운 활동을 통해 기회를 추구하여 시장에 새로운 가치를 창조하는 창조적 파괴와 혁신을 추구하는 혁신가라면서 기업가를 "새로운 제품과 서비스를 창출하거나 새로운 방식을 도입, 새로운 조직 형태를 창조, 새로운 원재료를 활용함으로써 기존 경제 질서를 파괴하는 사람", 즉 "기존 질서에 만족하지 않고 자기 목소리와 개성이 강한 튀는 사람"이라고 주장했다.

또 하버드 경영대학원의 하워드 스티븐슨(Howard H. Stevenson) 교수는 〈기업가정신에 대한 견해〉라는 논문에서 "기업가는 현재 자신이 가지고 있거나 주어진 자원과 상관없이 기회를 추구하는 사람이다"라고 정의했다. 여기서 중요한 부분은 '주어진 자원과 상관없이'라는 대목이다. 만약 주어진 시간, 돈, 인력이 무한하다면 누구나 성공적인 창업과 운영이 가능하겠지만 실제로 창업을 원하

내가 가진 것 이상을 추구하는 기업가(家)가 돼라

"기업가(entrepreneur)가 돼야지, 관리자(administrator)가 되면 안 됩니다. 관리자는 이미 가진 것을 활용해 무언가 해보려 하지만, 기업가는 내가 가진 것 이상의 기회를 추구합니다."

스티븐슨 교수는 기업가와 관리자 사이에 큰 차이가 있다고 했다.

"기업가정신은 창업할 때뿐 아니라 이미 대기업이 된 회사의 총수들도 일관되게 가져야 하는 자세라고 생각합니다."

스티븐슨 교수가 말하는 기업가의 정의는 '현재 통제 가능한 자원 이상의 기회를 추구하는 사람'이라는 것이다. 기업가와 관리자의 차이는 무엇일까?

첫째, 기회의 포착이다. 기업가는 빠르게 기회를 잡지만, 몸집이 코끼리처럼 커진 대기업의 관리자는 의사 결정이 느려 기회를 빨리 못 잡는다. 둘째, 기업가는 계속 새로운 실험을 하지만, 관리자는 실험 정신이 약하다. 셋째, 기업가는 돈이나 인력이 없는 경우 빌려 쓰는 것을 주저하지 않는다. 그러나 큰 기업의 관리자는 오직 내가 직접 월급을 주는 사람의 숫자만 센다. 넷째, 이익의 공유이다. 스티븐슨 교수는 "창업의 목적이 돈이 돼선 안 된다"고 말했다.

– 조선일보 위클리비즈, 2013.3.30.

는 수많은 사람들은 주어진 환경과 제약요소를 탓하며 한 발짝 뒤로 물러서지만 기업가들은 위험하고 불리한 상황에 놓여도 그 한계를 극복하며 하고자 하는 일을 실행에 옮긴다. 여기에는 상당한 정도의 무모함이 내재되어 있다고 볼 수 있다. 하워드 스티븐슨은 기업가를 남들과 다르게 만드는 행동 양상에 대하여 "기업가는 사업을 시작하고 이를 지속해 나가기 위한 시간과 돈에 대한 위험(risk)을 감당하는 사람이고, 권력 이상의 성취감을 원하는 사람들이다"라고 강조했다. 적자생존의 시대였던 과거와 다르게 속자(speed man)생존의 시대인 오늘날 변화가 극심한 시대에는 빠르게 움직여야 성공할 수 있는데, 속자가 되려면 남들이 잘 보지 못하는 전체적인 그림을 그릴(디자인) 줄 알아야 하고, 순간적으로 핵심을 읽어 낼(통찰력) 줄 알아야 하며, 그 순간을 놓치지 않아야(순간판단력) 한다.

기업가는 세상을 좀 더 살기 좋은 곳으로 바꾸고자 하는 '사명과 정신'에서 출발한다. 반면 사업가(businessman)는 좋은 제품이나 서비스를 만들어서 이익을 창출하고자 하는데 목표를 두고, '제품과 계획'에서 출발한다. 기업가는 새로운 문제를 해결하여 없던 시장과 인프라를 만드는 사람이고, 사업가는 기존의 시장과 인프라를 활용하여, 이익 창출을 위해 사업을 수행한다. 사업가의 역할도 소중하지만, 우리 사회를 한 단계 더 발전시키는데 기업가의 역할이 더욱 중요하다. 진정한 기업가의 사명은 혁신을 통해 가치를 창출하는 것이고 기업가는 이 일을 내가 해야 한다고 믿는 진정성과 간절함, 그리고 사명감을 바탕으로 일한다. 그래서 기업가는 사회에게 가장 존경받아야 하는 사람들이다.

최고경영자(CEO)를 함수관계로 설명하자면 Q=f(K, L)이므로 경영자는 산출물 Q를 최적량으로 생산하기 위해 K(자본)와 L(노동)을 선택하기 위해 고용된 사람이다. 따라서 훌륭한 경영자는 Q의 생산량이 극대화되도록 하면 된다. 반면 기업가(entrepreneur)는 단순히 산출량(out Put)을 늘리는 사람이 아니라 산출물의 질적 변화(Quantitative changes)를 일으키는 사람이고, 효율과 최적량보다 새로운 무엇을 추구하기 위하여 모험(risk)을 선택하는 혁신자이다. 따라서 기업가는 마차(馬車)가 주요 운송수단이던 시절 마차 수(산출량)를 늘리는 사람이 아

[표 7-2] 관리자(Manager) vs 기업가(Entrepreneur)

경영자(경영자, manager) (점진적 변화 추구자)	기업가(起業家, entrepreneur) (혁명적 파괴 추구자)
① 우리 회사에 가장 잘 맞는 기회는?	① 제한 없이 폭넓게 기회를 찾는다.
② 자원을 어떻게 효율적으로 관리할까?	② 어떤 자원이 필요할까 고민한다.
③ Risk(위험)를 피하려 한다.	③ Risk(위험)를 피하지 않고 찾아다닌다.
④ 부정적인 요소(위기)를 회피한다.	④ 부정적 요소(위기)를 기회로 삼는다.
⑤ 이성적, 논리적, 이성적이다.	⑤ 직관적, 창의적, 감성적이다.
⑥ 수치에 의존하여 의사결정한다.	⑥ 수치를 중시하나 직관에 의존한다.
⑦ 합의(Consensus)를 중시(slowness)	⑦ 의사결정이 1인에 의해 결정(seed)
⑧ 사업가의 관심-모방·효율·관리	⑧ 기업가의 관심-창조·혁신·변화
⑨ 의사 결정이 느려 기회를 못 잡는다.	⑨ 기업가는 빠르게 기회를 잡는다.

니라, 마차와 완전히 다른 질적인 변화를 가져온 자동차(車)를 개발한 사람이다. 마차가 미국 뉴욕거리를 가득 메운 19세기 이상한 기계 한 대가 도심에 등장했고, 괴물 같은 자동차로의 창조적 파괴 분위기가 조성될 무렵, 당시 자동차를 생산하기로 결심한 헨리 포드(Henry Ford)가 경영자였다면 마차를 더 많이, 더 효율적으로 생산하는 데만 관심을 쏟았겠지만 창업가 헨리 포드는 자동차라는 새로운 것이 훗날 많이 팔릴 것이라고 확신했고 전 재산을 거는 모험(위험, risk)을 선택했다.

3. 기업가정신(Entrepreneurship)의 개념과 특성

1) 기업가정신의 개념과 특성

기업가정신(entrepreneurship)이라는 용어는 '모험(venture)'이나 '시도(attempt)'를 의미하는 프랑스어 동사 'entreprendre'에서 유래하였고, entrepreneurship은 18세기 프랑스 경제학자 리샤르 캉티용(Richard De Cantillon)이 "경영자들의 도전적이고 모험적인 성향"이라고 정의하면서 처음 사용하였으며, 오늘날 사용하는 '앙트러프러너십(entrepreneurship)'으로 정착된 것은 프랑스 경제학자 장바티스트 세이(Jean-Baptiste Say)가 1800년 무렵 만든 앙트르프르뇌르(Entrepreneur·도모하는 자)에 십(-ship)을 붙여서 사용하기 시작한 것으로 전해진다. 기업가정신의 일반적인 의미는 '미래의 불확실성과 높은 위험에도 불구하고 모험정신(혁신능력)을 발휘하여 새로운 가치를 창출하는 기업가의 의지 또는 활동'이라고 규정할 수 있다. 흔히 「Entrepreneurship」은 우리말 기업가정신(企業家精神)으로 표현하고 있으나, 그 개념상 문화, 혁신, 성장이라는 스타트업의 본질과 잘 어울리고, 업(業)을 만드는 창(創), 무(無)에서 유(有)를 만든다는 의미가 담긴 창업가정신(創業家精神)이 적절한 표현이라고 할 수 있다.

또 조셉 슘페터(Joseph A. Schumpeter)는 20세기 초반 대공황을 거치며 불확실성과 위험을 무릅쓰고 신사업에 도전하는 기업가의 모험적이고 창의적인 도전정신(기업가정신)이 기술을 진보시키고 경제를 발전시킨다고 주장했다. 그는 자본주의의 역동성을 가져오는 가장 큰 요인으로 경제가 옛것을 버리고 끊임없이 새로운 것을 추구하는 '창조적 파괴(creative destruction)'를 통해 진화해 나가야 한다고 주장했다. 기업가는 혁신을 직업으로 삼은 사람이므로 기업가의 가슴에

우리의 기업가정신 정의

"미래의 불확실성과 높은 위험에도 불구하고 주도적으로 기회를 포착·도전하며, 혁신활동을 통해 개인적·사회적으로 새로운 가치를 창조하는 실천적 역량"

- (Where) 불확실하고 위험한 상황에서 → 도전정신
- (Who) 자신이 주도적으로 → 리더십
- (When) 기회를 포착·도전하며 → 도전정신
- (How) 혁신활동을 통해 → 혁신성
- (Why) 개인적·사회적 편익을 위해 → 가치지향
- (What) 새로운 가치를 창조 → 창조성

는 혁신하려는 마음, 즉 기업가정신이 충만해 있어야 한다고 주장했다. 한편, 종래 혁신의 중심이 '공급자(기업)가 이뤄낸 기술진보'에 있었다면, 드러커(Peter F. Drucker)의 혁신은 그 무게중심을 기술로부터 '시장과 고객'으로 이동하여 「혁신=새로운 가치와 고객만족의 창조」라는 패러다임의 대전환이 이루어지는 것이라고 강조했다. 그는 기업가정신만이 경제를 지속적으로 발전시킬 수 있는 핵심요소라면서 기업가정신이란 위험과 불확실성에도 이윤을 추구하려는 모험과 창의적인 정신이라고 했다.

기업가정신(Entrepreneurship)에 대하여 경제학자 슘페터는 '혁신(innovation)'을, 최고의 경영학자 피터 드러커는 '위험감수(risk-taking)'를 가장 중요한 요소로 보았다. 결국 경제성장의 중요한 씨앗으로 인식하는 기업가정신의 핵심은 신지식(기술)을 이용하여 위험을 감수하고 새로운 사업기회를 실현하는 것이다. 또 토마스 아이젠맨(Thomas Eisenmann)도 하워드 스티븐슨(Howard H. Stevenson)과 마찬가지로 기업가정신이란 한정된 자원을 초과하여 기회를 추구하는 것이라면서 '스타트업 기업가'는 태생적으로 자원이 부족할 수밖에 없고, 열악한 환경에서 보다 더 많은 자원을 동원하기 위하여 새로운 기회추구에 따른 위험까

지도 감수해야 한다"고 강조했다. 또 기업가정신의 세계적인 권위자인 뱁슨대학교 다니엘 아이젠버그(Daniel Isenberg) 교수도 '기업가정신'이란 '돈'을 좇는 게 아니라 '가치'를 추구하고 창출해 내기 위해 기회를 찾아다니는 것이라고 말했다. 즉, 고객에게 단순히 상품을 파는 게 아니라 뛰어난 가치를 선사할 때 큰 수익이 남게 되고 결국 회사의 성장으로 이어져 스케일업(Scale-up)이 된다는 것이다.

> "기업가정신은 단순히 부자가 되고 싶어 하는 게 아니라 자신만의 왕국을 건설하려는 꿈을 꾸는 것이다. 자신이 다른 이들보다 뛰어남을 증명하려는 의지를 보이는 것이며 창조 과정에서 발생하는 기쁨을 좇는 것이다." "새로운 방식으로 새로운 상품을 개발하는 지속적 '기술혁신'을 통해 '창조적 파괴'(creative destruction)를 실행하는 기업가의 노력이나 의지, 창조의 기쁨"
>
> – 조셉 슘페터(Joseph A. Schumpeter)

기업가정신(entrepreneurship)은 외부환경 변화에 민감하게 대응하면서 항상 기회를 추구하고, 그 기회를 잡기 위해 혁신적인 사고와 행동으로 시장에 새로운 가치를 창조하고자 하는 생각과 의지를 말한다(위키백과). 또 기업가정신(en-

[표 7-3] 기업가정신(entrepreneurship)의 정의

학 자	정 의
조셉 슘페터 (Joseph Alois Schumpeter)	• 기업가정신은 기술혁신을 통한 창조적 파괴에 앞장서는 것 • 기존질서를 파괴하고, 위험을 감수하면서 혁신(창조적 파괴, creative destruction)에 나서는 기업가의 자세와 의지
피터 드러커 (Peter F. Drucker)	• 변화를 탐구하고 대응하며 변화를 기회로 이용하는 것 • 위험을 무릅쓰고 기회를 사업화하려는 모험과 도전정신
칼 베스퍼 (Karl Vesper)	• 다른 사람이 발견하지 못한 기회를 찾아 사회의 상식이나 권위에 사로잡히지 않고 새로운 사업을 추진할 수 있는 것
로버트 론스타드 (Robert Ronstadt)	• 때로 빨간 신호등을 무시한 채 돌진하는 것과 같다.
하워드 스티븐슨 (Howard H. Stevenson)	• 소유한 한정된 자원을 초월하여 기회를 추구하는 것
제프리 티몬스 (Jeffry Timmons)	• 부족한 자원 상황에서도 새로운 기회를 추구하며 창조적인 행동

trepreneurship)은 경제의 원동력이자 창업의 밑바탕이므로 기업가정신이 상승하면 경제가 활력을 얻게 될 청신호로 기대되지만 하락하면 장차 경제성장이 정체될 가능성이 높고, 창업도 활기를 잃게 되기 때문에 기업가에게는 지속적인 위험을 무릅쓰고 도전하고 혁신하여 미래를 꿈꾸는 기업가정신이 절실하다. 세계적인 우량기업들은 '기업가정신의 발휘는 창의적 사고, 발상의 전환을 통해 남들이 보지 못하는 새로운 성장기회에 과감히 도전한 회사들이다.

또 한양대 한정화 교수(전 중소기업청장)는 〈기업가정신의 힘〉(21세기북스, 2011)에서 '인류역사를 통해 볼 때 기업가정신(Entrepreneurship)은 부(富, Wealth)의 창출과 일자리 제공을 통해 개인의 삶을 향상시키고 지역사회를 발전시켜 왔다'고 하였다. 새로운 기회를 발견하기 위해 촉각을 곤두세우고, 아이디어를

창업의 에너지 기업가정신(Entrepreneurship)

애플 창업자 스티브 잡스(Steve Jobs)는 "시도했다가 실패했다면 후회하지 않겠지만, 시도하지 않은 것은 후회할 것이다"라고 도전을 강조하였고, 아마존닷컴의 창업자 제프 베조스(Jeff Bezos)는 지상 최대의 온라인 서점을 만들겠다는 일념으로 거칠고 힘차게 난관을 돌파하면서 최근 무인항공기 드론(Drone)을 앞세워 세계최대 유통업체 아마존(Amazon.com)을 지휘하고 있다. 이들의 공통적 성공원천 기업가정신(Entrepreneurship)은 기회(chance)를 먼저 포착하면 타이밍을 잃지 않도록 신속히 의사결정(decision making)하고, 곧바로 행동(action)하는 것이다. 기업가정신은 세상에 무언가 의미 있고 긍정적인 변화를 만들기 위하여 불확실한 환경에서 실패의 위험을 무릅쓰며 혁신을 거듭하는 정신이고, 나의 가치를 최고로 여기고, 나의 직업에 만족하며 최선을 다하는 것이며, 혁신과 창조를 바탕으로 스스로 가치를 만들어내는 것이다. 이를 종합하면 기업가정신(Entrepreneurship)은 기업가의 경영철학(혼)이고, 가치관이며, 어떠한 역경을 만나더라도 꼭 해야만 하는 사명(Mission)이다. 또 열정을 쏟아야 하는 에너지의 원천으로서, 위험을 감수하더라도 더 나은 새로운 가치를 창출하기 위하여 불가능에 맞서는 무모한 도전정신이다. 이는 에베레스트 등반에 힘겹게 성공하고 난 후의 쾌감이나 희열처럼 스스로를 기쁘게 하는 빛나는 가치다.

끊임없이 갈고 닦으면서 기회를 만들어내고, 실제 기회가 오면 위험을 무릅쓰고 도전하는 것이 바로 기업가정신이다. 기업가정신은 '외부환경 변화에 민감하게 대응하면서 항상 시장에서 기회를 간파하고, 기회를 포착해 사업비전을 설정하고 사업에 투혼(fighting spirit)을 투여하여 시장에 새로운 가치(Value)의 창출 또는 기존의 가치에 덧붙여 부가가치를 창출함으로써 세상에 무언가 의미있고 긍정적인 변화를 만드는 열정이다. 또한 기업가정신(Entrepreneurship)의 특성은 혁신(innovation)을 통해 새로운 기회에 도전하는 것(challenge), 불확실성 내지 위험을 기꺼이 감수하는 것(risk taking), 그리고 시장에서의 기회를 포착(opportunity acquisition)하고 활용(application)하는 것이라 설명할 수 있다. 기업가정신의 특성을 조금 더 세부적으로 살펴보면 다음과 같다. ① 끊임없는 도전정신, ② 철저한 프로근성, ③ 올바른 공적(公的) 기업관, ④ 외유내강의 카리스마, ⑤ 강직한 위기관리 능력, ⑥ 집요한 승부근성, ⑦ 친화형 리더십, ⑧ 투철한 사회적 책임, ⑨ 신속한 결단력, ⑩ 구성원에 대한 강한 신념

2) 기업가정신(Entrepreneurship)의 중요성

미국의 경제학자 조셉 슘페터(Joseph A. Schumpeter)는 경제발전이란 가지고 있는 자원을 투입해 그저 많이 만들어내는 것이 아니라, 새로운 목적을 위해 새로운 수단으로 새로운 것을 만들어 생활수준을 향상시키는 것이라고 정의했으며, 창조적 혁신이 곧 경제발전이며 그 원동력은 '창조적 파괴(creative destruction)'로 설명했다. 과학적·기술적 발명(invention) 그 자체보다는 그것을 현업에 적용해 혁신(innovation)하는 힘을 중시한다. 그가 말한 창조적 혁신은 주어진 자원을 새로이 배치·결합하고 새로운 기술과 시장을 찾으며 새로운 방식으로 새로운 가치를 만들어내는 것이다.

기업가정신(Entrepreneurship)이란 현재 보유하고 있는 자원이나 능력에 구애받지 않고, 기회를 포착해 사업을 추진하는 사고방식이나 행동양식이다. 기업

가정신의 핵심요소를 다음과 같이 설명할 수 있다. 첫째, 끈기와 도전정신이다. 성공한 기업인들은 끈기와 도전정신, 강한 정신력으로 성공을 향해 자신을 내몰아가는데 중도에 포기하는 것이 가장 현명할 것 같은 경우에도 쉽게 포기하지 않는다. 도전정신은 사람을 성공으로 이끄는 주요인 중 하나이며, 기업가는 실패를 두려워하지 않고 결코 낙오자가 되지 않겠다는 굳은 신념을 바탕으로 하는 도전정신을 반드시 가져야 한다. 둘째, 기회의 포착이다. 기업의 세계에서 확실성이란 상황은 없다. 불확실한 환경 속에서 끊임없이 번성해 나가야 한다. 진정한 기업가는 혼란스러운 상황을 즐기며 그것을 극복해 나가기를 좋아한다. 항상 만반의 준비를 하고 있다가 기회가 왔을 때 정확하게 포착하여 성공할 기회를 얻는 것이다. 셋째, 기업인은 자기 업종에 최고의 전문가가 돼야 한다. 업계에서 어떤 일이 일어나고 있는지를 늘 점검하고 세세한 부분까지 속속들이 알지 못할 경우 치러야 할 비용은 때로는 참담할 정도가 된다. 넷째, 사회적인 책임이다. 최근의 경제 환경은 기업의 윤리 경영에 따른 사회적 책임을 강조하고 있다. 기업의 사회적인 책임은 치열한 경쟁 속에서 소비자로부터 호의적 판정을 이끌어 낼 수 있는 기반이므로 최근 많은 기업이 이미지 제고를 위해 투자한다.

또 기업가정신(Entrepreneurship)은 '위험과 불확실성을 무릅쓰고 이윤을 추구하려는 모험적이고 창의적인 정신'으로 사업을 해야 하는 이유, 중요하게 생각하는 가치, 사업을 통해 궁극적으로 구현하고 싶은 것이 핵심이다. 일반적으로 기업가정신이란 '기업가 고유의 가치관 내지는 기업가적 태도'를 뜻하지만 특히 우리 재계에서는 '기업을 일군 불굴의 투지'로 해석된다. 남들이 엄두도 못내는 불가능한 상황에서 무모한 도전정신을 가지고 각종 위험요소를 발전의 기초로 삼아 일과 업을 만들어내는 정신적인 무장상태라 할 수 있다. 그러한 기업가정신(Entrepreneurship)을 설명하는 정의도 학자마다 다양하고 기업가정신을 구성하는 구성요소도 각기 다르게 설명하지만 공통적으로 인식하는 핵심적인 구성요소는 다음과 같이 설명할 수 있다. ① 혁신(Innovation), ② 창의성(creativity), ③ 도전의식(Challenge spirit), ④ 위험감수(risk-taking), ⑤ 열정(passion), ⑥ 사업

지식정보화 시대에 적합한 기업가정신 ABC

첫째, A는 역경지수(Adversity Quotient)이다

기업가정신의 가장 중요한 핵심요소는 어려움을 극복하는 능력과 태도이다. 요즘 같은 불황기에 더욱더 필요한 역경지수(AQ)는 자신이 어려움에 처했을 때 이를 극복하는 역량뿐만 아니라 역경에 빠진 동료나 부하들을 함께 끌고 가는 역량을 의미한다. 스톨츠(Stolz) 박사는 미국의 성공한 기업가들은 역경지수가 매우 높다고 주장하면서, 역경을 만났을 때 주저하거나 포기하지 않고 다시 팀을 추슬러 전진할 수 있는 리더의 역량이 기업의 성공을 가져온다고 강조한다. 미국의 벤처투자자(venture capitalist)들은 투자여부를 결정할 때 기업가의 자질과 역량을 중요하게 고려하는데, 이때 가장 우선시하는 요소가 '위기상황에서 끈질긴 노력을 할 수 있는가'이다. 기업을 하다보면 위기는 오게 마련이고 이때 어떻게 대응하는가가 사업의 성패를 결정하게 된다.

둘째, 기업가정신의 B는 균형감각(Balanced Way of Thinking)이다

기업의 성공을 위해서는 필요한 여러 가지 요소가 있지만 각 요소들이 유기적으로 결합되어 통합시너지가 발휘될 때 높은 성과가 나타나기에 '균형감각'은 성공적인 기업가정신의 핵심이라고 할 수 있다. 균형감각이란 단기적 관점과 장기적 관점, 부분과 전체의 균형을 잡아주는 것을 의미한다. 또 자신의 조직을 전체 차원에서 보고 어느 한쪽으로 지나치게 쏠리지 않도록 하는 것이다. 이는 지나치거나 모자라지 아니하고 한쪽으로 치우치지도 아니한, 떳떳하며 변함이 없는 상태나 정도를 의미하는 중용(中庸)이 바로 균형감각이다.

셋째, 기업가정신의 C는 도전정신(Challenge Spirit)이다

기업을 영어로 모험이라는 뜻을 가지고 있는 엔터프라이즈(enterprise) 또는 벤처(venture)라고 한다. 사업과 모험은 둘 다 미지의 영역을 대상으로 하고, 위험이 따르며, 보물(treasure)과 즐거움(fun on the way)이 있다는 공통점이 있기 때문에 모험을 해야 하는 기업가에게 가장 필요한 요소가 도전정신이다. 현대그룹의 창업자인 정주영 회장의 도전정신을 보여주는 대표적인 사례가 있다. 1976년 사우디아라비아가 발주한 주베일 항만공사는 공사금액만 해도 당시 우리나라 예산액의 절반에 맞먹는 9억 3,000만 달러로 20세기 최대 역사로 일컬어진다. 여기에 투입된 연인원만 250만 명에 이르며 장비와 자재는 2차 세계대전의 노르망디 상륙작전 이래 최대 규모였다.

보국(事業報國)의지, ⑦ 통찰력(Insight), ⑧ 융합(컨버전스, convergence), ⑨ 철저한 프로근성, ⑩ 올바른 공적(公的) 기업관, ⑪ 외유내강의 카리스마, ⑫ 강직한 위기관리 능력, ⑬ 집요한 승부근성, ⑭ 친화형 리더십, ⑮ 투철한 사회적 책임 등 참으로 다양하다.

4차 산업혁명이 산업계의 화두가 된 상황에서 갑자기 닥친 코로나 사태는 글로벌 기업들에 전략 수정을 요구하고 있다. 이에 따라 업종을 불문하고 글로벌 기업들은 위기상황을 체감하는 동시에 위기를 기회로 바꾸려는 도전을 천명하고 있다. 클라우스 슈밥 세계경제포럼(WEF) 회장은 2021년초 세계지식포럼에서 코로나19가 4차 산업혁명을 최소 10년 이상 가속화시키고 있으며, 2020년은 진정한 의미에서는 새로운 산업혁신의 전환점이고 코로나로 그 속도는 더욱 빨라질 것이라고 전망했다. 우리가 겪고 있는 문제에 대한 통찰력을 바탕으로 성공에 대한 확신을 가지고 불확실성에 도전해 새로운 기회를 창출해내는 기업가정신이야말로 코로나로 판이 바뀐 경제환경에서 새로운 도약의 유일한 동력이 될 수 있는 것이다. 2020년 6월 매일경제와 전경련이 공동분석 자료에 따르면, 우리 경제의 기업가정신을 지수화해서 OECD 국가와 비교했을 때 한국은 26위로 여전히 글로벌 주요국가 대비 제자리걸음을 하고 있는 것으로 나타났다. 또 미국 암웨이가 발표한 국가별 기업가정신 지수(AESI·Amway Entrepreneurial Spirit Index)를 보면 한국은 2016년 23위에서 2018년에는 33위로 불과 2년 만에 10계단이나 떨어졌다. 하지만 우리 경제는 위기가 찾아올 때마다 기업인들은 기업가정신으로 변화의 기회로 만들어 성장해왔다. 1997년 IMF는 기업혁신의 기회가 되었고, 기업들의 체질개선을 통해 품질개선과 동시에 아날로그 기술에서 디지털 기술로 전환하는 혁신의 계기가 되었다. 2009년 글로벌 금융위기에는 새로운 산업진출의 기회가 되었고, 2019년 일본의 수출규제는 소재·부품·장비의 국산화를 통한 기술독립으로 생산주권을 되찾는 계기가 되었다.

위기를 위협으로 보고 관리하면 행정가이겠지만, 변화와 혁신의 기회로 삼으면 기업가의 태도가 된다. 소기업이든 비즈니스의 생태계를 바꾸는 혁신대기

경제 발전에 중요한 것은 기업가정신

선진국과 후진국의 차이는 기업가정신이다. 후진국은 기술이나 자본이 부족해서가 아니라 기업가정신이 결여되어 있기 때문이다. 예를 들어, 많은 아시아나 중남미의 정부 관료와 기업 관리자는 세계시장의 변화에 둔감하고 전통적 사고에 젖어 값싼 노동력과 풍부한 부존자원에만 과도하게 의존하여 값싼 제품의 공급자로 남아 있는 경우가 많다. 반대로 선진국은 기업가정신이 왕성하여 기업이 세계시장 변화를 읽고 시장 틈새를 찾아내어 종업원의 창의력에 기초를 두고 고부가가치 제품을 만들어 내고 있다. 기업가정신의 중요성은 우리 경제 발전의 역사가 이를 증명하고 있다. 우리는 경제개발 5개년 계획이 수립된 1962년 이후 40여 년간 경이적인 성장을 이루어 내었는데 이는 대기업 및 중소기업의 기업가들에 의해 이루어진 것이다. 국내 총생산을 나타내는 GDP가 1953년 13억에서 07년 $9,700억으로 약 746배 증가했고 실질가치로는 약 100배 증가하였다. 1인당 GDP도 같은 기간 중 명목적으로는 299배 실질적으로는 40배 정도 증가했다.

그러나 1980년대 이후 우리 경제에 근본적인 변화가 일어나면서 성장률이 80년대 8.7%에서 2000년대 들어와서 4.7%로 하락하고 있다. 설비투자 증가율도 80년대 12%에서 2000년대 3%로 하락하고 있다. 문제는 이와 같은 투자부진에다 고령화로 인하여 우리의 성장잠재력이 계속 낮아질 가능성이 크다는 것이다. 투자가 안 되는 이유는 한국이 투자 입지로서의 매력이 크게 떨어지고 있기 때문이다. 경직된 노사관계, 정부규제, 반기업정서 이 세 가지 요인은 기업가정신을 위축시키고 국내투자뿐 아니라 외국인 직접투자도 가로막아 한국의 제조업 기반을 서서히 약화시켜 오지 않았나 생각한다. 제조업 기반이 약화되었기 때문에 과거 같으면 수출이 투자와 소비를 늘려 경제가 활성화되었지만 지금은 그 연결고리가 단절되었다. 수출은 많이 해도 핵심부품 및 설비의 수입의존도가 높아 내수로 이어지지 않고 있다. 지금 우리에게 필요한 것은 지난 40여 년간 성장의 주역이 되었던 이런 기업가들이 다수 출현하여 경제의 재도약을 이루고 선진화를 달성하는 것이다.

기업가정신에는 자율성이 중요하다. 자율은 생명력, 창조력의 원천이다. 어떤 사람이 HP의 창업자 중 한 사람인 패커드에게 미국에서 가장 존경할 만한 기업이 어느 기업이냐고 물었더니 3M이라고 했다. 왜 3M이 가장 존경 받는 기업이냐고 물었더니 '3M에서는 어떤 제품이 개발될지는 모르지만 항상 새로운 제품이 지속적으로 개발되고 있기 때문'이라고 했다. 3M이란 회사는 자율적으로 경영하기 때문에 그 안에는 엄청나게 많은 기업가가 있고 기업가는 항상 아이디어를 내고 새로운 기회를 추구하기 때문에 미래를 걱정할 필요가 없다. 우리는 항상 10년 후에 뭘 먹고 사느냐고 걱정하는데 그것은 우리나라에 기업가가 많이 없다는 것을 말한다. 우리나라 사람들이 모두 자율적인 기업가가 되어 기회를 추구하게 되면 미래를 걱정할 필요가 없다. 우리는 집에서 아이들을 기를 때나 학생들을 가르칠 때 좀 더 자율을 주고 정부규제도 대폭 풀어 기업활동을 자유스럽게 하도록 함으로써 기업가정신을 제고해 나가는 것이 선진국으로 가는 길임을 인식해야 할 것이다.

– BBS, 노부호 서강대 교수, 2009.2.13.

업이든 잘되는 기업의 출발과 성장, 미래를 성공으로 인도하거나 국가의 흥망성쇠는 기업가정신에 의해 좌우되는 세상이 되었다. 이제 우리는 코로나로 촉발되어 우리 경제에 닥쳐진 판이 바뀐 경제 환경이라는 새로운 위협을 극복하고 성장의 기회로 삼아야 한다. 개인이나 기업이 기업가정신을 회복할 수 있게 하기 위해서 정부는 '경제를 성장하도록 하는 것'과 '기업규제 부담'을 덜어주는 것이 필요하다. 젊은 청년들이 기업가정신을 갖게 하는 제도와 사회문화를 만드는 것도 급선무다. 코로나로 아무리 어려운 상황에서라도 기업 스스로 변화와 혁신으로 실패를 두려워하지 않는 도전정신을 키우면서 신 성장동력 기업가정신을 고취해야 한다.

비즈니스 컨설턴트 테일러 피어슨(Taylor Pearson)은 자신의 책 〈직업의 종말〉에서 "지금 세상에서는 복잡하고 혼란스러운 체계에서 문제를 파악하고 해결하는 능력, 즉 기업가정신이 갈수록 중요해지고 있다"고 강조했다. 오늘날 기업가정신(Entrepreneurship)이 중요해지는 이유는 ① 지식사회로의 이행(지식의 생산과 활용이 중요), ② 지식이 비즈니스 성공기회에 중요한 역할, ③ 새로운 기술과 서비스의 등장이 경제발전과 삶의 질의 향상에 기여, ④ 창의적인 사업화 의지나 행동이 비즈니스 성공에 중요, ⑤ 기업설립을 통해 새로운 고용창출과 경제적 풍요의 토대 마련 등이다.

또 데이비드 아우드레치와 졸탄 액스는 〈왜 기업가정신이 중요한가〉(2006)란 논문에서 기업가정신이야말로 경제성장에 독자적이고 가치 있는 기여를 하는 가장 중요한 요인이라면서 그 이유는 기업가정신이 새로운 지식과 아이디어의 전이(spill-over) 및 사업화를 위한 매개체(conduit) 기능 때문이라고 설명한다. 그러나 아무리 많은 지식을 생산해도 기업가정신이 부족하면 시장에서 충분히 활용되지 못하고, 결국 일자리증가와 경제성장에 기여하지 못하기 때문이다. 특히 졸탄 액스(Zoltan Acs) 교수는 4차 산업혁명 시대를 맞이한 지금은 "그 어느 때보다 기업가정신이 중요한 시기"라고도 강조했다. "4차 산업혁명은 디지털 혁신이 급격히 확산되며, 우리가 지금껏 알고 믿어왔던 전통산업의 경계가 무너지고 있다"며 "산업의 경계가 무너지는데, 과거와 같은 규제로 혁신을 막아서는 안 된다"고 말했다. 4차 산업혁명에 재빨리 움직인 국가들은 대부분 정책을 만드는 사람들이 변화를 빠르게 받아들였다. 역사를 살펴보면 사회는 변화를 거부한 반면 새로운 것을 만들어 내 온 것은 기업가들이었다. AI처럼 기술의 발전이 우리 삶의 도움이 되는지, 또 다른 위협이 될 것인지에 대한 논쟁은 진행 중이지만, 인류는 계속 발전해 나갈 것이고, 그 기반은 기업가정신이 될 것이다.

GEM은 매년 글로벌 기업가정신 연구협회(GERA)가 창업생태계 전반에 관해 각국 자료를 취합해 조사해 분야별 전문가들에게 창업 여건 등을 묻는 '국가전문가 조사'와 창업에 대한 인식을 알아보는 '일반성인 조사'로 구분하여 발표한다. 국가전문가 조사 분야별 지수를 합산한 우리나라의 기업가정신 지수는 5.49점으로 9위였다. 제품과 시장의 변화속도를 가늠하는 '시장의 역동성'은 전체 국가 중 1위(7.9점)를, 정부 창업 지원정책이 적절한지를 확인하는 '정부정책의 적절성'은 6.2점으로 전체 국가 중 5위를 기록했다. '대학 이상 기업가정신 관련 교육과 훈련이 적절하고 충분한지'에 대한 응답은 4.6점(22위)으로, 지난 조사 4.19점(41위)보다 개선됐다. '시장의 개방성(21위)', '기술이전 지원(18위)'과 '정부 규제 정책의 적절성(12위)' 등이었다. 일반성인 조사에서 '실패에 대한 두려움'은 지난해에 이어 전체국가 중 가장 낮았다. 성공한 창업자에 대한 사회적인 인식수준은 87.7%(7위)였다. 직업선택 시 창업을 선호하는 비중은 2.3% 상승해 56.6%(28위)로 나타났다. 또 18~34세에 해당하는 청년층의 초기 창업활동이 전년 17.7%에서 19.5%로 증가했으며 초기 창업기업의 향후 고용전망도 높아져 전년 3.2%에서 4.0%로 증가했다. 최근 3년 이내 사내 창업활동 경험은 전체 응답자의 1.5%로 지난해 31위에서 25위로 상승했다.

글로벌 기업가정신 연구(GEM) 2019년 한국보고서

2019년 GEM Korea 분석결과 전체 참가국 50개국 중 TEA 수준을 보았을 때는 14위를 차지했다. 영국, 스웨덴, 독일 등의 국가들에 비해서 높은 수준으로 나타났다. 특히 아시아 국가인 중국(8.7%), 일본(5.4%), 대만(8.4%)에 비해서도 높은 수준으로 나타났다. TEA 내부 여러 변수 중 초기 창업기업의 창업동기를 보면, 부를 창출하기 위해 창업을 하고자 하는 동기가 사회변화를 위한 동기수준보다 높게 나타났다(약 67%가 부를 창출하기 위해 창업한다고 응답).

GEM 연구에서 중시하는 부분은 기업가 및 기업가정신에 대한 사회적 인식이다. 사회적 인식(societal attitude)은 해당 사회에서 기업가를 높은 지위를 가진 자들로 간주하는지, 창업이 좋은 경력대안으로 여겨지는지, 미디어가 창업자들을 주목하는 지 등으로 평가한다. 우리나라의 경우 GEM 2019년 결과에서는 약 86.0%가 기업가는 우리나라 사회에서 높은 지위를 가진 사람들로 인식된다고 응답하였다.

GEM 연구는 APS와 생태계에 대한 전문가 응답결과 NES 연구조사에 참여한 전문가들은 우리나라의 기업가정신 생태계 전반에 대해 보통수준이라고 평가하였다(10점 만점에 전반적 창업생태계 평가 점수는 5.13점). 가장 좋은 평가를 받은 분야는 시장 역동성은 7.49점이었고, 가장 미비한 점수를 받은 분야는 초중고 단계의 교육 및 훈련으로 3.43점이었다. 전문가들의 평가는 창업 및 신생기업을 위한 시장조성 정책강화와 더불어 창업을 보다 쉽게 할 수 있는 인허가 규제의 완화, 창업기업의 시장진입 장벽인 기존기업의 불공정 거래관행 개선, 공공구매 등을 통한 창업기업의 제품이나 서비스에 대한 수요정책 등 개선이 필요하다는 평가다.

– 재) 한국청년기업가정신재단, 2020.2.

Chapter 8

가치창출의 핵심, 혁신(Innovation)

1. 혁신(Innovation)의 본질과 가치창출

1) 혁신(Innovation)의 본질과 가치

먼 옛날부터 '세상은 변한다'는 사실은 누구나 공감하는 진리라고 할 수 있다. 역사적으로 그 변화를 기회로 생각하는 사람은 창업가로써 변화의 주인공이 될 수 있었으나, 그 변화를 외면하고 변화를 피한 사람들은 변화에 제대로 대처하지 못함으로써 결국 도태될 수밖에 없었던 사실은 경험으로 증명되었다. 혁신(Innovation)의 본질은 위험을 감수하면서 고객을 위하여 새로운 자원, 상품, 방식으로 가치(상품 및 서비스)를 창출하는 것이다. 애플의 창업자 스티브 잡스(Steve Jobs)는 "혁신은 선도자와 추종자를 가르게 한다"고 말했고, 마이크로소프트(Microsoft)의 CEO, 스티브 발머(Steve Ballmer)는 "고객을 만족시키고 경쟁사를 이기는 유일한 해법은 혁신밖에 없다"고 주장했다.

현대 경영학의 아버지 피터 드러커(Peter F. Drucker)는 혁신을 기존의 현상 또는 자원에 새로운 가치를 불어넣는 활동이라고 정의하고, 기업가의 창조적 파괴를 통한 혁신이 투자를 활성화하고 고용창출을 늘려 성장을 이끌 수 있다고 강조했다. 드러커는 혁신이란 부(富)를 창출하는 새로운 원천을 창조하거나 이미 있는 원천을 향상시키는 것이라면서 "혁신은 고되고 지속적인 노동에 가깝다. 또 그는 혁신은 끊임없이 사람들과 직접 부딪히며 그들의 욕구를 읽고, 자신이 믿고 있던 바와 현실과의 차이를 좁혀나가는 일"이라면서 "기업가는 혁신을 통해 다른 사업과 다른 서비스를 만드는 기회로 변화를 활용한다고 강조했다. 그는 기업의 목표인 고객을 창조하기 위해서 마케팅과 혁신이 필요하며, 혁신을 '인적, 물적, 사회적 자원에 더욱 많은 부를 창출하도록 새로운 능력을 부

[표 8-1] 혁신(Innovation)의 정의

학 자	정 의
조셉 슘페터 (Joseph A chumpeter)	• 창조적 파괴(Creative destruction)
피터 드러커 (Peter F. Drucker)	• 소비자들이 그동안 느껴온 가치와 만족에 변화를 일으키는 활동이다.
에드 로버츠 (Ed Roberts)	• 발명에 개발(exploitation)을 더한 것이다.

여하는 것'이라고 정의했다. 따라서 기업가들은 혁신의 원천, 성공적인 혁신을 위한 기회를 가리키는 변화와 징후를 의식적으로 발견해야 하고 성공적인 혁신의 원리를 이해하고 활용해야 한다"라고 강조했다.

혁신(革新)의 사전적 정의는 묵은 풍속, 관습, 조직, 방법 따위를 완전히 바꾸어서 새롭게 하는 것으로, 「혁신의 본질(essence)」은 시장(market)이 원하는 새로운 상품, 서비스, 방법론을 제공하는 것이다. 혁신(革新)의 어원은 동물의 껍질(皮, skin)을 벗겨 제품의 원단으로 사용할 수 있는 가죽(革, leather)으로 새롭게(new) 만드는 일, 즉 '고쳐서 새롭게 한다'는 의미다. 특히 시장(market)에서 혁신의 본질은 소비자를 위한 계속적인 변화이므로, 변화하는 환경에서 모든 생명체의 생존과 성장(기업의 목표)을 위해서는 능동적인 태도가 필요하고 비즈니스(business)에서도 불확실성을 극복하기 위하여 창의적으로 혁신하고 도전하면서 성장 동력을 충전하여야 변화할 수 있다. 혁신은 시장이 원하는 상품 및 서비스를 제공함으로써 새로운 가치와 고객만족을 창조하는 방향으로 진행되어야 한다. 혁신인지 아닌지는 판단기준은 고객이 그것을 원하는가, 또 고객이 그 상품 및 서비스에 기꺼이 돈을 지불할 의지에 따라 인정된다. 혁신(Innovation)이란 기존의 지식, 제품, 고객의 요구, 시장 등에서 부족한 점을 발견하여 새롭고 훨씬 더 생산적으로 변화시키는 일이기 때문에 혁신 없이는 기업이던 국가든 경쟁 및 성장이 어려울 수밖에 없다. 혁신을 위해서는 가치 있는 아이디어를 늘리고, 적절한 아이디어를 정의하고 향상하며, 제품 또는 서비스 개발을 효과

슘페터가 말하는 혁신자가 갖추어야 할 요소들

① **신제품 개발** 새로운 제품을 만들어 내는 것이다

② **새로운 생산방법의 도입** 생산량을 늘리거나 불량을 줄이는 등 생산방법 개발(ex. 자동화, 로봇 등)이다.

③ **신 시장 개척** 자신의 나라에서만 판매할 것이 아니라 다른 나라로 본인의 판매영역을 확대하는 것이다.

④ **새로운 원료나 부품의 공급** 보다 나은 생산품을 만들기 위해서 더 좋은 원료나 부품을 사용한다.

⑤ **새로운 조직의 형성** 새로운 조직들을 만들어 일의 생산성과 효율성 증대(ex.영업부, 홍보부 등)다.

⑥ **노동생산성 향상** 임금인상, 휴가 등 물적/정신적으로 노동자의 복지를 향상시켜 노동자들이 더 열심히 일하도록 유도하는 것이다

적으로 수행하고, 이 모든 과정을 효과적으로 수행해야 하는 요건들을 충족시켜야 한다.

"당신이 변하지 않는 한 이미 갖고 있는 것 말고는 아무것도 얻을 수 없다"
– 제임스 론(James Ron), 코미디언

2) 가치창출의 토대 혁신(Innovation)

기업가정신의 선도자 조셉 슘페터(Joseph A Schumpeter)가 정의하는 "기업가정신의 핵심은 새로운(new)것을 창조해내는 혁신성(innovativeness)"이다. 그는 혁신이란 청조적인 파괴과정을 의미하며, 혁신이야말로 기업 발전의 원동력이라고 주장했다. 슘페터는 기업가의 혁신은 창조적 파괴(creative destruction)를 통

해 기존경제의 균형 상태를 뒤흔들고 성장을 주도하지만, 점차 혁신이 일상화되고 관료제화됨으로써 결과적으로 혁신을 통한 경제성장도 멈추게 된다고 했다. 슘페터는 새로운 생산방법과 새로운 상품개발을 기술혁신으로 규정하고, 기술혁신을 통하여 낡은 것을 버리고 새로운 것을 창조하여 변혁을 일으키는 과정을 창조적 파괴(creative destruction)라고 하였다. 흔히 혁신(Innovation)이라고 하면 기업들은 보통 기술혁신을 떠올리지만 슘페터는 발명과 시장의 새로운 결합을 혁신이라고 강조하였다.

변화를 예측하고 변화에 대처하며 보다나은 가치를 창출하는 혁신활동이 생존과 성장의 바탕인 생존전략이자 글로벌 경쟁력을 갖춘 탁월한 기업의 핵심 역할이다. 그럼에도 불구하고 〈혁신(Innovation)〉하는 과정은 누구나 기존의 익숙한 틀을 깨야 한다는 위험 때문에 고민하다 기회를 놓치는 경우가 많다. 그래서 현대경영의 아버지 피터 드러커(Peter F. Drucker)는 "모든 경제적 활동에는 위험이 동반한다. 그러나 어제를 지키는 것(혁신을 하지 않는 쪽)이 내일을 만드는 것보다도 더 큰 위험을 동반한다"고 설파했고, 소프트뱅크(Soft Bank Ltd.)의 손정의(孫正義, そんまさよし) 회장이나 페이스북(Facebook)의 창업자 마크 주커버거(Mark Zuckerberg)도 "모든 경제적 활동에는 위험이 동반하지만 실패를 보장하는 유일한 전략은 위험을 감수하지 않는 것"이라며 적극적인 변화를 강조했다.

한편 마이크로소프트(Microsoft)의 CEO, 스티브 발머(Steve Ballmer)도 "고객을 만족시키고 경쟁사를 이기는 유일한 해법은 혁신밖에 없다"며 혁신의 중요성을 강조했고, 딜로이트 컨설팅 김경준 대표는 "혁신(Innovation)은 조직의 숙명(宿命)이고, 리더의 사명(使命)"이라며 혁신의 중요성을 설명했다. 기업은 고객을 위한 가치를 창출하는 집단이고 가치를 창출해야만 이익을 얻고 생존할 수 있다. 광속(speed of light)으로 변하는 글로벌 무한경쟁시대에 올바른 방향으로 빠르게 혁신하는 기업만이 살아남고 성장할 수 있으므로 기업경영이란 시장에서 조직이 변화에 적응하도록 지속적인 혁신을 이끌어가는 과정이라고 할 수 있다. 또 성공하는 창업가형 리더가 되기 위해서는 미래 지향적인 관점에서 새로운 기회를 탐색하는 역할과 포착한 기회를 과감하게 실행하여 최종성과를 이끌어 내는 역할을 동시에 수행할 수 있어야 한다. 따라서 모든 기업은 변화 속에서 혁신을 기반으로 살아남아야 하고 지속 가능한 성장을 유지하기 위해서는 쉼 없는 혁신을 추진해야 하는 것이 기업의 숙명이라고 할 수 있다.

> "혁신(Innovation)이란 과학이나 기술 그 자체가 아니라, 가치에 관련된 것이다. 그것은 조직 내부가 아니라 조직의 외부에서 비롯되는 변화이며, 기존의 지식, 제품, 고객의 요구, 시장 등에서 부족한 점을 발견하여 새롭고 더 생산적인 것으로 변화시키는 일이라고 강조한다."
>
> – 피터 드러커, 〈경영: 과제, 책임, 실제〉 중에서

산업혁명과 혁신의 리더십은 기업가정신

농업혁명 이후 만년 동안 정체했던 소득이 18세기 중반의 산업혁명 이후 불과 250년 만에 100배 증가했다. 대략 농업이 2배 증가하고 농업외 산업이 50배 증가한 소위 '대분기(great divergence)'라는 수직 상승의 동력은 혁신이었다. 정체됐던 중세 사회가 성장하는 근현대 사회로 혁신한 것이다. 혁신을 뒷받침하는 기업가정신 · 시장경제 · 포용적제도가 산업혁명 이후 사회 변화의 3대 화두라고 할 수 있을 것이다. 국가 발전과 소득증가의 주역은 혁신이다. 혁신의 리더십은 바로 '기업가정신'이다. 산업혁명은 창조적 도전을 통해 신기술을 개발하고 신시장을 개척하는 기업가정신 없이는 불가능했다. 기업가정신은 시장경제라는 토양에서만 꽃피운다. 시장경제가 작동하는 국가에서 절대 빈곤은 사라진다. 아직도 하루 소득 1.9달러 이하라는 절대 빈곤에 허덕이는 10%의 국가는 자유시장의 결여가 공통점이다. 혁신은 시장에서 기업가들의 경쟁을 통해 자라기 때문이다. 정체된 사회에는 통제와 보호라는 안정된 질서가 자리 잡으면 혁신이라는 돌연변이가 없어 사회 진화는 멈춘다.

– 서울경제. 기업가정신, 시장경제 그리고 포용. 2019.5.8.

3) 개방형 혁신(Open Innovation)과 생산성

2003년 미국 UC버클리 대학의 헨리 체스브로(Henry Chesbrough) 교수가 제안한 오픈 이노베이션(Open Innovation)은 기업 내외부로 흐르는 지식의 흐름을 적절히 활용해 기업내부 혁신을 가속화하는 한편 내부 보유 역량을 활용해 시장 확대를 추진하는 혁신을 말한다. 쉽게 말하면 신제품을 기획, 개발하고 생산하기 위한 기술혁신 과정에서 외부 기술을 획득해 이를 내재화하고 신규 제품과 서비스를 가속화며, 기업이 보유한 기술을 외부로 떼어내 신규 사업화하는 것을 말한다. 체스브로 교수는 "회사 내부에서 다하겠다는 생각을 버리고 똑똑한 사람이 당신을 위해 일하게 하라"라면서 「혁신의 분업화」라고 설명했다. 그는 오픈 이노베이션을 누군가 참신한 아이디어(idea)를 고안해내면, 다른 조직이 이를 활용할 비즈니스 모델(business model)을 만들고, 또 다른 누군가의 자본과 유통망을 이용해 상품화(commercialization)해 시장에 출시할 경우, 혼자서 다하는 것보다 저렴하고, 빠르며, 덜 위험하게 혁신을 완성할 수 있다는 것이다. 그는 혁신을 함께할 경우, 비록 성과는 나눠야 하지만, 저렴하고 빠르며 덜 위험하게 혁신할 수 있으니 더 많은 기회를 창출하는 것이라고 강조한다. 선도기업의 오픈 이노베이션(Open Innovation)은 조직이 연구와 개발, 상업화에 이르는 일련의 혁신과정을 개방하고 외부자원을 활용해 혁신비용을 줄이고 부가가치 창출을 극대화하는 것이다. 이를 위해 혁신적인 기업은 조직 내외에서 다양한 아이디어를 모으고, 이를 새로운 서비스로 연결시킨다.

또 오픈 이노베이션(Open Innovation)은 대중(crowd)과 외부자원 활용(outsourcing)의 합성어인 크라우드 소싱(Crowd sourcing)이 확대된 형태라고 볼 수 있으며, 오픈 이노베이션 전략은 의도적으로 외부의 지식을 우리 회사로 유입하고, 또한 우리의 노하우를 외부로 동시에 공개하자는 것이다. 오픈 이노베이션 전략을 활용하면 외부전문가들의 지식을 회사 내부로 유입함으로써 내부혁신을 가속화할 수 있다. 따라서 기업의 경영상 문제나 공공의 문제 혹은 개선

방안 등에 대해 해법을 얻기 위해 인터넷을 통해 집단지성을 활용하는 솔루션으로 폭넓게 활용되고 있다. 이를 일상화하는 미국의 대표적인 가정용품 제조업체 P&G(The Procter & Gamble)의 관계자는 "우리 회사 내부에는 8,600여 명의 과학자가 있지만, 외부에는 150만 명의 과학자가 있습니다"라고 말할 정도로 개방형 혁신을 일상화하고 있다.

또 오픈 이노베이션 사례로 2005년 구글의 래리 페이지 CEO는 미 국방성이 후원하는 무인자동차 경주대회에서 스탠퍼드대 컴퓨터 과학자 세바스찬 드룬(Sebastian Thrun)을 처음 만났다. 그는 당시 대학원생으로 구성된 팀을 이끌고 모하비 사막에서 7마일(11.2km)짜리 장애물코스를 통과하는 대회에서 우승했다. 구글은 발 빠르게 드룬과 팀원들을 영입해 구글의 비밀연구소로 불리는 특수 연구조직 '구글 X'를 맡겼고, 5년 만인 2010년 연구소의 작품으로 완성된 무인자동차가 공개되었다. 구글(Google)은 2012년부터 구글 X를 크라우드 소싱(Crowd sourcing) 개념을 도입하여 시선을 외부로 확대하여 전 세계로부터 아이디어를 제안 받고 누구든 웹사이트(solveforx.com)에 접속해 자유롭게 아이디어를 내거나 다른 사람이 낸 아이디어에도 참여하고 토론하면서 발전시킬 수 있도록 하였다. 운영진은 제안자와 관련 전문가들을 연결하고, 필요한 경우 자금도 지원한다. 아이디어를 클릭하면 바로 제안자가 아이디어를 설명하는 동영상으로 연결된다.

또한 중국 휴대폰 업체 샤오미(Xiaomi, 小米)는 2010년 당시 '짝퉁 아이폰'으로 사업을 시작하였고 제품이 완벽하지 않지만 매주 조금씩 기능을 향상시켜 지금은 중국 내에서 진짜 아이폰 판매를 뛰어넘고 있다. 샤오미는 사오미 폰을 사용하는 팬(Fan, 샤오미 휴대전화 사용자)들로부터 의견과 불만을 접수해 매주 목요일 운영체제나 앱 업데이트에 즉각 반영한다. 샤오미 CEO 레이쥔(雷軍, Lei Jun)은 "우리 소비자들은 모두 서로 친구이고 연구개발원이면서 판매원도 되는 셈"이라고 말했다. 위 두 사례의 공통점은 기업이 아이디어를 외부에서 얻어 그것으로 가치를 창출하는 혁신방법으로 이를 오픈 이노베이션(open innovation·개방형 혁신)이라고 부른다.

혁신 리더의 4가지 특성

혁신의 설계자(Linda Hill 외 3인 공저)에서 설명한 혁신 리더의 4가지 특성을 살펴보면 다음과 같다. 첫째, 이상주의자이면서 실용주의자다. '도전적 야망'을 빼놓고는 혁신 리더를 논하기 어렵다. 혁신 리더들은 어렵고 복잡한 문제에 열정적으로 달려든다. 이들은 가능성을 쫓아 미지의 영역으로 나아가는 것도 불사하면서도 거리낌 없는 상상력과 분별력 사이에서 균형점을 찾아야 한다는 것도 잘 알고 있다. 도전과제를 해결하려면 인내도 필요하고 실행도 필요하다는 사실을 충분히 알고 있다. 둘째, 이론가이자 행동가다. 혁신리더는 통합적 이론가로서 아무리 복잡하고 혼란스러워도 다양한 대안 속에서 최상의 해법을 찾아내는 것을 즐긴다. 그리고 조직의 역동성을 이해하고 궁극적 혁신에 이르는 다양한 충돌상황에서 균형감을 잃지 않으면서도 필요할 때 행동에 나서기를 주저하지 않는다. 또 이들은 여러 가지를 시도해보고 실험을 반복하며, 생각만으로는 안 되고 끊임없는 시행착오 끝에 해결책이 나온다는 사실을 잘 알고 있다. 셋째, 관대하면서 까다롭다. 혁신을 이끌어내는 일은 끝이 보이지 않는 어렵고 고된 작업이다. 혁신리더들은 힘, 통제권, 성과를 구성원들과 기꺼이 공유한다는 점에서 관대하면서도 사람들에게 책임감을 부여하고 적절한 성과가 나오기를 기대한다. 효과가 없으면 과감하게 바꿔버리고 일을 제대로 수행하지 못하는 사람은 가차 없이 잘라낸다. 넷째, 인간적인 동시에 회복력이 강하다. 혁신 리더도 완벽하지는 않다. 대다수 사람들처럼 이들도 불안해하고 후회도 하며 두려움도 느끼고 실수도 한다. 상황이 좋지 않을 때는 방어적인 태도를 취하기도 하고, 가끔은 방향을 잃고 헤매기도 하지만 결국 실수와 후퇴를 딛고 다시 일어선다. 불확실성, 복잡성, 충돌상황에 대처하는 능력이 있기 때문에 다른 사람들이 실망과 경악 속에 무너져 있을 때 이들은 혼란 속에서도 평온을 찾을 수 있다. 자신에 대해 개방적이고 솔직하기 때문에 다른 사람의 도움을 청할 수 있고, 수많은 사람의 역량을 충분히 활용할 수 있다.

2. 혁신(Innovation)의 유형과 추진 전략(strategy)

하버드 경영대학원 클레이튼 크리스텐슨(Clayton M. Christensen) 교수는 혁신의 유형을 기존 제품의 품질을 업그레이드하는 '존속적(sustaining) 혁신과 저가 제품 출시로 신시장을 공략하는 파괴적(disruptive) 혁신' 그리고 생산·인건비 등을 절감하는 '효율적(efficient) 혁신'으로 구분했다.

① 파괴적 혁신(disruptive innovation)

현재시장의 대표적인 제품 성능에도 미치지 못하는 제품으로 기존시장을 파괴하고 새로운 시장을 창출하는 것이다. 파괴적 혁신전략은 단기적으로 성능이 낮은 저가제품을 선호하는 기존고객이나 새로운 고객을 대상으로 사업을 시작하여, 낮은 가격수준을 유지하면서 점진적으로 제품의 성능을 향상시켜 주류시장으로 이동하는 전략이다. 요즘 휴대전화에는 대부분 디지털 카메라와 mp3 음악재생기능이 장착되어 있으나 모든 휴대전화 이용자가 이러한 전체 기능을 사용하는 것은 아니기 때문에 제품 본연의 통화기능에 충실한 단순하고 저렴한 휴대전화가 필요한 많은 소비자들이 있다. 산업기술의 발전은 일정시점 이후 소비자가 받아들일 수 있는 수준 이상으로 진행되고, 그 결과 많은 소비자가 활용하지도 않는 고기능, 고품질의 제품이 출현하게 되는데 이때 소비자가 원하는 수준만큼의 제품과 서비스를 더 낮은 비용으로, 혹은 더 편리한 접근방식으로 제공하는 혁신기업들이 등장하면서 새로운 기회를 얻을 수 있게 된다.

파괴적 혁신 사례로는 일본 자동차기업들이 미국의 자동차 시장에 진출할 당시 효율적인 생산방식으로 가격대비 높은 완성도를 갖춘 소형차량을 만들어내는 파괴적 혁신으로 점차 미국시장에서 점유율을 높여나갔고, 미국의 자동차

혁신(Innovation)의 유형

① 파괴적 혁신(disruptive innovation)

- 기존의 시장 질서를 파괴하며 새로운 시장 지배적 표준이 출현
- 기업은 고객들이 결코 구매할 수 없었던 전혀 새로운 신제품 소개
  - 포드자동차의 T형 모델은 소수만 누리던 편리함을 중산층도 이용토록 함
  - 소니의 트랜지스터 라디오는 주류이던 진공관 라디오를 대체한 파괴적 혁신

② 존속적 혁신(sustainable innovation)

- 기존상품의 품질을 업그레이드(upgrade)하거나 생산성을 높여 원가를 낮춤
  - 델컴퓨터와 자라(ZARA)처럼 기존 비즈니스 모델에 대한 역발상 혁신

③ 효율적 혁신(efficient innovation)

- 동일한 제품을 훨씬 더 저렴한 원가로 만들어 내는 것
  - 토요타(Toyota)의 JIT 시스템으로 생산비·인건비 등을 절감

시장은 자국산 자동차 대비 열등한 품질의 저가차량을 생산하던 일본기업에 의해 서서히 잠식당했다. 최초 저가소형차 시장을 일본기업에 내준 미국 자동차 업체들은 상위제품군으로 전선(戰線)을 이동하였고, 결국 일본자동차기업들은 중형차, 대형차, SUV까지 시장점유율(M/S)을 확대하였다.

② 존속적 혁신(sustainable innovation)

과거보다 더 나은 성능의 고급상품을 선호하는 고객들을 목표로 기존제품을 지속적으로 개선하여 보다 높은 가격에 제공하는 전략이다. 흔히 많은 기업들이 혁신을 거듭하면서 이윤 창출을 추구하지만 최고의 성능을 자랑하는 최첨단제품을 내놔도 고객의 요구를 지나치게 앞지르게 되면 시장에서 선택받지 못하고 선두자리를 빼앗기는 경우가 있고, 이를 극복하기 위하여 기업은 철저히 기존 고객의 니즈에 맞춰 그들을 만족시키고 감동시키는 존속적 혁신전략(sustaining innovation)을 추구해 왔다. 그러나 오늘날 기업이 더 강하게, 더 빠르게, 더 효율적으로 등의 목표를 달성하려는 존속적 혁신만을 고수하느라 파괴적 혁신으로 등장한 새로운 도전자(파괴적 혁신자)에 맞서지 않고 더 높은 부가가치 영역으로 피하게 되면, 축소된 시장에서 더욱 치열해진 경쟁에 의해 실패할 수 있다.

존속적 혁신의 사례로는 파괴적 혁신에 성공한 대표적인 기업 애플(Apple)이 컴퓨터 전문 제조업체로서 아이맥(iMac)을 만들고 맥북에어(Macbook Air)를 개발한 것은 기존 및 잠재고객에게 만족감을 주는 존속적 혁신에 해당하며, 새로운 노트북 개발에 성공했기 때문에 애플은 기존상품보다 더 높은 가격으로 수익을 창출할 수 있었다. 반면 아이팟(iPod)은 컴퓨터를 사용하는 기존고객이 아닌 MP3 사용자라는 새로운 고객을 대상으로 제품을 만들었기 때문에 파괴적 혁신에 속한다. 그래서 크리스텐슨 교수는 파괴적 혁신기업으로의 변신과 함께 이런 파괴적 혁신에 의한 비(非)고객 시장공략을 해답으로 제시하였다. 그래서 클레이튼 크리스텐슨(Clayton M. Christensen) 교수는 오늘날처럼 급변하는 환경에서 살아남기 위해서는 보다 새로운 기술과 더 많은 기능의 제품으로 점진적 개선만을 거듭하는 존속적 혁신전략으로는 더 이상 시장에서 살아남을 수 없다며, 당대의 최강자들은 새로운 강자의 출현 때문에 사라지는 것이 아니라 오히려 강자들의 눈에는 보이지도 않아 주목받지 못하는 경쟁자의 출연으로 멸망하게 된다고 주장하였다.

③ 효율적 혁신(efficient innovation)

더 적은 자원으로 더 많은 결과를 낼 수 있도록 전형적인 과정(공정, process) 혁신으로 제품이 생산된 방식에 초점을 맞춘다. 수익성 개선과 고객유지 수단들을 관리하는데서 중요하지만 효율성 혁신 그 자체로는 지속가능한 경제성장이나 새로운 일자리를 창출하지는 않는다. 효율적 혁신의 사례로는 토요타(Toyota)의 JIT(Just in Time) 시스템으로 생산비·인건비 등을 절감한 사례가 있다.

[표 8-2] 존속적 혁신과 파괴적 혁신의 비교

구 분	존속적 혁신	파괴적 혁신	
		저가시장에서	신 시장에서
제품·서비스에 대한 기대치	고객의 기대치가 가장 높고 까다롭다	보통수준으로 주로 가격과 편리함 등에 대해 민감함	단순함과 편리함 등 상품의 역할, 즉 상품의 소비로 인해 고객이 얻게 되는 궁극적 효용에 집중
타깃 고객층	가장 매력적 고객층	필요로 하는 수준 이상의 제품·서비스를 제공받는 고객층	경제적, 혹은 기술적 이유로 기존제품·서비스를 사용하지 않는 고객
접근 법	기존방식이나 비용구조를 유지하며 보다 나은 기능, 품질의 신제품을 개발	새로운 운영방식을 통해 저가제품·서비스제공. Low end 시장잠식	생산량이 적더라도 이윤을 창출할 수 있는 비용구조를 창출

새로운 기회의 발견 가능성과 성장가능성은 시장 밑바닥에서 나오는 것이므로 현재 잘나가고 있는 기업들은 스스로 시장의 낮은 부분으로 내려가야 하고 이런 행위로부터 성공을 거두는 것이 바로 파괴적 혁신이다. 크리스텐슨 교수는 기존시장의 질서를 파괴하고 새로운 시장을 만들어내는 혁신을 파괴적 혁신이라고 정의하고 파괴적 혁신을 다시 로우엔드(low-end) 파괴적 전략과 신 시장(new market) 파괴적 전략으로 구분하였다. 「로우엔드 파괴적 전략」은 단기적으로는 하위시장에서 자리를 잡은 후에 기술개발을 통해 상위시장의 욕구도 만족시키는 것으로, 결국 성능은 같으면서 가격은 낮은 제품을 제공하여 기존 주류시장을 대체하게 된다. 로우엔드(low-end) 파괴적 전략은 기존제품·서비스보다 획기적인 저가의 제품·서비스를 개발하여 초과만족을 추구하는 고객전략을 구사한다. 실례로 필요한 기능보다 훨씬 높은 수준의 품질, 혹은 다양한 기능을 제품에 반영시킴으로써 소비자가 그 기능들을 충분하게 활용하지 못하면서 높은 비용을 지불하는 모바일(mobile)이나 타타 자동차(Tata Motors), 인터넷 전화기, 샤오미 스마트폰, 저가화장품 등이 여기에 속한다. 최근 관심을 끌고 있는 역행적 혁신(Reverse Innovation)은 이러한 로우엔드 파괴적 혁신을 이끄는 중요한 수단이 된다. 이때 파괴적 기술이 로우엔드 시장진입에 성공하면, 급격한 기

술개발과 성장을 거듭하며 주류시장(high-end 시장)의 요구에 부응하는 수준까지 이르게 된다.

반면, 「신 시장(new market) 파괴적 전략」은 주류시장과는 다른 가치의 기준을 갖는 새로운 시장에서 자리 잡은 후 혁신을 시도하는 것이다. 성공적인 사례로는 부유층의 소유물이었던 자동차를 표준화작업 공정으로 가격을 낮춰 대중에게까지 자동차시장을 넓혔던 포드자동차의 '모델 T(Model T)'와 서커스를 접목시킨 파괴적 혁신으로 연극의 새로운 시장을 만든 '태양의 서커스' 등이 있다. 이 두 사례가 바로 비(非)소비자를 소비자로 부상시켜 기존에 없던 새로운 시장을 창출한 경우로, 현재 시장에 나와 있는 제품을 의식적으로 사용하지 않는 비소비자를 타깃으로 혁신적 제품을 출시함으로써 기존시장을 파괴한 것이다. 또 사용편의성을 높인 어른들을 위한 닌텐도 게임기, 대형 컴퓨터 시대를 지나 개인 컴퓨터 시대를 연 PC, 전보를 대체한 전화 등도 여기에 속한다고 볼 수 있다.

파괴적 혁신에 대하여 간과하거나 오해하는 점

클레이튼 크리스텐슨은 1995년 <하버드 비즈니스 리뷰>에 처음 소개한 파괴적 혁신 이론을 통해 대기업들을 향해 기존사업방식에 너무 익숙해지지 말라고 경고한다. 선도 기업들은 대체로 기존고객들을 유지하기 위해 더 좋은 성능을 개발하려는 경향이 있지만, 빠르게 변화하는 테크놀로지 세계에서 기업들이 지속적으로 발전하기 위해서는 즉각적인 이익을 얻을 수 없는 혁신적 기술에 과감하게 투자하는 '파괴적 혁신'이 필요하다. 선도 기업들이 무시했던 저렴하고 단순한 제품은 시장 저변에서 입지를 구축한 다음 점진적 혁신을 통해 고성능제품으로 개선되며, 기존 기업들이 대응하려고 할 때쯤이면 시장을 지배함으로써 파괴적 혁신을 완성한다. 파괴적 혁신 이론은 강력한 성공수단으로 작용하고 있지만, 안타깝게도 많은 경영자들이 이를 제대로 파악하지 못한 채 잘못된 방법을 적용하고 있다. 이론의 핵심개념을 정확히 이해하고 적용하는 일은 혁신의 성패를 좌우하는데, 파괴적 혁신 이론을 잘 이해하면서도 전략적 결정을 내릴 때 흔히 다음과 같은 점을 간과하거나 오해하는 경향이 있다.

첫째, 파괴는 오랜 시간에 걸쳐 전개되는 과정이다. '파괴적 혁신'은 대부분 뛰어난 기술이나 제품, 서비스가 어느 날 갑자기 파란을 일으키며 나타나는 것이 아니다. 저가시장이나 신규시장에서 시작해 주류시장을 잠식하는 과정을 거치려면 시간이 걸리기 때문에 기존사업은 대응에 나설 수 있다.

둘째, 파괴적 기업은 기존 기업과 아주 다른 사업 모델을 구축한다. 애플의 아이폰은 혁신적 사업 모델을 통해 파괴를 일으킨 대표적인 사례다. 2007년에 출시된 아이폰 자체는 스마트폰시장에서 일어난 존속적 혁신에 해당한다. 기존기업들과 같은 고객을 겨냥하고, 제품의 우월성을 토대로 성공했기 때문이다. 그러나 아이폰의 뒤이은 성장은 파괴로 설명하는 것이 정확하다. 아이폰이 파괴한 대상은 인터넷에 접속하는 주된 도구로 쓰이던 노트북이었다.

셋째, 실패하는 파괴적 기업도 있다. 결과에만 초점을 맞추면 성공한 기업만 파괴적이라는 평가를 받을 수 있다. 모든 파괴적 경로가 성공으로 이어지는 것도, 모든 성공이 파괴적 경로를 따르는 것도 아니다. 세계적으로 택시사업을 변화시키고 있는 우버는 눈부신 성장을 이뤘지만, 저가시장이나 신규시장을 개척한 것이 아니라 기존에 택시를 탔던 고객들을 대상으로 입지를 구축했다.

넷째, '파괴하지 않으면 파괴당한다'는 말은 오해를 낳을 수 있다. 기존기업들은 시장에서 일어나는 파괴에 대응해야 하지만 수익성을 갖춘 사업을 폐기하는 과잉반응을 보여서는 안 된다. 대신 존속적 혁신에 투자해 핵심고객과의 관계를 계속 강화하면서 한동안은 아주 다른 두 가지 사업을 계속 운용해야 한다.

— 클레이튼 크리스텐슨, <파괴적 혁신 4.0>, 2018.

3. 혁신가(Innovator)와 혁신기업의 특성

1) 혁신가(Innovator) 특성과 역할

뱁슨대학교(Babason College) 댄 아이젠버그 교수는 "Entrepreneur(창업가)는 새로운 가치를 창출해내고, 이를 장기적인 성장으로 이끌어 나가고, 리스크를 감내하려고 한다는 점에서 단순 사업가와 구분된다"고 설명했다. 그는 "일반적인 기업가들에게는 '혁신 없는 가치창출'이 오히려 답이 될 수 있다"면서 "한 분야의 전문가로서 세상에 없던 새로운 기술을 가지고 오는 것만이 창업가와 기업가를 만들지는 않는다"고 말했다. 그는 "'Entrepreneur가 혁신(Innovation)을 일으키는 젊은(Young) 전문가(Expert)에 한정된다는 생각을 버려라"고 조언했다. 또 그는 "창업을 통해 기업가가 되기 위해선 생각만큼 젊을 필요도, 전문가일 필요도, 혁신을 일으킬 필요도 없다"며 기존의 관념을 파괴한 주장을 펼친다. 기업가의 핵심역할은 '가치창출'이고, 기업가는 성장에 대한 욕구가 있어야 하며, 실제로 성장시켜야 한다. 자기 가게를 여는 사람들 중 상당수는 자신의 라이프 스타일(Life style)을 유지하면서, 현 상황에 안주하려는 단순 사업자들이다. 그들은 모험을 무릅쓰고, 새로운 가치를 창출하고, 이를 통해 사업의 규모를 키워 가려고 하는 기업가와는 분명 차이가 있다. 기업가들 중에는 혁신을 기반으로 가치를 창출함으로써 성공한 기업가도 있지만 그렇다고 완전히 새로운 것만이 창업을 성공하게 하는 것은 아니다. 기존 시장에서 불편이나 역발상 등의 발견을 통해 사람들에게 기존에 없던 '가치'를 창출하는 경우도 많다.

차량공유서비스 우버(Uber)는 자동차가 한 대도 없는 택시 차량공유 시장을 창출하며 기업공개나 인수·합병 전에 세계에서 가장 단기간에 217억 달러(약 23

기업가의 혁신? 가치창출만 해도 충분

복제약(Generics)이라는 단어는 어쩌면 혁신적이라는 말의 반대말이다. 복제약은 특허가 만료돼 혁신성을 잃어버리는 지점에서 탄생하기 때문이다. 그러나 아이슬란드의 액타비스는 세계에서 세 번째로 큰 복제약 업체다. 그런데 이 업체는 7년 동안 임직원의 수가 99명에서 1만 1,000명으로 증가하면서도 그 어떤 새로운 일도, 혁신도 하지 않았다. 하지만 이들은 '새로운(New)' 가치는 아니지만 '더 나은(Better)' 가치를 창출했다. 저렴한 가격에, 비싼 신(원)약과 비슷한 효능을 내는 약품을 공급해 수많은 사람들에게 도움을 주고, 가치를 만들어내고 있다. 이것이야말로 기업가정신의 핵심이다.

조원)를 투자받았다. 우버는 2016년에 약 28억 달러, 2017년에 45억 달러의 심각한 적자를 내는데도 회사가 많은 돈을 투자받고, 투자자들이 오히려 더 투자하겠다고 밀려드는 성공의 이유는 우버가 '파괴적 혁신'을 거듭하며 온갖 위기를 넘어왔고, '끝없는 도전'을 통해 오늘도 성장을 멈추지 않았기 때문이었다. 택시 한 대 없이 세계최대의 택시회사를 키워낸 우버의 아이디어와 추진력, 성공의 기반이 된 자산보유 최소화 원칙, 거대 물류회사로 도약하며 자율주행 자동차와 비행자동차 개발까지 뛰어드는 거침없는 도전과 혁신, 자기 일에 몰두하는 성장 지향적인 조직문화 등 글로벌 플랫폼 기업의 새로운 강자로 떠오른 우버의 성공비결이 드러난다. 최근 소프트뱅크 손정의 회장이 우버의 지분 약 20%를 인수했다. 창업역사가 고작 9년, 서비스 개시 7년의 신생기업으로 짧은 기간에 세계 대부분의 나라에 진출했고, 1만 2,000명을 직접 고용했으며, 주 20억 번 이상 이용되는 우버의 혁신기반이었던 사업모형을 만든 공동창업자 개릿 캠프(Garrett M. Camp)는 연말 저녁에 개인기사 고용을 위해 800달러를 지불하고 난 후 비싼 비용을 낮출 수 있는 방안에 골몰하다 차량공유 서비스를 구상했다고 알려져 있다. 혁신아이디어는 창업가의 경험에서 고객의 '페인 포인트(Pain Point·불편함을 느끼는 지점)'에서 시작되는 경우가 많다. 사람들은 심야시간에 뉴욕에서 지불하

혁신가(innovator)라면 갖추어야 할 5가지 특성

창의적인 사람들은 열정적이고, 세심하며, 헝그리정신이 가득하다. 새로운 경험들에 열린 마음을 지니고, 주어진 환경에 순응하지 않으며, 늘 호기심으로 충만한 성향들은 IQ나 학업성적, 또는 업무동기보다 창의성을 발휘하는 데 핵심적으로 기여한다. 그러나 창의성(creativity) 하나만으로 혁신(innovation)을 이룰 수 없다. 혁신은 개발(development)과 생산(production), 아이디어의 실행(implementation)이 수반되어야 한다. 창의성(creativity)과 혁신(innovation)을 구분 짓는 기준은 바로 아이디어에서 그치지 않고, 성공적인 서비스와 제품, 또는 사업으로 전환시키는 역량을 뜻하는 실행(execution)이다. 사실 기업가정신(entrepreneurship)이란 창조적인 아이디어를 실제 쓰임새 있는 혁신으로 전환시키는 것이다. 이러한 특성을 가졌더라도, 의미 있는 미션과 장기적인 비전이 뒷받침되어야 지속적인 혁신을 이룰 수 있다. 혁신가들은 다음과 같은 성향들을 보인다.

① **시장에 있는 틈새를 발견해내는 기회도출 마인드** 기업가정신과 혁신의 핵심에는 기회(opportunity)가 자리하고 있다. 혁신가들은 기회들에 다른 사람들보다 더 민감하고 본능적으로 새로운 것에 열광한다. 남들이 해보지 않은 경험들을 갈망하고 삶의 전반에서 다양성을 추구한다.

② **새로운 기회를 감지하는 데 필요한 교육과 트레이닝** 일반적인 인식과 달리, 대부분의 성공적인 혁신가들은 중퇴한 천재들이 아니라 자신의 분야에서 잘 훈련된 전문가들이다. 경험이 충분치 않다면, 정보의 유용성을 파악하는 것과 잡음(노이즈)과 의미있는 신호를 구분하기도 어렵다.

③ **식별한 기회를 활용할 수 있는 선제적인 행동과 집요함** 혁신가들은 의욕이 넘치며, 실패에도 금세 회복하며, 에너지가 용솟음친다.

④ **적당한 신중함** 많은 이들이 생각하는 것과 달리, 성공적인 혁신가들은 일반 사람보다 더 조직적으로 행동하고, 조심성을 지니며, 위험회피 성향을 지닌다. 위험을 무릅쓰는 것은 사업을 성공시키는 것과는 연관성이 높지 않다.

⑤ **사업을 운영하는 내내 의지할 사회적 자본** 연이은 혁신을 이루어내는 사람들은 필요한 자원을 동원하고 강력한 연대를 형성할 네트워크를 사내외에 구축하고 있다.

> 기업가정신을 언급할 때, 독립성과 개인의 천재성을 미화하는 경우가 있으나 혁신은 언제나 팀(team)의 산출물이다. 창의적이고, 기회를 잘 탐지하며, 선제적이더라도, 성공적인 혁신을 달성하기 위해서는 다른 이들을 혁신활동에 동참시키고 팀 멤버들과 커뮤니케이션하는 데 능해야 한다.
>
> – Tomas Chamorro-Premuzic, <HBR>, 2013.10.25.

는 800달러를 '시장가격'으로 생각하고 기존질서에 익숙해져 있어서 당연시 생각하며 의문을 품지 않지만 창업가들이 불편함으로부터 사업성 있는 해법을 만들어 내기 위해서는 긍정 에너지와 집요한 탐색의 과정이 필요하다.

우버의 혁신 원천 첫 번째는 탭 한 번으로 차량을 호출할 수 있다는 것이다. 그동안 전화번호를 찾아서 콜택시를 부르거나 운에 맡긴 채 길거리에서 택시를 기다려야했던 불편하던 과정들이 탭 한 번으로 대체했다. 우버의 두 번째 혁신은 기다림 없이 탈 수 있는 효율시장을 창출한다는 점이다. 택시의 수요변동에 따라 변동가격제를 통해 공급을 조절, 시장균형을 맞춘 것이다. 세 번째는 서비스 품질이 감독되고 공유되는 혁신이다. 고객은 탑승 전에 기사의 서비스 품질을 알 길이 없다. 탑승고객은 더 이상 선택의 여지가 없는 독점에 포획되며 택시는 품질과 가격경쟁을 하지 않는다. 우버는 고객평가를 공유, 품질경쟁과 감독이 가능하게 했고, 승객의 불법 및 부당한 행위도 기사들 사이에 공유된다. 투명한 가격과 이동경로를 고객과 사전에 공유, 일명 '바가지요금' 문제도 해결했다. 개인차량을 활용, 가격 장점도 크다. 탑승이 완료되면 사전에 등록된 신용카드에서 자동 결제된다는 점도 현금 없는 세상의 편리함을 구현했다. 어떠한 창업이든 고객이 택하는 것은 기술이 아니라 더 나은 서비스인데 우버는 소비자가 열광하는 서비스로 단숨에 유니콘 대표기업에 올랐다. 미국 경제전문 웹사이트인 비즈니스 인사이더에 따르면 우버는 기업가치 699억 달러로 세계에서 가장 가치가 높은 비상장 신생 벤처기업에 꼽혔고, 차량 호출서비스 업계에서 77%의 시장 점유율(market share)로 1위를 달리고 있다.

스티브 잡스 무한 혁신의 비밀

스티브 잡스는 PC를 개발하지도 않았고 MP3 플레이어 역시 그가 만든 것이 아니었지만 그는 맥과 아이팟으로 PC와 MP3 시장에 혁신을 일으켰고, 스마트폰과 태블릿 PC를 개발하지도 않았음에도 아이폰과 아이패드로 시장에 혁신을 일궈냈다. 또 그는 컴퓨터 애니메이션 기술을 개발하지도, 직접 컴퓨터를 판매하지도 않았지만 픽사와 애플스토어를 통해 혁신을 창조했다. 스티브 잡스는 '혁신이야말로 리더와 추종자를 구분하는 잣대'라고 말했다. 여기서 주목해야 할 것은 애플의 설립자인 스티브 잡스의 '남다른 사고방식'이다. 스티브 잡스는 '기업 혁신을 위한 컨설턴트' 같은 상투적인 접근 방식을 극히 싫어했다고 한다. 스티브 잡스가 성공에 이른 '혁신을 이루는 7가지 원칙'을 정리하였다. '첫째, 좋아하는 일을 하라. 둘째, 세상을 바꿔라. 셋째, 창의성을 일깨워라. 넷째, 제품이 아닌 꿈을 팔아라. 다섯째, 'NO'라고 1,000번 외쳐라. 여섯째, 최고의 경험을 선사하라. 나머지는 스토리텔링의 대가가 되라' 등이다. <스티브 잡스 무한 혁신의 비밀>은 이 일곱 가지 원칙을 중심으로 스티브 잡스를 세밀하게 분석하고 다양한 외부 사례를 들어 이 원칙들이 실제 어떻게 적용되었는지를 설명하고 있다.

2005년 스탠퍼드 대학 졸업식 축사에서 잡스는 졸업생들에게 '자신이 좋아하는 일을 끝까지 찾아 행하라'는 명연설을 남겼다. 자신이 좋아하는 일에는 누구든 열정을 다하게 되며 끝없는 혁신을 이루게 되고 결국 성공에 이르게 된다는 것이었다. 자신이 좋아하는 일이나 분야에서 혁신을 이루는 원동력은 비전이라고 말한다. 스티브 잡스는 끝없는 제품혁신 과정에 인재들을 끌어들이는 강력한 비전을 갖춘 인물이라는 것이다. 비전은 주위 사람을 움직이게 하는 에너지이자 세상을 바꾸는 힘이라고 평가한다. 스티브 잡스는 평소 '창의성이란 서로 다른 사물을 조합하는 능력'이라고 말하였다. 저자는 스티브 잡스 같은 혁신가들의 가장 큰 특징은 '자유로운 상상을 통해 외형상 서로 관련이 없어 보이는 사물을 연관 짓는 능력'이라고 말한다. 실제 애플 II 컴퓨터 외부 디자인은 주방용품인 믹서기 디자인을 보고 아이디어를 얻었다고 한다. 레오나르도 다빈치 같은 르네상스 천재들은 공통적으로 '끝없는 호기심'과 '변화에 대한 갈망', '새로운 도전에 대한 용기' 세 가지 특징을 가지고 있었다. 이런 특징들이 스티브 잡스의 성공비결이라는 평가다.

– <스티브 잡스 무한 혁신의 비밀(원제: *The Innovation Secrets of Steve Jobs*)>

혁신가(innovator)란 의문을 품음으로써 현상유지에서 탈피해 새로운 가능성을 발견하고 섬세한 관찰을 통해 새로운 행동방식을 읽으며, 실험을 통해 경험을 시도하고 세상을 탐구하는 존재다. 앞을 내다보고 쉼 없이 혁신에 도전하는 아마존은 2018년 9월 4일 애플에 이어 두 번째로 시가총액 1조 달러(약 1,117조 원)를 돌파했다. 현재 최고의 혁신가로 불리는 아마존 최고경영자(CEO) 베조스는 전자상거래 업계 맹주를 넘어 인류의 소비스타일을 뿌리부터 바꾼 인물로 평가받는다. 1994년 뉴욕 월스트리트의 한 헤지펀드(단기이익을 목적으로 국제시장에 투자하는 투기성 자본)에 근무하던 베조스는 인터넷 시장이 1년 새 2,300배 성장했다는 소식을 접하자 수억원대 연봉을 받던 회사에 사표를 내고 시애틀에서 세계 최초 인터넷서점 아마존을 창업했다. 세계 최초로 서점에 가지 않고 책을 살 수 있게 만든 아마존은 1995년부터 2000년까지 연평균 200% 넘는 성장률을 기록하며 온라인 서점과 쇼핑몰 시장을 장악했고, 베조스는 모든 자금을 투자해 전자상거래에서 1위 브랜드를 구축하는 데 집중했다.

승승장구하던 아마존에도 2000년 인터넷 사업의 거품이 꺼지면서 주당 100달러에 이르던 주가가 6달러로 추락하는 위기가 있었으나 베조스는 “단기간의 주가변동에는 관심 없다. 고객에게 집중하자”고 직원들 독려했다. ‘종합 인터넷 쇼핑몰’ 구축을 위한 사업다각화도 꾸준히 진행했다. “고객은 항상 옳다”는 제프의 말은 아마존을 관통하는 철학이고, 한발 앞서 트렌드를 읽고 새로운 사업 기회를 찾아내는 것은 베조스의 특기이며, 그는 남이 상상하지 못한 새로운 세상을 그리고, 그것을 현실화하기 위해 전력투구해 왔다. 아마존은 단지 ‘유통기업’에 머물지 않았고 데이터베이스(DB)부터 검색까지 웹과 관련된 기술력에 천문학적인 액수를 투자하며 플랫폼 기업으로의 도약을 꾀했다. 아마존은 유통업계 최초로 빅데이터 분석과 마케팅에 효과적으로 접목함으로써 세계최대 전자상거래 기업에 올랐다. 2억 명에 달하는 고객 데이터를 분석해 과거 구매이력이나 자주 찾아본 페이지 등을 참고해 최적의 추천제품을 찾고 좋아할 만한 상품추천 방식으로 마케팅 패러다임을 바꾸었다. 아마존은 ‘세계에서 가장 고객 지향적인 기업'을 목표로 고객에게 최적의 상품을 추천하는 데 집중하고, 상품과 서비스를 개발할 때 고객 가치의 관점에서 '고객에게 어떤 가치가 있는가?'를 고민하는 것으로 유명하다.

또 베조스는 수백만 가지 상품을 가지런히 진열하는 것보다 사용자가 구매할 확률이 가장 높은 제품을 크게 보여주는 편이 구매로 이어지는 비율을 높인다고 판단했다. 아마존 회원들이 저마다 다른 초기화면을 보도록 한 베조스 생각은 적중했고, 소비자는 자신만을 위한 상품추천과 한 번의 클릭으로 구매까지 이어지도록 설계된 편의성에 지갑을 열었다. 제프 베조스가 1994년 아마존닷컴을 설립하고 오프라인 도서를 인터넷에서 팔겠다고 했을 때 사람들은 책을 어떻게 몇 장 읽어보지도 않고 사겠느냐는 반응이 대부분이었으나 당시 책만큼 디지털 기술의 영향을 받지 않은 분야는 없었고, 먼저 진입한 기업이 독식할 수 있는 시장이기도 했으니 책 선택은 신(神)의 한수였다고 할 수 있다. 베조스는 도서를 전자책으로 팔기만 한 것이 아니라 전용 하드웨어와 콘텐츠, 배송체계를 아우르는 통합생태계를 선보였으며, 그 중심에 아마존 프라임(Amazon prime) 서비스가 있었다. 아마존 프라임은 멤버십 서비스로 연간 99달러를 지불하면 상품을 무료로 2일 이내 배송하고 자사콘텐츠를 무제한으로 이용할 수 있으며 매달 한 권의 무료 전자책을 제공한다. 이미 아마존 프라임 회원 수는 1억명을 넘었고, 미국 가정의 44%가 아마존 프라임에 가입했으며, 아마존 프라임 재(再)가입률도 90%를 넘어선 것으로 알려진 프라임 서비스는 아마존의 핵심경쟁력으로 자리 잡았다.

작은 온라인 서점에서 출발한 아마존은 단순히 온라인 서점에 그치지 않고, 전자상거래, 유통, 물류, 전자, 클라우드, 로봇 등 여러 다양한 산업으로 영역을 넓혔고, 2021년 3월 기준 판매하는 제품 수만 7,500만 개 수준인 '온라인 월마트(on-line Walmart)'로 불리고 있다. 2000년 닷컴 붐이 사라지면서 많은 닷컴기업이 사업을 축소할 때 아마존도 피할 수 없는 위기에 봉착했으나, 베조스는 단기적자에 연연하지 않고 오히려 판매가격부터 배송료까지 공격적인 저가(low price)

아마존 성장전략의 키워드 '플라이휠'

[아마존 해부] '고객경험'을 고리로 돌고 도는 아마존 생태계

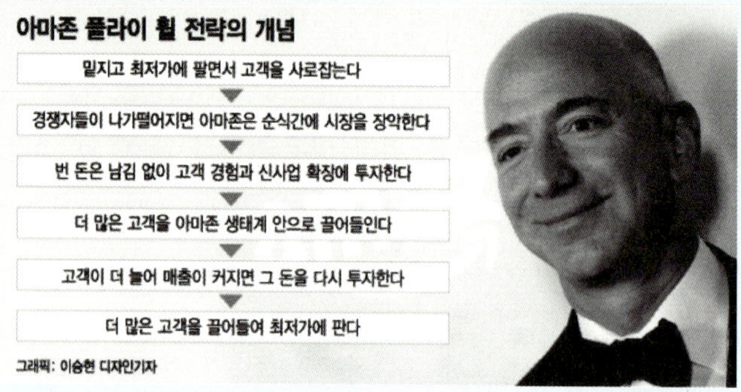

amazon

아마존이 제국을 건설하기까지 성장전략을 한마디로 요약하면 '플라이휠(Fly Wheel) 전략'이다. 플라이휠은 동력 없이 관성만으로 회전운동을 하는 자동차 부품이다. 처음에는 엄청난 추진력이 필요하지만 한번 가속도가 붙으면 알아서 돌아간다. 2000년 아마존은 창업 7년째를 맞아 휘청거렸다. 매출이 28억 달러(약 3조 2,000억원)까지 성장했지만 순손실도 14억 달러(약 1조 6,000억원)로 커졌다. 월가에선 "1년 안에 망한다"는 우려가 팽배했다. 투자자들은 경영권에 간섭하려 했다.

제프 베저스 CEO는 어느 날 임원들 앞에서 냅킨에 그림을 그리기 시작했다. ① 가격을 낮춰 고객을 모은다. ② 고객이 늘면 물건을 팔려는 판매자들이 많아진다. ③ 규모가 커지면 고정비용이 낮아지고 효율성이 높아진다. ④ 효율성이 높아지면 가격을 더 낮출 수 있다. 이를 본 임원들은 흥분을 감추지 못했다. 여태껏 쌓인 적자로 회사의 방향성에 대해 의구심을 가졌는데 제프 베조스가 추구하는 전략을 명확하게 이해하게 된 것이다. 플라이휠의 돌고 도는 각 단계를 이어주는 고리가 바로 고객경험이다. 고객들이 아마존의 생태계 안에 계속 머물도록 하는 것은 훌륭한 고객경험이라는 것이다. 아마존은 2005년 유료 멤버십 서비스 '아마존 프라임'을 출시하면서 이 전략을 본격 실행했다. 2일 이내 무료배송과 무료 반품 무료 전자·음악스트리밍·영화 및 드라마 및 무제한 사진저장 특별세일 등을 제공하기 시작했다. 이들 4,900만 명의 프라임 회원들은 아마존에서 매달 평균 3.5회(일반회원 2.3회) 주문하고 한 번 주문에 평균 193

달러(일반회원 138달러)를 쓰는 것으로 나타났다. 모건스탠리는 프라임 회원의 가치를 1,430억 달러(약 160조원)로 평가하기도 했다. 베저스 CEO는 "우리 목표는 프라임서비스가 너무 좋아서 가입하지 않고는 배기지 못하도록 만드는 것"이라고 말하기도 했다. 아마존은 이들 회원들에게 더 많은 데이터를 확보하고 이를 기반으로 또 더 많은 상품추천을 해서 아마존 생태계 안에 머물도록 한다는 것이다.

정책과 고객가치를 우선하는 의사결정을 내세워 재기했다. 2007년 한 해 2,000만 대를 판 전자책 '킨들(Kindle)'로 이북(e-book) 돌풍을 일으켰고, 2013년에 무인항공기 '드론(drone)'으로 당일배송전략을 수립한 후 2019년 8월 미 연방항공청(FAA)으로부터 배송용 드론에 대한 운항허가를 받았다. '프라임 에어'로 알려진 드론배송 서비스에 대한 허가로 아마존은 물류산업에 새로운 지평을 열 수 있는 전기를 마련했고, 최근 아마존은 이미 드론 배송시험 작업을 하고 있다.

또 아마존은 2017년 자연식품이라는 의미의 유기농 슈퍼마켓 체인 '홀푸드(Whole Foods Market)'를 인수해 450여 개의 매장을 확보하면서 오프라인 세계로 영역을 확장했고, 오프라인 서점 '아마존 북스(Amazon Books)', 무인 편의점 '아마존 고(Amazon GO)' 등을 선보였으며, 향후 3,000개의 아마존 고 매장을 개설할 계획이라고 한다. 매장 입장부터 물건을 사고 나올 때까지 멈춤이 없는 아마존 고의 슬로건은 'No Lines, No Checkout(대기 줄과 계산대가 없다)'이다. 아마존 고(Amazon Go)는 그동안 축적해온 AI, 이미지 인식 기술, 물류 등 모든 기술을 집적하여 고객의 빅데이터를 얻을 수 있는 최상의 장소다. 아마존 고 곳곳에 설치된 카메라로 소비자의 성별과 연령을 해석하면, 오프라인 공간이 데이터 공간으로 변하게 된다. 또 최근에는 할리우드 영화제작사까지 인수하여 콘텐츠(contents) 시장에도 뛰어들었다.

아마존의 끊임없는 혁신 뒤에는 CEO(최고경영자) 제프 베조스의 미래를 읽는 눈과 과감한 도전이 있었다. 그는 자신의 성공과 혁신의 비결로 "모든 가치판단 기준을 고객에 뒀다"는 점을 꼽는다. 고객이 원하는 것은 무엇이든지 다 판매한

이노베이터 DNA

혁신이 판을 송두리째 뒤흔드는 시대, 앞서 나갈 수 있는 창조적이며 혁신적인 아이디어는 타고난 혁신가에게만 부여된 재능일까. 제프 다이어 브리검영대 교수, 할 그레거슨 인시아드(INSEAD) 교수, 클레이튼 크리스텐슨 하버드대 교수 세 사람은 "혁신가 DNA가 따로 있다고 생각한다면 크게 잘못된 일"이라고 주장한다. 후천적으로 배워서 키울 수 있는 게 혁신력이요 창조적 아이디어라는 것이다. 8년여에 걸쳐 파괴적 혁신가와 혁신적 기업의 특성을 연구한 결론이다. 「이노베이터 DNA」는 그 최종 보고서다. 저자들은 피에르 오미디야르 이베이 창업자, 제프 베조스 아마존 최고경영자(CEO), 마크 베니오프 세일즈포스닷컴 CEO 등 100명이 넘는 미국 혁신기업가들을 인터뷰하고 설문했다. 그들에게 공통적으로 나타나는 특징적 '발견 행동 패턴'은 모두 다섯 가지다. • 첫째, 혁신가들은 '다르게 생각한다.' 모두들 '연결하기'에 뛰어나다. 겉으로는 연관성이 별로 없어 보이는 아이디어들도 하나로 묶어내는 사고능력이 탁월하다는 얘기다. 잡스는 "(창조적인 사람들도) 실제 자신이 한 것은 별로 없고, 그저 뭔가를 보고 자신이 했던 경험들을 연결시키고 종합해 새로운 것이 나오도록 했을 뿐"이라고 했다. • 둘째, 혁신가들은 '질문하는 사람'이다. 아인슈타인이 "올바른 질문만 할 수 있다면" 하고 주문을 외듯 말한 것처럼 혁신가들에게는 '질문하기'가 삶의 방식 그 자체란 것이다. • 셋째, 질문에 그치지 않고 '관찰'하는 것도 혁신가들의 행동특성이다. 인도 타타자동차가 2009년 세계 최저가 자동차 '타타 나노'를 내놓게 된 것도 한 가족이 고생스럽게도 빗속에 스쿠터를 타고 가는 모습을 본 라탄 타타 회장의 관찰에서 비롯됐다. • 넷째, 혁신가들은 질문하고 관찰하면서 도출한 아이디어를 다른 사람들과 공유하면서 검증하는 데에도 힘쓴다. 이를 위해 다양한 배경과 사고를 가진 사람들과 교류하며 '네트워킹'에 주력한다. • 다섯째, 그래서 추려진 아이디어를 프로토타입으로 만들어 보는 실험에 몰두하며 아이디어에 살을 입힌다. 저자들은 혁신가의 행동패턴은 타고나는 것이 아니라 학습을 통해 습관화함으로써 습득할 수 있고 개량할 수 있는 '행동유전자'라고 한다. 혁신능력이 뛰어난 사람을 채용하고, 직원들의 혁신능력을 키워주는 시스템을 정립시키며, 혁신이 전 조직의 일이라는 철학을 심는 일이 중요하다.

– 제프 다이어 외 지음, 송영학 외 옮김, <이노베이터 DNA>, 2012.

다는 방침 아래 끊임없이 비즈니스 모델을 창조할 때 혁신이 따라온다는 것이다. 거침없는 혁신노력으로 2001년 40억 3,000만 달러에 불과했던 아마존의 시가총액은 현재 약 1조 6,400억 달러(약 1,831조원)로 20년 만에 400배 이상 급증했고, 2020년 아마존의 매출은 전년 대비 30%가량 급증한 3,860억 6,400만 달러였다. 시장의 포식자란 비판을 받으면서 아마존 제국을 일군 베조스의 다음 목표는 우주 정복이다. 베조스는 우주개발 사업에 푹 빠져 2000년 민간 우주개발 기업 '블루 오리진'을 설립했고 성공가능성이 아주 낮은 분야인 우주개발에 손실을 무릅쓰고 뛰어들어 수많은 시행착오와 실패를 통해 배우면서 '아무도 하지 않는 일을 남보다 앞서 하는 용기와 결단력'이 베조스의 혁신을 이끄는 동인(動因)이라고 볼 수 있다.

2) 혁신기업의 특성

dyson

기업의 숙명은 지속가능한 성장을 이뤄내는 것이다. 날개 없는 선풍기, 먼지봉투 없는 청소기를 세상에 처음 선보인 영국 생활가전업체 다이슨은 기존에 없던 새로운 가전제품을 만들어 시장에 충격을 줬다. 다이슨(Dyson)은 가능하지 않을 듯한 목표를 세우고 그것을 실현해 내면서 최고급 가전제품시장을 선도하고 있다. 다이슨을 창업한 제임스 다이슨(James Dyson)은 집에서 청소하다가 진공청소기의 흡입력이 약해진데 불만이 생기자 청소기를 분해해 먼지봉투의 미세한 구멍을 먼지가 막아 흡입력이 떨어진다는 것을 알게 되었다. 새로운 진공청소기를 개발하기로 결심한 제임스 다이슨은 우연히 방문한 제재소에서 공기회전을 이용해 공기와 톱밥을 분리하는 싸이클론(Cyclone) 방식을 발견하고 이를 진공청소기의 문제점과 연결시켜 놀라운 혁신을 실현하였다. 다이슨은 더 많은 먼지를 흡입할 수 있도록 사이클론 청소기를 개발하기까지 5년 동안 5,127개의 시제품을 제작한 끝에 1984년 먼지봉투 없는 진공청소기 '지포스(G-FORCE)'를 개발했다.

또 1882년 에디슨이 개발하여 더위에 지친 사람들을 시원하게 해준 날개 달린 선풍기는 안전 및 청소에 문제가 있었던 불편을 해소하기 위해 날개 없는 선풍기를 개발했다. 날개 없는 선풍기는 몸체 아래쪽에 모터로 작동하는 공기압축기가 공기를 흡입해 위쪽의 좁은 틈새로 분사하는 에어 멀티플라이어(Air Multiplier)가 탑재된 쿨 선풍기로 이 기술의 핵심은 공기가 가속도를 얻어 배출되면서 강력한 제트기류를 형성하고 주변 공기를 끌어 모아 바람의 양을 15~18배가량 증폭시켜 더욱 시원한 바람을 내보내는 방식이다. 더욱 발전된 다이슨 퓨

'먼지봉투 없는 청소기' 개발, 시제품만 5,127개…혁신은 이런 것

기업의 숙명은 지속가능한 성장을 이뤄내는 것이다. 불투명한 미래, 급변하는 환경 속에서 기업들은 '잘하는 것'에 집중하면서 성장했다. 그런데 이제 성공을 위한 패러다임이 바뀌었다. '잘하는 것'에서 벗어나 '해야 할 것'에 집중해야 한다. 문제는 이를 어떻게 찾느냐는 것이다. 이 때문에 '탐색'(exploration)이 기존 사업의 활용(exploitation)만큼 중요해졌다. 조직 전체의 실행력도 이에 연계, 재정의돼야 할 때가 된 것이다. 날개 없는 선풍기, 먼지봉투 없는 청소기를 세상에 처음 선보인 기업. 바로 영국 생활가전업체 다이슨은 기존에 없던 '새로운' 가전제품을 만들어 시장에 충격을 줬다. 더 많은 먼지를 흡입할 수 있도록 '사이클론' 기술을 활용한 청소기가 다이슨의 작품이다. 영국 맘스버리에 위치한 다이슨에는 현재 2,000명의 엔지니어가 함께 일하고 있다. 다이슨은 가능하지 않을 것 같은 목표를 세우고 그것을 실현해 내면서 최고급 가전제품 업체 시장을 선도하고 있다. 이미 '포화상태'나 다름없는 가전제품 시장에서 혁신으로 시장의 틈새를 공략하는 다이슨은 사이클론 청소기를 개발하기까지 시제품을 5,127개를 만들었다. 새로운 기술을 만드는 것은 그만큼 많은 돈이 들고, 개발에 대한 반대급부도 불확실하다. 사실 기존에 남들이 했던 대로 하는 것은 훨씬 쉽지만 실패를 두려워하면 새로운 생각을 시험해 볼 수 없다. 다이슨이 먼지봉투 없는 청소기를 만든다고 했을 때 주변에서는 '불가능'하다고 말했지만 사람들이 청소기 안에 들어있는 먼지를 보기 싫어하며 다이슨은 이것을 개발하는 것이 다른 회사의 그 어떤 제품보다 경쟁력 있다고 생각해서 부정적인 주변의 시선에 흔들리지 않고 개발에만 몰두했다.

어 쿨(Pure Cool) 링크 공기청정 선풍기는 부드러운 회전과 강력한 바람이 결합돼 방 전체의 공기를 정화하고 순환시킨다. 또 다이슨은 유능하고 숙련된 엔지니어보다는 여러 가지를 시도해 볼 수 있는 도전하는 젊은 DNA를 가진 엔지니어를 선호하여 엔지니어 평균 나이가 26세이며, 서로 다른 부서에서 일하는 사람들이 자신들의 아이디어를 공유하고 그것을 발전시킬 수 있도록 환경을 만드는 것을 중시한다.

한편 IBM은 2006년 '혁신 잼(Innovation Jam)'이라는 온라인 토론장을 만들어 여러 사람들 간의 아이디어 교류를 활성화하고 있다. 이는 "혼자 연구실에서 밤을 새며 연구하는 시기는 지났다. 혁신은 혼자가 아니라 여러 사람과의 협동을 통해 이루어진다"는 CEO 샘 팔미사노(Sam Palmisano)의 사상에서 비롯되었다. 혁신 잼은 구성원뿐만 아니라 IBM의 고객사, 협력업체 등 다양한 이해관계자들이 온라인을 통해 한자리에 모이는 자리로, 온라인 토론장에는 104개 국가에서 참여한 약 15만여 명이 무려 4만 6천여 개의 아이디어를 제시되었다. 창의적 아이디어의 원천인 고객을 접촉할 기회를 구성원에게 제공해야 한다는 CEO 팔미사노는 이 중에서 전자 의료기록 시스템, 3D 인터넷, 실시간 번역 서비스 등 창의적인 아이디어 10개를 채택하고, 이의 상업화에 약 1억 달러를 투자했다.

SAMSUNG 삼성전자

한국 소비자들의 하루 평균 에어컨 가동시간은 4시간 40분. 삼성전자는 소비자들의 에어컨 사용시간은 날이 갈수록 증가하지만 그 시간 중 실제로 강력하고 차가운 바람이 필요한 시간은 길지 않다는 점에 주목했다. 실제 상당수의 소비자들은 에어컨 바람에 필요 이상 노출돼 한 여름에도 감기, 두통 등 냉방병으로 고생하기도 하고, 온도조절을 위해 에어컨을 껐다 켰다 반복해야 하거나 옷을 겹쳐 입어야 하는 등의 불편을 겪고 있었다. 이에, 삼성전자는 찬바람은 싫지만 시원한 냉방력은 원하는 소비자들을 만족시키기 위해 5년여의 연구개발을 통해 바람이 없는 '무풍에어컨 Q9500'을 개발했다. 상식을 뛰어넘는 발상과 혁신 기술을 바탕으로 에어컨 바람이 직접 몸에 닿지 않도록 소비자를 배려하는 동시에 에어컨

'구글의 20% 타임제', '3M의 15% 룰' 등 창조경영에서 찾는 탐험과 활용!

스탠포드대 명예교수 제임스 마치(James March)는 기업의 혁신을 위해 Exploration(탐험)과 Exploitation(활용)을 균형 있게 적용해야 한다고 말한다. Exploitation(활용)은 품질과 프로세스의 개선 등과 관련된 것으로 빠르고 효율적으로 일을 처리하여 예상 가능한 수준의 결과를 만들어 내는 것을 의미한다. 기존의 것을 활용하는 것으로 새로운 혁신이 만들어지기는 어려운 구조라는 것이다.

반면에 Exploration(탐험)은 새로운 가능성에 대한 탐구로 새로운 아이디어를 찾아내는 과정이다. 변화, 위험감수, 발견 등을 동반해야 한다. 학자들은 이 두 가지가 병행되어야 하며, 상황에 따라 다르지만 Exploration(탐험)와 Exploitation(활용)의 비율이 20:80 정도로 적당하다고 말한다. 몇 가지 사례를 들어보자.

첫 번째 사례 구글의 20% 타임제이다. 창조경영의 핵심엔진으로 자리매김한 이 제도는 구글의 모든 직원이 자신이 원하는 창의적인 프로젝트에 업무 시간의 20%를 사용할 수 있도록 했다. 기존의 업무방식이 Exploitation(활용)이라면 20%타임제는 Exploration(탐험)이라고 볼 수 있다. 20% 타임제의 핵심은 개인이 업무 시간의 20%를 Exploration(탐험)으로 활용하여 내놓은 아이디어가 정식 구글 상품으로 서비스 되는데 있다. 구글과 관련된 아이템이면 무엇이든 상관없다. 자신의 아이디어를 정기 미팅에 발표하고, 게시판을 통해 동참할 동료를 모집하면 된다. 동료들에게 인정받게 되면 회사는 필요한 인력과 장비를 지원해 준다.

두 번째 사례 너무도 유명한 3M의 15% 룰이다. 이 제도 역시 자기 시간의 15%를 창의적 아이디어를 고민하고, 신상품, 신기술을 연구하는데 사용할 수 있도록 제도화한 것이다. 그런데 더욱 놀라운 것은 이 제도가 1920년대 시작되었다는 것이다. 채택된 아이디어는 제품화되어 5년 안에 매출의 40%를 올려야 한다는 40%룰이다. 이 역시 Exploration(탐험)을 통해 개발된 제품을 지속적인 Exploitation(활용)을 통해 매출을 증대시킨다는 전략인 셈이다.

세 번째 사례 창조경영을 언급하면서 등장하는 대표적인 일본 IT기업 혼다와 소니의 사례다. 소니는 대표적인 Exploration(탐험)형 기업이었다. 1979년 워크맨의 최초개발로 희대의 히트상품을 만드는가 하면, 수많은 제품과 기술에 세계 최초라는 수식어를 달게 했으나 1990년대 후반 그들의 몰락은 시작되었다. 소비자들이 따라가지 못하는 신기술과 콘텐츠 사업의 진출은 Exploitation(활용)을 무시하고 Exploration(탐험)만을 추구했던 결과였다.

– 한국강사신문, 2020.12.2.

본연의 냉방 기능은 향상시킨 것이다. 삼성 '무풍에어컨 Q9500'은 포물선 회오리바람으로 소비자가 원하는 쾌적 온도까지 빠르게 도달한 후, '무풍냉방'으로 실내온도를 균일하게 유지시켜 준다. 별도의 온도조절이나 에어컨을 켜고 끄는 것을 반복하지 않아도 한 여름 동굴에 들어 간 것과 같은 기분 좋은 시원함을 하루 종일 즐길 수 있게 된 것. 바람 없이도 시원한 '무풍냉방'을 가능케 하는 핵심요소는 차가운 냉기를 오래 머금고 있는'메탈쿨링 패널', 무풍 운전을 선택하면 바람문이 닫히고 '메탈쿨링 패널'에 적용된 약 13만 5천 개의 '마이크로 홀'을 통해 0.15m/s의 차갑고 미세한 기류가 형성된다. 제품 측면에는 터치 한 번으로 기능을 편리하게 조작하는 '엣지 터치' 기능을 적용했다.

1902년 미국 미네소타에서 탄생해 '조용한' 혁신을 통해 100년 넘게 인간의 삶을 진화시키고 있는 '3M(Minnesota Mining and Manufacturing Co.)'의 혁신적인 제품은 방수사포(1921), 보호테이프(1925), 셀로판테이프(스카치테이프 1925), 포스트잇(1977), 자동차 흡음자재 등 셀 수 없을 정도이며, 혁신적이고 독특한 제품을 생산하는 회사로 잘 알려져 있다. 3M은 「성공은 실패 없이 이루어질 수 없다」는 철학으로 해마다 100여 종 이상의 신제품을 개발할 정도로 혁신의 대명사로 유명하다. 구성원들이 실패를 두려워하지 않고 창조적인 실험정신을 발휘하도록 격려하고, 이를 통해 기업가정신이 왕성한 조직을 구축하는 기업문화가 바로 3M 성장의 원동력이다. 「세상에 존재하지 않았던 것을 찾아내는 것이 혁신이며, 혁신이 없으면 기업은 존재할 이유가 없다」는 철학을 가진 3M의 대표적인 상품인 포스트잇(Post-it)은 사실 그 제품이 나오기 전엔 아무도 필요성을 몰랐다. 고객들도 잘 모르는 니즈를 찾아내 새로 개척한 시장이 경쟁 없는 블루오션(Blue Ocean)이었다.

프라이의 3M 포스트잇(Post-it)

실수로 탄생해 문구계의 히트상품에 등극. 1970년에 3M의 연구원으로 재직 중이던 스펜서 실버(Spencer Silver)는 강력 접착제를 개발하던 중 실수로 접착력이 약하고 끈적임이 없는 접착제를 만들게 됐다. 그 당시 주변 사람들은 실버가 개발한 제품을 붙었다가 떨어지는 신기한 접착제로만 생각했다. 접착제의 본래 기능은 한번 붙으면 잘 떨어지지 않아야 하는데, 실버가 개발한 접착제는 잘 붙되 잘 떨어졌기 때문이다. 그러나 실버는 실패를 실패로 만들지 않고 사내 기술세미나에 보고했다. 영영 잊혀질 뻔했던 실버의 접착제를 되살린 것은 같은 연구소 직원인 아서 프라이(Arthur Fry)였다. 교회의 성가대원으로 활동하던 프라이는 찬양을 부를 곡에 서표를 끼워 놓곤 했는데, 이것이 빠지는 바람에 당황했던 적이 많았다. 1974년 어느 날, 이를 고민하던 프라이는 실버의 접착제를 사용하여 붙였다 뗐다 할 수 있는 서표를 만들면 어떨까 하는 획기적인 아이디어를 떠올렸다. 실버의 접착제라면 종이에 쉽게 붙일 수도 있고 뗄 때도 책이 찢어지지 않을 것이란 생각이었다. 프라이는 연구를 거듭한 결과, 마침내 붙였다가도 말끔하게 떼어 낼 수 있는 적당한 수준의 접착제가 발라진 종이를 개발해냈다. 그러나 접착제를 바른 종이 면을 얇게 깎는 기술과 떼었을 때 책에 손상을 주지 않는 일정한 강도를 찾아내기란 쉽지 않은 일이었다. 그는 마침내 1977년에 서표는 물론이고 메모지로도 활용 가능한「포스트 스틱 노트」(Post-stick note; 이후 Post-it으로 변경)를 출시하였다. 포스트잇이 처음 출시되었을 때만 해도 "이런 것을 어디에 쓰느냐?"는 의견이 다수였기 때문에 초기시장판매는 실패했으나 프라이는 좌절하지 않고 포춘이 선정한 500대 기업의 비서들에게 3M사 회장의 비서이름으로 견본품을 보냈다. 그것을 써 본 비서들은 서류에 간단히 붙여 표시하거나 해야 할 일을 적어 책상머리에 붙여 두는 메모지로써 제격이었기 때문에 포스트잇의 놀라운 기능에 사로잡혔다. 포스트잇은 AP통신이 선정한 '20세기 10대 히트상품'에도 포함되는 영광을 안았다. 포스트잇은 이렇게 실패한 발명품에서 최고의 사랑을 받는 사무용품으로 거듭났다. 생각을 바꿔 새로운 사용분야를 찾아낸 발명가의 끈질긴 노력 덕분이다.

– 네이버 지식백과, 발명상식사전, 박문각, 2012.1.10.

특히 1943년에 시작된 혁신기업의 토대 '맥나이트 정신(McKnight Management Philosophy)'의 핵심은 「매니저가 직원들의 아이디어를 죽이면 안 된다」는 것이다. 3M에는 "어떤 아이디어든 나쁜 아이디어는 없다. 아이디어가 없는 것이 나쁜 아이디어(No Idea is Bad Idea)"란 말이 있다. 아이디어 자체는 격려해야지 쳐내면 안 된다. 그런 문화가 5년, 10년 반복되다 보면 기업 내에선 엄청난 일이 발생한다는 것이다. 또 3M에는 지난 5년 안에 출시된 신제품이 전체 매출에서 차지하는 비중을 뜻하는 NPVI(New Product Vitality Index)라는 개념이 있다. 3M은 지금까지 아무리 경제가 어렵고 기업이 힘들어도 그 수치가 34% 이하로 떨어진 적이 없으며 항상 40%를 유지하기 위하여 노력하고 있다.

헨리 포드(Henry Ford)가 1903년 자동차의 대중화를 위해 세계최초로 대량생산한 〈포드모델 T〉의 제작을 시작할 당시 자동차는 부유한 사람들의 사치품으로 인식되어 있었다. 포드자동차 창립자 헨리 포드(Henry Ford)는 보통의 봉급생활자라면 누구나 구입할 만큼 저렴한 자동차를 만들겠다는 〈꿈〉과 「5%가 아닌 95%를 위한 자동차를 만들겠다」는 〈신념〉으로 1908년 포드모델 T를 완성했으며, 당시 세계 자동차시장 전체의 68%가 T형 자동차였다. 포드의 자동화생산시스템은 먼저 전체생산 공정을 여러 파트로 구분해 작업 내용을 통일한다(표준화). 이어 각 파트에 해당 업무만을 전담할 인력을 배치한다(분업화). 이후 반복된 업무를 통해 노동자는 기술적으로 점차 전문화되며, 이것이 곧 생산성증대 효과를 가져 온다는 것이 바로 포드생산시스템, 즉 포디즘(Fordism)의 핵심이다. 포드가 창안한 이 시스템은 자동차 1대를 조립하는 데 필요한 시간을 평균 750분에서 93분으로 단축시켰고, 1908년에는 60분에 1대, 1914년에는 24초에 1대가 만들어질 정도로 개선됐다. 이처럼 대규모 차량생산이 가능해지자, 시장 내 자동차 평균가격도 2,000달러에서 825달러, 시간이 지나면서 255달러까지 인하되었다. 이런 현상은 '값싸게 만들어 값싸게 팔아야 한다'는 포드의 신념과도 일치하며, 이 시기에 많은 서민들도 포드를 통해 자가용을 소유할 수 있게 되었다. 또 혁신기

도전 · 혁신 외면한 SONY, NOKIA 결국 몰락

도전과 혁신으로 상징되는 기업가정신이 쇠퇴하면 기업이 몰락하는 것은 물론 국가경제에도 심각한 타격을 입힌다. 한때 세계시장의 절대강자로 영원한 성장을 누릴 것 같았던 소니와 노키아의 몰락이 대표적인 예다. 이들 기업의 경우 눈부신 성공의 결과 오만에 빠지고 기존의 전략을 과신하며 자기혁신에 실패한 점이 근본적인 패착으로 꼽힌다. 황인학 한국경제연구원 기업정책연구실장은 "소니와 노키아의 사례에서 보듯 1등 기업이 되면 새로운 길을 찾는 데 주저하고 변화를 싫어하는 경향이 기업 내부에 확산돼 기업가의 모험과 진취적 정신을 저해하게 된다"며 "이것이 이들 기업을 위기로 내몬 이유"라고 설명했다.

최근 일본 최대 전자업체 소니의 신용등급이 투기등급까지 떨어진 것은 충격적인 결과로 평가된다. 소니는 1980년대부터 2000년대 초반까지 전 세계 혁신기업의 대명사로 불렸다. 워크맨 카세트 플레이어와 플레이스테이션 게임기, 바이오 노트북PC 등 한 시대를 풍미한 제품들은 소니 혁신신화의 상징이었다. 당시 국내 전자업체들은 소니를 롤모델로 삼고 소니 따라잡기에 열을 올릴 정도였지만 소니는 2000년대 중반부터 시장의 기대를 충족하는 새 제품을 내놓지 못하며 위기를 맞게 된다. 업계에서는 혁신제품 개발을 장려하던 문화가 사라지고 미국 기업들처럼 단기성과에 안주하면서 소니의 몰락이 시작됐다고 보고 있다. 특히 기술 우위에 대한 과도한 자기만족이 디지털 전환시대의 새로운 기술채택을 방해해 발목을 잡고 말았다. 아울러 2000년대 중반 근본적 혁신이 필요한 위기상황에서 현실안주형 최고경영자(CEO)인 미국인 하워드 스트링어를 영입한 것도 추락을 막지 못했다.

세계 휴대폰시장의 절대강자로서 '핀란드의 자존심'으로 불렸던 노키아의 추락도 시사하는 바가 크다. 한때 전 세계 휴대폰 사용자의 절반가량이 사용했던 노키아는 급변하는 모바일 환경에 적응하지 못하고 쇠락의 길을 걷고 있다. 과거의 달콤했던 성공에 취해 애플의 스티브 잡스가 몰고 온 스마트폰 트렌드를 외면한 것이 결정적 실수였다. 노키아의 몰락은 핀란드의 위기로 이어졌다. 핀란드 국내총생산(GDP)의 25%를 차지하던 노키아가 심각한 침체 속에 올해도 1만 명을 추가 감원하면서 핀란드 경제가 휘청거리고 있다.

– 서울경제, 한강의 기적 일군 DNA로 성장엔진 다시 살려야, 2013.1.1.

업가 헨리 포드(Henry Ford)는 공장직원들의 임금은 두 배로 높였고, 주 5일 근무형태와 1일 근무시간을 8시간으로 축소하는 등 직원을 고객으로 탈바꿈시킴으로써 혁신(innovation)을 주도했다.

우리가 지금까지 이루어 왔고 또 앞으로 달성해 나갈 성취는 결국 '혁신'으로만 가능하다. 4차 산업혁명 시대에 생존하고 성장을 뒷받침하기 위해서는 인간자산, 즉 지식재산의 역할은 더욱 강조될 수밖에 없다. 미국에서는 '코닥드(Kodaked)'라는 말이 일반명사처럼 쓰인다. 얼마 전부터는 '혁신을 외면하다가 몰락한 기업'이라는 의미로도 통한다. 사진의 대명사로 통하던 코닥은 120년 넘게 필름과 필름카메라 분야의 선도 기업이었다. 그랬던 코닥이 2012년에 파산 신청을 하고 경영부실에 대한 책임으로 몇 명의 자살자와 함께 문을 닫기에 이르렀다. 코닥의 명성을 한순간에 앗아간 것은 디지털카메라의 등장이다. 2000년대 이후 디지털카메라가 확산되면서 필름의 판매량이 급감하기 시작했다. 위기가 분명했으나 코닥은 디지털카메라 사업부분의 강화를 꾀한 것이 아니라 오히려 기존필름 사업을 강화하기 위한 제품개발과 마케팅에 몰두했다. 그런데 아이러니하게도 코닥은 전 세계에서 제일 먼저 디지털카메라를 개발한 회사였다. 1975년 코닥의 전자사업부 엔지니어였던 스티브 세손(Steve J. Sasson)이 세계 최초로 디지털카메라를 만든 것이다. 세손이 최초로 만든 디지털카메라를 회사 경영진에게 보여주었을 때 경영진이 보인 첫 반응은 "아주 귀엽군, 그렇지만 이것을 아무에게도 말하지 말게"였다. 재미있게도 코닥은 디지털카메라가 향후 아날로그 필름 시장 전체를 바꿔놓을 것을 예상했지만 이것에 대한 상용화를 중지시킨 것이다. 코닥은 카메라의 디지털화를 가장 먼저 예견했으면서도 기존제품을 더욱 공고히 하는 데 집중했다. 자신들의 핵심 사업인 필름시장의 붕괴를 우려해 더 큰 시장으로 진출할 수 있는 기회의 문을 스스로 닫아 버림으로써 혁싱의 기회를 잃어 버렸고 결국 쇠락의 길을 선택한 우(愚)를 범하게 되었다.

'코닥 몰락'의 교훈

코로나19 사태가 장기화되면서 포스트 코로나 시대는 코로나19 이전과는 전혀 다른 세상이 될 것이라고 진단하는 기업인들이 점차 늘어나면서 많은 기업들이 비즈니스 모델 자체의 수정을 모색하기 시작했다. 흥미로운 사실은 기업인들의 인식은 크게 변화하고 있지만, 정작 이러한 인식 변화에 근거해 사업모델을 변경하는 기업은 많지 않다는 점이다. 노벨경제학상 수상자인 케네스 애로(Kenneth Arrow) 교수는 연구를 통해 독점기업이 신규 진입기업보다 혁신 기술 도입에 소극적인 이유를 기회비용에서 찾았다. 연구결과에 따르면, 기존에 자리매김한 기업들의 경우, 현재 자신에게 막대한 수익을 가져다주는 과거의 비즈니스 모델을 포기하고 새로운 비즈니스 모델을 도입할 때 치러야 할 기회비용이 크다는 것이다. 기업들이 신기술도입 여부를 결정하는 과정에서 많은 기업들이 기존방식을 계속 유지할 경우 얻게 되는 수익을 포기하기 어려울 것이라고 판단한 것이다. 코닥은 1935년 처음 만들어지고 2012년 생산을 중지할 때까지 세계 최고의 기업이었다. 1970~1980년대 당시 코닥은 막대한 수익을 바탕으로 다양한 신기술 개발을 추진했고 1975년 디지털카메라 기술을 가장 먼저 개발했으나 이 혁신기술을 적극활용하는 것을 주저하고 기존 필름 시장에 대한 기회비용에 집착(주저)해 쇠퇴의 길로 접어든 결과 2012년 1월 파산보호를 신청했다. 코닥이 디지털카메라 기술을 개발해 놓고도 몰락하게 된 것은 디지털카메라가 향후 대세임을 인식하지 못했기 때문이 아니다. 코닥은 이미 1981년 향후 디지털카메라의 위협을 정확하게 읽고 이를 분석한 보고서를 만들어 회람하였고 심지어 향후 도래할 디지털카메라 시대를 대비하기 위해 추가적인 여러 원천기술도 개발했으나 경영진은 디지털카메라 기술을 적극 활용한 제품 개발을 주저했다. 필름카메라 시장에서 세계 최고의 수익을 거두고 있는 상황에서 이를 일부 포기하고 새로운 제품을 생산하기로 한 결정은 결코 쉽지 않았을 것이다.

– 경향신문. 코로나19 이후, '코닥 몰락'의 교훈. 2020.6.17.

Chapter 9

새로운 가치 창출의 씨앗, 창의성(creativity)

1. 창의성(Creativity)의 본질과 중요성

창의성(Creativity)이란 '기존에 존재하지 않던 무엇인가를 독창적 방법(unique)으로 새로운 가치를 창출하거나 늘 똑같은 일을 하더라도 그 일 속에 새로움을 불어넣는 능력이다. 시카고대학 미하이 칙센미하이(Mihaly Csikszentmihalyi) 교수가 "창의성은 새롭고, 유용한 산출물을 만들어낼 수 있는 개인적인 능력이다"라고 정의한 바와 같이 창의성이란 존재하지 않는 사물의 필요성을 남보다 먼저 찾아내는 자질이라고 할 수 있다. 또 창의력의 대가 파울 토런스(Paul Torrance)는 "창의성이란 어떤 해답이 없는 문제를 해결하고자 하는 자연스러운 정신적 과정으로서 기존의 지식들을 조합시켜 가능한 해답들을 만들어 내며 이를 실제로 적용해 나가는 정신과정"이라고 설명했다. 또한 데니스 홍(미국 UCLA 기계항공공학과) 교수는 "나는 언제나 어린이들이 즐겁게 뛰어 놀면서 꿈을 발견할 수 있는 환경을 만드는 것이 중요하다고 생각해왔다. 번뜩이는 영감과 아이디어는 절대로 성적으로 순위가 매겨지는 교실에서 자라나지 않는다. 자신의 일을 즐기고 거기에 빠져들 줄 알아야 창의성이 저절로 깨어난다"고 강조했다.

또 2001년 〈타임(*Time*)〉지가 선정한 미국 최고의 건축가로 꼽힌 스티븐 홀(Steven Holl)은 창조성을 "구태의연한 사고의 틀을 깨고 자기 일에 창조적으로 접근하는 것"이라면서 창조성의 핵심은 「상상력(imagination)을 발휘하는 것」이라고 말한다. 창의성에 대하여 많은 사람이 예전에 없던 것, 무언가 독창적인 전혀 새로운 것을 연상하기 때문에 사람들은 흔히 창조(creation)는 어떤 극적인 통찰력으로 희귀한 소수의 사람이 만들어내는 것이라고 생각하기 쉽지만, 사실 창의적 사고의 본질은 재발명(reinvention)으로 볼 수 있기 때문에, 창의성은 「이미 존재하고 있는 지식, 경험, 기술, 개념들을 전혀 다른 시각에서 이들의 의미를 재(再)규명하고, 그들 상호간의 결합방법을 종전과 다르게 처방해내는 능력」이라고 할 수 있다. 따라서 창조는 기존에 있던 것들을 구성하고, 해체하고, 재구성한 결과물이므로 세상의 모든 창조는 이미 존재하는 것들의 「새로운 편집」이라고 할 수 있다.

한편 창의성(Creativity)이라는 산출물(Output)을 만들기 위한 투입요소(Input) 등 세 가지가 필요하다. 첫째는 해당 영역에 대한 전문지식, 둘째는 뛰어난 사고기법, 셋째는 창의적인 결과물을 만들려는 열정 또 창의적 산출물(Creative Outcome)을 만들기 위해서는 다음과 같은 세 가지 방법이 있다. 첫째는 물리적 결합(Combination)기법인데, 바로 이것 때문에 많은 사람들은 창조경제는 융·복합 산업에만 국한되는 것으로 오해하기도 한다. 둘째는, 화학적 통합(Integration) 기법으로서 두 개 이상의 요소 간 결합이 새로운 형태로 만들어지는 것을 말한다. 셋째는 재창조(Transformation) 기법으로서 동일 요소를 완전히 새롭게 탄생시키는 것이다.

> "창조적인 사람은 스스로 창조적이라 생각하고 그렇지 못한 사람들은 자신이 창조적이라고 생각하지 않는다."
>
> – 로저본 외흐(Roger von Oech), 〈생각의 혁명〉에서

창의적인 아이디어 발상을 위한 기본적인 자세

① 고정관념(stereotype)을 벗으려고 하는가?
② 미래를 내다보고 있는가?
③ 자유로운 발상(thinking)을 하는가?
④ 의문과 질문(question)을 많이 하는가?
⑤ 차별성(distinction)을 찾는가?
⑥ 남의 이야기에 귀를 기울이는가?
⑦ 도전적이며 실패(failure)를 두려워 않는가?

레오나르도 다빈치(Leonardo da Vinci)는 콘넷씨오네(connessione: 사물과 여러 현상을 체계적으로 묶듯, 구분된 학문들을 연계해 종합적으로 파악)를 창의성 원칙의 하나로 꼽았고, 토마스 엘리엇(Thomas Stearns Eliot)은 "어설픈 시인은 흉내만 내지만 원숙한 시인은 훔친다(Good artist copy, great artists steal)"라는 말을 남겼다. 또 21세기 세상을 바꾼 애플의 창업자 스티브 잡스(Steve Jobs)도 20세기 가장 훌륭한 화가로 칭송받는 피카소(Pablo Ruiz y Picasso)의 "훔쳐라! 유능한 예술가는 모방하고 위대한 예술가는 훔친다"라는 말을 인용하면서, "저급한 자는 베끼고, 위대한 자는 훔친다"라고 했다. 그는 "창의성(creativity)이란 없던 것을 새로 만들어내는 것이 아니라 기존에 존재하고 있었던 것을 재조합을 통해 내 것으로 만드는 것을 의미한다"며, 피카소는 그것을 '훔친다'로 표현했다고 설명했다. 스티브 잡스(Steve Jobs)는 평소 문제를 두려워하지 않았기 때문에 항상 혁신적인 해결책을 고민하였고, 창의력의 바탕은 다르게 생각(Think Different)하고 다양한 생각을 조합해내는 재능이라고 생각했기 때문에 창의성에서 가장 필요한 능력은「전혀 관계없어 보이는 사물들을 그저 서로 '연결하는 것(Creativity is just connecting things)」이라고 정의했다.

또 미국 컬럼비아대 경영대학 윌리엄 더간(William R. Duggan) 교수도 그의 저서 〈전략적 직관(*Strategic Intuition*)〉에서 "애플의 스티브 잡스(Steve Jobs)와 마이크로소프트 빌 게이츠(Bill Gates)는 결코 새로운 뭔가를 발명한 것이 없다. 그들은 밖으로 나가 끊임없이 뭔가를 찾고(search) 최선의 것이 발견되면 가져와서 조합(combine)했을 뿐이고, 그것이 그들이 한 창조다"라면서「창조는 찾고 조합하는 것」이므로 문제에 부딪치면 밖에 나가 정보사냥을 하거나 아이디어 도둑질을 하고 그것을 결합하면 이전에 생각하지 못했던 아이디어가 섬광처럼 번득이게 된다고 강조했다. 그의 주장대로 결코 새로운 뭔가를 발명한 적이 없는 애플의 창업자 스티브 잡스(Steve Jobs)의 창조공식은 "새로운 것을 계속 찾고 최선의 것이 발견(search)되면 취해서 조합(combine)하는 것"이었다. 따라서 스티브 잡스는 발명가(inventor)가 아니라 돈이 될 만한 아이디어를 두루 활용하여 재탄생시킨 전략가(strategist)라고 할 수 있다. 애플의 iPhone은 카메라와 컴퓨터 그리고 전화기와 MP3 플레이어 등을 플랫폼이라는 개념으로 연결하여 새롭게 창조한 것이다. 그리고 아이팟(iPod)의 원천기술은 싱가포르에서 매입했고, 아이패드(iPad)도 부문별로는 새로운 것을 조합했으며, 마우스로 움직이는 매킨토시(Macintosh)도 스티브 잡스가 제록스에 갔을 때 그래픽 유저 인터페이스(GUI)를 적용한 큰 스크린을 마우스로 작업하는 것을 보고는 작고 값싸게 재탄생시켰던 것처럼, 창조는 백지(white paper)에서 출발하는 것이 아니라 기존의 무엇인가에서 출발한 새로운 조합이므로, 새로운 발명은 「찾고(search) 조합(combine)하는 과정」이라고 볼 수 있다.

창조는 모방(imitation, 模倣)에서 시작된다

"모방은 창조의 어머니이며, 인간문명이란 자연을 흉내 낸 것에 불과하다."

– 고대 그리스의 철학자 아리스토텔레스(Aristoteles)

"훌륭한 예술가는 모방하고 위대한 예술가는 훔친다." → 재창조

– 입체파 화가 파블로 피카소(Pablo Picasso)

"더 멀리 바라보기 위해 거인들의 어깨에 올라서야 했습니다."

– 영국의 천재 물리학자 아이작 뉴턴(Isaac Newton)

"애플은 위대한 아이디어를 훔치는 것에는 수치심을 느끼지 않는다."

– 애플의 창업자 스티브 잡스(Steve Jobs)

화가, 미술가, 음악가, 소설가, 건축가, 연출가, 디자이너, 카피라이터, 영화감독 등 문화예술에 종사하는 이들의 전유물로만 여기는 창의성의 발현을 통하여 전혀 새로운 것을 발명하겠다는 시도는 착각(illusion)이고, 어리석은 짓일 수

모방(imitation)이 창조(創造, creation)다

영화 "아바타"는 모방을 통해 모방을 넘어선 창작물로 꼽힌다. 이처럼 모방은 가장 탁월한 창조전략이다. 우리들에게 "삶이 그대를 속일지라도"라는 시로 잘 알려 진 러시아의 시인 "알렉산드로 푸슈킨(Aleksandr Pushkin)"은 지금도 러시아 인들의 사랑과 존경을 한 몸에 받고 있어 러시아 곳곳에는 그의 이름을 딴 거리와 학교와 박물관이 즐비하다. 그러나 그는 창작의 천재라기보다는 모방의 천재로 평가된다. 그의 서정시들은 서유럽 낭만주의 시들을 토대로 쓰여졌으며, 그의 서사시 역시 영국의 시인 바이런을 베낀 것처럼 보인다. 또 그의 유명한 드라마 "보리스 고두노프"마저 셰익스피어의 드라마를 연상시킨다. 따라서 그에게서 기발한 역발상이나 심오한 예술성을 발견하기란 어렵다. 하지만 그에게는 남의 것을 조금씩 변형하고 보완해 자신의 것으로 만드는데 탁월한 능력이 있었다. 즉 그에게는 모방하고 그것을 바탕으로 재창조하는 천재성이 있었던 것이다.

위대한 창조는 '모방'에서 시작되니 모방할 줄 안다면 창조도 할 수 있다. 최초만을 고집해서는 창조하기가 어렵지만 모방하면 비용도 적게 들고 불확실성도 적지만 단순 복제는 곤란하니 차별적이고 창조적인 모방이어야 한다. 성공도 전혀 새로운 성공만이 성공은 아니라 기존의 성공을 베껴서 차별화하는 것도 성공이다. 하늘 아래 모방을 거치지 않은 새 것은 없으니 하수(下手)는 자기의 것을 그냥 쥐어짜다가 제자리걸음을 반복하지만 MS의 빌 게이츠나 애플의 스티브 잡스처럼 진정한 고수(高手)는 남의 것을 베끼고 모방을 축적하다 한 순간 창조의 한 방을 만든다. 그러나 그런 대박을 얻으려면 모방에만 머물러서는 안 되며 이전 것들의 모방, 내 문제와의 연결, 그리고 이런 모방과 연결의 반복적인 심화작업이 새로운 창조를 낳는다. 기존의 상품에 뭔가를 더하든, 빼든, 섞든 어떤 변화를 통해 새로운 가치가 발생하면 그것이 창조다.

있다. 그러므로 어떤 문제를 해결하기 위하여 창조력이 필요할 때 과거와 단절된 채 최초만을 고집한다면 창조하기가 대단히 어렵거나 불가능하겠지만 기존의 것을 비틀어 모방(copy)을 기반으로 새로운 창조를 하게 되면 비용도 적게 들고 불확실성도 적으며 오히려 창조가 쉬워지면서도 한계를 초월해 충분한 가치를 담을 수 있다. 하지만 중요한 것은 단순히 베끼는 것이 아니라 베끼되 차

"창조라는 것은 그냥 여러 가지 요소를 하나로 연결하는 것"

"창조적인 사람에게 어떻게 그렇게 창의적으로 일할 수 있느냐고 물으면 대답을 하지 못할 것입니다. 왜냐하면 그들은 실제로 무엇을 한 것이 아니라 단지 뭔가를 본 것이기 때문입니다. 창의력은 그들이 경험했던 것을 새로운 것으로 연결할 수 있을 때 생겨나는 것입니다. 그러한 경험은 그들이 다른 사람들보다 더 많은 경험을 하고, 그들의 경험에 대해서 더 많이 생각하기 때문에 가능한 것입니다. 그러나 안타까운 사실은 능력이 부족하다는 것입니다. 컴퓨터 업계에서 일하는 대부분 사람들은 다양한 경험을 가지지 못했습니다. 그래서 연결할 점들이 부족하므로 문제에 대한 폭넓은 관점을 갖지 못하고 일차원적인 해결책만을 내놓을 뿐입니다. 인간의 경험에 대해 폭넓게 이해해야 훌륭한 디자인이 나옵니다."

- 스티브 잡스, 와이어드지 인터뷰, 1996년

별적이고 창조적인 모방의 방식으로 재창조(recreation)해야 한다는 점이다. 결과적으로 창의성은 "이미 존재하고 있는 지식, 경험, 기술, 개념들을 전혀 다른 시각에서 의미를 재(再, re-)규명하고, 그들 상호간의 결합방법을 종전과 다르게 처방해내는 능력"이라고 볼 수 있다. 창조의 달인이 되고 싶으면 먼저 베끼고 훔치는 모방에 익숙해져야 하고 그것을 통하여 연결·편집하고 재창조하는 역량을 키워야한다.

또 프랑스 철학자 데카르트(Descartes, René)는 "한 나라의 진정한 부의 원천은 그 나라 국민의 창의적 상상력(creative imagination)에 있다"고 말했다. 그런 영웅들 가운데 토마스 에디슨(Thomas A. Edison)은 '깜깜한 어두움을 대낮처럼 밝게 할 수 없을까'라는 상상에서 전구를 발명했고, 그레이엄 벨(Alexander Graham Bell)은 '멀리 떨어진 곳에 있는 사람과 대화할 수 없을까'라는 상상에서 전화를 발명했으며, 오빌 라이트(Orville Wright)와 윌버 라이트(Wilbur Wright) 형제는 '사람이 하늘을 날 수 있을까'라는 상상에서 비행기를 발명할 수 있었다.

> "비틀어 보고, 뒤집어 보고, 틈새를 보라." 있는 시장을 비틀어 볼 수 있는가? 세상이 무엇을 필요로 하는지 뒤집어 볼 수 있는가? 관성에 가려진 기회의 틈새를 볼 수 있는가?
>
> – 관점을 디자인하라(박용후, 2018)

1872년 영국을 넘어선 이래 150년 동안 세계경제 1위를 지켜온 진정한 미국의 힘(power)과 부(富, wealth)의 뿌리는 다름 아닌 창의력(Creativity)이다. 창의력이란 새로움에 도전할 수 있는 힘으로 남들이 생각하지 못한 분야를 개척함으로써 인류사회에 새로운 변화와 새로운 방향을 제시하고, 실용적 차원에서는 새로운 시장을 만들어 낼 수 있는 힘이다. 컴퓨터나 정보산업, 생물공학, 우주정거장 등 21세기 시장의 흐름을 좌우한 것은 바로 창의력이었고, 결국 이러한 발전이 미국경제에 활기를 가져왔으며, 21세기 시장경제의 주도권을 행사할 수 있게 되었다. 창의성은 개인주의(individualism) 문화에서 발현되므로 창의성을 발휘하기 위한 중요한 조건 중 하나는 개인주의에 기반을 둔 독창적이고 유용한 아이디어의 창출이 기본이 되어야 한다.

세상의 변화를 이끈 미국의 수많은 영웅들은 각자의 창의력을 발휘해 미국의 경쟁력을 높여 주었고 미국의 21세기 리더십의 원동력이 되었다. 개인주의(individualism)란 개인의 삶의 중점 또는 행동이나 사고의 기준을 사회나 국가에 두는 것이 아니라 개인 자신에 두는 것이고 각 개인의 개성을 존중하고 다양성 수용을 의미하는 철학적 사고방식이다. 개인주의가 토착화되지 않으면 인간에 대한 개성이 무시되고, 개성이 육성되지 않을 경우 개인의 잠재적 창의력 개발이 불가능하다. 미국 최고의 사회·정치 분야 기자였던 데이비드 핼버스탬(David Halberstam)은 "창조성은 고도의 개인주의에서 나온다"면서 이성이나 논리도 중요하지만 무엇보다 본능을 믿고 직관적인 판단을 할 때 창조성이 발휘되는 경우가 많다고 주장하였다. 또 그는 "개인적인 선택과 자유를 극대화하고 자신에게 남다른 소질이 있음을 아는 게 중요하고 그 소질을 잘 간직한 채 최대치를 끌어내야 한다"고 강조하였다.

그들은 어떻게 발명(창조)했나

발명(창조)이란 지금까지 존재하지 않았던 것을 만드는 것이지만 대부분 완전한 무에서 유를 창조하는 것이 아니라 스마트폰처럼 기존의 제품 등으로부터 아이디어를 얻어 발명(창조)하는 것이 일반적이다.

① **더하기 기법** 기존의 물건에 다른 물건을 더하는 발명
- 가방 + 바퀴 = 캐리어, • 노트 + 스프링 = 스프링 노트, • 신발 + 바퀴 = 롤러스케이트

② **빼기 기법** 이미 있는 발명품에서 어떤 부분을 빼는 발명
- 기차 - 바퀴 = 자기 부상열차, • 마우스 - 선 = 무선마우스

③ **크기 바꾸기 기법** 원래 있던 발명품을 축소·확대시키는 발명
- 시계 → 손목시계, • 선풍기 → 미니 선풍기, • TV → DMB • 컴퓨터 → 노트북

④ **모양 바꾸기 기법** 원래 있는 발명품의 모양을 바꾸는 발명
- 빨대 → 주름빨대, • 파스 → 물파스

⑤ **용도 바꾸기 기법** 원래 있는 발명품의 쓰임을 바꾸는 발명
- 선풍기 → 환풍기, • 조명 등 → 보온 등, • 온도계 → 체온계

⑥ **재료 바꾸기** 원래 있던 발명품의 재료만 바꾸는 발명
- 면장갑 → 가죽장갑, • 나무의자 → 플라스틱 의자, • 놋 그릇 → 플라스틱 그릇

⑦ **반대로 생각하기 기법** 원래 있는 발명품의 방향, 성질 또는 크기 등을 반대로 생각하는 발명
- 전동기 → 발전기, • 선풍기 → 온풍기, • 양말 → 장갑

⑧ **남의 아이디어 빌리기 기법** 이미 발명된 남의 아이디어를 이용하는 발명
- 선글라스 → 선캡, • 연필 → 샤프, • 문 → 자동문

⑨ **자연에서 아이디어 빌리기 기법** 동식물의 모양이나 특징에서 아이디어를 가져오는 발명
- 문어 빨판 → 흡착기, • 말벌 침 → 주사 바늘

⑩ **폐품 활용하기** 폐품 활용하기란 폐품을 활용하여 발명품 만들어내는 발명
- 폐타이어 → 자동차 충격 완화 장치, • 왕겨 → 번개탄

또 개인의 창조성이 사회로 확대되면서 또 다른 창조성을 낳는 과정이 사회 발전의 동력이 되었고, 개성이 존중되는 미국사회에서 그들은 개성육성에 충실할 수 있었기 때문에 창의력을 발휘할 수 있었던 것이다. 따라서 미국의 힘(창의력)의 근원은 각자의 개성에 적합한 분야를 선택해서, 그 분야에 긍지를 갖고 자기의 재능을 살려 최선을 다하는 개인주의에서 찾을 수 있다. 따라서 직업에 대한 신뢰와 자신감으로 맡은 일에 최선을 다하는 과정에서 마이클 조던, 빌 게이츠, 마돈나, 스티븐 스필버그와 같은 개인주의에 바탕을 둔 미국 천재들이 발굴되었고, 이들이 창의력을 발휘하여 미국의 경쟁력을 높인 것이다. 또한 인종, 국적, 문화, 학벌, 전공 등이 서로 다른 사람들은 사물을 보는 관점이나 사고방식 면에서 차이가 있으며, 미국사회가 인력 구성의 다양성(diversity)을 도모한 것도 조직의 창의성을 북돋는 중요한 방법이다. 하버드 경대학학원의 마이클 웨스트(Michael West) 교수는 "지식, 기술 등이 서로 다른 사람들로 구성된 팀은 다양한 관점에서 문제를 바라 볼 수 있게 되어 창의적 문제해결이 가능하다"고 말한 바 있다.

2. 잃어버린 창의성(creativity) 복원하기

창의성(creativity)이란 사물 간에 새로운 연관관계를 맺고 새로운 가치를 발견하는 능력인데, 산업사회의 패러다임에 근거한 교육시스템이 오히려 창의성 함양의 걸림돌이 되고, 학교가 창의성을 죽인다고 우려하고 있다. 미국의 심리학자 윌리엄 제임스(William James)는 "인간은 태어나서 죽을 때까지 신이 준 능력의 5~7%만 사용한다"고 말했다. 인간은 노력 여하에 따라서 나머지 90% 이상의 엄청난 잠재능력을 끌어내 사용할 수 있으나 대부분의 사람들은 자신을 타인과 비교하며 자신을 낮추고 결국 포기하게 되는데 이런 자부심이 떨어지는 원인은 교육에 있다고 말했다.

또 인도의 철학자 지두 크리슈나무르티(Jiddu Krishnamurti)도 자신의 책 〈교육을 말하다〉에서 "지금의 교육은 학생들이 자율적으로 생각하는 것을 극히 어렵게 만들고, 남들과 똑같이 순응하며 살게 만든다. 그 과정에서 불만은 억누르게 되고, 자발성은 사라지고, 두려움이 자리 잡기 시작한다. 그 두려움이 삶에 대한 진정한 이해를 가로막는다"라고 말했다. 이를 해소하는 여러 방안 가운데 MIT 미디어랩의 미첼 레스닉(Mitchel Resnick) 교수는 "학교가 전통적인 유치원에서 어린이들이 하는 것처럼 상상, 창작, 놀이, 함께 공유하기, 생각하기에 집중하도록 해야 한다"고 주장하면서 자발성을 없애고 두려움을 키우는 환경에서 벗어나 이전과는 다른 경험을 하며, 스스로 자신의 스토리를 만들어 가야 한다는 해법을 제시하였다.

또한 '잃어버린 어린 시절의 창의성을 회복'하려면 자유롭게 질문할 수 있는 분위기를 조성하며, 꿈을 다시 찾아 되살려 낼 수 있는 문화적, 사회적 환경을 만드는 것이 매우 중요하다. 창의력이 높은 아이를 양성하려면 우선 아이가 스스로 생각할 수 있도록 해야 하고, 잘못된 답이라도 자신 있게 이야기할 수 있는 자신감을 줄 수 있어야 한다. 그러려면 부모는 아이와 이야기할 때 강압적인 태도를 지양하고 아이의 이야기를 경청하고 공감할 수 있는 흥미로운 질문을 하며 아이를 존중하는 태도를 가져야 아이들의 창의성을 함양할 수 있게 될 것이다.

1996년 노벨화학상 수상자인 미국 플로리다주립대 해럴드 크로토(Harold W. Kroto) 교수도 어떤 문제를 해결하는 과정에서 끊임없이 질문을 던지고 대화를 유도해야 자녀가 지식을 일방적으로 받아들이는 방식을 넘어 스스로 생각하는 힘을 기를 수 있기 때문에 질문과 대화에서 비롯된 생각의 힘이 융합적 사고력을 키우는 가장 효과적인 방법이라고 주장한다. 또 창의성 교육의 대가 클라우스 우어반(Klaus K. Urban) 교수도 창의성교육의 가장 중요한 과제는 '창의적인 사고와 행동을 촉진하는 긍정적인 분위기를 만드는 것'이고, 학교와 교사, 부모의 열린 태도가 무엇보다 중요하다고 설명한다. 그러나 한국의 학생들은 부모의 과잉보호 때문에 무엇을 하고 싶은지, 오히려 학생들을 획일적인 틀 안에 가둬 성적에 따라 대학과 학과를 정해야 하는 교육이 되어버렸다. 가장 창조적인 생각을 많이 할 수 있는 시기에 주입식 교육과 획일적인 교육환경의 틀 안에 갇혀, 부모의 일방적인 통제와 제시된 방법대로 생각하고 행동하게 되면 결국 대한민국의 미래는 더 비관적일 수밖에 없을 것이다. 또 하나같이 치열한 경쟁 환경과 실수를 두려워하는 우리 사회가 창의성을 방해하므로 늘 반복되는 실수가 아니라 새로운 실수를 되풀이 할 수 있도록 장려해야만 창의성이 향상될 수 있을 것이다.

> "우리에게 가장 치명적인 말은, '지금까지 항상 그렇게 해왔어!'이다."
>
> – 그레이스 호퍼(Grace B. M. Hopper), 미국의 컴퓨터 공학자

창의성의 두 가지 특성

누군가를 창조적으로 만드는 것보다 창조적인 것을 막는 것이 훨씬 쉽다. 그것은 누군가 뭔가 새롭고 다른 일을 할 때마다 벌을 주고 '다른 사람과 똑같이 하라'고만 하면 된다. 또 창의성은 사람의 능력보다는 성격이나 기질과 관련이 있다. 창의성은 도전하고 실수하고 스스로를 한번 바보로 만들어보며, 다시 추슬러 도전하는 것이다. 그런데 동아시아는 서구보다 규율이 강한 사회이고, 많은 사람들이 실수하는 것을 두려워하기 때문에 창의성을 방해받는다. 하지만 해법은 실수를 두려워하거나 똑같은 실수를 되풀이해서는 안 되고, 늘 새로운 실수를 해야 한다는 것이다.

– 하워드 가드너(하버드대학 교수, 다중지능이론 창시자)

창의성을 막는 단 한마디, 『다른 사람과 똑같이 하라!』

"누군가를 창의적으로 만드는 것보다 창조적인 것을 막는 게 훨씬 쉽다. 뭔가 새롭고 다른 일을 할 때마다 벌을 주면 된다. 즉, '다른 사람과 똑같이 하라'고 하면 그만이다. 창의성이란 도전하고 실수하고 스스로를 한번 바보로 만들어보고 다시 추슬러 도전하는 것이다." – 하워드 가드너(Howard Gardner), 하버드대 교수

본래 사람은 누구나 호기심(curiosity)과 창의력(creativity)을 가지고 태어났기 때문에 새롭고 신기한 것을 좋아하거나 모르는 것을 알고 싶어 하는 지적호기심을 가지고 수많은 질문을 쏟아낸다. 하지만 우리가 성장하면서 가장 많이 쓰고, 듣는 말이 "~하지 마", "안 돼" 또는 "무슨 그런 엉뚱한 대답이 다 있어~!" "이상한 소리 하지 말고 공부나 해!"와 같은 어른들의 부정적인 말들이 아이의 유연·다양한 사고와 창의력을 멈추게 하면서 창의력이 말살되는 것이다. 우리들의 천진난만했던 어린 시절 충만했던 창조적 잠재력은 부모님의 꾸중, 선생

님의 질타, 튀지 말라는 주변의 시선 등에 의해 퇴화되어 점차 질문도 줄어들고, 더 이상 신기한 것이 없어지면서 생각방식으로 고정된다. 그런 부정적 영향으로 창조성이 사라지게 되면 호기심과 궁금증도 줄어들고 스스로 퇴보하거나 존재의미를 잃게 된다. 그런 교육현장의 우리 아이들은 온종일 교실에 앉아 시험에 대비하기 위하여 일방적인 주입식 수업을 들으면서 암기하도록 요구 받고 있다. 질문이 많은 아이는 선생님도 반기지 않고, 주변 친구들의 눈초리도 곱지 않으니 그저 조용히 정리된 지식을 수용하고 받아 적는데 익숙하고 궁금한 것이 있어도 질문하지 않는 분위기에 익숙해지면서 아이들의 생각의 문이 닫혀 버리게 된다.

또한 창의성 연구로 알려진 하버드 대학의 에이머빌(Amabile) 교수는『창의성을 죽이는 6가지』를 다음과 같이 설명했다.

① 평가될 것이라는 생각: 작업 내용이 평가될 것이라는 것에 대해 지나치게 신경을 쓰는 사람이 그렇지 않은 사람에 비해 창의성이 떨어진다.

② 감시 감독의 눈: 작업을 할 때 누군가 감시한다는 생각을 하는 사람이 감시에 별로 신경을 쓰지 않는 사람에 비해 창의성이 저조하다.

③ 보상만을 추구하는 사람: 눈에 보이는 보상만을 생각하며 일하는 사람들이 보상에 별로 신경을 쓰지 않는 사람에 비해 창의성이 저조하다.

④ 경쟁: 경쟁을 해야 한다는 위협적인 분위기 속에서 일하는 사람이 경쟁을 강조하지 않는 사람들보다 창의성이 떨어진다.

⑤ 선택이 제한되어 있는 경우: 과제를 수행할 때 선택이 제한되어 있는 사람보다 자유롭게 선택할 수 있는 사람이 더 창의성이 떨어진다.

⑥ 외적인 동기유발: 일을 할 때 외적인 이유에 집착하는 사람이 내적인 요소에 대해 생각하는 사람에 비해 창의성이 떨어질 것이다.

"아이들은 누구나 예술가이다. 문제는 성인이 되어도, 예술가로 있을 수 있는지 여부이다."

– 파블로 피카소(Pablo Picasso), 천재화가

아이들 대부분은 창의적이다. 그런데 성인이 된 후에는?

"1960년대, 창의역량 연구가인 조지 랜드 박사가 1,660명의 다섯 살짜리 아이들을 대상으로 한 실험에서 아이들 중 98%는 '매우 창의적'을 기록했다. 그는 같은 아이들을 대상으로 5년 간격으로 같은 실험을 진행하였다. 이들이 <10>살이 됐을 때, '매우 창의적'인 아이들은 30%에 불과. <15>살 시기에는 12%, <25살> 시기에는 2%만을 기록했다. 아이들은 성인으로 자랄수록 자신의 창의성을 잃어갔다. 랜드 박사의 말처럼 '창의적이던 아이들은 비창의적 행동양식을 학습'한 것이다."

– 작가 제임스 클리어(James Clear)

하버드대학 하워드 가드너(Howard Gardner) 교수는 "창의성은 사람의 능력보다는 성격이나 기질과 관련이 더 많다"고 주장했다. 어린 시절 호기심과 상상력 등 충만했던 창의성 죽이기의 대안으로 잃어버린 어린 시절의 호기심과 꿈을 다시 찾아 꺼낼 수 있는 문화적, 사회적 환경을 만드는 것이 시급하다. 〈유쾌한 크리에이티브(톰 켈리, 데이비드 켈리 공저)〉에 소개된「어린 시절 가지고 있었던 창의성을 다시 살리는 방법」을 살펴보면 다음과 같다. ① 창조성을 선택하라. 일단 당신이 창조적으로 되길 원하고 있다고 마음먹는 것이다. ② 여행자처럼 생각하라. 주변을 새로운 눈으로 돌아보는 것에서 시작하자. ③ 느슨하게 주의하는 능력을 키워라. 마음을 적당히 풀고 겉보기엔 별 상관없어 보이는 아이디어들을 이리저리 연결시켜 보라. ④ 최종 사용자와 교감하라. 당신이 해법을 제공하고 싶은 대상자의 욕구와 상황을 더 잘 이해할 수 있어야 한다. ⑤ 현장에서 관찰하라. 현장의 표면 아래 잠재한 새로운 기회를 발견할 수 있을 것이다. ⑥ '왜'라고 질문하라. '왜?'라는 질문은 잡다한 것들을 쓸어내고 곧바로 문제의 핵심을 볼 수 있게 해줄 것이다. ⑦ 과제의 틀을 다시 짜라. 다른 관점에서 출발한다면 당신이 문제의 본질에 도달하는데 도움이 될 것이다. ⑧ 창조적 지원 네트워크를 만들어라. 사람들을 끌어들여 협조관계에서 그들의 반응을 보면 창조는 보다 쉽게 진행될 것이다.

"학생들은 생각을 발전시키는 과정에서 예기치 못한 행동을 하곤 합니다. 모형을 머리에 뒤집어쓰거나 질문과 상관없는 엉뚱하고도 기발한 대답을 하죠. 아이들이 스스로 생각하고 지식을 융합하는 과정에서 틀에 박히지 않는 발상이 나옵니다. 이게 바로 창의력을 키우는 비결입니다."

– 해럴드 크로토(Harold W. Kroto) 교수, 플로리다 주립대

상상과 창조를 일으키는 10가지 비밀

① **눈여겨보라(Watch)** 우리는 어떤 문제에 봉착했을 때 다른 곳에서 답을 찾는 경우가 많다. 관심을 갖고 주의 깊게 관찰하면 멀지 않은 곳에서 원하는 답을 얻을 수 있다.

② **마음으로 물어라(Question)** 스스로 질문하라! 질문하지 않으면 호기심이 죽는다. 호기심이 죽으면 창의력 또한 죽는다. 질문하지 않으면 평생 남의 질문에 대답만 하고 살게 된다.

③ **안보여도 참아라(Tolerate)** 상상력은 보이지 않는 두근거림이며 맛보지 않은 궁금함이다. 어떠한 물음표의 질문에 대해 명백한 마침표의 답을 찾으려는 사람은 온전한 창조적 상상을 할 수 없다.

④ **이미지로 그려라(Visualize)** 생각하지 말고 그려라. 상상 속의 이미지를 그림으로 표현해보라. 단어나 글로 표현하는 것보다 훨씬 더 풍부한 상상력을 촉발시킬 수 있다.

⑤ **뒤집고 엎어라(Reverse)** 고정관념은 생각의 감옥이다. 생각의 감옥에서 벗어나 생각의 날개를 달자. 당연하다고 생각해왔던 것을 다르게 생각하기 위해 노력하라.

⑥ **차이를 존중해라(Respect)** 나와 다른 의견은 틀린 의견이 아니다. 다름과 차이가 만들어가는 다양성 속에서 아름다운 창조는 시작된다. 너의 개성이 우리의 아름다움이다.

⑦ **모순을 끌어안아라(Embrace)** 모순된 것처럼 보이지만 두 가지를 다 끌어안는 역설의 논리 속에서 새로운 창조가 이루어진다.

⑧ **이것저것 엮어라(Combine)** 하늘 아래 새로운 것은 없다. 창조는 무에서 유를 창조하는 과정보다 기존의 유에서 또 다른 유를 엮어 새로운 유를 만들어내는 활동이다.

⑨ **좌우지간 저질러라(Challenge)** 위대한 창조는 실패를 먹고 자라며 무엇인가 실천하는 가운데 비로소 이뤄진다. 실패의 거름이 인생을 풍요롭게 만드는 원동력이다.

⑩ **신나게 놀아라(Play)** 창의성은 재미에서 나오며 창의적인 것 중에 재미없는 것은 없다. 아이들이 재미있게 노는 장면을 유심히 살펴보면 창조적 상상력의 많은 것을 배울 수 있다.

– 유영만, <상상하여 창조하라>, 위즈덤하우스. 2008

"모범생보다 모험생이 더 창의적인 인재가 될 확률이 높다. 모범생이 되려면 선생님의 말씀을 잘 들어야 하지만 모험생이 되려면 자신의 호기심을 채워야 하기 때문이다."

– 김영세 이노디자인 대표, 새로운 인재상을 제시한 저서 〈퍼플피플〉에서

우리는 보통 지식(knowledge)이라는 말을 창의성이나 지혜와는 좀 동떨어진 개념으로 사용하는 경향이 있지만 창의성은 기존지식이 없으면 꽃피우기 어렵기 때문에 인지심리학자 스티븐 핑커(Steven Pinker) 교수도 "천재는 공부벌레다"라고 말했다. 머릿속에 무언가가 많이 있을 때야 비로소 천재적인 새로운 것이 나온다는 말이다. 틀을 벗어나는 것을 뜻하는 창의성은 기존의 체제를 의심하고 그것에 도전하여 자신만의 룰(rule)을 만드는 것을 의미하는데, 교육현장의 교사들은 순응하는 학생을 좋아하며 부모들도 아이가 자신이 만든 규칙에 순응하기를 바라지만 창의성은 순응(conformity)이 아니라 파괴(destructio)에서 나오는 결실이다. 그래서 이어령 전 문화부장관은 그의 저서 〈우물을 파는 사람(2012)〉에서 「창조적 발상은 고정관념에서 벗어나 이미 알고 있는 것을 낯설게 만드는 것」이라면서 "늘 해오던 방식을 고수할 필요가 전혀 없다는 깨달음이 바로 창의력"이라고 말했다. 또 심리학자 어니 젤린스키(Ernie J. Zelinski)도 "창의

성은 낯선 것에 대한 즐거움이다"라고 말했듯이 우리는 익숙지 않은 낯선 것들과 마주칠 때, 우리 안에 잠자던 창의성을 깨우고 본래대로 발휘하게 된다. 한 사람의 정신 안에 낯선 생각과 낯선 경험들이 들끓는 사람일수록 창의적인 인간이 될 수 있다니 아이의 창의성을 위해서 아이가 낯설음을 자주 느끼게 해주는 것이 좋은데, 우선 부모가 해외여행을 통해 이질적인 문화를 접하게 해 줄 수 있다면 다양한 낯설음을 경험할 수 있을 것이다.

또 아이들에게 독서의 즐거움을 갖게 해주면 아이가 독서를 사랑하고 다양한 독서를 하거나 다양한 사람을 만나 대화하고, 함께 무언가를 하면서 낯설음을 느낄 수도 있다. 한편 창의적인 생각은 누군가의 지식을 그대로 전달받아 생기는 게 아니므로 변화를 원한다면 다르게 생각해야 하고, 다르게 생각하기 위해서는 남들과는 다른 질문을 해야 한다. 또 창조를 이끄는 힘(다르게 질문하는 능력)을 키우려면 관점을 바꾸고 생각의 프레임을 바꾸어 가치 있는 질문들에 대하여 답을 써보아야 한다. 때로는 질문들에 간단하게 답을 내리지 못할 수도 있으나 중요한 것은 답을 구하는 것이 아니라 그 답을 얻기 위해 생각하고 성찰하는 과정이라는 것이다.

오늘날 특히 4차 산업혁명이라는 광속의 변화 속에서 생존력의 바탕인 창의성(creativity)은 단순암기나 기존 지식의 반복은 무의미하며, 대신 새로운 것을 생각하고 만들어내는 창의적인 일의 가치가 더 중요한 역할을 하게 될 것이므로, AI시대 자녀교육도 아이들 안에 숨어 있는 창의성을 스스로 발견하고 함양할 수 있도록 격려하고 도와야 한다. AI시대를 맞는 오늘날 아이들에게 해주어야 할 가장 중요한 일은 자유롭고 합리적이고 공정한 경쟁이 이루어질 수 있는 그라운드를 마련해 줘서 부딪치고 단련하는 과정을 통하여 스스로 창의성을 발견하고 꺼내도록 하는 것이다. 특히 창의성이란 새로운 문제들을 풀어가는 생존의 지혜이므로, 아이들이 생각하는 능력을 갖고 창의력을 펼치길 바란다면, 성적이나 학교에 좌우되지 말고 아이들이 재미있어 하는 것을 찾도록 도와주는 것이 효과적이다.

유대인처럼 질문하는 아이로 키우기

아이들은 말을 하기 시작하면 잠시도 가만있지 않는다. "엄마, 이건 뭐야?" "하늘은 왜 파란색이야?" "엄마, 저건 이름이 뭐야?" "이건 왜 이런 모양이야?" 호기심도 많고, 알고 싶은 것도 많다. 세상에 대한 호기심이 넘치던 아이들이 안타깝게도 커가면서 질문을 잃어버린다. 학교에서도 가정에서도 질문이 없다. 우리나라 사람들은 질문할 줄을 모른다. 우리는 왜 이렇게 질문하는 것이 어려운 것일까? 유대인은 전 세계 인구의 0.2%도 되지 않지만, 역대 노벨상 수상자의 22%, 미국 억만장자의 40%를 차지한다고 한다. 천재과학자 아인슈타인, 페이스북 창시자 마크 저커버그, 세계적인 IT 거장 빌게이츠, 세계적인 영화감독 스티븐 스필버그 이들 모두 유대인이다. 유대인의 성공비결을 질문교육(하브루타)에서 찾아볼 수 있다. 우리는 학교 갈 때 아이들에게 항상 "선생님 말씀 잘 듣고 와"라고 이야기하는 반면, 유태인 엄마들은 "가서 질문 많이 하고 오렴"이라고 말한다고 한다. 가정에서도 아이에게 끊임없이 질문한다. 항상 아이의 생각을 묻는 유대인식 교육과 우리나라의 교육은 천지 차이이다.

우리 아이들은 온종일 성냥갑 같은 교실에 앉아 입도 뻥긋하지 않고 수업을 듣는다. 질문이 많은 아이는 선생님도 반기지 않고, 주변 친구들의 눈초리도 곱지 않다. 그저 조용히 알려주는 것을 적고, 듣고만 해야 하는 교육을 받고 있다. 궁금한 것이 있어도 점점 질문하지 않는 아이들이 되어가면서 아이들은 생각조차하기 싫은 아이들로 변해버린다. 우리나라는 학구열로 치면 세계에서 둘째가라 하면 서러울 정도인데 그만큼의 인재는 많이 배출되지 못하는 실정이다. 우리교육도 이제는 유대인의 질문교육처럼 달라져야 한다. 똑같은 것을 가지고 경쟁시키기보다는 남들과 다른 생각을 하는 아이로 키워야 한다. 남과 다르게 생각하는 아이, 창의적으로 생각하는 아이가 4차 산업혁명 시대를 이끌어갈 인재이다. 오늘부터 부모부터 아이에게 질문하는 연습을 해보자. "너는 어떻게 생각하니?" "왜 그렇게 생각하니?" 뇌는 질문을 했을 때 움직이기 시작한다. 아이가 어떤 엉뚱한 대답을 하더라도 인정해 주어야 한다. "무슨 그런 엉뚱한 대답이 다 있어~!" "이상한 소리 하지 말고 공부나 해!" 어른들의 이런 말들이 아이의 창의력과 다양한 사고를 막아버린다. 엉뚱한 생각, 남들이 보기에 황당한 생각들이 이 세상을 변화시켜 왔다. 유대인들처럼 다양한 질문으로 다양하게 생각하는 아이로 만들자.

– 성지혜, 마법독서육아연구소 소장

유대인 창의성 교육의 특징

- 유대인들의 자녀교육 목표는 아이가 어떤 집단에 단 한 명뿐인 '베스트(vest)' 가 아니라 모든 학생이 각자 존재감을 찾을 수 있는 '유니크(unique)'한 존재가 되도록 도와주는 것으로 동일한 목표가 아니라 서로 다른 목표를 추구한다.
- 부모나 교사는 학생이 궁금증을 느낄 때 편하게 질문할 수 있는 환경을 조성하고, 함께 토론을 이어가되 답을 찾는 과정을 통해 스스로 지식을 체득하고 새로운 해결법을 찾아내도록 유도한다.
- 이스라엘의 모든 교육과정에 활용되는 「하브루타(Chavruta)」는 나이, 계급, 성별에 관계없이 두 명이 짝을 지어 서로 논쟁을 통해 진리를 찾는 창의성과 상상력을 키우는 전통적 학습 방식, 유대인 아이들이 수많은 질문과 토론과정을 통해 먼저 주제에 대한 본질과 핵심을 파악하는 능력을 키우는 학습법이다.
- 학생들 각자가 스스로 분석하고 자신의 생각을 조직화하여 상대방에게 설명하고, 상대방의 이야기를 듣고 질문함으로써 때로는 전혀 새로운 관점을 발견한다.

3. 창의성(creativity)의 씨앗과 창의역량 함양

창의성(Creativity)이라는 산출물(Output)을 만들기 위해서는 해당영역에 대한 전문지식(expertise)과, 뛰어난 사고기법(thinking technique), 그리고 창의적인 결과물을 만들려는 열정(passion)이 투입(input)되어야 한다.

〈미첼 레스닉의 평생유치원(부제: MIT 미디어랩이 밝혀낸 창의적 학습의 비밀)〉의 저자 미첼 레스닉(Mitchel Resnick)은 "창의성은 예술 활동 같은 아주 특별한 상황에서만 발현되거나 천재에게만 주어진 특별한 능력도 아니고, 누구나 학습이 가능한 것이며, 개인의 창의성은 학습방법에 따라 크게 달라진다"고 주장한다. 또 미국 토란스창의성연구소 크레몬드(Bonnie Cramond) 소장도 현대사회에서 젊은 인재에게 가장 필요한 것은 창의성과 도전정신이라면서 "창의성은 선천적인 능력이 아니라 노력을 통해 만들어진다"면서 "각자의 재능을 창조적으로 활용할 수 있는 출구를 마련하는 것이 앞으로 국가경쟁력을 좌우하는 중요한 요인이 될 것"이라고 강조했다. 또 창의성의 대가 에드워드 보노(Edward de Bono)도 창의력은 신비한 능력이나 선천적으로 주어지는 재능이 아니라 훈련에 의해 개발될 수 있는 능력이라고 말한다. 그리고 세계적인 디자인 기업 아이디오(IDEO)의 창업자 데이비드 켈리와 톰 켈리의 공저 〈유쾌한 크리에이티브〉에서도 "창조적 자신감은 근육과 같아서 쓰면 쓸수록 더 강해진다"면서 창의성이란 타고난 천재들만의 전유물이 아님을 강조했다.

또 2006년 노벨화학상 수상자 스탠퍼드대학 로저 콘버그(Roger Kornberg) 교수는 "창의력을 키우는 가장 중요한 키워드는 자율(Freedom)과 독립심(Independence)이며, 스스로 뭔가 찾고자 하는 의욕이 생길 때 폭발적인 추진력을 얻게 된다"고 강조했다. 또 「프리」, 「롱테일경제학」으로 유명한 혁신전도사 크리스 앤더슨(Chris Andersen)은 "창의력은 놀이(Play)에서 나온다. 3D 프린터를 가지고 놀다 보면 창의적인 제품이 나온다"고 주장했다. 따라서 「창의성(creativity)」을 키우려면 창의적으로 살도록 가르치기보다 호기심과 탐구하는 자세, 생각을 확장하는 상상력, 핵심을 알고자 하는 질문능력, 남과 다른 독창성, 더 넓은 융통성, 종합하고 다듬는 정교성, 실패를 용인하고 스스로 할 수 있는 권한과 책임을 주는 자율성, 많은 아이디어를 활용하는 유창성 등을 향상하는 방안들이 필요하다.

또 창의성은 충분한 훈련을 하면 누구나 현재보다 뛰어난 성과를 만들 수 있으므로, 창의의 원천인 발상의 전환은 곧 창의력 향상으로 연결될 수 있다. 창의성의 본질은 많은 사람들이 무심코 지나친 것을 새롭게 해석하고 새로운 의미를 부여해 새로운 가치를 창출하는 것이므로 창의적 사고를 위해서는 주변 세계에 관심을 갖고 늘 관찰하는 태도를 유지하면서 남들과는 다른 관점과 시각으로 사물과 현상을 바라볼 수 있어야 한다. 따라서 오늘날 기발한 아이디어나 상품들은 흔해졌고 익숙함과 평범함 속에 숨어 있던 사람들의 욕구를 찾아내는 것이 더 중요해졌기 때문에 늘 보던 것에 다른 어떤 것을 연결해서 새로운 가치를 창출하는 것이 더 중요해졌다.

> "상상력이 독창적인 사고능력이라면 창의성은 적용 가능한 상상력이다"
> – 켄 로빈슨(Ken Robinson), 교육학자, 베스트셀러 〈학교혁명〉의 저자

상상력(想像力)과 창의력(創意力)이 미래 경쟁력이다

우리나라는 그동안 입시중심 경쟁교육으로 인해 관련 교육은 매우 취약한 편이었다. 이와는 대조적으로 미국·유럽 등 선진 혁신창업국가에서는 초·중등학교에서부터 창조성·혁신·비즈니스 함양에 대한 기초교육이 체계적으로 이뤄져왔다. 그 결과, 페이스북을 창업한 마크 저커버그는 19세, 빌 게이츠와 스티브 잡스는 21세, 영화 아이언맨

(Iron Man)의 실제 모델인 솔라시티 회장인 일론 머스크는 24세, 중국 최대의 오픈마켓인 제이디닷컴의 리우창둥 회장은 24세에 창업을 했다. 이같이 세계적 스타 창업가 중 상당수가 20대에 창업을 했다는 사실에 주목(注目)할 필요가 있다. 우리도 이제 젊은 세계적 스타 창업가를 키워내야 한다.

일반적으로, 아이디어를 이끌어내는 3가지 사고영역으로는 수직적 사고, 수평적 사고, 입체적 사고를 들 수 있다. 수직적 사고는 사물을 보고 생각하는 데 있어 고정관념을 가지고 판단하려는 사고이고, 수평적 사고는 전통적 고정관념을 탈피해 사고의 중심을 수평으로 이동하면서 다각적으로 생각하는 사고이다. 또 입체적 사고는 수직적 사고와 수평적 사고를 결합한 사고다. 따라서 어떤 문제를 해결하고자 할 때 사고의 중심을 입체적 사고로 확장해 생각하면 보다 유연하고 창의적인 아이디어를 창출할 수 있다. 창의적 아이디어는 인간의 많은 사고영역 중에서 특히 상상력에 많은 영향을 받는다. 물론 판단력이나 추리력, 분석력 등에도 영향을 받지만 아이디어에서 가장 중요한 영역은 바로 상상력과 창의력이다. 상상력은 판단력이나 추리력, 분석력과는 달리 비논리적인 성향과 비존재성이 강한 면이 있다. 이와는 달리 창의력(Creativity)은 '무(無) 또는 기존의 자료나 지식에서 새로운 것을 발견하고, 새로운 것을 만들고, 산출하는 것'을 의미한다. 이와 같이 창의력은 다른 관점과 시각으로 끌어낸 창의력 위에 독특성과 신규성의 특성을 부가할 때 독창적인 아이디어로 발전하게 된다. 테레사 애머빌(Teresa Amabile)이론은 창의성은 전문지식, 창의적 사고능력, 동기라는 세 가지 구성요소

창의성의 3가지 구성요소

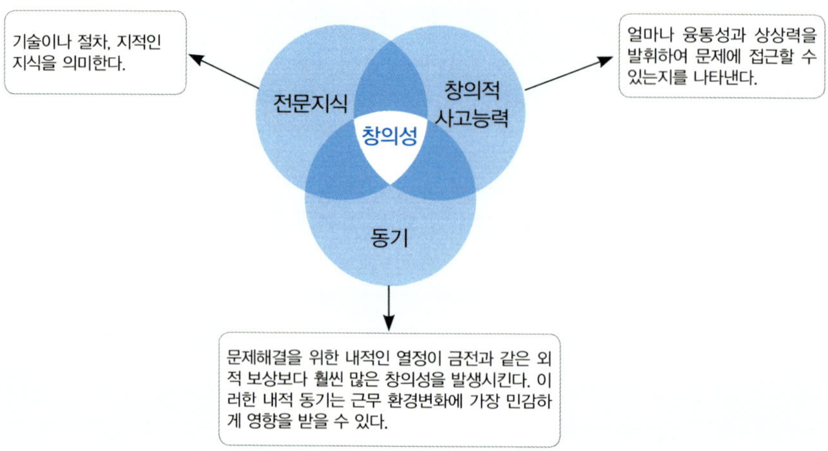

를 함께 접목할 때 창의력에 대한 시야를 훨씬 넓힐 수 있다고 밝히고 있다.
미래사회는 우리가 어떻게 생각하느냐에 따라 삶과 질이 크게 달라질 수 있다. 분명한 것은 변화돼야만 비로소 경쟁력을 확보할 수 있다. 무엇보다도 국가적 차원에서 미래 경쟁력은 상상력과 창의력을 바탕으로 그동안 경험하지 못한 새로운 일들을 해결할 수 있는 많은 인재를 양성하는 것이다. 자라나는 학생들이 마음껏 상상하고, 꿈꾸며, 끼를 발휘할 수 있는 여건을 마련해주는 것이 우리 기성세대(旣成世代)들의 몫이다.

– 한국대학신문, 2018.7.18.

결핍이 창의성을 가져온다.

"결핍이 나를 열정적으로 일하게 만들었다. 너무 가난해 제약이 너무 많았고, 기회가 충분히 채워지지 않았다. 그러다 보니 내 몸에서 '해보고 싶다', '이루고 싶다'라는 간절함이 넘쳐났다. 결핍이야말로 성장을 가져다주는 가장 센 동력이다."

– 할리우드 컨셉 디자이너, 스티브 정, 〈최고가 되려면 최고를 만나게 하라〉에서

최근 〈하버드비즈니스리뷰(HBR)〉는 '호기심이 기업성과에 미치는 영향'을 분석했다. 프랑스 인시아드 경영대학원의 스펜서 해리슨(Spencer Harrison) 교수는 먼저 온라인상에서 수공예 제품을 만들어 파는 판매자를 대상으로 조사에 나서 실험 참여자에게 호기심을 끌어올릴 만한 다양한 질문을 던졌고, 2주 동안 이들이 장터에 올린 새로운 수공예품 아이템 수를 근거로 창의성을 측정했다. 호기심이 한 단계 상승할 때마다 창의성은 무려 34%씩 증가했다. 이번에는 업무 유형이 다소 틀에 박혀 있고 이직률도 높은 콜센터직원들을 대상으로 2차 조사에 나섰다. 신입사원을 대상으로 한 4주간의 조사결과 호기심이 많은 직원은 거의 모든 정보를 동료들로부터 얻었으며, 고객고충을 해결할 때 이를 토대로 창의성을 발휘하는 식으로 업무에 적용한 것으로 나타났다. HBR은 호기심이

• 업무에 혁신과 긍정적인 변화를 가져오고, • 의사 결정 오류 가능성을 낮추고, • 집단 내 갈등을 줄이고, • 소통을 독려해 팀 성과를 끌어올린다고 전했다. 또 창의성은 결코 무(無)에서 유(有)를 창조하는 게 아니라 축적된 지식과 경험을 바탕으로 창조되므로 지식과 경험을 융합해 새로운 방법으로 사고하고 해결책을 도출하는 능력이다. 아르키메데스(Archimedes)는 욕조에 처음으로 들어간 사람이 아니었고, 뉴턴(Isaac Newton) 이전에도 무수한 사람이 사과가 떨어지는 것을 보았으나 그들에게는 자연과 세상에 대한 폭넓은 이해와 관찰력·통찰력이 있었기에 남들이 하지 못한 새로운 생각을 체계화했다. 특히 창업에 도전하는 청년들에게 창업과정에서 필요한 '혁신적인 문제방법, 즉 비즈니스 창의성이란 다양한 생각들을 시장경쟁력이 있는 아이디어로 재조합하고 혁신상품을 만들어내는 능력을 의미한다. 창업 비즈니스에서 독창적인 아이디어가 창의성으로 발현되기 위해서는 새로운 가치를 창출해야 하고, 사회 속에서 실현가능해야 하며 고객들이 구매하려는 이상의 가치(매력)를 담아야 한다.

창조성 연구의 대가인 하버드대학 하워드 가드너(Howard Gardner) 교수도 "반복되거나 악의적 실수가 아니라면 실수는 나쁜 것이 아니라는 인식을 가져야 하고 새로운 실수(New Errors)를 권해야 한다"고 말한다. 많은 사람들은 실수를 피하기 위한 학습(er ror-free learning)을 하지만 실수를 창피하다고 여겨서는 안 된다. 위험을 택하고 기회를 버리지 않는 곳에서 창조는 나올 수 있다는 의미다. 더구나 삶이 편안하고 아무런 문제가 없을 때 창조성은 잠자게 되는데 잠자는 창조성을 깨우는 것은 순풍이 아닌 역경(adversity)이며, 인간은 대부분 가장 커다란 제

창의력 향상 방법

① 끊임없는 호기심 갖기
② 경험을 통한 실험정신 키우기
③ 경험의 문을 여는 감각의 날 세우기
④ 불확실성에 대한 포용력 갖기
⑤ 뇌 전체로 사고하기
⑥ 육체적인 성질 이해하기
⑦ 항상 연관지어 사고하기

– 마이클 J. 겔브, <다빈치의 천재가 되는 7가지 원칙>, 강이북스, 2016

약 속에서 가장 훌륭한 업적을 남겼다. 카이스트 정재승 교수는 "결핍은 욕망을 낳고 과잉은 거부를 낳는다"고 하였고, 제네바대 앙드레 헤이널 교수도 "역경이나 부족, 박탈의 경험 등이 있어야 창조력이 길러질 수 있다"고 주장한다. 실제로 알렉산더대왕, 처칠, 율리우스 카이사르 등 세계적 지도자들은 의외로 어린 시절에 부모를 잃은 고아였다. 스위스 내과 의사 폴 투르니에(Paul Tournier) 또한 "역경(adversity)이 없으면 이를 극복하는 창조력, 문제 해결 능력은 배양될 수가 없다"고 강조했다.

특히 「창의력(creativity)」의 뿌리인 상상력은 인간이 가진 능력 중 최고의 가치를 지닌 요소이고 현재의 문명을 일궈낸 뿌리이며 창조의 씨앗이다. 인류가 수천 년에 걸쳐 이뤄낸 대부분의 역사가 상상력과 여기에서 파생된 아이디어에서 시작됐기 때문에 상상력은 인간이 가진 능력 중 최고의 가치를 지닌다. 천재 물리학자 아인슈타인(Albert Einstein)은 창의력에서 지식(knowledge)보다 중요한 것은 상상력(imagination)이라면서 자유롭고 즐거운 감정이 있어야 한다는 의미에

창의력의 씨앗들

"창의력에서 지식보다 중요한 것은 상상력(imagination)이다."

– 알베르트 아인슈타인(Albert Einstein), 천재 물리학자

"상상력은 창조력의 시작이다. 바라는 것을 상상하고 상상한 것을 의도하고 마침내 의도한 것을 창조하는 것이다."

- 버나드 쇼George Bernard Shaw), 아일랜드 작가

"창의력은 놀이(Play)에서 나온다. 3D 프린터를 가지고 놀다 보면 창의적인 제품이 나온다."

- 혁신전도사 크리스 앤더슨(Chris Andersen), <롱테일경제학>

"창의성이 길러지고 구현되는 중요한 요인은 '아이처럼 세상을 바라보는 힘'이다."

– 하워드 가드너(Howard Gardner), 하버드대 교수

"다양성은 창의성을 향한 강력한 힘이다."

– 마이클 아이즈너(Michael D. Eisner), 전) 월트디즈니 CEO

서 "창의성은 내부동기가 작용하는 결합놀이이며, 외부동기가 작용하면 일이 된다"고 했다. 그는 "창의력은 호기심에서 나온다. 나는 특별한 재능을 갖고 있지 않다. 오직 열정으로 가득한 호기심을 갖고 있을 뿐"이라고 강조했다. 또 지상으로의 낙하에 대한 집요한 상상력에서 뉴턴(Isaac Newton)의 만유인력의 법

창의성은 어떻게 길러지는가?

인공지능기술로 대변되는 4차 산업혁명 시대의 화두는 단연 창의성이다. 다중지능이론의 창시자인 하워드 가드너 하버드대 교수는 창의성을 발휘한 20세기 세계적 거장 7인을 비교분석한 책을 냈다(1993, <열정과 기질>로 번역 출간). 7명은 정신분석학자 프로이트, 물리학자 아인슈타인, 화가 피카소, 작곡가 스트라빈스키, 시인 엘리엇, 무용가 그레이엄, 정치가 간디다. 가드너는 같은 시대에 살면서 각자 다른 분야에서 창조적 도약을 이룬 7명의 삶과 업적을 비교분석한 결과, 창의성이란 '타고난 재능이 적절한 사회문화적 조건 속에서 연습되고 다듬어진 훈련된 능력'이라고 하였다. 그 창의성이 길러지고 구현되는 중요한 요인은 '아이처럼 세상을 바라보는 힘'이라고 했다. 그에 따르면 개인은 누구나 크든 작든 어느 분야에 창의적 소질을 가지고 태어나지만 창의성이 발휘되는 성인으로 성장하려면 그러한 소질을 심화하고 강화시킬 수 있는 적절한 일의 체험기회인 교육훈련을 필수적으로 가져야 한다. 또 이러한 체험의 과정에서 가족·친구·후원자 혹은 경쟁자 같은 타인으로부터 격려와 지원을 받는 의미 있는 인간관계가 형성되어야 하고, 그 분야에 우호적인 문화나 풍부한 사회적 지원도 필수적이다. 거장 7인이 보여준 지적인 강점이 서로 다른 것처럼, 재능을 발견하는 시기와 양상 역시 달랐다. 7인의 공통점은 청년시절에 자신의 관심분야의 활동이 활발한 중심도시로 이주하여 동료를 만나 경쟁하면서 원숙한 어른으로 성장한 점이다. 모든 사람이 거장이 될 수도 없고 그럴 필요도 없으나 각자의 분야에서 인정받고 역할을 할 수 있는 창의적인 사람이 될 수는 있다. 창의적인 사람은 태어나는 것이 아니라 훈련과 환경에 의해 만들어지기 때문이다. '아이처럼 세상을 바라보는 힘'은 획일적인 주입식 교육이나 정답을 강요하는 권위주의 교육으로 길러질 수는 없다. 성인이 되었을 때 활용할 수 있는 귀중한 '창의성 자본'은 유년기부터 하고 싶은 분야를 마음 편히 탐구하면서 주변세계를 많이 관찰하는 성장과정에서 축적되는 것이다.

– 전호환 부산대 총장, 2017.2.20.

칙이 탄생했던 것처럼 인간이 가진 상상력은 현재의 문명을 일궈낸 뿌리이며 창조의 씨앗이다.

모든 사물이 촘촘히 연결되고 인터넷을 통한 인적자원 소싱(sourcing)이 용이해져 평균적 인재가 흔해진 지금, 개인들에게는 필요한 능력은 세상의 변화속도를 감안하고, 평균이상의 능력을 발휘해야 함을 생각할 때 과거의 천재들이 썼던 생각법(테레자 보이어라인, 샤이 투발리 저, 〈천재들의 생각법〉)을 참고할 수 있다. 첫째, 이분법적 생각을 버려야 한다. 이전에는 정답 아니면 오답이었다. 종이책 속에서 정지된 지식은 알게 모르게 이분법을 강요했고 과거에는 종이에 찍어놓고 그것이 정답이라고 강요할 수 있었지만 지금은 세상에 정답이 없는 일이 많아진다. 끊임없이 세상은 바뀌고 그것들이 빠른 속도로 인터넷 등에 반영된다. 창의적인 생각, 발상 등은 이분법을 뛰어넘을 때 나온다. 둘째, 다각도로 접근해야 한다. 예전에는 2차원적으로만 뉴스를 봤으나 지금은 가상현실(VR)로 뉴스를 볼 수 있는 시대다. 다각도로 바라볼 수 있는 눈이 없다면 360도로 소식을 전하는 가상현실 뉴스를 이해할 수 없다. 수집과 분석이 다양한 기기와 네트워크를 통해 이루어지기 때문에 데이터가 수집, 분석되는 과정도 여러 각도에서 바라볼 줄 알아야 이해가 빠르다. 다양한 위치에서 세계를 관찰하는 재능을 가졌던 레오나르도 다빈치(Leonardo da Vinci)는 사물의 특색을 찾고 그것을 표현하기 위해 관찰 위치를 계속 바꾸어 나갔다. 초연결사회가 되면서 정확히 사안을 파악하고 그에 대한 해결법을 제시하는 것은 다각도의 접근으로만 가능해졌다. 셋째, 흐름을 따라 잡아야 한다. 오랜 세월 동안 지식은 무조건 정적이었고 움직일 수 없었다. 백과사전은 각 분야 전문가들이 집필하였고 대체할 수 있는 지식이 없었기에 오랜 기간 동안 아무도 이의 제기를 못했으나 지금은 집단지성의 힘이 발휘되는 곳이 많아졌다. 상상할 수 없을 정도로 대량정보, 의견, 데이터들이 지금 이 순간도 빠른 속도로 흘러가고 있다. 모든 지식과 데이터는 한순간도 쉬지 않고 움직이기 때문에 흐름을 파악하는 것이 중요하다. 이러한 천재들 가운데 알버트 아인슈타인(Albert Einstein)은 이분법을 부인하고

창의성을 극대화시킬 수 있는 풍토를 만들 수 있을까?

전 생애를 창의력 연구에 바친 미국 윌리암메리대학의 김경희 교수의 30년간의 창의력 연구결과를 집대성한 책(The Creativity Challenge: How We can Recapture American Innovation: 창의적 성공의 세 가지 조건)의 핵심은 "독특한 것을 만들어내는 힘 창의력(creativity)의 성공적인 결과가 이노베이션(창의적 성공)"이다. 김경희 교수의 30년 창의력 연구의 결론은 개인이 속한 풍토에 따라 창의적으로 성공할 수도, 아니면 남의 말만 잘 듣거나 남 것을 모방만 잘하는 사람이 될 수도 있다는 것이다. 그의 연구결과는 '풍태사' 라는 단어로 집약되는 창의적 성공의 세 가지 조건을 말한다. 제1단계는 창의적 풍토 조성하기; 제2단계는 창의적 태도 기르기; 제3단계는 창의적 사고력 적용하기이다. 이 세상을 진보시키는 새로운 것을 만드는 과정에서 가장 중요한 것은 '창의적 상품'이나 '창의적 사람'이 아니라 '창의적 풍토'이다. 창의적 풍토는 누구나 조성할 수 있으며 한 개인을 둘러싼 풍토에는 문화, 사회에 만연된 고정관념, 개인이 자라는 과정, 인간관계, 물리적 심리적 상태 등이 포함되고, 이 풍토가 그 개인의 창의적 태도와 사고력을 살릴 수도 죽일 수도 있다. 유대인의 교육 및 자녀양육의 우선 목표는 토햇비공 풍토(토양, 햇살, 비바람, 공간)를 잘 조성하는 것이다. 토햇비공 풍토는 아이들의 토햇비공 태도를 길러주며, 후에 그들의 창의적 사고력, 즉 안밖새(틀안, 틀밖, 새틀) 사고력을 적용하도록 도와준다. 첫째, 비바람풍토는 나무가 자라도록 물을 제공해주는 것은 물론, 어린 나뭇가지가 거센 바람을 이겨내서 나중에 커서 좋은 과일을 많이 지탱할 수 있는 튼튼한 가지가 되도록 도와준다. 둘째, 토양풍토는 나무가 자라도록 온갖 영양분을 제공하며, 수분과 영양분이 나무뿌리에 스며들게 하는 부드러운 흙이면서, 어린 나무의 몸이 흔들리지 않게 단단히 잡아줄 수 있는 단단한 흙을 제공한다. 셋째, 햇살풍토는 높고도 먼 곳에서 전 인류를 다 비추어 주는 태양을 향해서 나무가 자라도록 밝은 햇볕과 따스함을 충분히 제공해 준다. 넷째, 공간풍토는 나무가 자기만의 공간에서 충분한 시간을 갖고 나뭇가지와 뿌리를 최대한 뻗어 나갈 수 있도록 자유를 제공해 준다.

– 김경희 교수의 책 <*The Creativity Challenge*> 중에서

더 큰 전체를 상상하며 상대성이론을 정립했다. 레오나르도 다빈치(Leonardo da Vinci)는 다각도로 바라보며 인간의 신체를 낱낱이 뜯어보고 그것으로 예술작품 수준의 해부도를 만들었고 각종 회화도 그런 생각들로 그려냈다. 찰스 다윈(Charles R. Darwin)은 다른 사람들이 머물러 있는 지식에 집착할 때 동적인 움직임을 관찰하고 포착해내서 진화론을 발표할 수 있었다.

지금 우리 사회는 4차 산업혁명의 시대로 접어들었고, 세계 각국이 앞 다퉈 인공지능 분야 인재양성을 위한 국가적 차원의 계획을 발표하고 있다. 우리나라도 현 정부 출범 직후 대통령 직속 '4차 산업혁명위원회'를 설립하고, '데이터, 네트워크, 인공지능'을 3대 혁신 신산업으로 선정하여 'AI R&D 전략'과 '데이터 산업 활성화 전략'을 추진 중이다. 이러한 4차 산업혁명 시대에 맞는 인재 양성을 위한 교육이 이루어지기 위해서 기초적인 내용을 충실히 학습하고, 과감한 교과 간 융합 교육을 통해 모든 학생이 인공지능과 빅데이터 등을 자유롭게 활용하며, 해당 분야에서 생산성과 창의성을 이끄는 인재를 성장시켜야 한다. 교과 간 다양한 융합 교육과 비판적 사고력(Critical Thinking), 창의력(Creativity), 협업능력(Collaboration), 소통능력(Communicatuion) 등 4C 역량 중심의 교육 환경을 개선하고, 창의적 인재가 나오려면 교육의 모든 내용과 방법이 혁신적으로 변해야 한다. 대학에서는 정형화된 학문들 간의 벽을 과감히 허물어 학문의 융합이 활발하게 일어나게 해야 한다. 우리 대학들도 이제는 학생들에게 정규 커리큘럼 이수를 통한 인문소양을 높여주고 다양한 과외활동의 기회를 제공하면서 기업과 사회의 요구를 반영하는 수요자중심으로 바뀌어야 한다. 이제 우리 교육에서 창의성과 도전정신으로 무장된 인재들에게 무한경쟁을 유도하고 이들이 마음껏 끼와 재능을 발휘하며 성장토록 하려면 자라는 학생들을 일정한 틀 속에서 해방시켜야 한다. 초중등 교육은 물론 대학교육도 자기 스스로 문제를 파악하고 해결해 나가는 자기주도형 능동적 학습으로 바뀌나가야 한다.

정부는 이미 창조경제를 견인할 창의인재 육성 방안으로 다음과 같은 정책을 제시하였다.

① 학교를 창의성 발현의 산실로 조성하고 창의적 진로교육 활성화를 통한 개개인의 꿈과 끼를 키우는 교육 확대

② 초중등 융합교육과정 강화와 창조산업 맞춤형 융합인재 양성을 통한 통섭적 사고 강화를 위한 융합교육 활성화

③ 중등 기술창업교육 강화를 통한 기업가정신 고취와 대학 창업 활성화로 학생의 도전역량 제고를 통한 창업 친화형 교육·연구 생태계 조성

④ 해외 산업체 현장학습 및 글로벌 취업·창업 확대와 해외 우수인재의 유치를 통해 다양성·개방성 제고를 통한 글로벌 창의·도전 역량 제고

⑤ 누구나 언제나 교육받을 수 있는 학습 여건 강화와 경력단절 없는 역량 개발 및 활용을 통한 끊임없이 도전하는 학습기반 마련

⑥ 능력중심의 교육·고용 문화 조성, 상상-도전-창업 문화 확산, 아이디어 실현 공간 조성을 통한 창의성을 장려하고 존중하고 열린 문화 조성

"묻는 사람은 5분만 바보가 되지만 묻지 않는 사람은 영원히 바보가 된다. 질문하지 않으면 호기심이 죽고 호기심이 죽으면 창의력이 실종된다."

– 유영만, 〈생각지도 못한 생각지도〉에서

창의력을 깨우는 10가지 확실한 방법

① **두뇌는 피곤할 때 더 창의적으로 움직인다.** 뇌는 피곤할수록 산만함을 걸러내어 한 가지에 더 집중하도록 애쓰며, 접선을 따라 더 방황한다. 피곤함이 오히려 산만함을 걸러내고 자유분방한 사고를 촉진한다.

② **운동이 창의력을 향상시킨다.** 운동은 창의적으로 사고하는 능력을 향상시킨다. <Psychology Today>에 실린 논문의 한 구절. "땀은 여러분 마음에 작용하는 윤활유(WD-40)와 같다. 운동은 여러분의 의식을 잠재의식 속에 묻힌 신선한 아이디어에 접속하게 만든다."

③ **적절한 주위 소음이 창의력에 최고다.** 창의적 사고에서 적절한 레벨의 소음이 창의적 사고를 향상시키는 것으로 증명되었다. 창의적 사고는 폭넓고 신선한 아이디어를 촉진하는 카페와 같은 적절한 주위 소음을 필요로 한다.

④ **오리지널은 없다. 창의성은 연결하는 것이다.** 창의성은 새로운 것을 생각해내는 것이 아니라 기존에 존재하는 아이디어를 새롭게 연결하는 것이다. 스티브 잡스(Steve Jobs)는 이에 대해 이렇게 말했다. "창의성은 여러 가지 것들을 연결하는 것일 뿐입니다."

⑤ **해외여행이 창의적 사고를 향상시킨다.** 대학생을 대상으로 한 연구결과에 의하면 메인캠퍼스 안에만 머문 학생들보다 해외여행을 한 학생들이 창의적 사고의 면에서 보다 높은 점수를 얻었다.

⑥ **어둑한 조명이 우리를 보다 자유롭게 느끼게 한다.** 연구자들은 여섯 가지의 각기 다른 연구를 통해 어둑한 조명이 창의성을 향상시킨다는 것을 밝혀냈다. 그 이유는 어둑할 때 잠재의식이 탐험의 자유를 더 느끼기 때문이라고 설명한다.

⑦ **청색과 녹색이 창의적 과제해결 역량을 높인다.** 녹색이 우리의 창의적 역량을 높인다는 사실은 놀랍다. 연구결과 적색과 녹색에 노출되었을 때 인지능력에 차이가 생긴다는 것을 밝혀냈다.

⑧ **제약이 창의적인 일에 도움이 된다.** 자유가 우리를 보다 창의적인 아이디어를 내게 한다는 창의적 사고에 대한 우리의 생각이 틀렸다는 것이 증명되었다. 오히려 제약이 창의적 성과를 높인다. 이는 곧 제약이 우리가 처한 과다한 선택지에 대한 압박을 제거하기 때문이다.

⑨ **지저분한 책상이 창의성을 높인다.** 연구결과 지저분한 환경이 창의적 사고를 증대시키는 것으로 밝혀졌다. 라벨이 붙은 정돈된 환경보다 지저분한 환경이 잠재의식으로 하여금 새로운 것을 끌어내는 데 효과적으로 작용한다는 것이다.

⑩ **잠꾸러기가 더 창의적이다.** 우리는 REM 수면상태에서 깨어날 때 대개 꿈속에 나타난 강력한 비주얼 이미지를 의식하며 깬다. 이러한 이유로 많은 아티스트들이 기상시간을 창의적 사고를 향상시키는 기회로 소중히 여긴다.

– Online Chicago Tribune, '혁신과 기업가정신' Belle Beth Cooper

우리는 과거 산업사회에서 선진국을 추격하는데 몰입하느라 정답을 강요하고 창의성과 다양성을 짓밟는 암기형, 주입식교육에 집중해 왔으나 이제 많은 지식을 머리에 주입시키는 교육으로는 많은 양의 데이터를 빠르게 학습하는 인공지능을 따라갈 수 없다. 교육공학 연구에 따르면 학교에서 선생님으로부터 주입식 강의에 대한 학생들의 인지율은 5%, 학생들이 강의도 듣고 관련 책도 좀 읽으면 인지율이 10%, 관련 오디오나 비디오 등을 듣고 보면 인지율이 20%로 증가하고 이에 관련된 모형이나 실험결과 등을 보여주면서 입증하면 인지율이 30%가 된다. 나아가 학생들로 하여금 팀별로 문제해결중심(PBL: Problem Based Learning) 학습을 하면서 토론을 하게 하면 인지율이 50%가 되고, 수행한 과제에 대한 보고서 작성 및 발표 등을 하게 하면 인지율이 75%가 되며, 자신이 수행한 결과를 사회에 나가 실제 활용하거나 동료나 기타 수요자에게 가르치도록 하면 학습한 내용을 완전히 습득해 자신의 실력으로 만들 수 있다. 무한경쟁 사회 세계경제는 점차 승자독식(勝者獨食)의 시대로 가고 있고 1위가 되지 않으면 도태될 수밖에 없는 시대가 되면서 1위에 오르고 1위를 유지하는 키워드가 바로 '창의적 제품'이다. 남들이 생각하지 못한 독창적 아이디어와 기술로 만든 창의적 제품을 누가 얼마나 빨리 상품화할 수 있는지가 국가적 성패를 좌우하게 될 것이므로 창의성교육이 없으면 글로벌 무한경쟁에서 도태될 수밖에 없는 상황이 되었다. 따라서 우리가 생존을 위해서 고민하고 실행해야 할 주제이며, 향후 100년간 우리나라를 먹여 살릴 수 있는 동력(動力)으로 가장 필요한 요소도 바로 창의성(creativity)이다. 21세기 지식기반 사회에서는 다른 나라를 앞서갈 선도형 교육으로 가야하고 그 핵심인 창의성 교육의 중요성이 점점 커지고 있다. 남과 다른 것은 틀린 게 아니라 다른 것이라는 사실을 인식하는 데서 창의성의 씨앗이 자라날 수 있고, 창의성 없이는 우리가 제2 한강의 기적을 실현할 가능성은 기대하기 어려운 것이 오늘의 현실이다. 지금까지의 인재는 자신의 전공을 살려 독자적인 판단으로 주어진 임무를 달성하면 그만이었으나 미래의 인재들은 종합적 사고와 판단능력이 높아야 하고, 타 전공과의 소통

미네르바형 교육 핵심

미네르바대학의 미래인재 교육 커리큘럼을 고등학교로 가지고 온 것이 바로 미네르바 바칼로레아(Minerva Baccalaureate)이다. 교실에 갇혀 공부하는 학생들에게 자유롭지만 객관적인 생각을 할 수 있고 사물을 볼 기회를 줄 수 있는 미래형 교육이다.

적극적 참여를 기반한 플립 러닝 (Flip Learning)

미네르바 바칼로레아는 한 시간 내내 강의하고 학생은 노트하는 전통적인 방식의 교육을 뒤집었다. 미네르바 바칼로레아의 교사는 설계자가 된다. 미네르바 바칼로레아 학생들은 교사가 준비한 학습 자료와 주제 등을 수업 전에 충분히 습득한다. 수업시간은 학생들이 함께 습득한 지식과 원리를 갖고 교사가 설계한 문제를 적극적으로 참여해 풀도록 구성돼 있다. 그래서 학생 개개인의 철저한 준비가 필수다. 교사는 질문을 설계하고 토의를 진행하는 진행자 역할을 하게 된다. 질문을 통해 학생들은 비판적 사고, 창의적인 생각, 효과적인 의사소통, 효과적인 상호작용 능력을 반복적으로 연습한다.

12가지 모티브(Motifs)

우리 사회의 유능한 인재는 문제를 해결할 줄 아는 사람을 말한다. 미네르바 바칼로레아 고등학교 프로그램은 사회 각계(경제, 정치, 과학, 교육, 사회, 문화)에서 일어나는 다양한 문제들은 분석하고 해결책을 평가하는 총 12가지 분석과 평가 모티브를 발견했다. 학생들은 수업참여와 학과 과정을 통해 배우는 과제나 토의 주제에 이 12가지의 모티브를 적용해 다양한 각도로 문제를 분석하고 해결책을 평가하는 반복된 과정을 거친다. 이를 토대로 사물과 관계, 부품 및 기능, 제약 및 허용치, 입력 및 출력, 정보, 지식 및 감각 만들기, 목표 및 전략, 규칙 및 시사점, 이벤트 및 프로세스, 마이크로 및 매크로 스케일, 패러다임 및 패러다임 전환, 가치 및 유틸리티, 측정 및 평가 등을 배운다. 한 예로 마이크로와 매크로는 다양한 크기의 척도로 상황을 관찰하는 모티브다. 이를 기준으로 타 학생에 질문할 수 있어야 한다. "글쎄요, 이것은 단기적으로 좋은 해결책처럼 보이지만, 수십 년, 혹은 수 세기에 걸친 긴 기간에는 어떻게 될까요?" 혹은 "당신의 접근 방식은 대도시에서는 잘될 것 같은데 작은 마을에서는 어떨까요?" 학생들은 이런 모티브를 과제나 토의에 효과적으로 적용할 때마다 점수를 받도록 설계돼 있어 사물을 대할 때 객관적이면서도 비판적인 생각을 할 수 있도록 했다.

– education bridge, 가치 창조 능력·창의력이 미래 인재 핵심, 2021.2.1.

할 수 있는 '네트워크형 인재'가 되어야 한다. 칭화대의 천지닝(陈吉宁) 총장도 앞으로는 출제자의 의도에 따라 높은 점수를 따내는 인재보다는, '새로운 것을 찾고 다른 답안을 궁리하는 인재가 필요하다'고 강조한다.

미국의 교육학자였던 블룸(Bloom) 박사는 교육혁신에 대한 2가지 아이디어를 제시하였다. 첫째, 1956년에 발표한 '교육목표분류체계'로서 교육 목표를 6개로 나누었다. 그 가운데 '기억하기' '이해하기' '적용하기'는 지식습득을 위한 하위 사고기술이고 '분석하기' '평가하기' '창조하기'는 지식 활용을 위한 상위 사고기술이다. 둘째, 1984년에 발표한 '블룸의 2시그마 문제'로서 일정시간에 학습을 하게 하면 50%의 학생들만 목표를 달성하게 되지만 일대일 개별학습을 시키면 2시그마, 즉 98%까지 가능하다는 것이다. 이 같은 혁신적 아이디어가 이론을 넘어 현실에 접목되지 못하는 주된 이유는 첫째, 상위 사고기술은 하위 사고기술을 기반으로 하지만 현행 교육모델에서는 후자에 대부분의 시간을 사용하기 때문에 전자를 학습할 시간이 없다. 둘째, 모든 학생에게 일대일 개별학습을 하기 위한 천문학적 비용을 감당할 수 없다. 현행 교육모델의 문제점은 첫째, 암기식 지식습득 위주의 교육은 인공지능(AI) 시대가 필요로 하는 창의적 인재양성에 역행한다. 둘째, 습득한 지식을 기준으로 일괄적 잣대로 평가하기 때문에 일등을 제외한 모두가 패배자가 되게 한다. 셋째, 학습 집단의 평균을 중심으로 교육하므로 상위 그룹과 하위 그룹은 사교육에 의존할 수밖에 없다. 이로 인한 경제적 비용이 엄청나다. 저출산의 큰 요인 중 하나가 과중한 교육비이다. 넷째, 많은 시간을 들여 반복 학습을 함으로써 육체 및 정신 건강을 해친다. 테이셰이라 하버드 경영대학원 교수는 경영전략서 '디커플링'에서 노력, 시간 그리고 비용을 기준으로 볼 때 디지털혁신이 일어날 잠재력이 가장 큰 분야가 교육이라고 하였다. 한마디로 교육의 '가성비'가 가장 떨어지기 때문이라는 지적은 한국에 더욱 적절한 진단이다. 지식습득보다는 지식 활용에 치중하여 창의적 인재를 양성해 달라는 시대적 요청에 부응하기 위해서는 AI기술을 접목하여 교육 패러다임을 전환해야 한다.

Chapter 10

위험감수와 도전정신(challenge spirit)

1. 위험감수(Risk-taking) 의지

4차 산업혁명시대를 맞이하여 정보통신기술과 IT산업 등 과학기술의 발달과 함께 모든 산업의 경계가 무너지고 융·복합이 이뤄지는 가운데 기업들은 생존과 성장을 위하여 변화와 혁신을 추구하고 있다. 급변하는 시장상황에서 청년 창업자가 새로운 기회를 포착해 비즈니스에 뛰어들어 멋지게 세상을 변화시키려면 위험을 감수해야 하는 것은 피할 수 없는 숙명(宿命)이고, 창업가의 사명(使命, Mission)인데 그러한 시시각각의 위기상황에서 리스크(risk) 회피하는 것은 그 자체만으로도 큰 위험일 수밖에 없다.

경영학에서 "수익은 위험의 대가(반대급부)"라거나 "위험이 있는 곳에 수익이 있다" 또는 "공짜 점심은 없다"는 인과의 법칙은 불변의 진리라고 할 수 있다. 또 위험(risk)이 전혀 없는 안전한 비즈니스를 찾는 것은 실현가능성이 없는 꿈 같은 일이라고 할 수 있다. 더 많은 수익을 얻으려면 더 큰 위험을 감수해야 하는 것처럼 불확실한 사업이나 위험한 프로젝트에도 성공을 위해 위험을 감수하고 사업상의 기회를 적극적으로 추구하기 위해 과감하게 도전하려는 의지를 위험감수성(Risk-taking)이라고 한다.

불안과 위험을 무릅쓰고 미지의 세계로 항해를 나선 크리스토퍼 콜럼버스(Christopher Columbus), 첫 비행을 시도한 라이트 형제, 노예해방선언을 공포한 링컨(Abraham Lincoln) 대통령, 노르망디 상륙작전 당일의 아이젠하워(Dwight David Eisenhower), 대량생산으로 가구당 1대의 자동차 보급을 꿈꾸고 실현시킨 헨리 포드(Henry Ford), 세계 최초로 히말라야 16좌를 완등한 산악인 엄홍길 대장 … 이들이 두려움을 극복하고 위험에 도전했기 때문에 세상의 룰(rule)을 바꿀 수 있었고 짜릿한 성취감도 맛볼 수 있었던 것이다. 그러나 많은 사람들은 최악의 결과를 두려워 위험을 피하는 방법에만 익숙하여 위험을 감수하는 방법은 잘 모르기 때문에 때로는 가치 없는 위험을 선택함으로써 큰 실패를 겪기도 한다.

> "계산된 위험은 감수하라. 이는 단순히 무모한 것과는 완전히 다른 것이다."
> (Take calculated risks. That is quite different from being rash)
> – 조지 S. 패튼(George S. Patton), 미국 육군 장군

위험한 세상을 헤쳐 나가야 하는 기업가(Entrepreneur)의 본질은 불확실한(uncertainty) 신규 사업에 대한 성공확신이 부족하더라도 과감하게 추진하여 기회를 포착하려는 성향이며, 그것은 재무적·사업적·인적 위험이라는 세 가지 위험을 감수하는 위험 선호적 의사결정을 선택하는 경향을 가진다. 스타트업을 창업하고자 하는 청년창업가가 새로운 창업에 도전하려면 기꺼이 위험을 감수하려는 의지가 있어야 하고, 창업을 준비하는 단계에서 창업 이후 전개될 여러 위험상황을 분야별로 확인하고, 각각의 위험을 어떤 방식으로 회피하거나 관리할 것인지에 대한 위험관리 전략을 준비해야 한다.

2021년 초 창업기업 생존율을 분석한 결과, 국내 창업기업의 5년차 생존율은 29.2%로 10개 기업 중 7개 기업을 5년을 버티지 못하고 폐업하는 것으로 확인됐다. 이는 OECD 주요국 평균 41.7%에 크게 못 미치는 상황이다. 또 일반기업의 수명도 점점 더 짧아지고 있다. 글로벌 컨설팅사 맥킨지가 기업의 평균수명을 조사한 결과 1935년 90년에서 1970년에는 30년, 2015년에는 15년까지 줄어든 것으로 나타났다. 2020년에는 평균수명이 10년 안팎까지 더 단축될 수 있다는 분석도 나온다. 시간이 지날수록 더 큰 폭으로 기업 수명이 감소하는 것은 기술발전 속도가 빠르고 경영환경도 급변하기 때문으로 풀이된다. 또 2009년 대한상공회의소에 따르면 한국기업의 평균수명은 27.3년이었고, 중소제조업체의 평균 수명은 12.3년이었으며, 100대 기업의 40년 생존율은 12%에 불과했다. 이처럼 기업의 수명이 점차 줄어드는 것은 기업 환경이 그만큼 급변하고 경쟁

이 치열하다는 방증(傍證)이고, 이 과정에서 창업자가 가져야 할 핵심역량이 상황대처 능력과 위기관리 능력이라는 사실을 유추할 수 있다.

흔히 지역에서 카페나 음식점 등을 차린 자영업자나 혹은 1인 사업자로 분류되는 프리랜서들과 구별되는 창업기업가의 특징은 바로 '위험을 얼마나 감내할 수 있는가'의 여부이다. 기업가는 자신이 직면한 위험을 무조건 수용하는 것이 아니라 위험을 회피하거나 줄일 수 있는 다양한 방법을 모색하면서 기업 활동을 전개해야 한다. 특히 기업가정신에서 말하는 창업가의 위험감수 성향은 기업가정신에서 지칭하는 위험이 'danger'가 아니라 'risk'라는 사실이다. '위험'을 뜻하는 영어 단어 danger는 예상하기 어렵고 통제할 수 없는 위험을 지칭하는데 반해 risk는 예상가능하고 측정, 통제 가능한 위험을 의미한다. danger는 통제하기 어려워 손실이나 손해를 야기할 수 있는 가능성을 의미하지만, risk는

위험감수(Risk-taking) 정신

유대인들이 보여주는 특별한 생활의 자세이다. 새로운 장소나 환경에서 가진 것도 준비도 없이 실패를 감수하고 위험한 일과 사업에 뛰어드는 도전정신은 누구도 따라 올 수 없다. 위험감수란 무슨 일이든 무조건 시작하고 덤벼든다는 뜻은 아니다. 먼저 분명한 목표를 세우고 이를 효과적으로 달성할 지혜와 전략을 가져야 한다. 목표를 세웠다고 해서 달성할 확률은 높지 않다. 그래서 일반인들은 불확실성으로 인한 실패가 두려워 쉬이 도전하지 못하고 포기한다. 하지만 이스라엘의 기업이나 사람들은 실패를 두려워하지 않고, 목표를 이룰 수 있는 지혜와 최선의 전략을 만들어 도전한다. 좋은 지혜와 아이디어는 혼자보다는 여러 사람이 함께할 때 얻을 수 있는데, 유대인들은 어려서부터 누구와도 자유스럽게 질문하고 토론하는 것이 몸에 배어 이것을 활용하여 지혜와 아이디어를 찾는다. 또 유대인들에게 실패는 단지 실패의 의미가 아니다. 모든 실패를 저울에 달아 격려와 훈장으로 바꾸어 일반적인 실패를 한 사람에게는 격려를 해주고, 실패를 했지만 건설적인 결과가 있을 때는 훈장을 주는 문화를 갖고 있다. 실패에 대해 무조건 벌만 주는 우리 문화와는 큰 차이가 있다. 실패가 없는 도전은 없다. 단, 그 실패에 어떻게 반응하느냐에 따라 생산적인 문화를 창조할 수 있는 것이다.

무조건 손실 내지 손해만 야기하는 것이 아니라 경우에 따라서는 보다 긍정적 상황이 전개될 수 있음을 의미한다. 또 영영사전의 기업가와 기업가정신에 대한 정의에서 경제학자 프랭크 나이트(Frank Knight)에 따르면, 불확실한 미래로부터 야기되는 상황은 확률적으로 정의가 되는 경우인 위험(risk)과 확률적으로 규정할 수 없는 불확실성(uncertainty)으로 나누어지며, 기업가의 특성은 불확실성에 대한 적극적 대처에서 더욱 잘 발휘되며 순수한 불확실성이 존재하는 세계가 기업가에게 이윤과 손실을 가져다줄 수 있는 배경이라고 할 수 있다.

기업가(entrepreneur)는 기본적으로 불확실한 미래로부터 야기되는 위험을 거부하거나 피하지 않고 위험을 적극적으로 받아들여 대응하는 특성을 가지며, 기업가는 사업의 불확실성과 위험을 감수하면서 기업가정신을 통해 경제와 사회에 영향을 주는 변화와 혁신의 역할과 창조적 활동으로 이윤을 획득하는 사람을 말한다. 기업가를 뜻하는 Entrepreneur라는 용어는 1723년에 프랑스어사전에 처음 등장했고, 비슷한 의미로 영국에서는 Adventurer(모험가)를 사용했다고 한다. 18세기 초 경제학자 리차드 칸티용(Richard Cantillon)이 처음 사용한 용어로, 기업가를 "위험부담을 지고 자신의 사업(risk bearing activity)을 하는 사람"으로 표현하고 있으며, 17, 18세기 당시 유럽에서 위험한 해외무역에 종사하는 모험상인을 기업가(entrpreneur)라고 칭했다. 즉 기업가의 본질적 핵심을 위험감수(Risk-Tolerance)로 보고, "불확실성에도 불구하고 경제적 수익극대화를 위해 사업기회를 위한 경제적 자원을 배분하는 위험을 감수하는 자"로 정의하였다. 그는 "기업가(entrepreneur)에게는 미래를 예측할 수 있는 통찰력, 새로운 것에 과감히 도전하는 열정과, 혁신적이고 창의적인 정신이 필요하며 보유한 자원과 관계없이 사업기회를 추구하는 기업가정신을 갖고 있다"고 주장했다.

그 후 경제학자 조셉 슘페터와 피터 드러커는 기업가정신을 기존의 것을 전혀 새로운 수준으로 만드는 혁신적 파괴와 모험이라고 정의했는데, 모험은 그 전에는 존재하지 않던 것을 만들기 위한 도전과 비슷한 의미로 본 것이다. 일반적으로 기업가정신(entrepreneurship)은 새로운 사업을 시작하면서 야기될 수 있는 위험을 부담하고 어려운 환경을 헤쳐 나가면서 기업을 키우려는 뚜렷한 의지, 또는 미래의 불확실성과 높은 위험에도 불구하고 주도적으로 기회를 포착하고 과감하게 도전하는 모험정신으로, 혁신을 통해 새로운 가치를 창출하는 기업가의 의지나 활동역량을 말한다.

조셉 슘페터(Josph Schumpeter)는 "기업가란 단순히 기업의 경영자 혹은 제조업 상인들을 일컫는 것이 아니고, 혁신을 일으키는 개인으로 무엇인가 새로운 가치를 창조하면서 자신의 에너지와 재능을 발휘하는 데 즐거움을 느끼고, 어려움을 피하지 않고 변화를 모색하는 사람이라 명명하였다. 슘페터(Joseph Schumpeter)는 "기업가는 창조적 파괴를 담당하는 행위자(agent)"라고 정의하면서 "불확실성 속에서도 미래를 예측하고 변화를 모색하는 것이 기업가의 임무요 정신"이라고 역설하였다. 또 위험을 적극적으로 받아들이며 관리한다는 특성을 살려 기업가(起業家)를 "불확실성에서 비롯되는 위험을 받아들이면서 조직 내 혹은 외부의 중요한 혁신을 발생시켜 변화를 가져오는 사회적 주체"라고 정의했다.

또 슘페터(Schumpeter)는 불확실한 환경에서 위험부담을 안고 창조적 파괴 활동을 하는 것이 바로 부(wealth)를 만들어내는 원천이라면서 "기업가정신이란 사업에서 발생할 수 있는 위험을 부담하고 어려운 환경을 헤쳐 나가면서 기업을 키우려는 뚜렷한 의지를 의미한다"고 했다. 또 슘페터(Schumpeter)는 기업가정신은 다음과 같은 세 가지로 구성되어 있다고 하였다. 첫째, '진취성'은 시장 내에서의 경쟁적 지위를 상승시키기 위한 적극적인 경쟁의지와 높은 성과를 이루려는 강인한 도전정신 의미한다. 둘째, '혁신성'은 기업가에 의해 수행되는 기술혁신으로 제품의 디자인, 시장조사, 광고 활동, 공정혁신, 새로운 관리기법 등 적극적인 경영관리 활동을 말한다. 셋째, '위험을 감수하고 새로운 기회를 포착 하려는 위험감수성'이며 위험감수성을 결과가 불확실함에도 과감히 도전하여 불확실성을 확실성으로 바꾸려는 기업가의 강인한 도전정신을 의미하는 것이라 하였다. 또 슘페터는 기업가정신을 기존의 경제적 균형을 파괴하는 요소로 보았고 특히 위험 감수성은 사업초기 인적·물적 자원의 구성과 사업화를 구현하는데 있어 불확실성을 감수한 의사결정 또는 재정적 투자 등을 적기에 할 수 있는 창업가의 필수역량이라고 했다.

한편 현대 경영학의 아버지라 불리는 피터 드러커(Peter F. Drucker)는 기업가정신(entrepreneurship)이란 위험을 무릅쓰고 포착한 기회를 사업화하려는 모험과 도전의 정신이라면서, 혼란스럽고 불확실한 세계에서 살아가는 젊은이에게 「위험을 회피하기보다는 감수하고, 안정이란 벽을 부수고 나와 더 나은 가치를 위하여 도전하고 창조하라」고 강조했다. 또 미국 뱁슨 칼리지(Babson College) 제프리 티몬스(Jeffrey Timmons) 교수도 "기업가정신은 실질적으로 아무것도 아닌 것으로부터 가치 있는 어떤 것을 이루어내는 인간적이고 창조적인 행동이며, 현재 보유하고 있는 자원이나 자원의 부족을 고려하지 않고 기회를 추구하며, 비전과 그 비전을 추구함에 있어 다른 사람들을 이끌 열정과 헌신을 요구한다. 또한 계산된 위험을 감수하는 의지가 필요하다"면서 창의성, 위험감수성, 진취성을 강조하였다.

> "위험을 감수하라. 거기에 과실이 있으니 만약 더 높은 성취를 이룩하고 싶다면 모험을 감수해야 한다. 반대로 모험을 감수하기 싫다면 더 적은 수입, 더 작은 성공, 더 평이한 삶에 만족해야 한다. 모험을 하지 않는 한 성과도 없다. 위험을 감수하라. 거기에 과실이 있으니."
>
> – 테리 버넘(하버드대학 경영대학원 교수), 〈다윈이 자기계발서를 쓴다면〉에서

> "가장 큰 위험은 위험을 감수하지 않는 것입니다. 정말 빠르게 변화하는 세상에서 실패할 수 있는 유일한 전략은 위험을 감수하지 않는 것입니다."
>
> – 피터 드러커(Peter F. Drucker), <혁신과 창업가정신> 중에서
> – 손정의(孫正義) 회장, 일본 소프트뱅크(SoftBank)그룹 창업자 겸 CEO
> – 마크 주커버그(Mark Zuckerberg), Facebook 공동 창립자 겸 CEO

스타트업에게 필요한 세 가지

넷플릭스 창업자(마크 랜돌프)는 스타트업이 대기업을 이기기 위해 필요한 것으로 크게 다음 세 가지를 강조하였다.

① **위험감수** 우선 그 첫 번째는 위험을 감수할 줄 알아야 한다는 것이다(Tolerance for risk). 남들이 두려워하는 것을 감수하고 도전할줄 아는 자가 앞서나갈 수 있다. 그렇지만 준비되지 않은 상태로 무작정 아무것도 모른채 서성거리기만 할 수는 없다. 목표를 가지고 나아가기 위해 안내해줄 무언가가 필요하다.

② **아이디어** 비즈니스에서는 그것이 바로 아이디어를 의미한다. 엄청나거나 좋은 아이디어일 필요도 없다. 여러분이 생각하는 좋은 아이디어는 무엇인가? 마크 랜돌프가 처음 아내에게 넷플릭스 아이디어를 말했 때에 아내는 그에게 자기가 들은 아이디어 중 가장 멍청한 아이디어라고 말했다고 한다. 이처럼 사람들은 항상 좋은 아이디어와 나쁜 아이디어를 판단하지만 그 누구도 무엇이 정답인지는 아무도 모른다.

③ **자신감** 영화판매와 대여가 주된 사업이었던 넷플릭스에게 고민이 한 가지 있었다. 그들 수익의 98%는 영화 '판매'였고 오직 2%만이 '대여'를 통해 나왔으나 그 두 가지를 동시에 하기에는 사업운영에 어려움이 느껴져 한 가지를 포기해야 하는 상황에 놓였고 그들은 '대여'에 올인하기로 결심한다. 남들이 보기에는 미쳤다고 할 수도 있는 결정이었지만 그들은 자신을 믿기로 했다. 그렇게 수십 번, 수백 번의 테스트를 걸쳐 점점 사업 체계를 잡아갔다. 마크 랜돌프는 이런 식으로 끊임없이 고민하고 아이디어를 찾아다니며 비즈니스에 혁신을 더해 지금의 넷플릭스를 만들었다.

기업가정신(Entrepreneurship)은 새로운 기회를 모색하고, 자원을 결합해 새로운 가치를 창출하는 과정이라고 할 수 있다. entrepreneurship에서 강조하는 요소로는 ① 보유자원의 수준을 넘는 기회의 추구, ② 계산된 위험의 감수, ③ 창의적이고 혁신적 방법으로의 대안모색과 실행, ④ 가치의 창출과 공유 이상의 핵심적 요소들이 리더십 발현의 토대가 되는 것을 의미한다. 또 기업가정신의 기본 속성은 혁신 추구성, 위험 감수성, 진취성, 민첩성 등으로 설명하고 있고, 창업과정에 영향을 미치는 개인적 특질로 가장 많이 연구된 요인으로는 개인의 위험선호 성향, 성취욕구, 자기유능성, 자기효능감, 자율욕구 등으로 구분하였다. 또 럼프킨과 데스(Lumpkin & Dess)는 기업가정신의 구성요소로 ① 시장과 기술의 혁신성(Product Innovativeness), ② 위험감수성(Risk-Taking), ③ 진취성(Proactiveness), ④ 경쟁적 적극성(Competitive Aggressiveness), ⑤ 자율성(Autonomy)으로 5가지를 제시하였다. 이와 같이 수많은 학자들이 기업가정신의 핵심요소로 위험 감수성을 강조하는 것은 위험감수성은 급변하는 환경을 선호하거나 또는 모험적이고 도전적인 성향으로서 불확실한 기업환경 속에서 기업가들의 행동방향을 설정해 주는 중요한 요인으로 기업가정신을 가장 잘 설명하는 요소 중 하나로 본 것이다. 이상의 정의와 국내외 많은 연구자의 선행연구를 분석해 보면 학자마다 다소 차이는 있지만 기업가정신을 정의하는 공통적인 키워드는 '혁신성', '진취성(자발성)', '위험감수성'을 공통적으로 포함하고 있으며, 개념을 보다 구체적으로 살펴보면 다음과 같다, 첫째, 혁신성은 시장지향적인 아이디어를 기회로 전환하여 시장 내 경쟁우위를 확보하기 위해 변화와 혁신을 시도하는 것을 의미한다. 둘째, 진취성은 다른 경쟁기업보다 선제적으로 행동하여 시장을 선점하기 위해 공격적인 경영 활동을 하는 것이다. 셋째, 위험감수성은 불확실성이 높은 환경에서도 위험을 감수하여 사업을 추진하는 것을 말한다. 특히 위험감수성은 급변하는 환경을 선호하거나 또는 모험적이고 도전적인 성향으로서 불확실한 기업환경 속에서 기업가들의 행동방향을 설정해 주는 중요한 요인으로 인식되고 있다. 따라서 창업에 성공하기 위해서는 기회를 추구하며 위험을 감수할 수 있어야 하는데 그 위험 속에는 동전의 양면과도 같이 기회(opportunity)를 동반하는 경우가 많다.

위험을 감수할 때 고려해야 할 5 가지

지능적으로 위험을 감수한다면 위험은 가장 친한 친구다. 우리는 위험을 부정적인 관점에서 보지만 그것은 위험에 대한 잘못된 사고방식이다. 위험을 감수하고 성공하면 보수적인 접근보다 더 큰 보상을 받게 된다. 계산된 위험을 감수하는 것은 성공을 향한 필수 단계다. 위험을 감수하면 그 과정을 통해 성장하게 된다. 위험감수로 더 탄력적 자신감을 갖게 될 것이며 목표달성 가능성이 높아질 것이다. 적절한 위험을 감수하고 안전지대를 벗어나는 방법을 배우는 것이 중요하다. 그것이 당신이 성장하고 성공하는 방법이다. 위험을 감수하지 않으면 수동적으로 성장하고 삶을 실현하는 대신 삶이 이루어진다.

① **"만약?"이라고 스스로에게 묻지 마라** 위험은 내부 성장의 기회를 제공한다. "만약?"이라고 말할 수 없다.

② **현상 유지 극복** 많은 사람들이 위험에 처해 있다. 위험감수는 당신이 생각하지 못했던 가능성에 당신의 세계를 열어준다. 위험은 수행자와 몽상가를 구별하는 것이다.

③ **실패를 포용하라** 위험감수를 중단하면 실패가 발생한다. 성공하려면 실패를 받아들여야 한다. 당신의 실패는 당신의 성공으로 이어진다. "실패는 성공의 반대가 아니라 성공의 디딤돌이다." - 아리아나 허핑턴(Arianna Huffington), The Huffington Post의 공동 설립자

④ **용기를 가지고 안전하게 행동하지 마라** 위험을 감수하는 것은 용기를 보여줄 수 있는 좋은 기회다. 목표를 달성하려면 불확실성에 대한 두려움에 직면해야 한다. 위험을 감수하는 사람들은 대담하고 용감하다. 용기가 있으면 자신감이 생기고 자신감이 생기면 성공한다. "용기는 자신의 확신이 두려움보다 클 때 발생한다."

– 오린 우드워드(Orrin Woodward), New York Times 베스트셀러 작가

⑤ **성공 추구** 가치 있는 것은 일반적으로 무릎에 떨어지지 않는다. 위험을 감수하는 것은 성공을 적극적으로 추구하는데 필요한 단계다. 성공하려면 무언가를 쫓으면서 위험을 감수해야 한다. 위험을 감수하는 사람은 자신을 제한하지 않고 위험을 회피하는 사람들이 하지 않는 일에 기꺼이 참여하기 때문에 성공할 가능성이 더 높다.

2. 실패의 두려움을 극복할 도전정신

미국의 교육자 존 셰드(John A. Shedd)는 "항구에 정박해 있는 배는 안전하다. 그러나 배는 항구에 묶어 두려고 만든 것이 아니다"라면서 안주하는 태도를 경계했고, 영국 총리를 지낸 윈스턴 처칠(Winston Churchill)도 "비관주의자들은 기회 속에서도 어려움만 보려 하고, 낙관주의자들은 어려움 속에서도 기회를 잡으려 한다"며 적극적인 도전을 격려하였다. 도전정신이 있다는 말은 원래 두려움이 없어서 아무렇지도 않게 모험에 뛰어든다는 의미가 아니다. 다른 사람들과 똑같이 두려움을 느끼지만, 유대인들의 다브카(Davca)문화처럼, 「그럼에도 불구하고 시도한다」는 뜻이다. 온갖 어려움을 닺고 사업을 안착시킨 창업주의 경영노하우와 철학을 계승하고 기업의 DNA와 핵심가치를 유지하는 힘은 기업가정신의 확립에서 나온다.

현대중공업의 조선사업 진출사례에서 현대그룹을 창업한 정주영 회장은 "해보기나 했어?"라는 말로 조직원들의 도전정신에 불을 붙였다는 일화는 유명하다. 「할 수 있다고 생각하면 할 수 있다」는 불굴의 도전의지로 어떠한 고난과 역경을 무릅쓰고서라도 꼭 이루어 내고야 말겠다는 추진력의 뿌리가 바로 기업가정신의 핵심인 도전정신이다. 실제 도전이 도전으로 끝나지 않으려면 인내와 끈기를 기반으로, 목표를 달성할 때까지 포기하지 않아야 하고, 실패를 성공의 발판으로 삼을 수 있어야 한다.

2014년 7월에 개봉되어 사상 최고의 관객 수 1,700만을 기록한 영화 〈명량〉의 마지막 장면에 충무공 이순신 장군이 큰아들 회(薈)와 판옥선으로 걸어가면서 나누는 대화 가운데, "두려움을 용기로 바꿀 수 있다면 두려움에 맞서는 자는 역사를 바꿀 수 있다!"는 말은 관객들에게 많은 공감을 불러일으켰다. "할 수 있다고 생각하면 할 수 있다." 이것이 바로 'Can Do Spirit'이다. 도전정신은 기업가정신의 핵심으로 성취욕을 달성하기 위한 불굴의 의지를 가지고 어떠한 고난과 역경을 무릅쓰고서라도 이루어 내고야 말겠다는 추진력의 뿌리이다. 도전하다 보면 새로운 길을 열 수 있으나 도전의 여정에는 반드시 장애물이 존재하며, 장애를 극복하기 위해서는 자기 자신에 대한 강한 믿음과 긍정적 태도, 그리고 열정이 필요하다. 도전이란 특별한 사람들의 전유물이 아니므로 청년 누구라도 실패를 두려워하지 않고 과감한 도전정신을 바탕으로 분명한 목표와 전략적 사고가 결합되고 인내와 끈기가 더해질 때 성공창업 스토리의 주인공이 될 수 있을 것이다. 도전이 도전으로 끝나지 않으려면 인내와 끈기가 수반되어야 하고, 실패를 성공의 발판으로 삼아야 혁신적 성과를 창출할 수 있을 것이다. 지금 창업을 꿈꾸는 예비창업자들도 무엇이든 이룰 수 있다는 도전정신을 굳은 의지와 행동으로 전환할 수 있다면 불가능한 일이란 없을 것이다.

20세기 초 사람들은 더 '빠른 말'을 원했다.

"만약 무엇을 원하느냐고 내가 물었다면 사람들은 더 빠른 말이라고 대답했을 겁니다." 자동차 회사 포드의 창업자 헨리 포드(Henry Ford)의 말이다. 우리는 무슨 일이 일어났는지 잘 알고 있다. 20세기 초 사람들의 생각을 지배하던 사고방식은 '더 빠른 말'이었다.

1921년 뉴욕 버팔로에서 '모델T' 앞에 서있는 헨리 포드

하지만 포드는 새로운 제품(합리적인 가격의 자동차)을 설계하고 테스트하고, 그것을 구체화(모델 T)하고, 공정을 가속화(조립 라인)하고, 규모를 확장(현지 딜러 활용)하려는 생각을 갖고 있었다. 1927년까지 모델 T가 1,500만 대 이상 팔려나갔다. 포드는 위험과 성장의 마인드를 갖고 있었다.

두려움을 안고 어렵게 스타트업을 창업한 기업가나 직원들은 항상 실패의 두려움에 불안할 수밖에 없고, 그런 창업기업이 지속 성장하려면 시장에 새로운 제품과 서비스를 내놓았을 때 어떤 반응일지, 투자한 금액을 제대로 회수할 수 있을지, 경쟁사보다 나은 성과를 거둘 수 있을지 등 모든 면에서 불확실한 상황에 노출될 수밖에 없다. 그런 과정에서 최선을 다했더라도 새로운 도전의 결과가 아쉽게 실패할 수 있으며, 이때 재기하고자 하는 강한 회복력(Resilience)을 충분히 갖추고 있어야 한다. 이를 커뮤니케이션 이론가 폴 스톨츠(Paul Stoltz)는 그의 저서 〈역경지수 장애물을 기회로 전환 시켜라〉에서 '역경지수(AQ: Adversity Quotient)'라는 개념을 소개했다. 그는 역경지수란 "자신과 남을 탓하지 않고 스스로 그 역경을 극복할 수 있다는 긍정의 힘과, 강인한 의지로 목표를 성취하는 능력"이라고 정의했다. 역경의 이면에는 난관을 극복해 가는 과정에서 사람을 연마시키고 겸허하게 하는 순기능도 있다. 불교의 가르침 가운데 보왕삼매론(寶王三昧論)에서도 「세상살이에 곤란 없기를 바라지 마라. 세상살이에 곤란함이 없으면 교만해 지나니, 근심과 곤란으로 세상을 살아가라」고 했다. 따라서 역경은 장애가 아니라 오히려 기회라 할 수 있기 때문에, 역경을 '위장된 축복'이라 부른다. 다양한 고난 속에서 창업한 기업이 경영의 어려움을 겪고 실패에 봉착해서도 낙담하지 않고 다시 도전해 성공을 거두었을 때 사람들은 전폭적인 지지와 박수를 보낸다. 특히 뛰어난 사람일수록 새로운 것에 다양하게 시도하기 때문에 잘못되는 경우가 많다.

또 할리우드의 명배우이자 감독 덴젤 워싱턴(Denzel Washington)은 "만일 실패한 적이 없다면 그건 한 번도 도전한 적이 없는 것"이라는 말로 도전의 소중함을 강조했다. 또 에디슨(Thomas A. Edison)은 전구를 개발하기 위하여 천 번 이상의 시도를 했다고 알려졌고, KFC로 유명한 커넬 샌더스(Harland D. Sanders)는 자신의 요리솜씨로 함께 사업을 하겠다는 첫 번째 사업파트너(계약자)를 만났을 때가 1008번의 거절 후 1009번째 시도였으며, 영국의 가전기업 다이슨(Dyson)은 먼지봉투 없는 진공청소기를 만들기 위하여 5,127개의 시제품을 만들었고, 잘 알려진 숙취해소 음료 〈여명 808〉은 807번째 실패 후 808번째 시도에서 어렵게 성공한 것으로 유명하다. 그들이 강조했듯이 보이지 않는 목표를 위해 무모하게(?) 돌진할 수 있는 의지가 바로 창업의 원동력이자 기업가정신의 핵심요소인 도전정신이다. 스스로 무엇인가를 하고자 하면 우리의 뇌는 어려움

KFC를 창업한 커넬 샌더스의 1009번째 도전

KFC로 할아버지로 유명한 커넬 할랜드 샌더스는 6살에 아버지를 여의고, 어린 나이부터 생계를 위해 일해야만 했다. 페인트공, 타이어 영업, 유람선, 주유소 등 닥치는 대로 일했다. 어느 덧 40대가 된 그는 평소의 요리실력을 살려 자신만의 조리법으로 만든 닭튀김을 만들어 팔기 시작하면서 외식업에 뛰어들었다. 처음엔 장사가 잘되는 듯했으나 식당에 화재가 발생하면서 모든 것을 한순간에 잃어 버린 이후 어렵게 재기해 다시 식당을 오픈했지만 바로 옆에 고속도로가 놓이면서 찾아오는 손님도 하나도 없게 되었고, 가게는 곧 경매에 넘어갔다. 65세 노인이 된 그는 가진 거 하나 없이 힘든 삶을 살게 되었다. 그에게 있는 돈이라곤 사회보장금으로 지급된 105불이 전부. "105불을 가지고 무엇을 새로 시작할 수 있단 말인가?" "다 늙어서 무슨… 힘들지만 낙심하지 않고 다시 도전하기로 했다. 그동안 레스토랑을 운영하며 꾸준히 개발해 온 독특한 조리법을 팔아보기로 하고 낡아빠진 트럭을 끌고 다시 길을 떠나기로 한 것이다. 트럭에서 잠을 자고 주유소 화장실에서 면도하며 미국 전역을 돌아다니기란 쉽지 않은 도전이었다. 그가 믿었던 소중한 꿈이 사람들에게 외면당하기 일쑤였다. 영업을 위해 찾아가는 식당마다 그의 소스를 반기는 사람은 없었다. 실패하면 방법을 달리해서 또 도전했다. 할 때까지, 될 때까지, 이룰 때까지, 무려 1008번이나 거절당했고, 마침내 1009번째 자신의 조리법을 받아들인 식당을 찾았다. 오늘날 KFC 1호점이 탄생하는 순간이었다.

65세의 나이… 105달러라는 턱없이 적은 사업자금… 1008번의 거절…

성공을 이룬 사람들에게는 공통점이 있다. 많은 좌절과 실패에도 굴하지 않고 자신의 꿈을 이루기 위해 노력을 한다는 것과 자신에 대해 확고한 신뢰가 있다는 것이다. "훌륭한 생각을 하는 사람은 많지만, 행동으로 옮기는 사람은 드물다."

– 커넬 할랜드 샌더스

도 즐거움으로 인식하며, 웃으면서 스스로 도전하는 사람들은 일부러 악조건을 만들어서 즐기기도 한다.

우리나라의 경우 사람 말고 별다른 자원이 없기 때문에 창의력과 도전정신으로 무장하지 않으면 경쟁국들과 더 이상 경쟁할 수 없다. 세계 경영계에서도 도전의 경영자로 인정받는 도전의 대명사 현대그룹 창업자 정주영(鄭周永) 회장의 기업가정신은 "누구도 가지 않았지만 누군가 가야 하는 길이라면 가장 먼저 내딛고 보는 도전정신"이 현대건설을 명실상부한 기업으로 키우는 원동력이 되었고, '건설과 자동차 그리고 조선(造船)의 현대'를 글로벌 기업으로 우뚝 세웠다. 정주영 회장은 확고한 신념과 불굴의 노력의 화신이었다. 그는 "무슨 일을 시작하든 된다는 확신 90%와 반드시 되게 할 수 있다는 자신감 10% 외에 안 될 수도 있다는 불안은 단 1%도 갖지 않았다"고 술회하였다. 조선 사업에 진출하기 위해 차관을 신청했던 1971년 당시 영국 바클레이(Barclay)은행 롱바톰 회장이 차관승인에 부정적인 반응을 보이자 거북선이 그려진 500원짜리 지폐를 내보이며 "우리는 400년 전에 이미 철갑선을 만들었다"고 당당히 주장하면서 조선소 지을 차관을 구한 것이라든지, 경부고속도로 공사 기간을 대폭 단축한 것이라든지, 자동차 산업에 손을 대 수출 기적을 이룬 것 등은 모두 주변에서 불가능하다고 했던 일을 뚝심으로 성공시킨 기적이었다.

비록 초등학교밖에 안 나온 그였지만 기업을 하는 데 있어서는 어느 누구도 따라올 수 없는 철학과 원칙을 지녔다. 〈브랜드, 행동경제학을 만나다(곽준식 지음, 갈매나무, 2012)〉에서는 현대의 주베일 항만공사를 이렇게 전한다. 그 무렵은 제1차 석유파동 이후 석유가격이 급등하면서 넘쳐나는 달러를 주체하지 못하던 중동국가들이 여러 가지 사회 인프라를 건설하려던 참이었다. 그러나 낮엔 너무 더워서 일을 할 수가 없고, 건설공사에 절대적으로 필요한 물이 부족해 어느 나라에서도 선뜻 나서지 않았다. 그러나 정주영 회장은 대통령을 만난 자리에서 지금까지 다른 사람들이 했던 말과는 완전히 반대 이야기를 했다. 즉, 중동은 1년 내내 비가 오지 않기 때문에 "1년 내내 공사를 할 수 있고 모래

이봐 해봤어?…위기의 경제, 정주영 도전정신에 길을 묻다

아산 정주영은 한국 현대 경제사에서 삼성을 일군 호암 이병철과 함께 창업 1세대의 '성공 신화'를 대표하는 기업인으로 꼽힌다. 정주영이 손을 댄 자동차 · 조선 · 중공업 · 석유화학 · 건설 · 전자 등 이른바 '중후장대형' 전통산업은 한국경제의 중추로 성장했다. 그에게 뿌리를 두고 뻗어나간 범현대 가문은 현대차 · 현대중공업 · 현대 · 현대백화점 · 케이씨씨(KCC) · 한라 · 현대산업개발 등 8개 그룹 190여 개 계열사에 이를 정도로 한국 경제에서 큰 비중을 차지하고 있다.
정주영은 '이봐 해봤어?'로 상징되는 불굴의 도전정신을 보여주는 여러 일화들을 남겼다. 그는 1971년 조선소 건립 사업계획서와 예정 부지인 울산 미포만의 백사장 사진만 들고 영국으로 건너갔고 거북선이 그려진 500원짜리 지폐를 보여주며 "우리는 400년 전에 이미 철갑선을 만들었다"고 당당히 말하면서 차관도입과 선박수주를 성사시켰다. 1984년 천수만 방조제 공사 때는 큰 바윗덩이도 순식간에 쓸려갈 정도로 유속이 빠른 곳에 길이 322m의 고철 유조선을 가라앉혀 물막이를 완수한 이른바 '정주영 공법'을 선보였다. 한국 최초의 고유모델 자동차인 포니로 마이카 시대를 열고, 국토의 대동맥인 경부고속도로를 건설했으며, 세계 굴지의 건설사들을 제치고 사우디아라비아의 주베일 항만공사를 따내 '오일 쇼크' 극복에 일조했다. 그의 이름 앞에 '위기의 승부사', '세기의 도전자', '불굴의 개척자' 같은 수식어가 붙는 이유다. 하지만 이런 성공담은 이미 널리 알려진 얘기들이다. 그럼에도 2015년 한국 사회가 그를 다시 주목하는 이유는 무엇일까? 언론들은 "제조업 경쟁력 하락… 정주영의 '해봤어' 정신 간절" "위기의 한국경제, 정주영의 창조적 돌파력 절실" 등과 같은 표현으로, 그를 한국경제의 위기극복 화두와 연결시킨다. 현대차그룹의 고위 임원은 "20년 전 외환위기는 상당 부분 외부 충격에 의한 것인 반면, 지금은 전자 · 자동차 · 철강 · 조선 · 유화 등 한국의 주력 산업들이 모두 경쟁력을 잃어가고 있다는 우려가 커지는 시점에서 정주영식 '도전 정신'이 주목받는 것 같다"고 말했다. 정주영은 1960~70년대 불모지와 같았던 한국경제에서 '무에서 유를 창조'하며 '한강의 기적'을 이루는 데 결정적 역할을 했다. 지금 한국경제가 전례 없는 위기상황에 직면하자 정주영에게 다시 위기극복의 길을 묻고 있는 셈이다.

가 지천에 있으니 자재조달이 쉬워 건설공사하기 제일 좋은 땅"이라는 것이다. 그는 부족한 물은 "다른 곳에서 공수해오고 뜨거운 더위는 낮에 자고 밤에 일하면 극복할 수 있다"고 말했다. 전국경제인연합회는 2021년 정주영회장 서거 20주년에 "정주영 회장은 산업 불모지에서 현대그룹을 설립하고 글로벌 기업으로 성장시키면서 기업가정신의 표상으로 전 세계에 널리 알려져 있다"면서 "전국경제인연합회 회장을 10년 역임하면서 88 올림픽을 유치하는 등 사업보국을 통해 대한민국을 가난에서 벗어나게 하는데도 크게 기여했다"고 설명했다.

어떤 사람이 사업 성공을 향해 목표에 접근하다가 만난 바위를 보고 한 사람은 걸림돌(장애물)이라고 지각하고, 또 다른 사람은 디딤돌이라고 느낀다는 말이 있다. 젊은 시절 창업경험은 다양한 경험과 고난을 통하여 도전하는 혁신가로 성장할 기회를 주기 때문에 무엇보다 소중한 자산이다. 청년들이 성공을 바란다면 성공단계에 도착하는 과정에서 실패는 징검다리나 필수과정으로 이해하고 그 과정에서 만나는 어려움을 정면돌파(正面突破)하려는 자세가 필요하다. 돈, 인맥, 아이템이 없더라도 창업을 하면서 보완할 수 있겠지만 창업과정에서 실패라는 시련을 건너뛰고 화려함만으로 성공을 꿈꾼다면 걸음마 과정 없이 마라톤선수가 되려는 것처럼 실현 불가능한 헛된 몽상이나 다름없다. 세상의 수많은 사례들을 보면 성공한 사람들은 실패나 어려움을 안내자 삼아 정상에 올랐음을 수많은 사례를 통하여 알 수 있다. 청년창업 열기 속에서 도전하는 창업자는 도전하고 부딪치며 깨지는 가운데 내공이 깊어지는 것이니 성공하기를 바라거든 실패는 필수과정이라고 인식하여 멋진 성공과정에서 만나는 시련을 피하지 말아야 할 것이다. 사실 우리는 이미 걸음마를 배우던 아기시절 수많은 엉덩방아를 찧고도 주저앉지 않고 도전하고 또 도전하여 아슬아슬하게 걷다가 잘 걷게 되는 훈련을 체험했다. 만일 그때 엉덩방아 찧는 아픔 때문에 계속해서 걸음마에 도전하지 않았더라면 누구도 지금처럼 자유롭게 걷거나 힘차게 뛰지 못했을 것이다. 이와 같이 우리는 일찍이 도전하면서 익혀 온 경험을 토대로 장애를 넘었음에도 이제 와서 도전이 어렵다거나 두려움을 떨쳐버리지 못하는 것은 자신의 성공체험을 잊었기 때문은 아닐까? 과거 자전거타기를 배웠던 사람이 타지 않은 시간이 조금 지났다고 잊어버린 것이 아니므로 곧장 다시 탈 수 있듯이 이미 익혔던 잠재된 도전의지를 깨우면 살아날 수 있을 것이다.

또한 지금 젊은이들이 창업에 도전하기 두려워하는 이유는 우리 사회를 도전을 통한 성공확률이 낮고 성공적 결과에 대한 확신도 약하며, 실패하면 재도전 기회조차 주지 않는 상황을 마주하기 때문인데, 그런 인식이라면 그들에게 창업은 겜블링(도박)이나 다름없으니 우리도 창업의 메카 실리콘밸리처럼 '창업 → 성장 → 매각 → 재투자'과정이 순환되도록 스타트업 생태계 시스템을 구축해야 한다. 더불어 대한민국이 진정한 창업국가가 되기 위해 더욱 중요한 것은 경제 활성화 정책이나 스타트업 정책, 그리고 도전정신을 푸시(push)하는 것보다 제대로 된 창업가를 많이 양성하는 것이다. 제대로 된 창업가라면 자신감과 성공했을 때 얻을 수 있는 매력적인 상패(賞牌) 그리고 현실적인 성공확률 및 높은 기대감을 가지고 도전하게 될 것이므로 정부나 각 지원기관들도 그저 창업

하반신이 마비 클레어 로마스, 런던 마라톤(42.195km) 완주

2012년 5월, 런던 마라톤 대회에서는 한 편의 '인간승리' 드라마가 펼쳐졌다. 다리를 움직일 수 없는 클레어 로마스라는 여성이 이 대회에서 42.195km를 완주한 것이다. 로마스는 5년 전 승마 대회에 출전했다가 낙마사고로 척추에 손상을 입고 하반신이 마비됐지만 재활의지가 강했던 로마스는 마라톤에 도전, 16일 만에 결승선에 들어섰고 이 소식은 전 세계로 전해졌다. 로마스가 기적처럼 마라톤을 완주할 수 있었던 데는 '리워크(ReWalk)'의 역할이 컸다. 리워크는 하반신 마비 장애인들의 보행을 돕는 일종의 '바이오닉 슈트(Bionic Suit)'로, 동작을 감지하는 센서와 컴퓨터 시스템이 내장돼 있다. 2004년 리워크를 개발한 이스라엘 혁신가 아밋 고퍼 박사는 그 자신이 하반신이 마비된 장애인으로, 사고로 장애를 입기 전 수술실용 MRI 기기를 만드는 기업을 창업했던지라 장애에 대해 잘 알고 있었다.

– 아비 조리쉬(Avi Jorisch), <혁신국가: 21세기 이스라엘 기술혁신의 기적>, 2018.

을 권할 것이 아니라 전략과 방법을 제시하면서 창업성취의 매력을 높여야 한다. 비전과 열정을 가지고 새로운 모험에 끊임없이 도전하는 창업가들은 그 자체로 「창업국가(start-up nation)」의 근원이며, 경제 활성화와 혁신의 원동력이 될 것이다.

세계적인 게임기 제조업체 일본의 닌텐도(Nintendo)는 주위로부터 실패를 딛고 일어나 꾸준히 도전하는 문화를 내재화한 기업이라는 부러움을 사고 있다. 닌텐도는 1889년 9월 23일 일본 고유의 놀이인 화투를 제작하기 시작한 작은 업체에 불과했고, 화투(花鬪)시장이 포화했을 때 서양의 놀이기구인 트럼프를 제작해 또 다른 성공을 거뒀기 때문에 실패에도 불구하고 또 다시 도전하는 직원들의 마인드가 강한 기업이다. 닌텐도는 한때 식품사업과 택시, 호텔 등 본업과 무관한 다방면의 산업에 진출해 쓰디쓴 실패를 경험했으나 다시 게임산업에 집중해 전자게임기 「슈퍼마리오(Super Mario)」로 화려하게 부활했다. 1980년대 비디오게임 사업을 시작하면서 일본·미국 3가구 중 1가구는 닌텐도 게임기를 가지고 있을 정도였고, 닌텐도의 게임 「슈퍼마리오 브라더스(Super Mario Bros)」는 세계에서 가장 많이 팔린 게임으로 기네스북에 올랐다. 심지어 역대 게임판매량 1~10위는 모두 닌텐도가 차지했고, 1990년대 초 닌텐도는 '국민기업'이라 불렸다. 당시 경상이익이 삼성·대우·현대 등 한국 10대 그룹 경상이익 총합보다 높은 1,000억 엔을 넘었고, 소니, 마이크로소프트의 전자오락기기의 공격과 온라인 게임업체와의 경쟁으로 위기를 겪기도 했으나, 2004년 휴대용 게임기 DS와 2006년 통산 1억 대가 넘게 팔린 체감형 게임기 위(Wii)가 대박을 터트리면서 신화를 이어갔다.

또 상업용 드론시장을 만들어낸 중국의 세계 1위 드론 업체 다장촹신(大疆創新·DJI)는 스타트업이지만 실패를 새로운 성장기회로 바꾼 대표적인 중국 드론업체다. 초창기 중국의 소규모 드론기업에 불과했던 DJI는 야심차게 군용드론을 개조해 상업용 드론을 개발했으나, 판매실적이 미미하여 적자와 도산의 위협에 시달렸다. 하지만 DJI는 기존시장에서 실패하여 곤경에 빠졌을 때, 안정적인 군사용 드론사업에 머물러 있는 경쟁사와 달리 민간시장에 진출했다. 당시만 해도 드론은 군사용으로만 활용된다는 고정관념이 강했던 드론에 대한 기존의 사고에서 벗어나 '드론 뷰(Drone View)'라는 신조어를 만들어 낼 정도였고, 드론에 카메라를 장착한 시제품을 할리우드 영화감독과 방송국에 무료로 배포하면서 새로운 시장에 진출해 성공의 발판으로 삼아 방송국이나 영화제작자들에게 인기를 끌었다. 시원하고 광활한 드론카메라가 보여준 화면을 본 시청자들은 앞다투어 드론카메라를 구입하기 시작해 민간드론시장을 개척할 수 있었다. 이제 DJI는 드론카메라의 성공에 만족하지 않고, 드론카메라를 통해 습득한 카메라기술을 바탕으로 광학기기 시장으로 진출하고 있다.

또 다른 성장을 위해 새로운 제품과 시장에 도전하는 DJI는 스케일업(scaleup)을 위해 기업이 실패의 두려움을 이겨내는 도전문화를 내재화해야 한다는 메시지를 담고 있다. DJI는 2013년 카메라가 달린 일체형 드론 「팬텀(Phantom)」을 출시했을 때 시장의 반응은 폭발적이었다. 부품 조립 없이 상자에서 꺼내 그대로 날릴 수 있는 본체를 가진 팬텀은 일부 마니아층에서만 사용하던 드론 산업의 판도를 송두리째 흔들었다. 현재는 세계시장의 점유율이 70%에 이를 뿐만 아니라 전 세계 상업용 드론의 표준기술로 정착하면서 새로운 표준을 선도하고 있으며, 최근 농업에 활용될 드론개발 및 코로나19 확산 방지를 위한 방역에 활용되기도 한다. DJI는 전체인력 중 4분의 1이 연구개발(R&D) 인력이고, 매년 매출의 약 7%를 R&D에 투자하며, 2006년 단 20명의 직원으로 시작한 DJI는 현재 약 1만 4,000명의 직원을 거느리는 기업으로 거듭났다. 2021년 현재 DJI의 기업가치는 무려 1,600억 위안(약 27조 5천억원)이며, DJI의 창업자 왕타오 회장은 생소했던 드론의 대중화를 이끌어냈다는 평가를 받으며 '드론업계의 스티브 잡스'로 불린다.

영국의 에디슨이라 불리는 혁신가전기업 다이슨(Dyson)의 창업자 제임스 다이슨(James Dyson)은 기존의 진공청소기가 필터 때문에 먼지에 자주 막혀 효율이 떨어지는 것을 깨닫고 필터 없는 청소기개발을 위하여 끝없이 도전하여

다이슨(Dyson)이 발명한 상품들

먼지봉투 없는 진공청소기뿐 아니라 날개 없는 선풍기 에어 멀티플라이어(air multiplier), 헤어드라이 슈퍼소닉(Supersonic) 등을 개발했다. 그는 "먼지봉투 없는 진공청소기를 개발하는 과정에서 사이클론 기술(먼지봉투 없는 청소기를 가능하게 한 핵심기술)로 제품을 출시할 때까지 시제품(prototype)만 5,127개를 만들었다"고 말했다. 새로운 청소기에 대한 영감이 떠오른 유레카 모멘트(Eureka moment·직관적으로 아이디어가 떠오른 순간을 뜻함)에서 시작해 실제제품이 나오기까지는 5년이 걸렸고, 결국 원심력을 이용해서 박테리아 같은 아주 미세한 것까지 걸러 낼 수 있는 루트사이클론 시스템을 적용해 먼지봉투 없는 청소기를 만들어내는 데 성공했다. 다이슨(Dyson)의 성공은 오직 제품개발을 위해 시제품을 만드는 데 5년 이상을 투자할 정도로 실패를 두려워하지 않는 끝없는 도전과 RDD(Research, Design, Development)센터의 융합문화 때문에 가능했다.

또 대부분 사람들은 1882년에 에디슨에 의해 개발된 전기선풍기의 날개를 당연한 것으로 생각했지만, 프로펠러가 돌아가는 선풍기는 청소를 위하여 날개를 분리하는 것이 어렵고, 아이들이 손가락을 넣을 경우 위험하다는 점 등 많은 단점이 있었다. 오랫동안 누구나 선풍기를 사용하고, 선풍기 프로펠러가 위험하다는 것을 알고 있었지만 오직 다이슨만이 방치된 특허에서 창의적인 해결법을 찾아내는데 도전했다. 다이슨 기술자들은 125년 동안 큰 변화가 없었던 날개 달린 선풍기를 보면서 "왜 선풍기는 꼭 날개를 써야 하지?"란 질문(과제)을 가졌고 핸드드라이어 노즐에서 빠르게 흘러나오는 공기가 주변공기를 끌어당겨 바람을 만들어 낸다는 사실을 관찰한 결과 싸이클론 기술로 날개 없는 선풍기 에어 멀티플라이어(air multiplier)를 개발했다. 에어 멀티플라이어는 1초당 최대 33ℓ의 공기를 빨아들여 고리모양의 구멍을 통과시킴으로써 날개가 없어도 일반 선풍기 15배의 시원한 바람이 만들어지는 원리다. 다이슨은 지금까지 불편함을 당연하게 여기고 개선할 생각조차 못했던 주제에 시각을 달리하여 디자인씽킹(Design Thinking) 혁신방식과 실패에 대한 두려움에 빠지기보다 창의적으로 혁신할 수 있는 아이디어에 집중하는 새로운 도전을 통하여 역량을 향상시키고 성장 동력으로 활용하면서 지속적으로 성장할 수 있었다.

3. 도전하는 청년 인재

1997년 한국에 몰아닥친 IMF 금융위기 당시 중·고등학교를 다니던 이들은 부모세대의 경제적 고통을 온몸으로 느꼈고 이후 이어진 고용불안과 경제적 혼란은 직업선택에 결정적인 영향을 미쳤기 때문에 경제적 안정이 최우선의 기준이 되면서 공무원과 교사에 대한 선호도가 급격히 높아지면서 우리 사회는 최근 과도하게 안정성을 추구하는 분위기다. 결과적으로 기존체제의 구조적 모순을 해결하기보다는 오히려 기존체제와 규범에 순응하며 기존체제가 부여하는 기회를 누리면서 안정직업을 통해 안정, 생존, 워라밸, 소확행을 추구하는 경향이 또렷하다. 그러나 지금의 경제위기를 극복하고 경제를 활성화하려면 변화를 두려워하지 않고 새로움을 향해 거침없이 도전하는 인재를 육성하여야 하는 상황이다. 그 해법으로 역동성이 부족한 한국사회에 활력을 불어넣으려는 정부나 기업뿐만 아니라 각 학교들도 앞다투어 도전하는 창의인재를 양성하겠다는 비전을 밝히고 있으나 여전히 안정위주의 직업선호나 위험회피형 사고를 떨치기 어려운 상황이다.

현실적으로 한국은 별다른 자원이 없기 때문에 창의력과 도전정신으로 무장하지 않으면 경쟁국들과 경쟁할 수 없으므로 청년세대가 본인의 열정과 잠재력을 믿고 취업, 창업, 해외진출 등 각 분야에서 도전하지 않는다면 현 상황의 극복은 어려울 수밖에 없는 상황이다. 우리는 새로운 일을 시작하면서 종종 두려움을 만나게 되지만 두려움이란 피한다고 해도 사라지지 않으므로 용기를 가지고 두려움에 맞서는 것이 최고의 전략이 될 수 있다. 오늘날 무한경쟁의 시대, 창업의 시대라 하더라도 모두가 창업할 수도 없고 또 그럴 필요도 없지만 청년들이 살아가는 동안 창업경험과 기업가정신의 함양이 꼭 필요하므로 주입식 교육이 아닌 남과 다르게 생각하기, 실행과 소통을 기반으로 참여방식 교육을 실행하는 것이 꼭 필요하다.

> "나는 세상에서 가장 신나는 직업을 갖고 있다. 매일 일하러 오는 것이 그렇게 즐거울 수가 없다. 거기엔 항상 새로운 도전과 기회와 배울 것들이 기다리고 있다. 누구든지 자기 직업을 나처럼 엔조이(enjoy) 한다면 결코 탈진되는 일은 없을 것이다."
>
> – 빌 게이츠(Bill Gates), MS의 창업자.

한국고용정보원이 2015년 12월에 발표한 자료에도 기업들은 새로운 가치를 창출하고 신선한 변화를 일으키는 도전정신과 창의성을 갖춘 인재에 대한 선호도가 높은 것으로 나타났다. 다행스러운 것은 최근 혁신형 성장의 중요성을 인식한 정부정책에 따라 회사와 함께 성장하기 위하여 스타트업이나 벤처기업에 취업하려는 청년들이 증가하면서, 2016년 벤처기업에 종사하는 직원 수는 76만4,000명으로 이미 삼성 등 6대 그룹의 종사자 수 총합(76만9,395명)에 육박한 것으로 나타났다(중소벤처기업부). 이들 스타트업이나 벤처기업이 원하는 인재상은 필요에 따라 언제나 다른 분야에서도 일할 자세가 된 유틸리티 플레이어(utility player, 만능선수)이다. 더구나 지금처럼 빠른 속도로 성장하는 스타트업의 특성상 실수와 실패를 두려워하지 않는 인재와 팀워크가 중요하다. 창업 CEO의 1년 경험은 샐러리맨 5년 경험과 비교하는 것처럼 창업에 도전해 본 젊은이는 국가자산이므로 실패한 창업경험을 기업들이 인센티브로 인정해 준다면 많은 청년들이 보다 적극적으로 창업에 도전할 것이다.

창업에 도전하는 청년층의 고민, 노력, 경험은 모두 국가 및 기업의 미래경쟁력의 핵심이므로 성공과 실패경험을 사회의 자산으로 축적하고, 창업경험을 바탕으로 문제를 해결하고 새로운 길을 개척하여야 한다. 더불어 창의적 문제해결 능력을 가진 창업가형 인재가 역동적으로 활동할 수 있는 사회적 분위기와 아이디어를 믿고 두려움 없이 열정을 쏟을 수 있는 환경을 조성하고, 창업에 도전한 경험을 높이 인정하면서 설령 실패했더라도 다시 도전할 수 있도록 격려하는 분위기와, 실패는 더 큰 성공을 위한 좋은 경험이라는 사회적 인식을 통하여 재기를 북돋는 정책과 사회적인 분위기가 절실하다. 더불어 우리 사회 전반에서 도전이 일반화되고, 도전은 그 자체로 박수 받는 분위기가 필요하며, 나아가 도전정신을 칭찬해주는 문화를 정착시키고, 도전하는 인재가 존중받는 풍토를 조성함은 물론 실패와 시행착오는 훈장처럼 빛날 수 있어야 한다. 하지만 지금 우리 청년들은 거침없는 도전을 경험하지 못했고 실패에 대한 막연한 두려움 때문에 단 한번만 실패해도 재도전보다 현실에 안주하는 경향이 있지만 경제의 불확실성이 고조되고 기업환경이 하루가 다르게 변하는 오늘날 현실안주는 곧 퇴보위기의 씨앗이 될 수 있다. 따라서 실패를 두려워하지 않는 풍토의 조성과 도전정신의 회복은 일자리 창출에 집중한 경제정책과 혁신을 요구하는 기업경영 등 모든 분야의 핵심과제로 다가오고 있다.

> "감히 도전해 보지 못한 사람들은 아무것도 하지 못한다."
>
> – 지그 지글러(Zig Ziglar), 〈정상에서 만납시다〉

우리는 본래 도전적이고 변화에 굴하지 않으며 만주벌판을 지배했던 강인한 기마민족(騎馬民族)의 정신을 물려받은 주인공이었기 때문에 도전정신을 이어받아 어려움을 극복하는 역동적인 청년상을 구현하여야 하는데 지금 우리 청년들은 용기와 자신감에서 나오는 역동성이 부족하고 위험을 두려워한다는 평가가 많다. 과거 세계 휴대폰시장의 40%를 차지하며 왕좌를 차지했던 핀란드의 노키아(Nokia)가 혁신에 실패하여 시장에서 퇴출되면서 핀란드 경제가 침체된 난감한 상황에서도 창업열풍이 일어날 수 있었던 원인은 미래의 경제를 책임질 인재를 육성해 온 국가차원의 교육방식과 평소 스스로 기획하고, 자기주도적으로 활동을 펼치는 혁신적인 교육을 받은 핀란드 학생들 때문이었다. 우리나라에도 유튜브 30억 뷰를 달성한 가수 싸이, 요리사 직종 위상을 높인 이연복 셰프, 카카오톡을 만든 김범수 카카오 의장 등 창의적 아이디어와 도전사례들이 많이 있으나 더 많은 사례들이 지속적으로 탄생하려면 혁신성장의 주체인 인재

청년들이여 '안주의 둥지'를 벗어나라

움츠러든 사회, 주눅 든 젊은이들, 창업을 남의 일처럼 생각하거나 정년이 보장된 공기업, 안정적 대기업을 선호하는 세태를 적나라하게 보여주는 수치는 해마다 높아진다. 전문가들은 "한 사회에서 도전정신이 사라진다는 것은 제도와 조직, 기업이 모두 노쇠해진다는 의미"라며 안타까워했다. 도전 DNA를 되살릴 수 있는 환경을 만들어주는 것은 국가와 사회의 책임이다. 공평한 기회를 제공하고 성공사례와 전략을 공유해야 한다. 도전을 장려할 뿐 아니라 실패해도 재기할 수 있는 사회안전망을 갖춰야 한다. 전문가들은 도전 DNA가 발현되지 못하는 1차적 이유로 사회구조적 병폐를 꼽았다. 도전을 '무모함'으로 여기며 '튀지 말라'고 권하는 보수적 문화, 실패하면 다시 일어서기 어려운 무한경쟁이 한국사회에 뿌리 깊게 자리잡고 있다. 기업들도 창업 1세가 물러난 후 2세, 3세가 경영을 맡으면서 공성(攻城)보다 수성(守城)에 주력했다. 청년들은 어떻게 해야 도전을 성공으로 이끌 수 있을지 배울 기회조차 없었다.

청년창업 교육기관인 대구스마트벤처창업캠퍼스의 총괄책임자 경북대 전자공학부 김현덕 교수는 "중국이 자본주의를 도입하면서 사업성공세대가 나타났던 것과 달리 우리 사회는 도전이 성공할 수 있다는 경험을 공유하지 못했다"면서 "항상 주어진 문제만 풀어 왔을 뿐 도전정신을 함양하는 방식은 체득하지 못했다"며 "스스로 문제를 설정한 뒤 풀어가는 방식을 청년들이 배워야 한다"고 말했다. 도전에 실패하면 포용하는 게 아니라 낙오자로 여기는 사회의 시선도 젊은이의 발목을 잡는다. 이병훈 중앙대 사회학과 교수는 "어릴 때부터 경쟁을 계속해오면서 열등한 존재가 되는 것에 대한 두려움이 크다"며 "도전에 실패해도 학습의 기회로 삼아 좌절 없이 다음을 도모할 수 있는 여건이 마련돼야 한다"고 제안했다. 마케팅전략·창업 컨설팅업체인 엠아이전략연구소 김용한 소장은 "2000년대 초반 벤처붐이 일어났을 때는 도전과 실패를 통한 학습효과가 있었다"며 "도전을 통해 성공할 수 있다는 선례를 만들어줘야 도전에 대한 확신도 늘어날 것"이라고 말했다. 전문가들은 우리 청년들의 역량이 선진국에 비해 뒤처지지 않으며, 글로벌 마인드와 도전정신만 갖추면 얼마든지 시대를 앞서 나갈 수 있다고 했다.

를 양성하는 노력과 시스템이 필요하다. 국민 모두를 창의적인 인재, 과감하게 도전하며 실패를 자산으로 생각하는 인재, 새로운 시대가 요구하는 지식과 기술을 갖춘 인재, 협업과 공유의 가치를 존중할 줄 아는 역군으로 성장할 환경을 만들어야 한다. 창의성과 도전정신을 갖춘 청년혁신인재를 양성하기 위해 생각하는 힘을 키울 수 있도록 토론·발표수업을 활성화하고, 논리적 사고력함양 교육과 도전이 친숙하도록 기업가정신 교육을 강화하며, 창의·융합교육 강화와 창업지원을 확대하여 스스로 기회를 만들고 과감히 도전할 청년인재로 키워야 한다.

한편 도전정신의 진수를 보여준 사례로 전북 완주의 차사순 할머니는 어려운 가정형편 때문에 초등학교를 졸업한 뒤 계속 뭐든지 준비해 왔다. 첫 운전면허 필기시험 때 25점이란 점수를 받았지만 꿈을 버리지 않고 2005년 4월부터 950차례의 필기시험과 10차례의 기능시험에서 도전한 결과 2010년 5월(68세) 운전면허증을 받았다. 차할머니는 쉰다섯 살에 "미용사 자격증을 따려고 공부를 시작해 3년 만에 땄고, 운전면허도 5년 만에 취득했다"며 "이 늙은 사람도 희망을 포기하지 않고 노력해 면허증을 땄으니 젊은이들도 모든 일에 끝까지 도전하라"고 말했다. 미국 유력일간 시카고 트리뷴(Chicago Tribune)은 2010년 11월 25일 한국사회에 감동을 줬던 차사순 할머니 사연을 소개하며 '도전의 귀감'이라고 극찬했다. 트리뷴은 도전정신을 강조하는 '960번'이라는 제목의 사설에 차할머니의 사진과 함께 "차 할머니는 현대 부모들이 자녀에게 기억시켜야 할 집념과 끈기의 귀감"이라고 소개했다. 특히 시카고 트리뷴은 실패를 딛고 수없는 도전으로 성공한 유명인들의 사례를 함께 소개하고 있지만 요즘 우리 사회에서 도전정신은 찾아보기 어려운 시대가 되었다.

현실에 없던 것을 상상하고, 4차 산업혁명 기술과 연계한 창업자들 이야기 "루키들이 온다(저자 김현정)"에 등장하는 루키들은 하나같이 자신들이 특별한 것이 아니라 문제를 해결하는 데 두려움을 갖지 않고, 모르는 것에 겁을 내지 않았을 뿐이라고 말한다. 펀드매니저였던 타스글로벌 김유식 대표가 선박청소를 하는 수중 청소로봇에 대한 아이디어를 떠올린 건 요트를 타다 알게 된 선박청소의 어려움 때문이었다. 그가 겪은 63빌딩만큼 큰 선박이 잠긴 물 아래로 내려가 선박 겉면을 청소하는 건 위험하고 어려운 일이었다. 이 일을 대신하는 로

현실에 없던 것을 상상하고, 아무도 시도하지 않은 방식으로 성공에 다가간 루키들의 이야기

아무도 시도하지 않았던 영역을 개척해 부와 명성을 거머쥔 행운아들. 70여 개국 투자자들에게 300여억원을 투자받은 메디블록 이은솔 대표, 마케팅 비용을 100만원도 안 쓰고 1년 만에 70만 회원을 확보한 레드벨벳벤처스 류준우 대표, 3D프린팅 아트토이 키트로 월 매출 최고 2억원을 달성한 라돈 오서빈 대표. 모두가 기존에 없던 시장에서 아무도 시도하지 않은 방식으로 이뤄낸 성과다. <루키들이 온다>에 등장하는 평범했던 루키들이 시장을 내다보고 발 빠르게 움직여 성공에 다가간 시작은 작은 아이디어였지만 그들의 다음 행보는 남달랐다. 루키들은 한결같이 문제에 마주했을 때 생각에서 멈춘 것이 아니라 문제해결 방법을 찾기 위해 집중했고, 가진 것을 융합했으며, 낯선 기술을 두려워하지 않고 배워서 방법을 찾아냈다. 모두가 시작은 비전문가였지만 그 과정 속에서 전문가가 되어 있었던 것이다. 루키들은 '어떻게 문제를 해결할 수 있을까?'라는 질문에서 사업 아이디어를 얻었고 '4차 산업 기술'에서 답을 찾았다. 재미있는 건 대부분의 루키들이 기술에 대해 잘 모르는 사람들이었다는 것이다. 블록체인, VR, 빅데이터, 재생에너지, O2O, 핀테크 등 어렵게만 들리는 기술이었지만 부딪혀 배워나갔고, 전문가의 도움을 받았다. 루키들은 한결같이 자신들이 특별한 것이 아니라 문제를 해결하는 데 두려움을 갖지 않고, 모르는 것에 겁을 내지 않았을 뿐이라고 말한다.

– 김현정. <루키들이 온다>, 라곰. 2018.

봇이 있다면 비용도 절감하면서 효율성도 높일 수 있을 것이란 생각이 들었다. 시장성에 대한 확신이든 김 대표는 월급으로 모은 1억원으로 프리랜서 로봇개발자와 함께 수중청소로봇을 개발하여, 국내 특허 6개를 등록했을 뿐만 아니라 대기업도 못한 세계 40여 개국에 특허출원 등록 중이다. 또 문과생이었던 코드스테이츠 김인기 대표는 써먹을 수 없는 교육에 갈증을 느껴 직접 미국까지 가서 2,000만원을 내고 코딩교육을 받고, 그 경험을 바탕으로 스물다섯에 코딩교육 사업을 시작해 취업률 97%라는 놀라운 성과를 만들었다.

또한 실리콘밸리의 유명 투자사인 500스타트업에서 투자받고, 5만 명이 넘는 사람들이 이용하는 인공지능 추천 채용서비스를 만든 코멘토 이재성 대표도 인재가 어디에 있는지 모르는 회사의 답답함과 어떻게 취업을 해야 하는지 모르는 구직자의 답답함을 해결하고자 인공지능에서 답을 찾았다. 그리고 올리브유니온 송명근 대표는 "보청기는 스마트폰보다 부품도, 기능도 적은데 왜 600만원이나 할까?" 웨어러블 기술을 결합해 10만원대 보청기를 개발한 올리브유니온의 시작은 어쩌면 너무 당연한 질문이었다. 그때부터 그는 보청기가 왜 못생기고 비싼지 구조적인 문제를 따지기 시작했다. 디자인을 전공했지만 문제를 해결하려면 어떤 전문가가 필요한지, 어떤 방법으로 접근하면 좋을지를 찾아냈고 팀을 꾸려 제품을 개발했고, 시제품 테스트로 진행한 크라우드펀딩에서만 7억원어치를 팔았다. 또 타스글로벌 김유식 대표는 "내가 아는 것만 할 수 있다는 고정관념을 버려야 한다. 내가 아는 것만 하려고 들면 성장에 한계가 있을 수밖에 없다. 기꺼이 전문가들과 손잡으려는 열린 태도를 가져야 한다"고 말한다. 이 한마디가 평범했던 루키들이 특별해진 이유를 잘 설명할 수 있다.

청년들의 성공적인 창업을 위해서 창의적인 아이디어와 철저한 준비뿐 아니라, 희망찬 미래를 펼치되 실패를 두려워하지 않으면서 위험을 감수하는 불굴의 도전정신이 바로 기업가정신의 핵심이다. 2015년 기업인을 대상으로 창업가정신을 가장 잘 느끼게 하는 말로 사람들의 입에 자주 거론되는 도전정신의 상징어로 고(故) 정주영 현대그룹 창업회장의 「이봐 해봤어?」가 선정된 바 있다. 그러나 한국은행이 우리나라의 2020년 경제성장률이 −1.0%라고 발표했고, 2020년말 가계신용잔액(부채)은 1,726조원, 2021년 3월 기준 청년 체감실업률은 26.8%를 각각 기록하는 등 국가의 역동성이 낮아졌고 오래전부터 저출산·고령화 사회의 딜레마의 늪에 빠져 있다. 더구나 경제성장률 감소추세를 반전시키고 양질의 일자리를 창출할 새로운 산업은 나타나지 않는 답답한 수렁에 빠져 '헬조선'이라는 오명를 벗지 못하고 있다.

실패를 허용하고 장려하는 구글(Google)

실수나 실패에 관용적이지 못한 조직일수록 구성원들은 자신의 잘못을 숨기려 한다. 지극히 당연한 일이다. 그런데 더 큰 문제는 숨기는 데 그치는 것이 아니라 실수나 실패가 두려워 도전을 회피하게 된다는 점이다. 그래서 창조적인 기업들은 실패를 허용할 뿐만 아니라 장려하기까지 한다. 그 대표적인 회사 구글에는 구글 직원들조차 뭘 하고 있는지 잘 모르는 조직이 있다. 바로 '구글X'라는 이름의 비밀 연구소다. 2016년부터 '알파벳'의 자회사로 독립한 조직 구글 글래스는 무인 자동차를 비롯하여 풍선을 성층권에 띄워 전 세계에 무료 와이파이를 제공하는 룬 프로젝트(Loon Project), 드론을 이용해 쇼핑물품이나 구호물자를 전달하는 윙 프로젝트(Wing Project), 의료분야의 혁신을 꿈꾸는 생명연장 프로젝트, 양자컴퓨터 등 획기적인 아이디어들을 현실로 만드는 곳이다. 이들이 무모하다고 할 만큼 도전적인 아이디어 실현을 위해 뛰어드는 이유는 실패와 성공을 똑같이 대접하기 때문이다. 구글X에서는 모두가 동의할 만한 이유로 실패한 팀에는 보너스가 주어지고, 공개석상에서 리더의 포옹과 동료들의 박수갈채를 받을 뿐 아니라 연봉인상과 더불어 새로운 프로젝트를 구상하기 위한 몇 개월의 휴가가 주어진다. 그러니 어찌 실패를 무릅쓰고 도전하지 않겠는가?

이런 난국의 해결책으로 지금 우리에게는 당돌하게 질문하고, 실패를 두려워하지 않으며, 고난(苦難, Suffering)과 실패에서 배우고, 끊임없이 학습하되 끝까지 포기하지 않으며, 과감하게 도전하는 청년의 도전정신이 절실하다. 그 해법으로 글로벌 도전정신의 롤 모델로 꼽히는 이스라엘의 「후츠파(chutzpah)」 정신을 벤치마킹할 필요가 있다. 사울 싱어(Saul Singer)와 댄 세노르(Dan Senor)의 〈창업국가(*start-up nation*)〉는 그들이 자랑하는 탈무드 5천 년 역사를 보여주고 근간을 이루는 정신세계, 즉 유대인들은 핏속을 흐르는 절대적인 악조건을 극복하는 바탕으로 도전적으로 지향하는 7가지 정신인 후츠파(권위에 대한 질문, 형식타파, 섞임과 어울림, 위험 감수, 목표 지향의 정신, 끈질김, 실패학습)를 강조했다. 후츠파의 7가지 정신을 한마디로 축약한다면 바로 창조(창의) 정신이다. 기존의 관습이나 생각에 도전하여 형식을 파괴하여 새로운 것을 만드는 당돌함과 뻔뻔함을 실천하고, 이미 존재하는 것에 대한 도전을 위해 다양한 질문을 던져 창의적인 아이디어를 만드는 것이다. 유대인들은 절망이나 포기를 모르고 도전하며 끈질기게 실행해 무언가 새로운 것을 만들어냈고, 혹 실패하더라도 거기서 얻은 교훈과 경험을 바탕으로 다시 도전하는 후츠파정신을 가지고 있다.

이스라엘에서는 자유롭게 질문하고 토론하는 과정에서 생각의 융합이 일어나고 과감하게 도전할 수 있는 환경이 만들어져 있으며, 청년 개개인이 꿈을 현실로 이루기 위한 모든 자유와 도전이 허용되었기 때문에 창업국가가 될 수 있었다. 이스라엘에서는 각자의 독특한 아이디어에 힘과 가능성을 실어주며, 그 과정에 넘어지더라도 낙오자로 낙인찍지 않고 오히려 도전의 훈장으로 생각해 계속해서 달릴 수 있다. 나라도 없고 개인재산도 인정받지 못하는 유배생활 속 열악함과 위험에 둘러싸여 있으면서도 결코 실패를 두려워하지 않았던 과거 역사 속에서 터득한 그들의 DNA가 있다. 또 이스라엘에 투자하는 투자유치 설명회에서 가장 많이 듣는 용어 '다브카(Davca)'는 히브리어로 '그럼에도 불구하고'인데, 이는 '그럼에도 불구하고' 한계를 극복하고 성공하리라는 의미다. 이스라엘에서 창업은 개인의 영리추구보다는 공공발전의 성격이 강하고 남의 실패를 비난하거나 책임을 묻지 않는 분위기, 청년들은 도전하고 책임은 사회가 진다는 분위기 때문에 실패와 시행착오를 해도 문제없다고 인식한다. 그들의 꾸준한 노력은 벌들이 꿀을 얻는 과정에서도 알 수 있는데, 우리가 좋아하는 꿀 한 수저는 꿀벌이 4천 2백번이나 꽃과 벌통을 왕복하며 얻은 것임을 알고 나면, 과실(성공)도 한두 차례 노력으로 얻어지는 것이 아니라는 사실을 깨닫게 된다.

'후츠파'에 담긴 7가지 처방

1. 형식 타파(Informality)
2. 질문의 권리(Questioning Authority)
3. 섞임(Mash-up)
4. 위험감수(Risk taking)
5. 목표지향(Mission orientation)
6. 끈질김(Tenacity)
7. 실패로부터의 교훈(Learning from failure)

자료: 〈창업국가〉

청년정책, 젊은이들이 자유롭게 도전할 여건부터 만들라

정부와 여당이 부처별로 쪼개진 청년 정책을 총괄할 컨트롤타워(가칭 청년정책조정위원회)를 총리실 산하에 설치하는 등 고강도 대책을 추진하기로 했다. 더불어민주당은 '청년기본법' 제정을 통해 법적 근거를 마련한다는 방침이다. 청년들은 대한민국 미래를 이끌 주역이지만 도전과 희망보다는 포기와 고통에 익숙한 세대가 되고 있다. 부모 세대에 비해 기회의 문이 좁아지면서 취업난·경제난으로 이들의 절망은 갈수록 깊어지고 있다. 무전무업(돈이 없으면 취업도 할 수 없다), 청년실신(청년실업자와 신용불량자)이라는 자조적인 유행어가 떠돌고 있으니 참으로 씁쓸하다. 청년세대를 외면한다는 비판에 정부는 그동안 대책을 우후죽순으로 내놨지만 주먹구구식이고 분산되다 보니 효과도 미미했다. 오죽했으면 지난달 청와대에서 엄창환 전국청년정책네트워크 대표가 "정권이 바뀌었는데 청년 정책은 달라진 게 없다"고 울먹였겠는가. 현 정부에 대한 20대 남성 지지율이 추락한 것도 청년정책 부재와 무관치 않다. 이 같은 문제의 심각성을 인식하고 당·정·청이 삼각협력모델을 구축한 것은 늦었지만 고무적인 일이다.

20·30 표심을 잡기 위한 총선용 뒷북 이벤트라는 소리가 나오지 않게 하려면 청년들 의견을 적극 수렴해 제대로 된 정책을 구현해야 할 것이다. 일자리, 주거, 복지 등 다양한 대책이 강구돼야겠지만 가장 중요한 것은 젊은이들이 마음껏 상상하고 자유롭게 도전할 수 있는 여건을 만드는 것이다. 일자리를 얻는 게 힘들다면 이들이 활발하게 창업할 수 있도록 멍석이라도 깔아줘야 하는데, 지금의 낡은 규제는 이들의 발목을 잡기 일쑤다. 공유경제 등 혁신산업에 도전한 청년 스타트업들은 거미줄 규제에 걸려 아우성을 치고 있고 정보기술(IT), 게임, 바이오산업에 뛰어든 젊은이들은 엄격한 '주 52시간 근무제' 잣대에 억눌리며 '일할 권리'를 주장하고 있다. 일론 머스크 테슬라 최고경영자(CEO)는 세상을 바꾸고 싶다면 주 80시간을 일해야 한다고 하지 않았던가. 청년대책은 수당 살포 같은 퍼주기식, 베풀기식에서 벗어나 4차 산업혁명 시대 청년들이 당당히 도전하고 희망과 꿈을 가질 수 있도록 새로운 프레임으로 접근해야 한다.

– 매일경제, 2019.5.3.

한편, 모든 것이 빠르게 변화하고 기술도 발전하는 4차 산업혁명 시대에 교육방법과 패러다임도 바뀌고 있다. 한 대학교에서 4년 이상 공부하는 전통적인 대학교 개념이 바뀌어 최소한의 시간에 재교육하기 위한 3~6개월 과정의 마이크로칼리지가 발전하고, 학생들의 학습 수준에 맞춰 가르치는 AI(인공지능) 가정교사 시대를 맞이하게 되었다. 4차 산업혁명 시대의 인재상으로 • 창의적 학습을 위해 핵심개념을 정확히 이해하는 '개념지식', • 새로운 생각(개념)을 찾아내거나 기존 생각(개념)을 새롭게 조합하는 '창의성', • 사실적 근거를 토대로 평가하면서 균형잡힌 '비판적 사고', • 효과적 문제해결을 위해 먼저 문제를 정확히 정의하는 '컴퓨팅 사고', • 학문과 지식 및 정보를 통합하는 '융합역량'을 갖춰야 한다. 특히 다음 세대인 학생들에게는 • 재능, 적성, 개성이 경쟁력이자 역량인 시대에 남과 다른 생각이 경쟁력이 되고, • 적성에 맞으며 좋아하고 잘할 수 있는 것을 전공하여 전공분야에서 창의력을 길러 최고 전문가가 되며, • 전공분야에 창의력과 상상력, 호기심을 집중하여 세계적인 전문가가 되고, • 소통과 공감 능력의 인성과 통찰력을 극대화한 융합 역량을 함양해야 한다.

Chapter 11

위대한 한강의 기적과 제2의 기적

1. 잿더미(절망)에서 핀 꽃, 한강의 기적(Miracle)

대한민국은 1945년 일제로부터 해방되고 혼란 속에서 1948년 8월 15일 정부를 수립하였으나 안정을 찾기도 전에 남침으로 시작된 한국전쟁(1950.6.25)이 1953년 7월 정전(停戰)되었을 때 우리 국토는 처절하게 황폐화되었고 국민들은 망연자실한 상태였다. 본래부터 경제발전을 위하여 필요한 부존자원, 자본, 기술 그 어느 것도 갖지 못한 상태에다 그마저 전쟁으로 파괴되면서 나라는 더 궁핍해졌고 온 나라가 생존의 기로에 섰다. 1945년 해방 전 일제강점기에는 땀 흘려 농사를 지어도 일본의 수탈로 의욕을 잃고 무력감에 빠졌었기 때문에 한국인의 성취욕은 낮은 상태였고, 미국의 구호물자를 받고도 지독한 빈곤에서 벗어나기 힘들었지만 그럼에도 폐허에서 벗어나려는 국민들의 생존욕구는 강렬했다.

당시 군사정부는 1962년 시작된 경제개발 5개년 계획을 추진하면서 경제성장 과정에서 정책적 인센티브를 제공했고, 정부와 국민들의 노력으로 성과가 나타나자 배고픈 자의 정신력(hungry spirit)이 '하면 된다(can do spirit)'의 도전정신으로 전환되었다. 당시 사회분위기에 대하여, 종군기자로 왔던 영국의 〈타임지(*The Times*)〉 기자는 "대한민국에서 민주주의의 꽃이 핀다는 것은 쓰레기통에서 장미가 피어나기를 바라는 것과 같다"며 한국의 미래를 절망적으로 표현하였고, 한국전쟁 당시 UN군사령관이었던 한국전쟁의 영웅 맥아더(MacArthur) 장군마저 "대한민국이 전쟁에서 회복되려면 최소한 100년은 걸릴 것"이라고 했다. 그러나 대한민국은 가혹한 식민지와 분단의 고통, 전쟁의 폐허 위에서 오로지 '잘 살아보자'는 일념으로 불과 40여 년 만에 세계인이 깜짝 놀랄 〈한강의 기적〉을 일구어 냈다.

최빈국에서 경제 강국으로… '한강의 기적' 순간들

'한강의 기적'은 6·25전쟁 이후부터 국제통화기금(IMF)사태 이전까지, 반세기 동안 대한민국의 급격한 경제성장을 상징하는 용어다. 대한민국 경제는 짧은 기간 동안 세계 최빈국에서 명실상부 경제강국으로 성장했다. 2017년 국내총생산(GDP)은 1조 4,981억 달러로 1953년 대비(13억 달러) 무려 약 1,100배를 넘었다.

• 1950~60년대 = 복구

대한민국은 1950년 6·25전쟁을 겪으며 국가경제력을 완전히 상실했다. 정부는 6·25전쟁을 통해 생산시설의 75% 이상이 파괴된 면공업 등의 복구를 위해 원조 받은 물자를 값싼 가격에 기업에 판매하면서 식료품 제조업체가 급성장했다. 미국의 원조물자와 이를 통제했던 정치권력 그리고 여기에 선이 닿은 특정 기업인들에 의해 재벌체제가 인위적으로 만들어졌고, 밀가루, 면화 등의 대량 수입은 식량문제를 상당수 해결할 수 있었지만 국내 농업기반이 붕괴되었다.

• 1960~70년대 = 발판

1960년대 국내산업은 제조업의 비중이 점차 커지고 있었지만 본격적인 경제개발 토대가 마련된 것은 정부의 '경제개발 계획'이 수립되면서부터다. '1차 경제개발 계획(1962)'은 정부 주도하에 경공업 중심의 수출 주도형 산업을 통한 성장전략이 주를 이뤘다. 주로 정유·비료·화학·전기기계 등의 기간산업과 사회간접자본의 확충에 집중적인 투자가 이뤄졌다. 당시 정부는 제철·기계·석유 화학·조선업을 4대 국책 사업으로 설정하고, 경공업 중심에서 중화학 공업 중심으로의 전환을 시도했다. 이 기간 연평균 경제 성장률은 10.5%이다. 서울과 부산을 잇는 경부고속도로 건설을 주도하며 물자 수송문제 해소에 기여한 현대건설(1947년 설립), 포드사와 합작회사로 출범해 국내 자동차 산업을 이끌었던 현대자동차(1967년 설립), 중화학공업이 꽃피는데 일조한 포항제철공업(1968년 설립, 현 포스코) 등 현재 글로벌 기업에 이름을 올리고 있는 '굴지의 기업'들이 이 시기에 일제히 설립됐다. 빈부 격차와 대외 의존도 심화, 재벌중심 경제구조의 출현 등 부작용도 낳았다.

• 1970~80년대 = 부흥

중화학공업의 집중육성은 한국경제 부흥에 원동력이 되었다. 제조업 생산액에서 중화학공업이 차지하는 비중은 1960년 21%에서 1970년 44%, 1980년 58%로 큰 폭으로 확대됐다. 1977년에는 수출 100억 달러라는 금자탑을 쌓았고, 1970년 4월, 서울과 부산을 잇는 경부고속도로가 개통되면서 한국경제는 더욱 빠르게 돌아가기 시작했다. 수송, 전력공급 문제 등이 해소되며 도소매업의 성장은 물론, 중화학공업 제품을 항만으로 나르는 작업이 수월해졌다. 아울러 포항제철의 종합제철공장(1973년 준공), 현대조선소(1972년 설립, 현 현대중공업)의 국내 최초 조선소(1974년 준공) 등이 돌아가며 무역수지가 큰 폭으로 상승했다. 아울러 글로벌 경제가 1973년과 1979년 두 차례에 걸친 석유파동의 위기상황에서 건설업의 중동진출, 자동차의 해외수출 등으로 빠르게 회복하는 저력을 보였다.

• 1980~90년대 = 도약

정부의 경제정책은 80년대 이후부터 제성을 띈 집중육성에서 연구활동 등을 장려하는 지원형으로 바뀌었다. 이는 산업판도에도 변화를 일으켰고, 전자제품 제조에 주력하던 삼성전자와 LG전자가 반도체산업에 뛰어들며 고품질의 전자제품을 직접 생산해냈다. 삼성전자는 1983년 미국, 일본에 이어 세계에서 3번째로 64K D램 개발에 성공한 후 세계 반도체 시장 1위로 도약하며 현재까지 절대 강자로 한국경제의 든든한 버팀목 역할을 하고 있다.

일제식민통치와 한국전쟁이라는 역사의 아픔으로 암울하던 대한민국이 반세기 만에 경제·정치·사회적 발전을 이룩하여 세계 10위권 경제대국으로 부상한 성장 동력은 국가지고자의 정책드라이브와 가난 속에서 교육받은 똑똑하고 성실한 국민들, 그리고 우리 기업인들이 보여준 불굴의 의지·도전정신·생존의 열정 등 기업가정신이었다. 특히 삶이 곧 가난이라고 할 정도로 최빈국이었던 1960~70년대는 어려운 여건 속에서도 국가지도자의 비전과 리더십 아래 가장 왕성했던 제1세대 기업가정신을 바탕으로 새로운 기회를 찾아 가능성을 현실로 바꾸면서 기적과 같은 경제성장을 이끌었다.

건국 60여 년을 맞은 2008년 대한민국 성적표는 '놀라움' 그 자체다. 1972년 10월 울산공단에 조성한 한양화학(현 한화케미칼) 등 국내 첫 석유화학단지를 본

시크릿 한국경제 성장엔진 5

반세기 만에 GDP 34.5배 성장으로 전 세계를 깜짝 놀라게 했던 한국경제의 성장 비밀 <한강의 기적>을 한국경제 성장엔진 5가지 핵심 키워드로 설명할 수 있다.

① **우수하고 근면한 노동력(Labor)** 전쟁 통에도 우리나라 사람들은 교육에 대한 열의가 대단했다. 이러한 교육열은 우수한 노동력을 키웠다. 가정경제를 책임지며 동생들을 뒷바라지했던 여성인력과 새벽부터 별을 보고 나가 해 떨어질 때까지 낮과 밤을 가리지 않고 일하던 남성인력들을 양산했고, 그렇게 벌어 키워낸 아들딸들은 우수한 인재들이 되어 다시 한국 산업 발전의 초석이 되었다.

② **신속한 자본 투입(Capital)** 한국전쟁이 끝나고 미국의 원조금을 산업발전을 위해 쓴 뒤로도 정부는 끊임없이 자금을 모아 투자하고 재분배했다. 정부는 조선업, 제철업, 종합기계, 석유화학을 한국경제의 4대 핵심산업으로 선정해 추진했다. 맨땅에서 시작한 산업들은 지금의 한국경제를 만든 핵심 산업이 되었다.

③ **기술의 진보(Technology)** 미국의 원조금을 공장 건설에 투자했고, 기술 인력들을 키우기 위해 해외 파견교육을 했으며, 해외에서 활약하고 있는 과학기술인력들을 데려왔다. 한국과학기술연구원이 세워지고 민간주도의 기술개발 시대가 열렸다. 과학과 전자산업 분야가 발달하면서 기술은 저절로 진보하게 되었고, 이는 산업 성장의 동력이 되었다.

④ **강력하고 실천적인 리더십(Leadership)** 1960년대에 경제개발 5개년계획을 세워 국토개발, 중화학공업 활성화, 과학기술 발전, 새마을운동 등을 일으키며 빠르게 한국경제 발전을 이룩했던 박정희 대통령의 리더십이 있었다. 척박한 조선업에 도전해 세계 1위의 조선업으로 수출산업을 발전시킨 현대중공업의 정주영의 리더십, 투철한 기업가정신으로 세계적 전자기업으로 산업의 핵심이 된 삼성의 창시자 이병철의 리더십 등이 한국경제를 이끈 주역이었다.

⑤ **한국인 특유의 문화와 DNA(Culture)** 한국 사람들의 급한 성미는 '빨리 빨리' 문화가 되어 여러 산업의 동력이 되었다. 섬세함을 요구하는 젓가락 문화 역시 의학과 예술 분야에서 뛰어난 자질로 나타났다. '흥'이 많은 한국 사람들의 기질, 유목민의 후예로서 땅을 정복하려는 한국인의 DNA도 여러 산업분야에서 세계로 뻗어나가려는 움직임의 원천이 되었다.

– <시크릿 한국경제 성장엔진 5(2013)>에서

격 가동하였고, 1973년 6월 9일 포항제철(현 POSCO) 제1고로에서 처음으로 빨간 쇳물이 쏟아져 나왔으며, 1974년 6월 현대조선중공업(현 현대중공업) 울산조선소 독(dock·배를 만드는 작업장)에서는 우리 손으로 만든 첫 유조선인 26만t급 「아틀란틱 바론(Atlantic Baron)」의 명명식이 열렸다. 이와 같이 1970년대 우리나라는 조선·석유화학·철강 전자 등 중화학 공업을 수출산업으로 집중육성하면서 50년 이상 뒤진 선진국과의 산업화 격차를 빠르게 따라잡았고, 한국을 선진공업국 대열에 올려놓았으며, 이후 우리 경제는 중화학 수출산업을 기반으로 경이로운 성장을 거듭하였다. 그런 기적은 박정희 전 대통령의 경제개발 5개년 계획과 새마을운동이 「한강의 기적」을 낳았다. 특히 자원도 없고, 남북이 분단된 잿더미에서 출발하여 세계가 놀랄 눈부신 경제성장을 가능하게 한 뿌리는 바로 우리 민족에게 잠재된 특별한 DNA인 기업가정신(entrepreneurship) 때문이었다.

1990년대 문화학자 헌팅턴(Huntington)의 저서 〈문화가 중요하다(*Culture Matters*)〉에 따르면, 1960년대 초반 우리나라 GNP(국민총생산)는 60달러 수준이었고, 1960년대 아프리카의 가나와 인구, 국토, 생산기술, 공산품, 해외 원조액까지 사정이 비슷비슷했다고 한다. 그러던 가나와 우리나라 양국의 GNP(국민총생산)는 15배 차이로 벌어진 것을 「문화의 차이」라고 설명하면서, 한국 사람들은 정말 열심히 일하고, 열심히 공부하고, 잘살아보자는 의욕이 넘치는 문화강국이지만 가나에는 그런 문화가 없었다고 설명하였다. 한국인은 그 어느 민족보다 경쟁심이 강하고 성취욕이 높으며 시기심도 많다. 또한 위기일수록 뭉치고, 합의된 국가적 목표를 위해서는 적극 에너지를 모은다. 이러한 기질이 한국의 성장 원동력이 되었다. 성공한 한국인들의 공통적인 성공법칙은 첫째, 남다른 꿈이 있다. 둘째, 목표가 확실하다. 셋째, 열심히 노력한다. 넷째, 훌륭한 어머니가 있다. 다섯째, 끝없는 도전과 맨주먹 정신이다. 여섯째, 실패를 이겨내는 오뚝이 정신이다. 당시 대부분의 외국인들은 “What is korea(한국이 어디야)?”라고 묻던 나라였는데 어느 날 아시아의 용이 되고, 88올림픽을 성공적으로 개최로 어느 날 우뚝 솟아난 코리아에 세계가 깜짝 놀랄 수밖에 없었다.

한강의 기적에 대한 평가

한국이 다른 국가와 달리 국가주도 산업화에 성공할 수 있었던 가장 큰 까닭은 기업에게 정부가 여러 가지 도움을 주면서도 정부가 요구하는 일정 수준의 업적을 내지 못하는 기업에게는 도움을 끊는 징계 메커니즘을 가지고 있었다는 점이다.

– MIT 앨리스 앰스덴(Alice H. Amsden), Asia's Next Giant (New York: Oxford University Press, 1989)

또 한국경제연구원에 따르면 경제개발계획이 추진되기 직전인 1961년도 한국의 1인당 GDP(국내총생산)는 91.6달러, 필리핀은 260.2달러였으나 50여 년이 지난 대한민국은 저개발 농업국가에서 근대적인 산업국가로 기적처럼 성장하면서, 2009년에는 한국 17,078달러, 필리핀 1,752달러(자료: World Bank)가 되었다. 이제 한국은 필리핀을 포함해 많은 아시아인들에게 코리안 드림(Korean Dream)을 이루기 위해 가고 싶어 하는 동경하는 나라가 되었다. 우리 국민들의 느끼는 놀라운 성장보다 외국의 석학들이 본 한국경제의 발전과정은 저개발 농업국 상태에서 50년도 되지 않아 선진공업국으로 도약한 놀라움 그 자체다.

현대 경영학의 아버지 피터 드러커(Peter F. Drucker)는 잿더미에서 일군 한강의 기적을 보고 전 세계 기업가정신 최강국이자 최고 실천국은 의심할 바 없이 한국이라고 칭송했다. 그는 "영국이 250년, 미국 독일 프랑스가 80~100년 만에 이뤄낸 것을 한국은 단 40년 만에 해냈다"고 격찬했다. 기적을 가능하게 했던 원동력은 바로 불굴의 기업가정신이었다.

또 프랑스 석학 기 소르망(Guy Sorman) 교수는 한국의 경제·사회적 발전은 전 세계 문화유산이라고 평가했고, 1995년 노벨 경제학상을 수상한 시카고대의 로버트 루카스((Robert Lucas) 교수는 '기적 만들기(Making a Miracle)'라는 논문에서 1960~1988년 한국 경제의 고속성장을 '기적'이라고 불렀다. 우리나라 경제의 놀랄만한 성장은 산업현장의 모든 구성원들 각자의 도전정신과 불모의 환경 속에서

美 고교서 '한강의 기적' 가르친다

미국 고등학교 '세계사 AP'(대학 선수과정에 해당되는 상급과정) 과목에 한국 현대사가 처음으로 포함된다. 미국대학입시위원회(CB)는 최근 이사회를 열고 한국의 세계역사디지털교육재단(역사재단)의 제안을 받아들여 한국 현대사를 미 고교 교과과정에 반영하기로 확정했다고 역사재단 측이 2017.6.25 밝혔다. 따라서 가을학기부터 세계사 AP를 선택하는 미국 고교생은 한국현대사를 배우게 된다. 미국 현대사가 다루는 주제는 크게 두 가지로, 한국전쟁 이후 '한강의 기적'으로 불리는 한국경제의 고속성장 과정과 정부의 역할, 한국 정보기술(IT)의 발전 등이다. CB는 6,000여 개의 미 대학과 교육기관을 회원으로 두고 있는 비영리 교육단체로, 우리나라의 수능시험 격인 SAT를 출제하고, 유치원과 초·중·고 교과과정 수립과 교육 자료를 제작하는 기관이다.

– 국민일보. 2017.6.26.

새로운 사업을 일궈낸 초기 기업가들의 불굴의 의지로 어려움을 극복한 결과다. 또 세계적 석학 미국 존스홉킨스 대학 프랜시스 후쿠야마(Francis Fukuyama) 교수는 한강의 기적이 "민·업·정(民業政)의 신뢰구조가 있어 가능했다"고 분석했다.

또 〈새로운 사업의 기원과 발전〉의 저자인 미국 컬럼비아대 아마르 바히데(Amar Bhide) 교수는 "한국 경제의 기적은 수출주도의 경제성장과 최첨단 기술제품으로 가치사슬을 상향 이동한 결과"라며 "그 바탕에는 기업가정신이 투철한 기업인들의 큰 활약이 있었다"고 말했다. 또 마이클 슈만(Michael H. Shuman)도 〈미라클(*Miracle*)〉이라는 책에서 한국의 급속한 발전요인을 기업가정신과 정부정책의 선순환적 상호작용이라고 보았다. 정부가 '당근과 채찍' 정책을 적절하게 구사해 민간경제 주체들의 역동성이 살아나도록 했기 때문이라는 것이다.

1960년대 시작된 한국의 고속성장은 부존자원은 물론이고 산업 인프라도 없고, 자본과 기술, 경험도 없는 상태에서 철강, 정유·화학, 기계, 전기·전자, 자동차, 조선 등 거의 모든 제조업분야에서 국제경쟁력을 갖춘 나라로 발전한 것은 기적(miracle)이라는 표현 말고는 설명할 수 없는 큰 사건이다. 사실 한국이 지난 50여 년간 전 세계에 유례가 없을 정도로 탁월한 기업가정신을 발휘할 수 있었던 것은 한마디로 '성취욕과 성공체험의 선순환' 때문이었다. 빈곤했던 국민들은 가난을 벗어나 보려는 열망과 높은 성취욕을 바탕으로 힘차게 도전하였고, 성공적인 결과를 얻어내게 되자 긍정적 피드백의 사이클이 가속화되었다. 한국의 세계수출 순위는 2008년 12위에서 2009년 9위, 2010년 7위, 2015년 6위로 상승했고, 2020년에는 7위, 교역규모 9위를 차지했다. 1964년 1억 달러였던

한강의 기적을 일으킨 정신적 요소

① **한국인 특유의 오기와 집념** 한국인들이 역사/지리적 특성에서 다져 온 오기와 집념의 '깡다구 정신'이다. 일본과 독일, 미국 등 선진국들이 수백 년 간 다진 기반으로 경제성장을 이룩한 데 반해 일제강점기와 6.25 전쟁을 거친 한국 경제기반은 사실상 쑥대밭 상태였다. 이 상태로 한국인들은 경제성장을 위해서라면 '열 번 찍어 안 되는 나무 없다'는 각오로 1960년대 중후반 베트남 전쟁 군수업, 1970년 포항제철소 건설, 1970년대 중후반 중동 건설사업 등 혹독한 환경 속에서도 맨주먹으로 뼈 빠지게 일해 현재의 대한민국을 만들었다.

② **헝그리 정신** 조선 말 삼정의 문란 시기부터 1960년대까지 한국에선 보릿고개라는 말까지 나올 정도로 가난을 숙명처럼 지니고 살아왔으나, 1962년 박정희 정권이 경제개발 계획을 추진한 후 국민들도 잘 살겠다는 의지로 경제개발 정책에 열심히 호응하여 현재의 선진국 대열에 오르게 만들었는데, 옛날처럼 지독한 가난을 후손에게 물려주지 않겠다는 '헝그리 정신' 덕이다.

③ **투철한 주인의식** 한국인들은 역사/지리적 특수성 탓에 개개인이 강한 기질을 가진 탓에 단합이 안 된다는 지적이 있지만, 단체별로 한 가지 목표가 있으면 저절로 융화된다. 특히 국민적 합의가 이루어진다면 폭발적으로 저력을 발휘하기도 하는데, 1970년대 새마을운동을 비롯해 1986 서울 아시안 게임, 1988 서울올림픽, 2002 한일월드컵, 2018 평창 동계올림픽, 2020년 코로나19 사회적 거리두기 등도 국민 개개인이 공감하는 거라면 발 벗고 앞장선 덕에 성공한 것들이다.

– 이원복 교수의 교양만화 <먼나라 이웃나라>

수출액도 2008년 4,220억 달러에서 2015년 5,269억 달러, 2017년 5,738억 6,500만 달러, 2020년 연간 상품수출액은 5,125억 달러로 성장한 경제기적의 핵심은 바로 한국 기업인들의 기업가정신이었다. 인류 역사상 이런 경제기적을 창출할 기업가정신은 과거에 없었고 앞으로도 없을 것이라는 것이 전문가들의 의견이다. 또 한국은행이 2021년 3월 발표한 2020년 GDP(명목)는 1,924조 4,529억원이었고, 1인당 GNI(명목)는 3만 1,755달러로 세계 10위에 랭크되었다.

광복 70년…세계가 놀란 '한강의 기적'

올해(2015)는 대한민국 광복 70주년이다. 광복(光復)은 주권, 즉 민족 고유의 주체성을 회복했다는 뜻이다. 35년이라는 기나긴 일제의 억압과 탄압에서 벗어나 스스로를 다스리고 자주적 국가건설을 시작했다는 의미다. '한강의 기적'은 광복 70년 대한민국 경제 발전을 보여주는 상징어다. 2014년 한국의 국내총생산(GDP)은 1조 4,104억 달러로 세계 13위다. 실질 GDP는 1953년부터 2014년까지 연평균 7.3%씩 성장했다. 60년 남짓에 GDP는 3만 배 이상 급증했다. 수출만으로는 세계 6위 국가다. 광복 이후의 슬로건 '수출입국'이 현실화된 것이다. 광복 70년은 인구, 수명, 교육, 문화 등 삶의 전반에 엄청난 변화를 가져왔다. 국력을 뒷받침하는 인구는 불과 60여 년 만에 두 배로 늘었다. 1952년 3만 명에 불과했던 대학생은 2014년 210만 명을 넘어섰다. 1947년 3만 7,000명에 그쳤던 유선전화 가입자는 현재 전체 인구에 육박하는 4,700만 명을 넘고, 1982년 300명이던 이동통신 서비스 가입자는 5,000만 명을 돌파했다.

한류(韓流)는 대한민국이라는 좁은 땅을 넘어 전 세계로 확산 중이다. 특히 창의, 혁신, 도전의 기업가정신은 한국을 경제대국에 올려놓은 일등공신이다. 물론 모든 여정이 순탄치만은 않았다. 이승만 대통령이 단행한 토지개혁은 시장경제의 기초를 무너뜨리지 않으면서 정부가 취한 최선의 경제개혁이었다. 이승만 정부의 유상몰수 유상분배의 토지개혁으로 대한민국은 근대화·공업화의 길로 들어설 수 있었다. 이 대통령은 의무교육을 실시해 근대화에 필요한 인적자본을 길렀다. 오늘의 대한민국은 70년 전 지도자의 선택으로 자유민주주의와 시장경제라는 두 마리의 토끼를 모두 잡은 나라가 됐다. 광복 70년은 분단 70년이다. 광복은 아픔의 뒷면이다. 스스로의 힘을 키워 세계의 중심에 우뚝 서야 광복은 완성된다.

2. 한강의 기적(압축 성장)을 선도한 주역들

1950~1960년대 세계 최빈국이었던 우리나라의 1960~70년대 고속성장 시대에도 지역 간, 계층 간의 갈등이 있었지만, 「잘 살아보자」는 명확한 비전을 이끌어낸 리더십에 따라 노동자와 기업과 정부가 각자의 몫을 다해냈고, 그 신뢰의 협력 시너지가 세계 10위권의 경제대국을 만들었다. 그러한 경제기적의 바탕에는 조국근대화에 동참하면서 가시밭길 같은 난관을 헤쳐 나가면서 창의력을 발휘하면서 헌신적인 노력을 기울였던 수많은 기업가, 그 기업가와 뜻을 같이한 근로자의 동참이 있었기에 가능했다. 당시 우리국민들이 하루 12시간씩 지독히 일한 결과로 제4차 경제개발 5개년 계획이 끝난 1981년까지 평균 경제성장률은 60년대 7.7%, 70년대 8.6%, 80년대 10.1%를 이룩했다. 당시 박정희 대통령은 전후 폐허상태에 100달러도 안 되던 대한민국이 1인당 GDP를 2만 달러 국가가 될 수 있도록 기반을 조성하였고, 재임기간 동안 경부고속국도 건설, 중화학공업 우선 육성, 저축 장려, 새마을운동 등 인프라 구축과 고속의 경제발전을 이룩하였다.

「한강의 기적」으로 불리는 이 시기의 고도성장은 지도자의 정확한 방향설정과 국민들의 성실한 노력이 결합돼 만들어진 성공적인 사례로 꼽힌다. 박정희 대통령은 산업화를 성공적으로 이끈 공로는 '대한민국 국민이 가장 존경하는 지도자' 조사에서 연속 1위를 차지해 왔다. 특히 재배작물 선정을 통해 농가소득을 끌어올렸고, 새마을운동은 농촌의 생활여건을 향상시켰으며, 현재까지도 전 세계 개발도상국들은 새마을운동을 빈곤탈출의 롤모델(role model)로 삼고 있다. 박정희 대통령은 기업가들의 제안을 즉시 수용하여 국가 정책으로 시행했고, 기업가들을 전폭적으로 지원해 최고의 성과를 달성했다. 이는 한국의 산

빈곤 한국 '한강의 기적' 어떻게 가능했나?

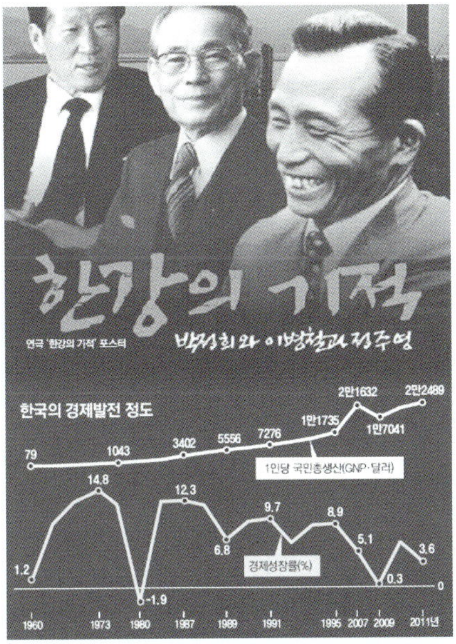

우리나라는 일제강점기와 6·25전쟁을 거치면서 국토 전체가 황폐화되어 다른 나라의 원조 없이는 버틸 수 없는 세계최대의 빈곤국이었다. 외국의 원조로 가까스로 생존한 한국이 서서히 경제활동을 위한 사회기반시설을 갖추기 시작한 것은 1960년대 들어서다. 그리고 1962년 제1차 경제개발 5개년 계획을 시작으로 불과 20여 년 만에 세계가 놀랄 만한 경제성장을 이뤄낸다. 1인당 국민소득은 1962년 87달러에서 1979년 1,693달러로 20배 가까이로 증가했고, 국내총생산(GDP)은 23억 달러에서 640억 달러로 무려 28배로 성장하였다. 한강의 기적은 바로 1960, 70년대의 급격한 경제성장을 나타내는 상징적인 용어다. 2011년 현재 GDP는 1조 1,164억 달러로 반세기 만에 480배가 넘는 경제성장을 이뤄냈기 때문이다.

– 동아일보, 2013.3.11.

업화가 국가와 재벌 간의 「발전연합(development coalition)」의 결과물이라는 것이다.

한국개발연구원(KDI)이 2012년에 낸 「한국경제의 성장요인 분석」 보고서에 따르면, 1970년 우리나라 GDP는 2.8조원에 불과했지만 2011년에는 1,237조원을 기록, 무려 446배나 증가했다. 1970년부터 45년간 연평균 7.3%의 경제성장률을 기록할 정도로 경이로운 성과를 이룩하였다. 1970년대부터 시작된 한국의 고속성장의 수많은 요인들은 우선 생산에 투입된 노동력과 자본의 증가 및 생산기술의 진보를 들 수 있다. 다양한 경제적, 사회적, 문화적, 정치적인 요인

또한 경제성장에 직·간접적 영향을 미쳤다. 서강대 국제대학원 조윤제 교수는 이에 대해 "60~70년대 박정희 정권은 '적절한 설계'와 '유능한 시공'으로 우리 국민의 잠재력을 엮어내 당시 사회지표가 예측해 주던 성장률보다 더 높은 성장을 실현해냈다"며, 이는 "당시 박정희 정권이 한 핵심적 역할에 대해서는 기획조정(coordination)을 통해 당시 예견된 시장의 실패를 극복했다"는 것을 의미한다. 또 해외차관을 밑바탕에 깔고 보릿고개 해결을 국정철학으로 삼은 박정희 대통령은 경제개발을 국가의 최우선 과제로 삼고, 1962년 제1차 경제개발 5개년 계획을 시작으로 본격적인 경제개발에 착수했으나 초기에는 성공하지 못하였다. 당시 박 대통령이 첫해 7.1%의 성장률 목표로 모두 220개 사업을 한꺼번에 시작했을 때, 세계은행에서는 "돈도 없는데 어떻게 그 많은 사업을 할 거냐"고 냉소적인 반응을 보였으며, 결국 1차 년도인 1962년의 성장률이 2.2%에 그치자 정부가 1964년 「경제정책의 중심을 수출로」 옮기면서 상황이 반전되었다. 시멘트·비료·정유·철강 등 다른 산업의 바탕이 되는 공장들이 세워지고 일자리가 늘어났으며, 국민들은 굶주림에서 어느 정도 벗어나면서 박정희 정권의 경제정책이 급격한 성장세를 실현할 수 있었다.

1970년대 공업화에 따라 철도·고속 도로·항구·통신시설 등 국가인프라가 건설됐고, 중공업에 이어 경공업제품 수출도 급격히 늘어났다. 제1차 경제개발 5개년 계획과 수출주도 정책으로 인해 수송난이 심각해지자 우선 경부고속도로를 건설하였고, 포항제철과 중화학공업단지 건설로 한국은 공업국으로 변화하면서 농촌경제도 새마을운동의 확산으로 활기를 띠기 시작했다. 고속도로와 중공업 등 국가차원 인프라와 함께 해외차관 및 강력한 재정·금융정책들이 투입됨에 따라 수출산업이 급성장함으로써, 1977년에는 수출 100억 달러를 달성했으며, 공업국으로서 입지를 구축한 1980년대 수출상품은 전자제품·자동차·기계·철강 등 중화학 공업제품이었다. 선진국이 장기간에 걸쳐 진행한 것들을 너무도 빨리 건너뛰는 고속성장을 이루었기 때문에 빈부의 격차, 재벌밀어주기에 따른 기업구조 불균형, 경제성장 최우선 정책에 따른 정치·사회 미성숙, 도시

'한강의 기적'의 주역 박정희 리더십

한강의 기적을 연구하는 경제학자들은 박정희 전 대통령의 강력한 리더십에서 원인을 찾는 이들이 많다. 그는 민주주의보다 빵을 내세우며 산업육성을 내걸어 기업인들을 옹호·지원했고, 대신 노동자들에게 인내와 불이익을 요구하였기에 이것이 노사 갈등, 나아가 반독재 투쟁으로 이어져 하루도 조용한 날이 없었다. 그럼에도 정부는 우수한 인재들을 등용하여 이들의 경제 정책안을 관철시켜 온갖 반대를 무릅쓰고 경부고속도로를 건설했고, 여러 기초산업을 육성시켜 공업화에 주력했다. 그의 강력한 리더십 때문에 현재도 그를 칭송하거나 그리워하는 사람들이 여전히 있고, 유신독재를 욕하는 사람들 중에 박정희의 경제발전 성과만큼은 높이 사는 이들도 있다.

경제학자 이영훈 교수는 박정희가 어떻게 한국경제 성장을 이끌었고 그의 역할은 무엇이었는지 아래와 같이 설명했다. 한국의 5개년 계획은 개별정책을 입안하고 집행하는데 구속력을 갖지 않았으며 대신 정부가 어디로 가고 있다는 것을 민간에 알리는 역할을 하고 기업 등 시장의 주체들은 계획에 맞추어 그들의 시장 활동을 펼쳤다. 수출주도 공업화로 개편한 다음 해인 1965년부터 월간경제동향보고와 수출진흥확대회의라는 두 회의가 매월 정기적으로 개최되었다. 이 회의들은 대통령의 주재 하에 공무원, 기업인과 업계 관련자, 학자들이 참여해 물가와 경상수지 등 거시경제와 국내외 시장의 동향과 수출정책을 다루었다. 실제 계획을 짜는 것보다 어려운 문제는 실행이었다. 문제는 계획 및 조정하는 기구가 항상 효율적으로 가동해야 하는데 우수한 능력의 경제관료들과 산업 전문가들이 필수적이었다. 바로 한국에서는 이 두 회의가 이런 역할들을 훌륭하게 수행하였다. 15년이나 매월 두 개의 대규모 경제회의를 개최한 나라는 다른 어느 나라에서도 없었고, 매번 두 회의를 주관한 박정희는 거듭된 회의 과정에서 최고의 경제전문가로 훈련되어 갔다.

– 이영훈, <대한민국 역사> 중에서

인구 과밀화와 농촌인력 부족, 환경오염 등 문제점도 많았다. 우리나라가 본격적인 산업화와 경제발전을 시작한 70년대부터 40년 만에 국민소득 2만 달러 시대를 열 수 있었던 것은 산업화시대에 적합한 기업가정신이 있었기 때문이라는 것이 전문가들의 견해다.

우리나라가 가난과의 전쟁을 선포한 1961.11.26. 조선일보는 '성장률 7.12%', '식량 자급' 등 제1차 경제개발 5개년 계획 보도 당시 경제개발 목표의 핵심은 자립경제의 달성을 위한 기반구축이었다. 1963년부터 선진국에서 노동집약적 경공업이 사양화되면서 한국공업제품의 수출이 크게 늘었고, 경제개발의 기본전략은 수출주도형으로 완전히 바뀌었다. 자본도 자원도 없이 맨손뿐인 한국에 우수하고 풍부한 자원은 오직 값싸고 질 좋은 노동력이었다. 당시 국민자본이 전무하고 외국자본을 구할 길이 없어 일본과 국교정상화와 경제개발협력 회담을 열어 다수 국민들의 반대에도 불구하고 10년간 유·무상(grant & loan)으로 6억 달러의 차관을 받아 산업자본(Seed money)으로 활용하였다. 또 빈손뿐이었던 국가상황에서 최소한의 산업자본을 조성하기 위하여 1964년 월남에 군대를 파견하여 미국으로부터 경제 원조를 얻어냈고 병사들 월급을 송금 받아 외화를 획득하였으며, 서독파견 광부와 간호사의 월급을 담보로 서독정부로부터 미화 3,500만 달러의 차관(현재 420여억원에 해당)을 도입하여 도로, 항만, 통신, 철로 등의 기간산업과 사회간접자본을 구축하였다. 또 자원이 부족한 반면 양질의 저임금 노동력은 상대적으로 풍부했던 한국이 중간재를 수입해서 조립·가공해 수출하는 가공무역 방식의 「수출주도형 성장전략」을 선택했던 것은 당시로선 불가피한 선택이었다. 이런 수출주도형 성장전략은 결국 한강의 기적을 이루는 뼈대가 되어 1964년 11월 30일 1억 달러 수출을 달성 기념행사를 치르면서 박정희 대통령이 감격의 눈물을 흘렸다고 전한다.

또 1973년 1월 정부는 철강, 비철금속, 기계, 조선, 전자, 화학 공업을 6대 전략업종으로 선정하여 중화학공업육성 계획을 발표하였다. 1975년에 준공된 현대조선소는 첫해에 흑자를 내며 가능성을 열었고, 대한민국의 수출 100억 달러 목표도 4년을 앞당겨 1977년에 달성했다. 당시 지하자원이 거의 없고 자본마저 없던 상태에서 오직 기업인들은 불굴의 도전정신과 상대적으로 풍부했던 양질의 저임금 노동력을 기반으로 중간재를 수입해서 조립·가공해 수출하는 가공무역방식의 수출주도형 성장전략을 선택했던 것은 당시로선 최상의 선택이었고, 이런 수출주도형 성장전략은 결국 한강의 기적을 이루는 토대가 되었다. 시행착오를 최소화하기 위해 산업화에 성공한 나라들의 경험을 모방하는 따라잡기(Catchup)전략과 빠른 추격자(Fast Follower)전략으로 활용하면서 처음에는 기술도 거의 없었던 반도체·자동차·철강·조선·화학 등이 오늘날 주력산업으로 우뚝 설 수 있었다. 민주주의에 기반한 시장경제는 기업가나 근로자의 창의성을 촉발해 혁신을 낳고, 그 혁신이 지속적으로 성장엔진을 돌리는 기폭제 역할을 하였다. 한국은 지금까지 경제 기적의 밑바탕이었던 끊임없는 도전정신, 근면성, 성실성 등 우리만의 기업가정신을 통해 비약적 경제발전을 이뤘다. 특히 '한강의 기적'을 이룬 한국경제의 원동력은 끊임없는 도전과 혁신이었다. 자본·자원·기술도 없었지만 당시 국민들은 온종일 노동과 잔업·야근 등 지문이 닳도록 일했다. 눈부신 성장은 근면·검약·성실·교육으로 가난을 극복하겠다는 의지와 하면 된다는 자신감이 충만했기에 가능했다.

한국(6·25)전쟁 후 1960~1970년대 경제개발 시기에 독특한 기업가정신으로 기업을 급속히 성장시킨 몇몇 출중한 기업가들이 등장하면서 경제성장의 씨앗이 형성되었다. 사람을 빼고는 자원이라곤 없었던 대한민국이 60여 년의 짧은 역사 속에서 선진국, 선진기업의 경계대상이 된 성장 동력은 창업 1세대들의 기업가정신을 빼면 설명이 불가능하다. 한국산업의 발전은 조그만 희망도 보이지 않던 삭막한 상황에서 「한강의 기적」이란 찬사 속에 온갖 역경을 이겨내고 위기를 기회로 바꾼 신화창조의 주역들은 다름 아닌 도전과 성취의 주인공인 창업 1세대 기업가들이다. 대한민국 창업 1세대의 기업가정신은 이미 존재하는 생산요소들을 새롭게 해석해 신제품을 만들거나 또는 혁신적인 방식으로 재결합해 부가가치를 높이는 차원의 것이 아니었다. 자본, 기술, 주변 인프라, 경험과 같은 주요 생산요소가 부족한 상태, 즉 사실상 무(無)에서 산업을 만들어내는 정신이었기 때문에 대한민국의 기업가정신이 높이 평가되고 국내외 경영학계의 연구대상으로 주목받는 것이다. 한국의 기업가정신은 우리만의 특수한 역사·문화·환경 속에서 형성된 후천적 차별성이 인간의 고유한 속성과 함께 발현된 것이다.

그들의 피땀이 만든 '한강의 기적'

한국경제 신화 주인공

'한강의 기적' 한국전쟁 이후 비약적으로 발전한 한국경제발전을 일컫는 대표적인 수식어다. 1948년 대한민국 정부수립 당시 1인당 국민소득은 60달러에 불과했다. 과거 영국과 미국 등 서방 선진국이 짧게는 50년 이상, 길게는 200년에 걸쳐 이룬 성과를 우리나라는 불과 30~40년 만에 달성하는 압축 성장을 일궈냈다. 동서고금을 막론하고 유례를 찾아볼 수 없는 '한강의 기적'은 한국현대사에서 빼놓을 수 없는 키워드로 자리매김했다. 2011년 영국의 경제주간지 이코노미스트도 '한강의 기적'으로 대변되는 경제발전 사례가 성공을 추구하는 다른 나라들의 본보기가 되고 있다고 극찬했다. 그 중심에는 한국경제를 견인하고 있는 삼성, 현대 등 대기업이 있었다.

이병철 · 정주영 등 기업가정신 존경받아야

한강의 기적이 가능했던 데에는 정부 주도의 경제발전정책이 큰 힘이 됐다. 하지만 박정희 전 대통령을 비롯한 당시 정부가 경제발전에 강력한 드라이브를 걸었다면 이를 실현시킨 것은 이병철, 정주영, 구인회, 박태준 등 쟁쟁한 1세대 기업인들이다. 고 정주영 현대그룹 명예회장이 5만분의 1 축적지도 하나만 들고 조선소 건립에 필요한 자금을 유치한 일화는 한국경제의 전설이다. 또 아들인 이건희 회장 시대에 와서 만개했지만 TV와 라디오나 겨우 생산하던 실력에서 최첨단 반도체에 과감한 투자를 결정했던 고(故) 이병철 삼성그룹 창업주의 예지력은 대한민국을 반도체 강국으로 만드는 초석이 됐다. 2011년 타계한 박태준 포스코 전 회장은 이윤창출의 목적만이 아닌 산업근대화를 위해 철강생산이 반드시 필요하다는 소명의식으로 평생을 철과 씨름했다. 이 같은 창업 1세대들의 도전정신과 개척정신이 없었다면 정부주도의 강력한 경제발전정책도 무용지물이 될 수밖에 없었을 것이다. 고(故) 정주영 회장의 경우 대한민국이라는 나라를 전 세계에 알린 1988년 서울올림픽이 개최되는 데 막후에서 결정적인 역할을 하는 등 경제나 산업외적인 부분에서도 국가를 위해 많은 공헌을 했다. 하지만 정치권이 최근 대기업들을 부정과 부패가 난무하고, 중소기업들을 착취하는 세력으로 호도하면서 우리 사회의 기업가정신도 더불어 퇴색하고 있다. 실제로 한 조사에서 기업가정신이 사회주의 국가인 중국보다 더 낮다는 연구결과는 우리에게 충격으로 다가올 수밖에 없다.

선진국 기업들도 망설일 대규모 투자를 무모할 정도의 도전정신으로 추진하고, 온갖 시련을 혁신적인 발상으로 극복하면서 도전과 성취의 과정에서 한국 산업 발전을 이룰 수 있었던 바탕은 기업을 일구었고, 인재를 키우는 데 일생을 바쳤으며, 현재까지 한국경제를 주도하는 삼성그룹 창업자 이병철, 현대그룹 창업자 정주영, LG그룹 창업자 구인회, SK그룹 창업자 최종건, 포스코(POSCO) 창업자 박태준 등 그 주인공들과 창업 1세대들의 기업가정신이었다. 이들 창업 1세대들은 시대 소명과 철학 그리고 위기를 새로운 기회로 삼는 역발상과 창조적 사고, 새로운 도전을 두려워하지 않는 용기 등 프런티어(개척자)정신을 지닌 기업가라는 공통점을 안고 있다. 그들의 3D(결핍, Deficiency)정신은 어떤 어려움 속에서도 불굴의 의지를 가지고 돌파해내는 원동력이었고, 한강의 기적을 불러왔던 동인이다. 특히 인적자원 외에는 사실상 아무것도 가진 게 없는 상태에서 대한민국이 선진공업국으로 도약하면서 경제 강국으로 부상할 수 있었던 원동력은 이들 1세대 창업자들의 도전과 혁신적인 창업가정신이 바탕이었다. 창업 1세대 기업가들이 국가발전이라는 원대한 목표를 달성하기 위해 정부와 긴밀한 관계를 유지하며 민간분야에서 보여줬던 기업가정신은 객관적으로 그 가치를 측정하기 힘든 국가적 자산이다. 이들은 각자 사업영역은 다르지만 창의적인 사고와 도전 및 개척정신으로 한국 기업가정신의 원형을 보여준 대표적인 인물들이다. 그들의 불굴의 도전정신과 투철한 사업보국 의지에는 창업 기업가의 • 강력한 리더십, • 기업경영 전략, • 개인적인 능력과 가치관, • 추진력 내지 성취 욕구 등 기업가정신이 투영돼 있다. 이들은 기업경영의 근본을 이윤동기 외에 '사업보국(事業報國)'과 같은 공동체적 가치에 연결하고 「불가능을 가능케 하는 기업가정신」으로 무장했다. 그들의 「사업보국(事業報國)」 마인드는 "기업이 수익을 내고 성장을 이룩한 데는 국가의 정책에 호응하고 협조한 국민들에 보답해야 한다"는 순수하고 합리적인 동기로 한국기업 태동기부터 1980년대 말까지 한국경제를 지배해 왔다.

한강의 기적과 기업가정신

현대중공업 선각장에는 '우리가 잘되는 것이 나라가 잘되는 일이며, 나라가 잘되는 것이 우리가 잘될 수 있는 일이다'라는 구호가 걸려 있다. 1983년 2월 10일 삼성 반도체 회의에서 이병철은 "반도체사업은 국가적 견지에서 하는 것"이라고 공표했다. 과거 기업가들은 나라를 우선시하는 사업보국 정신으로 기업을 키웠고, 우리나라 경제를 발전시키는 데 이바지했다. 그 결과 세계적 기업 삼성전자, 현대 등이 탄생했다. 한국경제는 1945년 해방 당시 35달러에 불과했던 국민소득이 2014년 2만 8,739달러를 기록할 만큼 놀랍게 성장했다. 한강의 기적이라 불리는 한국경제의 성장은 정부가 경제정책을 만들어 육성했지만, 그것을 실행한 주체는 기업, 기업인이었다. 기업가들은 일제하에 민족자본으로 기업을 일으켰고, 해방 후 그들은 '공업화만이 살길'이라고 외치며 공업화의 길로 매진했다. 1980년대 우리나라의 중화학공업은 수출중심으로 발전했고, 정부가 '작은 나라 큰 기업'이라는 전략으로 기업과 함께 경제를 이끌었다. 그 모든 움직임은 '기업가정신'이 동력이 되었다. 한국 기업가들은 독특한 기업가정신을 발휘하며 기업을 키웠다. 일제하에서는 독립운동을 하는 심정으로 기업을 키웠으며, 한민족의 배움을 위해 학교를 설립하거나 장학금을 지급해 인재양성에 나섰다. 해방 후에는 사업을 통해 신생조국을 부강한 나라로 발전하는 데 기여하고자 애썼다. 삼성 창업주 이병철, 현대 창업주 정주영, LG 창업주 구인회, 코오롱 창업주 이원만, 한진그룹의 조중훈, 기아의 김철호 등이 그러한 기업가들이다. 그들은 박정희 정부 시절, 외자도입형 공업화 전략, 보세가공무역, 중화학공업, 수출제일주의, 울산공업단지, 수출자유지역, 종합상사제도 등을 제안해 경제발전을 이끈 일등 공신이었다.

– 김용삼, <한강의 기적과 기업가정신>, 프리이코노미스쿨, 2015

특히 삼성그룹의 이병철 회장은 환경 변화에 잘 적응하고 기회를 포착하는 능력과 경제 상황의 변화를 예견하는 비전, 그리고 신기술 개발을 통한 신사업 개척이라는 기업가정신을 발휘한 인물이었다. 삼성이 스마트폰 '갤럭시'로 세계를 호령할 수 있었던 것은 남다른 선견지명으로 반도체 산업에 뛰어들어 생애 마지막 순간까지 라인 증설을 독려했던 이병철 회장이 있었기에 가능했다. 현대그룹을 창립한 정주영 회장의 직관력과 돌파력으로 역경을 극복하면서 '하면 된다'는 불굴의 투지로 세계 1위의 조선강국을 만들었다. 또 황량한 울산의 바닷가에 조선소를 건설하겠다며 돈을 빌리기 위해 영국으로 건너간 정주영 회장의 호기가 없었다면 세계 1위 조선강국은 꿈도 꾸기 힘들었을 것이다. 또 LG그룹 구인회회장은 기업이야말로 국가 발전과 국민생활 안정에 기여해야 하는 중요한 존재라는 인식으로 기업 경영을 통한 보국의 신념을 다져 나갔으며 임직원들의 반대를 무릅쓰고 단파 라디오를 시작으로 전자산업에 진출했다. 구 회장은 집안을 다스리는 법에 대한 「치가지도(治家之道)」를 실천했던 철학은 기업가문의 사표로 우리나라 재계에서 높이 평가받고 있다.

또 SK그룹 최종건 회장은 "내가 기업을 하고 있지만 공장과 재산은 내 개인의 것이 아니고 국민의 것이다. 종업원의 발전이 회사의 발전이요, 회사의 발전은 국가의 발전이다"라고 강조했다. 또 전쟁의 잿더미에서 건져 낸 직물기 20대로 석유에서 섬유까지 수직계열화를 일궈낸 최종현 회장의 기업가정신은 한국경제의 앞날을 비춰주는 사라지지 않는 등불이란 평가를 받고 있다. 또 포스코(POSCO)를 창립한 박태준 회장의 의식에는 철은 산업의 쌀이라는 신념으로 "포항제철의 성공이 곧 조국에 보답하는 길"이라며 남다른 추진력과 지도력으로 황량한 바닷가에 세계가 놀랄 만한 제철소를 짓고 한국 산업화의 선두에 섰다. 자신의 트레이드마크인 「우향우 정신」으로 제철보국과 교육보국을 실천한 애국자이자 탁월한 경영성과를 이뤄낸 CEO였던 박회장은 임직원들에게 "목숨을 걸자. 조상의 핏값(대일 청구권)으로 짓는 것이다. 실패하면 우리 모두 사무실에서 똑바로 걸어 나와 우향우 한 다음 영일만 앞바다에 몸을 던져야 한다"고 독려하면서 실패를 두려워하지 않고 포기할 줄 모르는 집념과 용기로 탁월한 리더십을 발휘했다.

한국경제가 한강의 기적을 이루며 발전하기까지 바탕은 진취적인 한민족의 DNA와 산업계의 과학기술 개발에 대한 불굴의 도전정신이었고, 산업기술에 대한 전략적 투자와 기술력의 지속적인 축적을 바탕으로 산업고도화를 이룰 수 있었으며, 이러한 성과를 바탕으로 해외시장을 개척함으로써 기적을 이룰 수

한강의 기적에 대한 평가

거시지표로 보면 평균 성장률 8.5%의 고도성장시대였지만 경제성장만 놓고 보더라도 폭과 깊이가 널뛰기했던 불확실하고 아슬아슬한 시기였다. 13%를 성장한 시기가 있지만 저성장에 이어 마이너스 성장으로 추락한 시기도 있었다. 외환보유액이 언제든지 바닥날 수 있는 불안한 나라였다. 8.5% 성장률 속엔 수많은 고민과 긴장과 갈등이 있다. (박정희는) 엄청난 리스크테이크를 하는 모험가였다. 그는 보통사람이라면 택하지 않을, 또 택하지 못할 리스크를 계속 선택해 나갔다.
박정희의 전략은 3H로 설명할 수 있다. 고위험, 고성장, 고비용(High risk, High pay-off, High cost)이다. 민간부문과 기업을 확장시켰지만 시장방식이 아니었다. 1965년엔 정기예금 금리를 하룻밤 새 연 15%에서 연 30%로 올려 은행으로 돈을 끌어 모았지만 대출 이자율은 그보다 낮춰 투자 위축을 막았다. 역금리제다. 또 사채시장을 혼수상태에 몰아넣은 1972년의 8·3 사채 동결조치도 마찬가지다. 재정으로 기업을 지원하고 채무를 완화시켰다. 그런데 그런 돈이 기업 투자로 이어질 것이라고 누가 확신할 수 있었겠나. 대박 가능성이 높지 않았는데 대박 나게 만들었고, 그러기 위해 많은 비용과 희생이 따랐다.
박정희는 그런 길을 갔다. 규모가 중간 정도의 국가라면 60년대가 스스로의 힘으로 선진국 대열에 올라설 수 있는 마지막 기회였다. 케네디 라운드로 선진국의 관세 철폐가 대대적으로 이뤄져 수출 진흥을 통한 산업화의 창이 열렸다. 선진국이 된 일본은 해외에서 투자처를 찾기 시작했다. 한국의 산업화는 수요가 확대되면서 생산 쪽에선 기술이전이 가능한 시기에 일어났다. 절묘한 타이밍이다. 향후 세계무역은 그런 방식의 산업화가 어렵도록 체제가 바뀌었다. 한국은 당시 경제협력개발기구(OECD)로 갈 수 있는 막차를 탔다. 그러나 막차인지 여부는 박정희도 몰랐을 것이다. 다만 잘살아 보자는 것이었다.

– 에즈라 보겔, 하버드대 명예교수

있었다. 이처럼 1세대 창업가들은 '다른 국가, 기업들보다 높은 목표 수준을 설정하고, 성공하지 못하면 내일은 없다'는 자기 최면을 걸었다. 여기에 민관의 협력과 리더십이 더해졌다. ① 해야 한다는 사명감, ② 할 수 있다는 자신감, ③ 해내고야 말겠다는 도전정신, ④ 같이 잘 살아야 한다는 동반정신이 바로 기업가정신의 핵심이었다. 따라서 대한민국의 기업가정신이 높이 평가되고 국내외 경영학계의 연구대상으로 주목받는 것이다.

한편 외국의 원조로 가까스로 생존한 한국이 서서히 경제활동을 위한 사회기반시설을 갖추기 시작하면서 자원은 부족한 반면 양실의 저임금 노동력은 상대적으로 풍부했기에 중간재를 수입해서 조립·가공해 수출하는 가공무역 방식의 수출주도형 성장전략을 선택은 결국 한강의 기적을 이루는 뼈대가 되었고, 자원의 현실적 제약을 무릅쓰고 새로운 가치를 창출하려는 기업가정신이 근간이 되었다. 또 한강의 기적이 가능했던 것은 무엇보다 나라와 가족을 위해 묵묵히 헌신했고, 피땀 흘려 일한 할아버지, 아버지 세대 그리고 가족들의 생계를 위해 상업전사라 불리던 공장을 향하거나 버스안내양의 길 또는 식모의 길을 향했던 아들·딸들이 있었기 때문이다. 농업중심의 한국경제가 '한강의 기적'을 일으키며 근대국가의 기틀을 마련하고 자립경제의 근간을 만들 수 있었던 것은 수많은 노동자의 고된 노동이 있었기에 가능했다. 임금노동자로서 가정이 아닌 공장이라는 노동의 세계에 뛰어든 어린 청년들은 한강의 기적을 견인한 또 다른 주역이었다. 특히 근대화라는 구호 아래 여공(女工)들은 국가발전의 촉매라는 자긍심으로 산업역군, 산업전사로서 '가족과 국가의 유순한 딸'로서 가정을 위해 당연히 저임금·불안정 노동을 감내하고 경제적 궁핍과 사회적 천대를 감내해야만 했으며, 그들의 땀으로 만든 상품이 외화를 벌어들이는 수출한국의 경쟁상품이 되었다.

3. 제2의 기적을 구현할 창조적 괴짜(Geeks) 육성

과거 창의적 변화는 몇몇 천재의 역할이었으나 4차 산업혁명과 함께 급변하는 21세기에는 모범생보다 낯선 괴짜(Geeks)들의 아이디어가 세상을 바꾸게 될 것이므로 창조적 괴짜의 역할이 더욱 절실해지고 있다. 괴짜들은 어느 누구도 가지 않은 길을 겁내지 않고 성큼성큼 걸어가는 「퍼스터 무버(First Mover)」들로 주위에 많은 사람들이 반대를 해도 아랑곳하지 않으며, 보이지 않는 결과 앞에서도 그 결과를 미리 보는 것처럼 용감하게 전진하는 사람들이다. 그들은 실패를 두려워하지 않고, 실패보다 좋은 학습은 없다고 생각하며, 불가능을 가능으로 만드는 사람들이고, 그들에게 실패는 실패가 아니라 성공의 도약점일 뿐이다. 창조적 괴짜는 문제를 풀기 위한 의문에 대한 상상과 질문을 많이 하는 사람들이다. 과학기술, 예술, 경영계 등에서 세계를 움직인 창조적 괴짜들은 상상을 현실화시킬 수 있는 뛰어난 시각적 형상화 능력을 지니고 있기 때문에 남과 다른 괴상한 행동을 하면서 행동으로 보여주는 사람이다.

삼성경제연구소의 「창의적 괴짜와 형상화 능력」 자료에 따르면 괴짜 물리학자 리처드 파인만(Richard Feynman), 천재 예술가 미켈란젤로(Michelangelo), 극작가 테네시 윌리엄스(Tennessee Williams) 등 창조적인 괴짜들의 특징을 「남다른 형상화 능력」이라고 설명했다. 이들은 보통사람보다 월등한 능력이 어디서 나오느냐는 질문에 대한 다양한 답변들을 분석해 보면 이들에게 시각, 청각, 후각, 미각, 언어 등 다양한 분야의 공감각적인 능력이 있다고 응답하면서 이 시대가 필요로 하는 창조적 괴짜의 능력을 "여러 가지 상황을 세부적으로 상상해 내고, 이를 생생하고 정교하게 형상화시킬 수 있는 능력"이라고 정의한다.

또 기업혁신 전문가인 알렉사 클레이(Alexa Clay)와 마야 필립스(Kyra Maya

Phillips)는 그 괴짜들을 「또라이」라고 부른다. 또라이는 사전적으론 문제아, 악동, 미친 사람, 사고뭉치 등을 뜻하며 튀는 언행과 태도 때문에 다른 이들과 구별되는 사람으로 정의되지만 새로운 것을 창조하고 기회를 만들어내는 측면에서 보면 일종의 혁신가라 할 수 있다. '또라이'는 권위에 주눅 들지 않고 관습에 굴복하지 않으며 자기가 하고 싶은 것, 자기가 옳다고 믿는 것을 어떤 어려움 속에서도 밀어붙이는 사람을 의미한다. 〈또라이들의 시대(번역서: *The Misfit Economy*, 알렉사 클레이·키라 마야 필립스 공저)〉의 저자는 30명의 혁신가들을 직접 만난 뒤, 그들 성공방식의 공통점을 허슬, 복제, 해킹, 도발, 방향전환 등 다섯 가지로 정리했다. 그들은 여러 단체와 기업에서 일하는 동안 사회변화의 수천 가지 모델을 접했고 자유롭고 유연한 비주류 경제권의 힘을 확인했으며, 기존제도와 관습, 직종에 얽매이지 않고 당당하게 자신을 드러내며 새로운 아이디어를 과감하게 실행하는 사람만이 크게 성공하는 세상임을 증명하고 있다. 또라이들은 자신에 대한 굳은 믿음과 영리하고 기발한 방법으로 꿈을 실현하면서 기존제도와 관습, 직종에 얽매이지 않고 당당하게 자신을 드러내며 새로운 아이디어를 과감하게 실행하는 사람만이 크게 성공하는 세상이 왔음을 증명한다.

제2 한강의 기적, 아직은 가능하다

대한민국은 불과 반세기 만에 세계 최빈국에서 세계 10위권 국가로 도약한 자랑스러운 1차 한강의 기적을 이룩했다. 그러나 피터 드러커 교수가 극찬한 한국의 기업가정신은 OECD 바닥권으로 추락하고, 청년들은 안전한 공무원으로 몰려가고 있다. 주력산업은 부진하고 신(新)산업은 중국에 뒤지고 있다. 양극화로 사회적 갈등은 증폭되고, 국가관 부재로 개인주의는 심해지고 있다. 지식인들은 냉소주의로 돌아서고 국민의 자부심은 위축되고 있다. 2차 한강의 기적을 재현하기 위한 국가 비전이 필요한 이유다. 1차 한강의 기적은 빠른 추격자 전략으로 선진국을 따라잡는 효율로 달성됐다. 국가는 산업과 기업을 선택해 지원과 규제를 하고, 대기업은 갑을 문화로 중소기업을 이끌고 수출 입국(輸出立國)에 매진했다. 학교는 정답 위주의 교육으로, 반복되는 일을 잘

> 하는 스펙형 인재를 양성했다. 그런데 추격자 전략의 성공에 함몰된 대한민국은 이제 갈 길을 잃고 방황하고 있다. 과거 추격 전략의 핵심역량들이 탈(脫)추격 또는 선도전략에서는 핵심 걸림돌로 돌변했다. 과거 성공이 이제 미래 실패의 걸림돌이 된 것이다. 효율중심의 추격 전략으로는 일류 국가 부상(浮上)은 불가능하다. 이제 창조적 도전을 뒷받침할 기업가정신에 기반한 혁신전략이 필요하다. 문제를 발굴하는 역량이 문제를 해결하는 역량보다 중요해졌다. 스펙형 인재보다 창조형 인재인 '협력하는 괴짜'가 요구된다. 과거 추격 시대에는 국가가 구체적 산업 목표를 정하고, 집중적 지원과 세세한 규제를 하는 국가 후견주의로 성공했으나 지난 20여 년간 정부가 구체적 목표를 설정하고 추진한 정책은 대부분 실패를 거듭하고 있다.
>
> 추격 전략에서 확립된 사전 규제와 실패에 대한 과도한 징벌은 탈추격을 가로막는 최대의 걸림돌이다. 탈추격 전략은 불확실한 목표에 도전하고 또 도전하는 혁신 전략이다. 혁신은 본질적으로 실패를 안고 있다. 실패를 응징하면 혁신도 사라진다. 정직한 혁신을 지원하는 안전망이 핵심 탈추격 국가전략이다. 사전 규제에서 사후 평가로, 간판에서 평판으로, 실패의 징벌에서 실패의 지원으로 바꾸자. 창업을 가로막는 최대 걸림돌은 신용불량의 공포다. 창업의 성공 기댓값은 키우고 실패 징벌은 줄여야 한다. 드론, 사물인터넷(IoT), 웨어러블, 핀테크 등 4차 산업혁명 분야에서 중국에 뒤진 건 기술이 아니라 규제 때문이며, 원칙 금지의 포지티브에서 원칙 허용의 네거티브로 규제의 패러다임을 혁신해야 한다. 국가 경쟁력 하락의 주범은 10위권의 기술이 아니라 60위권의 규제다. 치열한 레드오션 추격 경쟁의 폐쇄성은 이제 탈추격 블루오션의 걸림돌이다. 복합적 문제를 더불어 해결하는 개방 협력이 너무 부족하다. 공정 거래와 수평 기업 문화가 중요한 이유는, 그것이 혁신의 지렛대이기 때문이다. 4차 산업혁명을 새로운 기회로 활용하여 위기의식을 공유하고 미래 비전으로 공유 가치를 형성하자.
>
> – 문화일보, 2020.5.30.

또 영국의 대표적인 경제주간지 〈이코노미스트(*The Economist*)〉는 특집기사를 통해 요즘 최고의 회사들이 과거와는 완전히 다른 기준으로 직원을 뽑는다고 보도했다. 소프트웨어 회사들은 사회성이 없는 괴짜들을 싹쓸이해 가고, 헤지펀드는 숫자밖에 모르는 별종들을 끌어 모으며, 할리우드는 변덕스럽고 괴팍한 창조가들을 서둘러 스카웃(scout)한다. 페이스북의 마크 저커버그(Mark E. Zuckerberg)가 "회사를 해커 조직처럼 만들고 싶다"고 한 것처럼 업계의 발전을 위해서는 위험을 감수하고서라도 이들의 특별한 능력이 꼭 필요하기 때문이다. 본래 허슬(hustle)은 꼼수나 사기로 무언가를 얻는 것을 의미하지만 허슬의 핵심은 완벽한 조건이 갖춰질 때까지 기다리는 게 아니라 기회를 찾아 움직이고 뭔가를 다른 것과 교환하고 스스로 기회를 창출하는 방식으로 만드는 것이고, 복제는 단순한 짝퉁이 아니라 소비자의 구미에 맞춰 상품을 개량하는 혁신성공의 핵심이다. 실제 베를린에 있는 글로벌 여행 및 숙박 사이트 윔두(Wimdu)는 에어비앤비의 기능을 본뜬 건 물론 외양과 분위기도 비슷한 숙박공유사이트 에어비앤비(Airbnb)의 완벽한 복제판이다. 에어비앤비가 4년여에 걸쳐 개발한 시스템을 윔두는 몇 달 만에 완성하여 기존제도나 전략, 노하우를 자신에게 유리하게 바꾸어 수천억원의 매출을 올리고 있다. 이와 같이 조직의 혁신을 위해서는 지시대로 일하는「꿀벌형」보다 기존방식에 의문을 품는「게릴라형」창조적 괴짜가 필요하다. 기업들마다 앞 다투어 '창조성'을 화두로 꺼내고, 특히 IT업계는 새 사업을 개발하고 직원들의 창조성을 짜내기 위해 끼 있는 직원을 뽑고 톡톡 튀는 일반인의 아이디어를 사업화하거나 콘텐츠(PCC)를 창조한 고수를 발탁하는 등 '괴짜 찾기' 노력이 한창이다.

기업 경영에서도 이제 반항아나 비판자, 기업가들에게 더 기회를 주고 이들을 키워야 한다. 세상을 바꾸는 힘, 기업의 지속가능한 발전을 이끄는 힘은 이들에게서 나온다. 사실 기업가들은 세상의 불의, 사회의 불합리와 비효율, 가족의 문제와 고통 등을 그냥 넘기지 못하고 이를 뒤집으려고 생산적 반항아들이고, 그 뒤집기의 방법은 바로 탐험과 혁신이다. 그래서 기업가의 또 다른 역할은 탐험가이다. 기업가는 꿈을 꾸는 탐험가이자 치밀한 실천가이다.「탐험(exploratio)」은 문제와 해결책을 찾는 과정이다. 흔히들 이 과정을 도전으로 설명하고 있지만, 탐험은 구체적 목적을 가진 실천적인 행동이다. 탐험을 통해 구체적인 접근방법을 찾아내고「혁신(ovation)」을 통해 문제를 해결하는 실제적인 솔루션을 얻는 것이 가치창출의 과정이다. 기업가형 경영자는 끊임없이 새로운 기회를 찾고, 생각을 현실로 바꾸는 해결책을 탐험하는 여정에 서 있다. 세상을 바꾸려는 기업가의 열망이 더 나은 미래를 연다. 대한민국 경제가 추격형 성장에서 혁신성장으로의 패러다임 전환에 지식재산 기반 영재기업인이 중심에 있어야 한다. 미래는 평균 80점짜리 스펙형이 아닌 평균 30점이지만 핵심역량이 연결돼 전체 평균이 95점이 되는 협력하는 괴짜의 전성시대가 되어야 한다.

> "여기 정신 나간 사람들이 있습니다. 그들은 규칙을 좋아하지 않습니다. 여러분은 그들을 찬양할 수도 있고, 비난할 수도 있습니다. 하지만 그들을 무시할 수는 없습니다. 왜냐하면 그들은 세상을 바꾸기 때문입니다. 누군가는 그들을 미쳤다고 하지만, 우리는 그들을 천재라고 합니다. 왜냐하면 스스로 세상을 바꿀 수 있다고 생각할 만큼 미친 사람만이 실제로 세상을 바꾸기 때문입니다."
>
> – 애플 '다르게 생각하라' 광고 중에서

「청년창업가」 하면 좀 특이한 사상과 신념을 가진 괴짜들이란 이미지가 있고 창조경제 시대는 '괴짜가 필요하다'는 주장이 확산되고 있다. 창업국가들에서는 괴짜가 많아야 앞서갈 수 있다며 젊은이에게 공상(空想)을 많이 하라고 주문한다. 〈뉴욕타임스(*The New York Times*)〉도 "인터넷 강국인 한국이 공상과학소설에서나 나올 법한 로봇혁명을 현실화하기 위해서도 꿈과 집념을 가진 '괴짜'가 필요하다"고 지적했다. 최근 대표적 산업인 IT비즈니스의 지형을 바꾸는 주역들을 '혁신가들'과 '파괴자들'이라고 표현하는데 파괴자들은 단순히 세상을 개선하는 것이 아니라 완전히 다른 방식으로 해석함으로써 비즈니스 지형을 송두리째 바꿔놓는 사람들이다. 그동안 모범생과는 거리가 먼 괴짜(Geeks)로 알려진 수많은 창업자들이 더 다양하고 살기 좋은 세상을 펼쳐 왔다. 「괴짜가 위대하다」라고까지 한 괴짜 중의 괴짜 애플의 창업자 스티브 잡스(Steve Jobs), 마이크로소프트(MS) 공동창업자 빌 게이츠(Bill Gates), 아마존의 창업자 제프 베조스(Jeffrey P. Bezos), 테슬라의 창업자 일론 머스크(Elon Reeve Musk), 구글의 창업자 래리 페이지(Larry Page)·세르게이 브린(Sergey Brin), 페이스북의 창업자 마크 저커버그(Mark E. Zuckerberg), 트위터 창업자 에번 윌리엄스(Evan Williams), 에어비앤비의 창업자 브라이언 체스키(Brian Chesky), 우버의 창업자 트레비스 칼라닉

미래 교육을 선도하는 협력하는 괴짜(Geeks)

미래에 인간이 로봇과의 경쟁에서 이기려면 인공지능보다 잘하는 일, 즉 반복적이지 않은 일을 통해 혁신을 선도하는 것이다, 이러한 새로운 일은 괴짜(geek)만이 가능하다. 그러나 한 명의 괴짜는 로봇보다 나은 창조성을 끌어내기 어렵기 때문에 각 분야에 특성화된 괴짜들이 협력을 해야 전체적인 변혁을 이룰 수 있으니 지금 우리에게 필요한 것은 "협력하는 괴짜"이다. 세계 각국은 이미 이런 측면에서 활발하게 교육개혁이 진행 중이다. 인간에겐 인공지능과 로봇이라는 무기가 있으니 지식은 반복되는 지식을 잘 습득하는 인공지능으로 대체하고 별도로 남들과 다른 생각을 하는 소위 괴짜라 불리는 인재를 육성하여야 한다. 역사적으로 돌연변이의 일부가 생명의 진화를 촉발시켜 왔듯이 이러한 사고의 돌연변이들이 세상을 바꾸는 주춧돌 역할을 할 수 있다고 믿는 것이 미래 교육이 지향해야 할 교육에의 시사점이다. 우리의 미래 교육에서 협력하는 괴짜를 키우려면 지금처럼 단순히 정답을 맞추는 교육이 아니라 문제를 찾는 능력과 개방적인 팀워크로 문제를 해결하는 역량을 키워주는 사회문제 해결형 프로젝트 중심교육으로 관점을 돌려야 한다, 이것은 교육의 목표가 지식(contents)교육에서 학습 능력(context) 교육으로 전환되어야 함을 의미한다. 지식교육은 인간보다 지식을 더 잘 다루는 인공지능으로 가능하고 우리 교육은 지식 자체를 넘어 지식을 다루는 방법으로 수정되고 교육목표 또한 구체적으론 창조의 지식 창출과 편리한 지식 활용으로 구성하여야 한다.

<협력하는 괴짜>라는 책은 괴짜의 2가자 특성인 창조성과 협력을 키우는 다양한 방법을 제시하고 있다. 발산적으로 문제에 접근하며 크게 생각을 디자인하는 design thinking process를 소개하고 트리즈(TRIZ)로 모순되는 문제를 해결할 수 있는 생각의 단초를 제시한다, 아이들에게 물고기를 잡아 주는 것이 아니라 왜 물고기를 잡아야 하는지 그 이유를 알려 주어야 함을 강조한다. 이를 위해서는 프로젝트 중심 교육(PBL)으로 문제를 찾는 능력과 개방적인 팀워크로 문제를 해결하는 역량을 키우는 교육을 강조한다. 이는 스스로 도전하게 하고 미래에 대한 꿈을 키우게 하는 것이 중요하다. 미래의 인재는 스스로 주도하는 도전적인 삶의 의미와 미지의 세계를 개척해 나가는 프런티어 정신, 즉 기업가정신 속에서 재미를 느끼는 아이들이 바로 협력하는 괴짜가 될 것이며 이는 태어나는 것이 아니라 학습되는 것임을 분명하게 밝히고 있다.

– 한국교육신문, 2020.6.14.

(Travis Kalanick), 전자상거래업체 알리바바의 창업자 마윈(馬雲), 샤오미의 창업자 레이쥔(Lei Jun), 일본 소프트뱅크의 손정의(孫正義), 셀러리맨 유토피아 미라이(未來) 공업의 창업자 야마다 아키오(やまだあきお) 등 지금 주목받고 있는 세계적인 기업인들은 한때 또라이 취급을 받던 사람들이었으나 그런 괴짜들이 세상을 변화시켰고 그들이 세상을 견인했다고 할 수 있다.

또 영국 항공·미디어 기업 버진그룹(Virgin Group)의 리처드 브랜슨(Richard Branson) 회장, 스웨덴 가구 공룡 이케아(IKEA) 창업자 잉그바르 캄프라드(Ingvar Kamprad) 회장, 미국 항공사 제트블루(jetblue Airways)의 창업자 데이비드 닐먼(David G. Neeleman) 같은 이들의 공통점도 바로 '괴짜', '혁신', '열정' 등의 수식어를 달고 있는 기업인들로 어린 시절 「주의력결핍과잉 행동장애(ADHD)」를 진단 받았다는 특징이 있다. ADHD 보유자들은 집중력이 떨어지고 충동적이라고 알려져 있다. 감정의 변화가 심해 쉽게 분노를 느끼고 공격적인 성향도 갖고 있음은 여러 연구를 통해 확인됐으나 ADHD는 창의력과 열정, 새로움에 대한 추구, 멀티태스킹 등 무수한 장점도 함께 가지고 있다. 특히 이는 관습을 거부하고 모험정신으로 새로운 가치를 창출하는 기업가정신과 많이 닮아 있다. ADHD들은 어떤 일이든 쉽게 실증을 내지만 이들은 자신의 호기심을 충족할 수 있는 대상을 발견하면 엄청난 집중력을 발휘하고 뛰어난 창의력을 보이며 빠른 시간 안에 문제를 해결한다.

> "다양한 호기심으로 무장한 인간의 창의성을 말살하는 교육제도의 근본적인 변화 없이는 4차 산업혁명 시대의 주인공이 될 수 없습니다."
>
> – 조벽(숙명여대 석좌교수)

학창시절 한 반에 한두 명 쯤 있었던 괴짜들은 한 분야에 빠지면 밥 먹는 것도 잊을 정도로 몰두하는 집중력을 보인다. 편안함과 일상에의 안주를 거부하면서 자신만의 길을 고집한다. 굳센 자존심과 뻣뻣한 태도를 가진 그들은 남들과 다른 취향, 튀는 재능을 갖추고 있으며 세간의 평가를 두려워하지 않는다.

그런 괴짜들은 '천재'로 거듭나 새로운 조류나 학설을 창시하는 등 세상을 발칵 뒤집곤 한다. 과거 괴짜(geeks)란 그들을 독특하고 이상한 사람 취급하는 시선이 있었지만 어느새 괴짜가 사회를 바꾸는 주도 세력으로 떠오르고 있다. 요즘에는 사회의 모든 인재·역량·자원이 총 집결하는 비즈니스 영역에서도 괴짜들이 대접받는다. 유명한 세계적 대기업들의 경영진들 중엔 모범생보다 괴짜들이 더 많았고, 그들은 넘치는 열정과 집중력, 집요한 추진력은 타의 추종을 불허했다. 이런 괴짜들이 많은 사회일수록 사회의 혁신·성장 잠재력이 높고 외부에서 닥쳐 온 위기에 강하다. 그러나 요즘 우리 사회는 자신만의 독특한 세계관과 가치관을 갖고 있는 괴짜들은 점점 찾아보기 힘들어졌다. 4차 산업혁명 시대에 접어들면서 사회가 요구하는 인재유형이 갈수록 다양해지고 있지만 학생들의 창의성을 가로막는 획일적인 '모범 답안'만 강요하는 사회분위기부터 경직된 관료 시스템이 지배하는 교육현장까지 교육의 문제가 심각하다. 그런 문제를 해결하려면 획일성을 강요하지 않고 나와 다른 것을 존중하며 공존하고자 하는 사회전반의 인식·문화 전환이 필요하며, 우선 청년들의 부담을 줄여 청년시절의 풍부한 독서와 토론, 다양한 여행·인생경험 등 괴짜가 나타날 수 있는 토양을 조성하는 것이 필요하다.

사회적으로 오랜 세월 비주류에 머물러온 괴짜들의 힘은 이제 주류여론을 바꿀 정도로 커졌다. 다양한 부문에서 스타트업을 중심으로 제2의 네이버나 카카오를 꿈꾸는 젊은 괴짜들과 타인과의 협력을 장착한 괴짜들이 새로운 기업가의 전형으로 떠오르고 있다. 〈협력하는 괴짜〉라는 책을 낸 이민화 KAIST 전 교수는 4차 산업혁명 시대에 살아남을 인재상이 기업가정신을 가진 협력하는 괴짜라고 강조하였다. 대한민국 교육의 불편한 진실은 현재의 스펙형 인간은 미래에는 인공지능과의 경쟁에서 도태되는 인재상이 될 것임에도 현재까지 정답을 맞추는 스펙형 인재교육에 치중하고 있다는 점이다. 인터넷에 있는 정답을 맞추기 위해 20년 가까이 교육하고, 아직도 5지 선다형 시험을 고집하는 국가가 미래의 일류국가가 될 수 있겠는가? 4차 산업혁명 완수를 위해 다르게 생각하고 협조하는 「협력하는 괴짜」가 미래의 인재상이 돼야 할 것이다. 협력하는 괴짜를 키우는 교육은 창조와 협력 중심의 팀 프로젝트 중심으로만 가능하다. 프로젝트 교육은 정답을 맞추는 교육이 아니라 문제를 찾는 능력과 개방적인 팀워크로 문제를 해결하는 역량을 키우는 교육이다. 이제 선생의 강의는 팀 프로젝트의 화두를 주는 것이 된다(Less Teaching, More Learning!).

하지만 오늘의 한국의 초·중·고등교육은 모두 순응주의·준수주의를 강조하는 정답주입식 교육이므로 자유분방한 창의력 개발의 교육이 아니다. 창의력을 살리지 못하는 낡은 공장식 교육체계, 벤처기업이 발아단계에서 고사하는 산업생태계, 모험자본이 부족한 금융시스템, 적극적인 리스크 수용보다 안주를 택하는 젊은이 등 여러 이유로 한국에서 세상을 바꾸는 괴짜들이 나오지 못하고 있다. 이제 우리도 다소 엉뚱하고 풍부한 상상력을 가진 괴짜 같은 인재들도 이상한 사람이 아니라 독특한 사람으로 관심을 받게 되면 우리 주변에서도 놀라움의 주인공들을 만날 수 있을 것이다.

현실과 가상이 융합하는 4차 산업혁명은 우리에게 기회이며 위기다. 이러한 4차 산업혁명에 걸맞은 기술과 제도를 만들어낼 수 있느냐 여부에 대한민국의 미래가 달려 있다. 제4차 산업혁명은 스마트 공장, 자율주행차, 드론(무인항공기), 핀테크(금융과 기술의 융합) 등으로 대표되는 4차 산업혁명은 「인간을 중심으로 현실과 가상이 순환하여 현실을 최적화하는 O2O(Online To Offline) 융합혁명」이다. 이 때문에 4차 산업혁명을 인공지능(AI), 빅데이터, 사물인터넷과

4차 산업혁명 흐름

1차 산업혁명	2차 산업혁명	3차 산업혁명	4차 산업혁명
• 철도 건설, 증기기관 발명으로 시작 • 기계에 의한 생산	• 전기와 생산 조립 라인 출연 • 생산 기술의 발전, 대량 생산 가능	• 반도체, PC, 인터넷의 발달 • 컴퓨터 혁명 또는 디지털 혁명으로 불림	• 유비쿼터스 모바일 인터넷, 인공지능과 기계학습 등을 특징으로 함

같은 개별적인 기술의 관점에서 이해하려는 시도는 코끼리 다리 만지는 것과 비슷한 접근이 될 수 있다. 인공지능은 현실과 가상의 융합의 연결고리로 자리 잡고 있으며, 가상 세계의 빅데이터를 활용해 예측과 맞춤의 가치를 만들어낸 4차 산업혁명에서 가장 중요한 문제는 교육에 있다. 4차 산업혁명에서 인간과 인공지능의 역할은 각각 창조적인 일과 반복되는 일로 나누어지고 서로 협력하게 될 것이다.

반복되는 단순작업은 인공지능과 로봇에게 맡기고 인간은 자기 정체성 표현을 지향하는, 보다 고차원적인 창조적인 일에 몰입하게 되는데 우리 교육의 불편한 진실은 정답을 맞히는 '스펙형 인재교육'에 치중하고 있다는 점이다. 현재의 스펙형 인간은 미래에는 인공지능과의 경쟁에서 도태되는 인재상이 될 것이고, 인터넷에 있는 정답을 맞히는 교육은 더 이상 인간을 위한 교육이 아니게 될 것이기 때문이다. 창조와 협력을 중심으로 교육과정의 전면적 개편이 필요하고「협력하는 괴짜(geek)」가 미래 인재들의 롤모델이 되어야 한다. 또 〈협력하는 괴짜〉의 저자 이민화 교수는 "인간은 로봇이 할 수 없는 창조적인 생각을 통해 혁신을 끌어내는 역할에 매진하는 것이 중요하고, 그 역할을 하는 것이 바로 새로운 일을 만드는 괴짜들이라고 말한다. 남들이 강제로 시키는 것이 아니라 스스로 주도한 의미를 찾아 도전하는 삶. 그 재미를 느끼는 아이들이 바로 협력하는 괴짜로 성장하게 될 것이다.

또 이 교수는 "인공지능은 데이터 없이는 스스로 배우지 못하지만 인간은 학습능력과 인성을 바탕으로 한 협력으로 데이터가 없는 상황에서도 새로운 세계를 만들어 나간다. 그래서 협력하는 괴짜의 특징인 창조성과 협력성과 더불어 새로운 미지의 세계를 개척해 나가는 프런티어 정신, 즉 기업가정신이 매우 중요하다"면서, "인간은 좀 더 창조적이고 인간적인 일을 해야 한다. 창조적인 생각은 어떻게(How)나 무엇What)을 생각하기보다는 왜(WHY)에 집중하는 것이 중요하다"라고 강조한다. 협력하는 괴짜를 키우는 4차 산업혁명의 교육개혁은 프로젝트중심 교육과 클라우드기반 교육(MOOC)으로 구성된다. 혁신과 융합이 가속화되는 미래교육은 평생교육으로 전환되어 사회와 교육이 클라우드에서 융합돼야 하고, 그 중심에 기업가정신이 자리하는 것이 핵심이다. 특히 기업가정신(entrepreneurship)은 기업가에게만 필요한 것이 아니라 직업과 무관하게 자신의 삶을 개척하고 성장하려는 모든 사람들에게 필요한 도전과 혁신의 정신이다. 앞에서도 강조했듯이「한강의 기적」을 이룬 원동력은 우리도 잘살아 보자는 전 국민의 염원 속에 우리 특유의 도전정신과 근면성을 바탕으로 한 기업가정신이었다. 국민소득 3만 달러 시대를 열고 선진국 문턱에 들어선 시점에도 기업가정신의 백미는 도전과 혁신으로 우리 사회는 물론 인류가 지향하는 비전과 목표를 추구하는 것이다. 또 사회적 신뢰성 문제는 모두 국민의식의 문제다. 창의성과 관련해서 "남들과 비슷해져라" 문화에서 다소 이탈이 되더라도「튀는 문화」를 허용하는 문화가 사회전체에 퍼져야 한다. 결국 4차 산업혁명이든 뭐든 기업이 자유롭게 뛰도록 해야 한다. 그래서 혁신성장 정책의 성과로 많은 우수 스타트업을 육성해 일자리 창출과 경제성장에 기여함과 동시에 우리 사회 전반에 도전과 혁신의 새로운 기업가정신을 고양할 수 있어야 한다. 그래야 당장 기업이 업무혁신을 가져와 기업성장을 촉진시킬 수 있으며, 실패를 격려해주고, 재도전을 응원해 주는 더욱 건강한 사회를 만들어 모든 개인이 열심히 노력하면 반드시 성장할 수 있다는 확신과 자신감을 줄 수 있을 것이고 그런 기대감이 도전욕구를 높이게 될 것이다.

Chapter 12

국가 및 기업의 경쟁력과 기업가정신

1. 한국의 경제상황과 기업가정신(Entrepreneurship)

글로벌 무한경쟁시대의 우리 경제가 2006년 선박·무선통신기기·일반기계·석유화학·철강제품·반도체·자동차·석유제품·평판디스플레이·섬유류·가전·자동차부품·컴퓨터 등이 '13대 주력 수출품목'으로 지정됐으나 지금 이 가운데 일부는 주요경쟁국에 시장을 내주고, 뒤늦은 구조조정이라는 혹독한 시련을 겪고 있음에도 국가의 주력 품목은 유지한 채 여전히 전체수출비중은 80%에 육박한다. 사상 최대실적으로 큰 폭의 상승세를 이어가는 반도체와 달리, 구조조정이 본격화되는 조선이나 철강 등의 업종은 전망이 밝지 않고, 석유화학과 석유제품 역시 국제유가 변동성에 불안한 상황이며, 자동차와 섬유류, 가전, 무선통신기기 등도 경쟁력이 점차 낮아지고 있다. 2006년 정해진 주력산업이 2017년까지 11년간 유지되며 글로벌 산업트렌드를 따라가지 못하고 세계시장 변화에 선제적으로 대응하지 못하면서 우리 경제의 위험요소로 남아 있다. 더구나 글로벌 경기침체로 소비시장은 잠식됐고 고객의 요구는 더욱 까다로워졌으며, 산업생태계와 제품변화의 속도는 빨라지고 경쟁은 더 치열해지고 있다.

한때 고공성장을 이어오던 한국경제는 최근 들어 성장세가 급속히 둔화되고 경제구조가 안정되면서 한국특유의 기업가정신은 후퇴했고, 생산성(60.2%)은 OECD 평균(75.7%)에도 못 미치는 상황이 되었다. 수출은 증가하고 있지만 내수활력은 떨어지고, 일자리가 사라져 청년실업은 심각한 사회문제가 되었다. 경제성장률은 지속적으로 하락하면서 기업 실적부진 → 생산성 약화 → 일자리 감소 → 소비감소로 이어지는 악순환이 고착화되고 있다. 이 같은 위기상황을 탈출하기 위해서는 지금까지의 구태를 벗고 혁신을 통해 새로운 성장과제를 만들어 내는 것만이 유일한 해법이다. 우리 경제가 구조조정과 구조개혁을 통해 생산성을 높이고 경제에 활력을 줄 수 있음을 알면서도 그 길을 가지 않는 이유는 기업가정신과 경제 활력이 대폭 사라졌고, 대화와 타협보다는 갈등과 대립이 더 심해졌기 때문이다. 특히 오랫동안 저성장 속에 빠져있는 기업들은 경영환경악화로 조직피로감이 극대화되고, 위험과 수익성의 불균형에서 과감한 사업기회의 탐색과 도전이 불가능하므로 이를 타개하기 위해서도 근본적인 패러다임의 변화를 추진할 만한 기업가정신이 절실하다는 게 전문가들의 공통된 분석이다.

그러나 다행이 2020년 세계 경제가 금융위기 이후 최악의 성장률(−3.3%)를 기록한 가운데 우리 경제는 세계 3위 경쟁력을 보유한 제조업이 버팀목 역할을 수행하면서 성장 방어(−1.0%)를 견인한 것으로 나타났다. 산업연구원(KIET)이 발표한 '한국 제조업 경쟁력, 코로나19 경제위기의 버팀목' 보고서에 따르면, 유엔산업개발기구(UNIDO)가 발표하는 세계 제조업 경쟁력 지수(CIP) 기준으로 우리나라 제조업 경쟁력이 독일, 중국에 이어 세계 3위를 기록했다. 유엔산업개발기구(UNIDO)가 발표한 세계 제조업 경쟁력 지수(CIP Index)에 따르면, 우리나라는 전 세계 152개국 중 세계 3위의 제조업 경쟁력을 보유하고 있다. 2020년 세계 경제가 금융위기 이후 최악의 성장률(−3.3%)을 보였으나 우리나라 성장률은 −1.0%로 상대적으로 낮은 하락폭을 기록했다. 미국 경제뉴스 전문방송 CNBC가 국제통화기금, IMF의 「2020년 세계경제 전망치」 자료를 분석한 결과에 따르면, 명목 국내총생산 GDP 순위에서 한국이 브라질을 추월해 10위에 진입했다. 브라질의 코로나19 방역실패로 인한 10% 넘는 역성장으로 2005년과 2018년 10위에 올랐다가 2019년 12위로 밀려났었던 한국의 상대적 순위가 올라선 것이다.

혁신을 일으켜 새로운 비즈니스를 만들고 가치를 창출하는 기업 활동이 바로 기업가정신에 의해 일어나기 때문에 지금 우리 경제의 활력을 높여 경제를 회복하고 위기와 한계에 놓인 대한민국과 기업이 글로벌 경쟁에서 생존하려면 기업가정신의 회복이 절실하나 최근 우리 사회 분위기는 점차 위험을 감수하지 않으려는 쪽으로 기울고 있다. 서울대 송병락 명예교수는 「요즘 기업들은 안정만을 지향하면서 창업세대의 돌파정신이 전설이 되고 있으니, 잠자는 기업인의 혁신

세계에서 1위하는 한국 제품 69개…국가 순위 11위 '역대 최고'

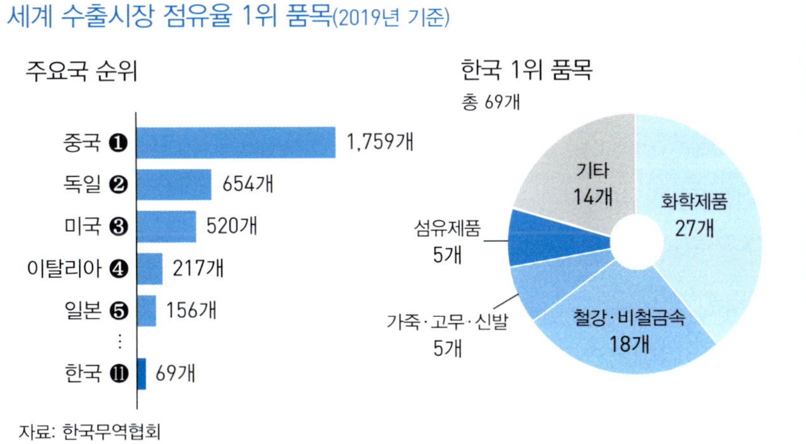

한국무역협회 국제무역통상연구원이 7일 발표한 '세계 수출 시장 1위 품목으로 본 우리 수출 경쟁력 현황' 보고서에 따르면 우리나라 세계 1위 품목 수는 전년보다 7개 증가한 69개다. 품목별로는 화학제품류(27개)와 철강·비철금속류(18개)가 전체의 65.2%를 차지했다. 1위 품목에 새롭게 진입한 16개 품목은 전자기기류로, 반도체를 이용한 데이터 저장장치인 솔리드스테이트 드라이브(SSD), 화학제품류인 산화금속산염, 철강·비철금속류인 열간압연제품 등 수출 금액이 큰 품목이 다수 포함됐다. 2019년 기준 세계 수출시장 점유율 1위 품목이 가장 많은 국가는 중국(1,759개)으로 5년 연속 1위에 올랐다. 다음으로는 독일(654개), 미국(520개), 이탈리아(217개), 일본(156개) 순이었다. 세계 1위 품목을 두고 한중일간 경쟁도 치열한 것으로 나타났다.

– 연합뉴스, 2021.3.7.

DNA를 깨우는 것은 물론 정부정책도 제2의 이병철·정주영 같은 영웅을 만드는 방향으로 전환돼야 한다」고 주장한다. 과거 기업가정신이 타오르던 시기 우리 경제의 환경변화를 보면 60년대 제1세대 기업가정신은 대기업이 일깨웠고, 제2세대 기업가정신은 벤처기업이 촉진시켰다면, 지금 제3세대 기업가정신의 활성화와 회복은 대기업과 중소 벤처기업, 나아가 기업만이 아니라 대학·사회·정부 등 모든 경제사회 주체의 새로운 시각과 노력으로 달성할 수 있다.

한국경제가 한 단계 더 도약하고 진정한 선진국으로 진입하기 위해서는 과거 60~70년대처럼 고도성장을 가능하게 했던 도전적이고 창의적인 기업가정신이 되살아나야 하는데, 그러기 위해서 정부는 물론 대학과 기업, 경제단체, 언론 등이 분야별로 「다이나믹(dynamic)한 변화」를 선도할 수 있어야 우리 사회에 모험과 도전정신이 친숙해지고, 창의성이 유연하게 수용되면서 혁신의 기업가정신이 다시 꽃필 수 있을 것이다. 대한민국 힘의 근원인 혁신적 기업가정신 생태계를 만들기 위해서는 과거 경제기적을 일구었던 기업가정신의 회복을 넘어 변화의 시대에 적합한 미래에 대한 정확한 예측, 협업과 융합, 개방과 혁신을 추구하는 4차 산업혁명 시대에 적합한 신(new)기업가정신의 발휘가 절실하다. 특히 우리는 이미 경제기적을 일구었던 경험이 있고, 창조경제의 궁극적 목표인 「더 좋은 일자리를 더 많이 만들자」는 분명한 비전도 있으므로 신(新)성장 동력 발굴에 도전하는 열정을 창조의 원동력으로 전환하여 기업가정신을 회복함으로써 생산성 개선, 시장규제 완화, 4차 산업혁명에 대응하기 위해 창업과 벤처체계 구축, 기술보호 등도 강화해야 한다. 실제 기업가정신의 핵심은 도전과 혁신을 통해 새로운 가치를 창출하려는 자세이고, 기업가정신의 위축은 기업인들만의 문제가 아니라 미래 우리들 모두의 문제이므로 우리도 이미 꽃피었던 불굴의 기업가정신의 DNA 위에 새 시대를 맞는 새로운 기업가정신(전문가정신)을 융합하여 사회전반의 생기와 활력을 폭발시킬 불씨를 마련해야 한다.

최근 실패학의 대가 시드니 핑켈스타인(Finkelstein) 미국 다트머스대 터크경영대학원 교수도 "이제는 기업가정신과 창의력이 무엇보다 중요한 시대"라면서 "기업가정신을 육성하지 못하는 한국경제는 조만간 위기를 맞을 것"이라고 단호하게 말했다. 그럼에도 "한국의 기업과 구직자들은 리스크(risk)를 피하려고만 해서 매우 안타깝다"면서 "청년이 공무원 혹은 대기업에 취직하는 게 꿈인 나라는 희망이 없다"고 말했다. 핑켈스타인 교수의 말대로 기업가정신은 한국경제

국가도 가계도 사상 최대 부채, 빚더미 한국경제

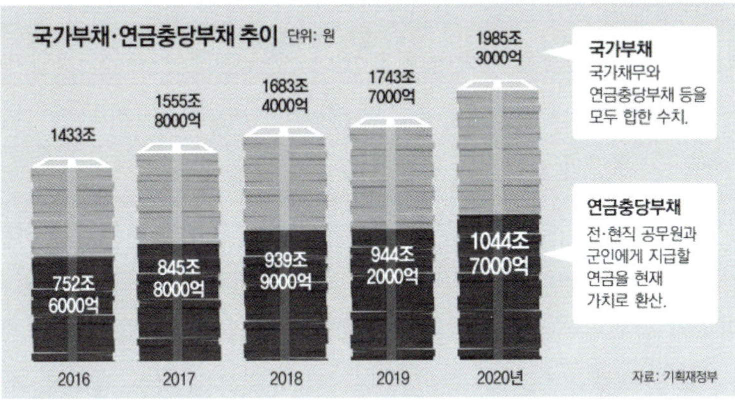

2020년 국가 부채가 전년보다 241조원 늘어난 1,985조원으로 집계됐다. 부채 규모나 증가 폭 모두 역대 최대였다. 정부는 어제 이런 내용을 담은 '2020 회계연도 국가결산보고서'를 의결했다. 가계 빚도 국내총생산(GDP) 대비 98.6% 수준까지 치솟아 사상 최고를 나타냈다. 정부 채무에, 군인·공무원에게 줄 연금을 합친 국가채무는 GDP(지난해 1,924조원)를 사상 처음으로 넘어섰다. 지난해 4차례 추경예산 편성 등에 따라 111조 6,000억원의 빚이 늘었고, 연금충당부채 증가액이 100조원을 돌파했다. 고령화로 연금 수급 기간이 길어진 데다 공무원 채용도 늘고 있어서 연금충당부채는 증가세를 이어갈 것으로 전망된다. 정부는 재정확대 기조를 이어가기로 하면서 내년 예산으로 600조원대를 예고한 상태다. 반면 세수는 코로나 사태 등의 영향으로 급감하고 있고 가계부채도 빠른 증가세를 보이고 있다. 조세재정연구원에 따르면 한국의 GDP 대비 가계부채 비율은 2008년 금융위기 당시 주요 선진국과 비슷한 70%대였다. 이후 지난해까지 한국만 27.6%포인트 급등했고 선진국은 오히려 감소했다. 한국은 가계부채의 질도 나빠 1년 안에 갚아야 할 단기 부채의 비율이 주요 선진국에 비해 약 7배나 높다. 가계 빚은 느는데 벌이는 시원치 않다. 가계 빚이 늘고 소득이 줄면 소비가 침체할 수밖에 없다. 이는 세수 감소로 이어져 국가 전체가 부채의 악순환에 빠져들 수 있다. 코로나 위기 때문에 재정 지출을 늘리는 것은 불가피하더라도 씀씀이가 헤프거나 부채증가 속도가 너무 빨라서는 안 된다. 국가든 가계든 소득이 줄어들면 불요불급한 지출을 최대한 줄여야 한다.

– 동아일보, 2021.4.7.

의 성장을 이어갈 원천이지만 최근 설비투자나 과감한 혁신보다는 실적 방어에만 급급해 점진적 개선에 주력하는 전문경영인이 이끄는 기업들은 보수화, 관료화해 세계경제의 흐름을 쫓아가기보다는 내수시장에 집중하다가 투자의사결정과 구조조정의 타이밍을 계속 놓치고 있다. 한국경제연구원은 기업가정신지수가 하락한 3대 요인으로 • 공공부문의 생산적 기업가정신 하락, • 기업의 성장의지 하락, • 개인의 안정적인 공직선호 증가 등을 꼽고 있다.

지금처럼 세계경제 상황이 불투명하고, 저성장 상황에서 우리 기업들도 위기를 극복하기 위하여 과감히 도전함으로써 혁신을 이끌어 낼 기업가정신이 절실하다. 더불어 급변하는 4차 산업혁명 시대에 위기에 빠진 대한민국과 우리 기업들이 글로벌 경쟁을 이기고 한국경제를 다시 일으킬 가장 필요한 에너지도 「기업가정신의 회복」이다. 특히 새로운 경영 환경에서 기업가정신은 경영자뿐만 아니라 말단 사원까지 지녀야 할 역량으로 인식해야 한다. 즉 분야나 지위와 관계없이 자신의 업무에서 혁신적인 아이디어를 발굴하고 진취적으로 행동하며, 도전하는 사람이 자신의 분야에서 큰 성과를 창출할 수 있도록 위기를 기회로 바꾸는 혁신마인드와 무엇이든 할 수 있다는 자신감을 가지고 도전하는 기업가정신이 절실하다. 사실 우리 기업가들에게는 위기를 기회로 바꾼 튼튼한 체력과 우리나라만이 가진 잠재된 DNA가 있으므로 그것을 토대로 기업가적 마인드와 기업가정신을 함양하면 과거 세계최고라 평가받던 한국의 「창업 1세대 기업가정신」은 회복될 수 있을 것이다. 나아가 기업가정신을 단순히 경제뿐 아니라 사회적 혁신동력 차원에서 국민운동으로 추진한다면 제2의 한강의 기적을 재현할 수 있을 것이다. 그 과정에서 필요한 기업가정신 교육이란 자기주도적 삶의 자세를 갖는 기업가적 열망(Entrepreneurial Aspirations)과 도전정신, 혁신성, 창의성, 위험감수성, 개척정신, 가치공유, 리더십 등 기업가적 태도(Entrepreneurial Attitudes)를 습득하고 경험토록 하는 것이다.

실질적인 한국 기업가정신의 함양을 위하여 정부도 2018년부터 중·고등학교에서 단계적으로 정규과목으로 기업가정신 교육을 시행하고 있고, 초·중·고교에 정규과목으로 도입할 계획이다. 특히 기업가정신을 높이는 방안으로 실패를 용인하고 도전하는 역동적인 사회로 분위기를 반전해 새로운 기술창조의 실마리를 풀고, 수평적·개방적 조직문화, 직원들에 대한 보상강화, 사내벤처 등 기업 벤처링활성화가 필요하다. 지금 우리 사회는 1%의 가능성만 있어도 야성의 도전정신

세계의 교육혁명: 기업가적 인재를 양성하라!

1910년대에 출범한 미국의 비영리 단체 <Junior Achievement>에서는 1940년대 이래 어린이와 청소년들이 '기업가적 사고와 방식'을 함양할 수 있도록 다양한 교육프로그램과 콘텐츠를 제공하고 있고, 영국에서는 1950년대에 유사한 성격의 단체인 <Young Foundation>을 설립하였다. 미국과 영국의 두 단체는 어린이와 청소년들이 '기업가적 사고와 방식'을 경험하고 함양함으로써, 그들 스스로 '자기고용가능성(self-employability)'을 높일 수 있음을 강조하고 있다. 영국의 초등학생들은 5파운드를 자본금으로 하여 스타트업 프로젝트를 수행하는 'Fiver Challenge'라는 프로그램을 경험하고, 중학생들 역시 10파운드를 자본금으로 하여 스타트업 프로젝트를 수행하는 'Tenner Challenge'라는 프로그램을 경험한다. 이 프로그램은 개인단위가 아닌 팀 단위로 수행하며 각자가 가진 10파운드의 자본금이 여럿 모이면 수십 파운드로 증가하고, 팀간 인수합병도 가능하다. 이 프로그램은 영국의 전 학교를 대상으로 'Young Foundation'과 리차드 브랜슨의 '버진 머니'가 함께 재정적 뒷받침을 하고, '피터존스아카데미'에서는 중고등학생들을 대상으로 한 '10파운드 거부(tycoon)되기 프로젝트'를 펼친다. 또 2013년 시작한 '알트스쿨(AltSchool)'은 미국의 초중등 교육에 새로운 혁신의 바람을 일으키고 있다. 구글 직원이었던 창업자가 자신의 아이를 학교에 보내 보니, 현실세계(the real world)와 너무나 동떨어진 학교교육에 대한 심각성을 인지하고, 실제의 세계서 활동할 수 있는 인재양성을 모토로 시작한 '사기업형 스쿨 프로그램'이다. 벤처캐피탈로부터 약 3천 6백만 달러 이상 투자를 받았고, 페이스북의 마크 저커버그가 1억 달러를 기부하며, 이 프로그램을 사회적 약자들도 수혜 받을 수 있도록 해달라는 주문도 있었다. '알트스쿨' 교육프로그램의 핵심은 '개인화된 학습모델(personalized-learning model)'과 '디지털의 이해와 활용(digital literacy)' 그리고 '랩 스쿨(lab school: 실험기반학습법)'로 대변된다. 최근 미국에서 강조하는 전형적인 'STEAM' 교육을 실천하고 있는 것이다.

으로 100%를 만들어냈던 창업 1세대의 기업가정신 복원을 주장하고 있으나 지금 한국경제의 현실은 기업가정신 위축으로 경제 활력이 떨어진 상태다. 우리 경제가 활력을 회복할 선행조건인 기업가정신 함양을 위해서는 창의교육을 통해 청년들의 혁신유전자를 일깨워 지적능력을 높이고 도전정신을 체질화해야 한다. 또 우리 사회는 새로운 시도에 대한 두려움과 실패를 두려워하는 문화 때문에 청년들에게 막연하고 두려움의 대상으로 인식된 창업을 친근하게 느낄 수 있도록 용기를 주고 혹 실패를 하더라도 청년들의 건설적, 도전적 실패에 대하여는 이를 용인하고 격려하며 재(再)시도를 지원하면서 실수로부터 얻을 수 있는 가치 있는 경험 속에서 교훈을 획득할 수 있도록 사회적 분위기를 조성해야 한다.

스타트업에 필요한 창업인재를 양성하려면 • 첫 번째로 태도를 변화시킬 수 있는 기업가정신과 관련된 교육이 필요하다. 우리나라의 경우 창업과 관련된 교육은 주로 대학에서 스킬(skill) 위주로 이뤄지는데 창업을 하고자 하는 의지와 태도를 함양시키는 교육이 우선되어야 하고 창업 관련 실무지식도 가르쳐야 한다. 이러한 태도의 변화는 결국 창업의지를 향상시켜 창업의 길로 유도하고 창업성공률을 증대시킨다. • 두 번째로 전 생애에 걸쳐 기업가정신 교육이 시행돼야 한다. 우리나라에서 창업 관련 교육은 대부분 대학에서만 진행되고 교육을 받는 학생 비중은 8%이며, 최근에는 고등학교에서 비즈쿨(Bizcool)이라는 교과목으로 교육하지만 영미권에서는 초등학교에서부터 전 생애에 걸쳐 창업 또는 기업가정신 교육이 이뤄지고 특히 대학에서는 약 25%의 학생이 기업가정신 교육을 받고 있다. • 세 번째로 창업인재를 육성하기 위해 대학의 역할이 변해야 한다. 창업가는 주입암기식 위주의 교실 안에서의 교육으로는 양성되기 어렵다. 소비자의 페인 포인트(pain point; 불편함을 느끼는 지점)가 무엇인지 알아낼 수 있는 능력을 키우는 것이 중요하다. • 네 번째로, 대학교육에 관한 정책의 패러다임 전환이 필요하다. 미래의 인재상은 융복합 인재인데 현실은 아직도 많은 대학이 백화점식으로 나열된 학과 위주의 교육을 개선하여 대학 스스로 이러한 교육체계를 바꿀 수 있어야 한다.

2. 최근 한국의 국가경쟁력(National Competitiveness)

1) 국가경쟁력과 기업가정신

한국에선 이미 전통적 일자리가 무너지고, 양극화 심화, 온라인·오프라인 시장의 경계 붕괴 등의 현상과 함께 국내경제가 파괴적 혁신, 소비자의 감소, 1인 가구, 100세 수명, 옴니채널(omni channel) 등의 특성을 지닌 '뉴노멀(new-normal) 경제'로 접어들었다. 특히 지금 격변의 시대를 맞는 글로벌 세계는 기술측면에서 4차 산업혁명으로 일컬어지는 파괴적 혁신이 세상을 바꾸고 있다. 빅데이터·인공지능·사물인터넷 등 신기술로 무장한 기업의 등장으로 전통적인 거대 기업들이 무너지고 있다.

미국 예일대 폴 케네디(Paul Michael Kennedy) 교수는 "세계 일류국가가 되려면 국가경쟁력의 제고가 필요하며 이를 위해서는 민주주의를 확충하고 생산성을 향상시키며 도덕성을 회복하려는 노력이 절실하다"고 주장했다. 이런 노력은 법과 질서가 유지되는 안정화된 사회 속에서 가능하다. 시장경제는 저비용 고효율구조로 개선되어야 국가 경쟁력을 높일 수 있다. 국가의 경쟁력은 기업의 경쟁력에서 나오고 기업의 경쟁력은 기업가정신에서 나온다. 기업가정신이 없는 사회는 퇴보한다. 그 좋은 예를 옛 소련 등 공산국가에서 찾을 수 있다. 기업가정신은 「무엇인가 이루려고 하는 정신」이다. 통찰력, 창의성, 용기와 결단, 희생과 솔선수범, 끈질긴 추진력, 개척정신이다. 기업의 발전은 국가발전의 원동력이다. 기업이 발전하려면 기업하기 좋은 환경이 조성되어야 한다.

특히 글로벌 경쟁 환경은 인적자본과 혁신뿐만 아니라 급변하는 환경에 빠르게 변신하고 위기에도 강건하게 되살아나는 능력이 중요하다. 문제는 환경이 좋아도 인적자본이 축적되지 못하면 경쟁력을 확보할 수 없으며, 인적자본이 축적돼도 시장의 경쟁력이 떨어지면 국가경쟁력을 제고할 수 없기 때문에 한 요소가 최고의 경쟁력을 유지해도 다른 요소의 경쟁력이 떨어지면 국가의 경쟁력을 높이기 어렵다. 또한 지금 한국은 선진국과의 기술·품질 경쟁에서 경쟁우위를 확보하지 못한 채, 중국 등 신흥국과의 경쟁에서 여전히 취약한 구조를 가지고 있다. 활기찬 기업 활동에 걸림돌은 정치의 불안정, 낮은 금융시장으로의 접근성, 정부의 관료주의에 기인한 비효율, 불충분한 혁신역량, 노동개혁에 대한 저항, 높은 세율 등이 꼽히고 있다. 혁신성장과 성과창출의 주역은 기업이므로 기업들이 적극적으로 투자하고 고용을 늘릴 수 있도록 투자의욕을 되살리고 기업가정신이 발휘되도록 정부는 규제혁신, 투자애로 해결, 초기시장 창출 등 마중물 역할을 통해 지원해야 한다.

국가경쟁력은 경제주체들이 다른 나라와 경쟁할 수 있는 총체적인 능력을 의미하고, 한 나라가 사업하기 좋은 환경을 조성해 국민경제의 성장 및 국민들의 삶의 질 향상을 이끌어내는 능력을 말한다. 국가경쟁력지수는 국가경쟁력을 주요 구성요소별로 평가, 합산해 지수화한 것으로 현재 널리 알려진 것으로는 세계경제포럼(WEF)과 국제경영개발원(IMD)에서 편제하고 있는 두 가지가 있다.

연도별 WEF 국가경쟁력 평가 결과

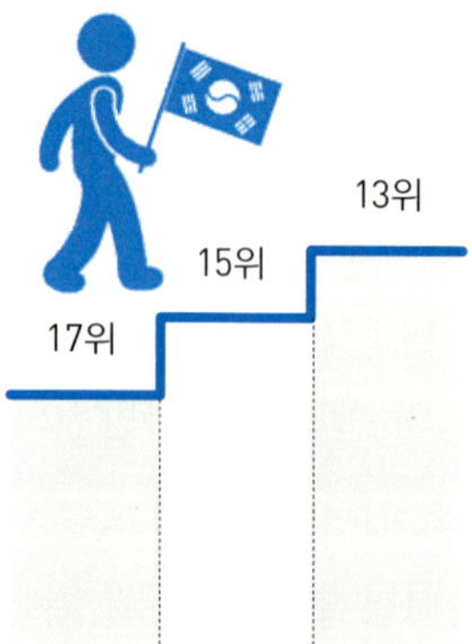

2018년 평가항목 개편으로 2017년 순위가 당초 26위에서 17위로 변경

WEF 국가경쟁력 평가항목별 한국의 순위변화

분야	부문	2018년	2019년
기본 환경	제도	27위	26위
	인프라	6	6
	ICT 보급	1	1
	거시경제 안정성	1	1
인적자원	보건	19	8
	기술	27	27
시장	생산 시장	67	59
	노동 시장	48	51
	금융 시스템	19	18
	시장 규모	14	14
혁신 생태계	기업 활력	22	25
	혁신역량	8	6

자료: 세계경제포럼(WEF), 기획재정부

우선 세계경제포럼(WEF)은 매년 각국 정부가 내놓는 통계와 각국 기업 최고경영자 대상 설문조사를 바탕으로 국가경쟁력평가 결과를 발표하는데 세계경제포럼(WEF)이 발표한 2019년도 국가경쟁력 평가에서 우리나라는 2018년보다 국가경쟁력 순위가 2계단 상승하여 평가대상 141개국 중 13위를 차지했다. 분야별로 보면 거시경제 안정성과 정보통신기술(ICT)보급의 경쟁력은 1위로 세계 최고였다. 인프라(6위), 혁신역량(6위), 시장규모(14위), 보건(8위), 금융시스템(18위) 등이 비교적 우수한 성적을 냈다.

줄곧 경쟁력이 낮았던 것으로 평가된 노동시장 분야는 올해 더 순위가 내려가 2019년 순위는 51위이고, 기업 활력 분야도 2018년 22위에서 2019년 25위로 3계단 밀렸다. 노동시장 경쟁력을 항목별로 보면 해고 비용(114위 → 116위), 고용 및 해고 유연성(87위 → 102위), 노사협력(124위 → 130위) 등에서 집중적으로 하락했다. 기업 활력 분야에서는 창업비용이 93위에서 97위로 내려갔고, 창업 준비기간(12위 → 14위), 창조적 아이디어를 수용하는 기업(35위 → 42위), 오너 리스크에 대한 태도(77위 → 88위), 파산회복률(12위 → 14위), 파산법률 체계(8위 → 26위) 등 대부분의 항목에서 순위가 하락했다. 정부가 「혁신성장」을 강조하고 있지만, 현실은 기업하기 어려운 나라가 되었다고 평가한 셈이다.

또 스위스 로잔의 세계적인 경영대학원 IMD가 63개국을 대상으로 매년 경쟁력을 조사해 발표하는 IMD 국가경쟁력 평가(IMD world competitiveness trend)의 순위에서 우리나라가 2020년 평가대상 63개국 중 23위를 기록했다. 이 평가에서 한국은 4대 분야 중 경제성과(27위), 정부효율성(31 → 28위), 기업효율성(34 → 28위), 인프라(20 → 16위) 부문에서 순위가 상승했다. 특히 기업효율성 부문 중 노동시장(36 → 28위), 경영관행(47 → 36위), 행태·가치(25 → 15위) 부문이 크게 개선됐다. 낮은 장기실업률, 간소한 창업절차, 기업의 신속한 디지털 전환, 높은 연구개발(R&D) 투자 등이 강점으로 평가받았지만 기업 이전에 대한 불안감, 높은 관세장벽, 기업 이사회의 비효과적인 관리·감독, 환경관련 다자협약 체결 부족 등은 약점으로 꼽혔다.

혁신 성장이 성공해야 나라가 산다

우리나라 경제정책의 핵심을 이루는 한 축인 혁신성장은 기업 혁신을 통해 경제발전을 추구하는 정책이다. 대기업의 경우 정부의 지원 없이도 양호한 인적·재무적 자원을 통해 독자적 발전을 도모할 수 있기에 정부의 혁신성장 정책은 주로 스타트업으로 불리는 창업·벤처기업과 혁신 중소기업의 육성 및 발전을 주 대상으로 한다. 특히 스타트업 활성화를 통해 기업 생태계 전반에 혁신의 새 바람을 불어넣음으로써 우리 경제의 경쟁력과 역동성도 높이고, 양질의 일자리 창출을 통해 청년실업 해소 등 현안 해결에도 기여할 수 있다. 스타트업 활성화를 위한 우리 정부의 강력한 혁신성장 정책의 결과로 가히 '제2 벤처 붐'으로 불릴 만큼 우리 스타트업 생태계는 최근 수년간 눈부신 발전을 거듭해왔다. 외환위기 직후의 '1차 벤처 붐'이 거품으로 끝난 주요 원인이 스타트업 생태계가 투자가 아닌 융자 중심이었음을 교훈 삼아 벤처펀드 결성, 벤처투자, 엔젤투자 면에서 매년 역대 최고기록을 경신하면서 투자 중심의 스타트업 생태계를 구축해가고 있다. 스타트업 육성 기반의 대폭 확충, 기업공개(IPO) 외에도 인수합병(M&A) 등 회수시장 육성, 재기지원 사업 확대 등 스타트업 활성화를 위한 다양한 정부정책은 세계 어느 나라와 비교해도 손색이 없다.

우리나라 혁신성장 정책이 성공하려면 • 첫째, 글로벌시장에 진출 가능한 스타트업을 집중 육성해야 한다. 국내시장 중심의 스타트업은 국가경제에 기여도가 높지 않다. 구조적으로 대외의존도가 높은 우리 경제는 글로벌시장에 진출해야 고용과 매출 순증을 만들어 국가경제에 기여할 수 있다. 현재 우리나라가 보유한 10개의 유니콘 기업 중 절반 이상이 국내시장 중심이지만 국내시장에 안주하지 말고 경쟁력을 키워 글로벌시장에 진출해야 한다. • 둘째, 글로벌시장에 진출하기 위해서는 기술 중심의 스타트업을 집중 육성해야 한다. 기술 중심이어야 무역장벽 회피는 물론 현지기업과 협업이나 진입장벽 구축이 가능하다. 4차 산업혁명 시대에는 모든 기업의 테크기업화가 필수적이다. • 셋째로, 스타트업을 통해 우리 사회와 국가, 더 나아가 인류에 기여하겠다는 기업가정신 고양이 중요하다. 미국, 유럽은 물론 아세안 국가의 선도 스타트업들도 창업을 통해 단순히 이익만 추구하지 않고 사회문제도 해결하고 사회가 필요한 새로운 가치를 창출하겠다는 기업가정신 기반의 경영이념을 내세우고 있다. 이를 통해 직원은 물론 고객, 파트너, 지역사회의 감동과 팬덤을 형성해 경제적 가치와 사회적 가치의 '두 마리 토끼'를 잡을 수 있다.

– 파이낸셜뉴스, 2020.8.18.

한국경제는 2018년 1인당 국민소득이 처음으로 3만 달러를 넘어서며 1인당 국민소득 3만 달러 이상－인구 5,000만 명 이상의 조건을 만족하는 「30-50 클럽」에 세계 7번째로 진입했다. 한국경제가 달성한 3만 달러는 중견 선진국으로서의 위상을 확인하고 세계에 한국의 발전의지를 보여준 상징적인 숫자이다. 그러나 최근에는 자동차·조선 등 주력산업이 고꾸라지고 반도체를 이을 미래 먹거리는 손에 잡히지 않는다. 급속한 고령화와 인구감소로 내수침체는 악화될 가능성이 큰데 미·중 무역 분쟁 등으로 경제를 견인했던 수출에도 빨간불이 켜졌다. 더구나 글로벌 경기 여건이 좋지 않고 한국 역시 수출 약세와 다양한 문제에 직면해 있다. 특히 2020년 코로나 영향으로 국내기업의 평균매출이 3.2% 감소했다. 굳제유가 하락과 석유수요 감소로 정유업종이 직격탄을 맞으면서 대기업 매출은 4.3% 줄었고, 한국은행이 발표한 「2020년 기업경영분석 결과」 자료에 따르면 2020년 외부감사대상 비금융 영리법인 2만 5,871개사의 매출액증가율은 －3.2%로 2019년(－1.0%) 대비 하락했다. 대기업의 매출증가율은 －4.3%를 기록했는데, 이는 2013년 이후 역대 최대 하락폭이며, 특히 2020년 번 돈으로 이자를 갚지 못한 이른바 이자보상비율이 100% 미만인 「좀비기업」도 34.5%으로 8년 만에 최대를 기록했다.

한국경제가 추락하는 원인은 정책실패 때문이고, 정책실패는 대부분의 선진국들이 경기회복과 양질의 일자리를 만들어내기 위해 규제혁파, 법인세 인하, 노동개혁, 과도한 복지구조 개혁을 단행하고 있는 반면 한국은 규제강화, 법인세 인상, 노동개혁 실종, 복지확대 정책을 추진하니 추락하지 않을 수 없는 인재(man-made calamity, 人災)라 할 수 있다. 흔히 경기가 침체하면 세금을 내려 경기를 부양하는데 복지수요 충당을 위해 세율을 전 방위적으로 올리고, 소비도 가계부채와 일자리 참사로 둔화되고 있으니 경제는 침체할 수밖에 없다. 조선·철강·자동차·IT·전자 등 한국의 주력산업이라 불리는 업종들이 지금 나쁘다고 알려져 있지만 앞으로도 나아지기 힘들다는 진단이다. 이는 자동차뿐 아니라 기계, 전자제품 등 그동안 주력제품이라고 했던 한국산 제품이 해외시장은 물론 국내시장에서조차 안 팔리기 때문이다. 물건이 안 팔리면 결국 산업이 쓰러지게 돼 있다는 점에 심각성이 있다.

현실적으로 국가의 경제성장과 사회발전의 목표는 국민들의 삶의 질 개선이어야 한다. 특히 주당 40시간 이상 일하는 풀타임 근로자가 2017년 말보다 2020년 말 195만 명 줄어든 1,889만 명으로 것으로 집계됐다. 근로시간을 반영한 고용률이 2017년 65.1%에서 2019년 62.0%로 급락했으나 같은 기간 OECD 회원국 평균은 64.2%에서 65.5%로 상승했다. 좋은 일자리는 기업만이 만들 수 있고 기업이 일자리를 만들려면 새 비즈니스를 할 수 있어야 한다. 규제가 줄고 기업 친화적 정치, 경제, 사회 여건이 돼야 한다. 정부는 소득주도 성장, 비정규직 제로 등 이념 실험을 고집했다. 노동개혁은 손 놓고 온갖 기업규제만 강화했다. 대신 공무원을 17만 명이나 늘린다고 하고 공기업에도 증원압력을 가하면서 세금 알바로 일자리를 만들었다는 눈속임을 하는 데 매년 수십조원을 쏟아붓고 있다.

> "오늘날 한 나라의 국력은 그 나라가 보유하고 있는 군함의 수가 아니라 그 나라에 내세울 만한 민간 기업이 몇 개 있느냐로 가늠하는 게 더 적합하다. 예를 들어 미국은 2001년 기준으로 그런 기업들이 550만 개나 있는 반면, 북한은 하나도 없다."
>
> – 존 미클스웨이트, 에이드리언 울드리지(John Micklethwait, Adrian Wooldridge)

세계경제포럼(WEF) 클라우스 슈밥(Klaus Schwab) 회장은 4차 산업혁명을 이끄는 기술로 무인운송 수단, 3D프린팅, 로봇공학, 신소재 등 물리학(physical) 기술, 사물인터넷, 블록체인, RFID(전자태그), 공유경제 기술 등 디지털(digital) 기술, 유전자 공학으로 대표되는 생물학(biological) 기술을 들고 있다. 4차 산업혁명의 핵심을 이루는 12개 기술은 4차 산업혁명을 대표할 바이오, 사물인터넷(IoT), 우주기술, 3D프린팅, 드론, 블록체인, 신재생에너지, 첨단소재, 로봇, 인공지능(AI), 증강현실(AR), 컴퓨팅 기술(빅데이터 등)이다. 이 분야에서 우리나라가 기술수준이 100이라면 미국 130, 일본 117, 중국 108로 중국의 기술도 쫓아

국가경쟁력 발목 잡는 '노동유연성'

한국, 종합경쟁력은 세계 13위 / 정부규제, 기업 활동 부담도 87위

노사관계협력 141개국 중 130위 / 거시경제 안정성 · ICT 보급 1위

2019년 한국의 주요 부문 경쟁력 순위

(141개국 중 순위)

구분	순위
전체 순위	13
공공부채 지속 가능성	1
전력접근성	2
초고속 인터넷 가입자 수	6
건강기대수명	7
재정 투명성	27
법체계의 효율성(분쟁해결)	45
규제개혁 법률의 효율설	67
사회자본	72
무역장벽의 존재 정도	77
임금결정의 유연성	84
정부 규제의 기업 부담	87
독과점의 수준	93
근로자의 권리	93
고용 및 해고 관행	102
정리해고 비용	116
노사관계에서의 협력	130

자료: 세계경제포럼(WEF)

노동시장의 경직성과 정부의 과도한 규제, 취약한 사회갈등 해결능력, 독과점 및 경직된 기업경영 등이 우리나라의 국가경쟁력을 갉아먹고 있는 것으로 지적됐다. 수년 동안 지속적으로 제기돼 온 문제임에도 불구하고 개선이 이뤄지지 않다는 점에서 문제가 심각한 셈이다. 세계경제포럼(WEF)의 '2019년 국가경쟁력' 평가 결과를 보면 우리나라의 종합 경쟁력은 평가대상 141개 국 중 13위로 지난해 15위에서 2단계 향상됐지만, 노동시장 관행이나 정부규제, 갈등해결능력 등은 여전히 거의 최하위 수준으로 나타났다. 12개 평가 부문 중 무엇보다 심각한 것은 노동시장과 생산물 시장으로 각각 51위와 52위에 머물렀다. 거시경제 안정성과 정보통신기술(ICT) 보급이 각각 1위를 기록하고, 인프라(6위), 혁신역량(6위), 보건(7위), 시장규모(14위) 등이 국가경쟁력을 끌어올린 것과 대비되는 순위다. 금융시스템(18위), 기업활력(25위), 제도(26위), 기술(27위) 등도 세부 항목의 개선이 필요한 것으로 조사됐다. 총 103개 항목으로 구성된 세부 평가지표를 보면 우리 경제 · 사회의 취약점이 그대로 드러난다.

노동시장 부문에서는 노사관계에서의 협력이 141개 국가 중 130위로 사실상 꼴찌였다. 정리해고 비용은 116위, 고용 및 해고 관행은 102위로 노동시장의 경직성도 매우

> 심각한 문제로 지적됐다. 정부의 과도한 규제도 개선과제로 지적됐다. 정부 규제가 기업 활동에 초래하는 부담은 87위, 규제개혁에 대한 법률적 구조의 유효성은 67위에 머물렀다. 당장의 규제도 심각하지만, 기업들이 이에 대해 문제를 제기하고 정부가 이를 해결해나가는 시스템과 절차도 일부 후진국보다 뒤진 셈이다. 생산물시장의 경직성도 문제가 심각했다. 기업 활력 부문에선 창업비용이 97위에 머문 것을 비롯해 오너 리스크에 대한 태도(88위), 기업 경영의 권한 위임 의지(85위) 등 이른바 기업 경영시스템에 대한 신뢰도도 후진국 수준에 머물렀다. WEF는 "창의성 향상을 위해선 기술발전·혁신이 인적자본 개발과 사회통합, 노동시장의 기능회복 등과 병행될 필요가 있다"며 세계 최고수준의 거시경제 안정성과 혁신역량을 바탕으로 "도전하는 기업가정신의 고양, 국내경쟁 촉진, 노동시장 이중구조 및 경직성개선 등이 필요하다"고 강조했다.
>
> – 헤럴드경제, 2019.10.10.

가야 하는 신세가 되었다. 4차 산업혁명의 특징으로 '현실과 가상의 융합', '맞춤형 지능화', '초연결'을 꼽는다. 이 시대의 변화는 급진적이고 불연속적이며 더 이상 예측도 준비도 불가능하다. 지금 마주하게 될 현실과 가상의 융합, 맞춤형 지능화, 초연결로 대변되는 4차 산업혁명은 「추격형 패러다임」을 벗어나 「선도형 전략」이 필요하다. 세계 각국이 4차 산업혁명과 인공지능(AI) 시대의 리더가 되기 위한 경쟁이 전쟁을 방불케 한다.

이 같은 생존의 전쟁 속에서 기업경쟁력과 국가경쟁력을 제고하는 것이 선진국으로 진입하는 길이고, 그 중심에 「도전적인 기업가정신」이 전문성과 역동성을 발휘해야 한다. 기업가정신을 살리기 위해서는 기업하기 좋은 환경을 만들어야 한다. 또 봉사지향적인 정부의 규제개혁과 조세 감축, 제한된 범위의 정리해고에 기초한 노사협력, 외국기업을 동반자로 생각하는 개방적인 시각이 필요하다. 서강대학교 노부호 교수는 "기업가는 자율성과 도전정신으로 고객만족 목표를 달성하기 위해 최선을 다하고 정부는 간섭이나 규제보다는 시장을 살리는 데 힘써야 한다"고 강조한다. 그는 기업가정신과 관련, 기업경영의 기초는 종업원들의 능동적인 참여와 책임 있는 행동에 있으며 이를 위해서는 인간적인 경영방식이 요구된다면서 국가경쟁력 제고 차원에서는 국정운영의 패러다임을 바꾸라고 요구한다. 시장경제의 원칙 위에서 잘 나가는 기업은 더 크게 뻗어나가도록 지원하고, 도산지경에 있는 기업은 시장에 맡겨 창조적 파괴가 일어나도록 하는 것이 경제 체질을 강화하는 일이라는 것이다. 기업은 최대한의 자율과 책임 위에서 기업가정신을 살리고 정부는 기업이 국부창출의 원천이라는 것을 인식해 기업하기 좋은 환경, 기업을 사랑하는 정서를 조성하는데 앞장서야 한다는 게 그의 지론이다.

> "한국은 OECD 회원국 중 네 번째로 규제가 많다. 기업가정신이 퇴보하고, 서비스업 생산성은 제3세계 수준에 머물러 있다."
>
> – 랜덜 존스(Randall Jones), OECD 한국·일본 담당관

한국, 기업가정신 키워야 저성장 탈출

한국경제를 연구한 대표적인 '한국통' 랜덜 존스(Randall Jones) 경제협력개발기구(OECD) 한국·일본 담당관은 "한국경제가 2%대 저성장에 머무르고 있는 이유는 기업가정신이 약화되고, 규제로 인해 서비스업 생산성을 높이지 못했기 때문"이라고 진단했다. 그는 한국은 경제성장 과정에서 정부개입이 많았기 때문에 정부가 성장을 주도하는 문화가 여전히 남아 있다면서 정부가 시장에 너무 많이 개입한 것이 기업가정신의 퇴보로 이어졌다고 지적했다. 또 1960년대 이후 한국의 고도성장은 수출지향 정책 때문이며 한국이 8~10%대 고성장 기조를 수십 년간 유지할 수 있었던 것은 정부가 특정산업을 육성하기 위해 특혜를 주면서 개입했기 때문이 아니라 수출지향 정책으로 수출경쟁력이 있는 산업에 투자했기 때문이라고 설명했다. 또 그는 한국에선 창업한 사람보다 공무원이 되거나 대기업에 취업한 사람을 더 부러워한다는데, 그래서 기업가정신은 갈수록 퇴보하고, 서비스업 생산성은 제3세계 수준에 머물러 있다고 지적한다. 랜덜 존스뿐 아니라 지금 국내 대부분의 전문가들이 하나같이 강조하는 화두이자 세계석학들이 권고하는 대한민국 저성장 해법은 한마디로 "정부주도 성장 끝났다…기업가정신 깨워라"이다.

– 랜덜 존스, OECD 한·일 담당관

전문가들은 우리 경제의 활력이 떨어지는 우려에 대한 해법으로 기업가정신을 바탕으로 하는 '혁신성장'을 제시한다. 4차 산업혁명 기술로 신성장 동력을 발굴하여 새 시장과 투자를 창출해야 '제2의 한강의 기적'으로 성장할 수 있다. 특히 기업환경이 경쟁력을 가지려면 규제문제가 해결돼야 하는데, 한국이 창업하거나 사업을 진행하기에 좋은 나라가 아니라는 사실을 글로벌 국가순위로 확인되었다. 글로벌 자본과 인재가 넘쳐나는 시대에 좋은 사업 아이디어는 성공하기 쉬운 곳으로 가기 마련이다. 한국(정부·정치인들)이 규제를 완화하고 보다 친기업적이며, 능력 있는 인재들이 한국에 와서 창업할 수 있도록 장려해야 한다. 특히 사회 전반적으로 기업가정신, 특히 도전정신이 충만하고 실패에 대한 두려움이 낮은 사회, 창업에 대한 열정이 높아 기회를 포착하는데 필요한 창업 스킬이 높은 사회, 직업선택 시 창업을 좋은 진로결정으로 생각하는 사회, 기업가를 존경하며, 기업가가 되고 싶어 하는 인식이 높은 사회가 되어야 한다. 또 새로운 가치를 창출하고 선도하려면 필요한 것은 역시 「혁신(innovation)」이다. 선진국 기술만 뒤쫓던 과거에서 벗어나 4차 산업혁명 신기술을 선도해야 한다. 그러려면 다양한 신산업에서 민간투자가 활성화되도록 규제완화를 통해 산업간 진입장벽을 낮추고 기존산업 대기업들의 투자 활성화를 위한 혁신기업 발굴·지원 정책과 규제완화도 지속해야 한다. 또 최근 불어 닥친 글로벌 경제위기를 극복하는데도 기업가정신의 복원은 필수적이다. 단순히 위기에 떠밀리지 않고 위기를 또 다른 기회로 만들기 위해서는 도전정신으로 충만한 기업가정신이 뒷받침돼야 한다. 위기는 완고하게만 느껴지던 기존질서를 뒤흔들어 새로운 싹이 뿌리내릴 수 있는 균열을 만들어 준다. 한국에서 기업가정신을 촉진하는 것은 약간의 조정이나 변화의 문제가 아니라 비즈니스 영역을 훨씬 뛰어넘는 사회 전체를 포함하는 엄청난 변화이고 도전이다.

또 혁신경제를 위해서는 나라의 창업을 위한 규제를 완화해야 하고, 젊은이들이 창업을 성공할 가능성을 높여 청년 기업가정신이 활성화되면서 많은 중소·벤처 창업이 이루어져 부가가치 및 일자리 창출이 일어나야 한다. 우리 청년들은 변화의 격동기 시대를 맞아 과감한 형식타파로 창업경제에 맞는 체질로 바꿔야 하며, 형식적이지 않고 누구나 마음을 열고 질문하며, 남이 하는 일도 스스럼없이 들여다보며, 위험은 인정해주고 그에 따른 실패도 거기에서 배운

'벤처 1세대' 황철주 주성 회장 "新기업가 혁신 정신이 미래 성장 동력"

황철주 주성엔지니어링 대표이사가 '새로운 성장과 기업가정신'을 주제로 진행된 대한상의 CEO 인사이트(Insights) 온라인 강연에서 신기업가정신을 강조했다. 황철주 대표는 "과거 대한민국은 헝그리 정신을 기반으로 세계 10대 강국으로 성장했지만, 지식과 정보가 무한 공유되고 확장되는 4차 산업혁명시대는 혁신에 대한 신속한 대응이 기업의 경쟁력이자 새로운 성장동력"이라며 "이를 위해 필요한 것이 바로 新기업가정신"이라고 소개했다. 이어 "기업가정신은 가장(家長)의 정신이나 리더십과 일맥상통한다"며 "성장은 혁신을 통해 이루어지는데 열심히만 하면 가능했던 예전과 달리 지금은 경쟁자보다 먼저 잘할 수 있도록 환경을 만들고 지속적으로 이끌어주는 리더십이 중요하다"고 강조했다. 그는 또 "혁신의 가치를 키우는 방법은 '세계최초'나 '세계유일'과 같은 차별화된 혁신"이라며 "시장선점을 위한 시간 싸움에서 이기기 위해서는 '원리의 혁신'보다는 협력을 통한 '결과의 혁신'과 성공을 위한 과감한 의사결정에 중점을 둬야 한다"고 말했다.

황 대표는 기업의 지속성장을 위해 • 시대에 맞는 기준을 재정립하고, • 혁신과 성공의 지도를 그리며, • 성공을 위한 판단과 과감한 결정, • 리스크 극복과 성공의 희망 공유 등의 新기업가정신을 강조했다. 그는 "한국이 빈민국에서 개도국으로 성장하던 과거에는 정보부족으로 인해 특정 제품에서 누가 1등인지 꼴찌인지 구분 없이 다함께 공존하던 시장"라며 "당시에는 노동력 중심으로 모방을 통해 성장하는 경제구조로 헝그리 정신이 빛을 발하던 시절"이라고 소회했다. 마지막으로 황 대표는 "3차 ICT 산업혁명 이후 우리 경제는 발 빠른 기술혁신으로 시장을 선점할 수 있었다"라고 평가하면서 "이제는 지속적인 변화의 흐름을 읽고 기술개발과 분업적 협력관계를 구축하고 고객·지역사회와 좋은 관계를 형성하는 등 지속성장을 위한 차별화 전략이 중요하다"고 덧붙였다.

– ZDKorea, 2020.11.27.

것이 있다면 용인해주는 사회로 만들어 사기가 저하된 청년들을 일으켜 세워야 한다. 자신이 가진 창의적인 아이디어와 그것을 밀어붙일 수 있는 열정과 용기, 위험을 감수하고 도전하는 정신, 실패했을 때 다시 일어날 수 있는 끈기 등이 바탕이 된 기업가정신이 이 시대 청년들에게 반드시 필요하다. 기업가정신 교육을 통해서 실패를 두려워하지 않고 감내할 수 있는 생태계(生態系)를 구축하고, 자기 주도적으로 생각하고 행동할 수 있는 기반(基盤) 마련을 통해 청년들이 조직에서 능력 있는 인재로 성장할 수 있도록 우리 모두 힘을 모아야 한다. 특히 우리나라 청년들이 실리콘밸리처럼 취업과 창업에 대해 균등하게 생각하고 각자 개인적 성향에 의해 선택할 수 있는 기업가정신(entrepreneurship) 마인드를 가질 수 있도록 고등학교, 대학교의 교육커리큘럼의 변화도 필요하다.

3. 기업의 경쟁력(Competitiveness)과 기업가정신

1) 기업 가치관과 핵심가치(Core Value)

비즈니스(business)에서 성공하고 장수할 기업의 최고경영자가 구비해야 할 덕목 중 가장 중요한 것은 성패를 좌우하는 판단기준이 될 '철학(philosophy)'이며 기업이념이다. 철학이 굳건하지 않으면 흔들리기 쉽고, 잘 정의된 기업이념은 기업의 내부구성원이나 외부인에게 알려져 고유의 기업 특성과 이미지를 형성하게 된다. 특히 기업이념은 기업 내부적으로는 모든 사원에게 공통의 방향, 공통의 달성의식, 공통의 목적을 향하게 하는 역할을 한다. 성공적인 기업으로 이끄는 기업이념이란 기업의 근본적인 목적이며, 그 기업의 경영철학이다. 조직구성원의 DNA에 조직이 추구하는 방향과 이념, 철학 등이 정확하게 이식했을 때 기업의 문화는 하나의 행동지침으로 작용하고, 조직원들의 핵심가치와 기업문화는 기업의 경쟁력이 된다. 일본에서 「경영의 신」이라고 일컬어지는 파나소닉의 창업자 마쓰시타 고노스케(まつしたこうのすけ)는 "경영자가 가장 먼저 해야 할 일은 경영의 기본이념을 갖추는 일이다"라며 경영철학을 명확하게 설정하여야 함을 강조하였다. 또 그는 '우리 회사는 무엇을 위해 존재하는가?', '경영의 목적은 무엇인가?', '어떻게 경영해야 하는가?'라는 물음에 대하여 확고한 신념이 있어야 한다고 강조했다. 또 기업이 성공적으로 혁신을 추진하려면 명확한 비전과 도전적인 목표를 설정해야 한다. 기업이 적절한 혁신을 이루고 탁월한 경영성과를 창출하기 위해서는 유형 자산이 아니라 모든 조직구성원들이 가지고 있는 무한한 잠재능력을 활용해야 한다. 기업의 핵심가치는 평소 기업의 구성원 전체를 유기적으로 연결하고 고객과 대면하는 현장까지 전해지기

때문에 기업의 핵심가치가 회사의 수명을 결정하게 된다. 정신적 유산이야말로 기업을 살아 움직이도록 만들고 대를 이어 지속적인 성장을 가능케 하는 원동력이다. 성장을 거듭하며 두각을 나타냈던 기업들은 모두 기업가정신, 즉 기업의 핵심가치를 중요하게 생각해 왔다. 누군가 "당신은 왜 그 일을 하느냐?"고 묻는다면 '왜'라는 질문에 대한 답은 당신이 그 일을 하는 이유의 출발점이자 목적지이며, '왜'에 대한 명확한 답은 다수의 사람들 사이에서 당신을 특별하게 만들어 주는 중요한 경쟁력이 된다. 그것과 관련하여 피터 드러커(Peter Drucker)는 기업이념을 정할 때 다음과 같은 질문을 하라고 권하고 있다.

- 우리의 기업은 어떤 기업인가?
- 우리 기업은 장래 어떤 기업이 될 것인가?
- 우리 기업은 장래 어떤 기업이 되어야 하는가?
- 고객이란 무엇인가?
- 우리 기업이 고객에 주는 가치는 무엇인가?

즉, 성공적인 기업이 되기 위해서는 이러한 질문을 계속 던지면서 심사숙고하여 기업이념을 정하고 이를 달성하도록 매진해야 한다. 제품은 일시적이지만 고객의 욕구충족은 영원하기 때문에 기업이념을 그 기업의 제품에 두는 것보다는 기업고객의 욕구충족에 두는 것이 설득력을 가진 현명한 방법이다. 또 IGM 세계경영연구원 전성철 회장은 "보이지 않는 생각이 사람의 운명을 지배하듯이 보이지 않는 가치관이 기업의 운명을 결정한다"며 "기업의 가치관에는 이루고자 하는 사명(Mission), 미래를 생각하는 비전(Vision), 가장 중요하게 여기는 핵심가치(Core Value) 등이 토대가 될 수 있다"고 말했다. 또 가치관 경영이야말로 직원들 개개인의 생산성과 CEO의 생산성을 함께 높일 수 있는 혁신경제 시대의 핵심 경영전략이라고 강조했다. 또 하버드대 존 코터(John Kotter) 교수 연구에 따르면 가치관으로 경영하는 기업은 일반기업과 다음과 같은 차이를 보인다.

가치관경영의 중요성

1. 가치관경영을 하게 되면

① 회사에 혼이 살아나고 혼이 이끈다.
② 변화의 추진체가 된다.
③ 균형경영을 할 수 있다.
④ 통합과 자율의 두 마리 토끼를 잡을 수 있다.

2. 가치관 경영이 되지 않는 기업의 증상

① 이직률이 높다.
② 업무효율성이 낮다.
③ 회사에 대한 자부심이 낮다.
④ 직원들의 윤리성이 낮은 경향이 있다.
⑤ 직원들이 변화에 잘 따르지 않는다.
⑥ 구성원 간 상호 협력이 잘 되지 않는다.
⑦ 파벌이 심하다
⑧ 의사결정에 있어 소모적인 논쟁이 자주 벌어진다.

"실제로 가치관(사면, 비전, 핵심가치)경영을 경험하니 직원들이 '가치관이 있다는 것'에 대단히 자부심을 가진다."

– IGM 세계경영연구원

2) 기업생존의 뿌리, 기업경쟁력(competitiveness)

한 나라의 파워(Power), '국력(國力)의 80% 이상을 차지한다'는 「기업의 힘(The Power of Corporations)」을 떠받치는 기업 경쟁력은 차별화된 제품이나 서비스 제공을 통해 경쟁기업보다 많은 부가가치를 창출하면서 장기간 안정적으로 성장을 지속할 수 있는 총체적 능력을 의미한다. 기업경쟁력은 어떤 기업이 시장에서의 우월한 지위를 지니고 있음을 의미하며, 어떤 기업의 경쟁력(competitiveness)이 강하다는 것은 동일한 시장 내에서 다른 동종기업과의 경쟁에서 더 높은 성과와 수익을 내게 해주는 지속가능한 경쟁우위(sustainable competitive advantage)를 의미한다. 기업 경쟁력이란 성장성, 수익성, 안정성 등 재무적 성과로 나타나는 유형의 경쟁력과 브랜드이미지, 투명경영, 조직효율성 등으로 대표되는 무형의 경쟁력으로 구성된다. 일반적으로 경쟁력이 강한 기업의 경우 성장성과 수익성이 높고, 많은 부가가치를 창출하기 때문에 성장성과 수익성의 장기적인 수준을 살펴보면 기업 경쟁력을 통한 가치창출 능력을 파악할 수 있다.

기업의 전체 경영성과는 영업활동과 재무활동의 결과가 모두 포함되며, 기업의 기초적인 가치창출 능력은 영업활동에서 발생하며, 기업의 가치창출 능력은 성장성과 수익성으로 입증된다. 기업이 생존을 넘어 지속적으로 가치를 창출하기 위해서는 성장성과 수익성의 균형을 갖춘 선순환이 필요하고, 성장성은 영업활동의 규모가 얼마나 증가했는지를, 또 수익성은 영업활동을 통해 얼마나 부가가치를 창출했는지를 측정한다. 매출은 기업이 생산한 제품이나 서비스에 대해 소비자들이 지출한 가치로, 성장성을 측정하는 대표적 지표이다. 수익성은 투입(Input) 대비 산출(Output)로 측정하며, 성장성이 전반적으로 하락하면 수익 기반이 약화되고 기업이 활력을 잃어가고 있음을 의미한다.

또 기업은 국가의 경제성장과 사회발전의 주체이기 때문에 기업의 건전한 성장 없이는 국가의 경쟁력을 키울 수 없고, 기업이 목표를 설정하고 바람직한 조직변화와 혁신을 통해 지속적으로 성장하고 발전해 나가기 위해서는 기업가정신에 대한 이해와 재정립이 중요하다. 이러한 기업가정신은 기업들의 경쟁력 확보와 성장을 위한 핵심원동력으로 인식되고 있지만 대기업에 비하여 자원이 부족하고 혁신의 범위가 좁은 중소기업의 경우 필요한 모든 자원과 역량을 확보하기 쉽지 않다. 그럼에도 불구하고 세계 각국에서는 최근 어려운 경제상황에서 새로운 도약을 위한 활성화 방안으로 기업가정신의 부활을 주장하고 있다. 이런 상황에서 우리가 세계 일류국가로 성장하려면 경쟁력을 높이고, 새로

기업 경쟁력

우리나라의 경제는 1970년대 농업인구의 경제활동 참여로 인한 노동주도형 성장과 1980~90년대 투자주도와 수출주도 성장단계를 거치면서 발전하여 왔다. 국가주력산업인 전기, 섬유, 기계, 조선, 철강, 건설, 자동차 등이 성숙기 또는 쇠퇴기에 접어들고 있으나 신(新)성장 산업으로의 전환이 여의치 못하면서 최근 제조업 평균가동률이 70%로 주저앉고, 경제성장률이 평균 2%대에 머물면서 이의 영향이 국민의 삶을 어렵게 하고 있다. 시장에는 기업 간의 경쟁이 심화되고 있으며 경쟁의 범위가 국가를 넘어 글로벌화되고 있다. 따라서 기업이 자기 분야에서 경쟁력 우위에 있는가, 새로운 제품시장으로 진출하느냐, 신규로 진입한 시장에서 어떻게 살아남느냐가 당면과제가 되고 있다. 기업경쟁력은 지금 하고 있는 사업, 현재의 조직 내에서 나와야 하며 글로벌 경쟁에서 이길 수 있는 수준이 되어야 한다. 부문별 역량을 강화하여 제품의 품질과 생산성 제고, 브랜드 가치 제고, 마케팅 강화로 국내는 물론 해외에서도 기존시장을 지키고 새로운 시장을 개발하며 새로운 성장모형을 만들어야 한다. 미래의 성장 동력도 수출에서 찾아야 하며, 글로벌 무역 변화추세에 맞추어 수출품목을 완제품에서 부품과 소재로 다변화해야 한다. 또 판매, 기술, 생산 거점을 해외로 확장하고 인력의 다국적화로 글로벌 기업으로서 경쟁력을 갖는 것도 필요하다. 또한 구조조정 정책으로 산업과 기업 간 경쟁의 범위가 세계화되고 있는 상황에서 대기업, 중소기업으로 영역을 나누거나, 중소기업 적합업종으로 지정 등의 정책보다는 경쟁을 통한 발전, 기업 간 분업으로 동반성장 등의 관점에서 보아야 할 것이다. 투자주도형 성장기에는 정부의 지원이 주효했으나 혁신주도형 성장은 지식과 창의력을 기반으로 기업자율이 바탕이 되어야 하므로 기업이 스스로 경쟁력을 확보할 수 있도록 간섭과 규제를 완화해야 한다. 정부는 기업이 연구개발, 사업다각화, 생산성 향상을 위한 투자를 확대하여 글로벌시장으로 확장할 수 있도록 정책보조와 금융지원, 물류개선을 위한 산업 인프라를 구축하도록 하고, 임금과 근로시간, 제3국 기술자와 근로자 채용 등으로 고용조건을 유연화해야 한다. 기업 경쟁력이 국가 경제력이며, 경쟁은 기업이 하는 것이고 경쟁력의 원천은 사람이므로 정부, 사회, 교육기관은 기업이 필요로 하는 다양한 인재를 양성하여 공급하도록 해야 한다. 기업이 항상 자율적으로 구조조정과 사업조정을 이루는 것이 혁신이고 이의 효과가 기업경쟁력으로 나타나는 것이다.

운 가치를 창출하기 위하여 통찰력, 창의성, 끈질긴 추진력, 개척정신, 모험정신과 도전의식을 가지고 위험을 감수하며 진취적인 자세로 신사업을 개척하고 혁신을 주도하는 기업가정신을 함양해야 한다.

기업경쟁력이란 기업의 생존력을 뜻하고, 기업의 핵심경쟁력(core competencies)은 한 조직이 다른 조직들보다 더 훌륭하게 수행할 수 있는 기능을 의미한다. 혁신기업의 가장 두드러진 특징은 기업가정신이 뛰어나다는 것이다. 혁신적 기업가정신이란 지속적으로 도전과 혁신을 추구하며 현실에 안주하지 않고 독창적 기술과 차별적 제품을 만들어 새로운 영역과 사업을 앞장서 미래를 열어가는 개척자정신을 뜻한다. 기업가정신이 충만한 혁신기업은 단기수익보다 시장창출을 위해 위험을 회피하지 않고 오히려 능동적으로 투자하여 독보적 성장기회를 추구한다. 더불어 혁신기업은 유능한 인재를 유치하여 기업가정신을 고취시키고 성장과실을 공유하여 주인처럼 뛰게 만든다. 또 특정기업의 제품에 대한 고객들의 충성도를 높이는 차별화의 우위는 디자인과 상표의 이미지, 기술, 제품의 독특한 특성, 대고객 서비스, 견실한 판매망 등으로부터 나온다. 급속히 변화하는 환경에의 적응이라는 측면에서도 기업경쟁력은 지속적인 기업의 생존력을 높인다. 경쟁력이 강한 기업은 경영환경변화의 영향을 덜 받기 때문에 비록 국가경제가 불황이거나 그 기업이 속한 산업이 사양 산업이라도 다른 기업에 비해 높은 수익을 올리면서 생존할 가능성이 높다. 세계적인 석학들이 한국기업의 경쟁력을 낮게 보는 가장 큰 이유로 「브랜드가치 부족」을 꼽는다. 미국 하버드대 마크 에스포시토(Marc Esposito) 교수는 "세계시장에서 살아남으려면 핵심가치가 있어야 한다"며 "일본은 토요타(Toyota)로 대표되는 「장인정신(匠人精神, craftsmanship)」, 중국은 하이얼(海尔, Haier Group)로 대표되는 속도(speed)가 있지만, 한국기업들이 추구하는 가치가 무엇인지는 잘 모르겠다"면서 현대자동차가 폴크스바겐의 아우디나 토요타의 렉서스처럼 고급 브랜드를 만들기 위해서 가장 중요한 것은 확실한 '가치(value)'라고 말했다.

또 월마트(Wal-Mart)의 경쟁우위 중 하나는 재빨리 판매수치를 기록하고 재고를 통제할 수 있게 하는 정보기술(IT: Information Technology)에 있고, 델(Dell)컴퓨터의 경쟁우위는 직접적으로 소비자에게 접근함으로써 도매상에 의한 가격 인상을 막는 것이며, 토요타(Toyota)의 적시공급 생산시스템(JIT)은 생산의 사이클을 단축시킴으로써 최소한의 재고만을 보유하는 것이다. 하지만 기업의 목표는 단순히 경쟁우위를 확보하는 것만이 아니라, 그것을 유지하는 것이다. 「지속적인 경쟁우위」는 경쟁자들이 모방하기 매우 어려운 것이다. 따라서 월마트는 정보기술을 지속적으로 개선하여 경쟁자들이 따라잡을 수 없는 앞선 기술을 보유하기 위해 노력한다. 또한 한국기업의 경쟁력 약화를 개선하기 위해서는 우선 생산성 제고, 고부가 사업 전환 또는 고부가가치 제품 개발, 새로운 사업 모델 혁신 등을 통한 영업활동의 수익성 제고가 필요하다.

한편 우리의 대표기업 삼성전자 반도체 실적이 규모나 수익 면에서 경쟁사에 비해 뒤처지고 있는 것으로 나타났다. 2021년 5월 현재 경쟁이 치열한 기술 분야에서 삼성전자는 잇따라 경쟁사의 추월을 허용하고 있다. 글로벌 파운드리(반도체 위탁생산) 1위 대만 TSMC는 1분기 매출 129억 달러(약 14조 4,500억원), 영업이익 53억 6,000만 달러(약 6조원)를 기록했다. 매출은 삼성보다 5조원 정도 작지만, 영업이익은 2배 가까이 많았다. 삼성전자의 실적 부진은 외부요인과 함께 D램과 비교해 부진했던 낸드플래시의 시황 등이 영향을 미쳤다는 게 일반적인 관점이다. 하지만 업계는 그보다 근본적인 이유로 삼성전자와 경쟁사간 기술력 차이가 나타나고 있다는 분석을 내놓고 있다. 파운드리(foundry)뿐 아니라 세계 1위 자리를 지키고 있는 메모리 반도체에서도 기술력이 밀리는 것 아니냐는 우려가 나온다. D램 역시 최근 미세공정 경쟁이 심화하고 있는데, 10㎚급 차세대 D램 경쟁에서 미국 마이크론이 4세대(1a) 개발을 먼저 알리며 삼성전자를 추월했다. D램 선두인 삼성전자로서는 자존심을 구길 수밖에 없으니 위기 대처 전략이 시급하다.

포스트 코로나 시대 1인당 국민소득 5만 달러 국가로 발돋움하기 위해서는 국부의 근간인 기업의 기운(氣)을 끌어올려(UP) 「기업하기 좋은 나라」를 만드는

기업경쟁력이 위태롭다

경제 강국을 판단하는 기준에는 국내총생산(GDP), 1인당 국민 소득 등 여러 가지 지표들이 있지만 그 나라경제를 지탱하는 '간판기업'이 얼마나 있는지도 중요한 척도이다. 미국 하면 애플, 구글, 포드, GM, 코카콜라 등 수많은 기업이 떠오른다. 우리나라도 삼성전자, 현대차, LG전자 등 상당수의 글로벌 기업을 보유하고 있다. 이런 기업들은 자국민에게 자랑일 뿐만 아니라 국가경제를 이끌어가는 중추적인 역할을 하고 있다. 예를 들어 2019년 기준 매출상위 100대 기업이 납부한 법인세는 25조 9,000억원으로 전체 법인세의 36%를 차지할 정도로 대기업들이 정부 재정에 큰 기여를 하고 있다. 뿐만 아니라 투자를 통해 일자리를 만들고 새로운 제품을 만들어 인류의 생활을 좀 더 풍요롭게 만드는 등 우리의 생활에도 직접적인 영향을 미친다. 문제는 우리나라의 글로벌 기업이 위축되고 있다는 것이다.

매년 매출액 기준으로 발표되는 2020년 포춘 글로벌 500에 포함된 한국기업 수를 보면 14개사로 전년 16개에서 2개사 감소했다. 반면, 중국은 2019년 119개사에서 2020년 124개사로 5개사 증가하였고, 일본은 52개사에서 53개사로 1개사 증가하였다. 미국은 글로벌 500대 기업에 포함되어 있는 기업이 2019년과 2020년 모두 121개사로 동일했다. 중국기업이 괄목할 만한 성장을 이룬 것을 알 수 있는데, 2000년까지만 해도 글로벌 500대 기업에 속한 기업이 10개사에 불과했던 중국은 2004년 15개사로 한국을 추월했고, 2012년에는 73개사로 일본을 추월했다. 이후, 지속적으로 증가하여 2020년 124개사로 사상 처음으로 미국도 제쳤다. 한국 기업의 매출액은 2019년 9,094.2억 달러에서 2020년 8,004.1억 달러로 12.0% 감소하였다. 미국은 2019년 9조 4,024.8억 달러에서 2020년 9조 8,063.0억 달러로 4.3% 증가하였고, 중국도 7조 9,149.1억 달러에서 8조 2,949.3억 달러로 4.8% 증가하였다.

– 에너지경제신문, 2021.4.8.

것이 중요하다. 기업의 발목을 잡는 불필요한 규제를 줄이고 기업가정신을 함양할 수 있도록 토대를 마련해야 한다. 세계적 기업가는 성공한 기업가들의 앞선 경험들을 보고 들으며 그 상상력을 키울 수 있다. 미국은 청소년기부터 교과서를 통해 그러한 상상력을 불어넣어주기 위하여 성공적인 기업가들이 아이디어를 키우고 사업을 확장하고 산업발전에 이바지하는 과정을 상세히 기술한다. 미국 교과서엔 철강왕 앤드루 카네기(Andrew Carnegie)와 금융가 존 피어폰 모건(John P. Morgan), 석유재벌 존 록펠러(John D. Rockefeller) 등이 등장한다. 21세기 최고의 기업가로 손꼽히는 애플 창업자 스티브 잡스(Steve Jobs)와 마이크로소프트 빌 게이츠(Bill Gates) 전 회장도 있다. 미국 버지니아(Virginia)주 고등학교 역사 교과서로 쓰이는 맥그로힐 출판사의 〈미국인의 역사〉는 19세기 이후 대표 기업인들의 공과(功過)에 대한 내용을 자세하게 설명하는데 이 교과서 '산업부흥기(Industry supremacy)'부분에선 앤드류 카네기(Andrew Carnegie)를 비롯해 존 피어폰트 모건(John Pierpont Morgan), 존 데이비슨 록펠러(John Davison Rockefeller) 등이 사업초기 어떻게 시작했고 부흥시켰는지에 대한 업적이 소개돼 있다. 그들의 공과(功過)에 대해서도 "기업인들이 불굴의 기업가정신과 독창적인 아이디어, 추진력 등으로 각 분야 산업을 일으켜 강대국의 기반을 다졌다"면서도 "독점 등의 문제로 경제적·사회적 문제도 일으켰다"고 기술하고 있다.

또 미국 중소기업학회 스티븐 리구오리(Stephen Liguori) 회장은 "혁신적 「스타트업기업의 활성화」를 위해서는 건전한 기업생태계 구축이 필수적이며, 기업가정신의 확산은 고용창출과 삶의 질 향상 등의 긍정적 결과로도 이어진다"면서 "혁신경제를 위해서는 정부와 기업, 학계, 지역사회가 모두 참여하는 '포용적 기업생태계'의 형성이 필요하지만 기존의 성공사례를 분석한 결과, 그 생태계 운영의 주도권은 기업가가 쥐어야 한다"고 덧붙였다. 한편 일본도 교과서를 통해 성공적인 기업인들을 소개하고 미래의 기업가들에게 상상력을 심어주고 있다. 일본 교과서에는 「일본 자본주의의 아버지」로 불리는 오사카방직 창업자 '시부사와 에이치'에 대한 소개를 시작으로 미쓰이, 미쓰비시, 스미토모 등 일본 대표기업을 자세히 기술하고 있다. 일본 고등학교에서 가장 많이 채택한 도쿄서적의 고등학교 역사 교과서 「일본사A」에는 '근대 산업발달'이라는 부분에서 일본의 산업화 과정이 자세하게 서술돼 있다.

한 나라의 경제가 발전하기 위해서는 3가지가 필요하다. 정부정책이 얼마나

친(親)시장적이고 투자를 활성화하는지, 기업이 얼마나 도전정신을 갖고 재원을 투자하는지, 인력이라는 측면에서 국민 중에서 고등교육을 받은 사람이 얼마나 많은지 등이다. 오늘날 우리기업들이 경쟁력을 잃고 벼랑 끝에 몰린 것은 기업 스스로 노력이 부족했던 탓도 있지만 기업가정신을 훼손하는 잘못된 정책도 무시할 수 없다. 한국기업의 환경은 임금과 세금도 높고, OECD 최고 수준의 반기업정서까지 감안하면 새로운 기업을 만들어 키워나가기는커녕 있는 기업 유지하는 것조차 힘겨울 지경이라는 게 많은 기업인들의 토로다. 특히 현 정부 들어 기업이 감내하기 어려운 수준의 최저임금 상승과 코로나 쇼크 와중에서 기업을 옥죄는 일들이 쏟아지고 있다. 정부와 여당이 추진하는 상법·공정거래법·금융그룹감독법 제·개정안은 '공정경제 3법'이 아니라 「기업규제 3법」이란 비판이 무성하다. 세계시장에서 뛰는 일류기업의 발목을 잡고, 기업을 옥죄는 일만 자꾸 만들어 중소 중견기업들을 해외로 내몰아 한국은 갈수록 기업하기 힘든 나라로 가고 있다.

코로나19 사태로 세기말적 대격변의 시대를 맞은 지금도 변치 않는 것은 '초일류만이 살아남는다'는 지극히 당연하고 평범한 진리다. 미국·중국 등이 모든 수단을 동원해 기업 지원에 나서는 것은 기업 경쟁력이 국가 경쟁력을 결정하기 때문이다. 그런데도 한국에서는 정치논리에 빠져 기업·기업인에 족쇄를 채우고 있다. 대표이사 처벌 규정이 너무 많아 '매일 교도소 담장 위를 걷는 심정'이라는 한탄에서는 기업할 의욕이 얼마나 꺾여 있는지 묻어났다. 사고가 나면 안전 관련 의무를 다했더라도 기업인이 처벌받는 '중대재해처벌법', 경영권을 방어하느라 투자를 제대로 할 수 없게 만드는 '기업규제 3법', 해고된 노동자도 노조에 가입할 수 있도록 하는 '노동법', 형 만기 후에도 5년간 경영에 참여할 수 없는 '특정경제범죄 가중처벌 등에 관한 법률(특경가법)', '세계유일의 감사인 지정제' … 박용만 대한상공회의소 회장은 "법으로 규제하고 강제하는 방식보다는 자율적인 규범이 작동하도록 해야 한다"고 말했다. 또 손경식 한국경영자총협회 회장은 "기업 환경 개선과 투자분위기를 높이는 정책으로의 획기적인 국면전환이 필요하다"고 했다. 허창수 전국경제인연합회 회장도 "적어도 우리 기업들이 글로벌 시장에서 동등하게 경쟁할 수 있어야 한다"고 호소했다.

지금 한국을 부활시킬 주체는 우리의 기업밖에 없고, 한국경제를 다시 일으키는 길은 세계적 고도성장 신화창출에 성공했던 우리의 기업가정신을 다시 어떻게 일으켜 세우는 것이다. 한국경제를 이끌어온 원동력은 고비 때마다 위기와 한계를 돌파해낸 기업가정신에 있다. 이제라도 기업인에게 더 적극적인 국가적, 사회적 애정을 집중하고 이를 저해하는 제도 개혁을 과감히 함으로써, '산

"기업규제 강화로… 기업 10곳 중 4곳 고용축소 고려"

전국경제인연합회와 한국중견기업연합회, 벤처기업협회는 공동으로 실시한 '기업규제 강화에 대한 기업인 인식조사' 결과 기업규제 3법 등 최근 기업규제 강화가 회사경영에 어떤 영향을 줄 것인가는 질문에 ① 규제 강화로 국내고용 축소(37.3%), 국내투자 축소(27.2%), 해외이전(21.8%) 등 고려한다는 응답이 86.3%에 달했다. ② 기업규제 3법 → 反시장적 정책기조 전면 수정해야 응답기업 230개사의 69.5%인 160개사는 최근 정부와 국회의 기업규제 강화에 '매우 불만'(44.3%), '불만'(25.2%)이라고 답했다. 기업 규모별로 봤을 때, 대기업의 불만족 비율이 96.5%(매우 불만 67.9%, 불만 28.6%)로 가장 높았던 반면, 중견기업은 82.2%, 벤처기업은 63.2%였다. ③ '불만' 또는 '매우 불만'이라고 답한 160개사들은 그 사유로 • '전반적 제도적 환경이 악화되어 기업 경쟁력을 약화'(59.4%) • '기업을 잠재적 범죄 집단으로 보는 反기업 정서 조장'(31.9%), • '신산업 진출 저해 등 기업가의 도전정신 훼손' (3.8%) 등을 들었다. ④ 기업 활력 제고를 위해 정부가 가장 우선해야 할 정책과제로는 • '반시장적 정책기조 전면 수정'(56.1%), • '금융지원 및 경기부양 확대'(21.7%), • '신사업 규제 개선 등 산업별 규제 완화'(19.1%) 등으로 나타났다. ⑤ 개선이 시급한 과제로 <중견·벤처> 주52시간 근무 등 노동관련 규제 꼽아 외국과 비교해 우리나라 산업규제 강도를 묻는 질문에 응답기업의 77.3%는 '매우 강하다'(43.0%) 또는 '강하다'(34.3%)고 답했다. ⑥ 개선이 가장 시급한 과제 1순위 노동관련 규제(39.4%), 2순위 세제관련 규제(20.4%), 3순위 상법·공정거래법상 기업규모별 차별 규제(13.4%)로 집계됐다.

– 중소기업뉴스(http://www.kbiznews.co.kr), 2021.2.16.

업영웅'을 많이 나오게 하는 것만이 경제를 회생하고 나아가 우리의 경제성장을 앞당기는 길이 될 것이다. 진취적인 기업가정신을 펼치는 데 장애물이 되고 있는 정부의 각종 규제, 전투적인 노동운동, 지나친 분배주의 등이 개선되어야 한다. 물론 기업가들도 국민의 사랑을 받기 위해 선진 윤리경영을 더욱 강화하고, 스스로의 도덕성 제고 및 전문성 함양과 관련, 사업보국의 차원에서 각별한 자발적 노력이 필요하다. 그리고 '산업영웅 시대'의 재탄생으로 경제회생, 국력 재도약의 대전환을 일궈내기 위한 국가적, 국민적 응집이 절실히 필요하다.

조셉 슘페터(Joseph Schumpeter)는 자본주의를 자본주의답게 하는 핵심 요소를 한마디로 「기업가의 혁신(innovation)」이라고 답한다. 우리가 사는 세상은 일직선으로 이어지지 않는다. 비록 새로운 것이 낡은 것에 기초를 두고 있다 하더라도 발전은 결코 연속적이지 않다. 스티브 잡스가 전화기와 PC를 한 손 안에 집어넣는 순간 경제발전 과정에서의 도약이 펼쳐지는 것이다. 슘페터는 이를 "우편 마차 숫자를 아무리 늘린다 한들 결코 철도를 얻을 수 없다"고 비유한다. 슘페터의 가르침에 따르면 새로운 혁신 없이 기업가의 이윤이 없으며, 기업가의 이윤 없이는 경제성장도 없다는 것이 경제 발전의 숨겨진 경로다. 결국 핵심은 관료나 정치인이 아니라 기업가다. 침체에 빠진 경제의 돌파구를 찾자면 기업가정신이 절실히 요구되는 이유다. 위험을 감내하면서 새로운 기술과 혁신을 찾아 나서는 기업가의 횃불이야말로 경제성장의 원동력이라는 그의 혜안으로 고개를 돌려야 할 때다. 한 국가의 부가가치 창출은 생산적 측면에서 볼 때 노동이나 자본의 투입도 중요하지만, 무엇보다 이를 조합하는 기업가의 혁신적 경영에 달려 있다. 이는 시장경제의 핵심동력이고 그들의 수익은 혁신과 그 혁신을 낳기 위한 인고의 시간에 대한 대가다. 악전고투하는 기업들에는 세계 각국의 인하 흐름과는 정반대로 법인세를 올려 경쟁력을 옥죄면서 소통과 협치, 자유시장 경쟁 기능과 기업가정신의 존중, 투자의욕 증대를 위한 규제혁파 노력은 찾아볼 수 없다.

22년 만의 뒷걸음질… '성장 불씨' 더 이상 짓밟지 말아야

작년 우리나라 경제성장률이 외환위기 이후 처음으로 마이너스 성장을 기록한 것은 쇠약해진 경제 현실을 적나라하게 보여준다. 한국은행이 어제 발표한 지난해 실질 국내총생산(GDP) 증가율은 -1.0%였다. 연간 성장률이 마이너스로 추락한 것은 외환위기 때인 1998년(-5.1%) 이후 22년 만이다. 2차 오일쇼크가 닥친 1980년(-1.6%)을 포함해 역대 세 번째 역( )성장이다. 정부는 초유의 코로나 사태에도 불구하고 '선방했다'고 자평한다. 홍남기 부총리 겸 기획재정부 장관은 "작년 연간으로 경제 규모 10위권 내 선진국들은 -3%대에서 -10% 이상의 역성장이 예상된다"며 "선진국들보다 역성장 폭이 훨씬 작아 우리 경제가 위기에 강한 경제임을 다시 한번 입증한 결과"라고 자랑했다. 하지만 자만할 만한 성적표는 아니다. 민간경제의 위축이 여간 심각한 게 아니기 때문이다. 민간소비(-5.0%), 수출(-2.5%), 건설투자(-0.1%) 등 모두 감소한 반면 정부소비만 전년 대비 5.0% 늘었다. 민간부문 위축으로 추락하는 성장률을 재정으로 떠받친 셈이다. 지난해 총 66조8,000억원 규모 추가경정예산을 편성해 재정지출을 대폭 확대한 결과다. 민간경제 위축은 코로나 탓만이 아니다. 글로벌 팬데믹으로 인해 소비와 수출에 직격탄을 맞은 것은 사실이지만 그 이전부터 우리 경제는 내리막길이었다. 2017년 3.2%였던 성장률이 2018년 2.9%, 2019년 2.0%로 추락했다. 그 시기에 세계경제가 호조였음에도 현 정부 들어 밀어붙인 소득주도 성장과 친노조 정책이 성장동력을 갉아먹었기 때문이다. 최저임금 인상과 주 52시간 근무제 등 규제는 성장엔진인 기업의 경쟁력을 약화시켰고, '기울어진 운동장'을 만든 노조편향 정책 역시 기업 활동을 제약했다. 선거 때만 되면 기승을 부리는 반기업 포퓰리즘 정책은 기업들이 땀흘려 일할 의욕마저 잃게 하고 있다. 경제를 마냥 재정지출로만 떠받칠 순 없다. 재정은 화수분이 아닐뿐더러, 나랏빚과 증세를 통한 정부지출 확대는 민간의 설 자리를 좁혀 국가 성장동력을 더 약화시킨다. 재정 주도 정책을 민간 주도로 서둘러 전환해야 하는 이유다. 기업을 옥죄는 규제와 고비용 구조 등 경영환경을 획기적으로 개선하는 것이 필수다. 그렇지 못하면 코로나 사태가 해소돼도 정상 성장궤도 복귀가 더욱 요원할 것이다.

– 한국경제. 22년 만의 뒷걸음질…'성장 불씨' 더 이상 짓밟지 말아야. 2021.1.26.

그럼에도 불구하고 세계적인 기부클럽 「더기빙플레지(The Giving Pledge)」에 재산 절반을 기부하기로 서명한 김범수 카카오 이사회 의장·김봉진 우아한형제들 의장의 성공은 실패를 무릅쓰면서 도전하는 기업가정신에서 비롯됐다. 더 기빙 플레지는 2010년 8월 빌 게이츠 마이크로소프트(MS) 창업자와 워런 버핏 버크셔해서웨이 회장이 '재산의 사회 환원' 약속을 하면서 시작된 자발적 기부 운동이다. 빌 게이츠는 재산의 95%를, 워런 버핏은 99%를 기부하기로 약속했다. 출범 첫해 52명의 가입자로 시작한 더 기빙 플레지는 이후 2011년 17명, 2012년 22명, 2013년 31명 등으로 해마다 가입자를 늘렸다. 더 기빙 플레지에 참여하려면 • 재산 10억 달러(약 1조 1,000억원) 이상, • 재산의 절반 이상을 사회에 기부 등의 조건을 충족해야 한다. 김범수 의장과 김봉진 의장 모두 가난한 집안에서 태어난 「흙수저」로, 카카오톡과 배달의민족이라는 국가대표급 IT 서비스를 만든 창업가, 자수성가형 「게임 체인저(game changer)」라는 공통점이 있다. 게임체인저란 '어떤 일에서 결과나 흐름의 판도를 뒤바꿔 놓을 만한 중요한 역할을 한 인물이나 사건'을 의미한다. 게임체인저는 기존판도의 규칙을 따르지 않고 새로운 게임 규칙을 만드는 중요한 행위자로, 경영에서는 업계와 사회 전반에 큰 지각변동을 일으키는 특출 나고 독창적인 아이디어로 새로운 분야를 개척하며, 나아가 업계와 사회 전반에 큰 지각변동을 일으킨 인물이나 제품을 뜻한다.

Chapter 13

창업국가(Start-up Nation)들의 기업가정신

1. 창업국가(start-up nation) 이스라엘의 창업 DNA

1) 지정학적 악조건에서 부활한 창업국가 이스라엘

유대민족은 기원전 10세기 전후에 존재하였던 고대 이스라엘왕국이 멸망한 후, 뿔뿔이 흩어졌다가 1948년 팔레스타인 지역에 이스라엘을 건국하였다. 이스라엘의 국토면적은 우리나라의 1/5 정도로 작은데다 국토의 60% 이상이 사막이라 극심한 물 부족국가였으나 이스라엘 국민들은 물 부족 문제를 해결하면서 결국, 해수담수화, 폐수 재활용분야의 글로벌 리더가 되었다. 이스라엘 인구는 884만여 명으로 세계 96위에 불과하지만 GDP는 세계 33위, 2020년 1인당 GDP는 4만 2,115달러에 달하며, 선진국 중 최고의 경제성장률을 기록하고 있다. 또 국내외에 거주하는 유대인은 전 세계 인구의 0.2%밖에 되지 않지만 미국 동북부에 있는 8개 명문 사립대 아이비리그(Ivy League) 졸업생의 30% 이상을 배출했으며 노벨상 수상자 가운데 유대인의 비율은 22% 정도이고 글로벌 기업의 최고경영자(CEO)는 물론 전 세계 억만장자 가운데 32%가 유대인이다.

이스라엘은 자원도 없고 중동전쟁위협에 시달리던 1960년을 전후해 항공우주 기술과 핵시설을 통해 전쟁 억지력을 확보했고 정보기술(IT)·바이오·나노 등 첨단 과학기술의 요람 「텔아비브(Tel Aviv)」를 세계 두 번째로 손꼽히는 창업 생태계로 변신시켰으며, 열악한 환경 속에서도 전 세계에서 거대한 벤처자본을 끌어들여 1인당 창업 비율이 전 세계에서 가장 높고, 2018년 11월 23일 현재 나스닥(NASDAQ)에 상장된 3,470개 업체 중 이스라엘 기업은 모두 97개로 미국(2,919개)과 중국(165개) 다음의 세계 3위를 차지하고 있다. 또 이스라엘에는 세계 원자력 안전기술과, 인터넷 보안기술을 석권하고 있을 뿐 아니라, 세계 바이오·헬스 융합시장의 70%를 차지하면서 인구 1만 명당 과학기술자 수 140명으로 1위, 기술 인프라 세계 5위, GDP 중 연구개발(R&D)비 비율이 4.5%로 세계 1위이다. 이스라엘정부는 24개 벤처 인큐베이터의 심사를 통과한 청년창업가에게 자본의 85% 이상을 지원하고, 실패하더라도 실패경험을 공유토록 재기를 위한 체계화된 멘토링(Mentoring) 컨설팅을 무상 지원받을 수 있다.

또 애플의 창업자 스티브 잡스(Steve Jobs), 아마존 창업자 제프 베조스(Jeff Bezos), 구글의 창업자 래리 페이지(Larry Page), 인텔의 창업자 앤드류 그로브(Andrew Grove), 페이스북 창업자 마크 저커버그(Mark E. Zuckerberg), 스타벅스 CEO 케빈 존슨(Kevin Johnson) 등 젊은이들이 동경하는 벤처 및 창업분야의 천재들 대부분 유대인이다. 유대인들이 세계의 금융계·정치계·법조계·경제계·언론계·예술계·학계를 꽉 움켜쥐고 있다. 고달픈 역사를 가진 소수의 유대인이 이토록 저력 있는 민족이 된 비밀은 그들만의 특별한 '교육'에 있다. 「하브루타(Havruta)」라고 불리는 토론과 논쟁의 교육방식은 유대인의 창의력과 도전정신을 놀랍게 성장시켰고 실패를 두려워하지 않는 강인한 정신력을 길러 줬다. 그들은 창의적으로 사고하고 실패의 위험을 감수할 수 있도록 지지해 주는 이스라엘 문화가 성장의 주된 이유라 말한다. 특히 창업국가 이스라엘의 히브리대학(The Hebrew University)에서는 1년에 1조원의 특허수익을 올리고, 창업중심 대학 테크니온 공대(Technion Institute of Technology) 졸업생들은 창업을 통해 이스라엘 경제를 견인하는 원동력이 되고 있으며, 졸업생이 창업을 통해 만든 일자리도 10만 개를 넘는다. 테크니온공대 총장은 "우리 학생들은 좋은 직업을 구하는 것이 아니라 좋은 직업을 만든다"고 강조한다. 이 대학에서 기업가정신을 가르치는 다나 셰퍼 박사는 "우리 대학은 자연과학·공학·의학·농학 중 어떤 것을 전공하든지 시장이 원하는 기술이 무엇인지를 토론하면서 공부하는 전통이 있다"며 "학교는 창업에 적성이 있는 학생에게 기업가정신과 스타트업 관리법을 가르치면서 미래를 지원한다"고 소개했다.

이스라엘 기업가정신에 대한 재해석

예루살렘 히브루대학 사회학과 가드 야이르(Gad Yair) 인류학 교수는 <이스라엘 코드>라는 책에서, 이스라엘 사람들의 자기중심적 경향은 유대인들의 억압된 역사에서 비롯되었다고 설명한다. 급변하는 환경변화에서 살아남기 위한 '보호본능'이 거만하다고 느껴질 정도의 '자신감'으로 발전한 것이다. 이스라엘 사람들은 타민족의 억압과 핍박 속에서 자신의 정체성을 지키며 생존하기 위한 방법으로 '주변 상황 때문에 신념이 약해지고 타협하면 살아남을 수 없다'라는 신념을 택했다. 사실 스타트업이 실패하는 이유는 시장에 대한 이해부족, 자금부족, 방만 경영 등 다양하겠지만, 또 하나의 결정적 이유가 바로 자신감의 결핍이다. 사업경험이 비교적 부족한 창업자들이 험난하고도 외로운 스타트업의 길을 걷다보면 정신적으로 자주 흔들릴 수밖에 없다. 결국, 초반에 가졌던 불타는 열정이 사라지는 순간, 야생마같이 달릴 것 같았던 스타트업의 질주는 끝난다. 그렇지만 이스라엘 스타트업의 창업자들은 망하는 순간까지도 자신의 기술이 여전히 세상에 꼭 필요하며 흐름을 주도할 것이라는 자신감을 버리지 않는다. 성공여부에 상관없이 이스라엘 스타트업의 창업자들은 당당하다. 혹여나 실패할 경우에도 '실패요인을 분석해서 더 나은 솔루션을 만들거나 다른 아이템으로 스타트업을 설립하면 되지 않겠는가'라며 긍정적으로 생각한다. 이것이 이스라엘 스타트업 창업자들이 가지고 있는 기본적인 기업가정신이다. 또한, 실패를 용인하는 이스라엘 사회와 기업문화 속에서, 사업에 실패했다고 스스로 목숨을 끊는 일은 찾아보기 힘들다. 많은 이스라엘 기업가는 실패할지라도 정신적으로 회복하는 시간이 빠르고, 실패라는 경험을 성공하기 위한 또 하나의 과정으로 생각하는 비교적 건강한 자아를 가지고 있다. 성공하기 위해서만 기업가정신이 필요한 것이 아니라 쓰디쓴 실패를 맛보았을 때 다시 일어서기 위하여 건강한 기업가정신이 더 필요하다. 이스라엘의 깡다구 창업정신은 이스라엘 기업문화와 정신을 반영하고 있다. 글로벌 스타트업 환경에서 이스라엘과 한국 스타트업의 차이는 깡다구 스타트업이 존재하느냐 하는 근본적인 질문일지도 모른다. 깡다구 정신으로 만들어진 이스라엘 스타트업들의 끊임없는 노력이 오늘날의 창업국가 이스라엘을 만들어 내고 있다고 해도 과언이 아니다. 어쩌면 지금 한국의 초기 스타트업들에게 필요한 것은 쓰러져도 다시 일어설 수 있는 깡다구 정신일 것이다.

– 기술과 혁신, 2018.8.23.

불과 30여 년 전만 해도 이스라엘 경제는 정부가 경제의 대부분을 주도적으로 운용하던 지금과는 전혀 다른 사회주의 체계였기 때문에 정부는 거의 모든 산업의 투자자겸 소유자였고, 경제정책과 통화정책의 결정자였으나 기업들이 더욱 다국적화·대규모화되면서 정부통제는 한계에 이르렀다. 정부는 시민들의 삶을 개선하기 위해 노동자들의 급여를 보전하는 정책을 썼고, 이런 경제운영은 오히려 역효과를 초래하여 1979년의 인플레이션은 111%까지 올랐다. 스타트업 육성에 초점을 맞춘 그 당시 시몬 페레스(Shimon Peres) 총리의 목표는 스타트업을 위한 벤처캐피탈 육성 등 이스라엘이 해외 투자자들에게 특별히 매력적인 지역이 되는 것이었다. 페레스는 투자에 대한 위험은 정부가 부담하지만, 보상은 철저하게 투자자들에게 돌아가도록 하는 「요즈마(Yozma·주도권)」와 「인발(Inbal·종의 추)」이라는 두 가지 프로그램을 설계했다. 이 프로그램은 1990년대 초 이스라엘 내 기업가정신에 불을 지폈고, 벤처캐피탈 1세대를 만들어내는데 결정적 역할을 했다. 페레스는 미국 내 유대인들에게 이스라엘 스타트업에 투자할 것을 호소했으며, 지금 이스라엘은 첨단기술의 메카이자 세계 1등 창업국가로 각인되면서 2014년 기준 벤처기업의 수는 유럽 전체가 만드는 것보다 많은 8,000여 개이다.

시몬 페레스(Shimon Peres) 전 이스라엘 대통령은 황무지에서 창업국가로의 전환에 대하여 "아무것도 없다는 부족함이 도전이자 축복이었다. 사막에서 살아남기 위해 씨앗을 오래 저장하는 기술을 발전시켰고 '방울토마토' 개발로 연결됐다. 미래를 보고 과학기술에 투자해 항공우주·원자력·IT·바이오 등 첨단기술에서 앞서 나갔다. 동시에 글로벌화를 추구한 결과 1974년 인텔의 연구개발센터를 이스라엘에 유치했고, 해외의 벤처캐피털을 요즈마펀드에 끌어들일 수 있었다"고 회고했다. 창업강국(創業强國) 이스라엘의 산업정책의 방향은 사업규모를 키우는 정책이 아니라 벤처창업지원 시스템에 정부정책을 맞추는 시장주도 방식, 민간자본이 스스로의 판단에 따라 될 만한 '떡잎'을 찾아 지원하는 방식이며, 놀랍게도 이스라엘에서는 「정부가 나서지 않았다」는 것이 벤처투자의 가장 큰 강점으로 작용하였다. 이스라엘 스타트업들이 다양한 분야에서 창조와 혁신을 이뤄나가고 이스라엘의 놀라운 성취를 가능하게 만든 성장의 비밀은 창의적으로 사고하고 실패의 위험을 감수할 수 있도록 지지해 주는 이스라엘 문화 때문이었다.

또 이스라엘 언론인과 미국 투자분석가가 공저(共著)한 「창업국가(Start-Up Nation, 다할미디어)」에 따르면 이스라엘 경제성장의 견인차는 세계 최첨단을 자랑하는 하이테크 벤처기업들이다. 우수한 과학기술인력과 유태인 네트워크를 활용해 이상적인 벤처생태계가 조성됨으로써 이스라엘의 벤처투자 비중은 GDP 대비 0.45%(한국 0.09%)로 하이테크 기업 창업이 활발한 국가이다. 창업국가(Startup Nation)라 불리는 이스라엘의 벤처생태계 조성은 1960년대 후반에 시작되어, 1991년에는 창업촉진과 기업가정신 함양을 위해 인큐베이터 프로그램을 도입했다. 인큐베이터는 초기에 비영리법인에 의해 운영됐으나 2002년 민영화 과정을 거쳐 영리법인 형태로 운영되고 있다. 또 이스라엘 벤처기업은 100% 투자금으로 운영되고 사업에 실패하더라도 법적 의무만 성실히 수행했다면 개인이 부담을 지지 않는다. 벤처투자가들은 한 회사에 대한 투자가 실패해도 다른 업체의 성공에서 돌아오는 이익으로 충당한다. 이스라엘이 창업 강국이 된 7대 이유를 ① 해외 교류 활발한 이민자, ② 시장이 작으므로 아예 해외공략, ③ TV 방영 시 더빙 안 해 영어에 능숙함, ④ 성공한 창업자들 재투자, ⑤ 세계의 유대인 네트워크, ⑥ 첨단기술 가르치는 군대, ⑦ 위험을 감수하는 도전정신 등으로 설명한다.

> "이스라엘 사람들이 어마어마한 혁신을 일으킬 수 있었던 요인은 '뛰어난 머리'가 아닌 '국민성' 덕입니다. 아무리 좋은 총알을 갖고 있더라도 방아쇠 당기기를 주저하는 우리나라와 달리 그들은 좋은 총알이 아니더라도 겁 없이 방아쇠를 당길 힘이 있습니다."
>
> – 윤종록 가천대학교 석좌교수, (전) 미래창조과학부 제2차관

이스라엘이 스타트업 국가(start-up nation)가 된 비결

① **'후츠파' 정신 때문이다.** 히브리어로 당돌함과 뻔뻔함이라는 뜻인 후츠파 정신은 어려서부터 끊임없이 질문하고 도전하며 자신의 주장을 당당히 밝히는 이스라엘인 특유의 도전정신을 말한다.

② **실패를 용인하는 문화와 탄탄한 창업 지원 시스템이다.** 이스라엘에선 창업했다가 실패하는 20대 젊은이들이 부지기수다. 이스라엘에선 여러 번 실패해도 좌절하지 않고 매번 새로운 도전을 한다.

③ **우수한 인적자원과 산학연 협력 네트워크를 갖춘 클러스터를 들 수 있다.** 미국에 실리콘밸리가 있다면 이스라엘에는 텔아비브 중심의 이스라엘 동부 해안 지역 정보기술(IT) 클러스터 지역을 지칭하는 '실리콘 와디'가 있다.

④ **군 경험을 들 수 있다.** 특히 군대가 인재를 길러내는 인큐베이터 역할을 맡고 있다. 징병제 국가인 이스라엘의 모든 국민은 고교졸업 후 남자는 3년, 여자는 2년간 의무적으로 군 복무를 해야 한다. 군은 입대하는 병사들에게 창업의 핵심 자질인 리더십, 팀워크, 위기상황 돌파 능력 등을 집중 교육한다.

⑤ **소프트웨어(SW) 중심의 컴퓨터과학(CS) 교육을 꼽을 수 있다.** 이스라엘은 1992년 국가교육위원회 주도로 SW 중심의 CS를 정규과목으로 만드는 국민적 합의를 이끌어냈다. ICT에서 미래 먹거리를 찾자는 것이었다.

⑥ **글로벌 시장을 공략했기 때문이다.** 이스라엘은 내수시장이 작고, 이슬람을 믿는 주변국들과는 공식적인 관계가 거의 없어 이스라엘 스타트업은 내수로 기반을 다진 뒤 해외로 나가지 않고 창업 순간부터 글로벌 진출을 목표로 한다.

⑦ **R&D의 연속성을 들 수 있다.** 이스라엘의 전체 산업 R&D 정책은 경제산업부의 수석과학관실이 총괄한다. 수석과학관(차관급)은 정권교체와 관계없이 6년 임기를 보장받으며, R&D 정책시행과 예산배분에서 독자적인 권한을 행사한다.

– 한경머니, 제161호(2018년 10월)

2) 이스라엘 스타트업(start up, 창업기업)의 성공기반

(1) 군사 프로그램 탈피오트(Talpiot)

이스라엘에서는 주변 아랍국들과의 긴장관계 때문에 고교생들은 졸업과 동시에 남자는 3년, 여자는 2년을 방위군(IDF)에서 의무적으로 복무해야 하는데, 징병연령이 되기 1년 전(고 2)부터 남녀 모두 신병모집센터에서 적성, 능력, 심리테스트, 인터뷰, 신체검사를 받는다. 검사가 끝나면 신체점수와 심리점수에 등급이 매겨지며 신체, 학습능력, 성격 등에서 요구조건을 충족된 후보들은 엘리트 유닛(부대)에 응시할 수 있다. 이스라엘 군대는 군사교육뿐만 아니라 IT·화학·보안 등 첨단기술을 배우고 실전에 적용하는 경력개발에 집중하는 중요한 제2의 학교로, IDF 부대들이 벤처 인큐베이터(육성센터) 역할을 담당한다. 이때 유명한 특수부대에 입대할 기회가 부여되면 사회의 엘리트로 거듭날 기회를 얻게 되고, 8200부대의 경우 최초 4,000여 명이 지원하지만 400명으로 압축되며, 이들은 또다시 6개월간의 간헐적 테스트를 통해 최종 20명을 선발되면 20개월의 특별한 훈련에 참여하면서 최고의 과학기술 교육을 통해 전문가로 육성된다. 이스라엘 인터넷 구직란에는 「8200부대 출신들을 원함」이란 문구를 자주 볼 수 있으며, 8200부대 출신자들은 전국적인 친목회를 만들고 그들의 네트워킹을 통해 다양한 정보를 교환한다. 이 같이 이스라엘의 엘리트 부대들은 까다로운 선발절차와 고도의 훈련 그리고 졸업생들의 우수한 능력으로 유명하다.

또 이스라엘 방위군은 혁신적이고 적응력 있는 문제해결 능력을 위한 다양한 교육프로그램을 통해 젊은이들의 창의력을 일깨우는 역량을 준비하여 그들을 맞이하고 있다. 일단 이들이 3년(여자는 2년)의 복무를 마치고 나면 전 세계 어느 나라의 또래들과 비교하기 어려울 만큼 더 많은 경험과 문제해결 능력을 갖추게 된다. 제대 후 그들은 20년간 예비군 생활을 할 수밖에 없는 환경에서도 직장과는 또 다른 유대관계와 네트워킹을 할 수 있는 제2의 트랙을 유지한다.

또 창조를 배양하는 이스라엘 군대의 네트워킹이 막강하기 때문에 이스라엘에서는 구인광고가 사라지고 모두가 서로를 추천하고 그를 믿고 고용하는 방식을 활용하므로 인재를 뽑아 군대에서 교육시키고, 혁신적인 생각을 하도록 인큐베이터 역할을 한다. 군대에서 배운 것들이 발판이 되어 기업가가 되는 계기가 되며, 500~600명 정도의 네트워크에 가입하면 서로 멘토 역할 및 펀드협력을 주고받거나 철저한 시장조사를 통해 아이디어를 실현하도록 반복·훈련한다. 이들이 가진 혁신적 사고를 배운 최정예 부대 출신이라는 자부심, 사회를 이끄는 네트워킹 주역이라는 긍지, 실패를 두려워 않는 기업가정신의 멘토가 될 수 있다는 당당함은 이스라엘 창조경제의 견고한 원동력이 되고 있다.

특히 한 차원 높은 부대「탈피오트(1979년 창설)」는 까다로운 선발절차와 고도의 훈련을 제공하는 최정예 군인육성 프로그램으로 이스라엘의 창의적인 인재를 배출하는「국가적 인큐베이터 시스템」으로 유명하다. 이 '탈피오트'는 성경에 나오는「탑(top)」 또는「성취의 정점(peak of achievement)」을 의미한다. 이 부대는 들어가기가 어렵고 또한 모든 부대 중 훈련기간이 가장 긴(41개월) 부대로 여기에 참여하는 병사들은 6년 동안의 군복무를 해야 하기 때문에 최소한 9년을 군대에서 보내게 된다. 1973년 욤키퍼 전쟁의 참담한 실패로부터 출발한 이 부대는 당시 참모총장이었던 라파엘 에이탄(Rafael Eitan)이 제안하여 이스라엘의 가장 뛰어난 인재들을 모아 그들에게 대학과 군대가 제공할 수 있는 가장 집중적이고 밀도 있는 기술훈련을 시키고 있다. 탈피오트 생도들은 1년 안에 수학, 물리 과목의 대학 정규과정을 마치게 하고, 전략적 전술적 요구사항을 끊임없이 제공하여 여러 분야를 넘나들며 스스로 해결토록 하는 훈련을 받는다. 탈피오트 프로그램은 국방연구소에서 관리하는데 초 엘리트 교육으로 이 과정을 이수하면「탈피온(Talpion)」이라는 명예가 부여되는데, 이 명예는 군에서는 물론 제대 후 민간인 사회에서도 '초(超)엘리트'로 인정된다. 지금까지 30년 동안 배출한 700여 명의 탈피온들은 이스라엘 최고의 대학교수이거나 가장 성공적인 기업의 창업자가 되어 사회에 이바지하고 있다.

(2) 하브루타 교육(Harvruta Learning)과 후츠파(chutzpah) 문화

댄 세노르(Dan Senor)와 사울 싱어(Saul Singer)의 공동 저서인 〈창업국가(*start-up nation*)〉는 그들이 자랑하는 탈무드 5,000년 역사를 대변하면서 근간을 이루는 정신세계, 즉 「후츠파(CHUTZPAH)정신」을 모토로 내세운다. 창업국가 이스라엘의 특징은 창의와 혁신으로 무장된 기업가정신이 넘쳐나는 국가라는 것과 정부가 간섭하지 않음으로써 기업가정신을 꽃피게 했다는 것이다. 특히 다음 3가지 요소가 하나로 섞인 결과물 후츠파 정신은 도전적이고, 위험을 감수하며, 고정관념에서 벗어난 생각을 두려워하지 않는 것이 특징이다. 첫째, 질문을 통한 학습: 질문할 수 있는 환경을 만들어 주고, 질문에 대한 답을 알려주기보다는 스스로 답을 구하도록 도구와 기술을 제공하는 방법을 활용한다. 둘째, 하브루타 교육(Harvruta Learning): 선생과 제자가 아니라 파트너가 되어서 서로 질문하고 대화하고 토론하는 방법으로, 마음에서 우러나오는 지적인 유대관계를 구축하는 방법이다. 셋째, 자기주도(Self-Engagement): 도전과제를 해결하기 위해 모두를 파트너로 참여하게 만들고, 성과에 대해 참여자 모두가 성취감을 느낄 수 있게 배려하는 것으로 동기를 유발하고, 수동적 관망자가 아닌 능동적인 참여자가 될 수 있도록 이끌어 주는 방법이다.

이스라엘 아이는 무리지어 성장하며, 그 무리 안에서 수없이 도전하며 그만큼 실패를 겪는다. 실패를 감수할 수 있게 돕는 이스라엘 문화 덕에 이스라엘 아이들은 유독 도전정신이 강하고 변화와 혁신의 핵심인 후츠파 정신을 키운다. 「후츠파(chutzpah)」란 '주제넘은, 당돌한, 뻔뻔한, 놀라운 용기'를 뜻하는 이스라엘을 상징하는 독특한 정신문화로, 강한 자기주장 또는 건방진 태도, 비판적이면서 독자적인 사고력, 야심과 비전 또는 거만함 등의 요소들이 모여 전형적인 이스라엘 정신을 만들었다. 개방사회 이스라엘이 반세기 만에 기술입국의 기적을 이룬 비결은 어느 조직에서든 나이와 계급에 관계없이 상대가 누구든 질문하고 당당하게 자기 의견을 밝히며, 토론을 통해 합리적 결론을 도출하는 하브루타 문화와 실패를 두려워하지 않고 도전과 혁신을 거듭하며 창업을 북돋는 후츠파 문화의 바탕을 이룬다. 또 이스라엘이 의료·농업·첨단 과학·군사 등 다양한 분야에서 창의적이고 혁신적인 기술개발로 신생독립국가의 발전을 이끌어 온 혁신성에는 이 세상을 더 좋은 곳으로 개선하며 세상에 도덕과 정의를 구현할 책임이 있다고 생각하는 이스라엘의 종교·문화적 전통 유대사상「티쿤 올람(Tikkun Olam·세상을 고친다)」이라는 개념이 있다. 이스라엘의 혁신정신에 '후츠파(Chutzpah)'가 있다면 이스라엘의 놀라운 기술혁신의 동기는 '티쿤 올람(Tikkun Olam)'이라고 할 수 있다. 지중해 연안의 작은 나라 이스라엘이 수많은 혁신기업을 배출해내고 기술 강국으로 부상한 데에는 우수한 교육시스템, 스마트하고 강력한 정부, 엘리트 군대 시스템뿐만 아니라 자신의 견해를 굽히지 않

후츠파(Chutzpah) 정신

후츠파(Chutzpah) 정신의 7가지 요소는 다음과 같다.

① Informality(형식의 파괴) 모든 정형화된 형식과 격식을 파괴한다.
② Questioning Authority(질문의 권리) 일상에서도 쉼 없는 질문과 의문으로
③ Mashing up(상상력과 섞임) 어느 곳에서 어떤 사람들과도 잘 어울린다.
④ Risk taking(위험감수) 실패를 담보로 위험한 일과 사업에 뛰어든다.
⑤ Mission orientation(목표지향성) 부, 명예, 생존을 위해 목표 수립과 실행
⑥ Tenacity(끈질김) 일에 대한 집요하고 끈질긴 그들의 인내로 사막을 수로화
⑦ Learning from failure(실패로부터의 교훈) 실패로부터의 경험에서 재도전

이상의 7가지 정신을 한마디로 요약한 단어가 바로 창조정신이다. 형식 파괴의 현장에서 당돌하게 무모함을 배우고, 끈질긴 질문으로 앎을 지식으로 구체화한다. 공손함과 예의보다는 당돌하게 참여하고 섞이는 그들의 태도 곳곳에서 도전정신은 쉽게 읽혀진다. 위험과 실패로 점철된 삶이 일상이 되어버렸으나 절망이나 포기는 그들의 사전에 없다. 무형의 공간에서조차 유형을 만들어내고, 도전의 칼날을 세우는 끈질긴 집착이 그들의 창조 정신이며, 후츠파 정신이다. 이스라엘과 우리는 우수한 두뇌, 근면성, 자원 빈국, 좁은 땅덩이, 주변으로부터의 위협, 미국과의 관계 설정 등 여러 부분에서 닮은 부분이 많다.

고 의견을 제시하는 정신이자 실패에 연연하지 않고 대담한 도전을 장려하는 후츠파 정신이 큰 역할을 했다고 볼 수 있다.

창업으로 성공하면 큰돈을 벌 수 있겠지만 이스라엘에서도 90% 이상은 실패하는데, 중요한 것은 실패를 딛고 또 다른 성공을 향해 나아가느냐 아니면 제자리에 멈추느냐로 구분된다. 실제로 이스라엘 사람들은 실패에 대해 매우 관대하기 때문에 실패했더라도 후츠파를 보여줬다면「성공으로 가는 길」을 발견했다며 격려하고 박수친다. 반면 창업하지 않는 사람은 '후츠파가 없다'며 낙오자로 평가한다. 이스라엘이 전 세계 투자자들을 끌어들이는 매력의 배경에「후츠파(Hutzpa) 정신」이 있다고 본다. '후츠파'에서 비롯된 '실패를 두려워하지 않는 마음'과 도전정신이야말로 이스라엘의 창조경제를 가능하게 한 원동력이다. 가진 게 하나도 없던 이스라엘 사람들은 이 '후츠파 정신' 하나를 가지고 세계에 도전했고 큰 성공을 거뒀다. 또 이스라엘에서는 기술과 창의력을 보유한 사람을 우대하는 풍토가 있으며, 이공계 출신 엔지니어는 경력이 짧아도 500만원 수준의 월급을 받고, 같은 경력의 변호사는 300만원의 월급을 받을 만큼 기술자를 우대한다. 그 이유는 변호사는 이미 만들어져 있는 자국의 법체계를 이용하지만 기술자들은 글로벌 무대에서 기술하나로 어마어마한 가치를 창출해 내기 때문이다.

(3) 민간 주도 171개 벤처캐피털, 요즈마 펀드(Yozma Fund)

기초연구와 기술개발을 지나 이윤을 창출할 수 있는 마지막 단계 사이에 창업초기 벤처들이 자금을 제대로 공급받지 못하는「죽음의 계곡」이 존재하는데, 벤처캐피탈의 관심은 창업 초기단계가 아니라 이미 이윤을 창출하는 후기단계에 집중되어 있다. 요즈마 펀드는 기술개발을 막 끝냈거나 성장 초입단계에 있는 벤처들에 자금을 투자하는 벤처캐피탈(venture capital) 펀드다. 이처럼 이스라엘 정부가 아이디어가 있는 벤처에는 항상 기회를 열어주기 때문에 이스라엘 벤처업계에서 '아이디어는 있는데 창업자금이 없다'는 말은 설득력이 없다. 혁신을 뜻하는 요즈마(Yozma) 프로그램은 자본이나 담보능력 없이 아이디어만으로 출발하는 벤처기업인들에게 자금조달을 해주기 위해 설립된 정부주도의 벤처캐피털(VC, venture capital)이다. 1993년부터 5년간 217개 이스라엘 벤처기업에 투자하여, 5년간 운용된 요즈마펀드는 민간 벤처캐피털 시장의 규모를 초기 2,700만 달러에서 1998년 6억 5,300만 달러로 24배나 성장시켰으며, 10년 후에는 40억 달러 규모로 성장했다. 초기 창업기업에 벤처캐피털과 정부가 60 대 40 매칭방식으로 투자하는데 이스라엘 정부는 자금을 대는 역할만 하고 투자기업 발굴 등 세부 지원은 민간벤처캐피털이 맡았다. 정부는 기업에 직접 투자하기보다 「마중물」 역할만 하고, 경험 많은 민간투자사를 적극 활용한 게 요즈마펀드의 성공비결이었다. 요즈마 펀드는 외국의 벤처캐피탈에게 문호를 개방했고, 민간이 주도했으며, 자금이 조성되면 바로 투자로 이어져 초기에 투자자금이 필요한 하이테크 창업기업들에게 많은 혜택을 부여했다.

1993년 시작한 요즈마 펀드는 정부로부터 기술력을 인정받은 창업기업이 벤처캐피털에서 자금을 끌어오면 정부가 운영하는 요즈마 펀드가 해당 금액의 40~50%를 매칭방식으로 지원해주었다. 이스라엘 정부는 요즈마 펀드가 가시적인 성과를 내자 1997년 요즈마 펀드를 아예 민영화했다. 정부출자금 전액을 빼고 마중물을 붓는 역할도 그만두면서 경제부 산하 수석과학관실(OCS)에 100여 명의 전문 인력을 배치해 해외 투자 자본을 유치하는 일에만 집중했다. 정부가 빠져나간 자리엔 민간 벤처캐피털이 대거 몰려들었고 1990년 단 2곳이던 벤처캐피털은 2014년 말 171개로 증가했다. 이들 벤처캐피털이 지원하는 이스라엘의 혁신형 벤처기업만 5,000여 개가 넘고, 투자규모는 연간 20억 달러 수준이다. 특히 펀드를 지원받아 성공한 벤처들이 다시 펀드에 재투자하는 선순환이 정착되면서, 요즈마 펀드는 창업국가 이스라엘 벤처들을 떠받치는 견고한 「시드머니(seed money)」 역할을 하고 있다. 이처럼 투자를 받은 벤처기업은 경영에 실패해도 정부에 투자금을 갚을 필요가 없지만 이스라엘 사회에서는 실패했거나 무언가 잘못했다면 그 실수로부터 무엇을 배웠는지 반드시 보여줘야 한다. 그 과정에서 「건설적 실패」 또는 「도전적 실패」는 모두 용인되고 그 과정은 도전의식과 실패를 두려워하지 않는 진정한 용기를 키워주며 실패에서 교훈을 얻은 창업자는 가치가 더욱 올라가는 사회분위기가 형성되어 있다.

이스라엘 벤처신화 도브 모란 "유니콘 성공담 읽지 마라, 창업은 장기전"

'스타트업(초기기업) 천국' 이스라엘에서도 '스타트업 대부'로 불리는 도브 모란(Dov Moran)은 1989년 M시스템스를 창업한 뒤, USB메모리(이동식 저장장치)를 세계 최초로 개발했고 당시 불모지였던 플래시메모리(비휘발성 저장장치) 시장에 뛰어들어 USB메모리 외에도 다양한 혁신제품을 세상에 내놨다. 이 덕에 M시스템스는 18년 만에 매출 1조원을 올리는 회사로 성장했고, 이를 눈여겨본 미국 플래시메모리 회사 샌디스크가 2006년 회사를 16억 달러(약 1조8,000억원)에 인수했다. 그는 연쇄 창업을 하는 과정에서 배웠던 경험담, 노하우, 네트워크 등을 적극 공유하고 있다.

이스라엘은 '스타트업 천국'으로도 잘 알려져 있다.

"이스라엘에는 (모험적인) 사업가(기업가)가 정말 많다. 이스라엘인의 특성이라기보다 유대인의 특성이라고 봐야 한다. 지난 2000년 간 유대인은 항상 쫓겨났고 핍박받았다. 늘 떠돌아야 했다. 기업가정신이 없으면 이런 불안정한 상황에서 생존하기 어려웠다. 사방이 적으로도 둘러쌓여 있어 혁신이 굉장히 필요했다. 현재 미국 캘리포니아주에 있는 페이스북 · 구글 같은 대형 테크회사들은 유대인이 차렸다. 이스라엘에는 이런 유대인 커뮤니티가 활성화돼 있다. 이를 통해 기업가들은 자신의 경험, 노하우를 공유하고, 스타트업을 지원하고 있다."

연쇄 창업가이기도 하다. 실패도 여러 번 한 것으로 알고 있는데.

"사업을 추진하는 과정에서 실패는 어느 단계에서든 수시로 경험할 수 있다. 왜 실수했는지 이해하고, 이를 다시 반복하지 않는 게 중요하다. '유니콘이 된 스타트업의 성공신화' '성공한 기업가'의 스토리만 읽어선 안 된다. 이들도 성공하기까지 실망과 좌절, 어려움을 겪는다. 회사를 만들어 꾸려나간다는 것이 얼마나 먼 길인지 이해해야 하는 게 우선이다. 사업계획과 팀 등에 대해 인상적인 프레젠테이션을 준비해야 한다. 실탄이 있어야 보다 큰 시장으로 나갈 수 있다."

– 조선일보, 이스라엘 벤처신화 도브 모란 "유니콘 성공담 읽지 마라, 창업은 장기전" 2021.7.4.

2. 개척자정신(frontier spirit)과 미국의 창업 DNA

1) 개척자정신을 기초한 혁신과 도전의 미국 파워(power)

18세기 서부개척 부터 20세기의 우주여행에 이르기까지 미국문화를 가장 특징짓는 대표적인 이미지는 개척정신이고, 미국 서부개척의 핵심도 미국정신의 상징어 프런티어정신(Frontier spirit)이다. 이는 20세기에도 계속된 미국인들의 창업열기를 주도하고 있는 기업가정신(entrepreneurship)의 다른 말이라고 볼 수 있다. 하버드대학 스탠리 호프먼(Stanley Hoffmann) 교수는 "미국을 현존하는 다른 나라들과 구별해주는 가장 큰 차이가 개척과 실험정신이며, 이것이 미국을 젊은 대국으로 만드는 핵심"이라고 말했다. 또 세계적 자산관리회사 피델리티(Fidelity) 램 수브라매니엄(Dr. L. Subramaniam) 사장은 미국에서 창업이 활발할 수 있는 까닭으로 아이디어만으로 도전하는 것을 가능하게 하는 제도적 뒷받침도 중요하지만, "무엇보다도 실패에 대한 두려움보다는, 기회를 잡으려는 강한 「도전의식(challenging spirits)」이 압도하는 사회·문화적 분위기"라고 설명한다. 또 2006년 노벨 경제학상 수상자인 컬럼비아대 펠프스(Edmund S. Phelps) 교수도 "오늘날 미국의 부(富, Wealth)는 기업가정신, 개방경제, 시장주도의 혁신과 창의성, 경쟁을 통한 생산성과 효율성 개선에서 나왔다"고 설명했다. 그런 파워(power) 가운데 2008년 서브프라임 모기지론(Subprime mortgage) 사태로 인한 리먼 브러더스(Lehman Brothers) 파산 이후, 2008년 9월부터 1년 이내에 무려 8만 3,885개의 미국기업이 파산보호를 신청할 정도로 기업환경이 열악해졌다. 그럼에도 불구하고 당시 미국의 사업 환경은 소득세(최고 35%) 수준은 높았지만 최고 법인세(21%)는 낮추었고, 창업 소요기간이 세계평균 43일에 비해 미국은 평

실패에 너그러운 미국 문화와 기업가정신

영화감독 우디 앨런(Woody Allen)은 "당신이 이따금씩 실패하고 있지 않다면, 그것은 당신이 혁신적인 일을 하고 있지 않다는 신호이다" ("If you're not failing every now and again, it's a sign you're not doing anything very innovative.")라는 말을 했다. 미국인들은 그것이 돈이나 명예를 손상시키는 결과를 초래한다고 해도 소극적으로 다른 이를 좇아하는 안정적인 길을 걷기보다는 노력하다 실패하는 후자를 선호한다. 역경을 이겨낸 사람에게 더 큰 박수를 보내는 문화는 창업자들이 실패의 두려움을 무릅쓰고 자신 있게 도전하도록 용기를 북돋아 주고 그러한 분위기에서 혁신이 탄생할 수 있다. 미국 벤처투자업계는 성공에만 투자하는 것이 아니라 실패의 경험에도 투자한다. 실패했지만, 충분히 성공할 가능성이 있다고 보이는 팀에게 두 번째 기회를 주는 것이다. 미국이 초강대국이 된 것은 지치지 않는 도전정신과 창업가정신 때문이며 그렇기 때문에 아직도 많은 이들은 여전히 미국을 기회의 땅이라고 부르며, 이는 미국이 세계 우수한 인력을 끌어 모으는 원동력이 되었다. 실패를 용인하고, 도전을 찬양하고, 용기를 북돋는 사회분위기 때문에 지금 이 순간에도 무수한 중국인, 인도인 창업가들이 이곳에서 아메리칸 드림을 꿈꾸고 있다.

균 6일에 불과할 정도로 창업환경이 우수하며, 전반적으로 창업 및 기업경영은 매우 자유로울 뿐 아니라 노동시장이 매우 유연해 생산성 향상도 유리했다.

칼럼니스트 마이클 말론(Michael S. Malone)은 "미국은 개성이 강하고 혈기왕성하며 야망에 찬 개척가(maverick)들로 가득 차 있다. 일시적인 불경기나 시대의 어려움은 이러한 기업가정신에 영향을 미치지는 못할 것이다"라고 말할 정도다. 그는 "창업가들과 기업가정신이 미국 땅에 존재하는 한 미국이라는 존재는 확고할 것"이라고 말한다. 세상에서 미국만큼 다양한 발명품을 만들고 자본주의 전통이 깊은 나라도 없다. 그런 결과로, 기업가정신과 경제발전의 상관관계를 연구하는 글로벌기업가정신개발원(GEDI)이 발표한 2018년 「글로벌 기업가정신지수(GEI)」 조사대상 137개국 중 미국이 기업가적 태도 및 능력, 열망 등 전 부문에서 우수한 평가(83.6점)로 1위를 차지했다.

미국경제를 회복시킨 '기업가정신'

2008년 세계 경제를 일시에 마비시킨 미국발 금융위기는 1960년대 이후 최초로 세계경제를 마이너스 성장으로 돌리며 미국의 자본주의에 대한 근본적 회의를 불러일으켰다. 이에 따라 시장에 대한 과도한 신뢰를 부정적으로 보는 시각과 함께, 국가의 시장규제와 사회보호에 대한 책임문제가 전 세계적으로 부각됐다. 2013년 영국의 <이코노미스트>가 밝힌 시장가치 기준 전 세계 10대 기업 중 9개 기업은 미국기업이었다. 2009년 1위를 차지했던 중국의 국영기업 페트로 차이나는 2013년 10위로 밀려났으나 미국은 전 세계 10대 기업의 90%, 50대 기업의 50% 이상을 차지했고, 2009년 대비 큰 상승폭을 보였다. 국가적으로도 2009년 -3.11%였던 미국의 GDP 성장률은 2010년 2%대로 올라섰지만, 중국은 지난 1979년 개혁·개방 이후 보여줬던 10%대의 GDP 성장률에서 한 폭 낮아진 7%대를 기록하고 있다.

무엇이 미국경제, 미국기업의 회복을 설명하는가? 전 세계 10대 기업 중 1위를 차지한 애플(1976)과 3위 구글(1998), 5위 마이크로소프트(1975)는 모두 1970년대 이후 시장에 들어온 회사들이며, 정보통신산업에서 출발했지만 그 틀을 벗어나 현재는 플랫폼 기업으로서 전산업적인 영향을 미치고 있다. 하지만 이렇게 젊고, 첨단기술을 다루는 기업만 선두에 있는 건 아니다. 역시 10위권에 있는 GE는 1892년 토머스 에디슨이 세운 회사이며, 6위인 소비재 기업 존슨앤존슨은 1886년에 창립됐다. 이들의 공통점은 스타트업·첨단기술이 아니라 자신의 사업과 고객을 재정의할 수 있는 능력, 그리하여 미래를 창조할 수 있는 능력인 기업가정신이다.

미국기업이 비관적 예측에도 불구하고 경쟁력을 보였던 건 지금만이 아니다. 1970년대 전문가들은 미국경제가 성장잠재력을 모두 소진해 1980년대로 접어들면 제로 성장시대에 돌입할 것이라 전망했다. 실제로 1980년의 미국 GDP성장률은 -0.29%였지만 1981년부터 2.54%의 성장세로 반전한 미국경제는 다시 회복하기 시작했고 1983년엔 4.52%, 1984년엔 7.19%나 성장했다. 현대 경영학에 큰 영향을 미친 피터 드러커는 1985년 <혁신과 기업가 정신>에서 이 수수께끼의 열쇠는 기업가정신에 있다고 밝혔다. 당시 첨단기술 분야의 고용비율이 20%가 채 안 된 점을 감안하면, '기회의 포착과 활용에 중점을 둔 기업가적인 경영'이라는 사회적 혁신이 기술적 혁신보다 경제회복에 더 크게 기여했다는 것이다. 현재 미국경제의 회복을 이끌고 있는 것도 검색엔진부터 전기차에 이르는 기술혁신만은 아니다. 벤처캐피털, 스타트업, 공유·개방과 같은 트렌드의 배경에 기회포착과 문제해결을 장려하는 기업가정신이 다시 살아나며 주목받고 있는 것이 주된 요인이다. 미국 기업가정신은 대세가 합리적 사고를, 여론이 원리와 원칙을, 관습과 관행이 도전과 혁신을 대신하는 한국사회에 시사하는 바가 많다.

– 주간경향, 1422호(2021.4.12).

2) 미국의 기업가정신과 창업교육

미국은 삶의 기반으로써 기업가정신 함양을 위하여 평생교육과정으로 학습하기 때문에 미국인들 모든 연령을 대상으로 비즈니스, 자유 시장 경제, 그리고 기술 및 자신감을 제고시킴으로써 개인은 물론 지역사회경제를 발전시키는 데 중점을 두고 있다. 미국은 기업가정신교육이야말로 오늘날 청소년들의 미래에 가장 중요한 요소로 인식하고 초·중·고등학교에서, 대학교로 이어지는 정규교육과정(Mini-Society), 방과 후 프로그램(Making a job), 특별 프로그램(Entre Prep) 등으로 진행하면서 청소년 시절부터 기업가로서 태도와 역량을 강화하고 있다. 기업가정신의 본고장으로 꼽히는 미국에는 이미 10년 전 석·박사과정이 있는 대학(888개)의 90%가 기업가정신에 대한 학위과정을 만들었다. 기업가정신 관련 학술지 44개, 연구소 150개, 현재 미국 내 모든 대학이 운영하고 있는 기업가정신 관련 교과과정은 무려 5,000여 개에 이르는 것으로 알려졌다. 또 미국은 1988년도 1인당 국민소득 2만 달러에 정체되어 있을 때 우수한 대학들이 기업가정신 교육과정을 정식교과목으로 채택해 젊은이들에게 혁신적인 기업가정신을 교육했고, 여러 민간교육기관들도 다양한 프로그램을 마련해 기업가정신 함양에 나섰으며 청년들의 창업이 증가하고 경제발전을 이루면서 90년대 중반 미국의 국민소득 3만 달러를 넘어설 수 있었다.

한편 기업가정신 평생교육으로 탄생한 위대한 기업가들의 남다른 역량 7가지 공통점은 ① 원동력이 되는 강한 호기심, ② 상상에 진정으로 귀를 기울이는 마음, ③ 불타는 열정을 창조적 집착의 시기로 이끄는 힘, ④ 성공을 그려보는 능력, ⑤ 논리에 굴하지 않는 낙관주의와 자신감, ⑥ 위험을 무릅쓰고 자신의 운명을 창조하겠다는 열망, ⑦ 목적 등을 바탕으로 하는 미국의 저력이라고 할 수 있다. 이런 역량들로 함양할 기업가정신은 기업가에게만 필요한 것이 아니라 누구에게나 필요한 정신이라는 인식 때문에 미국부모들은 자녀들에게 'Knowledge'가 아닌 'Ship'을 가장 먼저 교육함으로써 실리콘밸리라는 세계에서 가장 창조적인 공간을 열 수 있었다.

카우프만재단(Kauffman Foundation)

미국 캔자스주 캔자스시티에 위치한 카우프만재단(Kauffman Foundation)은 기업가정신 확산을 위한 세계 비영리법인 가운데 가장 큰 조직이다. 미국의 기업가정신 육성 사업은 주로 민간에 의해 주도되고 있는데, 카우프만재단이 중심적인 역할을 하고 있다. 카우프만재단은 1950년 자택 지하실에서 1인 제약회사를 설립해 매출 10억 달러의 대기업으로 성장시킨 유잉 매리온 카우프만(Ewing Marion Kauffman)이 1966년 설립했다. 카우프만은 1993년 타계하면서 유산 8억 달러(약 8,400억원)을 재단에 내놓았고, 이후 각계각층의 수많은 후원과 자산운용으로 재단 자산은 현재 약 24억 달러(약 2조 5,000억원)에 달한다.

카우프만재단은 모든 연령층을 대상으로 기업가정신 함양을 위한 사업을 전개하고 있다. 재단은 1992년부터 '리더십센터'를 설립해 예비 기업가 등을 대상으로 기업가정신을 교육해왔다. 2002년부터는 「패스트트랙(Fast Trac)」이라는 회사를 설립해 연령에 따라 「기업가정신 교육프로그램을 차별화」해 운영하면서 기업가정신 확산을 위한 교육, 연구, 홍보 및 정부정책 참여 등을 진행하고 있다. 초중고생 각각에 대해 별도의 교육프로그램을 마련했고, 대학생에 대해서는 전공분야에 상관없이 기업가정신 교육을 받을 수 있는 「카우프만 캠퍼스」를 미국 스탠포드, 하버드 등 20개 대학에서 운영하고 있고, 일반인을 대상으로도 미국 전역에서 300여 기관을 통해 기업가정신 교육을 진행하고 있다.

경제에 활력과 가치를 창출하기 위한 기반을 마련하기 위하여 MIT, 스탠포드, 하버드, UC버클리, 시카고, 뱁슨대 등 세계적 대학을 비롯한 200여 개 이상 대학들은 기업가센터를 경쟁적으로 운영하고, 대학 내 기업가정신을 확산하면서 창업을 주도하고 있다. 스탠퍼드대는 학생들의 기업가정신을 고취하기 위해 오래 전부터 기업가정신센터를 운영하면서 다양하고 독특한 방식으로 학생들에게 실질적인 기업가정신 교육을 시키고 있다. 특히 스탠퍼드대학의 「d스쿨」은 학생들이 창의적인 아이디어를 내고, 스스로 문제해결 과정을 찾도록 훈련시키는 교육방식으로도 유명하다. 디자인스쿨(Design school)의 약자 디스쿨에서는 디자인을 가르치는 게 아니라 생각과 아이디어를 디자인하는 방법을 배울 수 있도록 가르친다. 창의·융합 교육에 핵심인 스탠퍼드대 디스쿨을 관통하는 중요한 키워드는 「디자인싱킹(Design Thinking)」이다. 디자인싱킹은 경영문제를 디자인적 사고와 관점에서 접근하는 문제해결 방법으로 고객의 가치와 창의성을 우선적으로 고려하는 최근 경영 환경의 변화와 맞물려 주목받게 되었다. 이를 위해 창의적 아이디어 도출을 위한 구체적인 실천방법을 교육하는데 방점을 두고, 인간 행동에 관한 관찰과 분석 방법, 팀의 구성, 의견교환 방식 등을 배울 수 있다. 디자인싱킹을 쉽게 얘기하면 '디자이너의 사고방식'이다. 디자인싱킹 프로세스를 간추리면 이렇다. ① 공감(Empathize) → ② 문제정의(Define) → ③ 아이디어 도출(Ideate) → ④ 프로토타입(Prototype) → ⑤ 테스트(Test) 과정을 거친다. 또 기업가정신이 존중받고 창업(창직)이 장려되는 자유로운 문화적 환경(cultural milieu)에서 탁월한 성과들이 나타나고 있어 실리콘밸리의 산파이자 브레인으로써 벤치마킹의 대상이 되고 있다.

특히 스탠퍼드대에서는 학생들에게 실패를 해보라며 자금을 지원하고 여러 번 실패해도 괜찮다는 가치관을 심어주는데 이런 교육이야말로 실패를 딛고 일어서는 힘을 길러준다. 그런 동력으로 미국의 대표적 「스타트업 사관학교」 스탠퍼드대(Stanford University) 출신이 창업한 스타트업은 구글(google), 시스코 시스템스(Cisco Systems), 전기차 테슬라 모터스(Tesla Motors), 증권사 찰스 슈왑

(Charles Schwab), 의류 브랜드 갭(Gap), 스포츠 용품 기업 나이키(Nike), 인터넷 DVD 대여업체 넷플릭스(Netflix), 유통업체 트레이더 조(Trader Joe's)의 창업자까지 나열하기 힘든 정도이다.

스탠퍼드대의 대표적 창업지원 기관인 공과대 테크놀로지 벤처스 프로그램(STVP)은 기업가정신 교육, 학생 창업지원 등 다양한 역할을 맡고 있고, 창업보육센터인 스타트엑스(StartX)는 성공 가능성이 있는 스타트업을 선정한 뒤 3개월간의 집중교육과정과 사무실, 초기자본 등을 제공한다. 또 스탠퍼드대 동문이 세운 기업의 수는 4만여 개, 창출한 일자리와 연 매출액은 각각 540만 개와 2조 7,000억 달러(연간 3,100조원)를 창출하면서 세계 경제규모 5위권인 프랑스 GDP 수준의 성과를 보이고 있다.

또 다른 미국 내 대표적인 '스타트업 사관학교' 매사추세츠공과대학(MIT)에는 창업을 권장하는 문화, 협업과 융합의 문화, 누구나 창업으로 성공을 이룰 수 있다는 문화를 정착시키려 노력하고 있다. MIT는 학생들이 기업가정신을 교육으로 자연스럽게 터득할 수 있도록 교육하고, 창업에 관심이 있어서 훈련을 받는 학생들은 동료와 협력관계를 맺게 한다. MIT의 이러한 지원의 중심에 있는 「마틴 트러스트 기업가정신센터(Martin Trust Center)」에는 실질적인 기업가정신을 함양토록 집중하면서 펜싱, 사격, 활쏘기, 요트코스 수강 등 해적요건을 충족한 학생들에게 「해적증명서」를 발급하고 있다. 이처럼 MIT는 학생들이 창업에 도전할 수 있는 장을 지속적으로 제공해, 기업가정신 과목을 통해 배운 이론을 실현시켜 기업가정신을 함양토록 하고 있다. 그들이 가진 기업가정신 과목의 중점목표는 "학생들이 좋은 아이디어와 기술을 가졌을 때 그것을 효과적으로 비즈니스 모델로 실현시킬 수 있는 능력을 함양시키는 것"이다. MIT에서는 방학 동안 진행되는 액셀러레이터 프로그램뿐 아니라 매년 다양한 경진대회가 열린다.

특히 'MIT $100K 경진대회'는 9월부터 5월까지 두 학기에 걸쳐 진행되는 25년간 이어져온 대표적인 교내 경진대회다. 이 경진대회는 피치(Pitch), 액셀러레이트(Accelerate), 론치(Launch) 등 세 가지 콘테스트로 나뉘어 진행된다. 먼저 시작되는 피치대회에선 학생들이 자신의 아이디어를 90초라는 제한된 시간 안에 패널들에게 제안하고 평가받는다. 액셀러레이트 대회에선 주어진 예산으로 산업별 전문가들에게 조언을 얻으며 프로토타입(시제품)을 완성하고 론치대회에선 실제 비즈니스 모델을 완성한다. 이런 과정은 아이디어를 체계화하고 실제로 사업 모델을 완성해가는 좋은 기회라고 할 수 있다.

창업의 메카 뱁슨칼리지(Babson College)

뱁슨칼리지(Babson College)에는 새로운 사업을 시작하고 관리하는 것에 대한 연구가 진행되는 글로벌 앙트러프러너 모니터(Global Enterprise Monitor)는 세계에서 가장 오랜 역사를 갖고 있고, 앙트러프러너십(Entrepreneurship) 프로그램은 20년이 넘는 기간 동안 미국 내 대학 중 부동의 1위를 지키고 있다. 뱁슨 칼리지의 창업교육은 • Price-Babson, • Modules For Entrepreneurship Education, • Global Symposia, • See Asia 등 크게 4개 프로그램으로 구성돼 있다.

뱁슨은 가르치는 방식도 행동 먼저 한 다음 분석하는 방식으로 가르치며, 기업가정신 교육은 학생들이 불확실하고 잘 알지 못하는 상황에 직면했을 때 잘 대처하도록 가르치는 것이 핵심이다. 최근 졸업생 창업비율을 보면 • 하버드(Harvard)대학 7%, • 스탠퍼드(Stanford)대학 13%, • 콜롬비아(Columbia)대학 5%인 반면, 뱁슨칼리지 졸업생 중 18%가 창업해 기업가가 되고 나머지 취업한 학생들도 어디서 일하든 기업가 사고방식을 갖췄기에 빠르고 주도적으로 성장할 수 있다.

미국의 뱁슨칼리지(Babson College)에 입학하는 학생들은 필수적으로 스스로 홍보하는 방식과 3분 스피칭 등을 배우는 FME(Foundations of Management and Entrepreneurship) 프로그램을 이수해야 하는데, 이는 두 명의 교수가 가르치는 1년 과정 과목이다. 학기가 끝나면 5~6명의 학생들이 그룹을 형성해 창업 아이디어를 내고 가장 좋은 아이디어를 선정한다. 아이디어가 선정되면 학교는 학생들에게 3,000~5,000달러를 현금으로 지급한다. 학생들은 이 돈을 바탕으로 창업해 CEO(최고경영자), 부사장, 마케팅, 세일즈 담당자 등의 역할을 맡아 회사 운영을 실제로 체험한다. 한 학기 동안 매출이 생기면 수업이 끝날 때 지원 받은 자금을 학교에 다시 상환하고 나머지 수익은 자선단체에 기부한다.

MIT는 세계적으로 유명한 기술 및 공학 분야뿐 아니라 경영학 및 사회과학 분야의 학생비율도 높기 때문에 학제 간의 교류가 활발히 이뤄지고, 소비자의 요구에 깊은 통찰력을 가진 소비자 및 시장지향적인 학생과 그러한 상품을 발전시킬 기술을 가지고 있는 학생이 모여 드림팀을 형성하고 있다. MIT대학은 동문이 만든 기업 4만 개, 이들 기업이 창출한 일자리는 460만 개로 매년 졸업생이 새로 창업하는 기업 수 900개라는 기록을 가지고 있으며, 전 세계 MIT동문 창업기업이 창출하는 경제적 가치인 총 매출은 2조 달러(약 2,300조원)에 달하여 이는 2016년 명목 국내총생산(GDP) 세계 8위인 이탈리아(1조 8,507억 달러)보다 큰 규모이다.

3) 혁신 생태계와 실리콘밸리(Silicon Valley)

21세기 미국의 으뜸가는 개척과 도전, 정복의 대상은 이제 경제로 집중되었고 최근 미국의 경제번영을 주도하고 있고 현대사회의 개척과 도전이라는 특성이 집약된 곳이 정보통신(IT) 기업들이다. 창업가들이 모여 있는 실리콘밸리는 인텔(intel)·애플(Apple)·구글(Google)·페이스북(Facebook)·트위터(twitter) 등 세계인의 삶에 큰 변화를 일으킨 기업이 탄생한 곳이다. 이러한 환경과 노력들이 기반이 되어 창업자들의 빛나는 기업가정신을 밑바탕으로 시작한 수많은 젊은이들의 기발하고 독특한 아이디어와 시장의 욕구가 맞물리면서 페이스북 창업자인 마크 주커버그(Mark E.t Zuckerberg), 전기차 테슬라 창업자 엘런 머스크(Elon Musk), 구글 창업자 래리 페이지(Larry Page)와 세르게이 브린(Sergey Brin) 등 창업가들이 탄생할 수 있었다.

세계적인 혁신을 주도해나가는 실리콘밸리(Silicon Valley)의 동력은 실패를 두려워하지 않는 자신감 넘치는 기업가정신이다. 혁신과 벤처의 상징으로 불리는 미국의 실리콘밸리는 캘리포니아 주 샌프란시스코 반도 초입에 자리한 산타클래라 일대의 첨단기술단지를 뜻하는 이 지역은 1980년대 후반부터 반도체산업을 기반으로 하여 정보통신산업, 첨단전자산업의 중심지가 되었다. 이 지역은 가까운 곳에 스탠퍼드대학·버클리대학·산타클래라대학 등 명문대학이 있어 우수한 인력확보가 쉬운 입지조건을 갖추었다. 세계적 기술혁신의 상징인 실리콘밸리에서 일하는 사람들의 평균연봉은 10만 7,395달러(1억 1,500만원)로 실리콘밸리는 미국에서 가장 부유한 사람들이 모여 사는 곳이 되었다. 실리콘밸리는 과학과 공학 전문가의 60% 이상이 외국 출신일 정도로 문화가 다른 여러 국가의 다양한 인재들이 경쟁, 교류하고 있기 때문에 아이디어와 혁신이 넘치고 미국의 위상이 「슈퍼 파워(superpower)」로서 유지되는 기반이기도 하다. 특히 실리콘밸리의 첨단기업들은 새로운 아이디어로 새로운 제품을 만들기 때문에 정확성보다 빠른 결과와 아이디어 피드백을 중시한다. 또 실리콘밸리 기업들은 업무효율성을 높이기 위해 직원들의 외부 프로젝트 참여를 권장하고 동시에 외부 전문가의 사내 프로젝트 참여도 적극 유도한다.

실리콘밸리의 성공 요인으로는 ① 혁신에 가치를 두고 위험을 감수하는 모험정신, ② 전 세계에서 모여드는 유능한 엔지니어와 사업가들, ③ 모험 자본 투자자들(venture capital), ④ UC버클리, 스탠포드 등의 교육연구기관, ⑤ 살기 좋은 날씨와 주변의 자연환경 등을 꼽는다.

맥킨지 실리콘밸리 파트너 존 헤이글(John Hagel)은 실리콘밸리 3대 성공요소에 대하여 "돈·기업가정신·지식공유"라고 설명하였으나 사실 실리콘밸리는 100개의 기업 중 단 하나의 기업만이 살아남을 만큼 「실패의 요람」이기도 하다. 미국 캘리포니아 주(州) 통계에 따르면 실리콘밸리에서 매년 수백 개씩 생겨나는 스타트업은 5년 후에는 2%가 살아남지만 실리콘밸리에서 실패의 파고를 넘으며 성공한 스타트업들의 임원들은 하나같이 "우리도 전부 실패한 스타트업에서 몇 번이고 일해 본 사람들이다. 우리가 경험한 끝없는 실패가 모여 단 하나의 성공을 만든다"라고 말한다. 실리콘밸리 전문가들은 지극히 현실적이고 성공의 이면에 많은 실패의 고통이 있다는 것을 잘 알고 있지만 그들에게 실패는 하나의 과정이고 재도전하고, 성공할 수 있는 기회를 제공함과 동시에 미래의

실패도 자산…실리콘밸리 '혁신 DNA'

'돈으로 동기부여'는 어불성설

실리콘밸리 전문가들은 지극히 현실적이고 성공의 이면에 많은 실패의 고통이 있다는 것을 잘 알고 있으나 그들에게 실패는 하나의 과정이고 재차 성장, 성공할 수 있는 기회를 제공함과 동시에 미래의 성공확률을 높이는 요소다. 이들은 인재와 적절한 접근방식을 계속 활용하면 결국은 모든 문제를 해결할 수 있다는 전향적 자세를 갖고 있다. 액센츄어 조사에 따르면 절반 이상의 실리콘밸리 기업들이 위험을 회피(risk averter)하지 않는 것으로 나타났다. 실리콘밸리 첨단 기업들의 격심한 부침을 고려하면 이처럼 위험에 대한 적극적인 자세는 성공에 빼놓을 수 없는 핵심요소다. 페이스북 최고경영자(CEO)인 마크 저커버그도 "첨단 기업의 최대위험은 위험요소들을 적극 고려하지 않는 것이다. 현대와 같이 급격히 변하는 세계에서 확실히 실패하는 전략은 위험을 계속 피하는 것"이라고 강조한다. 실리콘밸리 전문가들은 "고액 연봉은 대단히 중요하지만 동시에 자신이 시장에서 확실한 전문가로 인정받고 성장할 수 있다든지, 자기 회사에 새로운 가치를 창출할 수 있다든지 하는 기회가 주어진다면 지금보다 낮은 보수라도 가서 일하겠다"고 답하고 있다. 심리적 만족이 동기부여에서 더 큰 자리를 차지하고 있는 셈이다.

성공확률을 높이는 요소로 인식하고 있다. 그들은 인재와 적절한 접근방식을 계속 활용하면 결국은 모든 문제를 해결할 수 있다는 전향적 자세를 갖고 있다. 이처럼 미래에 대해 전향적 확신을 가짐으로써 실리콘밸리 기업들에 실패해도 곧 다시 털고 일어나 재도전할 수 있는 「재구축 능력」과 위험을 피하지 않고 적극 관리하는 역량을 배양할 수 있다. 또 실리콘밸리 전문가들이 "고액연봉은 대단히 중요하나 동시에 자신이 시장에서 확실한 전문가로 인정받고 성장할 수 있다든지, 자기 회사에 새로운 가치를 창출할 수 있다는 기회가 주어진다면 지금보다 낮은 보수라도 가서 일하겠다"고 답하는 것을 보면 「심리적 만족」이 동기부여에서 더 큰 의미를 차지한다는 것을 알 수 있다. 따라서 미국 경제를 끌고 가는 주된 동력이 정부가 아닌 실리콘밸리로 상징되는 혁신 생태계와 기업가정신이 미국경제를 떠받치는 기본 토대이고 저력이다.

실리콘밸리의 문화적 성공요소

① 실패에 대한 관용(Tolerance of failure)
② 변절에 대한 관용(Tolerance of treachery)
③ 위험성 추구(Risk-seeking)
④ 지역사회로의 재투자(Reinvestment in the community)
⑤ 변화에 대한 열정(Enthusiasm for change)
⑥ 성공에 대한 보상(Promotion on merit)
⑦ 상품에 대한 집착(Obsession with the product)
⑧ 협동(Collaboration)
⑨ 다양성(Variety)
⑩ 모든 사람의 참여(Anybody can play)

세계 최고의 인재들을 열정적으로 일하게 만드는 실리콘밸리의 힘, 첫 번째, 실리콘밸리 기업들은 사회와 인류에 기여하겠다는 원대하고 의미있는 '비전(Vision)'부터 세운다. 구글처럼 '전 세계 정보를 체계화해 누구나 쉽게 접근하게 한다' 또는 페이스북처럼 '더 개방되고 연결된 세상을 만든다'는 식이다. 두 번째, 오너십(Ownership)은 CEO처럼 사고하고 행동하게 하는 것이다. 실리콘밸리 혁신기업들이 다른 어떤 기업들보다 오너십의 강력한 영향력을 잘 이해하고 있다. 세 번째, 아이디어(Idea) & 시도(Trial)로 다양한 아이디어와 새로운 시도를 장려하는 것이다. 실리콘밸리에서는 시도 과정에서 나오는 실패는 피해야 할 위험이 아닌 겪어야 할 과정으로 장려된다. 네 번째, 협업(Collaboration)를 일상화하는 것이다. 세계 최고 인재들이 치열하게 경쟁하는 모습으로 각인된 실리콘밸리에서 뜻밖에도 경쟁만큼이나, 아니 어쩌면 경쟁보다 더 협력을 중시한다. 다섯 번째, 효율성(Efficiency)은 '회사'가 아니라 '직원'을 위한 효율에 주목하는 것이다. 사실 실리콘밸리 기업들은 혁신적 문화를 강조하는 것만큼이나 효율적 문화를 중요하게 여긴다. 직원들이 성과와 무관한 불필요한 일에 시간을 빼앗기지 않도록 자율과 책임을 부여하여 마음껏 일할 수 있는 환경을 만드는 것이다.

3. 중국(China)의 창업열풍과 창업굴기(創業崛起)

1) 중국의 실리콘밸리 중관춘의 창업열풍

영국 옥스퍼드대학의 앵거스 메디슨(Angus Maddison) 교수는 중국은 과거 2,000여 년 동안 항상 세계 GDP의 20% 이상을 차지해온 세계 최대의 경제대국으로 유럽에서 산업혁명이 절정에 달했던 1820년대에도 중국의 GDP는 세계 33% 정도였다고 추정했다. 중국은 1840년 아편전쟁 이전부터 1978년 덩샤오핑의 개혁 개방에 이르기 까지 약 140년간의 정체기를 겪었고 중국의 개방 이후 급성장하던 중국경제 성장세도 점점 둔화하고 수출도 2015년 중반 이래 연속 줄고 있어 중국정부는 창업시장에서 돌파구를 찾는 노력을 기울인 결과 2015년에는 전년대비 21.6% 증가한 약 440만 개의 창업기업이 탄생했다. 특히 2015년 3월 전국인민대표대회(全國人民代表大會)의 「대중창업, 만중혁신(大衆創業 萬衆革新·모든 대중이 혁신으로 창업하게 하자)」 선언하면서 정부와 사회의 분위기는 대담한 도전자들을 연속으로 탄생시키면서 '죽의 장막'에 은둔하던 사회주의국가 중화인민공화국을 4차 산업혁명을 선도하는 「혁신적 창업국가」로 바뀌고 있다. 특히 중국정부 차원에서 대대적으로 창업활성화를 위해 각종 규제를 개혁하면서 기업가정신을 바탕으로 창업시장을 키워가고 있어 벤처창업과 투자활성화로 이어져 중국 스타트업 규모는 폭발적으로 향상되고 있다. 떨어지는 경제성장률을 뒷받침하고 일자리를 창출하겠다는 목적 아래 나온 정책이 창업지원이고, 창업을 지방 공무원의 성과 평가 항목으로 넣으면서 지방정부들이 경쟁적으로 창업원을 열고 지원책을 쏟아내고 있다. 중국에선 지금도 장이밍(바이트댄스 창업자), 청웨이(디디추싱) 등 30대 거부들이 속속 등장한다. 이들의 성공을 지켜본 중국 젊은이들은 정부가 마련해 준 창업 터전에 너도나도 뛰어들면서 중국의 하루 평균 신생기업 수는 2017년 1만 6,600개에서 2019년 2만 개, 신종 코로나바이러스 감염증(코로나19) 사태인 2020년에는 2만 2,000개로 늘었다. 시장조사업체 CB인사이트에 따르면 2020년 5월 기준 전 세계 436개 유니콘 기업(기업 가치 1조원 이상 스타트업) 중 107개가 중국에서 탄생했고, 이것은 미국(214개)에 이어 2위다. 중국 후룬연구원(湖潤硏究院)에 따르면 2021년 상반기 기업가치가 10억 달러(약 1조원)를 넘는 비상장회사(유니콘 기업)는 총 162개로 이 가운데 새로 이름을 올린 회사만도 52개다. 이런 열풍과 더불어 창업원에서 탄생한 기업은 정부의 기대대로 일자리를 창출하고 있다. 2019년 기준 전국 창업원 입주기업이 대학생 49만 명을 포함해 총 450만 3,000명을 새로 고용한 것으로 집계되면서 중국은 이제 「창업대국」으로 불리는 게 당연할 정도로 그 위상이 높아졌다.

한편, 대학 졸업을 앞둔 중국의 취업 준비생에게 대기업 입사와 창업 중에서 어떤 선택을 하겠느냐고 질문했더니 중국청년들은 바이두, 알리바바, 텐센트가 이룬 부와 성공을 눈으로 직접 확인했기 때문에 창업을 선택하는 학생들이 많다고 한다. BAT의 창업주들은 중국인들의 롤모델이 되고 있고, 이들 기업은 자신의 경험과 자산을 스타트업에 전수하면서 스타트업에 가장 필요한 자금 투자로 제2의 BAT를 육성하고 있다. 예를 들어 바이두는 O2O 소비와 핀테크에, 알리바바는 물류와 리테일에, 텐센트는 엔터미디어 분야에 투자를 진행하고 있으며 2018년 BAT의 투자를 받고 22개의 기업이 주식시장 상장에 성공했다는 사실은 우리 창업 생태계에게 많은 시사점을 준다. 초기 벤처창업으로 시작해 대기업으로 성장한 BAT는 스타트업 육성에 적극 참여해 중국 창업생태계를 주도하고 있다. 정부 창업생태계에 필요한 자금은 정부인도기금과 벤처투자 VC가 담당하고 있다. 대학과 연구기관은 창업기업의 아이디어 고갈에 새로운 바람을 넣어주고 과학기술을 활용한 혁신창업에 필요한 기술을 제공하고 있다.

중국의 창업생태계는 빠르고 무성하게 성장하고 있고 중국은 창업에 대한 집

'창업대국' 중국이 한국과 다른 점

"창업원만 중국에 1만 3,000여 곳. 일관된 지원에 매일 2만 개社 신설"

늘어나는 중국 신생기업

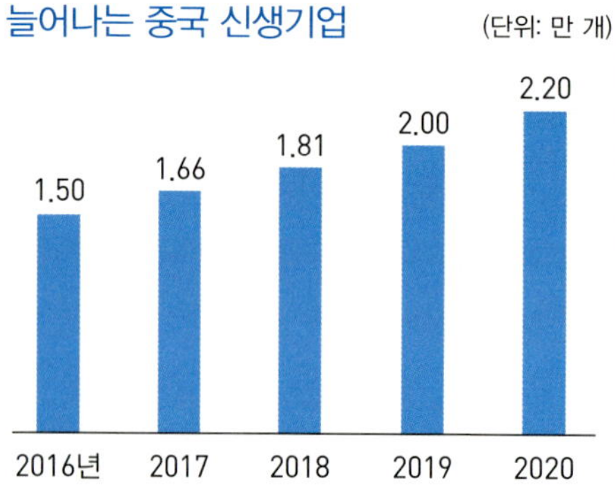

※ 하루 평균 신규 설립 기업 수
자료: 중국 국가시장감독관리총국

2021년 1월 22일 중국 베이징 하이뎬구의 하이뎬창업원은 '중국의 실리콘밸리'로 불리는 베이징 북서부 중관춘 중심에 있는 국가급 창업원(창업보육센터)이다. 1989년 설립된, 중국에서 가장 오래된 창업원 중 하나로 현재까지 2,000여 개 기업을 배출했다. 2020에는 400여 개 기업이 탄생했다. 국가인증을 받아 중앙정부와 베이징시정부로부터 예산을 받고 있는 국가급 창업원에는 대기업과 벤처캐피털(VC)도 많이 찾아온다. 하이뎬창업원 소속 기업 50곳이 지난해 20억 위안(약 3,400억원) 규모의 투자를 유치했다. 중국 과학기술부가 2020년 10월 펴낸 '중국창업발전보고 2020'에 따르면 2019년 말 기준 국가급 창업원이 전국에 1,181개 있다. 정부에 등록된 전체 창업원 수는 1만 3,206개에 달한다. 한국의 중소벤처기업부에 등록된 창업보육센터는 29일 기준 254개다. 중국의 창업원은 저성장 타개 전략으로 '대중창업, 만중혁신'을 내건 2015년을 기점으로 폭발적으로 늘어나고 있다. 당시 중국 언론들은 "전 세계 창업보육센터의 절반이 중국에 있다"고 보도했다. 중국은 세계 2위 경제대국이지만 여전히 인구에 비해 일자리가 적다. 떨어지는 경제성장률을 뒷받침하고 일자리를 창출하겠다는 목적 아래 나온 정책이 창업지원이다. 창업을 지방 공무원의 성과평가 항목으로 넣으면서 지방정부들이 경쟁적으로 창업원을 열고 지원책을 쏟아내고 있다.

중국에선 지금도 장이밍(바이트댄스 창업자), 청웨이(디디추싱) 등 30대 거부들이 속속 등장한다. 이들의 성공을 지켜본 중국 젊은이들은 정부가 마련해 준 창업 터전에 너도나도 뛰어들고 있다. 그렇다고 중국의 창업원이 제공하는 서비스가 특별한 건 아니다. 사무실과 각종 컨설팅을 무료로 제공하고, 선배 창업가나 투자자들과의 만남을 주선해 주는 건 여느 창업지원 기관과 비슷한데 다른 점은 중국정부의 일관된 창업정책이다. 장기적 관점에서 지원하는 중국의 창업 시스템이 성과를 내는 핵심 이유로 꼽힌다. 한국은 창업을 통한 일자리창출 전략을 중국보다 먼저 시작했다. 청년실업 문제가 본격 대두된 2009년부터 정부중점 추진과제에서 빠지지 않는 게 창업이지만 새 대통령이 취임하면 어김없이 이전 정부의 창업정책이 수정되거나 폐기되는 일이 반복된다. 많은 전문가들이 수시로 변하는 한국의 창업 정책과 임기 내 성과를 내려는 조급증을 실패원인으로 지목한다. 정권이 들어설 때마다 창조경제나 혁신성장 등 겉치레를 바꾸는 광경은 이제 그만 봤으면 한다.

– 한국경제, 2021.1.29.

중적인 지원으로 미국과 시장규모에서 왕좌를 다투고 있다. 특히 「중국에서 1등이면 세계에서 1등」이라는 표현이 등장할 정도로 급성장한 중국의 경제규모를 고려할 때 거대한 내수시장은 든든한 우군이다. 그동안 중국 1등 기업들은 중국당국의 경제개발 전략과 보조를 맞추면서 성장해 왔다. 국제통화기금(IMF)은 중국 경제가 2021년 8.2% 성장률을 기록할 것으로 전망했다. 중앙당국이 청사진 제시와 함께 든든한 지원군을 자처하고, 기업들은 각자의 산업 분야에서 시장 선점과 기술개발, 산업 생태계 조성을 통해 규모와 실력을 키워왔다.

지금 중국에서 스타트업 성공사례가 투자를 유치하고 또 다른 성공사례를 만들어내는 선순환이 일어나고 있는 이유는 중국의 과학기술인 우대풍토 역시 청년들의 꿈을 키우는 데 한몫했다. 현재 중국에서 불고 있는 창업열풍은 일자리창출을 넘어 첨단 과학기술을 사업화하고 국가경쟁력을 강화하는 새로운 성장동력이다. 이러한 움직임은 2015년 「대중창업 만중혁신」 이후 나타나기 시작했는데 「쌍창(雙創: 大衆創業 萬衆創新, 모두가 창업한다) 정책」은 크게 행정 간소화, 금융지원 확대, 과학기술 사업화 등으로 이루어져 있다. 먼저 행정 간소화는 2015년부터 법인등록제도가 간소화되면서 사업자등록증, 조직기구코드증, 세무등기증이 하나로 통합되어 신생기업의 진입장벽을 낮췄다. 이와 함께, 창업기업을 위해 증권시장을 개설하고 크라우드 펀딩 시행으로 자금조달의 어려움을 해소하는 금융지원을 단행했다. 중국에서 창업을 국가전략으로 격상해 모든 부처가 정책의 한축을 담당하며 힘을 모으고 있다.

또 중국의 창업을 이야기할 때 빼놓을 수 없는 것은 바로 「중창공간(衆創空間)」이다. 중창공간은 창업자에게 창업공간을 제공하고, 사업에 도움이 되는 인맥을 만들 수 있도록 '온오프라인 네트워킹'을 지원하며, 금융지원·창업교육·투자자 연계·사업 컨설팅·법률자문 서비스와 같이 실질적인 도움을 주는 것이다. 중창공간 덕분에 저렴한 비용으로 예비창업자, 과학기술 인재, 투자자가 한곳에 모여 아이디어를 나누고 사업을 추진하고 미래를 그릴 수 있게 되었다. 창업에 필요한 업무공간부터 창업에 필요한 모든 서비스를 제공하는 중창공간을 또 한 번 업그레이드하여 엔젤투자와 창업투자기구의 투자자금 채널로 육성하고, 4차 산업의 혁신적인 아이디어를 융합해 신산업을 발전시킨다는 계획이다. 중창공간은 공간을 넘어 인재, 자금, 산업이 융합된 중국 창업생태계의 용광로이다. 중국은 정부, 기업, 정부인도기금과 벤처투자, 대학과 연구기관이 협력해 창업 생태계를 조성하되 중앙정부는 창업정책을 제안하고 국무원이 총괄하며 지방정부는 지역의 핵심산업을 중심으로 맞춤형 정책을 실시하는 행정절차 개선 역할을 한다.

그런 다양한 국가지원과 사회분위기에 따른 정부의 노력, 국민적 관심, 성공한 기업의 투자라는 삼박자가 중관춘(中關村) 차고카페의 열기를 만들어냈다. 「아시아의 실리콘밸리」로 불리는 중관촌(中關村)은 중국 공립과학연구소와 고등교육기관에 종사하던 과학기술 인력들이 민간 하이테크 기업을 설립하면서 형성된 과학기술 단지다. 베이징의 첨단산업 클러스터인 중관춘(中關村)에는 창업을 준비하는 젊은 예비창업자들의 열정이 넘치고, 젊은이들은 하나같이 자신이 제2의 샤오미와 알리바바를 창업할 수 있을 것이라는 확고한 자신감에 가득해 21세기 중관촌의 역동성은 중국청년들의 창업열기에서 찾을 수 있다. 중관촌 17개 구역에는 2만2천여 개 기업에서 270만 명이 일하고 있으며 그중 약 30%가 첨단산업 종사자다. 또한 구글, 마이크로소프트 등 글로벌기업 및 관련 연구소와 국제 마케팅 관련 기관이 다수 입주해있어 중국 창업기업의 글로벌 시장진출에 지원군 역할을 한다. 알리바바의 마윈, 샤오미의 레이쥔 같은 창업계 스타를 꿈꾸는 중관촌의 창업자들의 아이디어가 자금, 창업보육 지원, 인력, 협력에 기반해 창업기업으로 실현되고 있다. 중국 창업투자자금의 약 50%가 중관촌에 집중되어 있고, 창업기업을 중관촌 과학기술관리위원회에 등록하면 10여 개의 창업지원기관에서 자금, 회계, 인력 확보 및 관리, 시제품 생산, 법률 등 창업에 필요한 서비스를 제공한다. 또한 100여 개의 창업 인큐베이팅 센터가 아이디어 개발, 창업팀 구성, 창업 경험자 코칭 등을 단계별로 지원한다. 중관촌 창업거리에는 2천여 개의 벤처투자기관이 입주해있으며 북경대학교, 칭화대학교 등 40여 개의 대학과 26개의 대학과기원 그리고 유학생 창업 단지 출신의 인재들로 넘쳐나고 있다.

2) 떠오르는 중국의 실리콘밸리 선전(深圳)

1970년대 작은 어촌도시에 불과했던 선전은 중국정부의 개혁·개방 정책의 시금석인 4개 경제특구(SEZ·Special Economic Zone) 중 하나로 정보통신기술(ICT) 및 첨단제조업 기반의 혁신도시로 변모했다. 선전은 경제특구로 지정된 후 덩샤오핑의 개방정책에 따라 외자유치를 통한 정보, 물류, 금융업이 빠르게 성장했으며, 세금 면제정책과 창업지원 자금 등 특혜정책을 과감히 실시, 토지 사용권의 임대와 매매가 가능해 벤처기업의 창업을 적극 지원하면서 30년 만에 GDP 7,000배 상승이라는 엄청난 성과를 실현했다. 중국의 실리콘밸리'로 불리는 선전(Shenzhen, 深圳, 심천)은 서울의 3.2배, 상주인구 1,200만 명, 평균 나이 33세, 1인당 GDP 2만 8,649달러, 외국인 15만 명(홍콩, 마카오 포함)이 있는 「글로벌 선전」으로 변신하였다. 전기차 BYD, SNS기업 텐센트, 세계 3대 휴대폰기업 화웨이, 전 세계 드론시장의 70%를 점유한 DJI 등 선전에서 내로라하는 글로벌 기업이 등장했다. 선전은 기민함과 지속성, 확장성을 가진 기술혁신 생태

홍콩·선전 GDP 추이

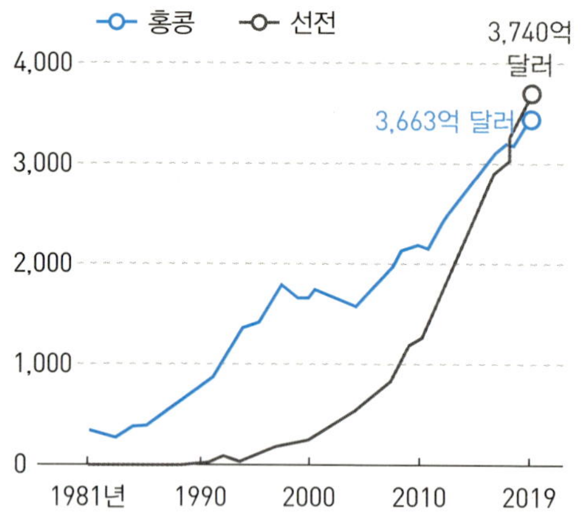

자료: 파이낸셜타임스

계를 구축하였으며, 선전의 젊고 개방적인 분위기도 기술혁신 활동의 원동력이 되었다. 젊은이 중심의 선전에는 유능하고 참신한 인재가 기술창업을 위해 모여들었고, 97%가 외지인이며, 이들에 의해 제기된 아이디어가 수많은 창업지원기관을 통해 구체화되었기 때문에 선전은 끊임없는 기술혁신 활동을 통해 글로벌 창업메카로 발전하면서 인구 1,000명당 기업 73개로 중국 1위인 최대 창업도시로 자리 잡았다. 선전에서 일어난 기술혁신은 단순히 도시의 경제발전을 인도하는데 그치지 않고, 전기버스 및 택시, 도시공공서비스 플랫폼 등의 수단을 통해 사회적 가치를 창출하는데 이바지하였다.

2020년 중국경제 개혁의 메카인 광둥성 선전시(深圳市)가 경제특구 1호로 지정된 지 40주년을 맞아 중국정부는 선전의 시장개발, 경제 통합 개혁에 더 많은 자율권을 부여하려는 조치를 잇달아 발표했다. 선전시에서는 7대 신흥 산업(첨단제조업·신소재·바이오·신에너지 등)을 지정해 육성하고 있으며 텐센트, 화웨이, 비야디(BYD) 등 중국을 대표하는 글로벌 기업들이 본사를 두고 있는 중국 제조산업의 전진기지로 현재는 게임, 5G 무선통신 기술과 가전제품 등 첨단 IT 산업의 중심지로 자리 잡았으며, 로열, 광치 등 신흥 혁신기업들도 선전에서 신산업 발전을 주도하고 있다. 최근 40년 동안 선전은 연평균 20.7%의 놀라운 국내총생산(GDP) 성장률을 달성했고, 2019년 이미 선전의 국내총생산(GDP)은 홍콩을 뛰어넘는 3,740억 달러(약 416조원)에 이르렀고, 중국에서 1인당 GDP가 가장 높은 3만 달러에 접근한다.

선전은 자본·토지·인재·지식재산권 배분에 대한 권한이 증대되고, 새로운 사업규제(분쟁 해결제도 포함)와 혁신인센티브를 창출할 힘이 강해진다. 또한 지방정부나 중앙정부의 승인을 기다릴 필요 없이 국제적으로 호환되는 규칙(금융시장 규제 등)과 제도(교육·의료·사회보장 포함)를 만들 수 있는 권한도 커진다.

「혁신·창업」의 메카로 불리는 중국 선전에 자리 잡은 창업활성화 분위기 무르익은 중국 선전의 대표적인 하드웨어 엑셀러레이터 잉단(Ingdan)은 딱딱한 계란이라는 뜻으로 부화를 돕는다는 의미를 내포하고 있다. 잉단 관계자는 "창업가가 반짝이는 아이디어만 들고 오면 원재료 조달, 디자인, 제작은 물론 유통망 개척, 마케팅까지 해주는 것이 우리의 일"이라고 말했다. 잉단은 2014년 설립 이후 3년 만에 1만 개가 넘는 창업 프로젝트를 성공시켰다. 성공의 비결은 1만 6,000개에 이르는 협력사가 핵심이라며 협력사에는 중국 중소기업은 물론 인텔·마이크로소프트(MS)·삼성 등 세계적인 회사가 즐비한데 이들이 가진 부품과 자재·영업망 등을 스타트업과 연결해주니 아이디어를 사업화하는 데 어려움이 없다는 얘기다. "잉단에 가면 꿈을 이룰 수 있다"는 입소문이 퍼지니 전 세계에서 앞다퉈 문을 두드린다.

또 선전의 화창베이 전자상가의 규모는 용산전자상가의 20배쯤 되는 화창베이 상가건물 1층 입주 상점들은 유리 매대에 수백 개의 반도체를 깔아놓았다. 화창베이의 풍부한 하드웨어 인프라는 그 자체로 스타트업·벤처회사들의 자재 공급망이 된다. 「화창베이 부품으로 항공기도 만들 수 있다」는 말이 나올 정도이고, 한국 창업기업들도 아이디어가 있으면 화창베이부터 찾는다거나 창업 메카 실리콘밸리에서도 선전에 '러브콜'을 보내는 기업들이 급증하고 있다.

개혁 개방 40년 선전의 변화

선전을 글로벌 기술혁신의 메카로 만든 것은 우선 선전이 하이테크 제조업이 집적된 클러스터라는 점이다. 선전은 20여 년에 이르는 시간 동안 다양한 제조업 분야의 전후방 연계망을 구축하였으며 관련 노하우를 축적하였다. 2000년대 영세업체에서부터 첨단기술을 보유한 대기업에 이르기까지, 전문화, 분업화된 첨단기술 제조업 생태계가 완벽히 구축되었다. 이를테면, 선전에서 기술창업을 하고자 하는 스타트업은 알리익스프레스(Aliexpress)와 화창베이(華强北) 같은 온·오프라인 플랫폼을 통해 다양한 부품을 조달할 수 있었으며 스마트폰 설계를 담당하던 ODM 기업들을 통해 저렴한 가격에 제품을 설계할 수 있다. 최종적으로 제품이 도출되면 소규모 OEM 공장을 통해 시험생산을 한 후, 폭스콘(Foxconn)과 같은 대규모 공장을 통해 초기 양산을 진행할 수 있다. 선전에서는 창업을 통해 기술혁신 활동이 일어날 수 있도록 다양한 지원이 이뤄지고 시제품의 제작에서부터 홍보·판촉에 이르기까지 다양한 기관의 도움을 받을 수 있다. 선전에 있는 약 500여 개의 창업보육센터에서는 스타트업들에게 투자유치, 제품화, 주식상장 등에 관한 전반적인 지원을 한다. 잉단(硬蛋, IngDan)과 같은 IoT 스타트업 전문지원 기관은 하드웨어 액셀러레이터(창업기획자) 겸 유통 플랫폼으로, 스타트업은 제품의 설계도만 제시하면 제품의 생산단계가 어떻게 구별되는지, 단계별로 필요한 협력자가 누구이며 필요한 비용은 얼마인지를 알려주고 직접 연결해준다.

한편, 선전시 난샨(南山)구에 위치한 소프트웨어단지에는 위에서 언급한 IT 관련 창업지원기관들이 집적해있다. 창업을 하고자 하는 기업들은 이 안에서 소규모 시제품을 저렴한 비용으로 생산하고 테스트할 수 있으며, 액셀러레이터들을 쉽게 만나고 지원을 요청할 수 있다. 정부차원의 창업지원 정책 역시 기술혁신 활동의 촉매 역할을 하고 있다. 시정부는 각종 세제혜택 및 법률 자문 등을 제공하고 있으며 소프트웨어산업단지에 저렴한 임대료를 내고 기술 스타트업들이 입지할 수 있도록 조치하고 있다. 또 샤오미, 텐센트와 같이 스타트업으로 시작하여 굴지의 대기업으로 성장한 선배기업들로부터의 투자유치가 다양한 형태로 활발하게 이뤄지고 있다. 또 선전은 경제특구로 지정된 이후 인구가 급속하게 증가하였고, 선전 인구의 90% 이상이 평균연령이 30대 초반의 외지 인구이다. 즉, 선전의 인구증가는 원천적으로 타지로부터 유입된 청년계층이며, 외래인구의 증가가 많으므로 지역의 개방성 역시 매우 높은 수준이었다. 이러한 개방적인 사회 분위기는 선전이 개방형 혁신체계를 조속하고 효율적으로 형성할 수 있게 하는 원동력으로 작용하였다.

– 다양성 + Asia기술혁신의 도시, 선전(深圳), 2020.12월(11호)

Chapter 14

한국 기업가정신의 복원과 혁신성장

1. 세계 최고로 평가받던 대한민국 기업가정신의 현주소

기업가정신의 핵심은 '창의성과 혁신', '위험을 감수하고 모험을 두려워하지 않는 도전'으로 요약할 수 있다. 잿더미에서 한강의 기적을 이루고 정보기술(IT) 강국으로 성장한 한국경제의 원동력도 끊임없는 혁신과 도전이었다. 산업화에 필요한 기술·자본·자원 등이 부족한 상황에서도 한국이 선진국 반열에 오를 수 있었던 것은「진취적 기업가정신」이 왕성하게 발현되었고, 우리 국민의 높은「근면성과 교육열」이 토대가 되었기 때문이었다. 특히 기업가정신은 단순히 도전과 창조, 진취적 기상만이 아니라 새로운 기회를 찾는 절실함과 혁신으로 차별화된 대안을 제시하고, 서로 협력하여 의미 있는 가치를 창출하는 과정에서 빛나게 된다. 세계적 석학들이 기적(miracle)이라 부르는 한국의 눈부신 압축 성장은 근면·검약·성실·교육으로「가난을 극복하겠다는 의지(will)」와「하면 된다는 자신감(confidence)」 그리고「기업가정신(entrepreneurship)」이 충천했기 때문에 가능했다.

또 한국전쟁 이후 폐허상태에서 우리가 일군 한강의 기적은 불가능에서 가능으로 극복한 전화위복(轉禍爲福)의 신화였으며, 그 역동성을 이어 1980년대와 90년대 초까지만 해도 사업하는 사람들은「국가경제에 이바지하겠다」는 마음으로 사업에 전념했던 기업가가 많았기에 90년대 중반 이후 금융위기의 어려움 속에서 중소벤처기업을 중심으로 기업가정신이 다시 활발히 타오를 수 있었다. 당시에 기업·연구소·학교에서 뛰쳐나와 신생벤처기업을 창업했던 휴맥스, 네이버, 다음, 비트컴퓨터, 미래산업, 안철수연구소 등 기업들은 우리나라 제2세대 기업가정신의 주역이었다. 1990년대 후반 정부의 강력한 벤처육성 정책에 힘입어 정보통신기술, 전자부품, 반도체 등의 하이테크 산업 분야에서 창업 활동이 활발했던 반면 실패에 대한 막대한 비용과 2000년대 들어 IT버블과 벤처거품을 겪다보니 사회전반의 안정추구 경향은 더 강해지면서 현재는 1세대의 기업가정신과 같은 뜨거운 활력을 유지하지 못하고 있다. 특히 미국 실리콘밸리에서는 실패를 당연하게 받아들고, 실패의 경험을 존중해 주는 반면 우리는 실패의 경험을 존중하지 않을 뿐 아니라 실패하면 곧바로 신용불량자가 되는 환경인데다, 미국에는 초기벤처에 투자하는 30만 명이나 되는 엔젤투자자들이 조건 없이 벤처에 투자하고 성공할 수 있게 지원하기 때문에 두려움 없이 창업에 도전할 수 있는 반면 한국의 엔젤투자자는 고작 500명뿐이었다. 더구나

한국형 기업가정신의 변천사

기업가정신(entrepreneurship)은 위험을 적극적으로 떠안아 새로운 사업을 벌이는 모험에 나서고 어려운 환경을 헤쳐 나가면서 기업을 키우려는 의지를 뜻한다. 미국 경제학자인 조셉 슘페터는 미래의 불확실성 속에서도 장래를 정확하게 예측하고 변화를 모색하는 것이 기업가의 주요 임무이며, 이를 기업가정신이라고 했다. 중소기업연구원은 우리나라 기업가정신의 변화를 시대적으로 크게 4가지로 구분했다. 1955년~72년을 기반형성기, 1973년~87년을 고도성장기, 1988년~97년을 전환기, 1998년 이후를 재도약기로 구분한다. 특히 1980년대는 우리나라 기업가정신은 전환기를 맞았는데, 고도성장기와 같이 창업기회는 왕성하지 않았으나 내수시장의 규모가 확대되고 저유가, 저환율, 민간의 R&D투자 증대와 벤처 캐피탈 출현이 기업가정신을 촉진했다. 1990년대에 들어 벤처열풍이 시작되면서 각종 성공모델이 출현하고 매스미디어 시장이 집중 조명되고 정부의 정책지원이 활발하게 진행됐다. 투자회수시장도 형성되고 대기업의 고용불안이 커지면서 기업가정신은 활발하게 일어나기 시작했다. 2000년 이후 우리나라는 조정기에 접어들면서 산학협력이 강화되고 신성장동력이 조성되면서 기업가정신의 촉진을 지원하고 있다. 하지만 벤처에 대한 부정적인 인식 확산과 함께 코스닥 침체 및 신뢰저하, 내수시장 침체, 높은 실패율, 금융위기 등이 기업가정신 쇠퇴의 요인으로 작용 중이다.

과거 한국경제를 살렸던 불씨인 기업가정신의 본질은 「위험에 도전하는 무모할 정도의 도전정신」이었는데 지금 우리나라 청년들은 위험에 도전을 외면하고 안정을 추구하는 분위기에 편승하는 경향이 일반적이다. 그런 사회분위기에 대하여 배종태 KAIST 테크노 경영대학원 교수는 "2000년 이후 스타 벤처기업은 늘지 않고, 우수한 인력은 창업을 꺼리고 있다"며 "특히 경제 활력이 저하되고 벤처 붐이 식은 후에는 기업가들의 위험회피 추세가 강화됐다"고 설명한다.

기업가정신 지수, 37년 만에 '반토막'

1981년 183.6 → 2018년 90.1

한국의 기업가정신지수가 90.1(2018년 기준)까지 떨어진 것으로 나타났다. 조사가 처음 이뤄졌던 1981년(183.6)의 절반 수준이다. 전국경제인연합회는 지난 37년간의 연도별 기업가정신지수를 정리해 발표했다. 지수는 기업에 대한 호감도 직업으로서 기업가에 대한 선호도 창업 열기 대기업이 차지하는 비중 기업 관련 입법 활동 양상 등 5개 부문, 14개 항목의 데이터를 기반으로 산출한다. 10년 단위로 기업가정신지수의 변화를 살펴보면 하락 추세가 뚜렷하다.

자료: 통계청, GEM 등 자료 기반으로 계산

1981~1990년 158.6, 1991~2000년 100.8, 2001~2010년 85.4, 2011~2020년 88.2 등을 기록하며 꾸준히 내리막길을 걸었다. 기업의 발목을 잡는 입법이 늘어난 것도 기업가정신지수에 악영향을 줬다. 20대 국회(2016~2020년)가 발의한 법안은 2만4,014건. 491건이던 11대 국회(1981~1985년) 때보다 50배 가까이 늘면서 불필요한 기업규제도 많아졌다는 분석이다. 유환익 전경련 기업정책실장은 "친기업적 경영환경 조성, 기업 규제 법안의 신중한 발의, 기업가에 대한 인식 제고 등이 절실하다"고 말했다

– 한국경제, 2020.5.3.

「글로벌기업가정신지수(GEM: Global Entrepreneurship Monitor)」란 미국 조지메이슨대 졸탄 액스 교수와 헝가리 펙스대의 라슬로 체르브 교수가 창안했고, 세계기업가정신발전기구가 137여 개국을 대상으로 기업가정신을 평가한 지수다. 기업가정신과 경제발전의 관계를 연구하는 기관인 GEDI는 각국의 기업가정신 생태계를 파악하기 위해 기업가적 태도와 기업가적 능력, 기업가적 열망을 지수화하여 전 세계 기업가정신 수준과 추진실태를 비교·분석하고 있다. 기업가정신 가운데 기업의 창업활동에 초점을 맞춘「GEM(Global Entrepreneurship Monitor)」연구는 국가별 기업가정신을 측정하고 기업가정신이 경제성장에 미치는 효과를 분석하여, 국가별로 상이한 기업가정신 수준에 영향을 미치는 요소를 밝히고 있다. 이 지수는 100점 기준으로 점수가 높을수록 기업가정신이 좋다는 것을 의미한다. 한국경제연구원에 따르면 "세계기업가정신발전기구가 발표하는 기업가정신지수(GEDI)와 각종 통계수치를 비교분석한 결과 기업가정신과 1인당 국내총생산(GDP)은 0.88이라는 높은 상관계수가 있는 것으로 나타났다"며, 이는 "기업가정신이 활발할수록 1인당 GDP가 높아진다"는 의미라고 설명한다. 특히 일본의 기업가정신 순위는 2015년에는 한국에 비해 다섯 계단 아래였고, 2016년에는 세 계단 아래였지만, 2017년에는 한국을 두 계단 앞선 것으로 나타났다. 일본과 한국을 비교한 결과 일본은 14개의 평가항목 중 • 기회인식, • 신사업역량, • 위험용인, • 인적망형성, • 모험자본을 제외한 나머지 9개 항목에서 한국을 앞섰다. 이렇게 식어버린 한국기업가들의 열정이 한국경제의 성장저하로 나타났다는 게 전문가들의 지적이다. 이처럼 산업화열기가 불타오르던 시기 세계최고 수준이었던 대한민국의 기업가정신이 바닥으로 급격히 하락한 것이다. 국가의 경제성장은「창조적 파괴」를 실현하는 기업가들이 등장하면서 실현되는데, 한국의 창업자비율은 0.8%인 반면 중국은 8.0%이고, 미국 실리콘밸리의 창업가들은 평균 2.8회의 실패경험이 있으나 한국 창업가들은 평균 1.3회라고 한다. 중국과 미국에서는 창업실패의 책임을 정부가 나눠안아주기 때문에 실패를 딛고 재(再)창업하거나 재기하는 분위기가 자연스러운 모습이다. 반면 수성(守成)에만 힘쓰는 한국의 현실안주형 최고경영자(CEO)들이 늘고 신규투자에 따른 위험에 잔뜩 겁을 먹고 단지 노동생산성과 경영효율을 높이는 데 주력할 투자뿐 아니라 장기투자가 필요한 연구개발(R&D) 의지도 약하기 때문에 시장의 판도를 뒤흔들 수 있는 혁신형 기술 혹은 제품이 좀처럼 나오기 힘들 정도로 기업가정신이 약해지고 있다. 이처럼 사회전반에 만연한 OECD 최하위권의 기업가정신으로는 미래 혁신경제구현은 기대하기 어려운 상황에 최근 한국기업의 체력이 급속하게 바닥나고 있다는 게 삼성경제연구소의 분석이다.

또 전국경제인연합회가 문화요인·제도요인·경제의지·기업 활동·공공부문 등을 종합해 기업가정신 지수를 산출한 결과, 국내 기업가정신지수가 지속적으로 하락하고 있는 것으로 나타났다. 기업가정신 지수는 • 기업호감도·기업가 직업선호 등 문화요인, • 경제제도 수준 등 제도요인, • 경제활동참가율·공무원 시험 경쟁률 등 경제의지, • 창업률·대기업 비중 등 기업 활동, • 법의 지배지수·국회 발의법안 건수 등 공공부분 등 총 5개 부문 14개 항목을 조사해 종합한 결과다. 10년 단위를 기준으로 보면 2010년대 평균 기업가정신 지수(88.2)가 1980년대(158.6) 대비 약 44% 하락한 수준이다. 기업가정신 지수가 절반 이상으로 떨어진 데에는 기업 활동과 공공부문 지수의 하락이 가장 큰 영향을 미친 것으로 나타났다. 특히 대기업 비중은 1981년 약 7%에서 2018년에는 1%대로 하락했다. 전경련은 "코로나19로 인해 세계경제가 침체되고 있는 상황에서 그 어느 때보다 기업가정신의 발현이 절실하다"며 "미증유의 경제위기 극복을 위해 정부와 기업 등 모든 경제주체가 기업가정신 제고에 최선을 다해야 한다"고 강조했다.

칠레에도 밀린 한국…기업가정신 죽어간다

기업가정신 지표별 한국 순위

구분	한국 순위	1위 국가
기업가에 대한 사회 평판	14위	이스라엘
기업가 직업 선호도	22위	네덜란드
규제 등 경제제도 수준	27위	핀란드
개인의 경제활동 참가율	29위	스위스
대기업 비중	27위	스위스
인구 10만 명당 사업체 수	4위	체코
기업 체감 경기	34위	리투아니아
기업·개인의 법률 신뢰·준수 수준	20위	핀란드

※ OECD 35개국 대상 2017년 공통지표 기준
자료: 전국경제인연합회

주요국 기업가정신 순위

구분	순위
스위스	1
뉴질랜드	2
룩셈부르크	3
핀란드	4
노르웨이	5
네덜란드	7
독일	8
미국	9
일본	25
한국	26

한국 제조업 부활의 근간인 기업가정신 지수가 10년째 제자리걸음이고 창업보다는 안정적인 직장에 취업하려는 현상이 뚜렷해지고 있다. 매일경제와 전국경제인연합회가 공동분석한 기업가정신 OECD 국제비교에 따르면 한국의 기업가정신지수 순위가 경제협력개발기구(OECD) 회원국 35개국 중 26위를 기록했다. 이번 조사는 OECD 국가 중 최신의 공통통계로 비교 가능한 2017년 데이터를 기준으로 삼았다. 기업가정신 지수는 창업활동이 활발한 북유럽 국가 스위스가 1위를 차지했고 룩셈부르크(3위), 핀란드(4위), 노르웨이(5위) 등이 상위권을 기록했다. 제조업 경쟁국 중에선 독일(8위)이 10위권에 포함됐고, 미국(11위)과 일본(25위)도 한국을 앞섰다. 한국은 중남미의 칠레(21위)나 동유럽 에스토니아(17위)에도 순위에서 밀렸다. 이번 조사는 각 나라의 기업가에 대한 사회 평판, 기업가에 대한 직업 선호도, 규제를 비롯한 경제제도, 경제활동 참가율, 대기업 비중(중소기업의 대기업으로 성장 정도), 사업체 수, 기업 체감경기(미래 투자 의지), 기업과 개인의 법률 신뢰·준수 수준 등 8가지 요소를 종합적으로 평가해 기업가정신 지수를 만들었다. 한국은 규제 등 경제 제도(27위), 대기업 비중(27위), 기업 체감경기(34위) 분야에서 낮은 점수를 얻었다. 특히 기업가 직업에 대한 선호도가 22위로 급락했다. 2008년을 기준으로 6위였던 지표다.

기업가들에 대한 사회평판 부문도 한국은 14위로 독일(3위), 영국(4위), 미국(5위) 등 경쟁국들에 비해선 상당히 낮았다. 한국에서 기업가정신이 추락하는 것은 다른 조사에서도 드러나고 있다. 한국청년기업가정신재단이 2019년 1만 2,004명(만 13~69세)을 대상으로 실시한 조사에서도 개인들의 기업가적 지향성(2017년 49.1 → 2019년 46.4), 기업가적 역량(49.6 → 47.9), 기업가적 태도와 인식(51.5 → 50.2)과 같이 기업가정신을 나타내는 모든 지표가 떨어진 것으로 나타났다. 전문가들은 한국이 기업가정신을 살리고 제조업 스타트업을 육성하기 위해선 교육과 인센티브 강화가 필요하다고 강조한다.

– 매일경제, 2020.6.30.

한국 기업가정신 OECD 하위권

OECD 회원국 기업가정신지수 순위

순위	국가	순위	국가
1	스위스	10	독일
2	뉴질랜드	⋮	
3	룩셈부르크	23	리투아니아
4	미국	24	프랑스
5	노르웨이	25	벨기에
6	네덜란드	26	일본
7	아이슬란드	27	한국
8	오스트리아	⋮	
9	핀란드	37	멕시코

※ 2019년 기준 기업활력제도 환경기업 인식을 종합해 산출
자료: 전국경제인연합회

37개국 중 27위. 스위스 1위. 일본 26위. 한국의 기업가정신지수가 경제협력개발기구(OECD) 37개국 중 27위로 하위권을 기록했다. 규제완화를 통한 친기업 경영환경 조성과 기업가에 대한 인식 제고 등 특단의 조치가 필요하다는 지적이 나온다.

전국경제인연합회는 1일 OECD 가입 37개국의 기업가정신지수를 산출한 결과 한국은 90.7로 27위에 그쳤다고 밝혔다. 지수는 인구 10만 명당 사업체 수와 대기업 수 비중 등 기업 활력 부문 경제 제도 수준, 법의 지배지수 등 제도환경 부문 기업가 직업 선호, 기업가 사회평판 등 기업인식 부문 등 3개 분야 6개 항목을 조사해 점수를 매기는 방식으로 산출했다. 부문별로 보면 인구 10만 명당 사업체 수와 대기업 비중 등을 반영한 기업활력 부문은 27위였다. 인구 10만 명당 사업체 수는 8위로 상위권을 차지했으나 대기업 수 비중이 33위로 최하위권을 기록했다. 전경련 관계자는 "기업이 성장할수록 규제가 늘어나는 등 경영환경이 나빠진다"며 "이는 대기업으로 성장하기 어렵다는 점을 시사한다"고 설명했다.

– 한국경제, 한국 기업가정신 OECD 하위권, 2021.7.1.

2. 「한강의 기적」의 기반, 한국 기업가정신이 바닥난 이유

1960년대 대한민국 국민소득은 아프리카 케냐(Kenya)수준에도 미치지 못할 정도인 세계 최빈국에서 반세기 만에 개발도상국을 거쳐 국민소득 3만 달러를 넘으면서 선진국 대열에 진입하여 전 세계를 깜짝 놀라게 했다. 세계역사에서 가장 빛나는 성공신화로 한국경제성장을 상징적으로 보여주는 현상에 대하여 선진국의 학자들까지도 「Miracle!(기적)」이라고 표현했다. 특히 현대 경영의 아버지 피터 드러커(Pete F. Drucker)는 1996년 세계에서 기업가정신이 가장 충만했던 나라로 한국을 선정하였으며, "한국을 기업가정신이 가장 활성화한 국가로 꼽은 이유는 일제강점기와 1950년 한국전쟁으로 폐허가 되었고, 산업적·교육적 기반이 없는 상황에서 40여 년 만에 20여 개 산업분야에서 세계적인 수준으로 성장을 이뤄낸 원동력을 높은 기업가정신"으로 분석하였다. 또 그는 한국경제에서 "무(無)에서 유(有)를 창조하고, 불가능을 가능으로 탈바꿈시킨 것은 도전과 열정으로 무장한 기업인들의 기업가정신이 있었기에 가능했다"면서 "기업가정신이란 위험과 불확실성에도 이윤을 추구하려는 모험과 창의적인 정신"이라고 말했다. 그러나 이 상황은 1960~1980년대 중반까지의 이야기이고, 지금 우리 기업에는 그때의 역동성은 찾기 어렵고 기업가정신도 거의 사라져버렸다는 평가가 많다. 지금 세계 경제전문가들은 한국에 대해 '창업세대의 역동적인 기업가정신을 찾아보기 어렵다', '현실 안주에 급급하다'라는 평가와 더불어 한강의 기적이라는 찬사와 함께 세계적인 석학들이 감탄하던 우리의 기업가정신이 최근 "한국 미래의 최대위협은 북한의 핵이 아니라 메말라 가는 기업가정신"이라고 할 정도로 하락하고 있다. 특히 2016년 5월 미국의 〈월스트리트저널

(WSJ)〉은 '한국의 기업가정신은 아직 불붙지 않았다(South Korea's Entrepreneurial Spark Yet to Ignite)'고 표현하면서 기업가정신이 쇠퇴하고 있는 한국을 우회적으로 비꼬았다. WSJ는 한국정부가 정책적으로 창업을 독려하고 있지만 한국 젊은 이들은 여전히 대기업과 공무원처럼 안정적인 일자리를 찾고 있다고 지적했다. 그것은 지금 한국의 청년들은 기업가정신에 기반한 도전 대신 안정적 직업만을

한국의 기업가정신이 쇠퇴한 이유

경영의 대가 피터 드러커(Peter F. Drucker)가 1996년 세계에서 가장 높은 나라로 한국을 지목했던 기업가정신이 믿기 어려울 만큼 추락한 이유에 대하여 서울대 김병도 교수는 인구고령화, 선진국이 될수록 높아지는 위험회피 성향, 강화되는 정부규제, 워라밸(Work and Life Balance · 일과 삶의 균형) 중시풍조 등을 그 이유로 꼽는다. 또 기업가정신 쇠퇴의 원인을 사업기회의 감소, 자원 가용성의 저하, 실패위험의 증가, 성취욕구 · 열정의 좌절 등이고, 그 이유에 대하여 세부적으로 다음과 같이 정리할 수 있다.

한국의 기업가정신이 쇠퇴한 이유

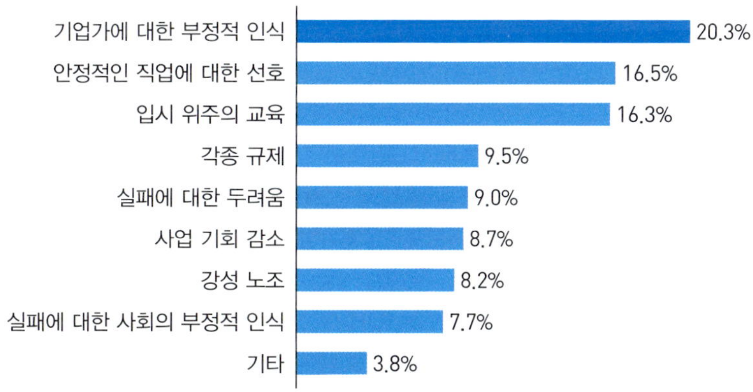

설문 기간: 2019년 3월 14~15일 **조사 대상:** 600명(10대 · 20대 · 30대 · 40대 · 50대 · 60대 이상 각 100명)
조사 방법: 스마트폰 앱을 통한 조사 **조사 기관:** 오픈서베이 **표본오차:** ±4.00%(95% 신뢰 수준)

– 한경비즈니스. "한국, 기업가정신 쇠퇴" 56.4%… 가장 필요한 덕목은 '사회적 책임' 1위, 제1217호(2019.3.26).

찾으면서 연간 45만 명의 청년들이 공무원 시험에 매달리고, 30%는 보수가 높은 대기업을 찾는 현상 때문에 기업가적 창업을 꿈꾸며 도전하는 비율은 3%대로 하락했기 때문이다. 전문가들은 최근 한국에서 창업이나 투자가 크게 위축된 대표적 원인은 기업가정신이 위축됐기 때문이라고 분석한다.

❶ 절실함과 헝그리정신의 실종

「한강의 기적」이라 불리는 1960~80년대에는 굽히지 않는 '배짱'과 하면 된다는 '용기', 굶주리고 아무것도 가진 것이 없더라도 무엇이든지 열심히 하는 '헝그리(hungry)정신'만으로 성공할 수 있었는데 지금 우리는 악조건을 탈출하기 위해 어렵고 위험한 일에 과감하게 도전하는 정신이 약화되었다. 최근 우리나라 주력수출품은 자동차, 반도체, 선박, 핸드폰, 석유화학, 전자제품 같은 상품이다. 이 제품들의 공통점은 우리가 원천기술을 갖고 있지 않다는 점과 모두 선진기업들에 의해 강한 경계의 대상이란 점이다. 이것이 가능했던 원인은 경쟁국가의 기업을 넘어서지 못하면 부가가치가 낮은 상품을 수출해야 하는 현실을 극복하지 못한다는 절박함이었다. 또 세계 최초로 디지털카메라 기술을 개발한 코닥은 기존 필름사업이 축소될 것을 우려해 디지털카메라를 상용화하지 않아 결국 쇠락의 길로 들어섰고, 세계시장 점유율 40%로 휴대폰시장의 왕좌를 차지했던 노키아도 결국 스마트폰의 변화에 적응하지 못하고 휴대폰 사업부가 2013년 9월 마이크로소프트(MS)에 매각되면서 시장에서 사라졌다. 이런 사례처럼 변화하는 세상에서 기회를 포착하는 경각심이 필요한데 지금 우리에게는 그런 정신이 부족하다.

한편 세계 최초로 개인용 컴퓨터를 개발한 스티브 잡스도 독단적인 기업운영으로 한때 자신이 세운 회사로부터 해고되는 아픔을 겪었다. 훗날 위기에 빠진 애플을 구원하기 위해 경영에 복귀한 그는 아이팟과 아이폰으로 애플을 세계최고의 회사로 성장시켰다. 그가 경영일선에 복귀하고 혁신적인 제품을 선보였던 바탕은 배고픔에 관한 옛 기억의 회복이었다. 혁신의 아이콘 스티브 잡스의 「항상 갈망하고, 언제나 우직하게 살아라(Stay hungry, Stay foolish)'」의 'Stay hungry' 에서 헝그리정신은 "항상 새로운 것들을 배우고 현실에 안주하지 말라"는 의미다. 또 'Stay foolish'는 "스스로 무언가 새로운 것을 찾으라"는 메시지다. 이 두 마디는 결국 「항상 만족하지 말고 끊임없이 새로운 것을 배우라」는 뜻이다. 과거 못 살던 나라였던 한국인에게는 강인한 불굴의 정신이 자랑으로 여기던 시절이 있었지만 현재 한국 노동자들의 노동의욕은 세계 최하위 수준으로 나타났다. 또한 성장의 상징이자 장수 경영인(CEO)으로 알려진 LG생활건강 차석용 부회장은 "성장이 멈춘 기업은 노쇠기로 접어들어 생기를 잃은 생명체처럼 가진

기업가정신 침체의 원인

첫째, 사업의 위험은 점점 높아지는데, 성공의 기회는 계속 줄어드는 사회현상 때문이다. 즉 위험대비 보상의 불균형으로 인해 우수인력의 창업활동이 저조해지고 있다. 신기술이나 첨단기술을 활용한 창업은 성과에 대한 불확실성이 높은 본질적인 위험을 가지고 있는 반면, 한국의 현실은 실패에 대한 창업자 개인의 위험부담이 과도하게 높은 편이고 사업실패 시 회사부채가 개인부채로 전환되어 인생실패로 연결되면서 자신뿐만 아니라 주위 사람들에게도 큰 피해를 주기 때문이다.

둘째, 급속한 산업화 과정에서 공정한 게임의 룰이 정착되지 못하고 빈부격차가 벌어지다 보니 기업하기 어렵다는 인식이 팽배하게 되었다. 재벌기업의 성장은 한국경제 발전의 견인차 역할을 했지만, 부당한 납품단가 인하 등 갑을(甲乙) 관계가 고착화된 것도 반기업정서 형성의 원인이 되었다. 결국 '기껏 기술개발하고 인력 양성했더니 대기업에서 다 가져가더라.', '연구해서 생산단가 낮췄더니 다 뺏어가더라'는 중소기업의 울분과, 성장하기 어려운 구조의 고착화는 중소기업의 기업하고자 하는 의욕을 저하시키는 중대한 원인으로 작용하고 있다.

셋째, 과거 개도국 시절의 '헝그리정신'과 '하면 된다'는 정신이 소멸되었다는 사실이다. 절대적 빈곤을 탈출하기 위해 어렵고 위험한 일에 과감하게 도전하는 정신이 약화된 것이다. 안정된 직장을 선호하는 것은 경제발전 과정에서 당연히 나타나는 현상으로 이해가 되기는 하나, 선진국에서처럼 기회추구형 창업이 활성화되고 있지 않다는 점은 문제가 있다.

것만을 지키려는 데(Not to Lose) 치중하게 된다"고 했다. 또 그는 "배고픔이 사라지는 순간 기업가정신은 약해지기 시작한다"며 "늘 배고프고 우직한 태도를 유지하는 것이 기업가정신의 핵심"이라고 강조했다.

❷ 안정추구 분위기와 실종된 도전정신

한국경제는 어려움이 닥칠 때마다 「개척 유전자(DNA)」를 발휘하여 성장 돌파구를 마련하면서 위기를 극복했다. 1975년 오일쇼크 때 기름 값이 4배 이상으로 뛰면서 국가부도 위기에 몰렸을 당시 박정희 대통령은 정주영 현대그룹 명예회장을 만나 "오일쇼크로 부자가 된 중동에서 대책을 찾아오라"고 주문했고, 정 명예회장은 중동에 다녀온 뒤 "중동은 건설공사를 하기에 세계에서 가장 좋은 곳입니다. 비가 오지 않으니 1년 내내 공사를 할 수 있고, 모래와 자갈이 지천이어서 자재조달이 쉽습니다"라는 의견을 내놨다. 그리고 현대건설은 이듬해인 1976년 사우디아라비아 주베일 항만공사를 수주하면서 '중동특수'를 차지했었다. 그래서 한국을 대표하는 말 중 하나가 「Dynamic Korea(역동적인 한국)」였으나 오늘날 생존경쟁이라면 몰라도 경제적으로는 전혀 역동적이지 못하다. 기업가정신 침체의 원인으로 사업의 위험은 점점 높아지는데, 성공의 기회는 계속 줄어드는 분위기, 즉 위험대비 보상의 불균형으로 인해 우수인력의 창업활동이 저조해지고, 이처럼 성공의 기회는 줄어들면서 그 책임은 커지는 사회현상으로 인해 청년들은 좀 더 안정적인 직장을 선호하는 성향이 높아지게 되었다.

특히 1997년 IMF외환위기와 2008년 글로벌 금융위기 이후 도전과 모험보다는 안정을 선호하는 분위기가 사회전반에 퍼지면서 기업들마저 공격적인 시장개척과 과감한 투자보다 위험이 작고 쉽게 이윤을 낼 수 있는 사업에만 관심을 두고 있다. 1960년대 맨손에서 출발해 추격자전략으로 산업을 일구고, 1990년대 선진국을 따라잡겠다며 세계를 질주하기까지, 든든한 받침이 돼 주었던 모험심도 더 이상 찾아보기 어렵게 되었다. 구조조정 과정에서 부모들의 아픔을 보아왔던 청소년들은 평생고용을 보장받는 공무원이나 교사 또는 자본주의 역동성과는 거리가 먼 의사, 변호사, 교수, 공기업 직원 등이다. 이처럼 사회적 분위기가 '안정'이 직업선택의 1순위가 되고 도전·개척정신이 사라지면서 투자 의욕과 창업열기도 식어가고 있다. 한국직업능력개발원이 2018년 10월 발표한 「청년층의 취업관련 시험 준비 실태」 자료에 따르면 취업관련 시험을 준비하는 청년은 2018년 105만 명, 그중 41만 명(38.8%)이 공무원 시험을 준비하는 것으로 조사됐다.

또한 고(故) 이병철 삼성그룹 회장이 반도체산업 투자를 결정한 1983년. 나이 73세의 노(老)기업인의 결단은 이랬다. "철강 1t의 부가가치는 20만원이고, 자동차 1t은 500만원이며, 반도체 1t은 13억원이다. 반도체 산업을 장악하는 사람이 세계를 지배한다." 당시 경쟁업체들은 기술이전도 받지 못할 것이라고 비웃었지만 삼성은 8년 만에 메모리 반도체 세계 1위가 됐다. 그런 영웅들처럼 실패를 두려워하지 않는 기업들이 다시 나오고 도전정신에 충만한 젊은이들이 활개를 칠 수 있어야 하는데 오늘날 청년들의 도전정신은 찾아보기 힘들 정도로 위축되고 있다. 그 이유는 신기술이나 첨단기술을 활용한 창업은 성과에 대한 불확실성이 높은데 반해 한국의 현실은 실패에 대한 창업자 개인의 위험부

기업가정신 활성화에 가장 저해되는 요인

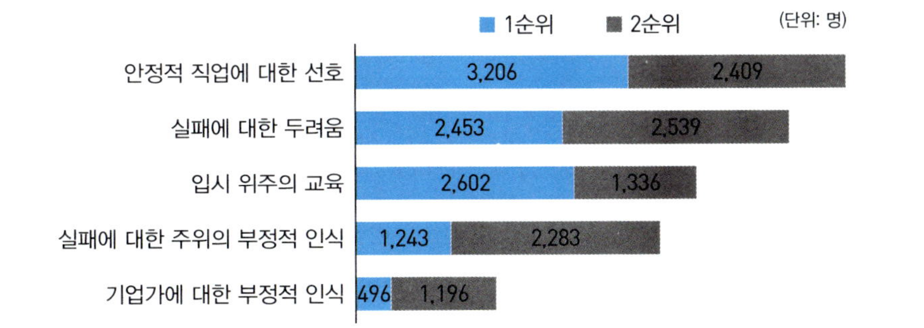

2017년 기업가정신 실태조사. 주관: 중소벤처기업부 & 한국청년기업가정신재단.
* 표본: 10,000명. 2017.8~10 조사. 조사기관: 한국기업데이터. 발표. 2018.1.31.

담이 높고, 창업에서 실패할 경우 회생의 어려움이나 사회안전망 부족으로 젊은이들이 보다 역동적이고 창의적인 일에 도전하는 것을 두려워하고 있기 때문이다.

❸ 사업보국(事業報國) 의지와 사회적 책임의식 부족

「사업보국(事業報國)」은 사업을 통해 국가에 보답한다는 뜻으로, "기업을 일으켜 국가를 부강하게 하는 데 이바지하겠다"는 애국의지다. 한국경제의 산업화가 본격적으로 시작됐던 1973년 중화학공업 육성정책에 따라 산업구조 개편이 진행됐고 철강, 조선, 기계, 비철금속, 전자, 화학이 6대 전략산업으로 선정되었다. 개발연대에 정부가 주도했던 산업화의 씨앗은 사업보국(事業報國)이라는 시대적 소명을 필생의 과업으로 실천했던 창업세대를 통해 활짝 피었다. 특히 사업보국(事業報國) 의지가 남달랐던 삼성창업자 호암 이병철 회장은 1976년 11월 전경련 회보에 「나의 경영론」이란 제목의 기고문에서 "나의 갈 길은 사업보국(경영을 통해 나라를 일으킨다)에 있다"라고 밝혔다. 호암의 사업보국 경영철학은 기업을 통해 국가와 사회, 나아가 인류에 공헌하고 봉사하겠다는 것이다. 이병철 회장은 임원회의에서 종종 다음과 같은 말을 했다고 한다. "삼성이 중요한가, 국가가 중요한가? 국가가 더 중요하다. 나라가 튼튼하고 부흥하면 삼성 같은 회사는 망해도 또 생길 수 있지만 국가가 망하면 삼성은 영원히 없어진다." 또 창업자 이병철은 자서전 「호암자전(湖巖自傳)」에서도 "기업 없이는 나라도 없고 또한 나라 없이는 기업도 있을 수 없다"고 강조했다.

또 현대그룹 창업자 정주영 회장은 국가발전의 기반이 될 경부고속도로 건설비를 바로 지급하지 못해 미안해하는 박대통령에게 "공사비를 늦게 받거나 혹 못 받더라도 괜찮다"고 말했고, 고령교 공사에서는 손해를 보면서까지 열정을 바쳤다. 당시 개발연대 1세대 기업인들 사이에 애국심이 이기심을 압도할 정도였고, 돈 벌기 못지않게 나라를 생각한 절절한 마음은 정말 감동적이었다. 사업가에게 기업의 이익은 포기할 수 없는 가치임은 부정할 수 없으나 개인의 이익을 추구하는 사업가와 국가·사회에 더 큰 이익이 되도록 하려는 사업보국(事業報國)의 의지는 분명 그 차원이 다른 것이다. 기업가정신에는 '국가와 사회에 공헌할 수 있는 가치를 창출한다'는 사명감과, 명확한 방향성이 있어야 하며, 그래야만 모든 구성원의 가슴을 뛰게 할 수 있다.

특히, 사회적 책임에 관한 사례로 2021년 99세인 관정 이종환 삼영화학그룹 명예회장(관정이종환교육재단 명예이사장)은 사업에 열중했던 2000년 관정재단을 설립했고 전 재산의 97%에 해당하는 1조 5,000억원을 자신이 세운 관정이종환교육재단에 기부해 아시아 최대 장학재단으로 키웠다. 관정재단의 목표는 '세계 1등 인재를 키워 세계 1등 국가를 만드는 데 기여하겠다'는 것이다. 이 회장은 2012년 "도서관 건립에 사용하라"며 600억원을 서울대에 기부했고, 관정재단은 매년 국내외장학생을 100명씩 선발, 매년 100억원가량을 장학생에게 지급했다. 2021년 초까지 누적 장학금은 1,800억원, 누적 장학생 수는 1만 1,000명에 달한다.

또 미국의 3대째 기부의 가족 전통을 이어받은 빌 게이츠(Bill Gates)는 500억 달러(약 58조원)를 게이츠 재단에 기부했고, 워렌 버핏(Warren Buffett)은 2020년 현재 374억 달러(약 44조원)를 사회에 환원했으며, 페이스북 창업자 마크 저커버그는 자신과 아내 프리실라가 가진 페이스북 지분의 99% 시가 450억 달러(약 52조원) 상당을 자선단체에 기부하겠다고 밝혔다. 또 더기빙플레지(The Giving Pledge) 219번째 기부자이자 한국인 첫 가입자 배달의민족 김봉진 의장에 이어 김범수 카카오 이사회 의장이 2021년 2월 더기빙플레지에 참여하면서 재산의 절반 이상을 기부하겠다는 발표는 신선한 충격을 주었다. 이는 약 10조원 상당으로 추정되는 김범수 의장의 재산 중 5조원 이상을 사회에 환원하겠다는 의미다. 이처럼 세상을 위한 통 큰 나눔의 실천은 모두가 행복한 세상을 만들어가는 기쁨을 공유하는 행동이고, 가진 자가 솔선수범하는 섬김의 실천 또한 기업가정신의 새로운 가치관인 셈이다.

❹ 반(反)기업정서와 기업 이미지

「반(反)기업정서」란 기업과 기업인에 대한 국민 일반의 부정적 인식과 비판적 태도인데, 최근 고조되고 있는 반기업정서가 기업의 사기를 떨어뜨리는 것은 물론 국가경쟁력을 해치는 독소라고 볼 수 있다. 기업의 투자와 일자리가 늘어나야 경제가 성장하고 경제전반의 활력도 높아질 수 있다는 점에서 기업의욕이나 기업경쟁력을 떨어뜨리는 반기업정서의 해소는 시급한 과제다. 한국경제TV가 2017년 2월 22일 발표한 「대한민국 반기업정서 보고서」에 따르면 반기업정서가 해가 갈수록 확산되고 있으며, 과거 젊은 층을 중심으로 형성됐던 반기업정서는 노년층을 제외한 전 세대에 광범위하게 퍼져 있는 것으로 조사됐다. 반면 기업에 호감을 갖고 있다고 답한 사람은 34.05%에 불과하고, 기업호감도는 해마다 줄고 있는 것으로 나타나 우리 사회의 반기업정서가 급속히 확산되고 있다는 것을 보여주고 있다. 비즈니스의 핵심인 기업가정신의 본질은 자율인데, 최근 도전과 개척에 힘써야 할 기업가들의 자유로운 활동을 억압하는 정서와 반기업·반시장적 정서 때문에 한국경제를 이끌어온 원동력인 기업가정신이 허물어지는 분위기다.

또 경총이 최근 실시한 '반기업정서 기업인식 조사'에 따르면 우리나라 기업의 93.6%가 반기업정서를 느끼는 것으로 나타나 사회주의 국가인 중국보다도 훨씬 높은 것으로 분석됐다. 경영자총협회 손경식 회장은 "반기업정서는 기업 경영부담을 가중시키고 기업가정신을 훼손시킬 수 있어 국가적으로도 큰 손실"이라고 강조했다(2021.4.1). 반기업정서의 원인으로 일부 기업인의 일탈행위(24.5%)와 정경유착, 기업 특혜시비 등(19.6%) 기업 내부적 이유를 꼽은 경우가 많았다. 그 외 노조, 시민단체 등과의 대립적 구도 심화(17.6%), 기업의 순기능에 대한 국민적 인식 부족(15.7%), 일부 정치권에서 선전수단으로 활용(13.7%), 미디어, 언론에 의한 그릇된 기업 인식 확산(8.8%) 등 외적 요인을 꼽았다. 경총 관계자는 "반기업정서가 기업경영을 위축시키는 일이 반복되지 않도록 환경·사회·지배구조(ESG), 투명·윤리경영 등 기업들의 사회적 책임 실천을 장려해 나갈 계획"이라고 말했다. 실제로 현재 한국에는 반(反)기업보다는 반(反)기업가적 정서가 있다. 한국기업이 한국을 떠나지 않고 외국기업이 한국에서 사업을 지속할 수 있도록 하기 위해서는 친기업적인 환경을 조성해야 한다. 사람들은 기업을 쉽게 비판하지만 반기업정서는 기업 활동을 위축시키고 그 파문이 나와 우리 가정, 국가에 부메랑으로 돌아온다. 부자와 기업을 홀대하는 나라는 결코 부강한 나라가 될 수 없고, 경제발전도 기대할 수 없으므로, 기업을 지키는 것이 미래세대를 지키는 것이다. 물론 기업이 국민의 지지를 받기 위해서는

"반기업정서, 기업에 대한 오해에서 비롯…시장경제 교육 시급"

한국경영자총협회는 2021년 4월 1일 '한국의 반기업정서, 원인진단과 개선방안' 심포지엄을 열었다. 이날 참석자들은 반기업정서는 우리 사회가 시급하게 풀어야 할 과제라고 입을 모았다. 안재욱 경희대 경제학과 명예교수는 '반기업정서의 원인과 해법'이라는 발제에서 반기업정서의 원인을 기업 본질에 대한 잘못된 인식과 일부 기업인의 도덕적 문제로 지목했다. 안 교수는 "기업의 역할과 기업가에 대한 정당한 보상인 이윤 개념에 대해 많은 사람이 오해하고 있어 기업에 대한 부정적 인식이 발생한다"면서 "일부 기업의 불법은 전체 기업에 대한 반감을 확산시켜 기업규제 강화로 이어진다"고 지적했다. 그는 "반기업정서는 이념이나 감성보다 지식과 정보의 문제로 접근해야 한다"면서 "반기업정서가 정책과 제도로 실현되는 것을 막기 위해선 정부의 경제개입을 최소화해야 한다"고 말했다. 이경묵 서울대 경영대학원 교수도 "반기업정서의 원인으로 작용하는 기업의 불법을 줄이기 위해선 기업에 대한 정부의 권한을 축소해야 한다"면서 "기업인을 범죄자로 만드는 과도한 상속·증여세제 등 비현실적인 법과 규제를 바로잡아야 한다"고 말했다. 또 손경식 경총 회장도 "상법과 노동조합법, 중대재해기업처벌법 등 기업 규제적 입법 강행의 원인은 우리 사회에 팽배해 있는 반기업정서"라며 "기업에 대한 왜곡된 인식 개선을 위한 대(對)국민 소통 강화를 중점사업으로 추진하고 있다"고 밝혔다. 그러면서 "기업을 정확히 바라보고 공정하게 평가하는 것은 기업과 국가 경쟁력을 높이는 중요한 과제"라고 덧붙였다.

– 연합뉴스, 2021.4.1.

사회적 책임을 다하려는 노력도 필요하지만 막연한 부정적 인식은 개선되어야 하다.

❺ 기업의 활력을 떨어트리는 규제

1997년 IMF외환위기를 거치면서 저돌적인 한국인들이 갑자기 안정을 최우선 가치로 추구하는 분위기가 형성되기 시작했다. 경제개발의 지원군으로 가장 혁신적이던 한국의 공무원들은 강화된 정책감사 이후 전반적인 복지부동 정서에 진입하더니, 급기야 규제와 지원을 통한 권력 확보가 각 부처의 목표가 되고 부처 간의 영역다툼이 가속화되면서 예산은 낭비되고 융합형 산업의 탄생은 찾아보기 어렵게 되었다. 매번 새 정부 초기마다 불필요한 기업규제의 완화를 외치지만 여전히 한국은 기업경영환경 등에 있어 규제가 심한 국가로 꼽힌다. 오죽하면 17만 상공인을 대표하는 대한상공회의소의 박용만 회장은 2018년 초 "우리나라에서 가하는 규제가 사회주의 국가인 중국보다 많다는 것이 과연 옳은 일입니까?"라고 반문할 정도였다. 기술발전을 따라가지 못해 신산업 발전을 가로막는 규제에서부터 우리나라에만 있는 '갈라파고스(국제적 흐름과 단절되어 불합리하거나 불편하여 개선되어야 할) 규제', 실현 가능성과 도입과정이 이해되지 않는 황당 규제까지 다양한 형태로 기업의 경영의욕을 꺾고 있다.

사례로, 휴대폰의 주요부품인 유심(USIM) 규제는 대표적인 악성규제로 꼽힌다. 국내의 한 업체가 2009년 손목시계 형태의 스마트폰을 개발했으나 미래창조과학부의 고시(68조)가 휴대폰에만 유심단말기 삽입을 허용했기 때문에 국내가 아니라 유럽시장에 내놓을 수밖에 없었다. 스마트폰 이용자들이 이동통신사를 자유롭게 선택하자는 취지였지만 정작 시계형태인 스마트워치에는 걸림돌이 되었다. 가로세로 2.5㎝의 스마트워치에는 유심이 삽입되지 않고 탈부착만 가능해 이 규제로는 제품이 시장에 나올 수 없었고, 결국 휴대폰과 연계하지 않는 스마트워치는 국내에서 나오지 못했다. 또 현행 먹는 물 관리법에 명시된 먹는 물 제조회사는 탄산수를 만들 수 없다는 규제 때문에 먹는 생수업체가 탄산수시장에 진출하려면 공장외부에 음료공장을 따로 지어야 한다. 공장건설비용을 고민하다가 탄산수시장 진출을 접은 제조업체도 있다니 정부가 설비투자와 고용창출을 막은 셈이다. 이들 규제도 도입 당시에는 존재이유가 있었겠지만 사회와 기술변화 등 환경이 달라지면 규제도 달라져야 하는데 제대로 관리되지 못한 것이다.

규제개혁은 국회가 관련법을 통과시켜야 하고, 손발 역할을 하는 일선 지자체의 협조도 필수적이다. 규제개혁을 권한약화가 아닌 대국민 서비스 향상으로 보는 관료의 인식전환이 있어야 한다. 한국경제연구원도 "우리나라는 법과 규제는 명시적으로 허용돼 있지 않으면 원칙적으로 금지되는 네거티브(negative) 방식이어서 과거에 없던 상품이나 서비스 모델을 만들었을 때 부딪힐 수밖에 없다"면서 "젊은이들이 도전정신이 부족하다고 탓할 게 아니라 창의성 죽이는 교육, 도전 막는 규제에서 근본적인 해법을 찾아야 한다"고 강조했다. 특히 우리나라 경제 관련 법률을 보면 기업인에 대한 형사처벌 조항이 약 2,500개에 달한다. 특히 경영상 판단도 결과에 따라 배임죄로 처벌받을 수 있어 기업가정신을 위축시키고 있다. 과도한 형사처벌에 대한 부담으로 기업들의 투자와 혁신이 위축되지 않도록, 주의의무를 다한 기업인의 경영결과에 대해서는 책임을 묻지 않는 '경영판단의 원칙'과 같은 면책규정의 명문화가 필요하다. 특히 중대재해처벌법은 전 세계적으로 유례를 찾아볼 수 없는 제재 규정을 포함하고 있는 법률로, 지나친 경영자 처벌수위를 완화하고 산업 현장의 준비 기간을 고려한 재개정이 꼭 필요하다.

3. 기업가정신(Entrepreneurship)의 복원과 혁신성장

1) 절실한 한국 기업가정신의 회복

창업과정에서 피할 수 없는 실패는 성공(정상)에 오르는 중간지점 같은 과정이다. 창업과정에서 원하던 원하지 않던 또 크고 작은 실패와 시행착오를 경험하게 될 것이고 지금 성공한 사람들도 대부분 수없이 실패를 경험한 사람들이며, 이러한 실패를 경험했다고 루저(loser)가 되는 것이 아니다. 실패해서 열악한 환경에서 살게 되어도 도전해볼 만하다는 마음가짐이 필요하다. 일에 목숨을 거는 것보다는 실패에 대한 가능성도 열어두고 그것에 대비하면서 '실패(failure)'와 '실패자(loser)'에 대한 관점을 바꾸면 자신의 꿈을 실현할 수 있게 된다. 특히 기업가정신의 핵심인 '혁신은 불가능에 대한 도전에서 출발'하기 때문에 도전은 실패를 동반할 수밖에 없으며, 기업가정신은 본래 결핍이 있을 때 이를 극복하려는 혼신의 노력 속에서 발휘된다는 인식이 필요하다. 자원이 거의 없던 세계최빈국 한국이 1인당 국민소득 2만 달러를 넘어서는 경이적인 경제성장을 이룬 데는 열심히 일하고, 투자하고, 혁신을 추구했던 기업가들의 선도적 역할이 큰 역할을 했다. 지금 우리에게 한강의 기적을 이어갈 2차 한강의 기적은 기업가정신에 기반한 혁신경제로의 전환에 달려 있다. 하지만 기업 활력이 떨어진 데는 위기 시 몸을 사리는 기업의 문제뿐 아니라 위기불감증에다 반기업정서, 경제민주화를 표방한 엄청난 규제야말로 기업의욕과 체력을 갉아먹는 주범이다. 이 위기를 극복하기 위해서 지금 시급한 건 심각한 상황에 처해 있는 기업이 마음껏 활동할 수 있게 하고, 기업들 스스로도 기업가정신 함양해야 반(反)기업정서가 사라지고 존경받는 기업가상을 구현할 수 있어야 한다.

나아가 사회 전반에 기업가정신이 고취될 수 있도록 • 창업·파산·투자회수 용이성, • 고용 유연성, • 지식재산권 보호, • 기업 규제 완화와 인센티브 제공 등 제도정비에 만전을 기해야 한다. 특히 경제가 성숙 단계에 접어들면서 기업가정신을 과거처럼 단순히 기업가의 개인적 자질이나 역량으로만 생각하기보다는 기업가에 대한 국민적 인식과 문화적 자본과 같은 인프라 개념으로 이해하고, 기업가에 대한 우호적 인식을 확산시키는 것이 기업가정신을 활성화시키는 대안이다. 따라서 기업가를 존중하고 응원하는 사회적 분위기가 조성될 때 기업가정신이 활성화될 수 있을 것이며 기업가정신의 발휘 영역도 경영혁신을 넘어 경제와 사회발전에 적극적으로 기여하는 이상적 수준까지 발전할 수 있을 것이다. 하지만 21대 국회에서 사고가 나면 안전 관련 의무를 다했더라도 기업인이 처벌받는 중대재해처벌법, 경영권을 방어하느라 투자를 제대로 할 수 없게 만드는 기업규제 3법, 해고된 노동자도 노조에 가입할 수 있도록 하는 노동법, 형 만기 후에도 5년간 경영에 참여할 수 없는 '특정경제범죄 가중처벌 등에 관한 법률(특경가법)', 세계 유일의 감사인지정제… 글로벌스탠더드(global standard)와 동떨어진 규제 등 기업부담 법안이 대거 국회를 통과되면서 기업 활동 활성화에 찬물을 끼얹고 있다.

시대변화와 함께 나타난 저성장, 저소비, 높은 실업률, 고위험, 규제강화, 미 경제 역할 축소 등으로 특징짓는 뉴노멀(New Normal)시대에 한국경제도 저성장과 경기침체라는 깊은 늪에 빠져들었고 전체적인 창업활동이 위축되면서 생계형은 물론 기회추구형 창업활동도 모두 감소하였다. 지금처럼 어려운 시기일수록 이를 극복할 수 있는 가장 현실적인 방법은 기업가정신을 발휘하는 일이다. 변화의 속도가 빠르고 불확실성이 높은 경영환경 아래에서 경제성장에 필수적인 기업가정신이 발휘되지 않는 기업은 혁신마인드가 소멸하고 경제성장의 동력을 상실하게 되어 결국 사라질 위기에 처할 가능성이 높을 수밖에 없다. 대한민국이 선진강국으로 거듭나려면 기업인은 물론 사회 모든 분야에서 실패를 두려워하지 않고 도전하는 기업가정신을 바탕으로 끊임없는 혁신을

기업가정신은 깨우쳐 줄 때 진정한 가치가 있다

많은 전문가들이 경쟁국에 비해서 우리나라의 기업가정신이 쇠퇴하고 있음을 우려하고 있다. 특히 4차 산업혁명 시기에 가장 필요한 과감한 도전과 혁신이라는 기업가정신을 오히려 망각하고 있는 것은 국가생존에 심각한 위협이 될 수 있음을 경고하고 있다. 기업가정신이 쇠퇴하는 현상이 발생하는 이유는 기업가정신을 배울 기회가 없었기 때문이다. 우리나라는 어린 시절부터 무려 10년 동안을 국어, 영어, 수학 등의 입시 과목만을 공부해야 한다. 그래서 우리나라 어린이들은 자신의 꿈을 생각해볼 시간이 없으며, 심지어 부모가 자녀들의 꿈도 정해주고 있기에 꿈에 도전하고 실현할 수 있는 방법, 즉 기업가정신을 배울 수 없었다. 실제로 자포스의 CEO 토니 셰이는 초등학교 때 창고 앞에서 레모네이드를 팔았으며, 테슬라의 창업자 엘론 머스크 회장은 12살 때 '블랙스타'라는 비디오 게임을 개발해 500달러에 팔기도 했다. 어린 시절 경험하고 형성한 개척, 도전, 좌절 극복 등의 정신은 향후 성장과정에서 매우 중요한 자산이 된다는 것을 알기 때문이다. 그런 이유로 세계 제일의 부국인 미국은 자녀들에게 가장 먼저 깨우쳐주고 싶은 덕목으로 미국을 세웠던 개척정신, 즉 기업가정신을 잃지 않고 계승시키고 있다.

기업가정신은 어떤 분야에서 자신의 꿈을 실현시키고 목표를 달성하는 가장 기본적인 동기이며 동력이다. 자신의 꿈을 실현시키는 과정은 쉬운 길이 아니라 고난의 연속이다. 만일 기업가정신이 결여되어 있다면 도전은 했지만 작은 실패를 만나는 순간 좌절하게 되며, 작은 성공에 안주해 버림으로써 고난의 연속을 이겨내지 못하게 된다. 하지만 기업가정신은 안주하기보다는 혁신을 택하고 어려움을 극복하는 동력이기에 끝까지 자신의 꿈을 이룰 수 있게 해준다. 이러한 이유로 노벨 화학상을 수상한 이스라엘의 치에하노베르 박사는 "유치원·초등학교에서부터 기업가정신을 교육시켜야 한다"고 말한다. 유념해야 할 것은 기업가정신은 알려주는 것이 아니라 일깨워 주는 것이어야 한다. 우리나라 부모들도 자식이 어떠한 재능과 관심을 가지고 있는지를 파악하기 위해 여러 기법에 의한 검사를 선택하고 있지만 이 과정은 결코 성공과정에서 겪을 실패, 좌절을 극복할 기업가정신은 길러지지 않는다. 따라서 부모들은 부족과 결핍 그리고 절실함을 가르칠 수 있어야 우리 자녀들이 자신의 인생을 바꾸기 위해 도전하고, 도전에 성공하기 위해 부족한 것을 채우려 끊임없이 고민하고 스스로를 혁신시킬 것이다. 그 과정에서 얻은 값진 경험들은 실패를 두려워하지 않게 만들며, 조금의 성공에도 안주하지 않게 만들 것이다. 또한 4차 산업혁명은 세상을 더욱 정교하게 연결시키고 있고 그 연결고리에는 엄청난 기회가 숨겨져 있으며, 그 기회를 여는 열쇠는 기업가정신이다.

– 한국경제TV, 2018.10.8.

추구해야 한다는 인식이 필요하다. 오늘날 기업가정신이 더욱 중시되는 이유는 다음과 같이 설명할 수 있다. 첫째, 기업가정신은 불확실한 환경에 대해 신속하고 유연한 대응과 혁신적인 활동을 가능하게 해 준다. 둘째, 기업가정신은 새로운 과학적 지식을 제품과 서비스로 변환시킴으로써 과학과 산업을 효과적으로 연결시키고 발전시키는 역할을 할 수 있다. 셋째, 기업가정신은 고용을 창출하고 경제를 활성화시켜서 발전시킬 수 있다. 이러한 이유로 불황의 그림자가 짙어질수록 기업가정신은 위력을 발한다. 이 같은 어려움 속에서 세계일류의 기업가적 엘리트 국가를 실현하려면 기업가정신에 대한 ① 긍정적 사회인식 보편화, ② 사회적 장애의 제거 및 규제의 질적 제고(reregulation), ③ 지속적 교육 및 정보체제 등이 필요하다. 특히 지금 우리 경제의 가장 절실한 불씨는 이런 위기상황을 극복할 견고한 기업가정신이 필요하다. 특히 지금 우리 산업생태계는 특유의 '야성적 충동(Animal spirits)'이 사라진 지 오래다. 현실적으로 지금 우리 경제처럼 기업가정신이 위축되면 투자도 감소하고, 그것은 결국 일자리감소를 초래하게 된다.

최근 우리 경제가 활력을 잃고 고용참사라는 어려움에 직면한 이유는 기업인들이 죄인취급을 당한다고 느끼면서 기업할 의욕이 꺾였기 때문이다. 우리나라에서도 미래 한국경제 발전과 일자리 창출의 주역이 될 기업가정신으로 무장한 스타트업이 성장하고 있고 이런 흐름이 유지되려면 신기술분야 규제를 걷어내고, 청년이 마음껏 도전하고 실패해도 재도전할 수 있는 여건을 조성해야 한다. 또 기업가정신을 살리려면 자율과 창의를 존중하는 사회분위기와 함께 벤처캐피탈처럼 아이디어에 투자하는 효율적인 금융시장을 조성해야 하고, 청년층을 대상으로 한 기업가정신 교육도 활성화돼야 한다. 혁신적 기업가들이 날개를 달 수 있는 환경조성이야말로 가장 바람직한 4차 산업혁명 대응전략이자 기업가정신을 되살릴 방안이다. 특히 창조적 도전을 꿈꾸는 「기업가정신의 발현」을 위한 두 가지 요소는 실패를 지원하는 사회적 제도와 기업가정신교육이다.

개인, 기업, 국가 모두에게 있어 기업가정신은 매우 중요하다

현재 기업을 운영하고 있는 모든 대표들은 자신의 기업이 100년을 넘는 기업으로 성장하기를 원하고 있으나 현실에서 100년 이상을 지속하거나 영속적으로 성장하는 기업의 비율은 그리 많지 않다. CDMA 기술로 휴대폰 시장을 열었던 모토로라와 모토로라를 제치고 20년 이상 휴대폰 시장의 거대 공룡의 군림한 노키아가 그랬다. 디지털 카메라의 위대함을 인정하지 않아 130년 동안 필름시장을 선도했던 코닥이 파산했으며 혁신의 아이콘이었던 소니와 도시바, 그리고 GM도 시장 1위에서 갈수록 멀어지고 있다. 우리나라만 해도 20년 전 IMF를 겪으면서 당시 30대 그룹 중 11곳이 해체되거나 역사 속으로 사라졌다. 이처럼 기업을 지속적으로 성장시키는 것은 결코 쉬운 일이 아니다. 포춘지에서는 위와 같은 기업이 실패한 원인을 '과거 성공경험만 쳐다보며, 변화가 두려워 쌓아놓은 것을 지키는데 만 급급했고, CEO가 무서워 이사회는 점차 무능해졌으며, YES맨만 많아졌다' 등으로 분석하고 있다. 즉 기업성장을 성공시킨 기업 대표들이 어느 순간부터 직원과 고객의 의견을 듣지 않았으며, 시대흐름에 따라 변화하려 하지 않는 등 혁신하지 않았다.

물론 혁신은 매우 어려운 일이다. 3M은 포스트잇을 성공시키기 위해 12년이 걸렸다. 우리나라 (주)만도도 김치냉장고 시장을 열기 위해 10년 이상 노력했다. 위의 기업들은 혁신의 결과 지금도 시장에서 경쟁력을 잃지 않고 있으며 지속적으로 성장하고 있다. 현재 우리나라 대기업들 중 상당수는 창업한 지 50년을 넘기고 있어 어느 때보다 혁신이 중요한 시기이다. <100년 기업의 조건>의 저자인 미국의 케빈 케네디는 기업이 100년 이상 성장하기 위해서는 반드시 내부혁신과 외부적응을 달성해야 한다고 강조한다. 즉 100년 이상의 장수기업이 되기 위해서는 도전과 변화를 잘하는 기업이어야 한다는 뜻이다.

– 전자신문, 2018.7.2.

2) 선진 대한민국을 향한 신(新)기업가정신

「기업가정신(entrepreneurship)」이란 원래 위험을 감수하고 기존의 질서를 바꿔보겠다는 정신으로 기업가정신 자체가 새로운 성장 동력이다. 기업가정신의 핵심은 도전과 혁신을 통해 새로운 가치를 창출하려는 자세이므로, 기업가정신의 위축은 기업인들만의 문제가 아니고 우리 미래의 문제이기 때문에 불확실성의 먹구름 속에서도 미래를 정확히 예측하고 위험을 감수하며 변화를 모색하는 진취적인 자세가 요구된다. 이 같은 새로운 변화를 가능하게 하려면 희망을 잃지 않는 정신, 좌절을 딛고 일어서는 용기, 멈추지 않고 도전하는 열정, 미래를 개척하는 패기가 필요하고, 특히 두려움을 던지고 거침없이 도전할 수 있는 야성적 충동이 필요하다.

또 한국의 지속적인 발전을 위해 산업화시대의 기업가정신을 넘어서는 지식정보화 시대에 적합한 새로운 기업가정신이 필요하고, 새로운 시장이나 상품, 새로운 생산방식 등을 창조하려는 뜨거운 혁신 의지가 필요하다. 과거의 기업가정신이 창업자 개인의 차원이었다면, 신(new)기업가정신은 구성원 각자가 자발적 창의의 주체가 되어 조화를 이루는 정신이다. 우리도 선배 기업인으로부터 물려받은 불굴의 기업가정신 DNA 위에 새 시대를 맞는 새로운 기업가정신(전문가정신)을 업(up)해야 한다. 60~80년대 대기업이 제1세대 기업가정신을 일깨웠고 벤처기업이 제2세대 기업가정신을 촉진시켰다면, 2010년대 제3세대 새로운 기업가정신의 활성화와 회복은 대기업과 중소 벤처기업, 나아가 대학·사회·정부 등 모든 경제사회 주체의 새로운 시각과 노력에 의해 달성될 수 있다. 기업에서 기업가정신이 최고경영자(CEO)에게만 필요한 것이 아니라 구성원 모두가 회사의 성장을 위해 자신이 어떤 역할을 해야 하는지 고민해야 한다. 우리도 아이디어가 있는 젊은 인재가 넘치고, 그런 인재가 쉽게 창업할 수 있는 환경이 만들어야 하며, 한 번의 실패로 주저앉는 일이 없도록 다시 도전할 수 있는 분위기를 만들어야 한다. 산업발전의 앞길을 가로막는 규제를 없애고, 더 창의적인 대한민국을 만들면 '제2한강의 기적'을 실현할 수 있을 것이다.

또 한국청년기업가정신재단 이사장이자 주성엔지니어링 황철주 대표이사는 "과거 대한민국은 헝그리 정신을 기반으로 세계 10대 강국으로 성장했지만, 지식과 정보가 무한 공유되고 확장되는 4차 산업혁명시대는 혁신에 대한 신속한 대응이 기업의 경쟁력이자 새로운 성장 동력"이라며 "이를 위해 필요한 것이 바로 新기업가정신"이라고 했다. 그는 "성장은 혁신을 통해 이루어지는데 열심히만 하면 가능했던 예전과 달리 지금은 경쟁자 보다 먼저 잘할 수 있도록 환경을 만들고 지속적으로 이끌어주는 리더십이 중요하다"라고 강조했다. 그는 기업의 지속성장을 위해 • 시대에 맞는 기준을 재정립하고, • 혁신과 성공의 지도를 그리며, • 성공을 위한 판단과 과감한 결정, • 리스크 극복과 성공의 희망 공유 등의 新기업가정신을 강조했다.

각 분야별 기업가정신이 가져야 할 요소들을 다음과 같이 정리할 수 있다.

첫째, 본래 기업가정신이란 위험을 감수하고 끊임없이 도전하며 변화를 기회로 만들어 기업의 지속성장을 이뤄내고 기속가능경영을 추구해야 한다. 기업가정신에 대한 서양의 저명한 학자의 정의를 살펴보면 위험감수(리샤르 캉티용), 기회를 변화로 이용하는 것(피터 드러커), 창조적 파괴(조셉 슘페터) 등 성과측면에 초점이 맞춰져 있는 반면, 한국에서는 사람을 벌고 사회에 기여하는 것(거상 임상옥), 사람을 통해 나라에 기여하고 사람을 양성하는 것(이병철 회장), 국가에 도움이 되어야 한다는 정신(정주영 회장), 끊임없이 기여하고 일류사회에 공헌하는 정신(이건희 회장) 등 기여적 측면에 초점이 맞춰져 있다.

둘째, 자신이 하고 있는 일을 사랑하고 일에 대한 자긍심과 사명감이 있어야 한다. 누구나 일을 할 때면 남이 시키는 일을 억지로 하거나 규칙에 얽매이기 보다는 자신의 일을 찾아하기를 원한다. 자기가 하고 싶은 일, 좋아하는 일, 잘할 수 있는 일을 할 때 최고의 효율적인 성과를 얻게 된다. 돈이나 결과를 목표로 삼기보다 사랑하는 일을 한다는 사실 자체에 만족한다면 실패하더라도 포기하지 않고 실패를 통해 배우면서 성장할 수 있다. 또 무엇보다 창업자는 자신의

기업가정신 되살려 시장을 뛰게 하라

한국경제신문이 창간 54주년을 맞아 국내경제 원로와 전문가들을 인터뷰한 결과, 정부는 소득주도성장을 보완하기 위해 혁신성장을 내세우고 있다며 "방향은 맞게 잡았다"는 게 원로 및 전문가들의 공통된 의견이었다. 하지만 "구호만 넘칠 뿐 구체적인 전략을 찾을 수 없다" "실천의지가 안 보인다"는 우려가 많았다. 해법이 다섯 가지로 모아졌다. 첫째, '시장이 마음껏 뛰도록 정부 간섭을 줄여라'. 정부가 플레이어로 나서는 한 혁신성장은 불가능하다는 게 이들의 한결같은 지적이었다. "혁신성장은 기업의 창의와 혁신에 의해 이뤄지는 것인데 관리감독과 규제에 익숙한 나라와 조직은 창의적일 수 없기 때문"이라는 이유에서다. 정부의 역할은 "마중물을 만들어 기업이 도전하는 분위기를 조성해주는 것으로 끝내야 한다"(장병규 4차산업혁명위원장)는 조언이 이어졌다. 둘째, '혁신성장의 요체는 규제 혁파다.' 혁신성장의 가장 큰 걸림돌은 규제이며, 최대 적은 기득권 저항세력이라고 말했다. "'선(先) 시행-후(後) 규제'로 모든 규제를 풀면서 우리보다 더 시장 친화적으로 변신한 중국에 이미 뒤지고 있다. 정신 바짝 차려야 한다"(진념 전 경제부총리)는 고언이 잇따랐다고 지적했다. 셋째, '혁신을 저하시키는 실패 징벌을 없애자'. 단 한 번 실패해도 '주홍글씨'라는 낙인을 찍어 재도전을 불허하는 문화를 바꾸지 않고는 혁신성장은 요원하다는 지적도 쏟아졌다. "실패를 장려하는 문화를 키워야 창업생태계가 살아날 수 있다"(이민화 KAIST 교수 · 전 벤처기업협회 회장)는 것이다. 넷째, '수도권 vs 지방의 해묵은 논리에서 벗어나자.' 세계는 메가 도시끼리 경쟁하며 규제 장벽을 허물고 혁신성장에 앞서가는데, 한국은 수도권과 비수도권이라는 양극단의 선택지로 내몰려 아무것도 할 수 없는 처지가 되고 있다는 걸 우려했다. 다섯째, '개방이 정답이다.' 저출산 · 고령화 벽에 갇힌 한국경제가 혁신성장으로 재도약하기 위해선 발상의 전환이 필요하다고 입을 모았다. 외국 고급인력, 기술과 자본을 가진 외국기업이 마음껏 국내로 뛰어들도록 모든 빗장을 풀자는 것이다. 특히 윤종용 전 삼성전자 부회장은 "기술혁신에 의해 사업구조, 상품, 생산방식, 마케팅 등 경영전반을 혁신해 성장하는 것이 혁신성장"이라며 "이를 주도하는 기업가정신을 부활시키는 것이 혁신성장의 요체"라고 강조했다.

– 한국경제, 2018.10.10.

삶과 일을 사랑하고 일에 대한 가치와 의미에 대한 명확한 사명감이 있어야 지치지 않는 에너지를 얻을 수 있고 고난을 겪더라도 최선을 다하는 추진력을 얻을 수 있으며, 그 분야에서 일가(一家, 특정분야에서 독자적 경지를 이룬 상태)를 이룰 수 있다.

셋째, 우리는 누구나 자신이 하고 있는 그 일에 대한 전문가(프로)로서의 자부심과 당당함을 가져야만 고품질의 상품 및 서비스를 생산함으로써 생존과 성장을 확보할 수 있다. 우리 선조들은 뛰어난 솜씨와 집념 그리고 투철한 장인정신(匠人精神)으로 전통건축이나 도자기, 조각 등 3D업종처럼 궂은일이라 알려진 분야에서 혼을 불살라 빛나는 문화유산들을 많이 남겼고 세상을 업그레이드 하였다. 일본기업은 모노즈쿠리(ものづくり, 혼신의 힘을 다해 최고의 물건을 만든다는 일본의 장인정신) 문화를 바탕으로 어느 분야에서나 각고의 노력으로 남다른 성취를 한 '최고'에 대해 찬사와 존경을 아끼지 않는다. 장인이 우대받는 사회라야 기업도, 산업도 튼튼해지는데 국내에서는 한 직장, 한 기술에 평생을 바치는 장인이 갈수록 줄어들면서 장인정신도 사라지고 있다. 최고의 사회공헌기업은 탁월한 실적을 내는 회사이고, 이를 받치는 것은 철학을 가진 존경받는 장인들이다.

넷째, 기업의 목적은 이익을 남기는 것이 아니라 사회적인 니즈 (needs)와 기업의 니즈를 조화시키는 것이다. 성공은 행복한 일을 하면서, 남을 돕고, 돈을 버는 것, 이 세 가지의 조합이다. 각 분야에서 자신이 하는 일에 대한 목표가 명쾌하여야 하고 그 일을 해야 하는 이유 또한 분명해야 한다. 예를 들면 이 일이 누군가를 행복하게 하는 일인가? 누군가를 신나게 하는 일인지? 누구에게 이익이 되게 하는 일인가?에 대하여 분명하게 설명할 수 있는 일이라면 투혼의 에너지가 솟아날 것이다. 또 돈 버는 일보다 우선한 목표가 있으면 더 큰 의미를 찾을 수 있을 것이고 그 방법마저 투명하게 되면 추진력이 넘칠 것이다.

다섯째, 사람은 인생을 보는 가치관(관점)에 따라 다른 삶을 살아간다. 최고경영자(CEO)부터 사원에 이르기까지 모든 구성원이 하나의 가치체계를 추구하고 조직 전체에 공유될 때 위대한 기업으로 성장할 수 있다. 가치관 경영은 CEO와 직원들이 중요하게 생각하는 가치가 같도록 하는 것이고, 가치관이 올바르면 성공적 삶을 살아갈 가능성이 높아진다. 장기적 이익은 지속가능한 경영에서 실현되고 지속가능한 경영은 올바른 가치관 정립에서 출발한다. 따라서 우리 회사는 왜 존재하는가?, 우리 회사의 꿈은 무엇인가?, 우리 회사는 어떤 방식으로 사업할 것인가?' 이 3가지 질문에 대한 답변이 곧 그 기업의 '사명, 비전, 핵심가치'가 된다. 핵심가치는 모든 의사결정의 가장 중요한 기준을 말한다. 세계적인 제약 회사 머크는 '질병과 싸우고 사람들을 고통으로부터 해방한다'는 것을 사명(mission)으로 삼고 있다.

여섯째, 어떤 분야에 종사하든 기업가정신에는 사회적 신뢰를 회복하기 위하여 올바른 인성과 자존감이 필요하다. 사람의 성품은 사람의 본질을 나타내는 것으로 사람을 평가하는 기준이 된다. 과거 우리나라는 오로지 성장을 향해 달려오면서 돈에 집중하여 물질만능과 배타적 이기주의, 비리와 부조리, 안전불감증, 도덕 및 윤리의식 실종, 정의감 상실 등 갖가지 병폐들이 혼재되어 있었다. 특히 물질만능주의가 팽배한 사회적 분위기 속에서 경쟁 위주의 교육이 이루어지다 보니 학교에서나 가정에서나 도덕 및 인성교육을 제대로 받지 못했다. 하지만 이제는 우리 삶의 질을 향상시키고 고품격사회로 전환하기 위하여 사회적 신뢰(social trust)와 타인을 배려하며 공동체정신을 존중하는 국민의식(national consciousness)의 혁신을 이루어야 한다.

현재 "코로나19" 팬데믹으로 우리는 지극히 어려운 상황에 처해 있고 동시에 국가의 미래를 결정지을 4차 산업혁명의 시대를 맞고 있다. 과거 우리 경제는 어쩔 수 없이 시장을 지배하는 선진국의 표준을 빠르게 벤치마킹하여 도입하거나, 응용하고 개량해서 더 좋은 성능을 내는데 목표를 두는 추격전략을 택했고, 지금까지 기술축적의 시간을 생략하면서 속성 성장했으나, 이제 도전적 시행착오를 쌓아 스스로 표준에 도전해야 할 단계에 이르렀다. 그런 시대적 사명(使命, mission)을 수행하기 위해 추락한 기업가정신을 살리려면, 성공한 기업가들을

'기업가형 국가'로 대전환해야

한국의 산업발전은 이미 상업화된 외국기술을 도입 → 흡수 → 개선하는 반복적 과정이었다. 추격자 또는 후발주자로서 모방을 통해 혁신을 이뤄내면서 선진국과의 격차를 좁히는 성장과정은 1인당 국민소득 3만 달러 시대를 열게 되었다. 이런 눈부신 발전 성과에도 불구하고 주력산업이 성숙기에 접어들었을 뿐만 아니라 새로운 성장동력을 찾지 못하고 있기 때문에 한국경제 및 산업의 앞날에 대한 걱정과 우려가 끊이지 않는다. 설상가상 코로나19로 인해 2020년 경제성장률은 -1%대를 기록하며 글로벌 금융위기 이후 최악의 수준을 보인 것으로 추정된다. 현재 한국경제는 코로나19로 인한 소비, 투자 감소 등 경기침체와 잠재성장률 감소라는 근본적 문제에 직면해 있다. 오늘날 가장 주목받는 경제학자 중 한 명인 마리아나 마추카토(Mariana Mazzucato) 영국 유니버시티 칼리지 런던(UCL) 교수는 국가도 기업가 인식을 가져야 한다는 「기업가형 국가(The Entrepreneurial State)」를 제시했다. 혁신주도성장을 위해 '정부는 시장실패의 경우에만 개입하는 소극적인 자세를 벗어나 기업이 회피하거나 주저하는 리스크가 큰 기술과 프로젝트를 선도적으로 투자 및 추진하고, 새로운 시장을 만들어야 한다'고 주장했다.

한국은 위기돌파와 재도약을 위한 정부와 민간의 역할 재정립이 필요한 시점이다. 침체된 산업의 활력을 되살리고, 기술혁신을 선도하기 위해 공공부문도 기업가정신이 필요하다. 기업가형 국가는 기업이 새로운 아이디어로 도전하고 꾸준히 개선해 나갈 수 있도록 정부는 플랫폼을 제공하고 민간의 혁신을 지원하는 스폰서 역할을 해야 한다. 시장선도 국가 및 혁신국가로의 대변신과 뉴딜정책의 성공을 위해 민간과 같이 고민하는, 한국 현실에 맞는 「기업가형 국가」 모델이 절실하다. 소통·협력을 통해 제도·정책의 과제를 유연하고 탄력적으로 수립함으로써 대내외 환경 변화에 신속하게 대응하는 패러다임 전환이 필요하다. 노동, 환경, 세제, 기업지배구조 등 기업 환경을 글로벌 기준에 맞춰 선진국과의 갭을 줄이고 선진국과 대등하게 경쟁하기 위한 첫 발걸음이 기업가형 국가로의 전환이다.

– 한국경제, 2021.1.13.

존경하고, 기업가들의 의욕을 높이는 문화와 정책을 발전시켜야 한다. 기업가정신에 대한 올바른 이해와 성공사례의 발굴 및 확산뿐 아니라 기업가들 스스로 자긍심을 회복하고 기업미션에 대한 포괄적인 사회적 인식이 필요하다. 지금 우리는 영원한 선진국으로 직진하느냐, 아니면 후진국으로 뒤처지느냐의 결정적 시기에 서 있다. 이제 바람이 거셀수록 연이 높게 난다는「풍신연등(風迅鳶騰)」처럼 역경과 전환의 강풍이 한꺼번에 불어닥쳤더라도 청년들 모두가 이를 도약의 기회로 삼아 더욱 높이 날아오를 수 있도록 창업생태계 개선, 창업규제환경 개선, 해외자본 유치 및 글로벌진출 지원, 모험자본시장 활성화, 미래기술기반 4세대 벤처 육성 등의 정책 방안을 모색해야 한다.

한국 기업인과 국민들은 능히 이를 극복, 뛰어넘을 수 있는 자질과 능력을 갖추고 있으니 이제 국민 각자가 기업가정신을 발휘하고 특히 기업인들의 창업정신과 기업가정신을 고취하면 실현가능성은 더욱 높아질 수 있을 것이다. 지금 혁신경제와 기업가정신은 한국이 선진화사회로 도약할 수 있는 유일한 열쇠이며, 한국경제가 위기를 극복하려면 기업인의 창조적 도전정신이 왕성해지고「야성(野性, wild nature)으로 충만한 기업가정신」을 되살려야 하므로 지금 우리가 해야 할 일은 모든 국민이 기업가정신을 함양하고, 도전과 재도전이 활발하게 이루어지는 기업가주의(entrepreneurism)를 지향하며 창업국가로 전환하는 것이다.

과거 한강의 기적의 뿌리가 우리의 '헝그리정신'과 '하면 된다'는 정신이 전쟁의 상처와 지정학적 불리함을 극복할 수 있게 했다면, 이제는 지금까지 축적된 발전경험과 성공자산을 기반으로 창의성과 혁신 중심의 새로운 기업가정신을 활성화하고 확산해야 한다. 우리는 1998년 IMF 외환위기를 벤처 창업으로 극복했던 경험이 있고, 우리나라만이 독특하고 잠재된 DNA와 세계 최고의 인재를 보유하고 있지만 한국의 대학생 창업률은 0.8%로서 선진국(1.6%)의 절반, 중국(3%)의 4분의 1에 그치고 있다. 이와 같이 낮은 창업열기에 불을 붙이려면 우수한 인재들이 기술력을 갖춘 기회형 창업에 도전할 수 있는 환경을 조성해야 한다. "거침없이 상상하라. 내일의 지식을 선점하라. 첨단 기술강국의 이미지를 구축하라" 강조했던 시몬 페레스(Shimon Peres) 前 이스라엘 대통령의 주장대로, 기술금융의 활성화, 투자 중심의 금융지원, 벤처기업 M&A 활성화, 실패 후의 신속한 재기 지원, 사회안전망 강화 등 과감한 도전에 대한 보상과 가치를 크게 높여야 한다.

기업가형 혁신국가로 거듭나기 위한 고민들

① 선진국들은 경기진작을 위해 법인세를 인하하고 투자독려를 위해 기업가들 사기를 진작시켰듯이 국력의 80% 이상을 차지하는 기업의 사기를 진작시켜야 한다. 또 기업가정신의 발휘는 기업과 기업인들에 대한 존중에서 시작되므로 창업가들이 대중과 성공담을 나누며 창업가를 응원하는 문화가 조성되고 기업가를 존경하는 사회 분위기를 만들어야 한다.

② 기업가정신은 문제에 직면했을 때 피하지 않고 해결하는 능력이다. 문제에서 기회를 찾고, 협력을 통해 해결하는 것이 기업의 핵심이다. 많은 기업들은 이윤을 추구하는 곳이 아니라 가치를 창출하는 곳이다. 가치를 창출했을 때 이윤은 따라오게 되어 있으며, 기업가정신을 가져야만 장수기업(長壽企業)을 만들 수 있다.

③ 기업가정신(entrepreneurship)이 발휘되는 환경이어야 한다. 기업가정신은 기업가 자신도 성공할지 실패할지 모르는 상태에서 새로운 가치창출에 도전하는 위험감수(risk-taking)다. 기업가정신이 「창조적 파괴(creative destruction)」를 낳는다. 조셉 슘페터는 '창조적 파괴' 때문에 기업과 시장이 진보한다고 봤다.

④ 창조는 불안전한 도전이고, 도전에는 반드시 실패가 내포돼 있다. 정직한 실패를 지원하지 않으면 기업가정신은 사라진다. 열 개의 도전에서 두 개만 성공하더라도 이로부터 얻어지는 가치가 여덟 개의 손실을 극복하고 남으면 된다. 창업자들이 실패를 두려워하지 않고 도전할 수 있는 여건과 창업자들이 적극적으로 도전할 수 있도록 하는 안전장치와 도전을 통한 실패를 관용하는 분위기, 실패라는 낙인을 찍지 말고 도전에 대해 응원해야 한다. 젊은 청년들이 자신이 좋아하는 일을 찾아 전문성을 축적하고, 세상을 바꾸는 스타트업에 도전하는 것 자체가 우리나라 경제를 더 단단하고 역동적으로 만들 수 있다.

⑤ 기업가정신이란 높은 실패의 위험에도 과감한 한계돌파형 근본 혁신을 통해 획기적 성장을 추구하는 역동적 경영방식이며 벤처기업뿐 아니라 기존기업들에도 반드시 필요하다. 일반 사업가들이 누군가 이미 가지고 있던 부를 경쟁 등을 통해 낚아채는 가치포획을 추구하는 데 반해 기업가정신은 존재하지 않던 새로운 부(富)를 만들어내는 가치창조를 추구한다. 그리고 일반 사업가들이 기존시장의 파이를 놓고 경쟁하는데 비해 기업가정신은 새로운 시장의 창조를 강조한다.

⑥ 혁신성장의 주체는 기업이고 그 성과는 얼마나 많은 기업들이 혁신을 통하여 성장하느냐에 달려 있다. 기업들이 움직이고 변화하지 않으면 정부가 아무리 노력하여 생태계를 개선하고 막대한 지원을 쏟아 부어도 혁신성장 정책은 공염불에 그칠 것이다. 혁신기업의 가장 두드러진 특징은 기업가정신이 뛰어나다는 것이다. 혁신의 관점에서 기업가정신이란 지속적으로 도전과 혁신을 추구하며 새로운 영역과 사업을 앞장서 개척하는 자세라고 볼 수 있다. 기업가정신은 현실에 안주하지 않고 독창적 기술과 차별적 제품을 만들어 미래를 열어가는 개척자 정신을 말한다.

⑦ 자유와 재산권을 철저하게 보호하는 것도 중요하다. 정부의 강압(coercion) 아래 휘둘리면 기업과 시장이 번창하기 어렵고 정부의 시장개입은 좋지 않은 결과를 낳는다. 미국 헤리티지재단이 발표하는 '세계 경제자유도'를 보면 잘사는 나라일수록 경제 자유도(1위 싱가포르)가 높고, 노동과 자본의 이동에 제한이 적다. 자유가 넘쳐야 곳곳에 존재하는 많은 지식이 서로 결합해 새로운 것을 만들어낸다.

⑧ 스타트업 창업·혁신 생태계를 구축하기 위해서는 장기적인 안목이 필요하다. 지금까지 우리나라는 단기성과에 치중하다 보니 창업·혁신을 위한 생태계를 조성하는 데 소홀했다. 스타트업을 창업해서 기술을 개발하고 지속가능한 성장기반을 만들기 까지는 꾸준한 정책적 뒷받침과 금융지원 등이 필요한데 대한민국 정부는 물론 금융회사, 투자자들은 모두 조급증에 빠져 있다는 평가를 받는다. 조급증은 혁신성장을 가로막는 가장 큰 장애물로 꼽힌다.

참고문헌

〈단행본〉

- Hello! 멘토. 곽숙철 지음. 틔움. 2011.
- MIT 스타트업 바이블. 빌 올렛 지음. 백승빈 옮김. 비즈니스북스 펴냄. 2014.
- 경영자 된다는 것. 이타미 히로유키 지음. 이혁재 옮김. 도서출판 예인. 2010.
- 경쟁의 관점을 바꿔라 '착한 경쟁'전옥표 지음. 비즈니스북스. 2015
- 기업가정신(창조경제 성공의 핵심조건). 최병일·황인학외 지음. 한국경제연구원. 2013.
- 기업가정신과 국가경쟁력. 노부호. 서강대학교출판부. 2005.
- 기업가정신의 힘: 당신은 기업가정신을 가졌는가? 한정화 지음. 21세기북스, 2011.
- 기업의 시대. CCTV 다큐 제작팀 지음. 허유영 옮김. 다산북스. 2014.
- 레오나르도 다빈치처럼 사고하는 방법. Michael J. Gelb 지음. Delacorte Press. 2007.
- 돈 버는 감성. Nobuhiko SHIMA 지음, 이왕돈·송진명 옮김. 젠북. 2008
- 미래사회를 이끌어가는 기업가정신. 피터 드러커 지음. 이재규 옮김. 한국경제신문사. 2004.
- 미첼 레스닉의 평생유치원(MIT 미디어랩이 밝혀낸 창의적 학습의 비밀). 닉 지음. 최두환 옮김. 다산사이언스. 2018.
- 비단장수 왕서방의 기업가정신. 김익수. 삼성경제연구소. 2007.
- 비즈니스 발가벗기기. 리처드 브랜슨 지음, 박슬라 옮김. 리더스북. 2010.
- 상상하여 창조하라. 유영만 지음. 위즈덤하우스. 2008.
- 성공하는 스타트업을 위한 101가지 비즈니스 모델 이야기. 남대일·김주희·안현주·정지혜·이계원 공저. 한스미디어. 2015.
- 세상을 바꾸는 혁신아이콘. 한성철·김진영 공저. 인테러뱅. 2015
- 슘페터가 들려주는 기업가정신 이야기. 이영직·황기홍 공저. 자음과모음. 2012.
- 스타트업 멘토링(원제 The Entrepreneur Mind). 케빈 존슨 지음. 안세민 옮김. 예문사. 2016.
- 스토리 기업가정신 2판. 유성은 지음. 피앤씨미디어. 2016.
- 스토리 창업경영 3판. 유성은 지음. 피앤씨미디어. 2017.

- 스토리 창업 & 창업가정신. 유성은 지음. 피앤씨미디어. 2018.
- 스토리 창업경영 사례 3판. 유성은 지음. 피앤씨미디어. 2019.
- 시장을 통째로 바꾸는 게임 체인저: The Game-Changer(게임 체인저). Lafley, A. G·Charan, Ram 공저. 정성묵 옮김. 21 세기북스. 2009.
- 시크릿 한국경제 성장엔진 5. 이인실 지음. 에프케이아이미디어 (FKI 미디어). 2013.
- 신뢰의 힘. 조엘 피터슨·데이비드 캐플런 지음. 박영준 옮김. 가나출판사. 2017.
- 어떻게 성장할 것인가. 필립 코틀러·밀턴 코틀러 공저. 청림출판. 2013.
- 왜 팔리는가: 뇌과학이 들려주는 소비자 행동의 3가지 비밀. 조현준 지음. 아템포. 2013.
- 위험을 감수하라. 벤 카슨 지음. 정미나 옮김. 해피니언. 2008.
- 이노베이터 DNA. 제프 다이어 외 지음. 송영학 외 옮김. 세종서적. 2012.
- 지금 중요한 것은 무엇인가: 게리 해멀이 던지는 비즈니스의 5가지 쟁점. 게리 해멀 지음. 방영호 옮김. 알키. 2012.
- 창업가의 생각노트. 박지영 지음. 가나출판사. 2020.
- 초우량 기업의 조건. 톰 피터스 지음. 더난출판사. 2005.
- 탁월한 아이디어는 어디서 오는가. 스티븐 존슨 지음. 한국경제신문. 2012.
- 파괴적 혁신 4.0.(원서번역서: The Clayton M. Christensen Reader) 클레이튼 크리스텐슨 지음. 김태훈 옮김. 세종서적. 2018.
- 판매의 심리학. 브라이언 트레이시 지음. 오승훈 옮김. 비즈니스맵. 2012
- 피터 드러커의 5가지 최고의 질문(원서 : Peter Drucker's Five Most Important Questions: Enduring Wisdom for Today's Leaders). 피터 F. 드러커, 프랜시스 헤셀바인, 조안 스나이더 컬 지음, 유정식 옮김. 다산북스. 2017.
- 한강의 기적과 기업가정신. 김용삼 지음. 프리이코노미스쿨. 2015.
- 혁신국가: 21세기 이스라엘 기술혁신의 기적. 아비 조리쉬(Avi Jorisch). 지음. 문직섭 옮김. 다할미디어. 2018.
- 혁신으로 대한민국을 경영하라. 김병도 지음. 해냄출판사. 2013.
- 혁신은 천 개의 가닥으로 이어져 있다. 론 애드너 지음. 김태훈 옮김. 생각연구소. 2012
- 혁신의 설계자. 린다 힐(Linda Hill) 외 3인 공저. 이은주 올김. 북스톤. 2016

〈월간 주간지〉

- HBR. Tomas Chamorro-Premuzic, "The Five Characteristics of Successful Innovator" 2013.10.25.
- top class . '닷컴버블'보다 더 큰 변화의 물결이 온다. 2014-9호.
- 기술과 혁신. 이스라엘 기업가정신에 대한 재해석. 2018.8.23.

- 동아비지니스리뷰. 지식정보화 시대에 적합한 기업가정신 ABC. 133호(2013.7.29).
- 비즈니스와치. 기업가정신이 바닥이라는데…왜? 2013.9.17.
- 시사저널. 괴짜의 지각이 낳은 꿈의 초고속 열차. 1468호(2017.12.17)
- 월간디자인. 21세기 디자이너의 필수덕목 (1) 창업가정신. 2014-6호.
- 월간 인사관리. 서비스 모델과 수익 모델은 왜 분리될 수밖에 없는가? 2015-09호.
- 월스트리트저널. 샤론 하다리(Sharon Hadary).'Five Ways Entrepreneurs Can Keep a Great Corporate Culture' 2014.6.14.
- 우버인사이트. 대박 내는 매장의 숨은 비결. 2016.6.3.
- 이코노미스트. 스타트업은 돌다리 두드리는 과정. 1332호(2016.5.2)
- 이코노미스트. 폐방화복으로 만든 '착한 가방' 1496호(2019.8.12)
- 이코노미스트. 성장잠재력 약해지고 빚은 점점 늘어. 1500호(2019.9.9).
- 이코노미조선. 청년 창업 성공전략. 59호(2009.9.1).
- 이코노믹리뷰. 대전환기, 강력한 기업가정신이 필요하다. 2014.3.17.
- 이코노미조선. 현재의 성공을 무너뜨려야 혁신할 수 있다. 2015.6.2.
- 이코노미조선. 대학이 창업의 중추 역할 맡아야 한다. 153호 2016.6.6.
- 이코노미조선. 중국의 선전시 개발 계획에 담긴 진짜 의미. 372호. 2020.11.16.
- 일요서울. 일을 사랑할 때 아이디어가 생긴다. 1049호(2014.6.9)
- 일요서울. 협업으로 창조경제 구현. 1058호(2014.8.11).
- 주간경향. 미국경제를 회복시킨 '기업가정신'. 1422호. 2021.4.12.
- 주간동아. 성공 창업의 도우미 상권정보시스템, 편리함을 더하다. 1120호(2018.1.3).
- 주간조선. 한국인과 유대인...같은 점 5가지, 다른 점 4가지. 2017.7.11.
- 중앙선데이. '변혁의 씨앗' 뿌릴 사회적 기업가 키우는 큰손. 320호(2013.4.28).
- 중앙선데이. 이스라엘 특유의 군대 경험이 창업 밑거름. 326호(2013.6.9).
- 중앙선데이. 피터 드러커의『혁신과 기업가정신』355호(2013.12.29).
- 중앙선데이. 반려동물 新직업 도그워커·펫시터·개 셰프가 교사보다 유망하다고? 714호(2020.12.5)
- 한경머니. 이스라엘, 창업비율 세계 1위 비결은. 제 161호(2018년 10월)
- 한경비지니스 Employment. 기업가정신으로 황무지에 오아시스 일구다. 2014-6호.
- 한경비지니스 Employment. 청년 창업 성공하려면 기업가 정신으로 무장하고 발로 뛰어 준비하라! 61호(2014.7).
- 한경비지니스. 실패도 자산… 실리콘밸리 '혁신 DNA' 제973호(2014년 8월).
- 한경비즈니스. 스타트업 실패 진짜 이유는 시장조사 부족. 제984호(2014.10.15)
- 한경비즈니스. 영리한 시장조사, 빅데이터가 필요한 이유. 제1136호(2017.9.6)

- 한경비즈니스. "한국, 기업가정신 쇠퇴" 56.4%... 가장 필요한 덕목은 '사회적 책임' 1위. 제 1217호(2019.3.26).
- 한경비즈니스. '소유에서 경험으로'…고객 넘어 '구독자' 만들다. 제1285호(2020.7.11)
- 하버드비즈니스리뷰(HBR) 2011년 1~2월호. 선순환 고리 확실한 Biz모델 만들기. 호안 E. 리카트(Joan E. Ricart), 라몬 카사데수스-마사넬(Ramon Casadesus-Masanell)
- VON. 알아야 피할 수 있다! 실패한 스타트업의 공통점. 2019.12.6.

〈일간신문〉

- BBS. 경제 발전에 중요한 것은 기업가정신. 2009.02.13.
- YTN 사이언스. 'AI 방향제', '분리수거기'... 아이디어 톡톡 학생 발명품. 2018.10.13.
- ZDKorea. '벤처 1세대' 황철주 주성 회장 "新기업가 혁신 정신이 미래 성장 동력" 2020.11.27.
- 경남신문. 기업 경쟁력. 2018.10.4.
- 경상일보. 사업과 신용. 2008.5.19.
- 교수신문. 대학 내 창업 강의 2만3천개… 중국 대학생들 '창업에 취업한다' 2018.9.17.
- 국민일보. 美 고교서 '한강의 기적' 가르친다. 2017.6.26.
- 국민일보(투데이포커스). '도전' 사라진 한국 청년 "창업 두렵다" 2017.12.20.
- 국제신문. 도전정신도 역량도 없다…한국 창업지수 최하위권. 2017.5.24.
- 경향신문. 코로나19 이후, '코닥 몰락'의 교훈. 2020.6.17.
- 노동닷컴. 혁신과 상상력... 혁신하지 않는 댓가. 2020.6.24.
- 뉴스핌. 싹수 보이는 스타트업 선전으로...개방 1번지, 창업의 메카로 탈바꿈 2018.1.24.
- 뉴시스. 창업기업 3년 후 생존비율 41%…OECD '꼴찌' 2015.5.25
- 대구신문. 스타트업의 경영방식에서 배워야 할 것들. 2020.8.13.
- 대구신문. 스타트업 딜레마와 기업가의 여정. 2020.9.10.
- 대구신문. 기업가정신, 불편을 넘어 탐험으로. 2021.2.25.
- 데일리안. 전경련 "기업가정신 지속적 하락...과도한 규제 우려" 2020.5.3.
- 동아일보. 정부 '한국경제 60 년사' 발간. 2010.12.2.
- 동아일보. 日에 없는 한국의 '창조혁신 DNA' 2012.8.31.
- 동아일보. 빈곤 한국 '한강의 기적' 어떻게 가능했나? 2013.2.26.
- 동아일보. 흔들리는 기업가정신, 되살릴 방법은? 2013.3.4.
- 동아일보. 스타트업, 열정으로 도전하라! 2015.4.22.
- 동아일보. 바람 없는 에어컨? 114년만의 혁신…삼성전자 일냈다. 2016.2.25.
- 동아일보 국가도 가계도 사상 최대 부채, 빚더미 한국경제. 2021.4.7.

- 디지털타임스. 창조경제 해답 결국 벤처 에 있다. 2014.7.22.
- 리더스경제. 투자활성화·혁신성장에 한국경제 미래 달렸다. 2018.10.25.
- 매일경제. 건국 60년 특별기획. 통계로 본 한강의 기적. 2008.8.13.
- 매일경제. 통념에 도발하는 괴짜. 2011.1.7.
- 매일경제. 초등학교부터 기업가정신 가르치자. 2013.1.8.
- 매일경제. 선도자와 추격자. 2013.3.19.
- 매일경제. 조깅화에 칩 부착해 3배 가치 만든 나이키. 2013.4.18.
- 매일경제. 기업가의 혁신?… 가치창출만 해도 충분. 2013.9.6.
- 매일경제. 獨 기업 95 %는 가업 승계…기업가 정신이 좋은 일자리 계속 제공. 2014.7.29.
- 매일경제. 인류의 삶을 혁신하다…3M의 3가지 Magic 2015.10.2.
- 매일경제. 기업가에 대한 존경. 2016.4.14.
- 메일경제. 이스라엘서 다브카 정신 배워올게요. 2016.6.1.
- 매일경제. 창업, 실패해야 성공한다. 2016.11.21.
- 매일경제. 4차 산업혁명 생존방법은 이분법 버리고 입체적 사고. 2016.12.21.
- 매일경제. 유대인처럼 질문하는 아이로 키우기. 2017.12.28.
- 매일경제. 창업자의 자세－창업자 자질 체크리스트. 2018.3.13.
- 매일경제. 이젠 혁신주도성장이다. 2018.10.04.
- 매일경제. 청년정책, 젊은이들이 자유롭게 도전할 여건부터 만들라. 2019.5.3.
- 매일경제. 칠레에도 밀린 한국…기업가정신 죽어간다. 2020.6.30.
- 매일경제. 교육혁명을 위한 절호 찬스가 찾아왔다. 2021.1.15.
- 머니위크(www.moneyweek.co.kr) 제428호(2016.3.24)
- 머니투데이. 창업실패원인, 준비부족이 가장 커.. 입력 2011.7.6.
- 머니투데이. 신뢰와 소통이 창업의 시작이다. 2014.1.23.
- 머니투데이. 창조경제 실현, 창업가정신 교육에 달려 있다. 2014.2.18.
- 머니투데이. 너무 서두르고, 고생보단 대박 환상에 빠져. 2015.1.25.
- 머니투데이, '먼지 없는 청소기' 개발, 시제품만 5127개...혁신은 이런 것. 2015.4.17.
- 머니투데이. '파괴적 혁신' 아마존 제국의 시작과 미래. 2018.3.13.
- 머니투데이. 잡스부터 록펠러까지…미국은 왜 성공한 기업가를 가르치나2021.1.1
- 머니크랙. 사업 실패의 원인 7가지. 2015.5.28.
- 무역경제신문. 혁신적 스타트업이 사회를 바꾼다. 2020.11.22.
- 문화일보. 제2 한강의 기적, 아직은 가능하다. 2020.5.30.
- 미디어SR. 100조 시장의 성장과 경쟁. 2018.9.20.
- 비지니스워치. [100년 기업] 위기는 반드시 온다, 준비하라! 2014.5.21.

- 서울경제. 국가 경쟁력 해치는 反기업 정서. 2011.8.19.
- 서울경제. 한강의 기적 일군 DNA로 성장엔진 다시 살려야. 2013.1.1.
- 서울경제. 이스라엘 창조경제 힘은 창업 인프라·기업가정신. 2013.4.23.
- 서울경제. 정답을 강요하지 않는 사회. 2014.3.6.
- 서울경제. 선진국 도약하려면 '정주영 기업가정신'으로 재무장해야. 2014.3.20.
- 서울경제. 드러커가 극찬한 기업가정신, 10 년새 OECD 꼴찌 추락. 2014.7.31.
- 서울경제. 반기업정서가 기업가정신 가로막는다. 2014.7.31.
- 서울경제. 청년들의 창업도전 북돋우려면. 2016.4.17.
- 서울경제. 이민화의 4차 산업혁명. 2016.12.28.
- 서울경제. '협력하는 괴짜들' 길러내야. 2017.5.31.
- 서울경제. 혁신 성장을 위한 '기업가정신' 2017.12.4.
- 서울경제. '혁신 리더십' 교육이 경쟁력이다. 2018.8.22.
- 서울경제. 노동시장 개혁 없이 국가경쟁력 향상 없다. 2018.10.17.
- 서울경제. 혁신성장, 타협 능력에 달렸다. 2018.10.31.
- 서울경제. 기업가정신, 시장경제 그리고 포용. 2019.5.8.
- 서울신문. 360도 인재의 핵심 조건. 2008.7.18.
- 서울신문. 진화하는 '하버드 소사이어 티' 2008.7.25.
- 서울신문. 창조경제는 창의·모험적 기업가정신에서 시작. 2013.8.19.
- 세계일보. 창업 말리는 풍토에서 벤처 성공신화 가능하겠나. 2013.12.5.
- 시사저널e. 창업 실패 두렵다'는 청년들 "'페일콘' 필요해요." 2018.3.19.
- 스타트업투데이(STARTUPTODAY). 창업하는 '이유'가 중요한 이유. 2020.1.17
- 아시아경제. "한국보다 적게 일하고 많이 버는 나라, 노동 유연성·생산성 높아" 2021.4.29.
- 아시아타임즈. '착시'가 낀 국가경쟁력 세계 15위…마냥 반길 일은 아니다. 2018.10.19.
- 아시아투데이. '창업'실패를 부르는 10가지 습관. 2015.11.26.
- 아주경제. 두려움 없는 창업으로 미래 성장 동력 키워야. 2014.1.2.
- 아주경제. 파격을 넘어선 혁신가, 엘론 머스크. 2014.7.23.
- 아주경제. 중국사업 신뢰가 문제다. 2017.2.27.
- 에너지경제신문. 기업경쟁력이 위태롭다. 2021.4.8.
- 연합뉴스. 반기업정서 오너의 탈법·편법이 가장 큰 원인. 2014.12.21.
- 연합뉴스. 세계에서 1위하는 한국 제품 69개…국가 순위 11위 '역대 최고'. 2021.3.7.
- 연합뉴스. "반기업정서, 기업에 대한 오해에서 비롯…시장경제 교육 시급" 2021.4.1.
- 열린창업신문. 창업기업 성공에 필요한 6가지는? 2015.9.2.

- 위키트리. CEO가 갖추어야 할 7가지 성공 조건. 2014.2.24.
- 이데일리. 기업가정신이 부활하려면. 2013.12.10.
- 이데일리. 창업을 하기 전에 왜 해야 하는지에 대해 고민해야 한다. 2015.6.10.
- 이데일리. 정주영의 도전정신을 생각한다. 2015.11.13.
- 이데일리. 기업가정신 교육 없이 미래 없다. 2018.2.13.
- 이지경제. 최빈국에서 경제 강국으로…'한강의 기적' 순간들 2017.9.11.
- 이투데이. 그들의 피땀이 만든 '한강의 기적' 2012.3.7.
- 이투데이. 기업가정신 의무교육. 2015.8.31.
- 이투데이. 유레카! 오픈 이노베이션의 힘. 2016.5.3.
- 이투데이. 아마존 제국 만들고 우주 정복하러 떠나는 베이조스...27년 명과 암. 2021.5.27.
- 인사이트. 통찰'하고 '융합'하고 '상상'하고 '창조'하라! 2015.2.13.
- 인천일보. 판을 바꾸는 기업가 정신 필요. 2021.2.17.
- 전라일보. 창업성공은 정보수집과 계획서이다. 2016.1.18.
- 전자뉴스, 기업가들은 정말 위험을 감수하는가? 2017.11.05,
- 전자신문. 이종 산업간 네트워킹 혁명 가속. 2011.9.20.
- 전자신문. 소통과 융합으로 융합 신산업 만들자. 2012.12.18.
- 전자신문. 한국형 기업가정신의 변천사는 2013.6.3.
- 전자신문. [그가 게임룰을 바꿨다] 제프 베조스 아마존 CEO. 2014.2.2.
- 전자신문, [이병태의 유니콘기업 이야기]〈2〉우버의 혁신. 2018.1.10.
- 전자신문. 개인, 기업, 국가 모두에게 있어 기업가정신은 매우 중요하다. 2018.7.2.
- 조선비즈. '세계 1등' 삼성이 흔들린다…인텔·TSMC에 영업이익 역전 허용, 기술도 밀려. 2021.5.9.
- 조선일보. '창의성 교육' 없으면 세계경쟁서 도태된다. 2007.1.1.
- 조선일보. 가난과 전쟁… '한강의 기적' 막 오르다. 2008.7.1.
- 조선일보. 인터뷰'고객 우선' 재포스의 토니 셰 CEO. 2010.10.16.
- 조선일보. 대기업이 주도하는 '혁신 4.0' 시대 활짝. 2012.9.1.
- 조선일보. 내가 가진 것 이상을 추구하는 기업家가 돼라. 2013.3.29.
- 조선일보. 창조경제, 이스라엘에 답이 있다. 2013.3.6.
- 조선일보. 융합(Convergence), 전공 칸막이 없애고 산업과 접목… 소통 (Communication), 봉사 ·인성 등 윤리적 리더십 강조… 도전 (Challenge), 실리콘밸리에 해외 창·취업 센터. 2014.3.12.
- 조선일보. 세상을 바꾸는 건 企業… 13 억 중국인에게 보여주고 싶었다. 2014.6.20.
- 조선일보. 변하지 않는 브랜드의 매력… 200 년간 美대통령을 빛내다. 2014.7.26.

- 조선일보. '소리 없는 아우성' 같은 모순 어법을 적극 활용하라. 2014.7.26.
- 조선일보. 너무 많은 선택지는 毒… 소비자는 간단한 걸 원한다. 2014.7.26.
- 조선일보. "기업호감도 50점 밑으로 또 하락"…윤리경영 미흡. 2014.8.6.
- 조선일보. 디즈니도 '벌벌'…美 콘텐츠 시장 '아마존 공포' 2014.8.12.
- 조선일보. 혁신을 분업하라. 2014.8.16.
- 조선일보. 韓국가경쟁력 순위 또 하락 '26 위'… 10 년래 최저. 2014.9.3.
- 조선일보. 아이디어만 있으면 OK… '온라인 멘토'가 창업까지 돕는다. 2015.10.7.
- 조선일보. 창업 등록, 앱으로 하루 만에 OK… 인도, 스타트업 천국 된다. 2016.1.18.
- 조선일보. '퍼스트 무버'와 '패스트 팔로워' 2016.3.8.
- 조선일보. "다양성·결합이 혁신의 비결" 2016.4.28.
- 조선일보. 프리미어리그 꼴찌들의 유쾌한 반란. 2016.4.28.
- 조선일보. "중국, 1분당 8개씩 스타트업… 청년들 성공방정식 쓰고 있다" 2016.5.19.
- 조선일보. 국가 경쟁력 제고를 위한 각성 있어야. 2018.8.31.
- 조선일보. 새벽배달 온 미역국 먹고 출근, 점심땐 이것저것 모바일 주문, 밤에는 빌린 침대서 잠듭니다. 2018.9.4.
- 조선일보. 에어비앤비·드롭박스 키워낸 YC "미친 생각이야 비웃음 받아도 도전해야 좋은 창업가" 2018.10.6.
- 조선일보. 중국 개혁·개방 40년의 상징인 선전… 하루 1500건 창업, 50개 특허 쏟아내. 2018.10.23.
- 조선일보. GDP 12위인 한국 국가경쟁력이 줄곧 20위 중후반을 맴도는 이유를 아는가 2018.10.5.
- 조선일보. 매년 26억개 팔리는 면도기, 100원 배송으로 시장 뒤집은 청년. 2019.12.22.
- 조선일보. 경총 "기업 94%, 반기업정서 느낀다... 일률적 규제 부담" 2021.3.28.
- 조선일보. 韓 기업가정신 지수 세계 9위. 2021.5.6.
- 조선일보. 이스라엘 벤처신화 도브 모란 "유니콘 성공담 읽지 마라, 창업은 장기전" 2021.7.4.
- 조세일보. 4차 산업혁명이 몰고 온 소비자 행동의 변화. 2018.5.21.
- 중소기업뉴스. "혁신적 실패는 사회적 자산…빚 탕감 등 전폭 지원" 공감대. 2184호(2018.9.19).
- 중소기업뉴스. 실리콘밸리의 혁신 배우자. 2188호(2018.10.24).
- 중소기업뉴스. "기업규제 강화로… 기업 10곳 중 4곳 고용축소 고려" 2021.2.16.
- 중앙일보. 정주영·이병철 위기 돌파 DNA … '경영학 아버지' 드러커도 극찬. 2014.6.12.
- 중앙일보. '협력하는 괴짜'가 미래 인재 롤모델. 2017.1.1.

- 창업신문. 성공적인 창업자에게 필요한 5가지 핵심역량. 2012.5.11.
- 창업신문. 창업 인식에 관한 조사 결과. 2014.6.26.
- 충북넷. 창조경제 성패, 기업가정신에 달렸다. 2013.12.14.
- 코메디닷컴. 성공한 기업가들은 생각이 어떻게 다른가. 2014.8.10.
- 파이낸셜뉴스. 혁신 성장이 성공해야 나라가 산다. 2020.8.18.
- 프레시안. 혁신성장과 창조경제 비교해 보니… 2018.9.3.
- 플래텀. 한국 기업가정신, 137개국 중 24위. 2017.12.19.
- 한겨레. 이봐 해봤어?…위기의 경제, 정주영 도전정신에 길을 묻다. 2015.11.24.
- 한국교육신문. 창의교육 없이 창조경제 없다. 2013.4.29.
- 한국교육신문. 獨, 중등학교부터 창업교육 실시. 2016.3.4.
- 한국교육신문. 미래 교육을 선도하는『협력하는 괴짜』를 읽고. 2020.6.14.
- 한경머니. 이스라엘, 창업 비율 세계 1위 비결은. 제 161호(2018년 10월)
- 한국강사신문. '구글의 20% 타임제', '3M의 15% 룰' 등 창조경영에서 찾는 탐험과 활용! 2020.12.2.
- 한국경제. 창조경제, 뭐라는 건지. 2013.3.28.
- 한국경제. 죽어가는 기업가정신… 불 꺼진 성장엔진. 2013.10.28.
- 한국경제. 기업가정신이 답이다. 2013.11.25.
- 한국경제. 왜 기업가정신인가〈1부〉 기업가정신과 그 적(敵)들. 2014.1.1.
- 한국경제. "기업은 사람 몸의 '근육'에 해당…정부 ·국민이 그 중요성 인식못해." 2014.1.9.
- 한국경제. 광복 70년… 세계가 놀란 '한강의 기적' 2015.8.17.
- 한국경제. 베이징대 쇼크 앞에 초라한 서울대…뭐가 문제인가. 2016.3.22.
- 한국경제. '드론' 키운다며 자리만 늘린 정부 부처. 2016.5.5.
- 한국경제. 시간당 690곳 창업… "중국의 광속 혁신 두렵다" 2018.1.22.
- 한국경제. 인공지능, 빠른 추격자 아니라 선도자 돼야. 2018.10.3.
- 한국경제. 기업가정신 되살려 시장을 뛰게 하라. 2018.10.10.
- 한국경제. IMF마저 한국 성장률 3.0%→2.8%로 낮춰…내년은 더 '암울'. 2018.10.10.
- 한국경제. 8번 실패끝 성공한 中 마윈 vs '실패는 주홍글씨' 한국. 2018.10.12.
- 한국경제. 기업가정신 지수, 37년 만에 '반토막' 2020.5.3.
- 한국경제. '기업가형 국가'로 대전환해야. 2021.1.13.
- 한국경제. '창업대국' 중국이 한국과 다른 점. 2021.1.29.
- 한국경제. 해외까지 입소문 난 빗자루…44억 쓸어 담았다. 2021.4.4.
- 한국경제. 이종환 삼영화학 명예회장 "인재 육성에 한 푼 남김없이 바칠 것" 2021.5.7.

- 한국경제. 생글생글. "부자 나라=기업이 많은 나라"…7가지 조건에 달렸다. 678호(2020.10.12).
- 한국경제TV. 기업가정신은 깨우쳐 줄 때 진정한 가치가 있다. 2018.10.8.
- 한국경제. 22년 만의 뒷걸음질… '성장 불씨' 더 이상 짓밟지 말아야. 2021.1.26.
- 한국경제. 韓 기업가정신 OECD 하위권. 2021.7.1.
- 한국대학신문. MIT에서 창업교육의 미래를 찾다. 2016.4.10.
- 한국대학신문. 상상력(想像力)과 창의력(創意力)이 미래 경쟁력이다. 2018.7.18.
- 한국대학신문. 창업이 공무원 취업보다 더 안전해야. 2019.09.29.
- 한국일보. 기업의 실패원인 10 가지. 2002.5.13.
- 한국일보. 창업의 성공조건. 2014.9.3.
- 한국일보. 경제위기 뚫은 아산의 해법들. 2015.11.9.
- 환경일보. 기업가정신이 창조경제 핵심. 2014.1.23.
- 헤럴드경제. 국가경쟁력 발목 잡는 '노동유연성'. 2019.10.10.

〈논문, 연구소 및 기타자료〉

- 미래창조과학부 미래준비위원회. '10년 후 대한민국 뉴노멀시대의 성장전략'보고서. 2016.4.27.
- 산업통상자원부 정책브리핑. OECD , 기업가정신은 창조경제를 성공으로 이끄는 원천. 2014.8.25.
- 한국경제연구원. 창조경제, 창조적 파괴, 그리고 기업가정신. 2013.4.8.
- 김민식·정원준(2013), "ICT 제품 및 서비스의 수명주기 단축과 BIG-BANG Disruption 의 등장",《방송통신정책》 제 25권 23호 통권 568 호, 2013.12.16.
- IGM Business Review. '중소기업의 천국' 덴마크의 비뫈 3가지: 나라 전체가 기업가 정신을 응원하는 덴마크. Vol.12(2010년 가을).
- 한국무역협회. 국제무역연구원 Trade Brief. 한국의 창업여건 국제비교 및 시사점. No.6. 2014.2.4.
- 한국무역협회. 국제무역연구원 Trade Brief. 청년 창업가가 말하는 대학창업의 애로사항. Vol.13No.16. 2014.4.
- 방송통신정책. ICT 산업의 발전과 빅뱅파괴 혁신의 이해 .파괴적 혁신과의 비교를 중심으로. 제25 권 23호(통권 568), 2013.12.16.
- 한국과학기술기획평가원. KISTEP Issue Paper 2013-20. 창조경제시대 한국 창업생태 계 현황과 과제: 국가 간 창업 지표 비교를 중심으로
- 한국과학기술정책연구원(STEPI) Insight. 이 시대가 필요로 하는 기업가정신. VOL. 206 | 2017.1.15. 제206호. –한·미·일·중 4개국 비교 -

- 정책브리핑. 대학생의 눈으로 본 '창조경제 관로벌 포럼' 2014.3.20.
- 창업진흥원. 2013 창업교육 우수사례집. 창업 DNA를 깨워라.
- 한국경제연구원. 기업의 역할과 본질. 2008.4.8.
- 한국경제연구원. 기업과 기업가정신 : 이해와 오해. 2010.10.8.
- 한국경제연구원. 한국의 기업가정신의 실상과 과제. 2015.10.12.
- 삼성경제연구원(www.seri.org).
- 현대경제연구원(www.hri.co.kr)
- 현대경제연구원 VIP 리포트 14-11. 지금, 기업가 정주영이 필요하다. (통권 562호) 2014.3.19.
- 현대경제연구원. vip리포트 18-05. 혁신성장 구현을 위한 산업정책의 4대 방향. (통권 720호) 2018.2.26.
- CJ Logistics. 페페트병 14개로 만든 친환경 유니폼 입는다. 2021.4.21.
- LG경제연구원. 창의성 발현의 10가지 비결. 2008.2.20.
- LG경제연구원. 한국기업의 영업성과 분석. 2018.7.31.
- (사)창조경제연구회(KCERN) 4차 포럼 보고서. 기업가정신 교육 혁신. 2013.12.17.
- (사)창조경제연구회(KCERN). 응답하라 ! 기업가정신. 이민화. 2014.
- CnE 혁신연구소(www.insightinstory.com).
- MBN 포럼. 한국사회 틀 모두 바꿔야 창조 가능. 2014.2.25.
- 재)한국청년기업가정신재단. 글로벌기업가정신연구(GEM). 2019년 한국보고서. 2020.2.
- 넥스트랜스. 창업 아이디어를 얻는 법(How to Get Startup Ideas). 2014.6.16.
- 에듀진. 대드는 게 아니라 토론하는 건데요?" 2019.12.5.
- 창업경영신문 http://www.sbiznews.com)
- 〈창업닷컴〉 (창업투데이) www.changuptoday.co.kr
- 교육정책 네트워크 정보센터. 미국의 창업교육 지원정책. 2017.6.28.
- B2C. 폴 슬로안(Paul Sloane). 10 Questions To Ask Yourself Before You Start Your Own Business
- SERI 포럼 편 경영연구소(http://www.seri.org/forum/funmanager).
- SERI 포럼 KEN 그룹 = 한국 전자사업자 네트워크 포럼(www.seri.org/forum/kengroup)
- 네이버 지식백과. 발명상식사전, 2012.1.10., 박문각.
- (재)한국청년기업가정신재단. 글로벌 기업가정신 연구(GEM) 2019년 한국보고서. 2020.2.
- 창업넷(www.changupnet.go.kr)
- 창조경제타운(www.creativekorea.or.kr)
- (주)한국창업지원센터(www.changupcenter.kr)

- 곽숙철의 혁신이야기(insight in story)(blog.naver.com/ksc12545)
- 다양성+Asia기술혁신의 도시, 선전(深圳). 2020.12월(11호)
- Factvirus. 백종원이 말하는 직원이 주인의식 갖는 방법. 2021.4.7.
- Weekend Disrupt. 창업을 해야 하는 11가지 이유. 2018.6.9.
- education bridge. 가치 창조 능력·창의력이 미래 인재 핵심. 2021.2.1.
- http://www.gtonline.or.kr/data/download.do?data_sid=217342&attach_seq=31336
- 스타트업의 모든 것. 스타트업이 알아야 할 10가지 수익 모델(10 Revenue Models for Startups You Should Know). http://allthatstartup.tistory.com/trackback/20
- https://namu.wiki/w/혁신성장
- 더퍼스트미디어(http://www.thefirstmedia.net). 스타트업이 실패하는 이유는. 2018.9.11.
- 수익 모델의 대표적인 유형. 씽크브리드. http://thinkbreed.com/consulting/business-plan-consulting/profit-model-consulting/
- https://better-together.tistory.com/238 변계사 Sam의 테크 스타트업!
- https://acquiredentrepreneur.tistory.com/42 [린스프린트 블로그 (Insights for Startups)] 수익 모델 프레임워크 (Revenue Model Framework)

찾아보기

ㄴ

ㅅ

ㅊ

ㅋ

ㅌ

ㅍ

기타

【저자소개】

수공(修空) 유성은(庾聖銀)

〈경 력〉

- 수공(修空) 유성은(庾聖銀) 충청북도 옥천 출생
- 한남대학교 경영학과 학부 · 석사 · 박사 졸업(경영학 박사)
- 중등학교 정교사, 효지도사, 칭찬지도사, 인성교육지도사
- 우송대학교 관광호텔 외식경영학부 초빙교수
- 우송대학교 경영대학원(외식 CEO과정) 지도교수
- 한남대학교, 충남대학교, 대덕 대학교, 거제대학교 등 출강
- 한남대학교 경영연구소 전임연구원
- 건양대학교 외래교수 및 창업 심사위원
- 건양대학교 군사과학연구소 연구원
- 성산효대학원 대학교. 대전 효지도사 교육원 교수
- 한국직업능력 개발원. 직업능력 개발 훈련교육기관 평가팀장
- 대전광역시 서구 민선 6기 공약이행 평가위원
- 대전광역시 노인복지관 효행운동본부 부본부장
- 대한민국 병역명문가 선정 -「유성은가문」 병무청(2015 - 360)
- 「경영 및 인성함양 교실」 동행 정수(正修)학당 학장
- 정수(正修)창업경영 연구소 소장
- 다음카페 〈정수학당(http://cafe.daum.net/js-sch00l)〉 카페지기

〈연구논문〉

- 자전거 이용 증대를 위한 마케팅 전략 - 석사학위 논문
- 중소 제조 기업의 환경경영 관행(EMS) 애로점에 관한 연구 - 한국중소기업 학회
- e-biz기업 경영자들의 윤리 경영에 관한 연구 - 한남대 경영연구소
- 기업 윤리수준 결정 요인에 관한 연구 - 한국외식산업학회
- 기업 윤리수준이 경영성과에 미치는 영향 - 박사학위 논문

〈저서〉

- 기업윤리와 경영성과 - 한국 학술정보. 2007
- 지성인(知性人)들의 세상보기 - 비즈프레스(Bizpress). 2010
- 효행(孝行)은 행복의 마중물 - 비즈프레스(Bizpress). 2011
- 만리향(萬里香)의 인품과 동행 - 비즈프레스(Bizpress). 2012
- 스토리 창업경영 - 피앤씨미디어. 2013. 〈2판: 2014〉 〈3판: 2017〉
  (2013 문화체육관광부 우수도서 선정)
- 우리 삶의 고귀한 알맹이 - 마인드탭(MIND TAP). 2015
- 스토리 기업가정신 - 피앤씨미디어(P&C Media). 2015. 〈2판: 2016〉
- 스토리 창업과 창업가정신 - 피앤씨미디어(P&C Media). 2018
  교육부 & 한국연구재단 연구 지원
- 스토리 창업과 경영 사례 - 피앤씨미디어. 2015. 〈2판: 2017〉 〈3판: 2019〉

제3판
스토리 기업가정신

초판 발행 2015년 1월 10일
제2판 발행 2016년 8월 15일
제3판 발행 2021년 8월 20일

지은이 유성은
펴낸이 박노일

총괄기획 김중용·최준규
편 집 심성보

펴낸곳 pnc publishing and culture 피앤씨미디어
경기도 고양시 일산동구 강송로 153 310-1501
등록 제396-2012-000203호

전 화 070)7550-3758 팩 스 02)718-8554
홈페이지 www.pncmedia.co.kr 이메일 pnc@pncmedia.co.kr
ISBN 979-11-5730-797-5 93320

정 가 28,000원